U0717848

中国哲学通史

学术版

郭齐勇 主编

古代科学哲学卷

吾淳 著

A
HISTORY
OF
CHINESE
PHILOSOPHY

江苏人民出版社

图书在版编目(CIP)数据

中国哲学通史. 古代科学哲学卷 / 吾淳著. --南京:
江苏人民出版社，2021.7(2023.12 重印)
ISBN 978 - 7 - 214 - 23589 - 3

Ⅰ.①中… Ⅱ.①吾… Ⅲ.①哲学史-中国 Ⅳ.
①B2

中国版本图书馆 CIP 数据核字(2020)第 048001 号

中国哲学通史
郭齐勇　主编
古代科学哲学卷
吾　淳　著

策　　　划	府建明	
责 任 编 辑	朱晓莹	
特 约 编 辑	徐　萍	
装 帧 设 计	周伟伟	
责 任 监 制	王　娟	
出 版 发 行	江苏人民出版社	
地　　　址	南京市湖南路 1 号 A 楼,邮编:210009	
照　　　排	江苏凤凰制版有限公司	
印　　　刷	苏州市越洋印刷有限公司	
开　　　本	652 毫米×960 毫米　1/16	
印　　　张	35.75　插页 4	
字　　　数	475 千字	
版　　　次	2021 年 7 月第 1 版	
印　　　次	2023 年 12 月第 3 次印刷	
标 准 书 号	ISBN 978 - 7 - 214 - 23589 - 3	
定　　　价	128.00 元(精装)	

(江苏人民出版社图书凡印装错误可向承印厂调换)

目　录

本书应题名《中国古代科学哲学——及其理性与神秘主义的关系》，限于"中国哲学通史"丛书所限，改为现名。本书所考察和探讨的是中国古代哲学与知识或科学的关系，这既包括知识或科学对哲学的影响，也包括哲学对知识或科学的影响，具体来说，它涉及科学活动中的哲学内容，也涉及哲学思考中的科学内容，还涉及哲学与科学共同使用的观念、概念以及思维、方法。当然，如书名的补充所示，本书也涉及知识、理性与神秘主义的关系，这也是中国古代科学与哲学关系的一个重要特征。①

---

① 需要说明的是，这里必须对"科学"这一概念有一个界说。应当看到，"科学"这一概念存在着一定的复杂性，其在科学研究中与科学史研究中是有所不同的，特别是在描述东方文明的知识活动中会表现出一定的"困难"和"尴尬"。一般而言，"科学"这一概念主要是以近代西方的相关知识活动为准绳的，在这个参照标准下，我们也可以将古代希腊的一些知识活动归入其中。这可以说是"科学"比较严格的标准，也可以视作是相对而言比较狭义的标准。但是，科学史的研究则有可能放宽这一标准，这包括描述人类早期的知识活动，描述非西方的知识活动，即使是西方也涉及描述罗马时期的知识活动与中世纪的知识活动，这些知识活动都无法严格地按照以近代西方知识活动为标准建立起来的"科学"概念来要求，而这就必然会出现用于描述或指称知识这一活动的相对宽泛的标准，或者也可以说是广义的标准。有关这方面的详细界说可参见本人《古代中国科学范型——从文化、思维和哲学的角度考察》(北京，中华书局，2001)中绪论部分内容。而本书所用的标准就是这个相对来说比较宽泛或广义的标准。

中国古代知识或科学向度与哲学的关系一直是中国哲学史研究中的薄弱环节，它其实反映了中国哲学史研究在此认识上所存在的问题。冯契先生在其《中国古代哲学的逻辑发展》一书上册的绪论部分就深刻地指出了这一点："认为中国传统哲学中认识论不占重要地位的人，大概都以为中国哲学'重人生而轻自然，长于伦理而忽视逻辑'。就是说，与认识论不发达相联系，中国传统哲学不重视逻辑学与自然哲学的研究。在三十年代，某些哲学史家就提出这样的看法：中国以往的哲学家，其兴趣为伦理的而非逻辑的，注意'立德'、'立功'，而不重视'立言'，因此中国哲学在理论的阐明和论证方面，比之欧洲哲学和印度哲学大有逊色。据这些哲学史家说，中国哲学的这一弱点，是同中国文化的弱点分不开的：中国传统文化在政治、道德、文学、艺术方面确有突出成就，唯独在科学上缺乏贡献，因此影响到哲学，使得认识论、逻辑学和自然观成了中国哲学的薄弱环节。"[1]这样一种看法或认识直接影响到中国哲学史的研究：绝大部分著作（尤其是通史类著作）对于哲学思考中所涉及的科学问题没有给予足够的重视，对于知识或科学活动中的哲学认识或关心同样也没有给予足够的重视，至今犹然。

而这样一种认识其实可能有着更深刻的根源。如在西方学术界，长期以来对中国或东方古代的科学及其思维就持有相当的偏见。李约瑟曾在《中国科学技术史》第二卷《科学思想史》一书中对莱维-布吕尔（即列维-布留尔）将中国古代科学知识与原始思维完全联系起来的做法提出极其严厉的批评，原因是列维-布留尔曾武断地对中国古代科学及其思维加以指责。

以下是李约瑟所引的列维-布留尔《原始思维》中一大段原文："这种系统自称是自足的，于是加之于这些概念上的心智活动就漫无限制地发挥威力，而与它们自称所代表的现实没有任何接触。中国的科学知识对这种备受阻碍的发展提供了一个显著的例子。它曾产生过天文学、物理

---

[1] 冯契：《中国古代哲学的逻辑发展》（上册），第 43 页，上海，上海人民出版社，1983。

学、化学、生理学、病理学、治疗学和诸如此类的庞大的百科全书，然而在我们看来，这一切都只不过是一派无稽之谈。在漫长的时代里，怎么可能耗费了那么多的精力和技能，而他们的产物却绝对等于零呢？这无疑是有各种原因的，而首先则是由于这样一个事实，即这些所谓的科学，每一种都是把基础建立在凝固了的概念之上，这些概念从来都没有真正受过经验的检查，它们除了含糊的和不能证实的意念以及神秘的先定关系而外，几乎没有任何内容。这些概念所披上的抽象的一般形式，却容许有一个显然是十分合乎逻辑的分析与综合的双重过程，而这个总是徒劳的而又自鸣得意的过程便无限地进行下去。那些最熟悉中国人心理状态的人们，例如哥罗特，对于能看到这种心理状态从其枷锁中解放出来而不再环绕着它自己的轴线转动，几乎感到绝望。它的思维习惯已经变得太僵化了，它所产生的需要是太专横了。要使欧洲不再为它自己拥有的学者感到骄傲自满，和要使中国抛弃它的医生、博士和风水先生，是一样地困难。"①

对此，李约瑟严厉并且不无讥讽地批评道："很难找到一段比这种误解更深的话了。这位对自己所谴责的各种百科全书一字不识的知名学者，我们不清楚他有什么权利来抹杀另一种文化的科学技术成就，而那

---

① 〔英〕李约瑟：《中国科学技术史》第二卷《科学思想史》，第 310 页，北京，科学出版社；上海，上海古籍出版社，1990。该段资料也见于〔法〕列维-布留尔：《原始思维》，第 447 页，北京，商务印书馆，1985。在《原始思维》中，列维-布留尔接下来其实还有另一段类似的评价印度古代科学的话，李约瑟在《中国科学技术史》第二卷《科学思想史》一书中没有列出，只是附上这样一句话："而莱维-布吕尔在这宗事情上，还加上了一些对印度科学思想的类似责难。"列维-布留尔的原话如下："在印度，智力活动形式与我们的比较接近。她有自己的语法学家、数学家、逻辑学家、形而上学家。但是为什么她一点儿也没有创造出类似我们的自然科学那样的东西呢？除了其他一些因素外，这无疑是因为在那里概念也一般地保持着它们所由产生的集体表象的大量神秘因素，同时这些概念也僵化起来了。因此它们变成了继续进化的绊脚石，而这种进化本可以使它们逐渐摆脱神秘因素，如希腊人在同样情况下所成功地实现的那样。从那时起，他们的观念即使在变成概念的观念时，也注定了仍然主要是神秘的，极难于接受经验的教训。假如他们也集成了科学知识的材料，则他们的科学也只能是象征的和幻想的，或者是议论性的和纯粹抽象的。"列维-布留尔还发挥道："在那些尽管已经相当文明但发展仍然较差的民族那里（如在埃及、墨西哥），即使已经'凝结'成概念的集体表象也明显地保留着自己的原逻辑的和神秘的性质。"见列维-布留尔：《原始思维》，第 447、448 页。

种文化却曾使他自己的文化受益匪浅。"在这里李约瑟做了一个注释,注释中写道:"他(指莱维-布吕尔)对曾是厦门民间风俗和流行的鬼神学方面的专家哥罗特的信赖,可以比作某一个人仅仅是以诸如塞西尔·夏普或戈姆那样的作家对英国民间传说所作的在某一方面值得称道的叙述为根据,便想着手描写受过教育的英国人的世界观。"①这个注真是准确而又辛辣。

针对列维-布留尔的这种误解,李约瑟用了很大的篇幅来加以辩驳。

李约瑟说:"如果像我相信的那样,这一点真正地深刻表现了中国人的世界构图中以五重相互联系为其抽象图式的某些东西,那么,汉代及其后的学者们就显然并没有简单地陷入'原始思维'本身的泥潭之中。我们都大大地有负于莱维-布吕尔对原始思维所做的一项最有趣的分析,而且虽然我们可以接受他对它的大量描述,但是我们却不得不作出结论说,他把中国和印度的世界构图看作原始思维的例证那种信念是毫无根据的。"②

李约瑟指出:"我们对莱维-布吕尔的分析不得不表示异议之点就在于,他进而把协调的或联想的思维描述成原始思维的一个变种。在年代学意义上,它很可以算是原始的,但是它肯定不是单纯'参与性'思想的一个部门。因为一种像五行体系范畴化这样的系统一经建立之后,则任何事物决不可能是别的任何事物的起因。"③

李约瑟接着说:"显然,中国无数的技术发明的历史作用,并未受到那些发明人的世界图像的特性的影响。包含在被人看不起的各种百科全书之中的大量经验信息的价值,也并不因为编写它们的那些人的世界图像不是那种已被证明是发展伽利略和牛顿的科学所最为根本的世界图像而有所减低。相反地,据我看来,我们的恰当结论似乎是:中国的联想的或协调的思维的概念结构,本质上是相同于欧洲的因果的和'法定

---

① 〔英〕李约瑟:《中国科学技术史》第二卷《科学思想史》,第 310、311 页。
② 同上书,第 308 页。
③ 同上书,第 309 页。

的'或合乎规律的思维的概念结构的某种东西。它并没有引起 17 世纪理论科学的兴起,但这并不能成为把它叫作原始科学的理由。"李约瑟还补充道:"有待分晓的是,它是否关系到现代科学正在不得不纳入其本身结构中的那样一种世界观,亦即有机主义的哲学。"①

李约瑟最后强调指出:"我急于把这个分歧之点彻底弄清楚。中国人的协调的思维在以下这种意义上并不是原始思维,即它不是一片反逻辑的或前逻辑的混乱,在这种混乱中,任何事物都可以是其他任何事物的起点,而且在那里人们的思想是由这个或那个巫医的纯幻想所引导的。"②

这里需要说明的是,对于原始思维是反逻辑的或前逻辑这一观点的最经典批评是列维-斯特劳斯《野性的思维》一书,该书对《原始思维》中的分类体系及其逻辑性质作了深入的考察研究。在我看来,李约瑟对列维-布留尔的批评不能说完全正确,因为中国古代思维与原始思维之间的确存在着一定的联系,就此而言,列维-布留尔的说法也并非是毫无道理的,关于这一点后面还会论及,在本书中也会不断涉及。但李约瑟对于列维-布留尔粗暴地将这样两种思维划上等号这一观念的辩驳无疑是合理的,对于列维-布留尔对东方科学知识发展形态明明仅是道听途说而一知半解却硬要妄下论断的批驳也是正确的。③

由于本书是论述中国传统哲学与科学的关系,因此在论述这种关系之前,我们有必要对中国古代科学的状况简单做一个交代,由于本书的性质,这并非是一般历史的叙述,而主要是关于其特征或范型的考察。自然,在了解古代中国科学活动的本质特征或基本范型这一问题之前,我们应当先了解中国古代社会或文明的本质特征或基本范型是什么。

---

① 〔英〕李约瑟:《中国科学技术史》第二卷《科学思想史》,第 310、311 页。
② 同上书,第 311 页。
③ 并且,我们完全可以斩钉截铁地拒绝以西方文化为中心的任何指责,对于人类早期知识及其所影响的观念必须以西方面貌出现的任何诉求都是毫无道理的,我们,尤其是西方学者应当清楚,古代希腊文明及古代犹太文明在很大程度上是由于其生发条件的特殊性或偶然性所造成的,这根本不能居为样本,也丝毫不能成为今天西方文明傲慢或自诩高贵的理由。

在这里，张光直有关人类文明的意见非常值得我们重视。张光直指出，西方历史学家在讨论历史或文明法则时，总是暗示或断定那些以西方历史为标准建立起来的法则在全世界的通用性。如果哪个地区的文明发展的历史不符合这些"法则"，那就表明这种文明属于一种变体或例外，这其中也包括马克思有关亚细亚社会的理论。于是，在西方史学界流行着一种观点，即从原始社会到阶级社会的转变方式包括：希腊的或古典的路径与亚细亚的或其他的路径，其中希腊的或古典的路径是主流形式，而亚细亚的或其他的路径则是非主流形式。①

但是张光直对这样一种观点提出了质疑。张光直认为：如果从世界上古史的立场来看，人类文明的进程可以合并为两种主要形式。其一，世界式的或连续性的文明路径；其二，西方式的或突破性的文明路径。张光直说："我们从世界史前史的立场上，把转变方式分成两种。即把眼光扩展到欧洲、近东、非洲、中东、远东、大洋洲和美洲，我们可以看出两个大空间的不同方式。一个是我所谓世界式的或非西方式的，主要的代表是中国；一个是西方式的。前者的一个重要特征是连续性的，就是从野蛮社会到文明社会许多文化、社会成分延续下来，其中主要延续下来的内容就是人与世界的关系、人与自然的关系。而后者即西方式的是一个突破式的，就是在人与自然环境的关系上，经过技术、贸易等新因素的产生而造成一种对自然生态系统束缚的突破。"②张光直进一步补充道："这种比较工作的一个初步印象，是在中国以外我们可以看到埃及、印度河流域、东南亚、大洋洲和中美洲、南美洲的古老文明的若干因素，从野蛮时代到文明时代这一过程中，在其连续性上与中国的相似之处远远超过它们与……西方社会科学中所谓通用的法则的相似。"③

张光直的上述意见显然非常有价值，我们可以将其归结为"连续性"理论。

---

① 参见张光直《考古学专题六讲》，第 16 页，北京，文物出版社，1986。
② 同上书，第 17 页。
③ 同上书，第 18 页。

据此来考察古代科学的基本范型，我们可以认为那些没有发生科学革命也即保持已有知识形态连续发展的古代东方文明是古代科学的基本范型，或者说是古代科学的主流形态。相反，作为中断了原有范型也即发生了知识革命的古代希腊科学，其并不是古代科学的主流形态，而是典型的变体。毫无疑问，中国古代科学就是古代科学的主流形态，其所体现出的范型特征也就是绝大多数古代文明科学活动的基本范型特征。①

中国古代的科学范型是在原始三代到春秋战国及秦汉这样一个漫长的时间中建立起来的。中国原始知识活动很早就已经开始了。从旧石器时期到新石器时期，中国的原始知识活动就广泛展开了。之后，经三代至春秋，知识或科学活动已经有了十分充分的发展，特别是到了西周末年，一些知识活动已经逐渐趋于成熟，某些影响后世的重要特征已经清晰呈现。到了春秋战国时期，中国古代的科学技术已经进入范型的确立时期，这种范型的确立大致在秦汉已经基本完成。

这里我们先来了解一些影响中国古代科学活动的重要的"环境"因素，这也可以理解为中国古代科学的外部范型——即社会和文化框架，在很大程度上，这种社会和文化框架根本决定了中国古代科学活动的具

---

① 这里有几点是需要反复强调的。第一，直到 16、17 世纪以前，在人类知识进步中扮演主要角色以及在整个人类文明进步中承担基本任务的是作为主流形态的古代科学的基本范型，而作为变体的古代希腊科学在整个人类文明中的实际意义是微乎其微的。这一判断不仅符合历史（现实），也符合逻辑（必然）。第二，古代希腊发生的科学革命对于人类的进步有着重要的意义，但是我们必须看到：其科学革命的发生与其在特殊环境下建立起的社会范型有关，也与其特殊的地理环境所获得的机遇有关。并且，如果没有后续阶段或工作，包括复读文明这样一种偶然性的因素，这种意义将不会转变为现实（文明的复读或修复并不具有必然性，之于希腊的成功了，而之于印度的却至今没有成功）。第三，由于不同的知识系统实际上是反映或代表着不同的文明路向，因此这其中首先是形态问题，而不是优劣问题（但并非不存在），况且不同的形态可能存在着不同的问题或优缺点。因此，如果首先不是中肯地"看待"文明的成因而是站在某个特定的点上对"他者"横加批评或指责，那一定是"无理"的，也是"无礼"的。第四，在涉及科学史的问题上，我们也应当建立这样一种历史意识，即古代科学与近代科学及其相应的文明完全是两种不同的范型。历史上的范型只属于特定的历史区间，它的存在有其自身的合理性，后来的范型同样没有理由以自己作为评判标准或出发点对"前人"指手画脚、说三道四。其实，再退一步讲，近代科学范型同样有自身的问题。

体地位与走向。

我们知道,古代东方文明几乎无一例外都是大一统王朝的社会范型。通常来说,这一范型的社会考虑得最多的话语就是稳定,或者说如何保证长治久安以至国祚绵长。具体地,这一话语又主要显现为如下核心问题,这包括:经济方面提供维系王朝存在所必需的赋税,政治方面组织或架构足以管理国家的行政、刑法制度以及相应的官吏系统,意识形态领域遵守一定的观念或价值原则并且及时扼杀那些带有异端或叛逆的企图,在王朝或国家武装上为防范骚乱和扩张疆土与抵御入侵保持必备的力量。而诸如经济发展、知识增长这样一些只有近现代社会或文明才具有的标志性话语通常不会成为包括古代中国在内的古代东方文明的最核心问题。另一方面,得到重视的经济与知识又必然与这一社会模式的需求有关。事实上,中国古代知识的地位是以政治为圆心而确定的。弄清楚以上这一点是很重要的。例如农学与王朝的经济命脉息息相关,它就会得到重视。尤其是天文学或占星术,由于这是中国古代政治君权神授的基础,因此它必然具有崇高和显赫的地位,并且为国家所控制。数学在很大程度上与天文学相关,是论证天文数据的工具,因此也有重要的地位。相同的还有音律学,这是与天人观念十分契合的学科。而与王朝政治之间没有直接或重要关联的知识则基本处于圆心的外围或边缘地带。相比之下,古代希腊以城邦为单位和特征的文明就不会像国家特别是大的中央集权的王朝那样在上述问题上表现得如此突出,而这就有可能给诸如贸易、知识的开展提供相对自由的空间,但希腊的形态在古代并不具有普遍性,它只是一个个例。至于西方近代,社会形态更发生了深刻变化,其与古老的农业社会相去甚远,这其中一个十分突出的方面就是对知识或科学的理解。总的来说,这涉及一个文化和社会范型问题,即不同的文化和社会范型规定了不同的科学范型,至少规定了诸如知识的走向、地位、规模、用途以及参与者等等重要内容。

此外,还有一个问题不能忽略,这就是中国古代知识活动有着较浓的神秘色彩。前面已经指出,在此意义上,列维-布留尔等西方学者的观察并非没有道理。换言之，在这个问题上，包括列维-布留尔在内的不少西方学者所看到的现象应当说具有真实性。但问题在于如何看待和理解。在"看到"与"看待"之间不是一种简单的等同关系。"看到"的往往只是现象，它其实多是一种"感觉"。但"看待"则需要对根源或原因加以分析判断，这要求"理性"在场。将"看到"直接等同于"看待"的不是"好的"或合格的历史学家。那么如何"看待"中国古代知识活动中所具有的神秘色彩呢？我的看法是，这与宗教传统密切相关，这就是说，知识的连续性与信仰的连续性是相关的。应当说，中国的知识层面在先秦时期曾经有过良好的理性洗礼，这反映或表现在当时普遍具有的无神论思潮上。然而，知识层面的理性倾向并不等于社会层面的理性倾向。应当看到，在中国古代的一般社会层面，理性的洗礼是非常有限的，而究其原因就在于中国未曾经过宗教革命。由于没有发生过宗教革命，因此在中国人的宗教生活中，原始宗教的残余影响十分严重，这主要表现为中国人在日常生活中有着较多的巫术气氛。马克斯·韦伯曾从宗教学的角度指出，中国古代包括民间宗教、道教以及儒教在内，都有更多的"传统主义"成分，这里的"传统主义"就是指巫术及其神秘倾向，当然这也是比较亚伯拉罕宗教系统而言的。并且，马克斯·韦伯还因此对中国古代（包括古代印度）的精英阶层提出过批评。[①] 毫无疑问，这样一种巫术气氛同样会影响知识活动以及相关的思维与思想。我们看到，即使在相对受到良好理性洗礼的知识层面这里也并非是一片理性的乐园和净土，知识层面同样不可能离开其所生活的社会泥壤。我们不应低估这种神秘色彩的消极影响。换言之，在中国古代，理性的推进或进步的确又是极其缓慢的。显然，这将深刻地影响知识或科学活动的性质。对此，我们必须也只能正视。

　　中国古代科学技术正是在上述"环境"或框架内发生发展的，并因此

---

① 对于中国古代宗教类型或性质的分析可详见本人《中国社会的宗教传统——巫术与伦理的对立和共存》一书，上海，上海三联书店，2009。

呈现出一些重要的范型特征,这些范型特征与古代希腊和近代西方科学活动所呈现的范型特征的确有很大的不同,它主要包括:

首先,中国的知识活动是不脱离现实的,它直面实际的问题并以解决这些实际问题为己任。而这也正是作为更高层面的社会与文化范型给科学或知识规定的角色与任务。古代中国的知识活动保持着与外部世界包括自然与社会的密切交流或关联,外在的需要在知识或科学技术的发展中始终起着决定性的作用,这也就导致或造成中国古代的知识活动或科学范型具有强烈的实用性特征。在中国,应用型知识在全部知识体系中一向都被置于优先考虑和发展的位置。具体地,就是古代中国知识领域出现了一大批以解决实际问题为目的的著述,如工业技术方面的《考工记》、农业技术方面的《氾胜之书》、数学方面的《九章算术》、医学方面的《伤寒杂病论》。在这些著述中,致力于应用与解决问题的特征十分显明,其实,就思想特征而言,儒家与法家思想也未必不是如此。

其次,古代中国的知识活动的确有偏重于技术的倾向。事实上,技术倾向也是古老民族或文化普遍所具有的传统,只是古代中国可能将这一传统或倾向发挥到了极致。同时,技术的实现也与工匠传统密切相关。工匠不仅可以提升技术,而且还承担着古代科技或文明中创造发明的职责。此外,我们也不能忽视宫廷与国家在技术进步或发展中的意义,尤其是古代中国还制定了相应的管理技术与工匠的措施。纯技术活动有其自身的弱点,即其无法通过理论的提升进入更高的层级或境界。因此而言,古代希腊的理论进步对于整个人类知识或科学的意义是无论如何评价也不会过分的。但如果没有一般技术的进步,近代以前的文明何以可能?如果没有特定技术的基础,近代科学自身又何以可能?如此,技术在人类文明中的意义或价值也是无论如何不应低估的。

第三,与实用尤其是技术品质相关,中国古代的知识活动又有明显的经验特征。经验特征是由远古的知识活动延续与继承而来的。经验最基本的要素是实践、观察以及此二者在时间意义上的累积。经验甚至可以担保技术达到炉火纯青的境界。[1] 以此为基础，经验类型的知识活动有一些基本或常见的形式，它们是直觉、类比和归纳。其中直觉是自发的形式，具有较多的创造能力；类比是介于自发和自觉之间的形式，具有较强的联想色彩；归纳是自觉的形式，富有较强的逻辑特征。但无论是直觉、类比，还是归纳，它们都已位于经验的尾端，或已是经验的成熟形式，它们是通向理论与逻辑的桥梁。应当说，中国古代科学技术最主要的收获或成果即是经验性或经验特征的形成，因为这是早期科技活动所使用的最为普遍的工作形态（对于古代中国和绝大多数古代文明来说都是如此）。

一般而言，以上范型或特征为从事中国科学史研究的学者所普遍认同。[2]

不过，我们切不可对中国科学活动作简单的概念化的理解，或者说，我们切不可将以上范型或特征概念化。强调中国古代知识活动的实用、技术与经验特征，并不意味着中国古代就没有理论与科学传统。事实上，天、算、农、医这四大传统学科在中国传统知识体系中占有确切而重要的地位，而这些学科特别是天、算两个学科与理论的关系密切，同时传统医学与农学也都形成了自己独特的理论与观念。此外，包括力学、光学、声学在内的物理学，音律学，与化学密切相关的炼丹术等，也都不同

---

[1] 在这方面，庄子的一些生动的描述对于我们的想象或理解颇具提示意义。如《养生主》中的庖丁解牛："方今之时，臣以神遇而不以目视，官知止而神欲行。"又如《徐无鬼》中的匠石运斤："匠石运斤成风，听而斫之，尽垩而鼻不伤，郢人立不失容。"再如《天道》中的轮扁斫轮："得之于手而应于心，口不能言，有数存焉于其间。"不难看出，在这里，技艺的高超是以长期的经验累积为基础的。

[2] 以上关于中国古代科学特征与范型的考察可详细参考拙著《古代中国科学范型——从文化、思维和哲学的角度考察》（北京，中华书局，2001）的绪论部分，该绪论部分共涉及六大问题，分别是：1. 关于科学和科学史结构的认识以及文化人类学的思考；2. 中国古代的知识活动能否被称为科学史；3. 关于中国古代的知识或科学活动的范型也即本质问题；4. 关于中国古代的知识或科学活动的地位与意义；5. 中国究竟通过何种方式能使自己的科技达到如此高度；6. 中国为什么没有发生科学革命即产生近代科学。

程度地对理论有着很高的要求。

这之中，学者的作用尤其值得我们重视。正如我们所知，在中国古代各个不同的知识学科中涌现出了一大批具有明显科学气质或特征的学者。例如墨子（包括后来的墨家学派）、张衡、葛洪、刘徽、祖冲之、一行、沈括、郭守敬、朱载堉、李时珍、宋应星等人。而在这些伟大学者和伟大学派的周围，在中国古代科学活动的不同历史时期和不同学科领域中还聚集了更多的才华各异的学者和学派。我们有理由这样设问：谁能够断然否定这些古代中国学者工作的科学性质，谁又能够断然否定由这些学者为主体的诸多学派和学说如先秦时期墨家、两汉与魏晋时期宇宙学理论、宋元时期数学、金元时期医学以及明清之际总结性著作的科学性质。[①] 我们甚至还可以这样来设问：如果墨子、张衡、葛洪、刘徽、祖冲之、一行、沈括、郭守敬、朱载堉、李时珍、宋应星等人并不是生活在古代而是生活在近代，也并不是生活在中国而是生活在欧洲，他们的活动能不能被视作科学？他们能不能被视作科学家？回答无疑是肯定的。他们的活动就是科学，而他们就是科学家，有些甚至还是大家！而诸如先秦时期的墨家又无疑是伟大的科学学派。又诸如宋元时期数学四大家、金元时期医学四大家则是科学家的时代集合。也正是因为这些学者，科学思想或理论得到了培育，他们永远值得中国文化所记忆和珍藏！

同时，若与古代希腊的学者相比较，我们也会看到其中的相似与相异之处。首先，中国古代一些学者如张衡、祖冲之、沈括、朱载堉等人的工作具有很明显的书斋性质，或者说具有较少"使用价值"，这也包括某些学派或研究，如先秦时期的后期墨家，宋元时期的数学四大家。在这里，其更多地体现了一种类似于古代希腊学者的风格，这就是一种对纯粹知识的兴趣，或纯粹求知的热情，以及在此背后的对真理意识和理性

---

① 推而至于世界范围言之，谁能够断然否定古代印度人所发明的包括 0 的用法在内的阿拉伯数字应当属于科学或科学史的范围，谁又能够断然否定阿拉伯或伊斯兰世界如花拉子密、伊本等人在代数学方面的巨大成就对西方近现代数学的影响以及由此在科学史中所占的地位。

精神的培养。其次，中国古代学者的工作又明显有自己的特点，即有其所处社会与文化的特点。我们看到农学、医学以及天文学这样一些工作与现实生活密切相关，也就是说它们有着典型的"使用价值"；中国古代的数学虽不是完全与现实生活相吻合，但它在相当程度上也是实用的，即同样有着"使用价值"，这其中也包括作为天文学的辅助或论证工具。学者还通过对工匠或技术层面进行指导这一间接的方式实现着上述"使用价值"。在早期的《墨经》中，在晚期的《天工开物》中，我们都能看到这种间接的"使用价值"的存在。在这里，学者在理论上的概括能力以及在文字上的有效训练扮演着重要的角色。如果与古代希腊加以比较，我们会发现其科学活动通常普遍缺少"使用价值"。而这种对"使用价值"的重视同样也是秦汉以后以儒家为代表的思想界的基本传统。

因此，中国古代知识活动中的这一科学路向或性质同样是值得我们高度重视的。并且，由于有学者的参与，由于学者本身对理论和思想的更多关注，知识活动会变得非常"亲近"哲学，于是，也就有了科学与哲学的关系。

现在我们就来看科学与哲学的关系，包括哲学、科学与神秘因素的关系。

应当看到，科学与哲学的基本关系是互涵的，也是互动的。西方是如此，中国也是如此。并且其体现在哲学中，可能是一种思维，而体现在科学中，又可能是一种方法。通常来说，一个历史时期的知识与思想总有前一个时期的相应活动及其成果作为基础或者铺垫，其可能是知识影响知识，思想影响思想，但也可能是知识影响思想，或思想影响知识，甚至包括更为复杂的影响方式。如春秋战国时期继承了三代的成果，三代继承了史前文明的成果，而秦汉时期则是直接继承了春秋特别是战国时期以来的成果。例如以"道"的哲学为中心，其既受科学发展的影响又反过来影响科学，这一过程纵跨了十分漫长的历史。又如秦汉时期阴阳五行思想的盛行甚至泛滥，其在相当程度上就是建立在战国时期所提供的阴阳五行思想的基础之上的。再如"理"从知识到观念、"格物"从观念到知识都无不有前代的长久累积，而后又在后代发生蜕变或普及推广。如此，知识与思想之间、科学与哲学之间就形成了一个又一个循环：科学提供认识基础，并进而上升为哲学；而哲学则利用科学的材料，并反哺科学。具体来说，关于中国古代科学与哲学的关系，我们至少可以建立以下若干方面的框架性认识：

首先，应当看到，观念、概念或哲学思想最初通常都来自那些日常生活和知识中的经验。经验最初来自具体实践以及观察，久而久之，具体经验会上升为一般经验，此时，一些与人类生存关系重大的经验往往会叩响观念以及哲学的大门。我们看到，很多现实经验在长期的发展过程中都会形成相应的观念，事实上，这些观念日后为科学及哲学所共有。而经验一旦观念化或哲学化，又会形成一些重大的概念，例如阴阳、五行、气、道。之后，哲学便开始在一个"形上"层面上"思想"了。值得强调的是，最早或第一批影响哲学观念的经验几乎都来自自然观察及其知识。在这里，这些知识是否符合西方意义上的知识或科学其实并不重要，重要的是这些知识首先都来自自然，而非来自人类社会活动。此外我们还要看到，在关于自然的哲学中，尽管命题、思想是抽象的，但其所使用的论证材料往往都来自科学知识，或者说将科学知识作为最基本的论证工具。同时，哲学也开始反哺科学。经过哲学抽象的概念大量进入或影响各个学科的知识活动，如阴阳五行学说对于医学的影响，气观念对于炼丹术的影响，同样，在天道观的基础上又形成了宇宙理论。

其次，知识或科学活动不仅影响着观念，而且还深刻影响了思维和方法。一些最为基本的思维与方法形态最初都是在日常生活与生产中积累起来的。实践与观察通常是思维与方法最初的源头，在此基础上会形成经验与归纳的方法。中国人在很早的时候就已经掌握了分类的思维与方法，它形成于地理和生物知识中。宜物思维与方法也是如此，其在农学、医学中广泛应用并且取得形式化的发展，进一步，它还为在社会领域的应用提供了一个可资效仿的范本，值得一提的还有包含在这一思维中的强调客观性的精神，它对中华民族产生了极其深刻的影响。与分类相关，比类思维的形成与泛滥也都与各种知识密切相关，并且其成为天人关系理论论证的前提。辩证思维是以大量的对立现象为基础建立起来的，之后它上升为一种哲学层面的理解，同样，这种抽象化了的认识又反哺知识，它促进了科学的发展，例如中国古代农学、医学中都有大量的辩证思维的运用。科学活动中还有其他一些重要方法，这包括实测、实验以及因果推理等，这些方法也都会不同程度地影响着哲学。另外，像怀疑这样一种精神也是作为理性的哲学与科学的共同结晶。

第三，在中国古代哲学思想的发展中，有不少思想家对科学知识十分关注，但在以往的哲学史研究中，除少数人物及学派受到关注外（其实往往也只是根据需要加以选择或带过而已），许多哲学家及学派思想或理论深处所包含的科学思考实际是被忽略的。老子就是一个典型的例子。现有哲学史研究通常只是在形上层面来解读老子的"道"，但我们应当看到，其实老子的思想是以天文学或占星术中的天道知识作为基础，在此之上抽绎出"道"的哲学。而由于"道"的哲学描述又包含了某种科学假设，因此又为中国古代的宇宙理论奠定了基础。这可以说是一个科学—哲学—科学的经典范例。先秦时期的诸多学者和学派如惠施、公孙龙、后期墨家其实都有这种科学特征，这也包括阴阳五行学派以及《易传》学派。之后，汉代的王充，晋代的葛洪，唐代的柳宗元、刘禹锡，宋代的沈括、张载和朱熹，明清时期的徐光启与方以智、王夫之，都曾就科学问题做过深入的思考（当然还远远不止这些），这在很大程度上规定了其思考的样貌。事实上，离开知识或科学是无法准确把握这些学者与学派的观点及性质的，并且无法深刻理解中国古代的哲学思想，对此，我们应有足够的重视。

第四，另一方面，在看似远离哲学的科学家群体中，其实哲学观念或思考也仍然广泛而鲜活。在先秦和汉代，尤以秦汉之际的《吕氏春秋》和《淮南子》为代表，其科学与哲学实际是"集于一身"的，我们在这些著作中看到了科学与哲学的密切联系。此后，就不同学科来看，例如在氾胜、贾思勰、陈旉、王祯等的农学思想中都涉及有因、宜以及天人关系等问题，其有明显的哲学性质；汉唐之间蓬勃发展的炼丹术既可从知识上理解，也可从观念上理解，后者则包含宗教与哲学的丰富内容。宋代以后，随着儒家思想在社会与文化方面的回归，其统治力同样也在科学活动方面表现出来。如以秦九韶、李冶、杨辉、朱世杰为代表的宋元数学传统和以刘完素、张从正、李杲、朱震亨等为代表的金元医学传统，对格物、穷理问题都有足够的重视。此外，在天文学领域，天人感应与天道自然的两种哲学观念可以说贯穿始终。总之，科学及科学家主体也是中国古代哲学观念、思想发展中一个不可或缺的重要组成部分。并且这一群体提供了科学与哲学联结这样一种重要途径，他们结合知识与思想来发现问题，发展理性，这一途径或方式极大地支持了哲学，也丰富了哲学。

第五，以下这一问题同样至关重要，就是理性与神秘因素的冲突和较量。在中国古代，科学与哲学又在相互激励和相互扶持，共同促进着理性因素与精神的生长。例如天道知识本来自占星术，但其中知识成分的增加与理性因素的增长不仅有利于天文科学的发展，也促成了"道"的哲学的产生。同时，自然天道观哲学的确立，又为天文学的理性认识提供了重要的思想基础，经过艰苦和持久的努力，其最终将天人感应思想或学说从天文科学中驱逐出去。这是科学与哲学中理性相互支持，面对神秘主义共同"作战"的一个典型范例。事实上，在农业知识中，在医疗知识中，在对种种疑难或奇异现象的解释中，甚至在数学知识中，无不充满了理性精神与神秘主义之间反复拉锯之争，科学与理性无不是经过艰苦卓绝的努力和较量才能够最终站稳脚跟。毫无疑问，学者也是在与自身同样具有的神秘因素的较量中艰难前行的，这之中，具有更多理性精神的学者发挥了更为重要的作用。并且，知识或科学与哲学或思想之间相互支持的意义还不仅仅在其自身，科学与哲学中理性精神的发展也将会深刻地影响整个社会中人们的自然观。

最后，还有一个方面值得我们注意，即哲学的介入也并非只有积极或正面的影响。缺少理论眷顾的技术与经验知识虽然有其弱点，但其与应用和实践的密切关系可以使得自身不断得到纠正或修复。反之，理论包括观念和思想可以使知识得到深化或提炼，但，一个有缺陷的理论同样也会将知识导向歧途。况且，哲学有自己独特的思维方式，其玄虚的本性和对抽象、形上问题的关注也极有可能诱使知识活动脱离现实生活的土壤。从中国古代科学与哲学发展的历史来看，这种情况其实早在先秦时期就已经出现，其孕育在阴阳五行学说和象数思维之中。在汉代，阴阳五行学说和象数思维不但深刻地影响着哲学，也深刻地影响着科学。直到唐宋时期，由五行学说生发的五运六气说仍波及当时的医学以及其他学科领域，包括沈括在内的一大批科学家仍深受其影响。并且，从"表面"看来，哲学观念比起科学知识更容易接近"权威"和"法则"，这也会使得历史上不少科学家受到"蛊惑"。例如医学，唐代孙思邈接受了鬼神观念，金元时期医学则十分重视易学。至于天文学领域的反复较量，其主要体现于天人感应观念的重重阻滞。对上述现象，我们同样应当正视和面对。

当然，历史所呈现给我们的面貌绝不会是如此清晰、如此有条理的。事实上，在中国古代，哲学、科学包括其与神秘主义之间的关系极其错综复杂，自然也极其生动活泼，呈现出一幅令人眼花缭乱的斑斓图景。因此，这里再适当了解一下这种复杂性和生动性就十分必要。我们看到，一方面，科学能够促进哲学，如中国哲学最早的一批概念包括阴阳、五行、天人、天道、道、气等就几乎都来自知识活动，又如汉魏至隋唐知识活动中的"理"概念对宋元哲学思想"理"概念的意义。哲学也可以完善和启发科学，例如老子或道家宇宙论思想对天文学宇宙理论的贡献，再有阴阳五行学说上升为哲学思想后对中国古代医学或《黄帝内经》的指导，还有宋元以后"格物"、"穷理"概念和思想对于科学活动的深刻影响。并且我们也看到了科学与哲学之间的互动关系，通常形成科学—哲学—科学的连续发展形态。此外，在理性的前提和名义下，哲学与科学可以结成盟友，这既包括像王充这样的思想家用科学来论证自己的哲学，并批判天人感应的目的论以及谶纬迷信，也包括魏晋南北朝至隋唐时期如杜预、何承天、祖冲之等天文学家以"顺天求合"的自然天道观来支持自己的天文学研究，并与"为合验天"的观念作抗争。但另一方面，由于连续性的原因，中国古代科学与哲学的一些重大观念或概念本身就可能包含有一定的神秘色彩，例如阴阳五行。另外，科学或知识活动由于其与现实的密切关系本身就可能成为藏"巫"纳"蛊"之所，例如农学中的禁忌观念，南北朝以后医学中出现的鬼神观念。同样，哲学也并非总以理性示人、与科学为伍，在中国古代天文学中，天人感应目的论就始终站在科学的对立面，而与谶纬迷信、祥瑞灾异等宗教神秘主义做伴。不仅如此，哲学、科学还可能与神秘主义同眠共枕，就像我们在汉代的卦气说或易数说中所看到的那样。了解上述这样一种状况，对于我们正确看待中国古代哲学与科学的关系是有益的。不过，总体上说，一部中国古代科学与哲学关系的历史（也包括哲学史和科学史）是理性不断积累和增长的历史，是神秘因素不断消退或衰减的历史，归根结底，是理性逐渐战胜迷妄的历史。

在此基础上，我们再来简单叙述一下中国古代哲学与科学关系的历史线索，简单梳理一下各个历史阶段中科学与哲学关系的基本状况，以作为全书内容的一个导读，其具体内容会在后面各个章节中详细展开。具体来说，本书将古代中国知识与观念的关系分成六个时期。

一、原始与三代时期

原始知识活动很早就已经开始了，从旧石器时期到新石器时期，中国的原始知识活动就广泛展开了。之后，经三代至春秋，知识活动已经有了十分充分的发展，特别是到了西周末年，一些知识活动已经相当成熟。具体地，早在采集和狩猎的年代，原始的生物包括植物和动物知识就已经开始积累起来，同时原始的地理知识也已经形成。伴随着采集活动向农耕活动的转移，有关农业的知识也开始建立起来。进一步，由于农业的需要，物候、天象知识也相继出现。而随着部落的兼并、权力的集中、国家的出现，原始的天象知识又逐渐向成熟的天文或占星知识发展。采集与狩猎活动会导致方位即空间知识的产生，农业活动与天文知识也会导致时间知识的产生。同样，各种制作活动很可能会导致有关形的知识的出现，而日常驯养、畜牧特别是天文学又会导致有关数的知识的出现。此外，原始医疗活动也在很早的年代就出现了，并且在周代应当已经达到一定的水平。

而上述这样一些知识活动正是哲学观念、概念以及思想的重要基础或源头。例如采集、狩猎知识的发展会逐渐生发出"类"的观念。"阴阳"思维与观念是原始先民在生活与生产中对自然现象长期观察的结果，而"五行"观念最初与地理知识密切相关，后来又与天文知识密切相关，大约到西周末年，这两个观念已开始概念化。有关自然之"天"的观念、概念很大程度上是在气象、天象等知识的基础上发展起来的，而其中有关"天人"的观念又涉及农学、医学以及建筑、地理知识等，这之中又发展出中国科学与哲学中共用的"宜"、"因"观念、概念及思想。而对物候、天象的观察又逐渐会生发出"象"、"数"的观念与概念，对于人体和宇宙知识的探索又逐渐生成或归纳出"气"的观念与概念。

二、春秋战国时期

展开春秋战国时期的图卷，我们已经可以看到科学与哲学密切结合的壮丽景象。

经过长期的发展，在春秋战国时期，以知识为基础的"阴阳"、"五行"、"气"等观念一方面开始哲学化，即以思想或理论的形式出现，另一方面又更多地返回知识活动本身，并在不同的知识门类中结出果实。自然之"天"及"天人"观念在这一时期也获得了进一步的发展，从周代开始，"天"语词中的自然含义开始逐渐显现出来，与此相关，"天象"与"天数"也成为重要的知识和观念语词。伴随着天文学或占星术的大发展，"天道"这一概念出现了，进而又在此基础上产生出"道"的概念，其经历了由天体规律到一般规律的认识发展。春秋时期知识领域的"类"观念大大丰富了，出现了像《管子·地员》和《尔雅》这样的代表性著作。同时，"象"、"数"知识也向更为广泛的领域延伸，并形成内涵更为丰富的观念。基于以上的发展，中国古代自然或科学哲学的概念系统在春秋以及战国时期已经完全确立了。这其中最主要的概念包括有：象、类、阴阳、五行、中、和、天、天人、因、宜、天道、道、数、气、故、理等等。不仅如此，我们看到在相关的科学与哲学思想中，已经逐渐形成了若干个概念群或概念集合，这包括阴阳、五行观念与概念的集合；象、类、数观念与概念的集合；阴阳、五行观念和概念与象、类、数观念和概念的集合；阴阳、气观念与概念的集合；天人、因、宜、地、时观念与概念的集合；天道、道、天数、数观念与概念的集合。① 需要指出和强调的是，这些概念都是在科学或知识活动的基础上产生或形成的。毫无疑问，以上概念系统包括其集合关系是具有重大范式意义的，其将对以后的科学及相关哲学思想产生深刻且深远的影响。此外，春秋战国时期，在科学与哲学活动中也形成了一些共同或相通的方法，这包括经验、逻辑、分析、综合等，特别是围绕"类"的问题，形成了分类与比类两种重要的方法，这两种方法及其思维将在后来的科学与哲学活动中扮演重要的角色。

此外，春秋时期出现的无神论思潮的意义是不容忽视的，这也就是雅斯贝斯所说的理性精神，其主要体现为对鬼神的疏远或怀疑，尤其是对巫术的排斥，也就是韦伯所说的祛魅，这样一种思潮或理性精神虽非知识或科学本身，却是科学的盟友。之后我们会看到，这种意义将贯穿中国古代社会始终。

从学派所关心问题的倾向来看，在春秋战国时期，唯有儒家和法家可以说是典型的社会思想学派。道家有着明显的知识特征，无论是老子，还是庄子，都对各种知识问题有所关注，道家哲学的核心概念"道"就

---

① 有关中国早期概念形成以及集合的具体情况可参见本人《中国哲学的起源——前诸子时期观念、概念、思想发生发展与成型的历史》（上海，上海人民出版社，2010）中的相关内容。

是在以往天文学的基础上抽绎出来的，同时这一概念又是之后天文学宇宙理论的重要开端。早期墨家虽关心社会问题，但其出身于工匠阶层，这给该学派打上了深深的知识烙印，由此也就形成了其哲学思想的经验主义特征。名家与科学有着密切的联系，惠施是自然哲学家，公孙龙的思想则是典型的科学逻辑，而这一科学逻辑又是与同时代生物学、语言学知识的发展紧密相关的。后期墨家不仅重视科学，有丰富的科学思想，包括力学、数学、光学以及有关自然的观念，同时也有丰富的逻辑思想。阴阳五行家的思想总体来说也是关注当时各种各样的知识，其最核心的"五行"概念是从传统知识中汲取而来，只是该学派试图将其进一步图式化，其中也包括向社会历史领域的延伸，这就有了某种神秘主义的色彩。《易传》学派虽有不少儒家伦理与社会思想的内容，但其框架是以《易经》为基础建立起来的世界图式，这其中包含了许多知识的内容，也包括由此而形成的"象"、"数"观念。而战国晚期或秦汉之际所形成的《吕氏春秋》这部杂家著作中同样包含了大量的知识内容，其中有天文学、音律学以及养生学，更重要的是，这部著作还起到了间架先秦与秦汉知识与观念的桥梁的作用。另外，即便是作为社会思想学派的儒家与法家，其作为思想家个体也都有一定的知识基础，儒家与法家又都提供了某些与知识掌握密切相关的认识方法和原则，并且这两家的理性精神或态度对于知识的发展同样也是积极有益的，更重要的是，这种理性精神与态度将贯穿中国古代社会始终。但是，以往中国哲学史研究对于先秦哲学诸学派与科学的这种密切关系显然并未予以足够的重视，这是有缺陷的，不仅如此，它还直接影响到对先秦哲学乃至中国哲学成型时期的面貌及性质的准确判断。

三、秦汉时期

在秦汉时期，科学与哲学已经相互交融、亲密无间，相对而言，这也是以往哲学史研究较多注意和肯定的。

"阴阳"、"五行"观念在这一时期担负着重要的沟通哲学与科学的桥梁作用。如前所见，"阴阳"、"五行"观念从其产生起就有明确的知识特征或身份。而从战国末年起，"阴阳"、"五行"越来越成为知识活动与思想活动中的核心概念，也越来越多地向社会历史与伦理道德领域延伸。不同的学者既为其添砖加瓦，也为其添油加醋。"阴阳"、"五行"成了这一时期地位至高无上的概念，也可以说是一种世界图景。在这种图景下，既有像《黄帝内经》这样的科学理论，更有各种各样荒诞的比附。然而我们应当看到，正是以知识作为基础建构起来的世界图景方有这样的"权势"和"力量"。从一定意义上说，由儒家学派定于一尊后所提倡的伦理思想虽然"高贵"，但在"阴阳"、"五行"这一世界图景面前，也只是个侧身而立的侍女。但我们由此也见证了一个知识或观念被无限夸大后必然失落结局的典型范例。任何一种观念的炙热之时，也是其衰落之日。"天人"观念是这一时期又一突出的问题，并且也与"阴阳"、"五行"问题密切相关。哲学史的研究通常更多地注意天命神学思想以及天人感应理论，这实际上主要是一条宗教的线索。但"天人"关系不唯有宗教线索。我们知道，"天人"观念在当时其实与"或使"和"莫为"理论密切相关。而"或使"和"莫为"理论既有宗教的线索，也有知识的线索。也正由于线索或背景的不同，其所得出的结论或所主张的观点会截然不同。并且我们还看到，在当时，无论是"或使"说，还是"莫为"说，其各自的论证又都往往是紧紧地扣住知识，是知识为其各自的理论提供有力的证据或"平添底气"。另外，由于农业耕作水平的提高和炼丹术的出现，这一时期对于人为因素也有了更深入的认识。"气"在秦汉时期无疑已经成为一个核心概念，如前所述，这是一个典型的建立在知识基础或科学认识上的概念。在秦汉思维的上空，云气缭绕，同时也妖氛弥漫。有趣的是，截然对立的各种学说或思想，当涉足"气"的问题时，其理论、观点往往又会更加趋同，这不仅体现在知识背景上，也体现在观点的立场上。以"气"为中心，秦汉时期又发展出卦气、律气等思想，这些思想既可以看作知识的，也可以看作哲学的。类似的还有"象"、"数"问题，尤其是"数"的观念在秦汉时期的知识与思想活动中获得高度的重视，例如律数与易数理论,这其中有天文、音律以及数学知识发展的深刻背景,当然,也包含了易卦一脉观念或思想的背景。

再从科学的视角来考察。先秦时期由道家率先提出、并经《易传》学派等补充思考的宇宙理论到了秦汉时期进一步深入发展,并最终在天文科学领域结出科学思想的果实,这就是论天三家的理论。并且,这在当时吸引了一大批天文学家和哲学家参与其中,更宽泛地讲,思想界和知识界都非常重视宇宙理论问题,我们因此也看到一个科学家与哲学家共同关心问题的经典范例。又,《黄帝内经》是这一时期哲学与科学紧密结合的最典型例证。《黄帝内经》将阴阳五行思想导入,成功地创建了中国古代系统、整体的独特医学理论或医疗体系。而体现在脏腑、经络、表里学说中的平衡、联系、辩证、参合思想以及诊疗中的辨证施治思想本身就是中国古代科学哲学思想的最杰出的体现。直至今日,这一医学理论所包含的智慧仍具有无穷的生命力。

值得注意的是,这一时期,不仅思想成就与知识有关,并且在认识上所犯的错误同样也与知识有关,这包括以董仲舒为代表的神学理论中的感应说、比类说,也包括王充的命定说。当然,这样的错误又很难责备知识本身,而只能怪罪对知识掌握的有限和理解的浅薄,同时还有中国社会与文化中特有的知识与信仰之间的"暧昧"关系。

四、魏晋南北朝与隋唐时期

魏晋南北朝与隋唐时期的哲学研究或者是关心玄学,或者是关心佛学。总体来说,这一时期的科学活动与哲学活动之间存在着"游离"或"疏离"的现象,这在很大程度上是由于玄学或佛学的兴趣所决定的。

不过,我们仍然可以看到这一时期哲学与科学之间的相互支持与相互促进。在魏晋时期,哲学或思想活动的一个重大贡献就是回归自然天道观的传统,这一变化对于科学有着重要的意义,它引导知识活动也回归自然天道观和天人观。一个值得注意的现象是,在哲学领域,由于思想资源的逐渐枯竭,"道"这一概念已经逐渐淡出;但在科学领域,"理"这一概念却"脱颖而出"，其在各类知识活动中越来越频繁地出现，也越来越思想化，且达到了新的普遍与抽象的高度。有理由说，这实际上已为宋元时期的理学奠定了知识方向或层面的基石。"气"仍是这一时期传统学说思想中的一个重要概念，而伴随着道教思想的加入，对于"气"也有了新的认识和理解。这其中，对于变化的认识就是一个十分重要的方面，尤其是炼丹术，为对变化的理解提供了某些实证的基础，我们因此也看到了一条由科学方法直达、贯通哲学思想的经典路径。另外，在天人关系问题上，道教也持更为积极的看法。应当看到，道教提供了很丰富的思想。就科学活动而言，天文学领域"顺天以求合"与"为合以验天"两种天文观的尖锐交锋实际是天人感应论与自然天道观两种对立哲学立场的延续或体现，科学的观念步步为营，一寸一寸向前推进，但同时也必然遭到神学思想的层层阻拦。天文学可以说是一个代表，其与占星术相错杂，它的发展反映了中国古代科学观念进步的曲折性和艰巨性。农学、数学、地理学在这一时期也有不同程度的发展，这其中也包括观念的内容。医药学在这一时期取得更多的发展，其进入了一个总结性的阶段，出现了大量的医药学著作。但同时，由于释道盛行，鬼神迷信也开始渗入医药学领域，尤其是隋唐时期，这实际与佛道二教中的信仰甚至巫术密切相关。而这同时又给予我们这样的启示，儒家在哲学领域撤出的同时，也在医药学即科学领域将原本由理性或无神论思想占据的地盘拱手相让。

就学者而言，葛洪是这一时期科学家与思想家的重要代表。葛洪在医药学、天文学等知识领域都有突出的建树；在科学方法上，其十分重视实测和实验，这对中国古代科学活动沿正确方向的发展是有重要意义的；同时，作为哲学家，其在天人、力命以及变化问题上也有深刻的思想。

五、宋元时期

如同先秦时期，对宋元时期科学与哲学之间关系或交往的研究到目前为止仅为少数学者所重视，还远远不够。事实上，对宋元时期科学与哲学关系的考察，会给我们许多新的启示。如一般来说，现有哲学史的研究都普遍认为"理"是宋代哲学家或思想家们所发现和使用的重要概念（虽然也将源头追溯到先秦，但微不足道），同时这一概念也更多地甚至是在绝对意义上属于道德范畴。但如前所见，当结合科学史的考察时我们会看到，"理"其实早在魏晋南北朝和隋唐时期的知识活动中就已经成为一个非常重要的概念。在唐代后期的刘禹锡这里，"理"这一概念不仅与自然密切相关，而且已经具有了更多的思想色彩。直至北宋初年，许多思想家也仍然是从知识或自然的角度来理解"理"。我们在这里看到的是一条与自然或知识密切相关的"理"概念的发展线索，并且绵长而坚实，其远胜于作为伦理或道德之理的历史根基。应当看到，这正是宋元时期作为本体意义的"理"的基础，并且是最深刻的基础。又如"穷理"与"格物"概念，这可以说是宋元时期哲学的两个核心概念，但哲学史的研究同样多是基于道德的思考，应当承认，这在很大程度上的确是宋元时期思想家的本职与本性使然，即便是像朱熹这样的哲学家已经敏锐并深刻地意识到了哲学与科学的关系，当时和直到今天的绝大多数思想家对这一问题的认识却仍不甚了了。但若将这两个概念放入知识或科学的活动与进程中，也即放入哲学与科学的关系中，我们便立即会看到一幅别开生面的图景。事实上，这样两个概念对于宋元时期的知识活动产生了极其深刻的影响。我们看到，当时许多学者就是用这两个概念来指导其自身的科学活动。宋元时期包括数学、医学、生物学以及地理学在内的科学之所以能够取得如此巨大的成就，在相当大的程度上就是由于这些概念及其观念的作用所致。不仅如此，由于这两个概念自身所具有的知识内涵，其也更多地赋予了知识活动生存空间和发展前景，而这在后来又径直与明清乃至近代的知识观相对接，作用与影响无法估量。除此之外，宋元时期在"天人"、"力命"问题上也有新的认识。仅仅从哲学史的角度来考察，这一问题在当时似乎显得并不突出。但在科学活动中，由于园艺或生物学知识在这一时期的快速发展（其根本上也是社会生活的需要和发展使然），遂使得对"天人"、"力命"问题有十分深刻的认识，并且其事实上也成为哲学思想的一个重要组成部分。这一时期还有其他一些重要或核心的哲学与思想概念，如"气"、"象数"，都不同程度地体现了哲学与科学的紧密联系。

具体地，就科学家的活动而言，沈括的科学研究几乎触及各个科学部门，其智慧光芒四射。同时沈括的研究也涉及大量的哲学概念，如"气"、"阴阳"、"五行"、"理"。更重要的是沈括在科学研究中使用了大量的科学方法，这包括实验、考察、推理等。这些方法不仅是科学的，而且也对后世思想家产生重要影响，例如朱熹，甚至影响了明清时期的学术活动。沈括的科学活动也极具怀疑和批判精神，这也是这一时期科学活动普遍具有的精神。同时我们看到自宋元起，思想界也逐渐出现这种精神，我们应当将其视作一种时代的共有现象和风尚，它在科学与哲学之间蔓延，这是一种思维和观念的重大进步。此外，还有郭守敬，其《授时历》所取得的成就不应仅看作天文学的，它也是自先秦以来自然天道观发展的最终胜利，甚至在一定意义上也可以认为是以儒家为代表的理性的或非神秘主义观念、原则、立场的胜利（当然同时也剔除了以儒家为重镇的天命神学思想）。

而就思想家来说，我们应更多地看到周敦颐、邵雍、张载、朱熹及其门人思想的知识背景与内涵。我们看到，无论是张载的"气"本体论，还是朱熹的"理"本体论，其实都有深刻的知识依据，否则便根本无法成就其深刻的思想与理论。尤其是朱熹，其晚年对于知识的兴趣或许意味着哲学关怀的某种转向，并且也是在这里我们可以看到其不同于前期思想的某种新的见识与观点。当然，再在这个角度或意义上来考察宋元时期的理学或儒学，考察理学或儒学与科学的关系，我们同样会产生某种新的认识。

六、明清时期

这是中国古代哲学的终结时期，也是中国古代科学的终结时期。在科学方面,农学、医学、生物学、音律学等学科领域继续有所进步,但天文学与数学明显地衰落了,从很大程度上说,这两门学科在宋元时期都已经发展到了顶点,之后便显得"力不从心"。在哲学方面,明清之际已经进入中国传统哲学的总结阶段,其中就哲学与科学的关系而言,方以智对知识问题较之同时期其他学者有更多的关注,并且其已经在一定程度上接触到了西方的知识和观念。但思想界这一时期最重要的现象和任务是对理学特别是心学中的蹈虚空谈学风进行批判或清算,与之相伴随的是实学思潮的兴起。就传统概念体系而言,这一时期所使用的主要概念有"天人"、"气"、"理"以及"格物"等,其中"人"的一面在这一时期继续被强调和发扬,这应当也包括心学的影响。"理"与"格物"的概念得到有效的继承,特别是"格物"概念,还在间架传统与近代的知识和思想时起到积极的作用。在科学方法上,实验与实考得到了延续,特别是实考,结出了《农政全书》与《徐霞客游记》这样重要的成果。但由于天文学与数学的衰落,传统实测方法或能力明显衰退,相应地,精细思维也大不如宋元时期。

这一时期另一条重要的线索是,从 16 世纪下半叶开始,传教士陆续来华并逐步将西方科学技术介绍给中国,这意味着一个全新的时代的开始。徐光启以其特有的敏锐,成为中国第一位接受西方知识与观念的科学家和思想家。在此过程中,徐光启提出了"责实"、"求精"的思想和中西"会通"的思想,这两种思想对以后中国科学以及思想文化都产生了重大影响。由于西方科学的输入逐渐开始冲击中国文化核心层面的观念,因此必然地引起了中西学乃至中西文化之间的碰撞和冲突,并引起观念上的应激反应。天文科学首当其冲,因为这是中国传统知识及观念的基础和重镇。也因此,中西学在这里发生了激烈碰撞,并引起政治风波。在这种碰撞和冲突中,两种文化或文明的"优"、"劣"似乎显现了出来。包括天文学、数学、物理学、化学、工程技术在内的诸多中国传统知识在西方知识传统的有力和无情的冲击下纷纷"落败"。尽管有关孰优孰劣的许多具体问题还有待更长的时间才能解答,但至少在当时,古代文明与近代文明、农业文明与工业文明之间的差距是非常明显的。至清初以后，中国古代学术已经临近尾声，终成绝响。同时，中国近代科学也已经开始萌芽。而这些又为将要到来的观念的剧变铺垫了基石。

由此可见，在一部中国哲学史中，知识或科学有其不可替代也不可磨灭的重要地位，知识或科学与思想或哲学的关系有其不可替代也不可磨灭的重要地位。

最后我想做一点说明。首先，我对中国古代哲学与科学关系的注视始于 20 世纪 80 年代攻读硕士阶段，那是因为深受恩师冯契先生观点的启发。这样说吧，在老一辈学者关于中国哲学的阐述中，冯契先生应是最注重哲学与科学关系的，对此我想圈中之人都不会否认。不仅如此，作为楷模，先生开阔的视野也引领了我整个学术生涯，使我无比受惠也无比享受，对此我珍视并感怀终生。同时，此次也要感谢郭齐勇教授的信任，交付我如此艰巨的重任，我虽竭尽所能，却仍诚惶诚恐，因为力实有不逮，但愿现有工作能更接近一些这份信任与托付背后的期望和目标。再者，必须要强调的是，在本书写作中，一些既有的科学思想史著述对我帮助很大，这包括李约瑟《中国科学技术史》第二卷《科学思想史》，以及袁运开、周瀚光主编的《中国科学思想史》和席泽宗主编的《中国科学技术史·科学思想卷》。另外，李申教授的《中国古代哲学和自然科学》、周瀚光教授的《中国古代科学方法研究》、乐爱国教授的《中国传统文化与科技》等涉及中国古代哲学与科学关系的著作同样让我受益良多。在我知识相对薄弱的后半部分，对上述研究有更多的引用。最后，也要特别感谢我的学生张二远博士、蒋开天博士、宋德刚博士认真帮助核对材料，这不仅解决了我工作繁难之苦，也让我对拙作的可靠性更增添了一份安心。总之，我对所有的帮助心存感激！

第一章　中国哲学思维与观念的上古知识源头

思维与观念的发生发展应当有着久远而深厚的知识背景与源头，本章目的就在于考察中国哲学思维与观念最初的种种知识背景与源头。这里所说的上古时期大致上迄旧石器时期末期与整个新石器时期，下及夏、商、周三代。

哲学，一般被视作一种自觉或反思现象。但哲学用于反思的种种思维与观念元素以及工具并不是在短暂的时间内能够形成的，它的形成要经历一个十分久远的时间。尽管这种久远的过程对于以后自觉或反思的哲学来说是间接的，但它却是基础的或要素的。因此，一部完整的哲学史首先应当从其思维与观念的准备期开始，从其反思所依据的工具与元素的积累和成形开始。而哲学源头或准备期很重要甚至是最重要的一个部分或方面应当与史前期的知识活动密切相关。换言之，就未来的哲学而言，它最初的一些要素或元素——种种经验、方法、工具、自然观乃至更为内在或精神性的东西将会在知识的展开过程中逐步获得并渐渐积累。而且，作为知识，人类虽然有共同的起点和普遍性的东西，但不同的民族也会在这里分道扬镳，这同样也会影响到思维与观念，进一步又会影响未来的哲学思想。

总之，通过以下的考察，我们会了解中国哲学思维与观念作为发生期的漫长源头，它向前追溯至一个非常久远的年代。尤其是通过以下的考察，我们会了解中国哲学思维和观念与自然知识的紧密关系。我们看到从一开始起，自然知识就是影响中国人思维与观念的最主要因素，中国哲学中的许多基本观念、概念与重大问题都来源于自然知识的濡养，并且作为思维、观念的发生以及问题的形成，它们也要远远早于社会与伦理道德问题。具体地，我们将会在本章中看到，在知识及其相关宗教因素的影响下，中国产生了第一批以后作为哲学思想基石的重要观念。

第一节　原始社会与三代时期的知识背景

总体而言，原始社会的知识发展十分缓慢，经历了一个漫长的时期。新石器时代以后，知识发展速度逐渐加快。进入三代，知识分工日益细化，开始出现后来的各种知识门类。

原始社会，岁月悠悠，路途漫漫。这是人类的童年时期。古地质学与古生物学研究表明：地球史上的第四纪，是人类的产生时期，原始社会也由此开始。在中国，这一社会形态一直延续到约公元前 2100 年左右。原始社会包括了四个阶段，它们分别是：原始群、血缘社会、母系氏族社会、父系氏族社会。科学知识的萌芽与原始社会几乎是同步发生和发展的。原始知识的演进大致可以分成两个阶段，这就是考古学上所谓的旧石器时代与新石器时代。而我们对中国哲学思维与观念源头的考察必须上溯到新石器时代乃至旧石器时代的末端。

旧石器时代开始于二三百万年前，约在 1 万年前山顶洞文化时期结束。在知识的长河中，旧石器时代耗费了极长的时间，经历了漫长的路程，约占人类全部历史的 99.8％。在这一时期，人类最伟大的发明是石器。换言之，石器的发明也创造了人本身。这是人类知识史上最重要的事件。这一时期的石器是打制而成的。此外，火的认识及应用也是在这一时期。值得我们注意的是，旧石器时代的采集与狩猎活动以及所导致的生物、地理知识与早期思维和观念有着密切的关系。

中国的新石器时代约始于公元前 6000 年至公元前 5000 年,其代表有裴李岗文化、磁山文化、仰韶文化。新石器时代在知识方面进步的最主要标志就是石器以磨制为主。同时,在生存或生产方式方面产生了原始农业,家畜的饲养已开始了,出现了相当成熟的制陶技术,还出现了一些新的工艺部门,如纺织麻布、编织席子和渔网等。由于定居,房屋建筑已经出现,营建水平逐步提高。又由于农业的需要,有关气象、天文的知识也产生和发展起来。此外,计数与医药知识也已经产生。这一时期,知识发展中的区域特征也日益开始显露出来。如北方有仰韶文化(公元前 5000 年开始),农作物以粟、黍为主,家畜有羊、牛、马等。在南方有河姆渡文化(公元前 5000 年左右),农作物以水稻为主,家畜有水牛、猪等。新石器时代晚期的中国人已经认识到蚕丝的使用价值。之后,龙山文化(始于公元前 3000 年前后)将新石器时代的知识发展到最高的水平。这时已普遍使用陶轮,所制作的蛋壳陶的胎壁,厚度仅 2 毫米左右。此时已处于文明社会的前夜。

就文献而言,我们应当关注《山海经》。《山海经》一般被认为是商周以后特别是春秋时期的成果,并且通常被看作一部神话作品。然而,《山海经》中大量的内容很可能是经历了数千年甚至数万年的时间遗传而至,并且,在原初其极有可能就是与采集、狩猎活动密切相关的,这其中包含有大量地理学和生物学知识。我们看到《山海经》中的许多资料指示了某一地区或区域的主要动植物种类、特征以及矿物基本特征、利用价值,其在很大程度上具有生物、地理知识的意义或性质。①

进入三代,知识的发展进一步加快。夏代约开始于公元前 21 世纪,商代约开始于公元前 16 世纪,周代约开始于公元前 11 世纪,其中西周于公元前 771 年结束。由夏、商、周三代所代表的古代中国文明与古代埃及、古代巴比伦、古代印度以及古代希腊一起构成了人类文明的最早

---

① 关于原始社会时期知识与观念关系的详细状况还可参见袁运开、周瀚光主编《中国科学思想史(上)》(合肥,安徽科学技术出版社,1998)的第一章或本人《古代中国科学范型》(北京,中华书局,2001)的发生篇。

阶段和样式。

首先，在三代时期，农业耕作获得了更大的发展。夏代的材料十分有限，但从近年发掘的新砦遗址与皂角树遗址中可获得一些消息。夏代早期即龙山文化晚期的农作物可能以稻和野大豆为主，粟和黍较少，属稻作为主的农业方式。在夏代中期也即新砦期，野大豆数量开始减少。到了夏代晚期即皂角树遗址二期或二里头文化三期，粟和黍占绝对优势，并已出现小麦，成为典型的旱作农业。之后，商周两代农业发展更加迅速。据统计，商代殷墟出土的甲骨中，与农业有关的达四五千片之多。在商代，牛耕可能已经出现。商王和贵族死后所用的牛、羊、豕等牺牲，动则数十数百，甚至上千。周代是一个金属农具迅速发展的时期，许多金字旁农具语词的出现就是一个明证。同时，周代农业耕种的规模也越来越大，往往会有成千上万的人参加。《诗经·周颂》中记载的"千耦其耘"、"十千维耦"就展示了当时大规模的集体耕作场景。在周代，休耕与轮作制度已经趋于成熟，各种新的技术与知识不断产生和积累，农作物的选种、留种技术取得很大的进展，田间技术愈益成熟，沟洫或灌溉也已经达到了一定水平。此外，三代时期，园艺和驯化技术也都有不同程度的进展。

这一时期的青铜技术也发展迅速，并在商、周两代达到鼎盛时期。早在齐家文化和龙山文化遗址中已经发现有用红铜或青铜铸造的小件器具。位于河南偃师的夏代二里头遗址发现了用于铸造的陶制坩埚、陶范碎块以及铜渣，并且夏代也已有极少量的青铜器存世。到了商代，青铜农具的数量大大增加，同时，其他青铜用具包括兵器的使用也日益广泛。商代中后期，出土的青铜器中常有大型礼器、乐器，生活器物也种类繁多，铸造往往十分精美。青铜器的大量出现与青铜铸造水平的提高密切相关。商代中期到西周早期是青铜冶铸的全盛阶段。到了周代，已对合金比率或规律有充分的认识，如《周礼·冬官考工记·筑氏》中记载："金有六齐：六分其金而锡居一，谓之钟鼎之齐；五分其金而锡居一，谓之斧斤之齐；四分其金而锡居一，谓之戈戟之齐；三分其金而锡居一，谓之大刃之齐；五分其金而锡居二，谓之削杀矢之齐；金锡半，谓之鉴燧之齐。"同时，对铸造进程的掌握也已达到"炉火纯青"的高度，这也就是《周礼·冬官考工记·栗氏》中所记载的："凡铸金之状，金与锡，黑浊之气竭，黄白次之；黄白之气竭，青白次之；青白之气竭，青气次之，然后可铸也。"

由于农业的需要，这一时期的天文学也有了极大的提高。《夏小正》中记录有很多气象、物候以及天象资料，因其与夏代天象有颇多相合之处，故被不少学者认为是夏代的史料。据现有研究，《尚书》的《尧典》有可能推到殷末甚至更早。而《尧典》中已经有了对于"四仲中星"天象的记载。这样一种记载很可能主要是基于政治而非农耕的需要，但恰恰是这样一种需要才使得天文观测的精确性迈上更高的台阶。商代的天象观测水平有了极大提高。天文学家认为，古代中国第一次最可靠的日食记录是公元前 1217 年 5 月 26 日发生的日偏食，类似的记载在卜辞中还有四次。又卜辞中有五次月食的记录，其中最早的一次是发生在公元前 1361 年 8 月 9 日的月全食。在历法方面，《尧典》中对于"四仲中星"天象的记载表明了对春分、夏至、秋分、冬至四个节气的认识，并且夏代已经有了天干记日的方法，以后商代又在此基础上进一步发展出更为完整的干支记日方法。与此相关，阴阳合历的模样已经基本具备。周代以后，天象观测继续发展。有关太阳黑子的文字记载最早可推至《周易·丰卦》，其中讲到的"日中见斗"、"日中见沫"即是对太阳黑子现象的描述。

三代在其他知识方面也有很大的提高，这包括建筑、数学、音律、医疗等等。夏代的遗址近年来不断有所发现。从河南郑州和安阳发掘的商城遗址来看，其都已经颇具规模。这一时期，建筑规制逐渐形成，技术也不断提高。之后，周代已对有关经验和技术作相应的总结，《周礼·冬官考工记》中就有这方面的记载。在数学知识方面，商代的甲骨文中已经有了相当完善的十进位制记数系统，而且最大的数字已经到了三万。商人可能已经有了奇数、偶数、倍数和分数的概念，并已经掌握了一些最初步的运算方法。与记数和运算相关，算筹工具也得到了发明，筹算方法也得到了发展。与此同时，由于工程建设和器物制作的需要，也由于天文观测以及地图测绘的需要，几何学也得到了相应的发展。西周时期，已经有了专门掌管数学知识的官员即"畴人"。同时，"数"也即计算或运算这时已成为贵族子弟必须掌握的"六艺"之一。在音律方面，一些学者指出，在商代的乐器中半音音程已经出现，这表明已经具备了发明十二律的前提条件。又近年来的研究表明，在商代晚期很有可能已经具备了十二律中的相当部分内容。而最晚在周代，十二律已完全形成。如《国语·周语下》中记载周景王将铸无射，问律于伶州鸠，伶州鸠就讲到十二律。此外，《国语·周语下》中还明确出现了七声音阶的概念。夏商时期的医疗活动比起原始时期已经取得了很大的进步，甲骨卜辞中关于疾病的记载有近五百多条。到了周代，对于医疗活动的认识又有了长足的发展，这突出地表现在医和巫这时已经逐渐分离。如《周礼》中将"巫祝"归于"春官宗伯"，而"医"则属于"天官冢宰"，二者已分别归属不同的职官系统。西周时期的人们已经从季节、气候等方面来思考致病的原因。当然，夏、商、周三代知识方面的进步还远远不止这些方面，如制陶、纺织、染色、酿造，这些技术或知识在《周礼·冬官考工记》中都有所记录保存。

早期思维与观念正是在知识的基础上发生与发展起来的。

第二节　思维、观念的萌芽及其与知识的关系

人类最初的思维是在工具制作中萌芽的，久而久之，工具制作又会导致工具意识的产生。伴随着知识的不断积累和增长，经验也形成了。而经验的积累与增长又导致了最早的智慧与观念。从早期神话传说和占卜行为中也可以看到观念与知识的关系。我们可以看到人类知识进步的历史，看到各种具体知识与技艺的状况。我们也可以看到原始先民是怎样面对这个世界，甚至可以看到原始人的观念已经指向上天。

一、工具制作对于思维发生的意义

一部人类进化的历史实际上也就是工具进化的历史。旧石器时代

的主要工具是打制石器。新石器时代发生了重大变化,石器以磨制为主,并且,工具开始多样化,原始先民已经使用了尖劈类、投掷类、制陶类、纺织类等不同种类的工具。而伴随着工具的制作和使用,思维与观念也在悄然产生并缓慢变化。

第一枚石器的制作完全是偶然的,即便是最初的一些石器的制作也可能是无意识的。然而,经过一段较长时间的延续,经过原始人对那些不时被摆弄出来的石器的观察和体会,他们便逐渐产生了一种清晰的认识:石器,可以用来帮助劳作,可以做许多手所不能做的事情,也可以减轻劳动强度和节省劳动时间。按照科学史家萨顿的看法,工具的意义就在于为人类的现实活动提供了某种方法,所以他说:"在科学领域内,方法至为重要。一部科学史,在很大程度上就是一部工具史,这些工具——无论有形或无形——由一系列人物创造出来,以解决他们遇到的某些问题。每种工具或方法仿佛都是人类智慧的结晶。"[1]因此,工具实际上就是方法,而方法实际上就是思维。如原始劳动工具就涉及尖劈、飞行、弹力、杠杆、动量、惯性、浮力、作用力及反作用力等知识。通过制作工具,原始先民掌握了相应的方法,训练了自己的思维。无疑,这不应仅仅从史前文化的意义来理解,而应当把它看作一部整个工具、方法以及思维历史的基础。并且,方法不仅与思维密切相关,也与智慧密切相关。例如当原始人在制作某类工具时或在使用某种方法时,一种在后来被称之为思想但在当时只能叫作想法的东西便包含在其中了。我们应当看到,如果没有这些粗陋和简朴的想法,后来被称之为思想的东西是不可能产生的。

同时,工具的广泛使用必然会导致工具意识的产生。借助于石器,原始人可以提高他们的生活质量以及劳动效率,并且在这一过程中人类已经懂得了借助工具的重要意义,而工具意识也正是在这一过程中萌芽和发展起来的。工具的作用或意义就在于解决问题,面对生存范围的扩

---

[1] 〔美〕乔治·萨顿:《科学的生命》,第 23 页,北京,商务印书馆,1987。

大,活动种类的增多,工具以及方法形态也会更加完善,更加繁复,也更加科学,其中会更加体现或强调工具使用的适用性、针对性。例如仰韶文化的小口尖底瓶,它是被用于专门汲水的工具。不仅如此,对于观念层面,更重要的还在于伴随着工具意识的产生与发展,相关的实用、功用、功利之类的意识也应当会从中慢慢产生、形成和积淀下来。在实践中,人们会判断怎样的工具或方法效率更高,或者说怎样的工具或方法更有价值。于是工具意识又进一步上升到价值判断的观念层面。我们应当看到这样一种观念的连续性,如在以后春秋战国时期的思想中就有这种连续性。或许工具的制作与方法的选择对于观念而言还有更多的意义,例如某种审美意识的产生,欧洲细石器时代梭鲁特文化中的桂叶状石器就是一个典型,我们能够清晰地感受到原始人对某种匀称、精致的追求。中国也是一样,大量发掘出土的新石器时期的工具向我们表明,工具的制作不仅要符合力学原理与实用原则,而且还要符合审美感受。①

二、经验思维的早期知识源头

由知识活动而产生的思维、观念或精神性的东西也会积淀在与知识密切相关的经验之中。一部人类知识史在很大程度上就是一部人类经验史。萨顿说:"科学史不仅仅是人类精神胜利的历史……它还是人类经验的历史。"②完全有理由这样说,日后作为思想中的经验性内容正是历史上大量具体经验长期积累的结果,这其中,知识类经验尤为重要,它是以后许多一般性经验观念的基础。

我们可以通过对新石器时代例子的考察来认识早期知识类经验的意义。

如陶器烧造的进步便是经验意识产生与发展的典型例证。中国人

---

① 详见本人《古代中国科学范型》发生篇中的相关内容。
② 〔美〕乔治·萨顿:《科学的生命》,第 35 页。

大约从裴李岗文化时期开始发明了陶窑。陶窑有卧穴式与竖穴式两种，主要区别在于：前者的火膛与窑室间相差一段较大的水平距离，呈卧式布置；而后者的火膛与窑室大体上处于同一个垂直方向上，呈立式布置。通常来说，考察和判断古代陶窑结构是否合理，主要通过下述三方面加以印证：是否有利于提高火焰温度，是否有利于改善高温火焰流的分布状态，是否有利于窑内气温的有效控制。由于竖穴式的火膛位于窑室之下，这就省去了横向延伸的火道，从而增加了几何压头，减少了压头损失，有利于提高空气吸入量，强化燃料的燃烧过程，提高窑内温度。所以竖穴式窑较之卧穴式窑显得更为进步。可以说，从无窑到有窑，特别是从卧穴式到竖穴式，体现了烧陶技术由低级向高级不断发展和完善的过程。而这一过程的发展、完善，主要依赖于史前先民对于经验的积累和总结。毫无疑问，这样一种经验也会以意识或观念的形态保存下来。

又如随着农耕技术的发展进步，原始先民可能已经在经验积累的基础上初步注意和掌握了农业生产的各个环节，并有可能将这些环节结合成为一个整体来加以考虑。特别是当农业生产活动形成了一定的规模，并且成为一项循环而又恒久的日常工作时，对经验进行归纳、概括、总结以至于提取某种法则就有了必要。在这方面，新石器时期的原始先民所使用工具的配套状况可以为我们提供一些有益的启示。如裴李岗遗址出土的生产工具中就包括有农业生产各个环节的不同工具，从伐木用的石斧、翻土用的石铲、收割用的石镰，到加工用的石磨盘与石磨棒，可谓应有尽有。其他遗址也是如此。显然，根据不同的劳作使用不同的工具，这应当是长期生产实践所得出的经验。并且根据这一情况，再结合民族学研究资料，大致可重现当时农业生产的若干个重要环节，包括选择耕地、开垦荒地、播种谷物、田间管理、收割谷物、加工和储藏谷物等等。这其中的经验总结性质可以说十分明显。而这些来自农耕活动的经验对于中国这样一个农业国度的哲学思维来说又尤为重要。

经验与思维的关系是最为基本的。经验不仅可以导致一定的思维，而且可以使一定的思维凝固或定型。经验也与智慧密切相关。经验具有某种引导性，它可以引导智慧的发生和展开。有关这两个方面与以后哲学的关系应当是非常容易理解的，无论是在东方的哲学形态里，还是在西方的哲学形态里，都能够找到影响思维与智慧的经验要素。

而当人们确信某种行为必然导致某种后果、某种原因必然导致某种现象时，这时的经验就又是观念的。例如当人类充分认识到水对于解渴的意义时，水的重要性就不仅仅是经验上的，而且也是观念上的；当人类充分认识到火对于取暖的意义时，火的重要性就不仅仅是经验上的，而且也是观念上的。事实上，诸如水、火等观念甚至概念日后普遍成为各民族哲学的起源性问题，其中就包括古代中国的五行说，而它最初就是通过原始的经验产生并留下记忆的。

进一步，这样一种观念还会上升为某种具有自觉意义的理论和思想。在东西方哲学史上，我们都会看到一些经验论的或经验主义的哲学形态，而且这些形态往往与知识活动有着十分密切的关系。我们切不可认为这些知识以及经验只是当时的，对此，墨子在他的三表说中有清晰的论述。事实上，哲学所依据的经验大都可能不是直接的具体经验，而是那些在历史上长久积淀下来的以间接形式出现的基本或重要经验。

此外，人类的知识不是一个简单的对于客观事物的纪录史或者描述史，而是主体与客体的关系史，是主体与客体的交往史。依据积累的经验，人也学会处理与自然的关系，选择和确定与自然交往的态度。

三、从早期神话传说看观念与知识的关系

早期神话传说也向我们传递着某些观念的消息。应当看到，神话，特别是那些关于自然与知识的神话，首先不是故事，而是早期人类所面对的世界。从这些神话中我们可以看到原始先民所遇到和思考的各种问题。当然，我们也可以通过神话了解先民们的关切和兴趣所在。与古代希腊人和希伯来人的神话相比，中国早期神话所关心的似乎首先或主要不是社会或历史问题，而是自然与知识。而透过这种现象，我们也可以看到中国神话所具有的面向自然与知识的观念状况。无疑，这对于认

识中国哲学的早期源头也是有重要意义的。

从中国早期神话中我们可以看到人类知识进步的历史。如原始人对火的使用："南方祝融，兽身，人面，乘两龙。"（《山海经·海外南经》）"祝融亦能昭显天地之光明，以生柔嘉材者也。"（《国语·郑语》）"炎帝氏以火纪，故为火师而火名。"（《左传·昭公十七年》）又如原始先民的穴居生活："穴而处，下润湿伤民。"（《墨子·辞过》）我们也可以看到狩猎与农耕的不同阶段："有人曰王亥，两手操鸟，方食其头。"（《山海经·大荒东经》）"神农之世，卧则居居，起则于于，民知其母，不知其父，与麋鹿共处，耕而食，织而衣。"（《庄子·盗跖》）"诞后稷之穑，有相之道。茀厥丰草，种之黄茂。"（《诗·大雅·生民》）

通过神话传说，我们也看到了原始先民是怎样在面对这个世界。例如水患："祝融降处于江水，生共工。"（《山海经·海内经》）共工"欲雍防百川，堕高堙庳"（《国语·周语下》）。又如干旱："夸父与日逐走，入日。渴，欲得饮，饮于河渭；河渭不足，北饮大泽。未至，道渴而死。弃其杖，化为邓林。"（《山海经·海外北经》）这之中有失败："鲧堙洪水，汩陈其五行，帝乃震怒，不畀洪范九畴，彝伦攸斁。鲧则殛死。"（《尚书·洪范》）也有希望："又北二百里，曰发鸠之山，其上多柘木。有鸟焉，其状如乌，文首，白喙，赤足，名曰精卫，其鸣自詨。是炎帝之少女，名曰女娃。女娃游于东海，溺而不返，故为精卫，常衔西山之木石，以堙于东海。"（《山海经·北山经》）

我们也可以在早期神话中看到各种具体知识与技艺的状况。例如："少暤生般，般是始为弓矢。"（《山海经·海内经》）"帝俊生禺号，禺号生淫梁，淫梁生番禺，是始为舟。"（《山海经·海内经》）弓与舟发明的记载应当与狩猎社会有关。又如："帝尧为陶唐氏。"（《世本·帝系篇》）"昆吾作陶。"（《世本·作篇》）陶器发明的记载应当与农耕社会有关。此外，药物知识也早在原始社会就已经出现了。如："有灵山，巫咸、巫即、巫盼、巫彭、巫姑、巫真、巫礼、巫抵、巫谢、巫罗十巫，从此升降，百药爰在。"（《山海经·大荒西经》）还值得我们思考的是这些记载会否引起观念问题，如后来思想中屡屡出现的道技观、道器观究竟与此有什么关系。

此外我们还应特别注意，早在这些神话中原始人的观念已经指向上天。例如日月："东海之外，大荒之中，有山名曰大言，日月所出。""大荒之中，有山名曰合虚，日月所出。"（《山海经·大荒东经》）"大荒之中，有山名曰大荒之山，日月所入。""大荒之中，有山名曰日月山，天枢也。吴姖天门，日月所入。"（《山海经·大荒西经》）这进一步又导致测算，如："北方曰鹓，来之风曰狻，是处东极隅以止日月，使无相间出没，司其短长。"（《山海经·大荒东经》）"有人名曰石夷，来风曰韦，处西北隅以司日月之长短。"（《山海经·大荒西经》）这种状况既是思维发展的结果，也与农耕文明的需求密切相关。而促使我们进一步思考的，是这些最初的知识与后来天道观、宇宙观的逐渐生成之间究竟有没有联系。

四、从早期占卜行为看观念与知识的关系

中国古老的占卜活动可以追溯到公元前 4000 年左右的仰韶文化时期，这就是位于黄河中下游的河南淅川下王岗遗址（距今约 6000 年）出土的仰韶文化晚期的羊肩胛骨，上有烧灼痕。目前我国已知新石器时代的卜骨主要集中在两个地区，即黄河上游地区和中下游地区。在黄河中下游地区，骨卜现象集中于龙山文化遗存中。在黄河上游地区，骨卜现象集中于齐家文化遗存中。之后，保存占卜资料最丰富的是商代。

占卜活动首先无疑是要询问命运问题。对此，马林诺夫斯基在《文化论》中有合理的解释，他说："只有那些靠不住的，大部分见不到的效果，那些一般归于运命，归于机遇，归于侥幸的事，初民才想用巫术来控制的。""也就是他们的经验和他们的理智告诉他们科学所无能为力的一个领域。在这领域内，亦只在这领域内，他们疑心有另一种在那里支配着的力量。"[1]又说："所谓人事之外尚有天命，事实虽是如此，天命固然难以逆料，但是它好像是含着深潜的意义，好像是有目的的。""在不幸事件

40

发生之前，似乎是有预兆的，事发的推演又似乎含有内在的一贯的逻辑，于是人们觉得他对于运命似乎有相当辩证法可以左右这神秘的力量。"①这就是说，占卜实际是用来探知和把握命运的。例如商人就是通过烧灼钻、凿过的甲骨以取得"兆象"，并通过观察和解释"兆象"以定命运的吉凶。以后，古代中国人及其哲学即称之为"命"，换言之，占卜活动直接与后来哲学的"命"观念相关。又根据汪宁生，在凉山彝族这里，占卜所需解决的问题主要分为两类。一类叫作"涅式"，意指整个事件的吉凶祸福，即要求得到一个结论性的答案；另一类叫作"所住"，是要求得到各种具体的指导，也即指具体的对付方法。②

但值得我们注意的是，早期的先民对于"命运"问题的关注都非常具体，这其中有不少又都与知识相关，以商人的占卜为例，其中包括星象、受年、灾害、建造等等。如："月㞢食，闻，八月。"（《甲》1289）"我受黍年。"（《续》1.37.1）"帝令雨足年——帝令雨弗其足年。"（《前》1.50.1）"帝其降堇。"（《前》3.24.4）"帝降邑。"（《乙》653）这样一些内容在殷代的占卜中是十分普遍的。《尚书·洪范》中对此也有明确的概括："稽疑：择建立卜筮人，乃命卜筮，曰雨，曰霁，曰蒙，曰驿，曰克，曰贞，曰悔。"古人实际上已经意识到其所占卜的内容很大程度上与自然现象或相应的知识有关。从罗振玉起，包括董作宾、胡厚宣、郭沫若、陈梦家等人先后试图对甲骨卜辞的内容加以分类。1979年出版的《甲骨文合集》将卜辞内容共分为四大类、二十二小类。其中二十二小类包括有：战争、农业、渔猎、畜牧、商业、建筑、交通、天文、历法、气象、疾病、生育、鬼神、祭祀、吉凶、梦幻、卜法等等，从这些内容中不难看出其与国家和个人"命运"的关系，但同时，这些对于命运的占卜中确又大量涉及知识问题，并且这些问题还占有突出的地位。由此看来，占卜与知识，信仰与科学也并非是截然对立的，其中间存在着相通的连接线索。

---

① 〔英〕马林诺夫斯基：《文化论》，第49页。
② 参见汪宁生《彝族和纳西族的羊骨卜——再论古代甲骨占卜习俗》，文物出版社编辑部编《文物与考古论集》，第137、138、140页，北京，文物出版社，1986。

第三节 "类"观念的产生及其知识源头

"类"观念应当是人类最早产生的观念之一。"类"观念的成长过程实际在人类的童年期就已经开始了，其最初是从分辨活动开始的，是从辨别或辨识所考察或认识对象的差异问题开始的，也即是从对于多样性和差异性的认识开始的。分辨思维最早是在采集包括狩猎活动中发展起来的，因为各种生物，包括植物和动物构成了原始人最必需的生活资料。因此，在采集的年代，一代又一代的原始人不断地重复着同样一个思维母题：对生活资料的观察和分辨。而分类是在分辨的基础上形成的，对知识或对象的处理必然要求思维从分辨上升到分类。久而久之，"类"观念也就产生了。从分辨到分类再到"类"观念的产生应当是思维发展的一个自然历史进程。①

一、人类早年普遍的"类"观念及其知识源头

关于原始人的分辨与分类活动，列维-斯特劳斯在《野性的思维》一书中有大量详细的引述。例如："哈努诺人把当地鸟类分成七十五种……他们大约能辨别十几种蛇……六十多种鱼……十多种淡水和海水甲壳动物……大约同样数目的蜘蛛纲动物和节足动物……。哈努诺人把现有的数千种昆虫分为一百零八类，其中包括十三种蚂蚁和白蚁……。哈努诺人认识六十多种海水软体动物和二十五种以上的陆地和淡水中的软体动物……。他们能辨别四种不同类型的吸血的水蛭……。总共记录下四百六十一种动物。"（自康克林）"合皮印第安人知道三百五十种植物，那伐鹤人知道五百多种植物，南菲律宾群岛的萨巴农人的植物名词超过一千个，哈努诺人的植物名词将近两千个。与加蓬的一位土

---

① 关于"类"观念早期发展的详细状况也可参见本人《中国哲学的起源——前诸子时期观念、概念、思想发生发展与成型的历史》与《中国哲学起源的知识线索——从远古到老子：自然观念及哲学的发展与成型》（上海，上海人民出版社，2014）中的相关内容。

著资料提供者一同工作的塞兰斯,最近发表了一份有大约八千个名词的人种—植物词汇表,这些名词出现在附近十二三个部落的语言或方言之中。"(自弗雷克、沃克尔和塞兰斯)"皮那图博人记录下来六百余种有名称的植物,而且除拥有关于植物及其用途的惊人的知识以外,他们还使用近百个名称来描述植物的各个部分或特性。"(自福克思)①

事实上,最初的分类也就是隐含在这些识别与分辨活动或过程中的。例如:"几乎所有尼格利托人都可以不费力地列举出至少四百五十种植物,七十五种鸟类,大多数蛇、鱼、昆虫和兽类,以及甚至二十种蚁类……。"(自福克思)"哈努诺人用一百五十多个名称来表示植物的各个部分和属性。这些名称为辨认植物和'讨论区分各类植物,而且还往往表明药用和营养价值的重要特征的几百种植物特性'提供了类目。"(自康克林)并且,这些识别活动明显已具有垂直的等级性。如"迪特林和扎汉继格雷奥勒之后证实了苏丹土著人分类法的普遍性和系统性。多贡人把植物分成二十二个主科,其中一些又继续分成十一个子类"②。显然,我们已经可以清楚地在这里看到分类的影子。从这个意义上来讲,对现象观察的进一步展开在意识层面至少或实际导致了两种结果,即差异与类分。事实上,这两种结果可以视作同一问题的两个不同的侧面。

列维-斯特劳斯还针对人类学研究中普遍的观点指出:"如果人种学家基于偏见,认为'原始人'简单和粗陋,这样就会在很多情况下,使人种学研究忽略复杂而首尾连贯的、有意识的社会系统。他们未曾料到在经济与技术水平如此低下的社会中会有这类系统,因为他们曾非常匆忙地从中得出一种结论,认为原始人的智力水平必定也是同样低下的。"③应当看到,列维-斯特劳斯对于思维发展连贯性的强调无论是对我们认识原始思维,还是对后来思维与思想的发展都有着重要的意义。

---

① 〔法〕列维-斯特劳斯:《野性的思维》,第 7、8、9、11、12 页,北京,商务印书馆,1987 年。
② 同上书,第 8、11、47 页。
③ 同上书,第 49 页。

二、原始中国人的分辨活动与观念

中国人的分辨活动早在旧石器时期即采集年代就已经开始了。我们知道，中国自然地理独特，生物群落丰富，这为采集活动和分辨思维的展开提供了十分有利的前提条件。

就目前所能获得的比较可靠的资料来看，中国人大量的分辨活动最早反映在《山海经》这部典籍之中。由于这部著作所记载的内容在相当大的程度上与采集活动及其知识密切相关，因此，分辨活动同样也会在其中清楚地体现出来。例如：

> 《南山经》之首曰䧿山。其首曰招摇之山，临于西海之上，多桂，多金玉。有草焉，其状如韭而青华，其名曰祝余，食之不饥。有木焉，其状如谷而黑理，其华四照，其名曰迷谷，佩之不迷。有兽焉，其状如禺而白耳，伏行人走，其名曰狌狌，食之善走。（《南山经》）

具体地，从《山海经》自身所形成的知识体系来看，其分辨活动主要体现在两大知识领域，即地理知识和生物知识，例如："又东三百八十里，曰猨翼之山，其中多怪兽，水多怪鱼，多白玉，多蝮虫，多怪蛇，多怪木，不可以上。"（《南山经》）"又南水行九百里，曰踇隅之山，其上多草木，多金玉，多赭。有兽焉，其状如牛而马尾，名曰精精，其鸣自叫。"（《东山经》）这些资料指示了某一地区或区域的主要动植物种类、特征以及矿物基本特征、利用价值，其在很大程度上具有地理知识的意义或性质。而也正是在这一地理划分过程中，更为精细的与植物和动物知识相关的分辨思维与方法逐渐产生了，例如："有草焉，其名曰黄藿，其状如樗，其叶如麻，白华而赤实，其状如赭，浴之已疥，又可以已胕。"（《西山经》）"有兽焉，其状如鼠，而菟首麋身，其音如獆犬，以其尾飞，名曰耳鼠，食之不脒，又可以御百毒。"（《北山经》）"有兽焉，名曰山膏，其状如逐，赤若丹火，善詈。其上有木焉，名曰黄棘，黄华而员叶，其实如兰，服之不字。有草焉，员叶而无茎，赤华而不实，名曰无条，服之不瘿。"（《中山经》）类似的描述和记载在《山海经》中可以说是不胜枚举。由此我们也可以清楚地看到早期思维与知识活动之间的紧密关系。而早期的"类"观念很可能就是在地理知识和生物知识(包括植物知识和动物知识)的积累过程中产生的。[1]

另外,关于分辨及其与采集的关系,我们如将许多零散的资料特别是那些神话传说资料汇拢和串联起来加以解读,或许能够得到更深刻的印象和认识。如《山海经》:"开明东有巫彭、巫抵、巫阳、巫履、巫凡、巫相,夹窫窳之尸,皆操不死之药以距之。"(《海内西经》)"有灵山,巫咸、巫即、巫盼、巫彭、巫姑、巫真、巫礼、巫抵、巫谢、巫罗十巫,从此升降,百药爱在。"(《大荒西经》)在这里,无论是"皆操不死之药以距之",还是"从此升降,百药爱在",都表明早在采集和狩猎年代,原始人已经积累了相当的药物知识。吕子方的研究表明,《山海经》中的许多内容与药物知识有关。[2] 又根据赵璞珊的统计,《山海经》中有药物 132 种。[3] 而我们知道,原始或古代先民之能掌握如此丰富的药物知识,其最基本的方法就是"尝",如:岐伯"尝味草木,典主医病"(《太平御览》卷七二一引《帝王世纪》)。其实,从更大的范围讲,不仅是药物,凡一切食用之物皆需要"尝",如:"至于神农,以为行虫走兽难以养民,乃求可食之物,尝百草之实,察酸苦之味,教民食五谷。"(《新语·道基》)"(神农)尝百草之滋味,水泉之甘苦,令民知所辟就。当此之时,一日而遇七十毒。"(《淮南子·修务训》)而这所谓的"尝",也就是今天所说的分辨,也就是今天所说的辨别和识别。分类间接地说是观察的延续,直接地说是分辨的延续,确切地说,就是在对各种观察对象加以分辨的活动中产生的。

三、三代时期的分类活动与观念

进入农耕社会后,分辨活动也会发生变化,特别是分类活动日益广

---

[1] 这样一种分辨及分类与前面所见到的现代人类学的考察资料是一致的。

[2] 参见吕子方《读山海经杂记》,见《中国科学技术史论文集》下册,第 74—81 页,成都,四川科学技术出版社,1984。

[3] 参见赵璞珊《〈山海经〉记载的药物、疾病和巫医》,见《〈山海经〉新探》,第 270 页,成都,四川省社会科学院出版社,1986。

泛并逐渐成熟。

如随着农耕的发展，随着农耕对于天文观测的需要，人们又会关注种种天象的变化。最初这些天象是以图像的形式被描绘和记录下来，这已经有大量考古材料的证明。进入三代，随着文字的发明，一些重要的天象便会通过文字记录下来。而这样一种活动与过程也具有分辨和分类的意义。据陈梦家的研究，殷人卜辞中天象记录的内容包括有：月食、日食、日斑或太阳黑子、风、霾、雨、雪、云、虹、隮、昜日、启、霁、霏、星等。这其中，雨、隮、启、霁、霏之间有着不同程度的联系，但又有细微的差别。如隮有云霓云气之意，霁是指雨止，启是指白日雨止，霏是指雨止云散，天已廓清。① 而以后对于天象如彗星的一些更为细致的区别和分类其实都是在此基础上逐步发展起来的。另据温少峰的研究，殷人将一日分为若干个阶段，其中白天包括：晨、昧、旦、朝、大采、大食、中日、昃、小食、小采、昏、暮等。又根据雨量的不同，有大雨、多雨、烈雨、疾雨、联雨、小雨、幺雨等。根据风量的不同，区分成小风、大风、骤风、狂风四类。云也有各云、困云、大云、幺云。②

动物驯化与驯养在此时也发展迅速，这也会涉及辨识与分类问题。据温少峰的研究，甲骨文中牛的名称有黄牛、黑牛、幽牛、勿牛、白牛等，这主要是依据牛的毛色所作的区别。马的名称也已很丰富，根据温少峰研究，其中以毛色区分马匹的有白马、赤马等七种称呼，以性状区分马匹的也有约十种称呼。③

这一时期最重要也最具代表性的分类活动是与土壤或地理知识有关的。进入三代以后，国家生活逐渐变得越来越重要，而国家生活的一个十分重要的内容就是要求中央政府应尽可能准确地了解、掌握分布于全国各地的各种资源，以便于做出具有统筹意义的安排。《尚书》中的

---

① 参见陈梦家《殷虚卜辞综述》，第 237—246 页，北京，中华书局，1988。
② 参见温少峰、袁庭栋《殷墟卜辞研究——科学技术篇》，第 68—76、164 页，成都，四川省社会科学院出版社，1983。
③ 同上书，第 253—256 页。

《禹贡》就为我们提供了三代时期这一方面分类活动的经典例子。《禹贡》的写作年代至今仍存争议,我倾向于将其看作长期积累的结果,其最终成书或许稍晚,但其中一些最基本的知识和观念很可能在西周时期就已经逐渐成形了。我们知道,《禹贡》将全国分为冀、兖、青、徐、扬、荆、豫、梁、雍共九州,并次第介绍了各州的水利状况、土壤差别、赋税等级、进贡物品等,这可以说是最初的国家地理分类,其既包括自然地理,也包括人文地理。从知识的角度看,这其中尤为重要的就是对土壤的分类。众所周知,在农耕文明到来后,人们出于耕作针对性的需要,就必须对土地的性质特征即差异性有深入的了解。而中国是个典型的农耕民族,因此对于耕作土地的状况也就有了特别的关心,中央王朝形成之后对此愈加重视,并且将其放在首位。这一认识及相应的观念至少可以追溯到夏商时期,并且在《禹贡》中体现了出来。《禹贡》将九州的土壤共分成白壤、黑坟、白坟、赤埴坟、涂泥、坟垆、青黎、黄壤等不同种类,并对每个种类都做了肥力评价,还在此基础上确定了相应的赋税等级,其分别如下:

冀州:厥土惟白壤,厥赋惟上上错,厥田惟中中。

兖州:厥土黑坟,厥草惟繇,厥木惟条,厥田惟中下,厥赋贞作。

青州:厥土白坟,海滨广斥,厥田惟上下,厥赋中上。

徐州:厥土赤埴坟,草木渐包,厥田惟上中,厥赋中中。

扬州:厥土惟涂泥,厥田惟下下,厥赋下上上错。

荆州:厥土惟涂泥,厥田惟下中,厥赋上下。

豫州:厥土惟壤,下土坟垆,厥田惟中上,厥赋错上中。

梁州:厥土青黎,厥田惟下上,厥赋下中三错。

雍州:厥土惟黄壤,厥田惟上上,厥赋中下。

除此之外,《禹贡》也对各地的贡物做了详细的分类规定,这里不作详细考察。由以上考察可以看出,《禹贡》中的分类思维以及"类"观念是十分明显的,而这样一些分类知识以及"类"观念又正是以后科学与哲学活动中"类"观念的共同源头,例如《禹贡》与《管子·地员》之间就明显存在着这种思维上的内在联系。

总之，从以上这些区别中不难看出分辨与分类思维的运用和发展，并且，这些区别显然也成为后来《尔雅》、《管子》、《周礼》等的分类活动以及名辩思潮关于同异问题认识的早期基础。

第四节 "阴阳"对立观念的知识源头

作为"阴阳"观念的源头，人类的对立或二分观念早在采集的年代就已经产生或形成了，可以这样说，对立观念是在人类童年期就已经建立起来的一种认识，其与分类活动一样久远。新石器时期，对立观念已经在中国人的生活和生产中普遍显现，并且，当时的人们也已经开始通过图案来表达这一观念。周代，图案始为符号所代替，同时借助符号来表达某种最初始的哲理。在此基础上，"阴阳"语词、概念及其思想也终于在西周末年出现了。而我们这里所要关心的是这样一种观念进程与知识之间究竟存在着怎样的联系。①

一、万物对立观念在史前思维中的普遍性

从人类史前或早期的思维发展来看，对立观念具有某种普遍性。

对立观念的普遍生成与对日常事物的观察有关。例如在长期的生活中，原始人注意到无论是地上生活的人类和兽类，还是天上飞的鸟类，水里游的鱼类，甚至包括形态各异的昆虫，几乎都是对称的，这包括眼、耳、鼻、齿、乳头、肢体等等。再进一步，植物也是如此，树叶的形状以及纹理几乎也都是对称的。

人类早期的对立观念可以得到近代以来人类学和社会学研究的证明。

---

① 关于"阴阳"即对立观念早期发展的详细状况还可参见本人《中国哲学的起源——前诸子时期观念、概念、思想发生发展与成型的历史》与《中国哲学起源的知识线索——从远古到老子：自然观念及哲学的发展与成型》中的相关内容。

涂尔干在《原始分类》一书的第一章中就讨论了这一问题。涂尔干认真记述了科尔、史米斯、菲松等人的报告。根据这些报告，在澳洲贝林格河的土著部落那里，"所有事物，不管是生物还是非生物，都被这些部落划归到两个胞族，名之以'Yungaroo'或'Wootaroo'"。"他们会告诉你，鳄鱼是 Yungaroo 而袋鼠是 Wootaroo，太阳是 Yungaroo 而月亮是 Wootaroo；星座、树木以及植物也都一样。""自然中的每样事物，都被他们在两个胞族中加以划分。风属于其中一个，雨则属于另一个。……如果你指出一颗星，他们就会告诉你它是属于哪一个分支（胞族）的。"[1]

列维-斯特劳斯在《野性的思维》中对原始人的这一观念有更为深入的研究。列维-斯特劳斯用大量的材料证明，在原始人或原始思维中，对立观念是十分普遍的。如列维-斯特劳斯注意到：在澳大利亚达尔文港一带生活的孟金人"把一年分为两个对立的季节：一个是七个月，异常干燥；另一个是五个月，豪雨滂沱……这种划分方式深刻影响了土著的思想和活动"。列维-斯特劳斯指出这种对立观念"是用各种方式来表示的"，如"天空/陆地，雷/陆地，白天/黑夜，夏/冬，右/左，西/东，男/女，和平/战争，和平—战争/治安—狩猎，宗教活动/政治活动，创造/保存，稳定/运动，神圣/世俗……"[2]并且列维-斯特劳斯又注意到这也是原始人的一种分类方法，可称作"二分法"。例如"恩加里宁人承认有三种相继的二分法：首先是可动的与不可动的东西；然后，能动物分为理性的和非理性的；最后，理性物又分为阳与阴"。而在多贡人的植物知识中，"排成适当顺序的二十二个科被分成两个系列，其中一个系列由奇数诸科组成，另一个系列由偶数诸科组成"[3]。并且我们在这里可以看到，对立观念与分类观念又是重合或相同的。

---

① 〔法〕爱弥尔·涂尔干、〔法〕马塞尔·莫斯：《原始分类》，第 12、13 页，上海，上海人民出版社，2000。
② 〔法〕列维-斯特劳斯：《野性的思维》，第 106、160 页。
③ 同上书，第 67、47 页。

二、早期中国"二分"对立观念的生成

与整个人类一样，中国人的对立观念也应当在采集和狩猎的年代就逐渐萌发了。特别是伴随着原始农耕和技术时代的到来，有关对立现象的认识也增加了，这无疑会使已经形成的观念固定下来并得到强化。我们也可以将这样一种对立观念称作"二分"观念。考古学的研究为我们提供了这方面的大量资料。

首先，由于农业的发达和成熟，原先在自然现象中所得到的"二分"对立印象有可能被延伸和拓展。我们可以通过以下几个方面来加以考察：(1) 农作物收获数量之多少会逐渐使人们形成多少这样一种观念。例如原始人已经懂得抛荒、休耕与农作物收获的数量有着密切的关系。民族学研究也表明了这一点，云南佤族人知道刀耕火种的产量是种子的 10 倍，而拉犁撒种是 15 倍。此外，山顶洞人、柳湾遗址及近现代少数民族都有用骨、木记数的实例，这也是产生多与少观念的明证。[1] (2) 农作物收获的多少同时也反映了丰歉观念，而丰歉观念的产生又会导致其他一些观念的形成。如原始人会渐渐意识到农作物的丰歉实际与地力条件密切相关，于是肥与瘠这对对立观念肯定会随之产生。抛荒与轮作方式就是肥瘠这一对观念的体现，对独龙族与佤族所做的调查已经证明了这一点，他们都建立有相应的抛荒和轮作制度。[2] (3) 农业生产已经普遍涉及效率问题。这首先表现在耕作方式和工具上。进入新石器时代中晚期以后，北方广泛使用了锄耕方式，南方广泛使用了耜耕方式，这都在一定程度上提高了当时的耕作效率。此外，谷物加工的进步也反映了效率问题。在裴李岗、磁山等文化遗址中都出土有大量的磨盘、磨棒，这使得大规模加工粮食成为可能。而效率说到底就是快慢观念的反映。

---

[1] 参见《中华文明史》第一卷(石家庄，河北教育出版社，1989)第 3 章"原始农业"中有关内容。又见李迪《中国数学史简编》，第 5—9 页，沈阳，辽宁人民出版社，1984。
[2] 参见《中华文明史》第一卷，第 128 页。

（4）储藏同样对于"二分"观念有重要意义。如磁山遗址储存粮食已有大量窖穴，而西安半坡、临潼姜寨、陕县庙底沟三处遗址所发现的窖穴已超过 800 个。关于窖穴，我们大致可以知道这样一些与"二分"观念有关的消息：第一，其与容积的大小、深浅等观念相关；第二，其与堆积的多少、厚薄等观念相关；第三，既然窖穴是为了储存，那么它也一定和久与暂这对观念相关。

其次，中国原始先民所从事的极其丰富的制作活动对于"二分"观念的普遍形成也有着十分积极的意义。这也可以从以下几方面得到考察：（1）例如对石斧与石楔的比较研究表明，它们有着不同的工作原理：斧的刃部要足够的利，背部也相对较薄，作用于劈；而楔的刃部却可以稍钝，背部则要足够的厚，作用于裁。① 这里，我们看到了利钝、厚薄两对观念。其他如中原地区广泛使用蚌镰同样是对利钝现象的深刻认识，而龙山文化陶器器型的蛋壳化趋势则是厚薄观念的明显反映。（2）原始先民开始定居之后，建筑便成了生活中一个极为重要的内容，同时也产生了许多相应的对立观念，如燥湿就是其中之一。在北方，这突出体现在以秦安大地湾为代表的地面涂层上；在南方，其主要反映在以余姚河姆渡为代表的干栏式建筑中。除此之外，建筑活动还包括了许多另外的对立观念，如支柱等构件的粗细与长短、础基的深浅、房屋的高低等等。② （3）制陶是原始先民的另一项重要活动。从整个制陶活动的发展能够看出其与"二分"观念的密切关系。例如，随着制陶技术的发展，慢轮和快轮先后被发明了，由此，快慢这一对观念必然会伴随而至。又如仰韶文化时期的陶窑火道和火眼都较少，而龙山文化时期却很多，多和少这一对观念在此又得到了体现。其他如烧造涉及对温度高低的认识，竖穴替

---

① 参见杨鸿勋《论石楔与石扁铲——新石器考古中被误解了的重要工具》，载《建筑考古学论文集》，第 64 页，北京，文物出版社，1987。
② 参见周星《黄河流域的史前住宅形式及其发展》，见田昌五、石兴邦主编《中国原始文化论集——纪念尹达八十诞辰》，第 281—296 页，北京，文物出版社，1989。

代卧穴则反映了上下意识。① （4）在新石器时代中晚期，我国已普遍使用纺轮来进行纺纱。一般而言，纺轮外径较大、重量较重时，则其转动惯量也就较大，宜于纺制刚度较大的粗硬纤维，成纱亦较粗；而纺轮外径较小、重量较轻时，则其转动惯量也就较小，宜于纺制刚度较小的柔软纤维，成纱亦较细。② 在这里，原始先民又接触和使用了多对对立观念，包括大小、轻重、快慢、粗细等等。

类似的例子还可以举出许多。总之，中国人的"二分"对立观念在新石器时代应当已经取得了最初始的形态。

而在此基础上，用于表达这一观念的抽象或概括化形式也出现了。那么，这种概括化形式的最早表现又是怎样的呢？ 考察表明，"二分"观念的概括化形式最早是以图形的样式反映出来的。确切地说，早期"二分"观念的概括化形式主要是出现在新石器时代中晚期的彩陶纹饰上，它表现为一些对称性极强的构图。张朋川的《中国彩陶图谱》对此有比较深入的研究。根据这一研究，我们主要可以得到两类形式。其中一类是几何形纹样。半坡类型晚期彩陶上的鱼纹图案就经常变形处理成为几何形纹样，这之中非常典型的一种形式即是由对应的三角形所构成的对比图案。另一类是⌒形旋纹。例如在庙底沟类型彩陶纹饰中就有许多类似⌒形的阴阳对应图形。至屈家岭文化时期，在彩陶图案上出现了十分规整的"太极式"旋纹。③ 抽象或概括化形式的出现是非常重要的。它一方面能够以其简洁性为"二分"观念在感知觉方面的固化进一步起到促进作用；另一方面也能够以其统一性为"二分"观念包括在表意和受意方面的应用提供行之有效的工具。由于有了概括化形式，"二分"观念才不会离散；也由于有了概括化形式，"二分"观念才得到强化。并且，概括化形式更成为未来思考的基石与平台。

---

① 参见《中华文明史》第 1 卷，第 4 章、第 2 节"制陶技术"。
② 参见陈维稷等《中国纺织科学技术史》（古代部分）中有关内容，第 20 页。北京，科学出版社，1984。
③ 详见张朋川《中国彩陶图谱》，第 184、188 页，北京，文物出版社，1990。

三、三代时期"二分"观念发展的知识背景

三代时期,"二分"观念发展的知识背景又有了新的变化。这其中一个最为重要的方面就是:随着农业的发展及其需要,天文学知识获得了迅速的发展。而这在当时对"二分"观念产生了重要的影响。

例如在当时天文学以及相关的地理学中,方位问题非常突出。而方位则常常是以对应即东西和南北的形式出现,这其中包含了明显的"二分"结构。如据常正光的研究,卜辞中有大量"出日"和"入日"的语词。常正光指出,"出日"和"入日"即是时间的标志,也是空间地理方位的标志。有了日出与日入时的槷表日影两个端点,便可以连成一条线,这就是准确的东西线。有了东西线又可以得到南北方向的引线。而定四方全靠从出日到入日全过程中保持严格的科学要求与程序。进一步,南北线上测得的日影最长最短两极点可以判知冬至与夏至,东西线又可以验证春分和秋分。二至二分为四时之中,于是春、夏、秋、冬四季也随之而可定了。[①] 我们在这里看到了由时间上的"二分"知识与观念发端,引出一系列时间与时间、空间与空间、时间与空间、空间与时间之间的"二分"知识与观念的互动,并且进一步发展出更丰富的季候知识。这些实际上都是中国古代"二分"观念与思想的重要知识基础或依据。其实,相关的知识基础或依据远不止此,例如由于地域的扩大,在地理认识上就有了海内和海外的区分。与此相关的还有对地貌变化的认识,且一些论述中的思想已富有辩证内涵,十分精彩,如《诗·小雅·十月之交》中的"百川沸腾,山冢崒崩。高岸为谷,深谷为陵"。

到了周代,天文学知识对于"二分"观念的影响又在《易经》中反映出来。《易经》中有明显的二分对立观念,这是毋庸置疑的,这其实也是从一开始就由对吉凶或祸福这两极的占卜所规定的。不少研究象数的学

---

① 参见常正光《阴阳五行学说与殷代方术》,见艾兰等主编《中国古代思维模式与阴阳五行说探源》,第248—253页,南京,江苏古籍出版社,1998。

者在分析《易经》时，或将其直接视作观象的结果，或将其直接视作计数的结果。《易经》首先应当是筮占发展的结果，这是与更早期的龟卜或骨卜形式相接续的。不过，在发展过程中，其完全可能吸收或融入当时"时髦"的知识的内容。《庄子·天下》讲："《易》以道阴阳。"这说明《易经》的卦象中肯定有确切的"阴阳"含义。但庄子所说"《易》以道阴阳"是否仅仅指卦象所体现的含义，还是有某些来自自然界的真实消息，也就是说有确实可靠的知识依据或背景？应当说，这种依据或背景是真实存在的，它就是天文学知识及相关的数学知识。

根据现有了解，属于仰韶文化时期的濮阳西水坡遗址已反映出二至（冬至夏至）与二分（春分秋分）的知识或观念，在仰韶文化晚期的郑州大河村遗址陶器上绘有十二个太阳，这也意味着可能已有一年十二个太阳月的认识。到了夏商时期，对太阳的周年已经逐渐有了一定的掌握，如《尚书·尧典》中记载："期三百有六旬有六日，以闰月定四时成岁。"周代的观测应当更趋成熟。《周礼》中对圭表和日晷测日多有记载，如《地官司徒·大司徒》："以土圭之法测土深，正日景，以求地中。日南则景短，多暑；日北则景长，多寒；日东则景夕，多风；日西则景朝，多阴。"《春官宗伯·冯相氏》："冬夏致日，春秋致月，以辨四时之叙。"

基于此，我们不妨猜测，形成于周初的《易经》很可能就利用了当时的天文学知识，八卦乃至六十四卦在一定意义上就在于反映阴阳四时消息。① 而《易经》卦象极有可能与圭表或日晷等观测仪器的指示有关。以八卦为例，可以这样假设，观测仪器上反映一年中白昼最长的夏至日投影线端点可以乾卦表示，一年中黑夜最长的冬至日投影线端点可以坤卦表示，白昼与黑夜等长的春分、秋分则分别以离卦和坎卦来表示，其位于表杆处，因正对太阳故无投影。而二至二分也即乾、坤、离、坎四卦确定以后，又可以确定立春、立夏、立秋、立冬，也即震、兑、巽、艮四卦的位置。

---

① 一般认为，西汉孟喜所作卦气说最早将《易经》卦象与四季气候结合起来加以考察，但事实上《易经》本身很可能就已经包含有这种思想。

以上很可能就是《易传·系辞上》中所说的"是故《易》有太极,是生两仪,两仪生四象,四象生八卦"最初的真实寓意,这已经超出了简单的吉凶占卜的需求。而八卦位置确定后,理论上讲六十四卦中其余各卦的位置都能够得到确定,只是对观测仪器的要求更高。八卦或只需圭表即可,而与六十四卦对应的观察仪器更可能是日晷。其方法可能是:从秋分日起观测太阳投影,直到冬至日,将每日观测到的投影连接起来,就是一条右旋的抛物曲线;从冬至日起观测太阳投影,直到春分日,将每日观测到的投影连接起来,就是一条左旋的抛物曲线。[1] 而抛物曲线又必然要涉及数学的方式,这就是等分的方法。事实上,在新石器时代的一些陶器上已经有把圆分成等份的现象,最多至 80 等份。有意义的是,上述抛物曲线就正是太极图所显示的图形,也就是所谓太极图。[2] 而六十四卦与这种图形之间应当有着密切的关系。其中由秋分至冬至间的卦象反映的应是由阳而阴即由暖而冷的过程,由冬至至春分间的卦象反映的应是由阴而阳即由冷而暖的过程。由春分至夏至和由夏至至秋分的过程亦然。而同为由阴而阳,冬至至春分与春分至夏至又有所不同,前者是阴多于阳,后者则是阳多于阴。由夏至至冬至的过程亦然。[3] 所有这些,也就是以后《易传·系辞传》中所说的:"是故《易》者,象也。象也者,像也。""一阴一阳之谓道。""乾,阳物也;坤,阴物也。""八卦成列,象在其中矣。""刚柔相推,变在其中矣。""阳卦多阴,阴卦多阳。""六爻相杂,唯其时物也。""变通者,趣时者也。""寒往则暑来,暑往则寒来,寒暑相推而岁成焉。"

---

[1] 需要说明的是,若通过每日实际观测来记录抛物曲线,则日晷应当是能够旋转的,这需要以固定刻度控制移动精度,因此有一定的难度。但抛物曲线也可以通过数学的方式获得,甚至通过推理就可获得。

[2] 历史上曾经有过的太极图很可能并非向壁虚造,其是天文观测的结果,只是后人解释多偏于玄奥。不仅如此,我们还可以更大胆地猜测,屈家岭文化彩陶纺轮上∽形旋纹或许也与天文观测有关。如果真是这样的话,那么太极图与屈家岭文化彩陶纺轮∽形旋纹之间也很可能存在着某种联系。具体可参见本人《中国哲学起源的知识线索——从远古到老子:自然观念及哲学的发展与成型》中的论述。

[3] 寒暑并不完全与冬至夏至对应,但这对于思想来说只是一个技术问题。

四、"阴阳"语词和概念产生的知识背景

与此同时,进入三代以后,伴随着文字的产生和使用,对立的"二分"语词或概念也出现了。而语词或概念的出现使得思维与观念进一步得到强化。

卜辞中已经有这样的对立语词,如东西、出入、有无、吉祸等。《尚书》与《易经》等文献中这类对立语词已很丰富,包括有:左右、先后、上下、大小、刚柔、吉凶、从逆、往来(复)、轻重、平陂、泰否、大人(君子)小人、进退、出入、天地、初终、损益、有无、我彼等等。而且《易经》中有一整套表示吉凶休咎的对立性语词,包括:吉、大吉、亨、元亨、光亨、利贞、无咎、无悔、悔、吝、厉、悔亡、凶等等。而我们可以看出,这其中相当部分是与对自然现象的观察密切相关的,或者说是知识意义上的提炼与总结。这里需要指出的是,概念的文字源头与概念的语言源头是不等同的。这之间有一个时间差,即文字要晚于语言。因此,"二分"语词或概念的实际生成时间可能要早于我们所看到的情况。另外,《尚书》主要是一部政治文献,《易经》则是一本占卜手册。因此,其中对于"二分"对立观念的涉及肯定还是比较有限的。但是不管怎么说,它们毕竟是"二分"语词或概念化后的第一批成果,这一点是非常重要的。而当我们将视野扩大到知识领域,对立语词及其观念可能就更加丰富和具体。例如这一时期天文学发展迅速,因此,对立语词在这里也会得到使用。这包括二至,即冬至夏至;二分,即春分秋分;日有出入,月有朔望。

这其中,就与后世哲学概念与思想的联结而言,"阴"、"阳"语词的出现无疑最为重要。关于阴阳语词,过去一般认为,甲骨文中已有"阳"字,但少见,是否有"阴"字仍存疑。但据萧良琼的研究,甲骨文中已有"阴"字,用于天气变化,例如"丙辰卜,丁巳其阴乎?允阴。"(《合》19781)这条卜辞的意思是丙辰日占卜,丁巳日会阴天吗?第二天果然阴天了。又如"戊戌卜,其阴乎?曀己启,不见云。"(《合》20988)这条卜辞说的是,戊戌日占卜,会阴天吗?第二天己(亥)日天开启了,不见云,启是天放晴的意

思。又据萧良琼研究，甲骨文中也有"阳"字，但仅见于《屯南》4529，其中有"南阳"一词，南阳应是地名。这表明，就自然的意义来说，古人除了从寒暖等来释"阴"、"阳"外，又可以从地理地势意义释此二字，高明处为阳，低暗处为阴；山之南水之北为阳，水之南山之北为阴。萧良琼指出，到现在为止，在甲骨文中还没有发现阴阳变化的材料。[1] 其实，在我看来，甲骨文最初的"阴"、"阳"语词中没有阴阳变化的含意很可能并不十分重要。重要的是作为"阴"、"阳"的语词与天气或气候的关系，并且在更大的范围上与自然的关系，如上述材料就是指的阴晴。目前的研究一般认为，"阴"、"阳"二字最初与寒暖等自然含义有关，这正是在甲骨语词中已经形成或确立了的。

之后，"阴阳"语词有了进一步的发展。如《尚书·禹贡》中的"岷山之阳"，《易·中孚》卦九二爻辞："鸣鹤在阴"。就知识、语词以及其中所包含的观念的连续性而言，这应当是与前面在甲骨文中所见"南阳"一词相一致的。从语词的角度来说，《诗经》中"阴"、"阳"二字的使用逐渐增多，据徐复观统计，有八个"阴"字，十八个"阳"字。如《大雅·大明》中的"在洽之阳"，《大雅·皇矣》中的"居岐之阳"。并且这个时候也已经出现了"阴阳"这一语词，即《大雅·公刘》中的"笃公刘，既溥既长，既景乃冈，相其阴阳，观其流泉"。这也是目前所知"阴阳"这一语词的最早出处，实际也是阴阳知识、语词及观念发展的"瓜熟蒂落"。并且我们在这里还应看到，"阴"、"阳"二字的使用不仅有居住的意义，还有农耕的意义，换言之，不仅有生活的意义，还有生产的意义，这都是"阴"、"阳"语词从一开始就已经蕴含着的。总之，上述"阴"、"阳"或"阴阳"大抵都是自然与日常知识层面的，我们不能忽视这些意义，因为正是包含了这些意义的"阴阳"语词为后来的哲学概念以及思想奠定了基础。

西周末年，"阴阳"语词已经超越了日常知识层面，其中的观念内涵

---

[1] 参见萧良琼《从甲骨文看五行说的渊源》，见艾兰等主编《中国古代思维模式与阴阳五行说探源》，第 218 页，南京，江苏古籍出版社，1998。

日益明显,并且已经逐渐过渡到概念及其思想时期。同时,"阴阳"语词及概念也与"气"观念和语词密切联系起来。《国语·周语上》对此有所记载,如公元前827年周宣王即位,不籍千亩,虢文公谏,其中说道:"古者,太史顺时覾土,阳瘅愤盈,土气震发,农祥晨正,日月底于天庙,土乃脉发。先时九日,太史告稷曰:'自今至于初吉,阳气俱蒸,土膏其动。弗震弗渝,脉其满眚,谷乃不殖。'……稷则遍诫百姓,纪农协功,曰:'阴阳分布,震雷出滞。'土不备垦,辟在司寇。"这里的"阳瘅愤盈"、"阳气俱蒸"、"阴阳分布"都是知识意义上的,同时观念也已蕴含其中,特别是"阴阳分布"一语,"阴阳"均衡的思想已十分明显。另一则更为著名,即是周幽王二年(前780),周太史伯阳父用"阴阳"二气的失调来解释地震原因的记载:

> 夫天地之气,不失其序,若过其序,民乱之也。阳伏而不能出,阴迫而不能烝,于是有地震。今三川实震,是阳失其所而镇阴也。阳失而在阴,川源必塞,源塞,国必亡。

上述这段文字通常被认为是具有哲学观念的"阴阳"语词或概念出现的最早例证。事实上,这段文字可能并不应被视作具有哲学观念的"阴阳"语词或概念出现的最早例证,而应被视作哲学观念借助"阴阳"语词或概念得到比较充分阐述的最早例证,这其中涉及了包括平衡、辩证等问题在内的哲学思想。而上述记载都是与知识密切相关的,即其观念与思想都是建立在知识的基础之上的。

总之,由以上考察我们可以看出:后世哲学的阴阳思想实际上是一个广泛而漫长的知识积累并观念化的结果。

第五节 "五行"图式观念的知识源头

近现代人类学以及有关原始思维的研究表明,宇宙图式观念也在人类的童年期就已经逐渐形成了,其最早与方位知识有关,而方位知识是在原始农耕、畜牧甚至更早的采集、狩猎活动中发展起来的。中国人在这一环境下产生出了"四方"观念，由这一观念衍生出的"五方"观念后来成为"五行"观念的知识基础。当然，"五行"观念的形成还有"五星"、"五材"的知识背景。简言之，对于中国早期"五行"观念的认识可以并且应该放在一个大的知识进程的背景与框架中来展开。①

一、宇宙图式观念在史前思维中的普遍性

人类早期思维中也普遍包含着某些宇宙图式。这里所谓宇宙图式就是将整个世界归结为几种物事、现象甚至数字，并以此为"中心"或"本原"来解释其他一切现象，或来组织整个宇宙万物。这样一种宇宙图式可能因不同的民族、种族甚至部族有所不同，但作为一种对世界的基本认知或理解，它是普遍存在的。而在早期的宇宙图式中，诸如水、火、木、土一类材质以及季节、方位都是最基本或最常用的要素，其中方位尤为基本。

关于原始思维中的这种观念，列维-布留尔在《原始思维》一书中有大量的记述。

例如列维-布留尔在《原始思维》中特别提到了"4"这个数字对于原始人的重要性。他注意到："柯南特在收集了世界各地的许多原始民族使用的数词以后，对他所见到的计数法如此繁多简直大惑不解。"其中"特别使柯南特大惑不解的是相当常见的以 4 为基数的计数法。人们能够数到 5（借助手指）和 5 以上，却要回到 4，以 4 作为自己计数法的基数，这在他看来似乎是不可思议的"。并且"他坦白地承认，这是他求解无门的一个谜"。② 但在列维-布留尔看来，这个问题并不难解决。他说："4 这个基数和以 4 为基数的计数法，其起源可能归因于在所考查的民族的集体表象中，东南西北四方、与这四个方位互渗的四个方向的风、四种颜

---

① 关于"五行"即图式观念早期发展的详细状况还可参见本人《中国哲学的起源——前诸子时期观念、概念、思想发生发展与成型的历史》与《中国哲学起源的知识线索——从远古到老子：自然观念及哲学的发展与成型》中的相关内容。
② 〔法〕列维-布留尔：《原始思维》，第 197 页。

色、四种动物等等的'数—总和'起了重要的作用。"①不少研究者都注意到：在许多部落的仪式中，颜色分属于每个方位。列维-布留尔引述了这些研究者所观察到的情形。例如，"在契洛基人的经咒中，东方、南方、西方、北方各神分别相当于红、白、黑、蓝。每种颜色也有其象征意义。红色表示力量（战争），白色表示和平，黑色表示死亡，蓝色表示失败。"又如，"按照朱尼人的观点，神呼出的气——云，在北方染成黄色，西方染成翠绿色，南方染成红色，东方染成银灰色。"②

当然，在原始观念中，并不仅仅只有 4 这个数字具有重要或神秘的意义。如按照列维-布留尔的研究，在北美各部族那里，5、6、7 几个数字有时也有神圣的性质。"方位或空间部位的数目不一定是 4；在北美各部族那里，这个数有时也是 5（包括天顶）、6（再加上天底），甚至 7（还包括中心或者数数的那个人所占的位置）。"③

二、早期中国"四方"图式观念的生成

相同的情况我们也可以在早期中国人的思维中看到。

我们讲到中国人的宇宙图式通常以"五行"作为源头，但"五行"观念的源头很可能是"四方"或"四位"观念，也即是以方位观念等为基础长期发展的结果。④ 对此，从 20 世纪 40 年代起，胡厚宣、杨树达等人的研究就多有涉及。例如胡厚宣的《甲骨文四方风名考》、《论殷代五方观念及中国称谓之起源》，杨树达的《甲骨文中之四方神名与风名》。这些研究都已经指明了"四方"观念与"五行"观念的关系。但由于这些研究大都从殷商时期的甲骨文中获取资料，这无形之中就推迟了"四方"观念实际形成的时间。以后丁山的《中国古代宗教与神话考》中涉及了《山海经》

---

① 〔法〕列维-布留尔：《原始思维》，第 200 页。
② 同上书，第 207、209 页。
③ 同上书，第 211 页。
④ 早期的尚"四"思维实际是以"四方"观念为核心但又不限于"四方"观念。除"四方"概念外，我们也可以使用"四位"这一概念。

的材料，但这样一种认识似乎也并未为其他学者所特别重视。

在这方面，有两部分材料可以充分运用，即神话传说与考古发现。

在神话传说中，《山海经》无疑是最为重要的资料来源。通过对《山海经》的研究，我们可以发现其中的某些材料与近现代人类学研究所提供的材料具有相似之处，如方位与数字"4"这两个方面。《山海经》中已经有明确的方位观念，例如《海外南经》中记载："昆仑虚在其东，虚四方。一曰在岐舌东，为虚四方。"当然，就整体性观念而言，它不仅仅在于是否已经有了方位的知识，而是在于方位与其他事物的联系。《山海经》正记录了这种联系，这种联系具体包括：（1）方位与动物，例如："南方祝融，兽身人面，乘两龙。"（《海外南经》）"西方蓐收，左耳有蛇，乘两龙。"（《海外西经》）"北方禺强，人面鸟身，珥两青蛇，践两青蛇。"（《海外北经》）"东方句芒，鸟身人面，乘两龙。"（《海外东经》）（2）方位与风神，例如："东方曰折，来风曰俊，处东极以出入风。"（《大荒东经》）"北方曰鹓，来之风曰狻，是处东极隅以止日月，使无相间出没，司其短长。"（《大荒东经》）"南方曰因乎，夸风曰乎民，处南极以出入风。"（《大荒南经》），以及西方"有人名曰石夷，来风曰韦，处西北隅以司日月之长短"。（《大荒西经》）显然，这样一些观念与现代人类学研究中所反映出的观念具有一致性。（3）4这一数字在《山海经》中也有一定的反映，这主要集中在"使四鸟"这样一个语词上，例如《大荒东经》就多有使用："有蒍国，黍食，使四鸟：虎、豹、熊、罴。""有中容之国。帝俊生中容，中容人食兽、木实，使四鸟：豹、虎、熊、罴。""有黑齿之国。帝俊生黑齿，姜姓，黍食，使四鸟。""有招摇山，融水出焉。有国曰玄股，黍食，使四鸟。"类似的记载在《大荒南经》、《大荒西经》和《大荒北经》中也有。按郝懿行，所谓"四鸟者"，乃"鸟兽通名耳"。①

除传说材料之外，近几十年来大量的考古学成果也可以为我们提供某些信息。例如彩陶纹饰上的十字形、米字形图案。由张朋川的《中国彩陶图谱》我们可以看到，在中国西部、东部、中部以及南部等地区出土

---

① 参见袁珂《山海经校注》，第 343 页，上海，上海古籍出版社，1980。

的彩陶上都会绘有一些十字形、米字形图案。例如甘肃马家窑文化包括石岭下文化和马厂文化出土的陶器上常有十字和米字形图案；甘肃齐家文化出土的陶器上有十字形和卍形图案；山东大汶口文化的陶器上有八角星纹；湖北屈家岭文化的陶器上有十字纹；南京北阴阳营文化的陶器上也有十字和米字形图案；福建昙石山文化出土陶器上有十字纹。① 这些应都具有方位的含义：四方或八方。此外，安徽含山凌家滩新石器时代大汶口文化晚期墓地（距今约 5800 年左右）出土的玉版上也有明显的八方观念图形。我们知道，在原始社会所绘制的图案绝不会是个别或偶然的事物与现象，它肯定与某些最经常的事物或最重要的观念相关，并且它应当是关乎整个氏族或部族生活的；至于那些在各地都会广泛出现的图案，就更可能超越氏族或部族，而关系到作为"类"的人这个种群的生活。而什么能作为关乎整个氏族或部族特别是关乎作为"类"的人这个种群生活的因素呢？ 显然，方位也即"四方"具有这种重要地位，这一知识不仅为采集和狩猎时代的生活所必需，也在农耕时代因生产的需要而固化下来。不过方位本身主要是知识性的，作为完整的观念，它还有赖于与信仰的结合。 在这方面，考古学研究也同样能够提供相应的参证。例如河南濮阳西水坡仰韶文化遗址 45 号墓葬。1987 年发掘的该墓葬中出土有龙虎摆塑。摆塑分别位于墓主人骨架的左右两侧，由蚌壳塑成。其中龙在墓主人尸骨的东面，虎在墓主人尸骨的西面，左右对称。这样一种图案的摆放与汉代的"四灵"观念（东方青龙、西方白虎、南方朱雀、北方玄武）非常相似，而且龙与虎的形象和方位也几乎完全相同。学者们指出，这是完整的"四方"观念化的有力证明。

并且，上述考古材料与神话材料是能够吻合的。

三、三代时期"四方"观念发展的知识背景

由史前社会确立的"四方"观念在三代得到了延续。

---

① 参见张朋川《中国彩陶图谱》。

　　"四方"观念对于殷人十分重要。如一些学者指出："方，在殷人社会生活中是极为重视的观念。"①殷人在修建宫殿、墓室甚至卜骨的存放上都表现出十分突出的方向意识及能力。并且，"四方"观念在殷人这里也已十分成熟，甲骨卜辞中对此有不少记载，例如："癸卯贞，东受禾。""北方受禾，西方受禾。""南受禾"（分别见《合》33244、33246）"庚戌卜：宁于四方，其五犬。"（《合》34144）而殷人的这些"四方"观念及其表述非常重要，因为它很可能构成了后世观念的直接基础。丁山曾就《尧典》与前此观念的关系作过深入细致的分析。其指出："尧典所传羲仲、羲叔、和仲、和叔，以宇宙论观之，仍然是如山海经所谓日母、月母；以时令言之，应与句芒、祝融、蓐收、玄冥相似，也可视为四季之神。所谓旸谷、昧谷、幽都，那只是天空上的方位隈隅之名，犹史记·天官书云：'东宫苍龙，南宫朱雀，西宫咸池，北宫玄武。'"②不仅如此，丁山还对三代"四方"观念的延续或传承做过更为系统的整理，其以殷商时期的甲骨文、《山海经》（被认为晚于甲骨文）、《尧典》（被认为属周秦期间的作品）作为三个间架从而将三代的"四方"观念串接起来。丁山认为：四方概念在甲骨文中分别为："东方曰析，风曰劦"，"南方曰粦，风曰兕"，"西方曰彝，风曰彝"，"北方曰歟，风曰殿"。在《山海经·大荒经》中分别为："东方曰折，来风曰俊"，"南方曰因，风曰呼民"，西方"有人名石夷，来风曰韦"，"北方曰鹓，来风曰狻"。而在《尧典》中则是：春，"厥民（疑为名）析，鸟兽孳尾"，夏，"厥民（疑为名）因，鸟兽希革"，秋，"厥民（疑为名）夷，鸟兽毛毨"，冬，"厥民（疑为名）隩，鸟兽氄毛"。丁山对此还有一段说明，他说："我们知道尧典所传说'钦若昊天'那段以四中星考验四时的文章，殆与大荒经同原。大荒经所传说四方神名与四方风名直接本于殷商祀典。"③不过我以为这三者的顺序首先应当是《山海经》即民间代代相承的传说、然后是殷商的甲骨

---

① 常正光：《阴阳五行学说与殷代方术》，见艾兰、汪涛、范毓周主编《中国古代思维模式与阴阳五行说探源》，第 246 页，南京，江苏古籍出版社，1998。
② 丁山：《中国古代宗教与神话考》，第 79、80 页，上海，上海文艺出版社，1988。
③ 同上书，第 94 页。

文，再后是《尧典》。当然，这样的排列是指知识或观念而言，而非指文字形态。但事实上，究竟何者在先何者为后，这样的顺序问题在这里可能并不重要，重要的是间架，通过这一间架，我们可以清楚地了解"四方"观念从原始社会到三代及至以后的延续状况。

此外，据常正光的研究，四方与四时有着密切的关系。"四方是以定点为中心，对空间的区分，四时是时间推移的特征，看来时空概念各异"，但根据"测四方知四时的实际，四方和四时，空间和时间又不能分割"。常正光认为，甲骨刻辞中的"出日"、"入日"问题就与"四方"问题有关。其指出："卜辞的出入日之祭，就是以测定准确的东西方向线为基础从而测得南北方向线的办法。""东西线可以判定春分或秋分的到来，据南北线观测中星及斗柄的指向，又是判定夏至与冬至的一种手段。"而"二至二分为四时之中，于是春、夏、秋、冬四季也随之而可定了"。[1] 而这也就与《山海经》中四方和风神关系的认识对接上了。事实上，学者们在安徽含山凌家滩出土玉版上的八方图形中也已经注意到包含有四时的消息。[2] 也就是说，对于四方与四时之间的对应关系早在中国原始社会和三代时期就已经有了认识。正是以此为基础，遂有《尚书·尧典》中更为完整的记载。《尧典》曰：

> 乃命羲、和，钦若昊天，历象日月星辰，敬授人时。分命羲仲，宅嵎夷，曰旸谷。寅宾出日，平秩东作。日中，星鸟，以殷仲春。厥民析，鸟兽孳尾。申命羲叔，宅南交，曰明都。平秩南讹，敬致。日永，星火，以正仲夏。厥民因，鸟兽希革。分命和仲，宅西，曰昧谷。寅饯纳日，平秩西成。宵中，星虚，以殷仲秋。厥民夷，鸟兽毛毨。申命和叔，宅朔方，曰幽都。平在朔易。日短，星昴，以正仲冬。厥民

---

[1] 常正光：《阴阳五行学说与殷代方术》，见艾兰、汪涛、范毓周主编《中国古代思维模式与阴阳五行说探源》，第 256、253 页。

[2] 对此，陈久金、张敬国、陆思贤、李迪、武家璧等学者都作过研究。可见陈久金、张敬国《含山出土玉片图形试考》，《文物》1989 年第 4 期；陆思贤、李迪《天文考古通论》，北京，紫禁城出版社，2000；武家璧《含山玉版上的天文准线》，《东南文化》2006 年第 2 期。

隩，鸟兽氄毛。

在这里，方位、季节、地理、天象是密切相关的。

四、"五行"语词和概念产生的知识背景

据目前所能获得的资料，"五行"概念最早出现于《尚书》之中。具体说来，"五行"一词出现在《尚书》中共有三处，分别是《甘誓》一处，《洪范》两处。其中最受重视的即是《洪范》中下述这段：

> 五行：一曰水，二曰火，三曰木，四曰金，五曰土。水曰润下，火曰炎上，木曰曲直，金曰从革，土爰稼穑。润下作咸，炎上作苦，曲直作酸，从革作辛，稼穑作甘。

按照目前较为一般的共识，上述这段话主要是对事物属性或世界本原的把握，并且这种把握在殷周之际或更早已经形成。但"五行"概念的最初含义或许并非如此，这段话更可能是建立在具体知识基础上的一种概括。不过，我们在这里主要是考察"五行"观念的知识背景，其余不赘述，而作为知识背景，至少有以下三个方面。

第一，"五方"。在"四方"观念的发展过程中，"五方"观念也渐渐露出端倪。"五方"作为观念的产生应当说是"四方"观念与思维逻辑发展的必然结果。我们看到，作为相对应的语词或概念，卜辞中已经出现"中商"的概念，如"庚辰卜，舛中商。"（《乙》9078）"戊寅卜，王贞受中商年。"（《前》8.10.3）其实，这也是早期思维的普遍情况，对此前已有述。常正光指出："四方不可能是抽象的四方，它在空间的存在必然要依附一个中心点，有了中心点才有四方，不然就无所谓四方了。"而"殷人据出日入日测得的四方"就是"以东西线与南北线相交点为中心的四方，这两条线相交构成'十'字形"。"在汉代仍保留着中心与四方之说。《说文》：'十，数之具也。一为东西，丨为南北，则四方、中央备矣。'可见指示四方就不能没有中心点。与中心点结合的四方才是事实上的四方。""也正因为四方是这种特性，人们便把这个起决定作用的中心点也加上'方'的称号，由

四方而为五方了。"①这样一种由"四方"观念向"五方"观念的转变，我们也同样可以从《尚书》中读到。《尧典》关于四中星记载的第一句话是："乃命羲和，钦若昊天，历象日月星辰，敬授人时。"这无疑是与"分命羲仲"、"申命羲叔"、"分命和仲"、"申命和叔"这"四方"观念相对应的。而归结以上内容我们又大致可以这样推测和判断："四方"观念及概念主要是采集文化的产物，而"五方"观念与概念则主要是农耕文化的产物，尤其是对在成熟农耕文化基础上所形成的政治或行政中心格局来说，"五方"观念与概念的产生应是很自然的。

第二，"五星"。就"五行"概念这一语词外壳的知识背景而言，其与占星术或天文学也有着密切的关系。据刘起釪的研究，"五行"一词原本只用于占星活动，是指辰星、太白、荧惑、岁星、填星等五大行星的运行。简言之，"五行"也就是"五星"。并且刘起釪还以为，根据五星运行所得出的"五行"一词的问世应当在殷周之际。② 应当说，刘起釪对于"五行"语词与占星术关系的判断是正确的，但这一语词是否产生于殷周之际却值得商榷。理由是商周时期的占星术虽然取得了很大的发展，但其主要还局限于对天象的观察和记录，其成就与产生或发展出"五行"或"行"这样以天体运行为内涵的语词很可能还存在着认识或知识上的距离。而周代末年以后，天文观测逐渐量化。包括太阳运动如回归年长度、行星运动如五星会合周期等测算都在这一时期达到了很高的精度。考察表明，除《尚书》外，"五行"一词几乎全部出现于春秋中后期的文献记载中。如：

> 故有五行之官，是谓五官。（《左传·昭公二十九年》）
>
> 故天有三辰，地有五行。（《左传·昭公三十二年》）

---

① 常正光：《阴阳五行学说与殷代方术》，见艾兰、汪涛、范毓周主编《中国古代思维模式与阴阳五行说探源》，第 256、257 页。

② 参见刘起釪《五行原始意义及其纷歧蜕变大要》，见艾兰、汪涛、范毓周主编《中国古代思维模式与阴阳五行说探源》，第 142 页。相应的观点在其《释〈尚书·甘誓〉的五行与三正》、《〈洪范〉成书年代考》等文中也已经有所表述。

不仅如此，与天体运行相关的"行"这一语词也普遍见于这一时期。如：

> 日月之行也，分，同道也；至，相过也。（《左传·昭公二十一年》）

> 经纬星历，以视其离；通若道，然后有行。（《管子·五行》）

上述现象都是与西周末年至春秋这一时期高度发展的占星术或天文学计量化进程相吻合的。语词之"行"是对天体之"行"的真实记录和反映。

第三，"五材"。"五行"概念的产生也与"五材"概念有关。早期的认识主要应不是与本原有关，而是与日用、使用、材用、实用有关。《洪范》在具体描述"五行"性质时分别使用的两组文字，即"水曰润下，火曰炎上，木曰曲直，金曰从革，土爰稼穑"和"润下作咸，炎上作苦，曲直作酸，从革作辛，稼穑作甘"，这主要应看作是对不同事物价值或功用意义的提示。《禹贡》中对此也有所反映，如，"海岱惟青州。嵎夷既略，潍、淄既道。厥土白坟，海滨广斥。厥田惟上下，厥赋中上。厥贡盐、絺，海物惟错。岱畎丝、枲、铅、松、怪石。莱夷作牧。厥篚檿丝。""淮海惟扬州。彭蠡既猪，阳鸟攸居。三江既入，震泽底定。筱簜既敷，厥草惟夭，厥木惟乔。厥土惟涂泥，厥田惟下下，厥赋下上上错。厥贡惟金三品，瑶琨筱簜，齿革羽毛惟木，岛夷卉服。厥篚织贝，厥包橘柚锡贡。沿于江海，达于淮、泗。""荆、河惟豫州。伊、洛、瀍、涧既入于河，荥波既猪，导菏泽，被孟猪。厥土惟壤，下土坟垆。厥田惟中上，厥赋错上中。厥贡漆、枲、絺、纻，厥篚纤纩，锡贡磬错。浮于洛，达于河。"这里所反映的都是"材"的意识，只是有具体和概括之分。正是在此基础上，大约到了西周末年以后，"五材"这一概念也出现了，至春秋及战国时期，这一概念的使用已十分普遍。如：

> 天生五材，民并用之，废一不可。（《左传·襄公二十七年》）
> 且譬之如天，其有五材，而将用之。（《左传·昭公十一年》）

　　审曲面势，以饬五材，以辨民器，谓之百工。（《周礼·冬官考工记·总叙》）

　　总之，"五行"概念很可能是由"五方"、"五星"、"五材"这些观念和概念综合而成的。其中"五方"是过渡与引子，"五星"即"五行"提供了语词外壳，"五材"则提供了内涵并以此为基础逐渐生发出属性与本原的意义。而西周末年至春秋中叶之间是"五行"概念最可能形成的时期，它也是这一概念发生发展的一个重要节点。[①] 但最为重要的是，"五行"观念或概念的这些源头都与知识有关。

第六节　自然"天人"观念的萌芽

　　自然"天人"观念中的"天"包括天、地以及与人类活动相关的其他自然环境，而"天人"观念所关涉的也就是人与自然或环境的关系。这样一种观念早在原始社会时期就已经缓慢地开始萌芽了。进入新石器时代以及古代社会之后，农耕活动变得最为根本，因为它直接关系到人的生存问题。所以，自然"天人"观又与农耕活动密切相关。具体地，自然"天人"观的核心内容主要体现为天时、地宜观念，而这两个观念大约在西周时期也都已经概念化。[②]

一、远古时期的宗教"天人"观

　　在考察中国远古时期的自然"天人"观之前，我们有必要对中国远古时期的宗教"天人"观作一个了解。

　　张光直认为：中国古代文明的一个重大观念，就是把世界分成不同

---

① 我比较同意王世舜的看法，其以为："从《洪范》内容本身以及联系西周及春秋战国时代意识形态的发展历史来看，它当是西周末叶到春秋中叶以前的产物。"参见王世舜《尚书译注》，第115页，成都，四川人民出版社，1982。

② 有关远古时期"天人"观的基本形态或格局也可参看本人：《中国哲学的起源——前诸子时期观念、概念、思想发生发展与成型的历史》与《中国哲学起源的知识线索——从远古到老子：自然观念及哲学的发展与成型》中的相关内容。

的层次，其中主要的便是"天"和"地"。不同层次之间的关系不是严密隔绝、彼此不相往来的。中国古代许多仪式、宗教思想和行为的很重要的任务，就是在这种世界的不同层次之间进行沟通。进行沟通的人物就是中国古代的巫、觋。① 我们通常也将这种沟通称之为通神。在世界各民族历史的一定阶段，巫都是通神的，这也是由列维-布留尔所说的早期的互渗状况发展而至的。巫之能成为通神者，是资源、权利、智力种种分化所至。如张光直所说："巫是智者圣者，巫便应当是有通天通地本事的统治者的通称。"②而巫、觋实际上也就是萨满。换言之，中国古代文明也就是所谓萨满式的文明，这是中国古代文明最主要的一个特征。张光直指出：把世界分成天地人神等层次，这是中国古代文明重要的成分，也就是萨满式世界观的特征。学者们普遍注意到新石器文化（如良渚文化）中的器物"玉琮"之于贯通天地的意义。张光直说："琮的方、圆表示地和天，中间的穿孔表示天地之间的沟通。从孔中穿过的棍子就是天地柱。在许多琮上有动物图像，表示巫师通过天地柱在动物的协助下沟通天地。"③又张光直指出："琮的实物的实际形象是兼含圆方的，而且琮的形状最显著也是最重要的特征，是把方和圆相贯串起来，也就是把地和天相贯通起来。专从形状上看，我们可以说琮是天地贯通的象征，也便是贯通天地的一项手段或法器。"当然，这种天地间的贯通最终要通过人也即巫来实现。"巫的本身首先能掌握方圆，更进一步也更重要的是能贯通天地。"④

关于通神或贯通天地，有一则重要文献不得不提，这就是《国语·楚语下》中所记载的上古颛顼时代"绝地天通"的故事。《国语·楚语下》中记载楚昭王问于观射父："《周书》所谓重、黎实使天地不通者，何也？若无然，民将能登天乎？"观射父对曰：

---

① 参见张光直《考古学专题六讲》，第 4 页。
② 张光直：《中国青铜时代》（二集），第 44 页，北京，生活·读书·新知三联书店，1990。
③ 张光直：《考古学专题六讲》，第 10 页。
④ 张光直：《中国青铜时代》（二集），第 71、72 页。

非此之谓也。古者民神不杂。民之精爽不携贰者，而又能齐肃衷正，其智能上下比义，其圣能光远宣朗，其明能光照之，其聪能听彻之，如是则明神降之，在男曰觋，在女曰巫。是使制神之处位次主，而为之牲器时服，而后使先圣之后之有光烈，而能知山川之号、高祖之主、宗庙之事、昭穆之世、齐敬之勤、礼节之宜、威仪之则、容貌之崇、忠信之质、禋絜之服，而敬恭明神者，以为之祝。使名姓之后，能知四时之生、牺牲之物、玉帛之类、采服之宜、彝器之量、次主之度、屏摄之位、坛场之所、上下之神祇、氏姓之所出，而心率旧典者为之宗。于是乎有天地神民类物之官，是谓五官，各司其序，不相乱也。民是以能有忠信，神是以能有明德，民神异业，敬而不渎，故神降之嘉生，民以物享，祸灾不至，求用不匮。及少皞之衰也，九黎乱德，民神杂糅，不可方物。夫人作享，家为巫史，无有要质。民匮于祀，而不知其福。烝享无度，民神同位。民渎齐盟，无有严威。神狎民则，不蠲其为。嘉生不降，无物以享。祸灾荐臻，莫尽其气。颛顼受之，乃命南正重司天以属神，命火正黎司地以属民，使复旧常，无相侵渎，是谓绝地天通。

观射父讲的故事大致分为两部分：第一，少皞以前，也即所谓"古者"是"民神不杂"。所谓"民神不杂"，观射父又将其解释为"天地神民""各司其序，不相乱也。民是以能有忠信，神是以能有明德"，总之，"民神异业，敬而不渎"；第二，及"少皞之衰"，因"九黎乱德"，由是"民神杂糅，不可方物"、"家为巫史，无有要质"。不仅如此，而且"烝享无度，民神同位。民渎齐盟，无有严威"。结果，至颛顼时代，不得不"命南正重司天以属神，命火正黎司地以属民，使复旧常，无相侵渎"。这也就是著名的"绝地天通"。不少学者都认为这一事件是一次重大的宗教改革。[①] 有些撰述更简单地说九黎仍信奉巫术或巫教，而颛顼则禁止巫术或巫教。

---

① 可参见徐旭生《中国古史的传说时代》，北京，科学出版社，1960；牟钟鉴、张践：《中国宗教通史》上卷，北京，社会科学文献出版社，2000。

　　不过，这种认识是值得怀疑的。因为：从观射父的归纳来看，就是"民神杂糅，不可方物"、"家为巫史，无有要质"。其实，现代人类学研究表明，这种"民神杂糅"、"家为巫史"的现象应当是史前社会的普遍或正常现象。并且现代人类学研究同时表明，越往远古，"民神杂糅"的现象也就越严重。换言之，观射父所讲少皞以前的所谓"古者"事实上根本不存在一种"民神不杂"的状况。因此，观射父对于少皞以后社会"民神杂糅"、"家为巫史"现象的批评似乎并不正确；同时，其对于少皞以前远古社会"民神不杂"状况的判断或推断似乎也并不正确。或许观射父所讲故事的真正意义倒恰恰在于反过来解读，即其为我们提供了一个史前期的"民神杂糅"和"家为巫史"的文献记载，而这样一种记载事实上已经与考古材料相吻合。也因此，颛顼的所为并不具有宗教改革的性质或意义。事实上，这应当是随着部落集团的相对集中，随着社会权力的相对集中而在宗教生活上的体现，即属于部落集团对于宗教权力及其背后政治权力的掌控。这总体上应当是一种自然历史的过程。换言之，颛顼之"绝地天通"的举措并不具有改变宗教自然历史进程或宗教性质的意义，它仅仅只是由氏族宗教向国家宗教的进化过程中的一个顺理成章的正常步骤，即从过去的散乱走向了现在的相对集中，但是，信仰或宗教生活的基本内容并没有发生本质变化。更重要的是，只要宗教性质没有改变，"民神杂糅"、"家为巫史"这种现象必然还会一直持续下去。而这也正是张光直所表达的观点：连续性。应当看到，这与古代埃及埃赫那顿的宗教改革有所不同，因为埃赫那顿的宗教改革有人为的排斥多神信仰和巫术崇拜的目的；这与古代希伯来的宗教革命更不相同，因为犹太教从根本上拒斥了巫术，并使得自己蜕变为一个典型的史无前例的一神信仰的宗教。①

---

① 关于与此相关的本人对于中国古代宗教基本状况与性质的看法可参考拙著《中国社会的宗教传统——巫术与伦理的对立和共存》。

二、远古时期自然"天人"观的萌芽

原始形态的自然"天人"观可能首先体现在居住方式中。先民们最初是住在自然洞穴中的。通过漫长的生活经验积累,人类逐步改变自己的生活条件与习惯。在北方,由住自然洞穴向穴居及半穴居建筑发展。其中为了解决防潮问题,人们不断研究出改善的措施。例如,在仰韶文化早期,一些半穴居住所开始使用墐涂技术,之后,可能是受制陶的影响,又开始对建筑进行烧烤。此外,仰韶文化时期的地面已开始用白灰铺设,到了龙山文化时期,用白灰铺地已被广泛使用。而在南方,则主要是巢居或干栏式建筑。这类建筑样式的合理性主要体现为:第一,栖身之所离开地面,能有效地防止潮湿对人体的侵害,特别是能够有效防止致病的潮湿蒸气,即古人所说的瘴气对人体的侵害。如《旧唐书》和《新唐书》的《南平僚传》中记载的:"土气多瘴疠",故"人并楼居"。又《太平寰宇记》中记载的:"俗多构木为巢,以避瘴气。"第二,可以防止某些动物对人体的侵害,包括各种有毒的害虫的袭扰。如《南平僚传》所述之原因:"山有毒草及沙虱蝮蛇"。又《桂海虞衡志》与《岭外代答》中俱记载:"地多虎狼不尔则人畜俱不安。"①

当然,伴随着农耕时代的到来,原始自然"天人"观又更多地体现在农耕活动中。我们知道,与其他活动相比较,农耕活动中非人类自身所能控制的外在因素最多,也最复杂,如土壤状况、气候条件等等。于是,基于一个简单而又现实的目的——农业收成,人们就不得不认真考虑这些外在因素与农耕活动之间的关系。对此,现代民族学研究可以提供有效而充分的证明,例如生活在云南的独龙族和怒族这样一些少数民族就对土壤与作物的关系有认真的观察。独龙族非常注意种植作物的林地,因生长的树木不同故种植的作物也就有所不同。如生长"斯雷"树的地方,宜种植荞麦;生长"尔芷"树的地方,宜种植玉米;生长野生核桃树的

---

① 见《中华文明史》第 1 卷,第 192 页。

地方,则以种植芋头为最好。怒族人认为,最适宜做耕地的是生长苦冬瓜树、小板栗树的林地,因为这些树木生长迅速,枝叶繁茂,再生力强,焚烧后草木灰积存丰富,利于增强地力。此外,如独龙族认为,砍伐原始森林时间要早,即必须在树叶未掉落之前,而砍伐普通树木则应在树叶初肥之时。上述情况一直持续到 20 世纪 50 年代甚至更晚。① 由此不难发现,人类即使在十分原始的农耕活动阶段也已经有了初步的地宜观念。

三、三代的自然"天人"观

伴随着农业的发展,夏商时期在物候、天象方面的知识特别是农业与气候关系方面的知识都有所增长,而这其中也已经包括了有关天时的观念。例如《夏小正》记载正月有以下物候现象:"启蛰,雁北乡,雉震响,鱼陟负冰","囿有见韭,时有俊风,寒日涤冻涂,田鼠出,农率均田,獭祭鱼,鹰则为鸠。"在这里,"时"的观念已经出现,其目的在于提示不同的物候(时)与农业活动之间的对应关系。又如《尚书·尧典》中的"乃命羲、和,钦若昊天,历象日月星辰,敬授民时。"从"敬授民时"一句可知,这些天象(时)也与农事活动有关,这具体又体现在各个不同的季节之中,如仲春,"厥民析,鸟兽孳尾";仲夏,"厥民因,鸟兽希革";仲秋,"厥民夷,鸟兽毛毨";仲冬,"厥民隩,鸟兽氄毛。"可见,无论是《夏小正》,还是《尧典》,都已涉及人们对"时"的认识。而且我们在其中也已看到了"时"这一概念的初步运用。此外,这时人们对"时"的认识也有可能已经涉及更多的领域、更大的范围,如《皋陶谟》讲:"百工惟时,抚于五辰,庶绩其凝。"这里"抚于五辰",就是顺于四时之意。

同样,地宜观念也更加清晰地反映在这一时期的农业以及居住活动中。如《诗·大雅·生民》记载的是周人始祖后稷的故事,其中说:"诞后稷之穑,有相之道。茀厥丰草,种之黄茂。"这里"有相之道"的一种解释就是因地耕稼之道,其中自然含有地宜观念。又如《诗·大雅·公刘》记

---

① 见《中华文明史》第 1 卷,第 127 页。

载的是周人祖先公刘率族民由邰迁豳的故事，其中讲："笃公刘，既溥既长，既景乃冈，相其阴阳，观其流泉。"这里的"相其阴阳，观其流泉"也是指考察适宜居住、耕作的地方，同样包含了地宜观念。[1] 同时，"地宜"观念还从这一时期与农业活动密切相关的地理学知识中反映出来，例如《禹贡》记载了各地与土壤相宜的种植情况。如兖州"厥土黑坟，厥草惟繇，厥木惟条"；徐州"厥土赤埴坟，草木渐包"；扬州"厥草惟夭，厥木惟乔，厥土惟涂泥"。这些都明确记载了植物与土壤的关系。其实，就是荆州"厥土惟涂泥，厥田惟下中"、豫州"厥土惟壤，下土坟垆，厥田惟中上"、梁州"厥土青黎，厥田惟下上"、雍州"厥土惟黄壤，厥田惟上上"这样一些对于各地土壤情况的一般记载也已经包含有十分明显的地宜观念。而所有这样一些知识和观念在后来又由《周礼》和《管子》加以发展。

四、西周时期的自然"天人"观及"时"、"宜"概念

这其中，周代的自然"天人"观念还值得提出来专门加以考察。

应当看到，到了周代，自然天人观念获得了一个更大的发展并逐渐取得了成熟的形态。这一时期，不仅天时、地宜观念得到进一步的展开，而且"时"、"宜"等概念已经确切形成并得到广泛的运用。这些都表明基于自然线索的天人关系问题的思考取得了重大的进步。以下我们分别对"时"、"宜"这两个概念加以考察。

首先，天时观念及"时"概念的应用。

天时观念及"时"概念广泛反映于农事活动以及与农事活动相关的田猎活动中。我们先来看《周礼》中的记载。如《地官司徒·遂大夫》说："以岁时稽其夫家之众寡、六畜、田野，辨其可任者与其可施舍者，以教稼穑，以稽功事。"这是讲农事活动应当考虑时间即季节因素。《地官司徒·山虞》说："山虞掌山林之政令，物为之厉而为之守禁。仲冬斩阳木，仲夏斩阴木。凡服耜，斩季材，以时入之。"这是讲林木斩伐应当考虑时

---

[1] 将周人祖先的材料放在这里使用主要是考虑其与殷商的同期性。

间即季节因素。又如《天官冢宰·兽人》记载到："冬献狼，夏献麋，春秋献兽物。时田，则守罟。"《天官冢宰·鳖人》记载到："以时籍鱼鳖龟蜃，凡狸物。春献鳖蜃，秋献龟鱼。"这些都是在考虑田猎或渔猎的季节因素。此外，《天官冢宰·庖人》中说："凡用禽献，春行羔豚，膳膏香；夏行腒鱐，膳膏臊；秋行犊麛，膳膏腥；冬行鲜羽，膳膏膻。"《天官冢宰·食医》中说："凡和，春多酸，夏多苦，秋多辛，冬多咸，调以滑甘。"以上内容主要是讲饮食与季节的关系。在这些论述中，天人相应的观念清晰可见。关于天时观念及"时"概念，《国语·周语上》中也有相应的记载，如关于农耕，"古者，太史顺时覛土，阳瘅愤盈，土气震发，农祥晨正，日月底于天庙，土乃脉发。""廪于籍东南，钟而藏之，而时布之于农。""民用莫不震动，恪恭于农，修其疆畔，日服其镈，不解于时，财用不乏，民用和同。"又如关于田猎，"王治农于籍，蒐于农隙，耨获亦于籍，狝于既烝，狩于毕时，是皆习民数者也"。所有这些记载都强调了人事活动的时间观念，也就是人事活动与时间、时令即天的对应关系。除此之外，天时观念也在制作活动中体现出来，以稍后的《周礼·冬官考工记》为例，其《总叙》中讲"材美工巧，然而不良，则不时……天有时以生，有时以杀。草木有时以生，有时以死……此天时也"；《轮人》讲"斩三材必以其时"；《弓人》讲"取六材必以其时"。值得我们注意的是，以后儒家《论语》、《孟子》、《荀子》等文献中都有上述观念的反映或继承。

其次，地宜观念及"宜"概念的应用。

与天时观念一样，地宜观念在西周时期也有了十分充分的发展，并且，"宜"概念很有可能就广泛产生和应用于这一时期。对此，《周礼》这部典籍非常重要，因为在这部典籍中"宜"概念被大量使用。例如《夏官司马·职方氏》中说：东南扬州，"其畜宜鸟兽，其谷宜稻"；正南荆州，"其畜宜鸟兽，其谷宜稻"；河南豫州，"其畜宜六扰，其谷宜五种"；正东青州，"其畜宜鸡狗，其谷宜稻麦"；河东兖州，"其畜宜六扰，其谷宜四种"；正西雍州，"其畜宜牛马，其谷宜黍稷"；东北幽州，"其畜宜四扰，其谷宜三种"；河内冀州，"其畜宜牛羊，其谷宜黍稷"；正北并州，"其畜宜五扰，其谷宜五种"。这显然与《禹贡》的考察是一脉相承的。不仅如此,《周礼》还详细考察了动植物生长与土壤、地形之间的关系,如《地官司徒·大司徒》中说:"以土会之法辨五地之物生。一曰山林,其动物宜毛物,其植物宜早物";"二曰川泽,其动物宜鳞物,其植物宜膏物";"三曰丘陵,其动物宜羽物,其植物宜核物";"四曰坟衍,其动物宜介物,其植物宜荚物";"五曰原隰,其动物宜裸物,其植物宜丛物。"类似的还有《地官司徒·大司徒》:"而辨其邦国都鄙之数,制其畿疆而沟封之,设其社稷之壝而树之田主,各以其野之所宜木,遂以名其社与其野。"《地官司徒·草人》:"草人掌土化之法以物地,相其宜而为之种。"《地官司徒·土训》:"土训掌道地图,以诏地事。道地慝,以辨地物而原其生,以诏地求。"上述内容实际上都是《禹贡》知识与思想的延续。从以上的考察中我们可以看到,"宜"概念在《周礼》中已经使用得十分普遍。《周礼》中对"宜"概念还有更为一般或概括的使用,如:"以土宜之法辨十有二土之名物,以相民宅而知其利害,以阜人民,以蕃鸟兽,以毓草木,以任土事。"(《地官司徒·大司徒》)

可见,到了西周时期或稍晚,"时"、"宜"这些重要的自然天人观的概念已经被广泛应用,同时,天时、地宜这样一些观念也更加丰富,更加具体,一些已经明显有了早期思想的痕迹。以后《考工记》对此有了更为概括性的表述,即:"天有时,地有气,材有美,工有巧,合此四者,然后可以为良。"可以说,周人已经奠定了中国古代自然天人观的基本格局。

第七节　"象"、"数"观念及其知识背景

"象"、"数"知识与观念也是在原始社会时期就开始渐渐生成了。其中就"象"知识与观念而言,最初可能是由于农业的需要,继而受农业的影响,占星术或天文学本身获得了发展并逐渐独立出来,这就大大促进了"象"知识与观念的发展。在"数"知识与观念方面,原始计算与几何知识无疑是最基本的源头,之后,天文知识与音律知识也相继加入了进来,

由此形成了中国古代"数"观念的最初源头。①

一、早期"象"知识与观念

原始人的采集和观察活动不仅培育了分辨与分类思维，"象"思维与观念也在其中被培育出来。例如《南山经》之首鹊山中对草、木、兽的记载就具有观察与描述事物基本特征也即"象"的性质："有草焉，其状如韭而青华，其名曰祝余，食之不饥。有木焉，其状如谷而黑理，其华四照，其名曰迷谷，佩之不迷。有兽焉，其状如禺而白耳，伏行人走，其名曰狌狌，食之善走。"我们知道，《山海经》中大量的观察材料都保存了这方面的信息。其他如神农"尝百草之滋味……一日而遇七十毒"。（《淮南子·修务训》）"乃求可食之物，尝百草之实，察酸苦之味。"（《新语·道基》）这些不仅是识别或分辨的起点，也应是观"象"活动和"象"思维的起点。

随着农耕时代的到来，观"象"活动有了新的发展。早期的农业活动往往是通过物候观察以获得相应的消息。原始人注意到自然界中植物的生长、动物的习性都是与特定的季节相关的，并且他们所从事的依赖于季节的种植及畜牧活动，可以从自然界中获得消息。例如《夏小正》中的记载："启蛰，雁北乡，雉震呴，鱼陟负冰"，"囿有见韭，时有俊风，寒日涤冻涂，田鼠出，农率均田，獭祭鱼，鹰则为鸠"，"鞠则见，初昏参中，斗柄县在下，柳稊，梅杏杝桃则华，缇缟，鸡桴粥"。而这些"象"所提示的农事活动是"农率均田"。② 同样，我国的古籍中通过对一些周边少数民族风俗习惯的记载也表明了这一点。例如《后汉书·乌桓鲜卑列传》中记载，乌桓人是依据"见鸟兽孕乳以别四节"。又如《太平寰宇记·儋州风俗》中记载，古代海南岛的黎族人通常是"占薯芋之熟，纪天文之岁"和"观禽兽之产，识春秋之气"。近代的民族与民俗学研究也提供了许多有价值

---

① 有关远古时期"象"、"数"观念的更详细情况可参看本人《中国思维形态》、《古代中国科学范型》和《中国哲学的起源》与《中国哲学起源的知识线索》中的相关内容。

②《夏小正》保存于《大戴礼记》，根据前面所确定的原则，作为农耕知识，这部分内容应当是长期农业生产和经验的积累，其不仅是可信的，并且形成时间也应大大提前。

的资料，例如甘南地区的裕固族人就是根据牧草长势、雨雪多寡等自然现象来确定草场提供牧草的具体时间。物候观察使得观"象"方法与"象"思维有了更加明确的意义。

然而，对于农业生产来说，物候观察仍有着较大的缺陷，因为生物的生长和活动通常要受到许多复杂因素的影响。因此，如果仅仅根据物候观察就显得不够，有时还会导致歉收。如现代的云南基诺人通常是在苦笋长到锄把高时播种旱谷，但是某些年份按这些经验办事作物却长得不好。这样一种现象，肯定也会引起原始先民的注意。在经历了较长时间的探索之后，原始先民又发现对天象的观察同样可以提供季节变化的信息，而且比物候报时更为准确，于是他们逐渐又将目光投到天象上。例如考古工作者在山东莒县凌阳河畔发掘出几件陶尊，根据陶尊上符号的提示，人们发现在陶尊出土地点的东面山上有五座山峰，而陶尊出土地点附近有块石头，从这块石头望向东边中央的山峰，当太阳在峰顶上出现的时候，其时正是春分。又如学者们在凉山彝族地区调查时也注意到，当播种季节将临时，有经验的老农每天都在日落前来到一个固定的地点进行观察，只要看到太阳在某个山口落下，就可确定第二天该种某种作物。① 这些都表明先民们已经开始注意或意识到农业种植活动与天象的密切关系。

随着这种关注的增加，大量的天象会被记录下来。考古研究和文献研究已在这方面为我们提供了十分丰富的例证。1979 年，在江苏连云港锦屏山将军崖，发现了一处新石器时代的石刻岩画，该岩画刻在海拔 20 米的黑色岩石上，长 22 米，宽 15 米。岩画上刻有各种星云图和植物人面图形，其中星云图刻有太阳和月亮。1972 年至 1975 年，考古工作者在郑州大河村新石器时代遗址中发掘出大量绘有纹饰的彩陶片。先后两次碳 14 年代测定显示，这些遗物的年代距今为 5040±100 年和 4500±100 年。考古工作者发现这些彩陶片上的纹饰有相当一部分与天象观察

---

① 见《中华文明史》第 1 卷，第 214 页。

有关。其中有太阳纹、月亮纹、星座纹等等。而所有这些都透露出极其明显的观象及知识特征。特别引人注目的是在一些陶片上还绘有这样一些图像：光芒四射的太阳纹外边，绘着对称的内向弧形带，弧形带皆作圆点，其外沿又绘着放射的光芒。考古学者以为这种圆点应当是对日晕的记录。又如关于太阳黑子的记录。中国人早在新石器时代就已经注意到太阳黑子现象。20 世纪 60 年代，考古工作者曾在陕西华县泉护村发掘出一批属于庙底沟类型的彩陶，其中有一件画的是一只飞鸟驮着一轮红日。考古工作者指出，这是对太阳黑子的记录，并且是目前世界上最早有关于太阳黑子的记录。后世文献对早期观象活动也有所记载，如："钟山之神，名曰烛阴，视为昼，瞑为夜，吹为冬，呼为夏。"（《山海经·海外北经》）"地之所载，六合之间，四海之内，照之以日月，经之以星辰，纪之以四时，要之以太岁。"（《山海经·海外南经》）

随着国家的产生，天象观察又实现了更大的发展。2003 年以来，山西襄汾陶寺夏文化遗址的发掘研究取得重大进展。研究者发现，陶寺城址祭祀区建筑 ⅡFJT1 很有可能是一所兼观象授时和祭祀功能为一体的多功能建筑。其中观象主要是通过夯土柱缝隙、延长线及与周边山峰的关系来进行。模拟观测在很大程度上证明了这一点，相关的报告称：2003 年 12 月 22 日冬至日，确切时间是早 8 时 17 分至 8 时 20 分，在东 2 号缝观察到日出的情况；又 2004 年 1 月 21 日大寒，确切时间是早 8 时 15 分至 8 时 21 分，在东 3 号缝观察到日出的情况。[①] 我们可以设想，当时的人们是如何日复一日观测天象变化的。除了农业生产需要外，这一时期的观象活动在很大程度上又可能是出于政治权力的需要，出于王权或君权神授的需要。在这样一种背景下，古代中国对于天象的记录是非常广泛的，也是非常详备的。只要当时能被肉眼观察到的天象，包括日食、月食、太阳黑子、彗星、新星等，古代中国人都一一作了认真的记录。

---

① 分别见《山西襄汾县陶寺城址遗址发现陶寺文化大型建筑基址》，《考古》2004 年第 2 期；《山西襄汾县陶寺城址祭祀区大型建筑基址 2003 年发掘简报》，《考古》2004 年第 7 期。

因为在这时的中国人眼里，天象已经成为一种事件。例如日食。天文学家认为，古代中国第一次最可靠的日食记录是公元前 1217 年 5 月 26 日发生的日偏食。① 它被记载在殷墟的甲骨卜辞上：卜辞上记载："癸酉贞：日月㞢食，隹若？"（《佚》374）意思是癸酉日占，黄昏有日食，是不吉利的吗？ 类似的记载在卜辞中还有四次。而国外最早的日食记录是公元前 763 年 6 月 15 日发生在巴比伦的一次日全食。② 中国的记录要早 454 年。又如月食。卜辞中共有五次关于月食的记录，其中最早的一次是发生在公元前 1361 年 8 月 9 日的月全食。③ 卜辞上记载："月㞢食，闻，八月。"（《甲》1289）另外四次的时间分别是前 1342 年、前 1328 年、前 1311 年、前 1304 年。而目前国外所记载最早的月食记录是古埃及公元前 721 年 2 月 19 日的月全食。④ 中国的时间显然要早得多。

现有典籍中也提供了相关资料。其中最突出的就是《尚书·尧典》中对天象观察的记载："乃命羲、和，钦若昊天，历象日月星辰，敬授民时。"又分命羲仲"寅宾出日，平秩东作。日中，星鸟，以殷仲春"。申命羲叔"平秩南讹，敬致。日永，星火，以正仲夏"。分命和仲"寅饯纳日，平秩西成。宵中，星虚，以殷仲秋"。申命和叔"平在朔易。日短，星昴，以正仲冬"。我们看到，这其中也明确使用了"象"这一语词予以表述。又如关于太阳黑子现象，见诸文字的记载最早可推至《周易·丰卦》，其中讲到"日中见斗"、"日中见沫"，即是对太阳黑子现象的描述。至西周末年起，"天象"这一语词逐渐出现，如《国语·周语上》中讲："夫天事恒象，任重享大者必速及。"我们由此也大致可以看出作为天象意义的"象"语词的最初产生和发展过程。

司马迁在《史记·天官书》中这样记载道："自初生民以来，世主曷尝不历日月星辰？及至五家、三代，绍而明之，内冠带，外夷狄，分中国为十

---

① 参见陈遵妫《中国天文学史》第 3 册，第 858 页，上海，上海人民出版社，1984。
② 参见方克主编《中国的世界纪录》（科技卷），第 51 页，长沙，湖南教育出版社，1987。
③ 参见陈遵妫《中国天文学史》第 3 册，第 1005 页。
④ 参见方克主编《中国的世界纪录》（科技卷），第 52 页。

有二州，仰则观象于天，俯则法类于地。天则有日月，地则有阴阳。天有五星，地有五行。天则有列宿，地则有州域。三光者，阴阳之精，气本在地，而圣人统理之。"应当说，司马迁对于上古观象或占星活动的推测是有道理的。

二、早期"数"知识与观念

数的知识同样早在原始社会就渐渐产生了。如在新石器时代出土的一些陶器上，已经反映出一种把圆分成等份的现象。这一时期已有了3 等份、4 等份、5 等份、6 等份、7 等份、8 等份、9 等份、10 等份、12 等份、28 等份、34 等份，乃至 80 等份的图案。这种平分技术在某种程度上已很成熟。据专家们推测，当时应当已有 2 等份分一段弧的几何知识。我们甚至有理由猜测，这种等份技术与观察太阳周天即回归年长度有关。殷商时期的甲骨卜辞中保存有很多记数文字。此时已用一、二、三、四、五、六、七、八、九、十、百、千、万十三个单位记十万以内的任何自然数，只是字体与后世有所不同。甲骨文中已发现的最大数字是三万，复位数已记到四位。考察表明，当时的记数法是遵循十进制的，并且已经含有明显的位值制意义。此外，卜辞中也反映出殷商时期已经有奇数、偶数以及倍数的概念，这说明当时的人们已掌握了初步的运算技能。[1] "算筹"在西周时期肯定已经出现。而就数与哲学观念二者关系来说，影响最大的莫过于《易经》中的排列组合思想，这对于思想界或知识界已经都不陌生。在反复的占卜活动中，人们渐渐发现了某些排列关系。如将阳爻和阴爻按两个一组排列起来，就得到"四象"；按三个一组排列起来，就得到"八卦"；按六个一组排列起来，就得到六十四卦。用现代数学语言来表达，"四象"的组成是从两个不同的元素中每次取两个元素的排列，"八卦"的组成是每次取三个元素的排列，而六十四卦的组成则是每次取六

---

[1] 参见杜石然等编著《中国科学技术史稿》（上册），第 70 页，科学出版社，1982；李迪《中国数学史简编》相关部分内容。

个元素的排列。事实上，六十四卦的获得很可能已经完全或主要不是基于占卜的需要，而是出于对天文观察（前面已经做过论述）以及数学排列的兴趣的结果。而这样一种兴趣对以后的哲学产生了重要的影响。

有关数的知识其实也并不仅仅局限于数学领域，其在天文学与音律学知识中同样有所体现。特别是天文学，其对数思维与观念的产生具有十分重要的意义。

伴随着天象观察和记录的增加，原始先民逐渐也开始关注天象的变化，由此也就逐渐产生了相关的数的知识与观念。如 1988 年，考古工作者在河南濮阳西水坡发现一座仰韶文化时期的墓葬（45 号墓）。有学者对墓穴实际尺寸作了研究，计算表明，其盖图所表示的分至日的昼夜关系非常合理，特别是春分、秋分日道，其昼夜关系的准确程度简直不差分毫。[1] 由此可以看出，这一时期的原始先民已经不是简单地对天象作观察和记录。此外，《山海经》中也向我们透露了原始先民这方面知识的消息。"帝命竖亥步，自东极至于西极，五亿十选九千八百步。竖亥右手把算，左手指青丘北。"（《山海经·海外东经》）

进入三代，天文学发展加快。以《尚书》为例，《尧典》中有"期三百有六旬有六日，以闰月定四时成岁"的记载，《洪范》中也有"五纪：一曰岁，二曰月，三曰日，四曰星辰，五曰历数"的记载。至周代，天文学获得了更大的发展。《周礼》中对日月变化的观测多有记载，如《地官司徒·大司徒》记载："日至之景，尺有五寸，谓之地中。""以土圭之法测土深，正日景，以求地中。"《春官宗伯·冯相氏》记载："冬夏致日，春秋致月，以辨四时之叙。"以后，《冬官考工记·匠人》记载："匠人建国，水地以县，置槷以县，眡以景，为规，识日出之景与日入之景，昼参诸日中之景，夜考之极星，以正朝夕。"这些记载中都透露出关于"天数"知识的信息，换言之，就是天文学开始由观象向观测发展，因此数学计算逐渐被纳入进来。特别

---

[1] 参见冯时《河南濮阳西水坡 45 号墓的天文学研究》，《文物》，1990 年第 3 期。在另一方面，其蚌塑龙虎图案也意味着宗教信仰的内涵。即与莒县出土陶尊上的图纹一样，河南濮阳西水坡 45 号墓中遗存所包含的信息可能是十分丰富多样的。

是关于二十八宿的知识在周代已经产生。①　以《周礼》的记载为例,《春官宗伯·冯相氏》中讲冯相氏掌"二十有八星之位,辨其叙事,以会天位"。《秋官司寇·硩蔟氏》中也讲硩蔟氏负责记录"十日之号、十有二辰之号、十有二月之号、十有二岁之号、二十有八星之号"。按日本学者新城新藏的说法:"二十八宿是在中国周初时代或更早时代所设定,而在春秋中期以后,从中国传出,经由中亚细亚传入印度,更传入波斯、阿拉伯等地方。"②陈遵妫认为:近代对于二十八宿的中国起源说虽仍存异议者,但几乎可以说已成定论。按照新城新藏的看法,二十八宿对于天文学的意义在于:"盖由间接参酌月在天空之位置而得以推定太阳之位置,是上古天文学一大进步。"③又据陈遵妫:"从太阳在二十八宿中的位置,就可以知道一年的季节。"④显然,这里不仅有观察天象的方法,也包含了推测、测算或演算天数的方法。同样,天数知识与观念也体现在周天度数概念中。陈遵妫认为:对于稍为精密的观测,度数比二十八宿还要有用,因而认为它的成立和二十八宿差不多同时或稍晚也许更为妥当。中国的度数分周天为三百六十五度有奇,这必然要求建立太阳一日移动一度的概念。而中国最晚应当在殷周时代已经建立起太阳一周天是三百六十五日多的度数概念。⑤

音律学也包含着数的知识。音律知识也在原始时期就已经萌芽了。1986 年,在河南舞阳贾湖新石器时代遗址中出土了十多件骨笛。这些骨笛形制固定,制作规范,大多为七孔。有的笛子上划有等分记号,个别笛子在主音孔旁还钻有调音用的小孔。这些都表明,制作这些笛子时,是经过比较精确的度量和计算的。测音表明,一支保存较为完好的笛能吹

---

① 关于二十八宿的起源问题可参考陈遵妫《中国天文学史》第 2 册,第 307—317 页,上海,上海人民出版社,1982。
② 引自陈遵妫:《中国天文学史》第 2 册,第 313 页。
③ 同上书,第 306 页注释。
④ 同上书,第 306、307 页。
⑤ 参见同上书,第 429 页。

奏 C 为宫的七声古音阶（123♯4567i），或以 G 为宫的七声新音阶（1234567i）。① 可见，舞阳骨笛已经具备了七声音阶结构。商代晚期很有可能已经具备了十二律中的相当部分内容，最晚在周代，十二律已完全形成。所谓十二律即是黄钟、大吕、太蔟、夹钟、姑洗、仲吕、蕤宾、林钟、夷则、南吕、无射、应钟。一般来说，一个律就是一个半音，十二律就是十二个半音。《国语·周语下》中对此作了详细的记述。而十二律的出现同样标志着当时的人们对于音与数的关系有了深刻的认识。《国语·周语下》中对此有清晰的记载。周景王欲铸大钟，问伶州鸠，十二律与七音是什么。伶州鸠讲："律所以立均出度也。古之神瞽，考中声而量之以制，度律均钟，百官轨仪，纪之以三，平之以六，成于十二，天之道也。"又讲："凡人神以数合之，以声昭之。数合声和，然后可同也。故以七同其数，而以律和其声，于是乎有七律。"从这里我们都可以看到音律与度量衡即数的密切关系，伶州鸠甚至还直接指出了音律之数与天地之数之间所存在的密切对应关系。② 不过，由于这些记载的时间已属春秋时期，因此与此相关的主要内容将在下面一章中作详细考察。

总而言之，伴随着"数"的知识的发展，"数"的观念也渐渐产生并发展起来了。

第八节 "气"观念的知识背景

本节考察"气"这一观念和语词的形成以及其与知识的关系。许慎的《说文解字》以为："气：云气也，象形。"这一解释成为后人理解"气"语词及其所含观念的重要依据。近人于省吾指出甲骨文中"☰"这一文字可释为"气"字，有乞求之意。如"今日其雨，王占曰，疑，兹气雨。"（《前》

---

① 见《中华文明史》第一卷，第 342、343 页。
② 需要说明的是，周景王铸钟的事是发生在其继位第二十三年，也即公元前 522 年，是为春秋末年。但这并不影响音乐史研究中关于七声音阶与十二律的基本判断。可参见杨荫浏《中国古代音乐史稿》（上册），第 41 页，北京，人民音乐出版社，1964。

7.36.2)可释为求雨。① 事实上，"气"观念的萌芽经历了一个十分漫长和复杂的过程，其产生或形成的时间十分模糊，从现有文献来看，"气"语词或概念的出现最初可能与制陶、农耕等活动有关。但有一点可以肯定，即"气"观念和概念主要是源于知识背景而发展起来的。

一、由观念而语词的哲学判断

一般而言，判断"气"观念在商周或三代时期产生可能偏晚，换言之，"气"观念有可能在更早的时间如原始社会或巫术思维时期就已经产生；而判断"气"语词（这里是指文字或概念）在商周或三代时期产生可能偏早，在"气"观念是否于三代已经名词化的问题上，甲骨文与金文直至《尚书》《诗经》的缺失记载被认为应当是真实的。而对于上述这一判断的论证，首先应当考虑哲学或逻辑学的方法，这就是基于人类思维的普遍规律来加以推论或解决问题。从这样的方法出发，要厘清"气"观念及语词的产生问题，首先就应厘清观念、语词以及文字之间的关系。② 观念与语词显然是不同的，在两者之间存在着一定的"过程"。不仅如此，这里可能还涉及更为复杂的问题，即从有形之物到无形之物的观念与语词之间也存在着一定的"过程"。具体地，我们可以从以下这样两个方面加以考察。

首先，我们可以从观念与语词的关系来看。通常来说，应当是先有观念，后有语词。并且在观念与语词之间可能存在着一个漫长的历史过程，也即时间段。就先民对于"气"这一现象的关注来说，新石器时代的到来应当是一个非常重要的因素，因为这时人们学会了制作陶器，制作陶器过程中产生的"火气"现象应当开始引起先民的注意；这时人们也学会了使用陶器，使用陶器过程中产生的"水气"现象也应当开始引起先民

---

① 引见《古文字诂林》第 1 册，第 309、310 页，上海，上海教育出版社，2000。
② 关于观念与语词的关系问题，我在前面的论述中也不断提出过，例如"命"概念的形成一章同样涉及这一问题。

的注意。事实上，"气"这一现象在人类最初的生活与生产中可能主要就与这样两类事物有关：由沸腾的水（不止于此）所导致的气是水气，由燃烧的火（也不止于此）所导致的气是火气（即火焰），这样一个判断大致是不会错的。当然，原始先民对于"火气"现象和"水气"现象的关注可能还有更为广泛的范围。而随着文明时代的到来，这一范围还会进一步扩大。例如"水气"现象，伴随着农耕的展开与进步，人们会越来越依赖天气的变化。在这种情况下，人们自然会对云、雨等现象给予更多的关注和思考。就此而言，如不少学者所猜测的，像"云"这样一个语词在殷商时期就有可能与"气"观念产生某种联系。又如"火气"现象，包括祭祀、征伐以及青铜制作都会经常和大量的涉及。例如《周礼·冬官考工记·栗氏》中记载的："凡铸金之状，金与锡，黑浊之气竭，黄白次之；黄白之气竭，青白次之；青白之气竭，青气次之，然后可铸也。"正是由于有了这样一个广泛观察的基础，至少到了三代，甚至更早，中国人已经有了"气"的观念。但作为语词，它应当有一个滞后期，正如许多语言学家、思想史家以及人类学家包括维柯、拉法格、列维-斯特劳斯所揭示的那样，最初的语词应当是具体的而非高度概括和抽象的。也就是说，在三代，中国的先民虽然已经有了"气"的观念，也可能已经有了各种与"气"观念有关的具体语词，但唯独尚没有"气"这一语词，这还包括语言与文字之间的差异。在这样一个过程中，我们可以发现，观念、语词、概念的产生与变化是与思维的发展或认识的深入相统一的，它不能逾越属于它必须经历的阶段。

其次，我们也可以从语词的形成过程来看。一般的认识规律或法则应当先是有形之物，再是无形之物；先是有用之物，再是无用之物。就哲学观念的起源而言，最为经典的例证就是水、火、木、金、土这五行的语词应当分别早于气的语词。我们知道，中国最早有关五行的资料即是《尚书·洪范》中那段十分熟悉的论述："五行：一曰水，二曰火，三曰木，四曰金，五曰土。水曰润下，火曰炎上，木曰曲直，金曰从革，土爰稼穑。润下作咸，炎上作苦，曲直作酸，从革作辛，稼穑作甘。"这也就是著名的五行说。并且，《尚书》中提到五行语词或概念的地方共有三处，分别见于《甘誓》和《洪范》。其中《甘誓》属夏书，《洪范》是周书。一般认为，在水、火、木、金、土这五个语词中，金这个语词是出现在金文中，也即出现最晚的。而我认为，"气"语词的出现还要晚于这个时间。为什么"气"这一语词会晚于水、火、木、金、土这些语词出现，这很可能是由于早期的人们并没有将"气"作物质化的理解。因为常识同样告诉我们：在早期的人们看来，无论是水气，还是火气，都不是或不能算作是一种独立存在的物质形态，它们或者依附于水，或者依附于火。同时，由于不是一种独立的物质现象，因此早期的人们也并不认为"气"这一现象像水、火以及整个我们所熟知的"五行"那样能够产生某种作用，或者换言之，它并不能够给人们的生活和生产提供某种有用性。由此我们也大致可以得出一些更为一般意义的判断。最初的名词的产生很可能应具备以下这样必要的条件：第一，是否是客观或真实的物质存在。当然，这一条件还可以进一步细化。一般来说，就观念特别是文字的产生而言，可触及的或实在的应早于不可触及的或非实在的，可直接感知的应早于需要借助于思维的。第二，是否有意义或有价值。尤其是对于早期社会或文明来说，有用性或功利性是非常重要的（这在前面有关"五行"概念的问题中也已经做过相同的论述）。总之，最初能够名词化的语词或观念一般来说应当是有形的和有用的。前者是思维要素，后者是价值要素。而我们看到"气"在这两个方面都有欠缺，这无疑对其作为语词和文字的形成产生了深刻的影响。

二、由观念而语词的历史考察

哲学的判断实际与历史的进程是相统一的。如前所说，早在原始社会时期，"气"这一现象就应当已经引起了原始人的注意，而后它也会持续成为后人的观察内容。例如陶器烧造。这一活动开始于新石器时代初期，在仰韶文化与龙山文化都分别达到各自类型的高度，如此漫长的活动中所产生或伴随的现象无疑会给先民留下深刻的印象，而后来的青铜铸造在一定程度上与此相衔接，这从《考工记》的记述中可以看出。又如祭祀活动。山东莒县凌阳河畔发掘出土的陶尊上的⿰图纹或被认为有燎祭的火焰，四川广汉三星堆遗址有明显的燎祭遗存，而这样一种传统以后也为殷人所继承，事实上，那时以及后来相当长一段时间的中国人认为，燎祭所升腾的火焰能够直达天神。而伴随着农耕活动的充分展开，人们对云也会有更多的注意和想象，这包括云与雨、云与烟乃至云与燎祭的关系。甲骨文中对于云、燎以及它们之间的联系就多有记述，例如："燎于帝云。"(《续》2.4.11)"燎于二云。"(《林》1.14.18)"燎豕四云。"(《库》972)并且尤为重要的是，甲骨文中已经出现了一系列与后来"气"字字形相近的字符，包括"三"、"云"、"亏"等，我们有理由推测，这些字符或图像不一定是孤立的，在它们之间很可能存在着观察或性质上的联系。

周代在"气"观念发展的过程中无疑是十分重要的时期，因为它应当提供了"气"观念的表意方式。不过，这里需要我们做出有别于以往认识的更为大胆的假设或猜测。如前面考察所见："气"这一观念的物质或象形基础从一开始就存在着定性的困难，这也正是"气"这一文字之所以晚出的很重要的一个原因。如它可以从属于水，即当水加热后会形成蒸气；它也可以从属于火，诸如各种烧造、冶炼乃至祭祀活动所形成的火焰。它下有大地山川、河流湖泊中的氤氲之气；上有天空中各种飘散或翻滚的云气。也即是说，"气"虽与许多事物或物质有关，但它却又并不单独隶属于任何事物或物质。并且，如"燎云"所示，地下、天上、焰气、云气之间还可能存在着联系与转换。气的这种特性给它的造字着实带来了很大的困惑和迷茫。总之，"气"作为字符或文字的难产表明了其在属性上的非实在性和不确定性，并由此导致了感官直觉上的多样性和复杂性，由此进一步导致了构词判断上的困难。而以往主要甚至仅仅是从语词或文字的角度来思考这一问题，这有可能限制了思考这一问题的路径。

可以这样假设，在"气"观念与"气"概念之间很可能还曾有过一个

"气"符号的表意形式,它构成了"气"观念及思想发展的一个相对独立的阶段或时期。在这个时期,虽然文字或概念还没有产生,但表意方式已经存在。那么这个符号形式或者表意方式究竟是什么呢？ 我的看法是:"气"观念的表达最初很可能与《易经》有关,也即与《易经》中的"☰"与"☷"这两个符号有关,或者说与"阴阳"观念有关。《易经》卦象的"阴阳"性质早已不存疑问。《庄子·天下》讲:"《易》以道阴阳。"《易传·系辞下》讲:"阳卦多阴,阴卦多阳"、"阳卦奇,阴卦耦。"这里主要的问题是《易经》中的卦象是否有"气"的含义。毫无疑问这应当是一个过程。《易经》本是筮占发展的成果,即是占卜用书。但从以后的发展来看,"☰"与"☷"这两个符号除了用于占卜及天文观察(见前面"阴阳"对立观念一节),极有可能逐渐地含有或被赋予"气"的观念。并且也正因为与"☰"和"☷"的"挂靠",我们可以从中看到,周人对"气"的关注或界说其实并非局限于物质属性或事物性质的思路。例如《升》卦多处用到"升"字,结合卦象,此处的"升"字也很有可能包含了对"气"的观察。又如《乾》初九爻辞是"潜龙,勿用"。九四爻辞是"或跃在渊,无咎"。按《说文》:龙,"春分而登天,秋分而潜渊"。因此不排除这两条爻辞与节气包括天气和地气有关。在这里,重要的是对现象的描述或表达,而非确定性质。而进一步,周人又形成比较明确的阳气、阴气或阴阳二气的观念。如《泰》与《否》两个相对立的卦象历来被认为包含阴阳对立与转化之意,而从后世相关的论述来看,其也完全有可能已具有阴阳之气的含义。所以,周人很可能是以"☰"与"☷"这两个符号作为"台阶"或"跳板"发展出阳气、阴气这样的观念的。也可以说,"气"观念与"☰"与"☷"符号即阴阳观念的结合规定了以后"气"观念及思想发展的方向。

那么,作为名词意义的"气"究竟是怎样产生的呢？ 这或许有多种可能,其中一种可能是:到大约西周末年或春秋初年,甲骨文与金文中的"☰"已经发展出了"气"这一字形;值此之际,原本寄居于"☰"与"☷"卦象的阳气与阴气观念也已经成熟;由于卦象"☰"与甲骨文中和金文中的"☰"具有相似或相同的字符形式,于是人们便将"气"字移入,并加上可能在同时期或更早些时候已经形成的阴、阳二字。于是，阴阳二气的概念形成了，"气"文字或概念也形成了。并且，概念一旦产生，它们也就很快从曾寄居的符号形式中独立出来。于是，我们看到了与此紧扣的下一个环节：阴、阳二气说与阴、阳、风、雨、晦、明六气说。我们在这里实际看到了一个典型的象（字符或符号）、言（文字或概念）与意（观念与思想）之间的关系。

三、"气"概念的产生

到了西周末年或稍晚，"气"这一概念终于产生了，并且，阴、阳二气说以及阴、阳、风、雨、晦、明六气说也相继形成了。① 在最初或早期的文献中，"气"可能主要用于指土气或地气。这种状况大致可以理解为是农耕活动的真实反映，即在长期的观察中人们形成了有关土气或地气的认识，《国语》对此有所记载，如《国语·周语上》中所记载宣王即位，不籍千亩。虢文公谏曰：

> 不可。夫民之大事在农……古者，太史顺时覷土，阳瘅愤盈，土气震发，农祥晨正，日月底于天庙，土乃脉发。先时九日，太史告稷曰："自今至于初吉，阳气俱蒸，土膏其动。弗震弗渝，脉其满眚，谷乃不殖。"……是日也，瞽帅音官以风土。廪于籍东南，钟而藏之，而时布之于农。稷则遍诫百姓，纪农协功，曰："阴阳分布，震雷出滞。"土不备垦，辟在司寇。

这段文字的主要内容在"阴阳"观念中也已经有所考察。这里大致是讲农业生产应掌握节气，当与籍田春耕有关。其中提到"阳瘅愤盈，土气震发"、"阳气俱蒸，土膏其动"、"阴阳分布，震雷出滞"，这些都是论述地气之于农耕活动的意义。而差不多同时，更为完整或抽象的"天地之

---

① 详细可参考本人《中国哲学的起源——前诸子时期观念、概念、思想发生发展与成型的历史》与《中国哲学起源的知识线索——从远古到老子：自然观念及哲学的发展与成型》中的相关内容。

气"这一语词也产生了,此即《国语·周语上》中伯阳父的论述:"夫天地之气,不失其序,若过其序,民乱之也。阳伏而不能出,阴迫而不能烝,于是有地震。"在以上例子中,我们可以清楚地看到,"气"这一语词与"阴阳"这一语词有着密切的关系,其从一开始就是紧密结合的。并且还应当看到:天地之气的观念和语词并不是地气观念和语词简单地加上天气观念和语词。在天地之气这一语词中,形上、普遍的内涵开始隐隐地出现了,"气"而非地气或天气的含义得到了强调。而正是这样一种提升,使得绝对或独立的"气"概念成为可能,换言之,正是这样一种思考有可能最终导致了"气"本原思想的出现。

除《国语》之外,《周礼》中也有"气"这一语词的使用,我们也可以将其看作是西周末年至战国这一时期文献与观念的记录。例如《周礼·冬官考工记·总叙》对地气与种植业甚至手工业的关系所作的总结:"天有时,地有气,材有美,工有巧,合此四者,然后可以为良。材美工巧,然而不良,则不时、不得地气也。橘逾淮而北为枳,鹦鹆不逾济,貉逾汶则死,此地气然也。郑之刀,宋之斤,鲁之削,吴粤之剑,迁乎其地,而弗能为良,地气然也。"在这并不长的一段论述中总共有四处讲到了"地气",这足以说明作者对"地气"这一现象或因素的重视。同时值得注意的是,这里的"气"亦有"宜"的含义,而这样一种认识或理解又包含了"天人"观念的内容。再如《周礼·冬官考工记·栗氏》中所记载的:"凡铸金之状,金与锡,黑浊之气竭,黄白次之;黄白之气竭,青白次之;青白之气竭,青气次之,然后可铸也。"这里所反映的是青铜铸造的情况,值得注意的是,这里的"气"已经不再依附于"地气"或"天气",而是以独立的形态出现。与《国语·周语上》中伯阳父论地震所说的"天地之气"一样,这里的"气"也明显已具有抽象的意义。不过,由于一般认为《考工记》是战国时期的作品,因此这里使用这一材料仅在于其中对应性和连续性的意义,不作过多或详细的展开。

第二章　春秋战国时期哲学与科学的关系

　　春秋战国时期具体分为两个时期，即春秋时期和战国时期。公元前770年周平王东迁标志着东周即春秋时期的开始。春秋时期于公元前476年结束，战国时期随之于公元前475年开启。公元前221年秦王朝的建立宣告战国及整个先秦时期的结束。

　　这一时期，无论是科学还是哲学，都从萌芽阶段发展到了一个成型阶段，尤其是诸子百家的哲学思想，成为中国哲学史上的一个辉煌高峰，也成为人类思想史上的一个辉煌高峰。我们今天来看这一时期，它实际上是处于这样一个位置：一方面，它的开始部分与前一阶段即三代时期一脉相承，在这里，它继承了一个漫长的时期所逐渐萌芽和积累的知识和思维成果；另一方面，它的结束部分又与下一个阶段也即秦汉首尾相衔，它为未来的阶段提供了大量基本定型的知识系统、哲学观念和思维方式。

　　这里最为重要的是，在春秋战国时期，哲学的发展是与科学密切相关的。我们看到，这一时期许多非常重要的哲学概念的产生或使用都与科学活动有关，不少原本是基于知识领域的概念慢慢地发展成为更高层面的哲学概念，并且形成了相应的概念群或概念集合；同时，科学活动还涉及许多重要的方法工具，这些工具逐渐也成为哲学的工具并在哲学中得到更高度的概括。这实际也是春秋战国时期的一个重要特征：科学知识的发展对哲学思想产生重大影响。我们也看到，这一时期不少学派如道、名、墨、阴阳、杂等诸家也都与科学有着各种各样的渊源，其各自的一些基本或核心思想、概念以及问题都有科学知识的深刻背景。当然，我们还看到，在这一时期所形成的一些重要的概念、思想以及思维和方法以后又成为哲学和科学的共有资源、财富，成为科学与哲学活动的共同范本。

第一节　春秋战国时期的知识背景

春秋战国时期是中国古代科学与哲学范式的确立时期，同时也是科学或知识活动为哲学思想提供重要观念、概念以及思维和方法的重要时期，因此考察或了解这一时期的科学背景，对于认识哲学的特性来说就显得尤为重要。

春秋战国时期，农业生产技术的发展非常迅速。这一时期的人们对农作物种类的认识更加丰富，如《诗经》中记录有大量的农作物名称。农业生产中精耕细作的传统已经形成，选种和育种技术更加成熟，园艺技术也有了更大的发展。这一时期的中国人已经学会了在农业生产中使用铁制工具，在不少地区，这些技术的使用已十分普遍。与农业相关的物候、节气知识越来越丰富和精确。文献中对此多有表述和记载。如"深耕易耨"（《孟子·梁惠王上》）、"深其耕而熟耰之"（《庄子·则阳》）、"耕者且深，耨者熟耘也"（《韩非子·外储说左上》），这说的是深耕技术。"凶年，粪其田而不足，则必取盈焉"（《孟子·滕文公上》）、"多粪肥田，是农夫众庶之事也"（《荀子·富国》），这说的是肥田技术。"一岁而再获之"（《荀子·富国》）、"今兹美禾，来兹美麦"（《吕氏春秋·任地》），这说的是一年两熟技术。与农业生产密切相关，这一时期水利灌溉技术越加成熟。《庄子·天地》中就讲到通过杠杆原理来汲取井水或河水的提灌机械："凿木为机，后重前轻，挈水若抽，数如泆汤。"大型灌溉工程始于春秋,盛于战国。当时最具代表性的是芍陂、漳水十二渠、都江堰和郑国渠四大工程的修建,其中芍陂和都江堰至今仍在发挥作用。特别是都江堰,其包括调节入渠水量的溢洪道——飞沙堰和"旱则引水浸润,雨则杜塞水门"(《华阳国志·蜀志》)等一整套设计,科学性至今仍备受称道。水利除灌溉工程外,还有运河工程,最著名的就是邗沟和鸿沟,其中鸿沟已设计有水闸,而邗沟在隋代还部分地为大运河所利用。

春秋战国时期的天文学取得了更大的进步,并越来越多地由观象向测算发展。由《史记·天官书》、《汉书·艺文志》、《晋书·天文志》等史书记载可知,春秋战国时期各诸侯国对天文观测都非常重视,并有自己的天文学家。如《史记·天官书》在"昔之传天数者:高辛之前,重、黎;于唐、虞,羲、和;有夏,昆吾;殷商,巫咸;周室,史佚、苌弘"之后记载:"于宋,子韦;郑则禆灶;在齐,甘公;楚,唐昧;赵,尹皋;魏,石申。"《汉书·艺文志》记载:"春秋时鲁有梓慎,郑有禆灶,晋有卜偃,宋有子韦。六国时楚有甘公,魏有石申夫。"《晋书·天文志》记载:"其诸侯之史,则鲁有梓慎,晋有卜偃,郑有禆灶,宋有子韦,齐有甘德,楚有唐昧,赵有尹皋,魏有石申夫,皆掌著天文,各论图验。"根据《中国科学技术史稿》的研究,梓慎的活动年代约在公元前 570—前 540 年,卜偃的活动年代约在公元前 675—前 650 年,禆灶约与孔子同时,子韦曾于公元前 480 年答宋景公问,后四人的活动年代约在公元前四世纪。① 这之中工作最为出色的是甘德和石申。二者的活动年代约在公元前 4 世纪左右。其中甘德著有《天文星占》八卷,石申著有《天文》八卷。天象观察继续三代以来的传统。春秋时期日食记录约 50 次,仅《春秋》一书就记载了从公元前 722 年到公元前 481 年这 242 年中发生的 37 次日食。鲁庄公七年有世界上关于天琴座流星雨的最早记录,鲁文公十四年有世界上最早的关于哈雷彗星的记录。战国时期的人们对于彗星已经有了很丰富的知识,其结果就是我们在长沙马王堆三号汉墓中所看到的 29 幅各种形状的彗星图。

---

① 参见杜石然等编著《中国科学技术史稿》(上册),第 124—125 页。

而对天象的持续观察，必然会提出定位和量化的要求。这包括将天空划分成相应的区域，建立一个统一的坐标系统，以确定天象发生的位置，这最终导致二十八宿体系的建立。如前一章所见，二十八宿体系在周代已经逐渐形成，之后，其中的某些名称已见于《诗经》，而作为完整的系统最终在春秋时期得以建立。如属于战国早期的曾侯乙墓中出土有一个漆箱盖，上面列有二十八宿全部名称。另据《开元占经》，甘德、石申等还对其他天区作了划分。例如石申就给出 121 颗恒星的赤道坐标值和黄道内外度，此即著名的"石氏星表"。所以《中国科学技术史稿》一书作者认为，至迟在石申时代中国的天文学已经数量化。天文观测的量化尤其体现在太阳回归年长度的确定与行星运行周期的精确测算中。我们知道，周人已经使用圭表测影方法以确定分至日的准确时间，再辅以相应的计算，就可以使回归年长度的测算达到一定的准确度。春秋晚期，伴随观测水平的大大提高，回归年长度已经定为 365¼ 日，这一回归年数值比实际长度仅多 11 分钟，同时这一时期的历法已经采用十九年七闰的置闰周期。相比之下，古希腊人默冬在公元前 432 年才发现十九年七闰法，比我国晚百年左右；至于太阳回归年长度，罗马人于公元前 43 年采用的儒略历才达到比实际长度仅多 11 分钟的数值，但比我国已晚了约五百年。而对行星运行周期的测算则达到了当时天文学量化研究的最高水平。如据《开元占经》可知，甘德和石申已经测出火星的恒星周期为 1.9 年（应为 1.88 年），木星为 12 年（应为 11.86 年）。这表明在这个时候，中国的天文学已经能够比较精确地测算天体运行的周期。①

　　数学与乐律学在春秋战国时期也有了长足的进步。数学在春秋战国时期有了新的发展。这一时期，筹算技术得到了进一步的发展，文献中多有记载，考古也发现了相应的实物证据。四则运算估计在春秋战国时期也已经十分完备，如战国初年李悝的《法经》在记录家庭收支情况时就运用了加、减、乘等运算。又由于大量重复计算的需要，"九九"乘法口

---

① 以上参考杜石然等编著《中国科学技术史稿》（上册），第 125—130 页。

诀在春秋早期已相当普及，《战国策》中记载了相应的例子。这一时期也已经有了分数概念，如《考工记》、《墨子》、《管子》、《商君书》等著作中都有分数应用的例子。特别是回归年长度和朔望月长度的计算，因都不是整日数，其奇零部分的表达也必然要涉及分数的运用，并且其中有些计算已十分复杂。由此我们也可以看出，到了春秋时期，数学已经与天文学充分结合，用来解决天文学中大量的测算与演算问题。事实上，春秋战国时期之所以能够在天文观测方面取得众多的成果，就是与数学的广泛加入密不可分的。除此之外，实用数学在此时也得到了进一步的发展，一些日后在《九章算术》中的内容，如方田、粟米、衰分、少广、商功等问题，在先秦时期实际已经形成，又《考工记》也记录了诸如车辆、钟磬等制作中的实际数学问题，以解决实际问题为目的的中国数学范式已显露端倪。[①] 春秋战国时期在音律学方面同样也取得巨大进步。《考工记》对于制钟有详细的记载，其中涉及声学知识的内容。《庄子·徐无鬼》中已记载调瑟时所发生的共振现象："于是为之调瑟，废于一堂，废于一室。鼓宫宫动，鼓角角动，音律同矣。夫或改调一弦，于五音无当也；鼓之，二十五弦皆动。"这一时期音律学最重大的成就就是发现了三分损益律。《管子·地员》记载："凡首，先主一而三之，四开以合九九，以是生黄钟小素之首以成宫。三分而益之以一，为百有八，为徵。不无有，三分而去其乘，适足以是生商。有三分而复于其所，以是成羽。有三分去其乘，适足以是成角。"这是一个三分损益律用于五声音阶计算的例证。之后，《吕氏春秋·音律》记载："黄钟生林钟，林钟生太蔟，太蔟生南吕，南吕生姑洗，姑洗生应钟，应钟生蕤宾，蕤宾生大吕，大吕生夷则，夷则生夹钟，夹钟生无射，无射生仲吕。三分所生，益之一分以上生；三分所生，去其一分以下生。黄钟、大吕、太蔟、夹钟、姑洗、仲吕、蕤宾为上；林钟、夷则、南吕、无射、应钟为下。"这已经用三分损益律算全了十二律的音位。

---

① 以上内容分别参考了杜石然等编著《中国科学技术史稿》（上册），第130—133页；李迪《中国数学史简编》，第23、24页。

春秋时期的医疗活动比起周代又有了进展，这一时期的治疗手段已经包括有砭石、汤剂、针灸、导引等各种方法，望、闻、问、切的诊断方式也已基本成型，并且这一时期也已经确定了阴阳五行作为中医理论的基本格局，可以说，中医的基本疗法和思想已大体具备。至春秋战国之交，医学取得了更大的发展。原先属于不同地区的医疗手段如东方的砭石、西方的汤药、北方的灸焫、南方的针刺以及中原地区的导引开始相互融合为一体。以这一发展为背景，这一时期出现了扁鹊这样的名医。在疗病方面，扁鹊依据需要，主要作"带下医"（妇科）、"小儿医"（儿科）以及"耳目痹医"（五官科）。在诊断方面，扁鹊采用了望、闻、问、切的诊断方式，其中尤擅长望、切两种问诊方式。扁鹊还根据医疗实践，提出了相应的医学思想。如《史记・扁鹊仓公列传》就记载了"病有六不治"的原则："人之所病，病疾多；而医之所病，病道少。故病有六不治：骄恣不论于理，一不治也；轻身重财，二不治也；衣食不能适，三不治也；阴阳并，藏气不定，四不治也；形羸不能服药，五不治也；信巫不信医，六不治也。有此一者，则重难治也。"这其中的科学思想和无神论思想是显而易见的。伴随着医疗技术的发展，医学典籍也应运而生。1973 年马王堆三号汉墓出土的帛书中有一部分是医学著作，经今人整理，分别定名为《足臂十一脉灸经》、《阴阳十一脉灸经》、《脉法》、《阴阳脉死候》、《五十二病方》。据研究，这些著作都是春秋战国甚或更早的成果。其中《足臂十一脉灸经》与《阴阳十一脉灸经》包括了十一经脉的脉名、循行路经、主病和灸法四部分内容。与《灵枢》比尚较原始。《脉法》主要论述熨、灸、砭法的部位，其中已经包含有后世中医辩证论治思想的萌芽。《阴阳脉死候》专论三阴三阳脉中的死症，内容与《灵枢・经脉》大抵相似，但却没有《内经》中那种阴阳五行思想充斥的现象，由此也可以判断阴阳五行思想泛滥的时间。以上四书主要是关于脉证和灸法的。而《五十二病方》则记述了治疗五十二种疾病的近三百个古方，涉及多种内外科疾病，风、湿、寒、热等中医病因病机理论已可见雏形。在中药制剂方面，全书列有 242 种药名。《五十二病方》已经开启了中医药物和方书的范例，后来《神农本草经》、《伤寒杂病论》中的药物分类、加工、配伍以及实用的方书意识都应由此而来。[1] 而这一时期最为突出的医学理论成果就是《黄帝内经》。一般认为，《黄帝内经》出现于战国中后期，由于其又经后人整理并最终定型于汉代，所以我们将在下一章加以考察。

技术的发展也不能忽视。这一时期最为典型的就是以铸铁为代表的冶铸技术的发展。我国古代用铁的历史大约可以追溯到殷周时期，最初的铁器是以陨铁作为原料，加工也主要是在青铜作坊中。但至春秋时期以后，由于农业生产以及战争活动等种种因素，冶铁业发展迅速，铸铁技术也有了长足的进步。文献与考古资料对此都提供了相应的证据。例如《左传·昭公二十九年》记载的周敬王七年（前513）的铸刑鼎事件，又如属于春秋末期的江苏六合程桥吴墓出土了铁丸和铁条。除此之外，春秋末年已经出现了钢剑，这应当是与战争活动密切相关的。战国时期，铁器的使用已经普遍得到推广。如河北石家庄市庄村赵国遗址出土的铁农具占全部农具的 65％，辽宁抚顺莲花堡燕国遗址出土的铁农具占全部农具的 85％ 以上。考古研究表明，冶铁业当时已经成为手工业最重要的部门之一，各地出现了许多著名的冶铁业中心，一些生产规模十分壮观，如山东临淄齐国故都冶铁遗址的面积达四十余万平方米。战国时期的冶铸技术较春秋时期又有了新的提高，铸铁柔化技术已经出现，如洛阳水泥厂战国早期灰坑出土的铁锛和铁镈就是生铁铸件经柔化处理而得到的产物。其中铁锛是经过低温退火处理而得到的白心韧性铸件产品；铁镈是经过高温退火处理而得到的黑心韧性铸件产品。柔化技术的采用大大增强了铸铁的强度和韧性，它推动和加速了铁器取代木器、铜器的实际进程。此外，对河北易县燕下都出土的部分兵器检测表明，战国后期一些地区已采用渗碳钢技术。需要说明的是，欧洲约于公元前 1000 年左右已经掌握了块炼铁技术，但直到 14 世纪才使用铸铁，而我国

---

[1] 以上内容主要参考了杜石然等编著《中国科学技术史稿》（上册），第 137—139 页；刘洪涛编著《中国古代科技史》，第 122—127 页，天津：南开大学出版社，1991。

只用较短的时间就实现了这一技术的突破。又白心韧性铸铁直到 18 世纪才在欧洲使用，而黑心韧性直到 19 世纪才在美国研究成功。战国时期的这方面成就比欧美足足早了 2000 年。[1] 又当时的文献对此也有所反映，如《管子·轻重乙》中就讲："一农之事，必有一耜、一铫、一镰、一耨、一椎、一铚，然后成为农；一车必有一斤、一锯、一�、一钻、一凿、一镢、一轲，然后成为车；一女必有一刀、一锥、一箴、一鈌，然后成为女。"这之中包含了大量的铁质用具，其都应是冶铁业高度发展的结果。为什么我国能在短短的时间内实现冶炼技术如此快速的发展？《中国科学技术史稿》的作者认为：这与我国商周时期高度发展的青铜冶炼技术有着密切的关系。因为它从矿石、燃料、筑炉、熔炼、鼓风和范铸技术等各方面，为生铁的冶炼准备了坚实的技术基础。[2] 当然，这一时期技术的发展不唯冶铸技术。就文献而言，《周礼·冬官考工记》对以战国时期为主的各种重要技术做了详细的记载。

我们应当看到，春秋战国时期的哲学思想之所以能取得无比的繁荣并达到后人难以企及的高度，在很大程度上就是以当时蓬勃发展的科学作为坚实基础的。

第二节　春秋时期的"阴阳"、"五行"、"气"观念与概念

春秋时期，围绕知识问题，首先形成的概念群或概念集合是"阴阳"、"五行"与"气"。"阴阳"、"五行"观念经过长期的发展，到西周末年已经具有了相当的基础，其中作为概念或者应运而生，或者呼之欲出。进入春秋以后，这两种观念都明显获得了更加充分的发展，其概念的使用已十分普遍，并且各自都已经逐渐思想化。而我们在这里所要考察的就是这两种观念或思想在发展过程中与科学知识的密切关系。"气"观念在这一时期也有了新的发展。伴随着知识的积累和扩大，这一时期人们对

---

[1] 以上参考杜石然等编著《中国科学技术史稿》（上册），第 89—94 页。
[2] 同上书，第 91 页。

于"气"的认识也更加深入，从自然到生命都有广泛的涉及。同时，"气"观念也与"阴阳"和"五行"思想结合起来，形成"二气"说与"六气"说。除此之外，"气"通畅平和的思想也出现了。①

一、"阴阳"观念的发展与知识的关系

到了春秋时期，"阴阳"观念或思想已经在文献中随处可见，其中多数都包含有自然知识的内容。例如《左传·僖公十六年》记载："十六年春，陨石于宋五，陨星也。六鹢退飞，过宋都，风也。"宋襄公问："吉凶焉在？"而周内史叔兴则认为"是阴阳之事，非吉凶所生也"。叔兴在这里所说的"阴阳之事"大致就相当于我们今天所说的"自然现象"的意思，其明显与自然知识相关。又如春秋时秦国名医医和的论述："六气曰阴、阳、风、雨、晦、明也，分为四时，序为五节，过则为灾：阴淫寒疾，阳淫热疾，风淫末疾，雨淫腹疾，晦淫惑疾，明淫心疾。"（《左传·昭公元年》）我们在这里清楚地看到，医和为了阐明其思想使用了大量的材料，而这些材料可以说无不与自然或科学知识有关。也有些思想家所面对的虽是社会问题，但其所依据的材料仍然涉及大量的自然或科学知识，其中《孙子兵法》就十分典型。如《孙子》第一篇《始计》讲："兵者，国之大事，死生之地，存亡之道，不可不察也。"在接下来"经之以五事"的论述中，孙子涉及了"天"、"地"两个方面的自然或科学知识，这其中包括了一系列阴阳对立的范畴，如："天者，阴阳、寒暑、时制也。地者，远近、险易、广狭、死生也。"孙子讲，这是为了解决"天地孰得"的问题。而我们从这里也可以清楚地看到，对"阴阳"对立现象的关注乃是《孙子》中的一个不可或缺的部分，解决战争问题不能不谙熟自然知识。

正是以知识作为基础，"阴阳"作为普遍规律或法则的观念与思想在

---

① 关于"阴阳"、"五行"及"气"观念在春秋时期发展的详细状况可参见本人《中国哲学的起源——前诸子时期观念、概念、思想发生发展与成型的历史》与《中国哲学起源的知识线索——从远古到老子：自然观念及哲学的发展与成型》中的相关内容。

春秋时期得到了全面的确立。例如齐国晏婴论对立双方相济关系的论述:"清浊、大小、短长、疾徐、哀乐、刚柔、迟速、高下、出入、周疏,以相济也。"(《左传·昭公二十年》)晏婴在这段论述中共使用了十对范畴,虽然这些范畴没有直接道出具体事物,但不难看出其与具体事物或现象的关系,不难看出其自然属性,也不难看出其知识属性。还有晋国史墨下面的这段著名论述:"物生有两,有三,有五,有陪贰。故天有三辰,地有五行,体有左右,各有妃耦。王有公,诸侯有卿,皆有贰也。"(《左传·昭公三十二年》)史墨在这里所列举及对比的"天有三辰"、"地有五行"、"体有左右"都是自然现象。并且史墨也正是在此基础上概括出具有普遍性的"物生有两,有三,有五,有陪贰"的结论。《国语》中亦有相同的论述与思想,如《周语下》中说:"故天无伏阴,地无散阳,水无沈气,火无灾燀。""于是乎气无滞阴,亦无散阳,阴阳序次,风雨时至。"在这里,"阴阳"观念或思想都是建立在自然现象基础之上的。

而在春秋末年范蠡的思想中,我们已经可以看到非常接近于老子那种哲学高度的论述。例如:

> 臣闻古之善用兵者,赢缩以为常,四时以为纪,无过天极,究数而止。天道皇皇,日月以为常,明者以为法,微者则是行。阳至而阴,阴至而阳;日困而还,月盈而匡。古之善用兵者,因天地之常,与之俱行。后则用阴,先则用阳;近则用柔,远则用刚。后无阴蔽,先无阳察,用人无艺,往从其所。刚强以御,阳节不尽,不死其野。彼来从我,固守勿与。若将与之,必因天地之灾,又观其民之饥饱劳逸以参之。尽其阳节,盈吾阴节而夺之。宜为人客,刚强而力疾,阳节不尽,轻而不可取。宜为人主,安徐而重固,阴节不尽,柔而不可迫。凡陈之道,设右以为牝,益左以为牡,蚤晏无失,必顺天道,周旋无究。今其来也,刚强而力疾,王姑待之。(《国语·越语下》)

范蠡以上这段话论述了用兵的法则,强调用兵也即战争必须遵循普遍的自然规律。值得我们注意的是,在论证中范蠡使用了大量的天文科学知识，如"赢缩以为常，四时以为纪，无过天极，究数而止"，"天道皇皇，日月以为常"，"日困而还，月盈而匡"，"因天地之常"，"因天地之灾"，"必顺天道，周旋无究"。事实上，这也是老子学说的思想背景和知识基础。关于老子的思想与知识的关系后面会详细论述。也正是在此基础上，范蠡阐述或论证了阴阳对立与转化的普遍法则或规律，如"阳至而阴，阴至而阳"，"后则用阴，先则用阳"，"凡陈之道，设右以为牝，益左以为牡"。作为思想，这其中既有客观认识，也有主观方法。也是基于同样的知识和思想背景或基础，老子提出"反者道之动"（《老子·四十章》）、"万物负阴而抱阳"（《老子·四十二章》）等著名论断。我们在这里看到范蠡的论述已经十分接近于老子，他已经将"阴阳"抽象为一种更高的哲学概括。①

二、"五行"观念的发展与知识的关系

"五行"思想在春秋以后也得到了极大的发展，同样，这一发展也与科学知识密切相关。首先我们看到，"五行"概念在这一时期已经大量出现，如："则天之明，因地之性，生其六气，用其五行。"（《左传·昭公二十五年》）"故天有三辰，地有五行。"（《左传·昭公三十二年》）几乎在同一时期，"五材"这一概念也大量出现了，如："审曲、面势，以饬五材，以辨民器，谓之百工。"（《周礼·冬官考工记·总叙》）"天生五材，民并用之，废一不可。"（《左传·襄公二十七年》）由此，"五材"或"五行"属性的认识也最终清晰起来，如："故先王以土与金木水火杂，以成百物。"（《国语·郑语》）在这里，可以清晰地看到"五材"与"五行"观念之间的结合，而这无疑是在知识积累基础上所作的概括和总结。

与此同时，春秋时期出现了大量以"五"为核心的语词，例如五行、五材、五色、五味、五声、五义、五属、五正、五大夫、五官、五祀。也就是说，

---

① 事实上，孙子、范蠡与老子的转化思想大致可以放在同一时代或尺度下来理解，虽然其关心的问题有所侧重，但有一点十分相同，即他们都高度重视自然现象与知识，高度重视当时天文学等知识领域所提供的重要认识成果。

在春秋时期已经存在着一个很大的以"五"为核心的语词"集合"。并且，我们可以从中看到由自然现象向社会生活过渡或延伸的趋势，也可以从中看到当时的人们已表现出对"五"类或"五"数的浓厚兴趣。当然，对于"类"和"数"的兴趣也有更为丰富的形态，实际上并非仅局限于"五"类和"五"数。例如：

> 五声和，八风平，节有度，守有序，盛德之所同也。（《左传·襄公二十九年》）

> 先王之济五味、和五声也，以平其心，成其政也。声亦如味，一气，二体，三类，四物，五声，六律，七音，八风，九歌，以相成也。（《左传·昭公二十年》）

> 气为五味，发为五色，章为五声。淫则昏乱，民失其性。是故为礼以奉之：为六畜、五牲、三牺，以奉五味；为九文、六采、五章，以奉五色；为九歌、八风、七音、六律，以奉五声。（《左传·昭公二十五年》）

这里的"类"和"数"是丰富多彩的，但这仍然是以"五"为中心，即所谓"声亦如味"、"以奉五味"、"以奉五色"、"以奉五声"，也即仍以"五行"概念为中心，将所有与"五"相关的具体概念汇拢起来，从而编织成一张更大的宇宙图式的"网"。而在这张"网"中，声、色、味、行、材等自然知识具有核心的地位。

当然，也是因此，"五行"观念或思想的泛滥已初见端倪，比附也即比类和附数的思维与观念已经开始浮现。人们开始以"五"作为核心，将一切都简约为"五"的结构内，如此，"五"也就具有了某种必然性。如："画缋之事，杂五色：东方谓之青，南方谓之赤，西方谓之白，北方谓之黑。"（《周礼·冬官考工记·画缋》）这是在类与类之间建立联系。又如："五味实气，五色精心，五声昭德，五义纪宜。"（《国语·周语中》）这显然是企图将一切事物都用"五"来加以囊括。这样的观念在当时已经十分普遍，如："耳不听五声之和为聋，目不别五色之章为昧。"（《左传·僖公二十四年》）"天有六气，降生五味，发为五色，徵为五声。"（《左传·昭公元年》）而孙子对此更是下了绝对性的结论，他说："声不过五，五声之变不可胜听也；色不过五，五色之变不可胜观也；味不过五，五味之变不可胜尝也。"（《孙子·兵势》）可以说，春秋时期的人们已经逐渐将有关世界的认识"定格"在"五"这一结构上，或者说，此时已经开始出现将一切事物"五"类化或"五"数化处理的思维定势。这样一来，"五"本身成为宇宙最基本的准则。一般而言，单独将某些现象相比至多只会涉及可比性的问题，但比较一旦被纳入某种数字结构或框架，则往往会包含神秘的色彩。如前所见，这种观念在原始思维中已经存在，原始先民相信宇宙中存在着某种图式。将一切事物纳入"五"这一结构的观念无非重现了原始思维中的宇宙图式观念。而更重要或更值得我们注意的是，五行观念的建立源于知识，而五行观念的泛滥实际上也同样源于知识。在这里，我们看到了某种类似于"科学主义"的现象。事实上，也只有自然知识或"科学"具有这样的力量，并获得这样的权利。同西方的认识历史一样，自然知识在这里扮演着某种"真理"的角色。而既然是"真理"，它就应当是放之四海也即以一驭万的。

但总的来说，在春秋时期，这样一种以"五行"观念为核心或基础的比附思维与观念还刚刚起步，其还仅仅是比附思维与观念的初始形态。这时的"比附"思维可能还具有某种具体的特征。它还没有发展到极致，没有发展到荒诞不经的地步。但尽管如此，"比附"倾向已经清晰可见，历历在目，它的缺陷与隐患已经深深地潜藏其中。到了战国时期，这种内在的缺陷与隐患终于被进一步甚至无限地放大了。于是，对五行作比类、附数的理解终于在思想界普遍爆发并泛滥开来。

三、"气"观念的发展与知识的关系

到了春秋时期，"气"观念已经发展出十分丰富的思想，这包括有二气说和六气说以及自然之气和生命之气等具体的观念内容。事实上，这一发展从西周末年就开始了，它经历了一段较长的过程。

　　所谓二气说也就是阴阳说，这应当是最早出现的有关"气"的思想，它是受"☰"与"☷"卦象或符号的启发而产生。关于阴阳二气的思想我们在《国语·周语上》伯阳父关于地震知识的论述中已经可以看到："夫天地之气，不失其序，若过其序，民乱之也。阳伏而不能出，阴迫而不能烝。于是有地震。今三川实震，是阳失其所而镇阴也。"这是中国思想史上第一次最为明确地将"气"划分为阴阳二气的理论。对比同一时期和不同时期的种种关于"气"的思想与学说，我们可知伯阳父上述概念与理论的提出绝非是偶然的。特别是到了春秋时期，阴阳之气的提法已经十分普遍。如《左传·僖公十六年》中叔兴指出陨石坠宋、六鹢退飞完全是一种自然现象，即"是阴阳之事，非吉凶所生也"。在这里，叔兴虽没有直接点明阴阳与"气"的关系，但对相似资料的考察应当能够断定这里的"阴阳"与"气"之间的关系。而最为重要的是，我们在这里看到，阴阳二气的思想显然是与对自然或知识的认识密切相关的。

　　除二气说外，春秋时期还形成了六气说。六气说应当是以二气说作为基础，并在此基础上的进一步延伸或展开。其实，所谓六气说，就是一种复合的二气说。如《左传·昭公元年》中记载：

> 天有六气，降生五味，发为五色，徵为五声，淫生六疾。六气曰阴、阳、风、雨、晦、明也，分为四时，序为五节，过则为灾：阴淫寒疾，阳淫热疾，风淫末疾，雨淫腹疾，晦淫惑疾，明淫心疾。

从以上论述中可以清楚地看到，所谓六气，其实应是由二气衍生而来的。六气分别是由三对二气语词或范畴组合而成，即阴阳、风雨、晦明，而其中阴阳二气是最基本的，风雨、晦明应是阴阳二气的进一步具体化，这也是"气"概念由抽象而具体的过程，它与解释的具体需求密切相关。不过，六气说在一定程度上也与五行观念相关。如《左传·昭公二十五年》："则天之明，因地之性，生其六气，用其五行。"又如《国语·周语下》："天六地五，数之常也。"六气说同样是当时的人们对生活与生产知识的总结成果。

自然之气包括天气、地气以及天地之气，其充塞宇宙。例如《国语·鲁语上》记载："宣公夏滥于泗渊，里革断其罟而弃之，曰：'古者大寒降，土蛰发，水虞于是乎讲众罶，取名鱼，登川禽，而尝之寝庙，行诸国，助宣气也。鸟兽孕，水虫成，兽虞于是乎禁置罗，猎鱼鳖以为夏犒，助生阜也。鸟兽成，水虫孕，水虞于是乎禁置罝罴，设阱鄂，以实庙庖，畜功用也。'"韦昭在此段"助宣气也"后注曰："是时阳气起，鱼陟负冰，故令国人取之，所以助宣气也。"由此可知这里的"气"应是指地气。同时，对比《周语上》中关于籍田与农耕的记载，这段话则主要讲的是地气以及节气与动物活动的关系。值得注意的是，"气"本原的思想在这时似乎渐渐生成了，如《左传·昭公二十年》中晏子的话："声亦如味，一气，二体，三类，四物，五声，六律，七音，八风，九歌，以相成也。"这应是天地自然之气观念发展的必然结果。

人是宇宙中的一部分，它同样为"气"所充满，对与人相关的这部分"气"，我们姑且称之为生命之气。而在春秋末年以前这一时期，围绕生命之气而展开的最主要的理论主要是血气说。血气首先应当是作为自然之气的一个部分，它具有明显和明确的物质性含义。例如《左传·襄公二十一年》记载：楚子使薳子冯为令尹，访于申叔豫。叔豫曰："国多宠而王弱，国不可为也。"遂以疾辞……楚子使医视之。复曰："瘠则甚矣，而血气未动。"再如《国语·鲁语上》中的一段记载，展禽曰："夏父弗忌必有殃。……"侍者曰："若有殃焉在？……"曰："未可知也。若血气强固，将寿宠得没；虽寿而没，不为无殃。"在这些表述中，"气"显然被赋予了生理性的意义，甚至是作为生命的物质基础来理解的，这应当是生命或医学知识深入发展的表现，而这样一种理解以后便成为中国古代医学包括养生和治疗活动的一个重要理论基石。

以上无论是二气说、六气说，还是自然之气与生命之气思想，其实都是源于对自然的认识也即知识的基础。

关于早期的"气"观念和思考，我们还应注意作为"气"语词及概念在形成之初就已经包蕴的"通畅"这一含义，而这样一种观念同样是建立在具体知识基础之上的。

按照当时中国人的看法，自然之气是应当而且需要疏导通畅的。因为中国人认为，"气"作为一种物质存在，它绝不是凝固的，而是流动的。如前面所看到的《国语·周语上》中伯阳父论地震的著名论述，又如《国语·周语下》记载：

> 灵王二十二年，谷、洛斗，将毁王宫。王欲壅之，太子晋谏曰："不可。晋闻古之长民者，不堕山，不崇薮，不防川，不窦泽。夫山，土之聚也；薮，物之归也；川，气之导也；泽，水之钟也。夫天地成而聚于高，归物于下。疏为川谷，以导其气；陂塘污庳，以钟其美。是故聚不阤崩，而物有所归；气不沈滞，而亦不散越。"

这里的"导"即疏导畅通之意。这样一种认识的获得很可能包括了对"气"的感性直观。气，氤氲变化，周流于六虚之间。天地阴阳之气如果不通畅，则便会发生自然灾害。不难看出，有关"导"的认识是以对自然的观察作为基础的。

同样，生命之气也即人体中的血气也是如此。血气畅通，则身心健康；若有所壅蔽，则生疾矣。《国语·周语下》中记载单穆公的话说："口内味而耳内声，声味生气。气在口为言，在目为明。言以信名，明以时动。……若视听不和，而有震眩，则味入不精，不精则气佚，气佚则不和。于是乎有狂悖之言，有眩惑之明，有转易之名，有过慝之度。"在这里，血气不畅用"气佚"表达，而"不精则气佚，气佚则不和"的看法又涉及"平和"的思想。又如《左传·昭公元年》中记载子产的话说："侨闻之：君子有四时，朝以听政，昼以访问，夕以修令，夜以安身。于是乎节宣其气，勿使有所壅闭湫底以露其体，兹心不爽，而昏乱百度。今无乃壹之，则生疾矣。"在这里，血气不畅用"壅闭"来表达，解决的办法就是"节宣其气"。这样一种思想以后在中国的医学理论中有更为丰富的阐述。

第三节　春秋时期的自然之"天"、"天道"、"天人"观念与概念

"天"、"天道"、"天人"是春秋时期又一个与自然和知识密切相关的概念群。自然之"天"的含义是在一个相当长的时间内缓慢萌芽并发展的。这样一种观念最先是寄寓在早期占星术中，也寄寓在早期天人观中。西周末年以后，随着占星术即天文学的迅速发展，"天"的自然含义也越来越清晰，越来越丰富。就天人关系而言，自然天人观与相关的"时"、"宜"观念、概念以及思想在春秋时期都得到了更大的发展，而考察表明，这一时期的自然"天人"观念、概念及其思想在很大程度上也是建立在坚实的天文学知识或自然之"天"观念基础之上的。进而，至春秋时期，自然"天道"观逐渐形成了。这其中十分重要的一个原因就是占星活动由观象向观测的转变，并由此越来越数量化。在春秋时期，天文学中愈来愈注重对天体运行周期的研究，这尤其体现在太阳回归年长度的确定与行星运行周期的精确测算中。而这样一种天文知识的研究最终又以天道观念的形式反映出来。①

一、自然之"天"的产生

至少从周代开始，"天"语词中的自然含义开始逐渐显现出来，也即已经出现了由宗教之"天"向自然之"天"的过渡，例如《尚书》："秋，大熟，未获，天大雷电以风，禾尽偃，大木斯拔。"（《金縢》）"大玉、夷玉、天球、河图，在东序。"（《顾命》）又如《诗经》："倬彼云汉，昭回于天。""瞻卬昊天，云如何里？瞻卬昊天，有嘒其星。"（《大雅·云汉》）这里大抵应当都是涉及的自然之"天"。

至春秋时期，"天"语词的使用更加普遍，并且其已经完全取代"帝"

---

① 关于"天"、"天道"、"天人"观念在春秋时期发展的详细状况可参见本人《中国哲学的起源——前诸子时期观念、概念、思想发生发展与成型的历史》与《中国哲学起源的知识线索——从远古到老子：自然观念及哲学的发展与成型》中的相关内容。

语词，这可以说是这一时期的文献《左传》、《国语》中的普遍现象。例如《左传》中："兄弟而及此，吾从天所与。"（《襄公三十年》）"至于幽王，天不吊周。……至于惠王，天不靖周。"（《昭公二十六年》）同时，上述这种情况也在《诗经》中有所反映。与《大雅》相比，《小雅》中的自然之"天"有了增加，例如："谓天盖高，不敢不局；谓地盖厚，不敢不蹐。"（《正月》）"维天有汉，监亦有光。跂彼织女，终日七襄。"（《大东》）"上天同云，雨雪氛氛。"（《信南山》）有理由断定，"天"语词完全或更多取代"帝"语词不仅反映了殷周之间信仰的区别，也反映了这一时期天文学知识的迅速发展，而春秋时期自然之"天"观念的广泛生成正是与这一时期天文学的迅速发展密切相关的。从文献记载中，可以看出当时天文学或占星术所涉及的与"天"相关的内容。如《周礼·春官宗伯》中讲保章氏之职是：

> 掌天星，以志星辰日月之变动，以观天下之迁，辨其吉凶。以星土辨九州之地，所封封域，皆有分星，以观妖祥。以十有二岁之相，观天下之妖祥。以五云之物，辨吉凶、水旱降、丰荒之祲象。以十有二风，察天地之和、命乖别之妖祥。

当然，在这里面既有科学的因素，也有宗教的因素，但自然之"天"的内容在当时无疑是大大增加了。并且如前所见，春秋战国时期涌现出了包括鲁国的梓慎，晋国的卜偃，郑国的裨灶，宋国的子韦，齐国的甘德，楚国的唐昧，赵国的尹皋，魏国的石申等在内的一大批著名的天文学家。"天"这一语词或概念的普遍出现应当正是这种天文学知识兴旺发展的观念成果，而其进一步的结果便是自然属性在"天"观念中的增加并有可能取得绝对的支配地位。

也是在这种背景下，"天"的各种自然含义便愈来愈丰富，也愈来愈清晰，这包括对天灾和天地的认识。

对灾异的关注是靠天吃饭的农耕文明的必然现象，随着知识的进步、科学的发展，春秋时期的人们越来越从自然而非神秘或宿命的意义上来看待和理解"天灾"。例如《左传》："天作淫雨，害于粢盛，若之何不吊?"(《庄公十一年》)"在国,天有灾疠,亲巡孤寡而共其乏困。"(《哀公元年》)又如《国语》:"古者,天灾降戾,于是乎量资币,权轻重,以振救民。"(《周语下》)"若将与之,必因天地之灾,又观其民之饥饱劳逸以参之。"(《越语下》)可以看出,上述这些记载所关注的问题与殷人所关注的"帝令雨足(年)"、"帝不令雨"、"上帝降堇"、"帝不降大堇"这样一些问题是一样的。只是在殷人那里主要归之于"帝",而到了春秋时期这里,其中的宗教内容已被逐渐剥离,自然因素逐渐成为思考中的主要成分。

春秋时期,天地对举的表述也越来越多。虽然说此时的"天地"语词难免仍有不少从宗教之天向自然之天的过渡色彩,甚至不乏神秘色彩,但与天灾意义一样,天地之天的自然含义也已越来越清晰。例如《左传》:"地平天成,称也。"(《左传·僖公二十四年》)"舜臣尧,举八恺,使主后土,以揆百事,莫不时序,地平天成。"(《左传·文公十八年》)与此同时,更为一般意义的"天地"概念在西周末年已经出现了,例如:

> 夫天地之气,不失其序,若过其序,民乱之也。(《周语上》)

春秋时期进一步加深了这一内涵。例如:"天六地五,数之常也。经之以天,纬之以地。""象物天地,比类百则。""故天无伏阴,地无散阳。""唯不帅天地之度,不顺四时之序。"(均见《周语下》)

二、"天人"

与"天"观念一同进展的是自然天人观,具体地,其包括或展开为"天时"与"地宜"两方面内容,而这正是之前自然天人观念传统的延续和发展。

与西周时期相比,春秋时期有关"天时"这一概念或观念所蕴涵的意义更加完整,这主要体现在以下几个方面:第一,"时"已明确具有规律之意。这是以三代尤其是春秋时期占星活动或天文知识的长期积累和迅速发展作为基础的。这既包括大量的占星或天文知识,如:"丙子旦,日在尾,月在策,鹑火中,必是时也。"(《左传·僖公五年》)"陶唐氏之火正阏伯居商丘，祀大火，而火纪时焉。"（《左传·襄公九年》）也包括基于这一基础上发展起来的历法知识，如："先王之正时也，履端于始，举正于中，归馀于终。"（《左传·文公元年》）"闰以正时，时以作事，事以厚生，生民之道于是乎在矣。"（《左传·文公六年》）第二，"顺时"或遵循规律。"顺时"首先是以农耕活动或知识作为基础发展起来的。由于这里的遵循规律是针对农事活动，因此这一层含义中所突现的"时"是指遵守时令、时节或即农时。这一层含义与上面第一层含义相比较，更为直接地指向了人与天即自然的具体关系，或具有更明确的实用意义。例如："故务其三时，修其五教，亲其九族，以致其禋祀。"（《左传·桓公六年》）"修民事，田以时。"（《左传·襄公四年》）"山泽各致其时，则民不苟；陆、阜、陵、墐、井、田、畴均，则民不憾；无夺民时，则百姓富；牺牲不略，则牛羊遂。"（《国语·齐语》）"四封之内，百姓之事，时节三乐，不乱民功，不逆天时，五谷睦熟，民乃蕃滋。"（《国语·越语下》）这其中的"务其三时"、"田以时"、"各致其时"、"无夺民时"、"不逆天时"都明确而清晰地表达出一种遵循农时规律的天人观念甚至思想。第三，"审时"，也即赋予遵循规律以认识论的意义，例如《国语·齐语》中所说：

> 令夫工，群萃而州处，审其四时，辨其功苦，权节其用。
>
> 令夫商，群萃而州处，察其四时，而监其乡之资。
>
> 令夫农，群萃而州处，察其四时，权节其用，耒、耜、耞、芟。及寒，击菒除田，以待时耕；及耕，深耕而疾耰之，以待时雨；时雨既至，挟其枪、刈、耨、镈，以旦暮从事于田野。

这里所说的"审其四时"、"察其四时"都具有在主观上重视认识规律之意，即强调主体在认识和把握客观规律中的作用，显然，这应当已经赋予了天人关系以认识论的意义。而后来《易传》等学派及思想对于"时"的强调就正是以此为基础的。

"地宜"观念同样是天人关系的一个重要方面。如前所见，地宜观念在周代就已经十分明显，相应的"宜"概念也已经出现，而这样一种观念和概念在春秋时期的表达也更加丰富和具有概括性。例如《左传·成公二年》中记载：

> 先王疆理天下，物土之宜，而布其利。故《诗》曰："我疆我理，南东其亩。"今吾子疆理诸侯，而曰"尽东其亩"而已，唯吾子戎车是利，无顾土宜，其无乃非先王之命也乎？

对照前面所看到的《周礼》中的"掌土化之法以物地，相其宜而为之种"（《地官司徒·草人》）、"以土宜之法辨十有二土之名物"（《地官司徒·大司徒》），这里的"物土之宜"、"无顾土宜"显然在思维及其表述上都有相关性或连续性。而春秋时期对于地宜观念及思想表述得最为清晰和透彻的要数《管子·地员》。《管子·地员》开篇就说："渎田悉徙，五种无不宜"，"其木宜杭、蓄与杜松，其草宜楚棘"；"赤垆，历强肥，五种无不宜"，"其草宜白茅与藋，其木宜赤棠"；"黄唐，无宜也"，"其草宜黍秫与茅，其木宜櫄扰桑"；"斥埴，宜大菽与麦，其草宜萯藋，其木宜杞"；"黑埴，宜稻麦，其草宜萍蓿，其木宜白棠"。这里讲了土壤与植物或农作物的对应关系。并且很明显，这样一种认识是沿《禹贡》、《周礼》的传统发展而来的。又如："凡草土之道，各有谷造，或高或下，各有草土。叶下于蘩，蘩下于苋，苋下于蒲，蒲下于苇，苇下于藋，藋下于蒌，蒌下于荓，荓下于萧，萧下于薜，薜下于萑，萑下于茅。凡彼草物，有十二衰，各有所归。"在这里，《地员》已经注意到地势的细小差别与植物或耕作之间的对应关系。我们因此也可以看到"宜"观念与"类"观念之间的内在关系，思维与观念在这里体现了交叉或重合。其实，土壤或地势分类的目的就在于给人们的耕种活动以明确的信息指示，就此而言，交叉或重合又是完全符合知识发展的内在逻辑的。以上考察表明，地宜观念几乎又都与中国人长期和丰富的农业实践有关，正是在不断积累的耕作经验中，地宜观念及思想得到了有效的培育。

此外，春秋时期以"时"、"宜"观念及概念为基础，又发展出了"因"这一概念。不过与"宜"相比，"因"似更偏重于顺应的含义；而与"时"相比，

"因"似又有适宜的含义。从实际使用情况来看，"因"概念似要稍晚于"宜"概念。一般而言，"因"概念大约是在春秋末年和战国初年才确立起自己在自然天人观念和思想中的标识地位的。"因"同样可以细化为"因天"、"因地"、"因时"。例如："因天材，就地利。"（《管子·乘马》）这是"因天"。又如："则天之明，因地之性，生其六气，用其五行。"（《左传·昭公二十五年》）这是"因地"。再如："取与之必因于时也。时则动，不时则静。"（《管子·宙合》）这是"因时"。"因"概念的出现使得"时"、"宜"观念与概念之间也有了连接，其共同组成了一个自然含义十分丰富的概念群。

三、"天象"与"天数"

在对"天"的认识过程中，"天象"与"天数"知识日益积累和丰富起来，并成为架通科学与哲学的重要观念和概念桥梁。

"天象"早在三代就是天文学知识发展成果的最直接和最基本的反映。而从春秋时期的文献记载中，可以看到这一知识及其在观念上的成熟。例如《左传》："童谣云：丙之晨，龙尾伏辰，均服振振，取虢之旂。鹑之贲贲，天策焞焞，火中成军，虢公其奔。"（《僖公五年》）（其中"鹑之贲贲，天策焞焞，火中成军，虢公其奔"一句亦见于《国语·晋语二》）这里的龙尾指尾宿，为苍龙七宿之六；鹑即鹑火，柳宿，为朱雀七宿之三。"夏数得天，若火作，其四国当之，在宋、卫、陈、郑乎？宋，大辰之虚也；陈，大皞之虚也；郑，祝融之虚也，皆火房也。"（《昭公十七年》）这里的虚是指分野；火房，即大火星所在位置。由以上考察可见，"天象"首先是一种知识。当然，"天象"的知识形态与观念形态是重叠的，其也可以看作是由知识而观念的过渡形态。需要说明的是，"天象"作为观念在占星术中本有着强烈的宗教色彩或目的，这即使在春秋时期也不例外，例如昭公十年春正月，有星出于婺女，郑裨灶言于子产曰："七月戊子，晋君将死。今兹岁在颛顼之虚，姜氏、任氏实守其地。居其维首，而有妖星焉，告邑姜也。邑姜，晋之妣也。天以七纪，戊子，逢公以登，星斯于是乎出。吾是以讯之。"(《左传·昭公十年》)但应当看到,随着科学因素在占星术中所占的比重越来越大,"天象"观念中的自然成分也就必然会随之相应增加。而以上述发展作为基础,"天象"语词在春秋时期也广泛出现了,例如:

夫天事恒象,任重享大者必速及。(《国语·周语上》)

天事必象,十有二年,必获此土。(《国语·晋语四》)

天事恒象,今除于火,火出必布焉,诸侯其有火灾乎?(《左传·昭公十七年》)

"天数"知识、观念及语词在此时也逐渐形成了。我们看到,"天数"首先与占星、天文、历法知识有关。其实这样的表述最早已经可以在《尚书》中找到,如《洪范》曰:"四、五纪:一曰岁,二曰月,三曰日,四曰星辰,五曰历数。"这里的历数实际就是指天数而言的。至春秋时期,类似的表述多了起来。例如《国语》:"天六地五,数之常也。""故天无伏阴,地无散阳,水无沈气,火无灾燀,神无间行,民无淫心,时无逆数,物无害生。"(均见《国语·周语下》)"吾闻以乱得聚者,非谋不卒时,非人不免难,非礼不终年,非义不尽齿,非德不及世,非天不离数。"(《国语·晋语一》)又如《左传》:"史赵曰:亥有二首六身,下二如身,是其日数也。"(《左传·襄公三十年》)"夏数得天,若火作,其四国当之,在宋、卫、陈、郑乎?"(《左传·昭公十七年》)在这些表述中,"数之常也"、"时无逆数"、"非天不离数"、"其日数也"、"夏数得天"大抵都是从历数或自然之数而言的,间或出现的命数意义,也在很大程度上有自然的含义。同时,"天数"无疑又是观念的,并往往具备神奇的性质。如上面所见,"以数合之,以声昭之",且声数相应,人神共有,这样的"数"无疑是观念的,并且是神奇的。而这种神奇观念又通常与特定的数字密切相关,如十二就是这样一个神奇的数字,其可以用于纪月,一年是十二个朔望月;也可以用于纪时,一昼夜分为十二个时段,也叫十二时辰;与十干相对应的十二支既可用于纪时,又可用于纪年;岁星运行十二年为一周天。此外乐律也是十二个,即由六律和六吕构成。所以《左传·哀公七年》中说：

> 周之王也，制礼，上物不过十二，以为天之大数也。

很明显，以上无论是"天象"，还是"天数"，作为观念都是以知识作为基础的，并且其也再次证明了知识对于观念的"力量"。而以上这样一种关于"天象"与"天数"的认识又进一步成为自然"天道"观的基础。

四、"天道"

春秋时期，在原有"天命"观的基础上，同时也是在"天象"与"天数"认识和观念的基础上，"天道"这一语词或概念终于大量出现了。

最初，"天道"与"天命"可能有着十分密切的关系，其中不少"天道"的含义就是"天命"。例如："天道赏善而罚淫，故凡我造国，无从非彝，无即慆淫，各守尔典，以承天休。"（《国语·周语中》）"叔孙氏惧祸之滥，而自同于季氏，天之道也。"（《左传·昭公二十七年》）但在此过程中，"天道"的含义会渐渐清晰和独立起来，我们在文献中也能读出由"天意"向"天道"的这种过渡。例如《国语·周语下》记载的以下这则："夫天道导可而省否，苌叔反是，以诳刘子，必有三殃：违天，一也；反道，二也；诳人，三也。"这里的"天道"有从天意向天道过渡的性质，其保留有天意也即神的内容，但同时也已具有自然或法则的含义。这其中，一些"天道"语词的自然性质已经十分明显和明确。例如"川泽纳污，山薮藏疾，瑾瑜匿瑕，国君含垢，天之道也。"（《左传·宣公十五年》）这里的"天道"就是指自然界及人类社会中事物共存的本性。

而从文献记载来看，春秋时期许多"天道"语词或概念都与天象观测活动以及天数观念存在着直接的关联，这种现象正说明了天文学或占星术对于"天道"观念及思想直接而深刻的影响。例如《左传》的这段记载：

> 晋侯问于士弱曰："吾闻之，宋灾，于是乎知有天道，何故？"对曰："古之火正，或食于心，或食于咮，以出内火。是故咮为鹑火，心为大火。陶唐氏之火正阏伯居商丘，祀大火，而火纪时焉。相土因

之，故商主大火。商人阅其祸败之衅，必始于火，是以日知其有天道也。"(《左传·襄公九年》)

士弱在回答晋侯有关天道的提问时使用了大量的天文学知识。士弱告知晋侯，火正(为官名，职掌祭火星)在祭火星时用心味陪祭。这里的心即心宿，又称大火；味即柳宿，又称鹑火。火星即运行在这两个星宿之间。士弱又说到，陶唐氏的火正阏伯居于商丘，用火星来确定时节。之后殷人先祖相土也沿袭这一方法。又春秋时期关于岁星也即木星方面的知识经常在文献记载中出现。例如"董叔曰：天道多在西北。南师不时，必无功。"(《左传·襄公十八年》)据杨伯峻，这里的天道即指木星所行之道，是年木星在黄道带经过娵訾，于十二支中为亥，故云天道在西北。而从以下这一段记载中我们更可以清楚地看到占星术的天文知识性质及其与"天道"概念以及自然天道观的关系：

> 二至二分，日有食之，不为灾。日月之行也，分，同道也；至，相过也。(《左传·昭公二十一年》)

这里的"分"是指春分、秋分，"至"是指夏至、冬至。而"道"则是指包括黄道、赤道在内的天道。[1] 并且我们在这里看到，更为简约的"道"的语词也出现了。

在此基础上，春秋时期的人们已经围绕"天道"形成了一些重要的认识与观念。

首先，"天道"是周而复始、循环不已、运行不殆的，这在春秋时期已经成为一种普遍的认识，而这种认识无疑是以天文观测作为基础建立起

---

[1] 除此之外，音乐或乐律也明显有着"天数"的特征。例如《国语·周语下》中记载：例如："古之神瞽考中声而量之以制，度律均钟，百官轨仪，纪之以三，平之以六，成于十二，天之道也。"这里所谓"天之道也"，实际也就是指"天之数也"。按韦昭："神瞽，古乐正，知天道者也，死以为乐祖，祭于瞽宗，谓之神瞽。"由此可见，古时知天道者不唯星占家，乐律以及凡与数术相通者都有可能对天道即自然规律有所知晓。并且天道或规律在这里是一种自然或数字结构，这也使我们了解到春秋时期关于自然规律认识的丰富性和复杂性。关于天数及其与天道的关系问题还可参考本人《中国哲学起源的知识线索——从远古到老子：自然观念及哲学的发展与成型》。

来的,这包括太阳回归年和五星周期等。如《国语·晋语四》中这一段记载:"天事必象,十有二年,必获此土。二三子志之。岁在寿星及鹑尾,其有此土乎! 天以命矣,复于寿星,必获诸侯,天之道也。"这里的岁即岁星,也即木星。通过长期的天文观测,当时的中国人已知木星每十二年绕天一周,因此将周天分为十二等分,也即十二次,分别是:星纪、玄枵、娵訾、降娄、大梁、实沈、鹑首、鹑火、鹑尾、寿星、大火、析木;木星每年出现在黄道带上十二次的某个位置;这其中说到的寿星与鹑尾即十二次中的两个,其中自轸十二度至氐四度为寿星之次,自张十七度至轸十一度为鹑尾之次。这里所看到的"十有二年,必获此土"、"岁在寿星及鹑尾,其有此土乎"、"复于寿星,必获诸侯,天之道也",其实都包含了对"天道"周而复始、循环往复的理解。可以猜测和想象,有关木星的知识在当时对于周而复始、循环不已的"天道"或法则观念的确立有着重要的意义。值得注意的是,这样一种周而复始、循环往复的"天道"观对以后社会历史观的深刻甚至是决定性的影响。

与此相关,"天道"观念或意义又有了进一步的延伸,这就是物极必反这一更具哲学思维的思想。"物极必反"早在《易经》以及所发展出的"阴阳"转化思想中就有所表达。但是到了春秋末年,在"物极必反"这一思想中,我们已经看到融入了大量的天文学或占星术的知识内容,也因此,我们看到了"阴阳"观念与"天道"观念这两者的有机结合。例如范蠡:

> 盈而荡,天之道也。(《左传·庄公四年》)
>
> 盈必毁,天之道也。(《左传·哀公十一年》)
>
> 范蠡曰:臣闻古之善用兵者,赢缩以为常,四时以为纪,无过天极,究数而止。天道皇皇,日月以为常,明者以为法,微者则是行。……凡陈之道,设右以为牝,益左以为牡,蚤晏无失,必顺天道,周旋无究。(《国语·越语下》)

可以清楚地看到,范蠡上述这些"天道"或"天之道"概念都是与"阴阳"转化观念或思想高度统一的。并且，在"物极必反"与"周而复始"、"循环往复"之间也是存在着联系的，而维系这种联系的正是其中的天文学或占星术依据。

事实上，这一时期围绕"天道"还有更多的认识与思想出现。如这一时期衍生出了更多的与"天道"含义相近的语词或概念，它们与"天道"一起构成了一个观念群。例如范蠡语："臣闻之，得时无怠，时不再来，天予不取，反为之灾。赢缩转化，后将悔之。天节固然，唯谋不迁。"（《国语·越语下》）以上使用了"节"这一概念，对照范蠡其他论述，明显有天道之意。再如："古之善用兵者，因天地之常，与之俱行。"（《国语·越语下》）以上使用了"常"这一概念，其天道之意十分明显。另外，"数"这一语词与概念也与"天道"有相通之意，下面将专门论述。以上论述或思想虽不用"天道"这一概念，但其规律或法则的含义却与"天道"相同，它是在相同的知识基础上建立起来的。由此，我们也可以看到自然天道观内涵及表达的丰富性，这些都为自然天道观日后的进一步发展奠定了基础。同样，也是在这一过程中，"天道"自然无为的思想也产生了，例如：

天道盈而不溢，盛而不骄，劳而不矜其功。（《国语·越语下》）

有意义的是，以上这样一种循环、转化以及自然法则和自然无为的"天道"观与老子及道家学派的思想显然是高度一致的，这昭示了上述观念或思想在当时发展的共同认识背景以及某种客观必然性。

这里需要指出的是，定型于春秋时期的自然"天道"观所突出和强调的核心就是宇宙自然的法则或规律，这样一种对宇宙自然法则或规律的强调在其他哲学系统中并不多见，它成为中国哲学具有标识性的观念。而究其根源，这样一种观念的确立就在于有占星术或天文学这样一个牢固的基石。我们已经知道，在早期文明中，巴比伦与中国的占星术是最为突出的。但古代巴比伦并没有将此上升到哲学的高度。换言之，只有中国在占星术与哲学之间建立的联系，形成了通道。这也就不难解释为什么古代中国早早地就确立起自然运行法则或规律在哲学思考中的地位,并始终将其贯穿在以后的哲学问题之中,而其他诸文明的哲学系统为什么没有这样的观念或是这样的观念不甚明确或显明。而就一部完整的中国古代哲学史来看,这其中也包括在整个中国古代占星术与天文学一直居于显赫地位的原因。正是坚实的知识基础构成了基本的哲学问题,当然,相关的宗教关怀也成为重要的帮衬和辅助。这也可以导致进一步的判断或推论,即人类早期各个哲学系统的知识背景是非常不同的,也因此其所关心或探究的问题也可能是非常不同的。哲学史研究没有理由将某一种认识或问题作为圭臬来范围其他的思考传统。

第四节　春秋时期的"类"、"象"、"数"观念与概念

"类"、"象"、"数"是春秋时期第三个重要的概念集合。春秋时期知识领域的"类"观念更加成熟,这尤以《管子·地员》和《尔雅》两部著作为代表。在这两部著作中,我们可以看到这一时期知识活动中"类"观念的深入和细化,其具体沿地理学和生物学两个门类展开。同时,我们在这里也已经明显可以看到朝着语词逻辑方向的运动,我们可以感受到知识与逻辑之间所建立起来的连接。由此,语词学中的"类"观念也形成了。而日后的"名实"、"同异"之辩恰恰就是以这种知识和语词活动中的"类"观念作为基础的。春秋时期的"象"观念主要由天文学或占星术提供知识背景或基础,但也大量涉及物候、冶铸、探矿、医疗等方面的知识内容;"数"观念不仅涉及数学,也涉及乐律学和天文学,并且其又在很大程度上与"五行"观念相遇。①

一、"类"知识与观念

首先来看地理学中的"类"观念,这可以《管子·地员》为例。

---

① 关于"类"、"象"、"数"观念在春秋时期发展的详细状况可参见本人《中国哲学的起源——前诸子时期观念、概念、思想发生发展与成型的历史》与《中国哲学起源的知识线索——从远古到老子:自然观念及哲学的发展与成型》中的相关内容。

《管子·地员》中的"类"观念明显是由《山海经》、《禹贡》以及《周礼》的传统发展而来的。

首先,《管子·地员》中已经出现了对地理形态的分类。其将丘陵分为 15 种类型,将山地分为 5 种类型。以丘陵为例,分别有:坟延(平缓低丘)、陕之芳(谷地)、祀陕(较高谷地)、杜陵(较大土阜)、延陵(延展大土阜)、环陵(高大块状土阜)、蔓山(长形的低山)、付山(多土的小山)、付山白徒(有白土的小山)、中陵(中等土阜)、青山(青色的土山)、赤壤驽山(有小石和红土的小山)、陛山白壤(多磊石和白土的山)、徒山(不高的土山)、高陵土山(高丘陵土山),[1]并同时给出了其"至于泉"的高度,如"坟延者六施,六七四十二尺而至于泉"、"陕之芳七施,七七四十九尺而至于泉"等等。以上分类更多地超越了实用,具有某种一般或纯粹知识的特征。而在土壤分类方面,《管子·地员》明显继承了《禹贡》和《周礼》的传统,其将一般地区分成 18 种类型,依次为:粟土、沃土、位土、蘐土、壤土、浮土、恋土、垆土、壏土、剽土、沙土、塥土、犹土、壮土、殖土、觳土、凫土、桀土。与此同时,《地员》又指出不同的土壤在生产力上的细微差别,如讲:"群土之长,是唯五粟";"五沃之状,剽怸橐土";"五垆之状,强力刚坚";"五沙之状,粟焉如屑";"五桀之状,甚咸以苦"。在现代土壤科学中,通常是按照砂粒、粉砂粒、黏粒的百分数将土壤划分为砂土、壤土、黏壤土、黏土 4 类 12 个等级。对照研究表明,《地员》的上述土壤分类较之《禹贡》、《周礼》更加深入,并且与现今的土壤分类标准已十分吻合。[2]

其次来看生物学中的"类"观念,《尔雅》是其典型代表。《尔雅》中关于生物分类的概念十分清晰,这是因为《尔雅》本身就是语词类的著作,具有界说性。在《尔雅》中,涉及这方面的内容共有七篇,分别是《释草》、《释木》、《释虫》、《释鱼》、《释鸟》、《释兽》、《释畜》。《释草》、《释木》两篇,是第一次明确地将植物分为草本和木本两大类,其中《释草》篇中包含有

---

① 参见中国科学院自然科学史研究所地学史组主编《中国古代地理学史》,第 40 页,北京,科学出版社,1984。
② 同上书,第 208—211 页。

一百多种植物,《释木》篇中包含有几十种植物,这样一种分类与现在分类学的认识是基本一致的。又《释虫》、《释鱼》、《释鸟》、《释兽》四篇,也是第一次将动物分为虫、鱼、鸟、兽四大类。但这还只是大类的划分,《尔雅》的分类更加深入和细致。在植物分类中,如《释草》中将藿(山韭)、茖(山葱)、葝(山薤)、蒚(山蒜)等排列在一起,属葱蒜类,这同现在分类学的葱蒜属相当;又《释木》中的桃李类、松柏类、桑类也是如此,一些划分方式同样与现在分类学相当。在动物分类中,《释虫》一篇所列举的动物相当于现在分类学的无脊椎动物,其中昆虫有 66 种,占全篇 82.5%,故以虫命篇十分准确。《释鱼》一篇鱼类比较宽泛,其主要相当于现在分类学中的鱼类、两栖类和爬行类,也即属冷血动物。《释鸟》与《释兽》两篇与现在分类法更为吻合。其言"二足而羽谓之禽,四足而毛谓之兽"(《释鸟》),对鸟兽作了准确的区分。又《释虫》中把蜩、蚻、蠽、蝒、蜺等排列在一起,同属蝉类,这与现在分类学中的同翅目蝉科相当;另动物中的蚁类、蜂类、蚕类、贝类、甲虫类、蛇类、蛙类等也都有分门别类的叙述。正如有学者所指出的:《尔雅》中上述有关动植物的一些分类原则与方法已初步具有现今分类学的"属"或"科"的概念。[1] 这其中,有些分类是非常具体和细致的,例如《释畜》中的马属:

> 騊駼,马。野马。駮,如马,倨牙,食虎豹。騉蹄,趼,善升甗。騉駼,枝蹄,趼,善升甗。小领,盗骊。绝有力,駥。膝上皆白,惟馵。四骹皆白,驓。四蹄皆白,首。前足皆白,騱。后足皆白,翑。前右足白,启。左白,踦。后右足白,骧。左白,馵。骊马白腹,騵。骊马白跨,骕。白州,驠。尾本白,騴。尾白,駺。馰颡,白颠。白达,素县。面颡皆白,惟駹。回毛在膺,宜乘。在肘后,减阳。在干,茀方。在背,阕广。逆毛,居馻。騋:牝,骊;牡,玄;驹,褭骖。牡曰骘,牝曰騇。骊白,驳。黄白,騜。骝马黄脊,騝。骊马黄脊,騽。青骊,駽。

---

[1] 参见杜石然等编著《中国科学技术史稿》(上册),第 101、102 页;邹树文《中国古代的动物分类学》,载李国豪主编《中国科技史探索》,上海,上海古籍出版社,1986。

青骊驎,驒。青骊繁鬣,騥。骊白杂毛,駂。黄白杂毛,駓。阴白杂毛,骃。苍白杂毛,骓。彤白杂毛,騢。白马黑鬣,骆。白马黑唇,駩;黑喙,騧。一目白,瞯;二目白,鱼。

事实上,《尔雅》的知识分类不仅涉及生物学,也涉及地理学,这包括《释丘》、《释山》、《释水》三篇。如《释丘》:"丘:一成为敦丘,再成为陶丘,再成锐上为融丘,三成为昆仑丘。""左高,咸丘。右高,临丘。前高,旄丘。后高,陵丘。偏高,阿丘。宛中,宛丘。"又如《释水》:"济为濋,汶为澜,洛为波,汉为潜,淮为浒,江为沱,過为洵,颍为沙,汝为溃。""河水清且澜漪,大波为澜,小波为沦,直波为径。"①

总之,由以上考察可以看出,《尔雅》这部语词学著作有着明显的知识分类特征,并且,这种分类也与分辨有着密切的联系,它十分重视区分对象的差异性。我们应充分注意和认识《尔雅》知识及语词分类的意义或重要性。应当看到,这样一种具体而微的区分显然是与战国时期逻辑学中关于"同异"问题的讨论密切相关的,例如公孙龙有关白马非马问题的讨论就与《尔雅》上述对马的分类直接或密切相关。知识与语词中的分辨或分类为逻辑学和哲学中有关概念问题的讨论打下了坚实的基础。

二、"象"知识与观念

"象"知识与观念中最重要的无疑是"天象",不过这部分内容在前面有关"天"的考察中已经有过接触,故这里主要考察物候、冶铸、探矿、医疗方面的状况。

在前面的考察中我们已经了解到,通过物候之"象"来获知自然消息的传统早在夏代已经形成。由《诗经》可知,周人也使用这一方法(事实上,在传统农业中物候方法始终是一种重要的方法)。如《豳风·七月》中的"七月流火,八月萑苇"(七月火星西移,八月芦苇茂盛)、"七月鸣鵙,

---

① 若不以知识为线索而仅论事物与语词界说,那么《尔雅》所涉及的内容还要更为广泛。

八月载绩"(七月伯劳鸣唱，八月纺织正忙)等。正是在长期的观察活动中，中国思维逐渐培育起一种十分独特的方法：观"象"方法。① 中国人在长期的观察活动中注意到，许多事物或性质通常有固定的"象"相伴随。这就意味着"象"具有各种提示作用。这既包括对于某种存在的提示，也包括对于某种性质的提示；其既包括对即将发生什么的提示，也包括对应当怎样去做的提示。也即是说，既可以通过表面之"象"来把握某种潜藏的东西，也可以通过已有之"象"来推知某种未来的东西。② 当然，方法也就是观念。

冶铸活动对于"象"的利用也是非常成功的。如《周礼·冬官考工记·栗氏》中记载：

> 凡铸金之状，金与锡，黑浊之气竭，黄白次之；黄白之气竭，青白次之；青白之气竭，青气次之，然后可铸也。

这里说的是对冶铸火候的掌握，其中充分运用了观"象"这一方法。金属加热时，由于燃料蒸发、分解、化合、激发等作用，会生成不同颜色的火焰和烟气。熔炼初期，燃料中含有氢、一氧化碳和碳氢化合物，故燃烧时火焰呈黑色，也即"黑浊之气"。接着，由于氧化物、硫化物的挥发又会使烟气变成黄色，即"黄白之气"。而随着炉温进一步升高，蓝色也即"青白之气"的比重会越来越多。最终，由于锌的挥发，白色所剩无几，青焰占了绝对的优势，这也就到了"炉火纯青"的状态。③

观"象"的方法也被用于探矿活动。在青铜时代，铜矿的发现意味着权力维系与作用的保障。在铁器时代，铁矿的发现又是社会与国家经济命脉之所在。在长期的探矿活动中，古代中国人积累起非常丰富的经

---

① 就思维而言，这也就是所谓"表象"和"意象"。例如黑格尔在其《小逻辑》一书中就从哲学的视角对"表象"概念作了深入的分析，而刘文英在《漫长的历史源头——原始思维与原始文化新探》一书中又基于原始思维的角度对"意象"概念作了充分的论述。
② 这同样也体现在占卜活动中。
③ 参见田长浒《中国金属技术史》，第74页，成都，四川科学技术出版社，1988；闻人军：《考工记导读》，第32、33页，成都，巴蜀书社，1988。

验，而其中十分重要的一条即是根据"象"来判定矿物的存在与类别。如
《管子·地数》中记载：

> 伯高曰：上有丹砂者，下有黄金；上有慈石者，下有铜金；上有陵
> 石者，下有铅、锡、赤铜；上有赭者，下有铁。此山之见荣者也。

> 管子对曰：山上有赭者，其下有铁；上有铅者，其下有银。一曰
> 上有铅者，其下有鈂银；上有丹砂者，其下有鈂金；上有慈石者，其下
> 有铜金。此山之见荣者也。

地表有赭类物，其下可能有铁矿；地表有铅类物，其下可能有银矿；地表
如果有丹砂，其下可能有金矿，如此等等。

医疗活动也是如此。春秋末年名医扁鹊（一说姓秦名越人）所使用
的诊断方法就是"象"方法。《史记·扁鹊仓公列传》中引扁鹊的话说：

> 越人之为方也，不待切脉、望色、听声、写形，言病之所在。闻病
> 之阳，论得其阴；闻病之阴，论得其阳。病应见于大表，不出千里，决
> 者至众，不可曲止也。

由此可知，扁鹊诊断疾病使用了包括切脉、望色、听声、写形在内的多种
观察方法，也即观"象"方法，这其中又尤以切脉最为突出，所以《史记·
扁鹊仓公列传》中说："至今天下言脉者，由扁鹊也。"之后，以《黄帝内经》
为代表的中国古代医疗活动更是使用观"象"方法的重镇。

应当看到，正是这些具体的知识活动充实和丰满了"象"观念的内
涵，并为其思想化打下了坚实的基础。

三、"数"知识与观念

如前所述，"数"最为基本的意义是计算与度量。

计算与度量首先是物体上的。例如《国语·周语上》中讲："王治农
于籍，蒐于农隙，耨获亦于籍，狝于既烝，狩于毕时，是皆习民数者也，又
何料焉。"这里的数是指户数，也可引申为人数。又如《左传·昭公二十
六年》中讲："豆、区、釜、钟之数，其取之公也薄，其施之民也厚。"这里的

数是指容器的容量。与此相关,数自然是指数目,例如:"史赵曰:亥有二首六身,下二如身,是其日数也。"(《左传·襄公三十年》)"日之数十,故有十时,亦当十位。"(《左传·昭公五年》)而数这一语词前面再加上"盈"这一语词,又可以解释为满数。例如:(郑伯)"使以十月入,曰:良月也,就盈数焉。"(《左传·庄公十六年》)"万,盈数也;魏,大名也。以是始赏,天启之矣。天子曰兆民,诸侯曰万民。今名之大,以从盈数,其必有众。"(《左传·闵公元年》)

同样,计算或度量不仅是物体的,也可以是时间的。在西周和春秋时期,数这一语词又用于历法、历数的表达,例如:"四、五纪:一曰岁,二曰月,三曰日,四曰星辰,五曰历数。"(《尚书·洪范》)又如"夏数得天,若火作,其四国当之,在宋、卫、陈、郑乎?"(《左传·昭公十七年》)而既然是指时间,它一定可以用来表示时间的久暂。例如:"吾闻以乱得聚者,非谋不卒时,非人不免难,非礼不终年,非义不尽齿,非德不及世,非天不离数。"(《国语·晋语一》)这里的"不离数"是指不能长久。又如:"瞽史之纪曰:'唐叔之世,将如商数。'"(《国语·晋语四》)这里的"如商数"是指能够像商代一样长久。当然,在这层意义上所使用的"数"也具有命数、气数、运数的含义,这也是中国古代观念中一个很重要的内容。相比之下,时间之数较之物体之数更加接近哲学的思考。

在春秋时期,这种计算与度量的能力已经达到相当的高度,这突出地体现在"三分损益法"——我国最早的乐律计算方法上。《管子·地员》中记载:"凡将起五音,凡首,先主一而三之,四开以合九九,以是生黄钟小素之首以成宫。三分而益之以一,为百有八,为徵。不无有,三分而去其乘,适足以是生商。有三分,而复于其所,以是成羽。有三分,去其乘,适足以是成角。"在这里,三分损益法被用于五声音阶的定律。事实上,作为乐律,其不仅仅是一种计算或度量知识,同时也是对规律或法则的深刻认识,这就有了观念或哲学的意义。

以此为基础,"数"还具有了某种更为一般的规律或法则的含义。例如《国语·周语下》中讲:

> 故天无伏阴，地无散阳，水无沈气，火无灾燀，神无间行，民无淫心，时无逆数，物无害生。

这里的"数"是指四时秩序，也是指自然规律、法则。又例如《国语·周语上》中讲："若国亡不过十年，数之纪也。夫天之所弃，不过其纪。"《国语·越语下》中讲："臣闻古之善用兵者，赢缩以为常，四时以为纪，无过天极，究数而止。"在这里，"数"都是指某种限度，或大限、极限，并且其中也都有命数、气数、运数、天数的含义。而以此为基础，又可以发展出度数的含义，例如："声章过数则有衅，有衅则敌入，敌入而凶，救败不暇，谁能退敌？"（《国语·晋语一》）这里的"数"是一般原则或方法意义的，它是指一种"度"即合理性，这同样成为日后哲学思考中的一个重要内容。又例如：

> 是以和五味以调口，刚四支以卫体，和六律以聪耳，正七体以役心，平八索以成人，建九纪以立纯德，合十数以训百体。出千品，具万方，计亿事，材兆物，收经入，行姟极。（《国语·郑语》）

> 百姓、千品、万官、亿丑、兆民经入畡数以奉之，明德以昭之，和声以听之，以告遍至，则无不受休。（《国语·楚语下》）

这里的"数"大抵都具有本根、本原的意义，后来战国时期以《易传》为代表的对"数"的高度重视并将其本原化，其相当意义上可追溯至此。

第五节　无神论观念及其意义

考察春秋时期观念与知识的关系时，或在考察诸子的科学思想或自然哲学思想之前，还有一个重要内容不得不接触，这就是春秋时期的无神论思潮。我们看到，从西周末年开始，知识界与思想界中出现了一个理性或无神论思潮的进步过程。需要说明的是，这里所说的无神论思潮并非是对神的绝对否定，而是大致包含以下这样几层含义：在一定程度或意义上对神的怀疑；在某一特定时间或情境中对神的忽略、搁置；将人与神的关系拆解开来；对巫术及鬼神迷信的拒斥。这种无神论思潮的核心应当是理性的增长。当然，这样一个进步是缓慢发生发展的，它伴随着思维的进步，也伴随着知识的进步。到了春秋时期，这种无神论思潮就开始广泛地显现出来。总之，这种以理性作为中介的无神论观念，与科学和哲学都有着密切的联系，它的出现受惠于知识的发展，而它的泛化也将反过来进一步促进科学与哲学的发展。①

一、无神论观念的萌芽

相关文献记录了春秋时期无神论观念萌芽的过程。如《左传·庄公十四年》记载：

> 初，内蛇与外蛇斗于郑南门中，内蛇死。六年而厉公入。公闻之，问于申繻曰："犹有妖乎？"对曰："人之所忌，其气焰以取之。妖由人兴也。人无衅焉，妖不自作。人弃常，则妖兴，故有妖。"

申繻在这里回答鲁庄公"犹有妖乎"的提问时说："妖由人兴"，也即是说，妖是由人决定的，这是理性的表现。但申繻却也并没有否定妖的存在，所谓"人无衅焉，妖不自作。人弃常，则妖兴，故有妖。"又如《左传·僖公二十一年》：

> 夏，大旱。公欲焚巫、尫。臧文仲曰："非旱备也。修城郭、贬食、省用、务穑、劝分，此其务也。巫、尫何为？天欲杀之，则如勿生；若能为旱，焚之滋甚。"公从之。是岁也，饥而不害。

鲁国发生大旱，僖公欲通过火焚巫师和尫人止旱。臧文仲制止说："非旱备也"，即与止旱无益，因为"巫、尫何为？"就是说，自然灾害与巫无关。僖公听从了臧文仲的意见，结果"是岁也，饥而不害"。

---

① 关于无神论观念在春秋时期发展的详细状况可参见本人：《中国哲学的起源——前诸子时期观念、概念、思想发生发展与成型的历史》与《中国哲学起源的知识线索——从远古到老子：自然观念及哲学的发展与成型》中的相关内容。

事实上，在当时涉及祭祀、祈禳的一些活动中，都隐约可以看到这种理性的萌芽。例如："我先王熊挚有疾，鬼神弗赦而自窜于夔，吾是以失楚，又何祀焉？"（《左传·僖公二十六年》）"无神，何告？若有，不可诬也。"（《左传·襄公十四年》）这些例子都或多或少涉及对于人神关系的新的认识。再如以下两例：

> 是岁也，有云如众赤鸟，夹日以飞三日。楚子使问诸周大史。周大史曰："其当王身乎！若禜之，可移于令尹、司马。"王曰："除腹心之疾，而置诸股肱，何益？不穀不有大过，天其夭诸？有罪受罚，又焉移之？"遂弗禜。

> 初，昭王有疾，卜曰："河为祟。"王弗祭。大夫请祭诸郊。王曰："三代命祀，祭不越望。江、汉、雎、漳，楚之望也。祸福之至，不是过也。不穀虽不德，河非所获罪也。"遂弗祭。孔子曰："楚昭王知大道矣。其不失国也，宜哉！"（《左传·哀公六年》）

前一例讲楚国出现异常天象，周太史主张禳祭去灾，而楚昭王却没有听从，即"弗禜"。后一例讲楚昭王生病时，占卜结论是河神作祟，但楚昭王也未与理会，即"弗祭"。所以孔子说："楚昭王知大道矣。"

而以下这段《左传·庄公三十二年》记载中的无神论思想似更加明显：

> 秋，七月，有神降于莘。惠王问诸内史过曰："是何故也?"对曰："国之将兴，明神降之，监其德也；将亡，神又降之，观其恶也。故有得神以兴，亦有以亡。虞、夏、商、周皆有之。"王曰："若之何?"对曰："以其物享焉。其至之日，亦其物也。"王从之。内史过往，闻虢请命，反曰："虢必亡矣，虐而听于神。"神居莘六月。虢公使祝应、宗区、史嚚享焉。神赐之土田。史嚚曰："虢其亡乎！吾闻之：国将兴，听于民；将亡，听于神。神，聪明正直而壹者也，依人而行。虢多凉德，其何土之能得？"

在这里，内史过讲："虢必亡矣"，因为"虐而听于神"。"虐"即虐民。史嚚讲："虢必亡乎"，因为"国将兴，听于民；将亡，听于神"。强调"民"对于"神"在国家治理中的优先地位，这无疑应当是理性的表现。

二、自然知识对于无神论观念产生的作用

值得注意的是，对自然知识了解的增加在无神论观念的产生过程中起着积极的推动作用。如前所见，《左传·僖公十六年》记载：

> 十六年春，陨石于宋五，陨星也。六鹢退飞，过宋都，风也。周内史叔兴聘于宋，宋襄公问焉，曰："是何祥也？吉凶焉在？"对曰："今兹鲁多大丧，明年齐有乱，君将得诸侯而不终。"退而告人曰："君失问。是阴阳之事，非吉凶所生也。吉凶由人。"

在这里，周内史叔兴将陨石坠落和六鹢退飞都看作纯粹的自然现象，即"是阴阳之事，非吉凶所生也"。显然，对于自然了解的增加和深入使得当时的人们更多地从"阴阳"也即自然而非"吉凶"的角度来解释现象或看待问题。

这其中，自然天道知识及其观念在其中的作用可能尤为重要，例如《左传·昭公十八年》：

> 夏五月，火始昏见。丙子，风。梓慎曰："是谓融风，火之始也。七日，其火作乎！"戊寅，风甚。壬午，大甚。宋、卫、陈、郑皆火。梓慎登大庭氏之库以望之，曰："宋、卫、陈、郑也。"数日，皆来告火。裨灶曰："不用吾言，郑又将火。"郑人请用之，子产不可。子大叔曰："宝，以保民也。若有火，国几亡。可以救亡，子何爱焉？"子产曰："天道远，人道迩，非所及也，何以知之？灶焉知天道？是亦多言矣，岂不或信？"遂不与。亦不复火。

面对天象，梓慎预测了风与火灾的联系，裨灶则企图进一步证明火灾的天命必然性，而子产却坚持了自己对天道问题的自然理解和判断，提出"天道远，人道迩"，没有通过祭祀消灾，火灾也未发生。从这则例子中我们可以清楚地看到自然天道观对于无神论思想的影响。又如《左传·昭

公二十六年》：

> 齐有彗星，齐侯使禳之。晏子曰："无益也，只取诬焉。天道不謟，不贰其命，若之何禳之？且天之有彗也，以除秽也。君无秽德，又何禳焉？若德之秽，禳之何损？《诗》曰：'惟此文王，小心翼翼。昭事上帝，聿怀多福。厥德不回，以受方国。'君无违德，方国将至，何患于彗？《诗》曰：'我无所监，夏后及商。用乱之故，民卒流亡。'若德回乱，民将流亡，祝、史之为，无能补也。"公说，乃止。

齐国出现彗星，齐景公欲祭祀消灾，晏子却认为没有必要，理由是"天道不謟，不贰其命"，也就是说天道是独立于人的意志的，既然独立于人的意志，"若之何禳之？"这样一种天道观无疑同样受到当时天文学知识的影响，同时它又反过来影响无神论思想。完全可以想象，正是这种具有自然与必然性质的天道观在驱逐神的过程中起到了重要且不可替代的作用。

除此之外，医疗和军事活动对于无神论观念的发生发展应当也具有重要和特殊的意义。在这两类活动中，理性与无神论的思想往往表现得更加彻底。例如《左传·昭公元年》记载："晋侯求医于秦，秦伯使医和视之，曰：'疾不可为也，是谓近女室，疾如蛊。非鬼非食，惑以丧志。良臣将死，天命不祐。'"医和在这里讲疾病与鬼神无关。以后至战国时期，扁鹊更明确指出："信巫不信医，六不治也。"（《史记·扁鹊仓公列传》）医与巫又有了进一步的分离。又《孙子·用间》讲："先知者，不可取于鬼神，不可象于事，不可验于度，必取于人，知敌之情者也。"这是说战事的判断只能是"知敌之情"而"不可取于鬼神"。《孙子·九地》也讲："是故其兵不修而戒，不求而得，不约而亲，不令而信，禁祥去疑，至死无所之。"这里的"禁祥去疑"，就是指去除鬼神迷信对于军事活动的干扰。事实上，在医疗和军事活动中，除了尊重客观事实与规律外，没有任何其他方法可以遵循。换言之，如果一味取于鬼神，只能导致相应活动的失败。而这也是中国古代知识活动及其所形成的认识为观念与思想层面所提供的极其宝贵的资源。

总之，从以上的记载中，我们可以清楚地看到这一时期知识的进步对于无神论思想的深刻影响。

三、无神论观念对于哲学和科学发展的意义

反过来，无神论观念的发展对于哲学和科学无疑也具有重大的意义。

关于这一点，雅斯贝斯有深刻的论述。雅斯贝斯的代表性理论就是"轴心说"，而所谓"轴心说"就是指神话时代的结束和理性与精神时代的到来。"神话时代及其宁静和明白无误，都一去不返。像先知们关于上帝的思想一样，希腊、印度和中国哲学家的重要见识并不是神话。理性和理性地阐明的经验向神话发起一场斗争（理性反对神话），斗争进一步发展为普天归一的上帝之超然存在，反对不存在的恶魔，最后发生了反对诸神不真实形象的伦理的反抗。""这一人性的全盘改变可称为精神化。""哲学家首次出现了。人敢于依靠个人自身。中国的隐士和云游哲人，印度的苦行者，希腊的哲学家和以色列的先知，尽管其信仰、思想内容和内在气质迥然不同，但都统统属于哲学家之列。人证明自己有能力，从精神上将自己和整个宇宙进行对比。他在自身内部发现了将他提高到自身和世界之上的本原。"[1]雅斯贝斯实际上是将无神论作为一种界分，它划定了前轴心时期与轴心时期的边界，划定了神学与哲学的边界。

就中国古代来说，无神论思潮的充分发展直接导致了知识分子集体理性的增强。也可以这样说，正是无神论思潮与理性精神的充分发展，开启了诸子时代的到来，这在一定意义上是符合雅斯贝斯的判断的，而这也就是下面所要考察的内容。尤其需要说明的是，春秋时期形成的无神论思潮及理性倾向对中国古代思想传统影响甚巨。这其中尤以儒家最为典型和重要。在未来的两千年中，这种倾向始终是一座灯塔，照耀

---

① 〔德〕卡尔·雅斯贝斯：《历史的起源与目标》，第 9、10 页，北京，华夏出版社，1989。

着儒家的前进历程;同时,它也是稳定的支柱,给儒家思想的理性取向以坚定的信心和力量。

第六节　道家思想中的科学问题

现在我们已经来到诸子时代。我们先从道家思想说起。

李约瑟对道家在中国古代科学中的地位有极高的评价,他说:"道家对自然界的推究和洞察完全可与亚里士多德以前的希腊思想相媲美,而且成为整个中国科学的基础。"①的确,在道家思想中有一种亲近自然、探索本原的兴趣和态度,而这样一种兴趣或态度对于知识或科学来说的确具有某种更为开放的性质,它指向人事之外的更为广阔的世界,这也是为什么道家的思想更容易与科学活动相容的重要原因。

一、对知识与智慧、技术与技艺的看法

道家始于老子,老子在知识与智慧、技术与技艺问题上实际是有系统而明确的看法的。以下列出的是老子在这一问题上的主要及相关论述:

> 是以圣人之治,虚其心,实其腹,弱其志,强其骨。常使民无知无欲,使夫智者不敢为也。为无为,则无不治。(《老子·三章》)
>
> 明白四达,能无知乎?(《老子·十章》)
>
> 五色令人目盲,五音令人耳聋,五味令人口爽,驰骋畋猎,令人心发狂,难得之货,令人行妨。是以圣人为腹不为目,故去彼取此。(《老子·十二章》)
>
> 大道废,有仁义;智慧出,有大伪;六亲不和,有孝慈;国家昏乱,有忠臣。(《老子·十八章》)
>
> 绝圣弃智,民利百倍;绝仁弃义,民复孝慈;绝巧弃利,盗贼无

---

① 〔英〕李约瑟:《中国科学技术史》第二卷《科学思想史》,第 1 页。

有。此三者以为文不足，故令有所属，见素抱朴，少私寡欲，绝学无忧。（《老子·十九章》）

俗人昭昭，我独昏昏。俗人察察，我独闷闷。（《老子·二十章》）

天下神器，不可为也，不可执也。为者败之，执者失之。（《老子·二十九章》）

始制有名，名亦既有，夫亦将知止，知止可以不殆。（《老子·三十二章》）

不出户，知天下；不窥牖，见天道。其出弥远，其知弥少。是以圣人不行而知，不见而明，不为而成。（《老子·四十七章》）

为学日益，为道日损。损之又损，以至于无为。（《老子·四十八章》）

塞其兑，闭其门，终身不勤。开其兑，济其事，终身不救。（《老子·五十二章》）

民多利器，国家滋昏；人多伎巧，奇物滋起；法令滋彰，盗贼多有。（《老子·五十七章》）

古之善为道者，非以明民，将以愚之。民之难治，以其智多。故以智治国，国之贼；不以智治国，国之福。（《老子·六十五章》）

小国寡民。使有什伯之器而不用，使民重死而不远徙。虽有舟舆，无所乘之，虽有甲兵，无所陈之，使民复结绳而用之。（《老子·八十章》）

知者不博，博者不知。（《老子·八十一章》）

在这些论述中，老子确对知识、智慧、技术、技巧提出了质疑或否定性的看法。但这其中有一个背景必须加以注意，即国家的统治管理。也就是说，老子的上述意见几乎都是在这一背景或前提下提出的。应当看到，作为中国古代的一个知识和管理阶层，道家与绝大多数古代知识阶层一样，对知识特别是技术抱有某种轻蔑甚至否定的态度，儒家也是如此，并且，这也是世界范围的普遍现象。

后来庄子也在一定程度上表达了同样的看法，其最经典的例子保存在《庄子·天地》的一段对话中。子贡南游于楚，反于晋，过汉阴，见一丈人方将为圃畦，凿隧而入井，抱瓮而出灌，搰搰然用力甚多而见功寡。子贡曰："有械于此，一日浸百畦，用力甚寡而见功多，夫子不欲乎?"为圃者仰而视之曰："奈何?"曰："凿木为机，后重前轻，挈水若抽，数如泆汤，其名为槔。"为圃者忿然作色而笑曰："吾闻之吾师，有机械者，必有机事;有机事者，必有机心。机心存于胸中，则纯白不备;纯白不备，则神生不定;神生不定者，道之所不载也。吾非不知，羞而不为也!"槔，又名桔槔，是一种汲水工具。从老圃的回答看，其明确地拒绝使用这种机械技术，其实这也是庄子的看法，并且庄子在这里明显继承了老子的思想传统。不过，在《庄子》中，也有对出神入化的技艺的生动记录或描绘，例如:

> 郢人垩漫其鼻端，若蝇翼，使匠石斫之。匠石运斤成风，听而斫之，尽垩而鼻不伤，郢人立不失容。(《徐无鬼》)

> 梓庆削木为镰，镰成，见者惊犹鬼神。鲁侯见而问焉，曰："子何术以为焉?"对曰："臣工人，何术之有? 虽然，有一焉。臣将为镰，未尝敢以耗气也。"(《达生》)

庄子上述思想其实并不矛盾。若归纳概括庄子的看法，我们会发现其极力反对使用技术，但并不反对高超的技艺。这其实恰恰反映了道家的基本思想:崇尚自然，包括自然而然所达到的高超技艺境界;反对人为，这主要是指对于自然天性的违背，包括各种人工器械。这同样也可以理解为庄子对于经验和工具的态度:怀疑工具，但重视个体经验，特别是在经验基础上所形成的直观或直觉。

二、"道"与"自然"

"道"与"自然"是道家哲学的核心概念。老子说:

> 人法地，地法天，天法道，道法自然。(《老子·二十五章》)

道之尊，德之贵，夫莫之命而常自然。（《老子·五十一章》）

这里首先值得我们注意的是，老子用自然来描述或解释"道"的性质，其目的就在于否认"道"有意志性，防止将"道"人格化，也就是将天道与天命完全区别开来。天道是什么？天道就是自然，它与神无关。换言之，老子就是要将那种具有人的性格与意识特征的天命神学从天道观中完全剔除出去。老子还特别解释说，道的本性就是："生之，畜之。生而不有，为而不恃，长而不宰，是谓玄德。"（《老子·十章》）又说："吾不知谁之子，象帝之先。"（《老子·四章》）道生长了万物但不据为己有，推动了万物但并不自恃其功，养育了万物但并不为之主宰。我不知道它是从哪里产生的，但它肯定出现于上帝之先。从这些论述中，我们不难看出"道"具有明显的无神论性质。之后庄子也坚持了这一性质或立场，其讲："是亦近矣，而不知其所为使，若有真宰，而特不得其朕。"（《庄子·齐物论》）这就是说，不存在什么造物主，这同样是无神论的。可见，道家在这个问题上与儒家的理性倾向应当是一致或相同的，它代表或反映了一个时代的精神。只是这样一种性质在后来的道教那里被改变了。

这里尤其重要的是，"道"与"自然"这两个概念（包括对于变化的认识和理解）与科学知识之间所存在着的密切关系。

从知识的根源上来说，"道"实际上由"天道"而来。如老子说：

天乃道，道乃久，没身不殆。（《老子·十六章》）

寂兮寥兮，独立不改，周行而不殆。（《老子·二十五章》）

并且在老子这里，也明显可以看出由"天道"而"道"的逻辑进程。如："大曰逝，逝曰远，远曰反。"（《老子·二十五章》）"反者道之动。"（《老子·四十章》）这里最为关键也最为重要的是，在哲学上，"道"解释为规律与法则，而哲学上的规律与法则之意乃是天文学或占星术中天道意义的延伸和扩展。在天文学或占星术中，天道就是天体的运行，其周而复始，运行不殆，换言之，就是具有某种周期性或规律性。这可以说是天文学或占星术所赋予当时观念或思想的最为重要的认识成果，也是赋予老子的最为重要的认识成果。我们知道，老子不仅是哲学家，他首先是一个史官，对天道的关心乃是其重要的职责。也因此，老子能够架通科学的"天道"与哲学的"道"之间的关系，可以说，老子从科学走向哲学，从"天道"发展出"道"应当是合乎逻辑的，也是不难理解的。既然如此，只有（或只要）当我们将老子的上述思想放在天文学知识的背景之中，我们便可以读懂其中的深意，包括"天乃道，道乃久"、"周行而不殆"、"大曰逝，逝曰远，远曰反"、"反者道之动"等等，这些经典的论述实际上无不是对天体运行的哲学提炼。①

其实，如前所见，对于天道的认识在当时是很普遍的，它不特为老子所有，我们看到在范蠡的一些表述中已包含了相类似的思想，如："天道皇皇，日月以为常，明者以为法，微者则是行。""凡陈之道，设右以为牝，益左以为牡，蚤晏无失，必顺天道，周旋无究。"（《国语·越语下》）但老子比起范蠡无疑又更进了一步。正是老子在"天道"的基础上进一步抽象出"道"的绝对一般的含义，如此就将在天文学中所获得的对于自然法则的认识推广于对一切事物，也即赋予周期性或规律性以普遍的意义，从而发展出纯粹的哲学，这显然超出了范蠡所认识与理解的高度。例如："故有无相生，难易相成，长短相形，高下相倾，音声相和，前后相随。"（《老子·二章》）"夫物芸芸，各复归其根。"（《老子·十六章》）"故物或行或随，或歔或吹，或强或羸，或挫或隳。"（《老子·二十九章》）

总之，天文学或占星术不仅造就了"天道"观念与概念，也造就了老子的"道"，造就了老子的哲学，造就了中国哲学对于规律、法则的特殊兴趣，以及造就了中国哲学对于变化的周期性与循环性的独特理解。当然，老子还进一步将这种源自自然的法则向社会作推演和延伸，所谓"人法地，地法天，天法道，道法自然。"（《老子·二十五章》）也因此，我们又可以这样说，是老子的知识背景深刻地影响了其哲学思想，不仅如此，还

---

① 有关老子"道"的知识背景还可参考本人《中国哲学起源的知识线索——从远古到老子：自然观念及哲学的发展与成型》中的专门论述。

深刻地影响了整个中国哲学，就此而言，正是"冥冥之中"的天文学或占星术规定了中国哲学的走向和面貌。

"自然"这一概念同样有其深刻的知识根源。老子的许多重要思想就是建立在对自然万物及其变化的广泛观察的基础之上的。例如："上善若水。水善利万物而不争。"（《老子·八章》）"专气致柔，能婴儿乎？"（《老子·十章》）"故飘风不终朝，骤雨不终日。孰为此者？天地。"（《老子·二十三章》）而崇尚自然也就是对自然法则的尊重。也正是在这一认识或观念的基础上，老子反对"人为"，主张"无为"，因为"人为"会违背自然规律或法则，所以在观念上，"人为"就成了"自然"的对立面。庄子的思想更向我们清楚地展现"自然"的知识根源以及与"人为"的对立状态，其在很大程度上将老子的思想推向极致。在庄子看来，一切事物都是自然而然的。"物固有所然，物固有所可。无物不然，无物不可。"（《庄子·齐物论》）而"人为"实际就是牺牲"自然"，如《庄子·秋水》中所记载的这则寓言："曰：'何谓天？何谓人？'北海若曰：'牛马四足，是谓天；落马首，穿牛鼻，是谓人。故曰：无以人灭天，无以故灭命，无以得殉名。谨守而勿失，是谓反其真。'"在这里，我们其实可以清楚地看到由知识而观念，由自然而法则，进而形成天道与人为对立的思想发展的完整过程。当然，这一自然观一旦形成，也为日后相当部分的哲学与科学思想奠定了基础。

三、"道"与宇宙理论的提出

在天文观测以及对天道问题思考的基础上，老子不仅发展出了"道"的哲学概念和思想，也发展出了相应的宇宙理论。但在以往对于老子"道"的哲学思想的考察中，这一问题并未得到深究。但当我们将哲学与科学结合起来思考时，这一问题的深意就变得明朗起来。

老子有关"道"的哲学思想其实在相当程度上就是结合宇宙论问题展开的。例如：

> 视之不见名曰夷，听之不闻名曰希，搏之不得名曰微，此三者不可致诘，故混而为一。其上不皦，其下不昧，绳绳不可名，复归于无物。是谓无状之状，无物之象，是谓惚恍。迎之不见其首，随之不见其后。（《老子·十四章》）

> 孔德之容，惟道是从。道之为物，惟恍惟惚。惚兮恍兮，其中有象；恍兮惚兮，其中有物。窈兮冥兮，其中有精。其精甚真，其中有信。（《老子·二十一章》）

> 有物混成，先天地生。寂兮寥兮，独立不改，周行而不殆，可以为天下母。吾不知其名，字之曰道。强为之名曰大。大曰逝，逝曰远，远曰反。（《老子·二十五章》）

通常，对老子这些思想材料的研究总是过多地甚至仅仅是从哲学的角度加以解读，将其作本根或本原的理解，而忽略或抽空了其中的知识基础，于是往往会导致理解与解读的玄虚和空泛。事实上，以上老子的诸多思想既是对于"道"的哲学的经典阐述，同时也都应当与对宇宙状态或结构的观察和思考有关。确切地说，就是天文观察或占星活动中给老子或当时的人们所留下的混沌印象，其"是谓惚恍"，即"其上不皦，其下不昧"、"恍兮惚兮"、"窈兮冥兮"，这些应当都是对宇宙观察感觉的真实写照。并且我们还要注意作为老子哲学思想的重要概念"无"与宇宙理论的关系。"视之不见名曰夷，听之不闻名曰希，搏之不得名曰微"，"绳绳不可名，复归于无物"，"是谓无状之状，无物之象"，"道之为物，惟恍惟惚；惚兮恍兮，其中有象；恍兮惚兮，其中有物"，这些都是从宇宙理论的角度对"无"的混沌状态的描写。这样一种以"无"为特性的混沌状态是很难用语言来描述或把握的，也就是"道可道，非常道；名可名，非常名。"（《老子·一章》）这种难以把握无论是对于思想，还是对于知识来说都是一样的，也就是超出了经验的范围，或称作"超验"。进一步，"道"与"无"都不仅仅是状态意义的，其也是源头意义的。老子说："天下万物生于有，有生于无。"（《老子·四十章》）"道生一，一生二，二生三，三生万物。万物负阴而抱阳，冲气以为和。"(《老子·四十二章》)这里实际就讲到了宇宙的发生及其演化，自无至有，从少到多，由一而万。老子的上述宇宙理论成为中国古代宇宙理论的最早源头，以后历代的宇宙理论即是以此作为基础。

不仅如此，我们从老子的思想这里其实也可以看到科学与哲学互涵和互动的典型例证。老子的以上论述应当是对天道问题长期思考的结果，是大胆的富有创造性的猜测，其中既有知识作为依据，但又充满了想象的睿智。我们在这里看到了这样一个过程，即首先是知识哺育了思想，科学哺育了哲学，即从天文学到天道观，并由天道观到宇宙论的哲学；而后是宇宙论的哲学又反哺科学，老子的宇宙论实际是哲学层面的猜想和假设，而之后的天文学意义上的宇宙理论将更多地会以科学思想的面貌出现。

总之，我们不能抽去知识背景来理解老子的哲学思想。可以这样说，老子"道"与"无"的思想既是哲学的，也是自然科学的；既是本原与本体论的，也是宇宙理论的。老子是结合思想与知识，哲学与科学，尤其是结合宇宙的发生与演化问题对"道"与"无"这两个概念作了完整而生动的阐述。正是在这个意义上，我们也可以认为老子的哲学实际已经是站立在本体论的高度，这一本体论是显现为哲学的，但它的基础是科学的，是宇宙论的。当然，若从科学的角度考察，我们也可以认为老子有关"道"的哲学为宇宙理论打下了坚实的基础。这种"奇妙"的关系正显示了唯有伟大的哲学家才有的睿智。①

庄子继承了老子的思考路径与方法，他对于"道"的问题的探索同样也具有明显的宇宙论色彩，例如《庄子·齐物论》中说：

> 有始也者，有未始有始也者，有未始有夫未始有始也者。有有
> 也者，有无也者，有未始有无也者，有未始有夫未始有无也者。

---

① 有关老子的宇宙理论还可参考本人《中国哲学起源的知识线索——从远古到老子：自然观念及哲学的发展与成型》中的专门论述。

又如《庄子·大宗师》中说：

> 夫道，有情有信，无为无形；可传而不可受，可得而不可见；自本自根，未有天地，自古以固存；神鬼神帝，生天生地；在太极之上而不为高，在六极之下而不为深；先天地生而不为久；长于上古而不为老。

再如《庄子·天地》中说：

> 泰初有无，无有无名；一之所起，有一而未形。物得以生，谓之德；未形者有分，且然无间，谓之命；留动而生物，物成生理，谓之形。

庄子也就宇宙概念作过解释："出无本，入无窍。有实而无乎处，有长而无乎本剽，有所出而无窍者有实。有实而无乎处者，宇也；有长而无本剽者，宙也。有乎生，有乎死，有乎出，有乎入，入出而无见其形，是谓天门。天门者，无有也，万物出乎无有。有不能以有为有，必出乎无有。"(《庄子·庚桑楚》)庄子以上思想涉及宇宙的有始无始与有限无限等问题。此外，这里还涉及"或使"与"莫为"的问题。我们知道，差不多与庄子同时，有"或使"与"莫为"的争论。季真主"莫为"，接子主"或使"，但庄子借大公调之口表达了自己的观点："斯而析之，精至于无伦，大至于不可围，或之使，莫之为，未免于物，而终以为过。或使则实，莫为则虚。有名有实，是物之居；无名无实，在物之虚。可言可意，言而愈疏。……或之使，莫之为，疑之所假。吾观之本，其往无穷；吾求之末，其来无止。无穷无止，言之无也。……道之为名，所假而行。或使莫为，在物一曲，夫胡为于大方！言而足，则终日言而尽道；言而不足，则终日言而尽物。道，物之极，言默不足以载。非言非默，议有所极。"(《庄子·则阳》)显然，庄子的这些论证与老子的论证是一脉相承的。同时，在庄子的思考中，宇宙论问题特别是宇宙起源问题更加明确、更加清晰、更加具体，这应当看作是向秦汉之际以及汉代宇宙理论发展的中间或过渡环节。此外，庄子还以提问的方式探索过宇宙或自然运动变化的原因问题，如《庄子·天运》说："天其运乎？地其处乎？日月其争于所乎？孰主张是？孰维纲是？

孰居无事推而行是？意者其有机缄而不得已邪？意者其运转而不能自止邪？云者为雨乎？雨者为云乎？孰隆施是？孰居无事淫乐而劝是？风起北方，一西一东，在上彷徨，孰嘘吸是？孰居无事而披拂是？敢问何故？"类似的提问方式其实也可以在屈原的《天问》中看到，这在当时想必也有一定的普遍性。

另，庄子对宇宙生成后生物的发展变化也作过猜测：

> 种有几？得水则为，得水土之际则为蛙蠙之衣，生于陵屯则为陵舄，陵舄得郁栖则为乌足。乌足之根为蛴螬，其叶为胡蝶。胡蝶胥也化而为虫，生于灶下，其状若脱，其名为鸲掇。鸲掇千日为鸟，其名为乾馀骨。乾馀骨之沫为斯弥，斯弥为食醯。颐辂生乎食醯，黄軦生乎九猷，瞀芮生乎腐蠸。羊奚比乎不箰，久竹生青宁，青宁生程，程生马，马生人，人又反入于机。万物皆出于机，皆入于机。
>
> （《庄子·至乐》）

虽然这段描述或猜测总体来说并不科学，但是其有关事物发展最初原因即"几"或"机"的思想，有关一个动植物的种是从另外一个种演变来的思想却是非常天才的。难怪李约瑟会称这段话为"一种非常接近进化论的论述"，并说："我们怀疑，这些古老的道家思想是否曾被那些写进化论史的人考虑过。"[1]同样重要的是，日后的宇宙演化理论实际也将生物进化问题包括在内，追根问底，可以在庄子的思想中找到源头，我们在这里同样看到了哲学对于科学的反哺和启发。

除老子与庄子外，道家还有《黄帝四经》中《道原》篇的相关宇宙思想也值得注意，其讲："恒无之初，迥同太虚。虚同为一，恒一而止。湿湿梦梦，未有明晦。神微周盈，精静不熙。故未有以，万物莫以。故无有形，大迥无名。"尤其值得注意的是，《道原》中的一些描述已经与后来的宇宙理论十分接近。例如："天弗能覆，地弗能载。小以成小，大以成大，盈四

---

① 〔英〕李约瑟：《中国科学技术史》第二卷《科学思想史》，第 88、90 页。

海之内，又包其外。"这之中涉及"天覆地载"的思想。又如："是故上道高而不可察也，深而不可测也。显明弗能为名，广大弗能为形。独立不偶，万物莫之能令。天地阴阳，四时日月，星辰云气，蚑行蛲动，戴根之徒，皆取生，道弗为益少；皆反焉，道弗为益多。"这之中又涉及"天地上下"、"阴阳剖分"的思想。之后，《淮南子》中的宇宙理论明显已经与此相衔接。

四、养生思想的源头

就具体知识而言，道家的养生思想同样是中国古代科学的一个重要的思想端点。

这样一种思想同样可以追溯到老子。老子主张无欲，其讲："五色令人目盲，五音令人耳聋，五味令人口爽，驰骋畋猎令人心发狂。"（《老子·十二章》）又提倡守真，其讲："含德之厚，比于赤子。蜂虿虺蛇不螫，猛兽不据，攫鸟不搏。骨弱筋柔而握固。"（《老子·五十五章》）老子特别强调守弱无争的思想，"知其雄，守其雌，为天下谿。为天下谿，常德不离，复归于婴儿。知其白，守其黑，为天下式。为天下式，常德不忒，复归于无极。知其荣，守其辱，为天下谷。为天下谷，常德乃足，复归于朴。"（《老子·二十八章》）这段话既是对社会和人生问题的认识，也包含有对生命或贵生问题的体会。而这些都是道家乃至整个中国古代养生理论的源头活水。

庄子在养生思想方面尤为重视，其继承并发挥了老子的思想。庄子主张顺应，讲"一受其成形，不亡以待尽，与物相刃相靡，其行尽如驰"。（《庄子·齐物论》）又主张齐物，讲"不谴是非，以与世俗处"。（《庄子·天下》）这些都是对老子思想的继承与发挥。庄子尤其继承了老子减少物欲的思想，主张不为外物所累，这体现出其养生着重在于养神的思想。如庄子说："至人无己，神人无功，圣人无名。"（《庄子·逍遥游》）"道与之貌，天与之形，无以好恶内伤其身。"（《庄子·德充符》）"古之真人，不知说生，不知恶死；其出不䜣，其入不距；翛然而往，翛然而来而已矣。"（《庄子·大宗师》）又《黄帝四经·道法》中也有类似的思想，如《经法·道法》

中说："生有害，曰欲，曰不知足。"可见，减少或去除物欲是道家养生理论的共同主张或基本思想。养神的根本目的自然是在于养生。庄子借广成子的话说："至道之精，窈窈冥冥；至道之极，昏昏默默。无视无听，抱神以静，形将自正；必静必清，无劳女形，无摇女精，乃可以长生。目无所见，耳无所闻，心无所知，女神将守形，形乃长生。"（《庄子·在宥》）而为了养神，庄子又提供了相应的"术"，例如"坐忘"。庄子讲："堕肢体，黜聪明，离形去知，同于大通。"（《庄子·大宗师》）又讲："慎汝内，闭汝外，多知为败。"（《庄子·在宥》）"坐忘"就是为了达到养神和养生的目的。同时，"坐忘"又涉及调整气息，这又包含了一定的气功和导引方面的知识。如庄子说：

> 古之真人，其寝不梦，其觉无忧，其食不甘，其息深深。真人之息以踵，众人之息以喉。（《庄子·大宗师》）

> 吹呴呼吸，吐故纳新，熊经鸟申，为寿而已矣；此道引之士，养形之人，彭祖寿考者之所好也。（《庄子·刻意》）

如此，便能够像广成子所说的："我守其一以处其和，故我修身千二百岁矣，吾形未常衰。"（《庄子·在宥》）

通过上述考察，我们大致了解了道家返璞归真思想的养生内涵。虽然从"道"的视角来看，有关养生的理论和知识或许并非道家的核心思想，但假如去除某种潜在的西方哲学的影子，道家的这一思想很可能也反映了中国哲学的某种特征。正因如此，这些思想不仅直接影响到同时期的其他学派与学说，例如《吕氏春秋》中的养生理论，以后也深刻影响道教的养生理论，甚至还通过这种种养生理论对后来的医学产生深远影响。

五、其他思想

除上述主要思想外，道家还有其他一些思想值得注意。

这其中之一是与绝学弃知的认识相关。由于道家主张"不出户"，

"不窥牖","塞其兑,闭其门","堕肢体,黜聪明,离形去知",这实际就表明了在认识上持一种既否定感性经验,又否定理性思维的态度,这不仅关乎哲学思维,也关乎科学活动。尽管老子与庄子在此问题上表现出明显的悖论,即所思与所说的不一,但作为一种思想的提出,其必然会对后世的理解产生一定的影响。与上述问题有关的还有直觉思维问题,对此,庄子有明显的偏好和推崇,如他说:"方今之时,臣以神遇而不以目视,官知止而神欲行。依乎天理,批大郤导大窾,因其固然,枝经肯綮之未尝微碍,而况大軱乎!"(《养生主》)"斫轮,徐则甘而不固,疾则苦而不入,不徐不疾,得之于手而应于心,口不能言,有数存焉于其间。臣不能以喻臣之子,臣之子亦不能受之于臣,是以行年七十而老斫轮。"(《天道》)而直觉问题无论是对于哲学还是科学都是十分重要的。道家又特别关注自然或事物的发展变化问题,李约瑟认为"道家深刻地意识到变化和转化的普遍性,这是他们最深刻的科学洞见之一"①。事实上,道家这方面的思想将对以后的中国科学思想产生深刻的影响,特别是在如炼丹术的知识活动中以及在葛洪等的思想中。另外,总体而言,与墨家相比较,道家典籍中对具体科学活动的记载相对有限,但一些相关记录仍十分重要,如《庄子·徐无鬼》中记述了共振:"于是为之调瑟,废一于堂,废一于室,鼓宫宫动,鼓角角动,音律同矣。夫或改调一弦,于五音无当也;鼓之,二十五弦皆动,未始异于声,而音之君已。"这一记载在后来中国物理思想史上留下了明显的痕迹。

这些方面的内容都是在考察道家的科学问题时所不能忽略的。

第七节　儒家、法家与知识的关系

在先秦儒家的思想中,或者说在儒家所关心的问题中,科学知识的确不占有重要的位置,或许也正是在这个意义上,李约瑟有儒家"对于科

---

① 〔英〕李约瑟:《中国科学技术史》第二卷《科学思想史》,第176页。

学的贡献几乎全是消极的"①感慨。应当看到，李约瑟对于儒家评价在总体上或许是合理的，当然，这主要是限于先秦儒家。实际上，法家也是如此。当然，也应看到，由于儒家和法家的现实倾向，在一些方面对于日常生产和知识也是有益的，同时，儒家与法家的理性态度或与神秘主义的一定距离对于知识的发展来说也是有帮助的。

一、对待知识与技术的基本态度

儒家的态度为我们所熟知，其的确有轻视知识的倾向，特别是有轻视劳力的倾向。《论语·子路》记载：樊迟请学稼。子曰："吾不如老农。"请学为圃。曰："吾不如老圃。"樊迟出。子曰："小人哉！樊须也。上好礼，则民莫敢不敬；上好义，则民莫敢不服；上好信，则民莫敢不用情。夫如是，则四方之民襁负其子而至矣，焉用稼！"何以樊迟学稼为圃，孔子斥其为小人。《论语·卫灵公》中记载了孔子的"解释"："君子谋道不谋食。耕也，馁在其中矣；学也，禄在其中矣。君子忧道不忧贫。"子夏的话也准确表达了孔子或儒门的观念："百工居肆以成其事，君子学以致其道。"（《论语·子张》）这实际上又讲到了分工。对此，孟子有更丰富的阐述。"无君子莫治野人，无野人莫养君子。""有大人之事，有小人之事。""或劳心，或劳力，劳心者治人，劳力者治于人。治于人者食人，治人者食于人。天下之通义也。"（《孟子·滕文公上》）事实上，在古代，对知识的这种看法与对统治的看法是无法分开的。这实际也是人类早期思想界的普遍看法。

法家同样轻视工匠的技术，并视作"奇技淫巧"。如《管子·五辅》中说："故曰：五经既布，然后逐奸民，诘诈伪，屏谗慝，而毋听淫辞，毋作淫巧。若民有淫行邪性，树为淫辞，作为淫巧，以上谄君上而下惑百姓，移国动众，以害民务者，其刑死流。"又"事有本，而仁义其要也。今工以巧矣，而民不足于备用者，其悦在玩好。……古之良工，不劳其知巧以为玩

---

① 〔英〕李约瑟：《中国科学技术史》第二卷《科学思想史》，第 1 页。

好。是故无用之物,守法者不失。"还有《管子·治国》中说:"凡为国之急者,必先禁末作文巧,末作文巧禁,则民无所游食,民无所游食则必农。……是以先王知众民、强兵、广地、富国之必生于粟也,故禁末作,止奇巧,而利农事。今为末作奇巧者,一日作而五日食。农夫终岁之作,不足以自食也。然则民舍本事而事末作。舍本事而事末作,则田荒而国贫矣。"可见这在当时是很普遍的观念。而我们在前面已经看到,道家思想中也有类似观念。

我们应当看到,各诸子学派所关心的问题是不同的,或有所侧重的,这是思想所形成的自然分工,其都有各自的合理性,对此我们不能站在今人的角度提出任何不切合历史实际的非分的要求,更不能苛责古人,当然,也因此,对那些没有知识兴趣的学派,我们也不必或不应抱有更多的期许。但有两点也是需要提示的。第一,在古代,不少思想家对知识特别是技术表示出忽视甚至轻蔑的态度,不过这绝非中国仅有,而是古代社会普遍具有的特点,这应当视作一种常态或正常现象。第二,尽管如此,在这一时期,仍有许多思想家以及学派不同程度地从科学知识中汲取养分,并且,由这些思想家与学派所建立起来的自然观和知识观日后又对整个中国哲学以及科学产生了深刻的影响。相比较而言,儒家和法家在这方面的意义就显得十分微薄。

二、儒家思想中的一些知识内容

但我们也要看到,儒家虽轻视知识,但并非决然排斥知识。从文献记载来看,儒家学者也都具备一定的科学知识。如据《孟子·万章下》记载,孔子曾做过"委吏"即会计工作,所以孔子具备一定的数学知识是无疑的。孔子讲:"为政以德,譬如北辰,居其所而众星共之。"(《论语·为政》)这表明孔子对天文知识有一定的掌握。孔子又讲:"工欲善其事,必先利其器。"(《论语·卫灵公》)应当说如没有对工匠技术的透彻了解,他是不可能说出如此深刻的话的。又如孟子讲:"天之高也,星辰之远也,苟求其故,千岁之日至,可坐而致也。"(《孟子·离娄下》)这是说根据天的运行规律,千年之后的冬至之日也是可以推算出来的。《梁惠王上》和《离娄上》中讲:"权,然后知轻重;度,然后知长短。""不以规矩,不能成方圆。"这表明孟子有一定的数学造诣。荀子应当也具备一定的天文学知识,这从他相关的论述即可看出:"列星随旋,日月递炤,四时代御,阴阳大化,风雨博施,万物各得其和以生,各得其养以成,不见其事,而见其功,夫是之谓神。"(《荀子·天论》)也正是由于荀子对事物生长和发展规律有深刻的认识,所以才会得出"天行有常"的结论。又荀子在逻辑知识中对"类"的把握也十分突出,如对"共名"和"别名"的认识,而这同样是与其对生物等知识的熟悉掌握密切相关的,同时这也应当视作整个春秋战国时期有关生物分类知识发展进步的必然结果和重要一环。

同时,在儒家思想中,与重民理论有关的生态观念占有一定的分量,这些观念虽然朴素,但实际上反映了与知识相关的宜时也即天人观念,如前所见,它实际上也是对古老传统或思想的继承。例如《论语·述而》中记载:"子钓而不纲,弋不射宿。"又如《孟子·梁惠王上》中说:"不违农时,谷不可胜食也;数罟不入洿池,鱼鳖不可胜食也;斧斤以时入山林,材木不可胜用也。谷与鱼鳖不可胜食,材木不可胜用,是使民养生丧死无憾也;养生丧死无憾,王道之始也。"再如《荀子·王制》中说:"草木荣华滋硕之时,则斧斤不入山林,不夭其生,不绝其长也。鼋鼍鱼鳖鳅鳣孕别之时,罔罟毒药不入泽,不夭其生,不绝其长也。春耕、夏耘、秋收、冬藏,四者不失时,故五谷不绝,而百姓有余食也。污池渊沼川泽,谨其时禁,故鱼鳖优多,而百姓有余用也。斩伐养长不失其时,故山林不童,而百姓有余材也。"同时,这些记载又都反映了儒家学者有一定的农学知识与观念。

还有知识观与教育观。儒家从孔子开始就对"知"的问题有较多思考,如孔子说:"知之为知之,不知为不知,是知也。"(《论语·为政》)又说:"多闻阙疑,慎言其余,则寡尤;多见阙殆,慎行其余,则寡悔。"(《论语·为政》)具体地,孔子说:

> 小子，何莫学夫《诗》？《诗》可以兴，可以观，可以群，可以怨。
> 迩之事父，远之事君；多识于鸟兽草木之名。（《论语·阳货》）

孔子在这里讲到了"多识于鸟兽草木之名"。又子夏也说："虽小道，必有可观者焉"，只是"致远恐泥，是以君子不为也"。（《论语·子张》）这些论述对日后的知识活动都不同程度地产生了影响，其激励并庇佑着后世学者们在科学上的种种努力。

类似的还有《荀子》和《大学》中更具方法论的观点。如荀子讲：

> 以类行杂，以一行万。（《荀子·王制》）
> 以近知远，以一知万。（《荀子·非相》）

这赋予人们通过知识来把握世界的信心。而"夫道者，体常而尽变，一隅不足以举之。曲知之人，观于道之一隅而未之能识也。"（《解蔽》）"万物为道一偏，一物为万物一偏。愚者为一物一偏，而自以为知道，无知也。"（《天论》）这又对知识的全面性提出了要求。而《大学》则强调："致知在格物，物格而后知至。"《大学》的作者认为："物有本末，事有终始，知所先后，则近道矣。"我们须看到，作为一种观念，它在宋代以后将产生极为深刻的影响。

此外还有一点需要注意，这就是儒家继承了西周末年以来的无神论传统或理性精神。孔子在天命鬼神问题上持明确的理性主义的怀疑或存疑态度，如前所指出，这一直是儒家思想的一个重要传统，并贯穿中国古代社会与文化，这包括在以后儒道释三家思想中，儒家也是保持了最为理性主义的意识和面貌。应当看到，这样一种理性主义的倾向或精神对于科学的发展同样也是有助益的，它是科学精神坚定的支持者和同盟者，同时，也是科学发展必不可少的一个重要条件。而相比较而言，道家的后继者道教则重新返回到神祇和巫术的世界，从这个意义上说，儒家对于理性有更深刻的认识和更执着的坚守。

三、法家思想中的一些知识内容

法家也是如此。法家重视农耕，因此也就必然重视与农耕相关的种种因素或条件。如《管子》中就有不少相关思想。管子有明确的节气观念，在《幼官》中，将一年分为三十个节气，每十二天发生一次变化。同样，管子也非常重视土壤的条件与状况，如《地员》就对不同的土壤作了划分。管子重视"因天材，就地利"的原则，如选择国都，其讲："凡立国都，非于大山之下，必于广川之上，高毋近旱而水用足，下毋近水而沟防省，因天材，就地利，故城郭不必中规矩，道路不必中准绳。"（《乘马》）与当时许多思想家一样，管子对于天文学知识也是有所接触的，如《重令》中说："天道之数，至则反，盛则衰。"这与范蠡、老子等人的思想是一致的。又管子也接触到空间问题，如《心术上》中说："道"是"其大无外，其小无内"。管子对于度量知识及工具显然有深入的掌握，如《法法》中说："规矩者，方圜之正也。虽有巧目利手，不如拙规矩之正方圜也。故巧者能生规矩，不能废规矩而正方圜。"当然，除管子外，其他法家人物也都不同程度地涉及一些科学知识，如《韩非子·有度》中说："故绳直而枉木斫，准夷而高科削，权衡县而重益轻，斗石设而多益少。"

法家又尤其重视"理"这一概念。与老子的"道"一样，法家的"理"也是以自然知识作为基础或背景的。如《管子》中说："是故阴阳者，天地之大理也。"（《四时》）又说："故必知不言、无为之事，然后知道之纪。殊形异执，不与万物异理，故可以为天下始。"（《心术上》）韩非子更多地使用了"理"这一概念。如《韩非子·解老》中说：

道者，万物之所然也，万理之所稽也。理者，成物之文也；道者，万物之所以成也。

物有理，不可以相薄。物有理不可以相薄，故理之为物之制。万物各异理，万物各异理而道尽，稽万物之理，故不得不化。不得不化，故无常操。

> 凡理者，方圆、短长、粗靡、坚脆之分也。故理定而后可得道也。故定理有存亡，有死生，有盛衰。

> 有形则有短长，有短长则有小大，有小大则有方圆，有方圆则有坚脆，有坚脆则有轻重，有轻重则有白黑。短长、大小、方圆、坚脆、轻重、白黑之谓理。理定而物易割也。

并且韩非子将老子或道家"道法自然"的思想延续到"理"的解释中来，其强调"守成理，因自然"。（《韩非子·大体》）"理"这一概念日后对于科学活动及其思想具有重要的意义，特别是在宋代以后，成为科学与哲学的核心概念，其在很大程度上要追溯至此。

在认识方法上，法家也有重要的思想贡献。法家对待或处理事务，重视严谨和审慎的态度。如《管子》中说："慎观终始，审察事理。"（《版法解》）这应当理解为其"法"的精神的贯彻和体现。而韩非子在前人的基础上更是提出一整套严格的科学方法，其中就包括强调参伍、比较，即全面地看待问题。他说：

> 参伍之道：行参以谋多，揆伍以责失。……言会众端，必揆之以地，谋之以天，验之以物，参之以人。四征者符，乃可以观矣。（《韩非子·八经》）

更可贵的是，韩非子有明显的检验认识的思想。其提出"参验以审之"这一思想，强调"循名实而定是非，因参验而审言辞"。（《韩非子·奸劫弑臣》）韩非子认为："无参验而必之者，愚也；弗能必而据之者，诬也。"（《韩非子·显学》）尽管这些论述有明显的统治管理的性质，但其中也有明显的导向检验认识或知识可靠性的内容，而最重要的是这些论述实际成为检验认识思想的重要起点。

此外，在理性态度上，法家与儒家也是相同的，其也成为去魅思想及实践的一个重要源头。

第八节　名家及各种逻辑思想与科学的关系

本节的内容相对丰富或复杂。就名家而言，不同思想家所关心的问题是有所不同的，公孙龙的思想主要是一种逻辑思想，但惠施则更接近于自然哲学家。而就逻辑思想来说，又并不限于名家的公孙龙，后期墨家、荀子都有丰富的逻辑思想。所以本节是名家与逻辑思想这两个概念及其所代表的问题的集合。

一、惠施"历物十事"的科学思想

惠施的科学思想主要保存在《庄子·天下》中。庄子讲惠施："惠施多方，其书五车，其道舛驳，其言也不中。"然后讲惠施的十件"历物之意"，分别是：(1)"至大无外，谓之大一；至小无内，谓之小一。"(2)"无厚，不可积也，其大千里。"(3)"天与地卑，山与泽平。"(4)"日方中方睨，物方生方死。"(5)"大同而与小同异，此之谓小同异；万物毕同毕异，此之谓大同异。"(6)"南方无穷而有穷。"(7)"今日适越而昔来。"(8)"连环可解也。"(9)"我知天下之中央，燕之北、越之南是也。"(10)"泛爱万物，天地一体也。"这实际也是十个与自然知识密切相关的论题或命题。

这其中，第一、二、三、六、九等五个命题与空间问题有关，这个空间或是宇宙意义上的，或是几何意义上的，或是地理意义上的。如第一个命题"至大无外，谓之大一；至小无内，谓之小一"是就空间而言的。"至大无外"是指大到不能再大，即不可再扩展；"至小无内"是指小到不能再小，即不可再分割。前者可以说是宇宙意义的，后者可以说是几何意义的。当时类似的思考其实也并非只见于惠施。如《管子·心术上》中说"道"是"其大无外，其小无内。"又《庄子·秋水》中也说："何以知毫末之足以定至细之倪？又何以知天地之足以穷至大之域？"可见，关于"至大"和"至小"这样的空间问题是当时许多思想家及不同学派都关心的问题。第二个命题"无厚，不可积也，其大千里"也涉及空间问题。其在于辨明体积与面积是两个不同的概念。"无厚，不可积也"是指没有体积，但这并不影响"其大千里"也即有面积。第三个命题说"天与地卑，山与泽平"在于说明高下的相对性。这与老子所说的"高下相倾"具有相似性。第六个命题"南方无穷而有穷"与第九个命题"我知天下之中央，燕之北、越之南是也"都涉及地理问题。南方究竟是"无穷"还是"有穷"？天下之中央究竟何在？惠施并没有简单依从通常的看法。冯友兰认为惠施在这里所讲的，主要不是当时人的地理知识，而是辩证法。① 冯友兰先生这里使用的"辩证法"一词可能多少有些绝对或高扬，或许使用辩证思维来描述会更妥帖一些。惠施的这两条命题很可能包含有对地理空间的某种猜测或假设，即空间的相对性问题。以上这些命题可归为一组。

第四、第七这两个命题也可归为一组，即都涉及时间问题。"日方中方睨，物方生方死"无疑是沿时间轴而展开的，但其中又涉及事物的运动变化，涉及生命与死亡的问题。对这个问题，庄子也有过思考，即"方生方死，方死方生。"（《庄子·齐物论》）这其中不排除两位思想家有过交流并有相同的识见。"今日适越而昔来"是讲"今"、"昔"的相对性，实际也是讲时间的相对性，这与上面空间问题中的第六、第九两个命题的思考具有相似性。同理，以上两个命题中也包含有辩证思维的因素。

而命题五"大同而与小同异，此之谓小同异；万物毕同毕异，此之谓大同异"和命题十"泛爱万物，天地一体也"则涉及同异问题。"大同"就是大类，"小同"就是小类，这两者之间的同异都是知识意义上的，是细微意义上的同异关系。而从哲学的角度来看，万物就共性而言无所不同，即"毕同"，就个性而言无所不异，即"毕异"，这应当是本质意义上的同异关系。惠施在这里实际上就科学意义的同异与哲学意义的同异作了区分，在前面已经指出，同异也即类的问题是这一时期科学和哲学共同关心的重大问题。自然，惠施更倾向于用哲学思维来思考问题，这也就是"泛爱万物，天地一体也"。而这实际上是取消了事物之间的差别，这同

---

① 参见冯友兰《中国哲学史新编》第二册，第 154 页，北京，人民出版社，1984。

样也是庄子的观点。

除此之外，《庄子·天下》又记载："惠施以此为大，观于天下而晓辩者，天下之辩者相与乐之。""相与乐之"也就是提出相类似的思想，这或许也可以视作是与惠施观点相同或相近的一个学派，这些思想包括："卵有毛；鸡三足；郢有天下；犬可以为羊；马有卵；丁子有尾；火不热；山出口；轮不蹍地；目不见；指不至，至不绝；龟长于蛇；矩不方；规不可以为圆；凿不围枘；飞鸟之景未尝动也；镞矢之疾，而有不行不止之时；狗非犬；黄马骊牛三；白狗黑；孤驹未尝有母；一尺之棰，日取其半，万世不竭。"《庄子·天下》说："辩者以此与惠施相应，终身无穷。"这其中有些论点是很有价值的，如"飞鸟之景未尝动也"、"镞矢之疾，而有不行不止之时"、"一尺之棰，日取其半，万世不竭"。其中前两条涉及连续性问题，后一条则阐述了无限分割的观点。但可以看出，上述辩者的不少论点似乎都有违常识，这其中也不能排除《庄子·天下》所说的"以反人为实，而欲以胜人为名，是以与众不适"的可能，但是这些论点或猜测涉及大量的自然知识应当是毋庸置疑的。

总的来说，从以上这些命题中，既可以看到惠施及其学派的科学思想，也可以看到这些科学思想背后的哲学观。在这些观点与思想中涉及天文、地理、生物、物理等种种知识问题，也涉及空间、时间、有限、无限、生命、变化等科学思想与哲学思想，还包括形式与辩证逻辑以及取类、比较等种种思维和方法问题。因此，有关惠施及其学派的资料尽管不算充足，但其中所包含的科学、哲学及二者相互关系的信息仍是十分丰富的。

二、公孙龙的科学逻辑

与惠施有所不同，公孙龙所关注的完全是一种形式逻辑思想。应当指出的是，公孙龙的形式逻辑思想与当时的科学知识是密切相关的，换言之，其实际上是建立在知识基础上的一种科学逻辑。而这一科学基础就是当时生物学知识与地理学知识的"高度"发展以及所涉及的分类问题。对此，我们在前面也已经有所考察，《尔雅》这部语词学著作对不同事物有极其细致的划分。如《释畜》的马属中对马所作的种种区分，包括骗骖马、駁、駽蹄、駽骖、駃、騽、騤等等。而分类的深入发展必然会导致逻辑问题，并且，科学分类也需要逻辑学的支持和指导。具体地，这涉及"名实"、"同异"、"指物"等不同问题。这其中"名实"与"同异"问题是当时哲学与逻辑学中所普遍关心的问题。不过，公孙龙逻辑思想的最大特点是关心概念的准确性，这显然与对具体知识的关心直接相关，这也可以说是公孙龙逻辑思想的基础或背景，公孙龙的一整套逻辑思想正是在这种基础之上或背景之下循序展开的。

公孙龙的《白马论》就是这一整套逻辑思想的第一步，其最直接地关注了知识分类与概念对应的关系，是逻辑与科学的径直衔接。公孙龙说：

> 马者，所以命形也；白者，所以命色也。命色者非命形也。
>
> 求马，黄、黑马皆可致；求白马，黄、黑马不可致。
>
> 故黄、黑马一也，而可以应有马，而不可以应有白马。

我的看法是，公孙龙在这里首先关注的并不是西方哲学中那种个别与一般的关系问题，而主要是关注或强调事物的差异性以及与之对应的概念的差异性，这种差异性也可以表述为确定性，其直接与《尔雅》中的知识及语词分类相呼应。

公孙龙在《通变论》中再次申述了与《白马论》相同的观点。

> 羊与牛唯异，羊有齿，牛无齿，而牛之非羊也，羊之非牛也，未可，是不俱有而或类焉。羊有角，牛有角，牛之而羊也，羊之而牛也，未可，是俱有而类之不同也。羊牛有角，马无角；马有尾，羊牛无尾。
>
> 故曰：羊合牛非马也。

这里直接涉及"类"的问题。羊与牛有类似之处，但类似中又有不同，而牛羊与马又有更大的不同。《白马论》主要是讲概念的确定性，而《通变论》则是在此基础上进一步讲分类的准确性，这与《尔雅》中的分类同样是密切相关的。当然，公孙龙的观点未必正确，因为这涉及比较中的原则与方法问题，《墨经》对此有所批评。

而《名实论》则是真正在哲学层面对上述观点与思想的概括。"天地与其所产焉，物也。物以物其所物而不过焉，实也。实以实其所实而不旷焉，位也。出其所位，非位；而位其所位焉，正也。以其所正，正其所不正；不以其所不正，疑其所正。其正者，正其所实也；正其所实者，正其名也。其名正，则唯乎其彼此焉。谓彼而彼不唯乎彼，则彼谓不行；谓此而此不唯乎此，则此谓不行。其以当不当也。不当而当，乱也。故彼彼当乎彼，则唯乎彼，其谓行彼。此此当乎此，则唯乎此，其谓行此。其以当而当也。以当而当，正也。故彼彼止于彼，此此止于此，可。彼此而彼且此，此彼而此且彼，不可。夫名，实谓也。知此之非此也，知此之不在此也，则不谓也。知彼之非彼也，知彼之不在彼也，则不谓也。"应当看到，公孙龙在这里所强调的就是名实相符，这是对前面的逻辑思想的高度概括。但这种哲学层面的概括仍是以具体知识或事物的严格区分作为基础的，这就是"其正者，正其所实也；正其所实者，正其名也"。"谓彼而彼不唯乎彼，则彼谓不行；谓此而此不唯乎此，则此谓不行。其以当不当也。不当而当，乱也。""以当而当，正也。故彼彼止于彼，此此止于此，可。彼此而彼且此，此彼而此且彼，不可。夫名，实谓也。"

与《名实论》相同，《指物论》也表现出更为明显的哲学特征。《指物论》一般被认为是最关心所谓"共相"问题的，并表达了某种概念独立性的观点。但事实上，《指物论》所关注的问题仍是《白马论》与《名实论》中的问题，也可以说是《白马论》与《名实论》的延续。在公孙龙看来，概念虽具有某种独立性，但不可能脱离具体事物而存在。《指物论》开篇就对"物"与"指"的关系作了区别："物莫非指，而指非指。""物"就是事物，其都可以被指称或命名，而"指"就是名称或概念，其不用再加以指称或命名。以下，《指物论》分设问与回答两个方面来展开。而在自问自答中，公孙龙始终坚持这样的观点："物"与"指"是相互依存的，无"物"则无"指"，无"指"亦不能称"物"；并且在物指关系中，"物"应是首位的，是根本的。即使是设问，这样的观点也同样体现出来，例如："天下无指，物无可以谓物。""指也者，天下之所无也；物也者，天下之所有也。""天下无指者，生于物之各有名，不为指也。"而公孙龙所反复强调的主要有两个方面。第一，就是"物"（实）的可"指"（名）性，有"物"（实）必有"指"（名）。如公孙龙说："物不可谓非指者，非有非指也。非有非指者，物莫非指也。"又说："物不可谓无指也。不可谓无指者，非有非指也。非有非指者，物莫非指。"这些都在于强调，天下所有事物都可以用概念加以指称。第二，公孙龙同时又强调，"指"（名）并不能脱离"物"（实）而存在，如公孙龙说："指非指也"、"天下无物，谁径谓指？""且夫指固自为非指，奚待于物而乃与为指？"这些都指明了概念之于事物的依附关系，不存在虚构或脱离于事物的概念。总之，在《指物论》这里，我们可以清晰地看到公孙龙一以贯之的观点，名（指）实（物）的对应性。应当说，这一物指关系，与其对《名实论》的看法也即名实关系是如出一辙的，也是与《白马论》和《通变论》的看法一脉相承的。此外我们还应看到，公孙龙的上述两层思想很可能是有所指的，即其所指的很可能就是儒家有所重名的理论与道家有所轻言的理论。

当然，《指物论》的确相对深奥，其难免有艰涩之处；况且由于说理与辩难的复杂，也难免有岐出之处；甚至出现一些悖论或失误也是可以理解的。但最为重要的是，《指物论》的主旨是清楚的，其观点也是基本正确的。

通过以上考察可以看到，在公孙龙这里，总体而言"名"是落实于"实"的，"同"是依从于"异"的，"指"也是应答于"物"的。公孙龙认为，个别概念都应具有确定性，这种概念确定性的依据就是事物的差异性，不同概念只能对应于不同事物。以此为基础，公孙龙的逻辑思想主要并不是将一般或抽象的概念置于最重要的地位，而是将个别或具体的概念置于最重要的地位。这样一种特点的性质就是首先是从具体知识出发，而不是从抽象概念出发。换言之，其立足点是具体知识，而非抽象语词。总之，在公孙龙这里，逻辑思想首先是指向具体事物，而非一般概念。即知识基础是第一位的，而哲学思考是依从于此的。从这个意义上说，公孙龙的逻辑思想也是与科学最为贴近的逻辑思想。换言之，从公孙龙这里可以清楚地看到科学对于逻辑的深刻影响，一种科学逻辑是怎样建立在科学知识的基础之上的，或者说，科学知识与科学逻辑之间所具有的必然联系。当然，公孙龙的思想也有迷失之处，而这恰恰是在从具体科学知识走失之时。了解这一点很重要，因为这有助于我们准确理解公孙龙逻辑思想的内容，也有助于我们准确把握其逻辑思想的特征。

三、公孙龙的科学分析方法

公孙龙的另一篇论文《坚白论》与以上诸篇有所不同，其主要不是关心事物与概念的关系问题，而是探讨事物的物理性质与感觉经验的关系。

《坚白论》一上来即自设问答："坚白石三，可乎？曰：不可。曰：二，可乎？曰：可。曰：何哉？曰：无坚得白，其举也二；无白得坚，其举也二。"公孙龙对此的解释是："视不得其所坚而得其所白者，无坚也；拊不得其所白而得其所坚者，无白也。"我们由此知道，在公孙龙看来，认识与具体的感觉密切相关。难者认为："其白也，其坚也，而石必得以相盈。"即无论坚白于感觉有什么不同，其都是充盈于石的。应当说，这是一般或普通的看法，是常人的看法，也可以说是正常的看法。但公孙龙却说："得其白，得其坚，见与不见离。——不相盈，故离。离也者，藏也。"公孙龙认为，不同感觉的分离也就是相应属性的隐藏。现代心理学与思维学已经告诉我们，认识是综合的，不同的感觉在大脑中会进行加工，由此得到一个完整的认知。以往的哲学史研究也多以此入手，认为公孙龙有割裂感觉与知觉的错误。应当说，若真是如此，公孙龙的思想无疑存在着某种困境。

不过应当看到，公孙龙很可能并不是从思维的角度来阐述坚白问题的，也不是从纯粹哲学的角度来阐述坚白问题的，自然也不是以常人的眼光来看待此问题。因此用哲学思维的"标准"或日常的眼光来要求和判断公孙龙的坚白理论或许并不合适，因为其不完全是一个"路数"。

公孙龙关于坚白问题的看法其实在很大程度上是基于科学的视角。与哲学的综合性不同，也与日常的经验性不同，科学是偏重于分析的，逻辑学其实也是偏重于分析的。公孙龙讲：

> 物白焉，不定其所白；物坚焉，不定其所坚。不定者兼，恶乎其石也？

> 坚未与石为坚而物兼，未与物为坚而坚必坚，其不坚石物而坚，天下未有若坚而坚藏。

> 白固不能自白，恶能白石物乎？若白者必白，则不白物而白焉，黄黑与之然。石其无有，恶取坚白石乎？

这之中实际是在关注事物的性质或特征问题，并且不同的性质或特征具有相对的确定性，同时，它们又与感觉或认识有关。就如同今天分析钻石，硬度多少，亮度多少。并且，硬度与亮度本身就是两种重要的物理性质，不同事物的硬度、亮度又有区别。对于物理来说，这样的性质还有很多，而它们之于感觉又有所不同。公孙龙其实就是在探讨这种物理性质与感觉特征之间的对应关系，而这种探讨就方法来说是分析性的。事实上，这一认识与其逻辑学中对于同异问题的认识具有相关性，即注重具体性、差异性和对应性。尽管从认识论的角度来看，这一探讨似乎存在着问题，但我们要看到其中的科学方法，看到其中的科学倾向、态度或精神，要看到它与哲学思考之间的区别，我们不能随意以哲学的名义来加以裁定，更不能随意将其贴上唯心主义或不可知论的标签。

四、《墨经》与荀子在"类"或种属问题上的逻辑思想

这里不是一般地考察后期墨家与荀子的逻辑思想，这方面内容在前面相应的卷册中有专门论述。我们在这里主要是关注后期墨家和荀子逻辑思想与科学知识之间的关系问题，而这同样主要体现在"类"的问题上，这也是上面所看到的公孙龙所关心的问题。

《墨经》讲："名：达、类、私。"（《经上》）又说："名：物，达也，有实必待

文名也命之。马，类也，若实也者，必以是名也命之。臧，私也，是名也，止于是实也。"（《经说上》）在这里，《墨经》将"名"也就是概念分为三个层次，从最高到最低依次是达名、类名和私名。《墨经》对公孙龙的"白马非马"说提出了批评："白马，马也；乘白马，乘马也。骊马，马也；乘骊马，乘马也。"（《小取》）可以看出，《墨经》比起公孙龙更重视不同层位概念的关系，这与公孙龙重视和强调概念的确定性有所不同，这应当是视角的差异，无所谓正确与否。对公孙龙在《通变论》中牛与马不同的论证，《墨经》也作了批评："牛马之非牛，与可之同，说在兼。"（《经下》）又说："狂，牛与马惟异，以牛有齿，马有尾，说牛之非马也，不可。是俱有，不偏有偏无有。曰牛与马不类，用牛有角，马无角，是类不同也。若举牛有角马无角，以是为类之不同也，是狂举也，犹牛有齿、马有尾。"（《经说下》）《墨经》的看法是"异类不吡"。（《经下》）这里的"吡"通"比"。为此，《墨经》举例说："木与夜孰长？智与粟孰多？爵、亲、行、贾，四者孰贵？"（《经说下》）《墨经》的这一批评是有道理的。从这里，我们也可以看到思想或理论只有在争论中才能相长。荀子同样对"类"的问题十分关注，其讲："故万物虽众，有时而欲遍举之，故谓之物。物也者，大共名也。推而共之，共则有共，至于无共然后止。有时而欲偏举之，故谓之鸟兽。鸟兽也者，大别名也。推而别之，别则有别，至于无别然后止。"（《荀子·正名》）与《墨经》一样，荀子也涉及了概念的分层问题，并且这样一种分层也是有知识作为依托的。相对来说，公孙龙的逻辑思想更偏重科学，而《墨经》与荀子的逻辑思想则更偏重于哲学。

"类"又涉及"同异"问题。关于"同异"问题，如《墨经》说："同：重、体、合、类。"（《经上》）"同：二名一实，重同也；不外于兼，体同也；俱处于室，合同也；有以同，类同也。"（《经说上》）又说："异：二、不体、不合、不类。"（《经上》）"异：二必异，二也；不连属，不体也；不同所，不合也；不有同，不类也。"（《经说上》）在这里，《墨经》对"同异"作了区分，而这又应当是与公孙龙的逻辑思想相一致的。荀子也说："同则同之，异则异之。单足以喻则单，单不足以喻则兼。单与兼无所相避则共，虽共，不为害矣。

知异实者之异名也，故使异实者莫不异名也，不可乱也，犹使同实者莫不同名也。""物有同状而异所者，有异状而同所者，可别也。状同而为异所者，虽可合，谓之二实。状变而实无别而为异者，谓之化；有化而无别，谓之一实。此事之所以稽实定数也，此制名之枢要也。"(《荀子·正名》)荀子在这里也是从"同异"问题出发阐述了名实相符的思想。事实上，后期墨家与荀子在这里又都不同程度地注意到了差异性，这与公孙龙的思想也是相同的，并且这也是与《尔雅》的知识和语词背景有着紧密联系的。

总之，无论是《墨经》，还是荀子，与公孙龙一样，其关于"类"的逻辑思想都有科学知识作为背景或基础。这是一个大的知识环境，也是一个大的逻辑思维环境，也正是在这样一个环境中，其各自都取得了相应的成果。这一点十分重要，我们从这里可以看到具体事物或知识在公孙龙、后期墨家以及荀子名实思想中的地位，延伸开去，也看到有无这种背景之于不同名实观的意义。以具体知识为基础的名实观，其总体倾向是大致相同的，这也与以孔子为代表的主流的儒家名实观形成鲜明的对照。

不过，这其中也有不足。无论是《墨经》，还是荀子，在讨论了概念的一般种属关系之后便止步不前了。他们并没有能继续将种属问题与本质问题结合起来加以研究，他们并没有发现种属问题之于探讨事物本质的重要意义。换言之，他们并没有发现种属问题之于定义规范性的重大意义（公孙龙并不关心这一问题，因此不对此负责）。就此而言，《墨经》与荀子可谓是与定义形式的发现失之交臂，因为他们已具备了这一发现的前提条件。同时，对种属问题的研究来说，《墨经》与荀子也可谓是功败垂成，因为种属关系在定义中的应用是种属问题研究的最大收获和最高境界。对比古代希腊，亚里士多德最早揭示了定义的逻辑结构，这就是"属加种差"。亚里士多德将类视为属，而将类所包含的子类或个体视之为种。不同子类或个体之间的差异也即是种差。定义的方法就是"把定义者置于属内，然后再加上种差"。例如："人是有理性的生物。"在这里，人这一概念也即被定义项是由定义项也即属（生物）和种差（有理性的)所组成的。这样一来,通过"属加种差"这一方式,一方面即将被定义的事物限定在一个类之内,另一方面又将其与同类内的其他事物区别开来。于是,由这一方法所导致的概念便具有十分科学的性质。不仅如此,上述定义方式又影响到推理,其确保了三段论推理的科学性。① 总的来说,先秦时期,是古代中国人在种属问题认识上达到最高成就的时期,也是离科学定义形式和推理形式最为接近的时期,但其最终离目标理想仍差那么"一步",而正是这"一步",铸定了中国思维、思想在日后界定事物以及与此相关的推论事物方面严谨性或科学性不足的命运。当然,从根本上说,这乃是中国思维的特征与兴趣使然。但是,思想成果距理想目标仅"一步之遥"而未能登顶,并由此深刻影响甚至也可以说改变日后的思维格局,这终究是让人唏嘘遗憾的。②

第九节　后期墨家思想中的科学内容

总的来说,与其他学派相比,墨家位于社会的下层,有着明显的平民特征。同时,相比较其他学派而言,由于较特殊的职业性质,墨家思想中的科学内容也更加突出和充分。墨家可以说是一个具有典型的科学特征或性质的学派,在一定程度上也可以将其视作科学学派。本节所考察的主要是后期墨家的科学思想,这些思想主要保存在《墨经》之中,包括《经上》、《经下》、《经说上》、《经说下》。需要指出的是,与先秦其他思想相比,《墨经》中的科学思想显得更加科学,或更加"纯粹"。而一般哲学史著作对于这类哲学家或学派的更为"纯粹"的科学思想通常不太会加以注意,习惯性做法就是一省了之。这不仅是《墨经》,也包括以后的王充、葛洪、沈括甚至朱熹。事实上,这正反映出现有哲学史研究对于中国

---

① 有关古代希腊逻辑思维与古代中国逻辑思维的比较,可参考本人的著作《中国思维形态》。
② 但从根本上说,古代希腊定义方式的取得又是与其成熟的几何学及公理体系密切相关的,其有着强大的理论与学者背景和传统,而对比之下,这是具有强烈工匠色彩或传统的墨家所不具备的,荀子同样无法达到这种源自整体的科学理论高度。就此而言,仍是科学活动最终决定了逻辑学,并且也影响到了哲学。

古代哲学与科学关系的认识所存在的误区，包括对中国古代哲学的认识所存在的误区，简要地说，就是"忽略"科学在其中的意义或位置（这一点与西方哲学史的撰述很不相同）。其实，在这些科学思想与哲学思想之间存在着连通的"经络"，它是相关哲学思想的底层和基石，当抽掉了这些学者或学派的科学思想时，也就很难完整解读其思想上层的哲学认识。

一、早期墨家思想的知识倾向

墨家对于科学的重视以及相关的科学思想早在其创始人墨子这里就已经形成。例如《墨子》中以下两则记载就讲述了墨子与当时名闻天下的巧匠公输般比试技艺的故事。第一则即我们所熟悉的"公输子削竹木以为鹊，成而飞之，三日不下。公输子自以为至巧"。于是墨子谓公输子曰："子之为鹊也，不如匠之为车辖，须臾刘三寸之木，而任五十石之重。"（《墨子·鲁问》）第二则讲的是公输般为楚王制作云梯欲取宋，于是墨子又与公输般比试攻防技艺。"子墨子解带为城，以牒为械，公输般九设攻城之机变，子墨子九距之。公输般之攻械尽，子墨子之守圉有余。"（《墨子·公输》）从这两则故事中不难看出墨子对各种技术的精通。类似这样的技术知识在《墨子》的《备城门》等篇中还有详细记载。并且，由此也可以推测，道家与法家对技术的一些相关批评是有所指的。

从墨子的思想中，我们可以看出，墨家是一个从事日常手工技术也即有着丰富的实践知识与经验的学派，而这也正是这一学派关注科学知识并且有丰富科学思想的原因。

二、《墨经》的自然观

后期墨家的科学思想主要体现在《墨经》之中，其主要包括有自然观、数学思想、力学与光学思想等内容，以下依次考察。

《墨经》中关乎自然观的内容约有 40 余条，所涉内容包括宇宙、时空、物质以及变化等。

《墨经》关于宇宙和时空问题有明确的界说。《经上》说："久，弥异时也；宇，弥异所也。"《经说上》说："久，合古今旦莫；宇，蒙东西南北。"这里的"久"是指时间的总和，宇是指空间的总和。"宇"和"久"也就是指"宇宙"。冯契先生指出，这样的时、空范畴，是对经验中的时间、空间的概括，是可以度量的。① 在前面的考察中，我们知道先秦时期的人们已经使用"宇宙"这一概念。例如《庄子·庚桑楚》中所说的"有实而无乎处者，宇也；有长而无本剽者，宙也。"以后到了汉初，《淮南子·齐俗训》中说："往古来今谓之宙，四方上下谓之宇。"可以看到，《墨经》对于宇宙的界说与《淮南子》对于宇宙的界说总体来说是一致的，也即是前后相沿的。

而时间与空间又涉及有限和无限的问题，《墨经》对此也作了思考：

> 始，当时也。（《经上》）
>
> 始，时或有久，或无久。始当无久。（《经说上》）

在这里，"始，当时也"与"始当无久"就是指确定的某一时刻，也即没有一个较长的时间长度，因此是"无久"。而时间有"无久"与"有久"之分，也即无绵延长度的和有绵延长度的。又有：

> 穷，或有前不容尺也。（《经上》）
>
> 穷，或不容尺，有穷；莫不容尺，无穷也。（《经说上》）

这里所谓"不容尺"就是指有限的局部空间，也称作"有穷"，也就是有限；"莫不容尺"是说可以无限地度量下去，故称作"无穷"，也就是无限。而空间的无限与时间的无限又是相关联的：

> 宇，或徙，说在长宇久。（《经下》）
>
> 长宇，徙而有处宇。宇，南北在旦有在莫，宇徙久。（《经说下》）

在这里，"长宇久"与"宇徙久"都是指空间与时间的无限，也即无穷。从前面庄子和惠施的相关论述中可以了解到，关于有限和无限问题的思考

---

① 参见冯契《中国古代哲学的逻辑发展》（上册），第 255 页。

在当时绝非是偶然或个别的现象。

而空间与时间又与物体的运动有关。《经上》说："动，或徙也。""止，以久也。"物体的运动或静止是与时间和空间密切相关的，或者说是以时空的形式表现出来的。物体的运动表现为空间位置的变化，即"或徙也"。而静止的物体实际就是在某一空间位置处于一段长久的时间，也即"以久也"。

必须指出的是，《墨经》中的自然观与其科学思想实际是一体的，是同一种兴趣关怀的不同侧面，因此也只有更为深入地了解后期墨家的具体科学思想，才能对这一学派的性质和面貌有真正的了解和把握。

三、《墨经》的数学思想

《墨经》对于数学问题有十分具体的思考，这其中尤以对几何学问题的思考为突出。据研究，《墨经》中直接指称数学以及同数学相关的命题约有 30 个，集中讨论了基本的数学概念，特别是几何学方面的问题。如关于量、圆、方等的概念，关于点、线、面、体等各种几何要素及其相互关系的考察。例如其关于圆的定义："圆，一中同长也。"（《经上》）这里的"一中同长"是与现代数学中圆是"对中心一点等距离的点的轨迹"的定义相同的。又如其关于量的概念："异类不吡，说在量。"（《经下》）这也就是说，量的概念实际是与类的概念或质的概念相对应的，不同类或不同质者不同量。此外，《墨经》中也广泛涉及点、线、面、体等概念。如"体：若二之一，尺之端也。"（《经说上》）这其中"体"即是立体或三维空间，"尺"可解释为"线"，"端"可解释为"点"。

这里涉及一个十分重要的概念，这就是"端"。《墨经》认为：

端，体之无厚而最前者也。（《经上》）

非半弗斫则不动，说在端。（《经下》）

非：斫半，进前取也。前则中无为半，犹端也。前后取，则端中也。斫必半，无与非半，不可斫也。（《经说下》）

这大意是说，如果取一尺而斫之，日取其半，最终一定会到达"非半弗斫则不动"或"前则中无为半"的时候，其"无与非半，不可斫也"，而这个点也就是"端"，也就是所谓"体之无厚而最前者也"。总之，"端"就是物体不可再分割的那个点。《墨经》的这一观点与《庄子·天下》中"一尺之棰，日取其半，万世不竭"这样一种看法是相对立的，这一看法认为物体是可以无限分割的，但《墨经》的看法显然与此相反。

而重要的是，这个"端"究竟是哲学意义上的，还是知识意义上的，究竟是物理学意义上的，还是几何学意义上的。正如李申所指出，近一个世纪以来，"端"究竟是几何学上的点，还是和原子论相当，争论颇多。不少学者认为，《墨经》中对"端"的看法与古代希腊的原子论十分相似，它可看作是我国古代原子论的萌芽。一般来说，从事哲学与物理学的学者可能会持这一看法。但《墨经》的"端"与原子论显然是有所区别的。李申虽也赞同原子说，但其注意到：古希腊哲人不仅认为原子不可分割，而且认为正是原子的集合构成了物。而墨家只是承认了物有不可分割的最小单位存在，如端、小一，却没有把端、小一明确说成建筑物质世界的最小砖块。因此，端、小一在不可分割这一点上说，相当于原子，但墨家却未借此建立起新的质料说，因此未达到原子论。[1]　如此，《墨经》的"端"可能从几何学的意义来解释更加合适。如前所见，《墨经》本身就说："体：若二之一，尺之端也。"（《经说上》）这说明，"端"实际是从量度的分割意义上来说的。事实上，从学派性质的角度说，这也是与墨家的工匠及其知识特征相适应的。应当看到，古代希腊关于原子的猜测有明显的学者或思辨特征。而墨家则有明显的经验性，这是以其实践知识作为背景的。我们在讨论其思想时应当充分注意其所被赋予的知识特征或背景。尽管从几何学的角度来理解"端"，有可能"降低""端"这一概念的理论意义，但这很可能更符合客观事实。不仅如此，若从科学作为哲学的

---

[1] 参见卢嘉锡总主编、席泽宗分卷主编《中国科学技术史·科学思想卷》，第 116 页，北京，科学出版社，2001。

基础来看，其将会使墨家理论在整体上获得统一。

在《墨经》中，"体"又称之为"厚"，而"面"则称之为"无厚"，而点、线、面、体这些几何要素实际上都是存在于它们的关系之中的。《墨经》中使用了如下概念来描述这类关系，包括：平、中、直、间、有间、纑、盈、撄、比、次等，其中一些概念也不仅仅是指数学意义上的关系。这里主要择其中与数学相关者略作考察。平行与垂直是两种极为重要的位置关系，《墨经》对此作了考察，例如"平，同高也。"（《经上》）这是用同样的高低来定义"平"。又如"直，参也。"（《经上》）这是用三点共线来定义"直"。《墨经》还就对称关系下过定义，如："同长，以正相尽也。"（《经上》）这是两条线段相等的定义。"中，同长也。"（《经上》）这是线段中点的定义，如圆心，由中心至两端，长度均相等。其他又如"有间，中也。"（《经上》）"有间，谓夹之者也。"（《经说上》）这里的"间"是指区间，"夹之者"是指夹于两端的那部分空间。此外，《墨经》对数位关系也已经有了认识，其讲："一少于二而多于五。"（《经下》）一少于二但多于五，这表明，在不同的位置上，"一"的大小是不同的，在个位上，其小于二，而在十位上，其大于五。这表明《墨经》不仅有十进制的数位概念，并且在理论上对其做了分析。① 事实上，《墨经》这种对于"数"的分层思考与其对于"类"的分层思考也是相统一的。

类似这样的思考、定义或命题在《墨经》中还有不少，从这些定义中不难看到墨家学派从事生产或知识实践的影子，当然，这些定义或概念的形成在很大程度上也与墨家的逻辑知识有关。

总体来看，《墨经》的数学思想主要是关于几何学的，这与后来中国数学朝向代数学的发展形成鲜明的对照。遗憾的是，《墨经》这种知识以及样式在以后的中国数学发展中基本丧失了。对比希腊的经验来看，几何学的发展与天文学密切相关，并且其研究群体主要是学者，这担保了

---

① 以上数位问题考察参考了刘洪涛编著《中国古代科学史》和袁运开、周瀚光主编《中国科学思想史（上）》两书中的相关内容。

其发展的坚实基础以及公理系统的理论性。而这些条件显然是以工匠为主体的墨家所不具备的。墨家的几何学主要是一种基于工匠活动的日用几何学。从这个意义上说，墨家几何学的丧失其实也是必然的。而秦汉以后数学的发展基本是沿着日常生产的方向，注重解决实际问题，这就不存在理论的"担忧"，当然，也没有对抽象理论有相应要求的几何学的生存空间，这是后话，在下一章中还会进一步考察。

四、《墨经》的力学思想

《墨经》中的力学知识首先体现在其有关"力"的概念的定义中。如"力，形之所以奋也。"（《经上》）"力，重之谓下，与重奋也。"（《经说上》）这里所使用的"奋"，具有移动的含义。力也就是使"形"即物体发生位移，也可以说，是使物体由静而动且动而愈速的原因，也是使物体由下而上运动的原因。这可以说是对"力"所下的一个朴素但科学的定义。

《墨经》具体考察了杠杆平衡的问题。《墨经》说："负而不挠，说在胜。"（《经下》）"负，衡木加重焉而不挠，极胜重也。右校交绳，无加焉而挠，极不胜重也。"（《经说下》）这里的"挠"即是"翘"，"极"即是重心，于重心处系绳以作支点，可见这一实例就是中国秤。使秤两端重量平衡，则"负而不挠"。如果将绳索右移，即"右校交绳"，则重心与支点分离，"极不胜重"，平衡被打破。这里实际阐明了杠杆平衡的基本条件：重心与支点相重合。《墨经》又说："衡，加重于其一旁，必捶。权重相若也，相衡，则本短标长。两加焉，重相若，则标必下，标得权也。"（《经说下》）这里的"正"是指在称重时，秤杆在平衡状态下必然呈现水平状态。若任意加重一边重量，则这一边就会下垂，即"加重于其旁，必捶"。并且，杠杆是否平衡既有重量因素，又有力臂长短的因素。在力臂长短相等的情况下，重的一方必下垂；而在重量相等的情况下，力臂长的一段必下垂，这就是"权重相若也，相衡，则本短标长。两加焉，重相若，则标必下，标得权也"。

《墨经》中又涉及滑轮问题。如："挈，有力也。引，无力也。""挈，长重者下，短轻者上。上者愈得，下者愈亡。绳直权重相若，则正矣。收，上者愈丧，下者愈得。"（《经说下》）《墨经》这里实际是在讨论滑轮的作用，其已经明确指出滑轮可以改变力的方向。这里所说的"挈"即指提拉力，"引"即指地球引力。物体上升，是提拉力大于引力，即"上者愈得，下者愈亡"，而物体下降，是引力大于提拉力，即"上者愈丧，下者愈得"。

《墨经》对斜面问题也作了相应的研究。《墨经》中说："倚者不可正，说在梯。"（《经下》）"两轮高，两轮为輲，车梯也。重其前，弦其前。载弦其前，载弦其轴，而县重于其前。是梯挈且挈则行。凡重，上弗挈，下弗收，旁弗劫，则下直。扡，或害之也。流梯者不得流，直也。今也废石于平地，重不下，无旁也。若夫绳之引轴也，是犹自舟中引横也。倚、倍、拒、坚，邪倚焉则不正。"（《经说下》）提升重物时，利用斜面可以省力。

此外，《墨经》还考察了其他一些力学问题。例如球体的平衡问题："正，丸，无所处而不中县，抟也。"（《经说下》）这是说球形物体放在平面难以安定，这实际接触到了随遇平衡的问题。又如"堆之必柱，说在废材。"（《经下》）"堆，𫐐石累石耳。夹寽者法也。方石去地尺，关石于其下，县丝于其上，使适至方石，不下，柱也。"（《经说下》）"废"是放置的意思。"夹寽者"意指砖石交错叠垒。唯此，能达到堆物的平衡。①

当然，《墨经》以上论述主要集中于静力学的平衡问题，其还是一种比较朴素的力学思想。但尽管如此，这些论述对于更为一般意义的科学和哲学思考仍是具有重要意义的。

五、《墨经》的光学思想

《墨经》中所记录的光学知识与思想同样是十分丰富的。

《墨经》光学思想中一个十分重要的内容就是考察在不同条件下，物体影子的变化状况。如《墨经》考察了物体在静止和运动条件下不

---

① 以上内容的叙述参考了蔡宾牟、袁运开主编《物理学史讲义——中国古代部分》（北京，高等教育出版社，1985）和袁运开、周瀚光主编《中国科学思想史（上）》两书中的相关内容。

同的光影情况。"景不徙，说在改为。"（《经下》）"光至，景亡；若在，尽古息。"（《经说下》）物体运动并不意味着其影子也在发生对应运动，影子看上去在移动，其实只是新影不断产生，旧影不断消失的过程。而物体一旦静止下来，则影子的变化也就停止了。在这里，《墨经》对运动物体影子动与不动的关系给予了辩证的解释。《墨经》还对本影和半影现象做了解释。"景二，说在重。"（《经下》）"景，二光夹一光；一光者景也。"（《经说下》）一个光源照射物体，就只有一个影子。而当两个光源照射物体，就会产生重影现象，即两个半影夹持一个本影。在这里，《墨经》实际考察了光源数量的不同与影子的关系。《墨经》又说："景之大小，说在杝正远近。"（《经下》）"景，木杝，景短大。木正，景长小。光小于木，则景大于木。非独小也，远近。"（《经说下》）这是说，光影的大小与木杆"杝"这一物体的放置以及和光源的距离有关。由以上这些思想，我们可以看到《墨经》实际注意到了影响光影的多种因素。并且，我们可以猜测，《墨经》为了获取准确的知识和合理的解释，一定做过大量相应的实验观察，这也应当是中国古代最早的科学实验。

这其中，《墨经》中的小孔成像实验为我们所熟知。在黑暗小屋朝阳一面的墙上开一小孔，使一人于屋外对着小孔站立，在阳光照射下，屋内相对的墙上会出现一个倒立的人影。《墨经》对此的记述是："景倒，在午有端与景长，说在端。"（《经下》）"景，光之人煦若射。下者之人也高，高者之人也下。足敝下光，故成景于上；首敝上光，故成景于下。"（《经说下》）在这里，"光之人煦若射"一句以十分生动和形象的描述表达了光的直线传播的思想，当然，只有当孔足够小，才能产生这种"景倒"、"足敝下光，故成景于上；首敝上光，故成景于下"的物像。无疑，这也是反复实验后所取得的认识。

除此之外，《墨经》中的光学知识与思想还包括平面镜成像、凸面镜成像、凹面镜成像实验等。关于平面镜成像。《墨经》说："临鉴而立，景倒，多而若少，说在寡区。"（《经下》）"临正鉴，景寡。貌能、白黑，远近、杝正，异于光鉴。"（《经说下》）这种成像方式也包括水面。"倒"是指左右相反。其成像没有凹面镜和凸面镜那样富于变化，故曰"寡"。关于凹面镜成像。《墨经》说："鉴位，景一小而易，一大而正，说在中之外内。"（《经下》）"鉴：中之内，鉴者近中，则所鉴大，景亦大；远中，则所鉴小，景亦小，而必正。起于中缘正而长其直也。中之外，鉴者近中，则所鉴大，景亦大；远中，则所鉴小，景亦小。而必易。合于中而长其直也。"（《经说下》）这里的"中"、"缘"是指球心或焦点。凹面镜成像有两种情况。一种情况是在球心或焦点以内。愈近球心或焦点，则像愈大；反之则愈小。在这种情况下，像必定是正立的，即"必正"。另一种情况是在球心以外。在这种情况下，影像都是倒立的，即"必易"。关于凸面镜成像，《墨经》中说："鉴团，景一。"（《经下》）"鉴，鉴者近，则所鉴大，景亦大；亓远，所鉴小，景亦小，而必正。景过正，故招。"（《经说下》）"景一"是凸面镜成像的特点，其成像只有一种，这也是相对凹面镜一小一大两种成像而言的。物体离镜近则像大，离镜远则像小，而无论远近，物像都是正的。"景过正，故招"的解释殊异，此略。在还没有发现反射定律的情况下，《墨经》对不同镜面的成像规律作了深入的概括。如同小孔成像一样，这表明《墨经》的实验水平已经达到相当的高度。[1]

六、关于墨家科学思想的评价

《墨经》中的科学知识与思想还能举出许多。

蔡宾牟与袁运开在所主编的《物理学史讲义——中国古代部分》中将墨家在科学上的成就归结于以下原因：一、与直接的生产技术经验有关；二、重视对自然的研究；三、有比较正确的认识论和方法论；四、有一套相应的逻辑方法。[2] 其中后两点是很重要的。我们应当看到，《墨经》中的这些知识与思想是与其哲学认识论特别是逻辑学密切相

[1] 以上内容的叙述参考了蔡宾牟、袁运开主编《物理学史讲义——中国古代部分》和袁运开、周瀚光主编《中国科学思想史（上）》两书中的相关内容。

[2] 参见蔡宾牟、袁运开主编《物理学史讲义——中国古代部分》，第79—81页。

关的。在认识论方面，《墨经》可能主要是基于其科学活动的经验主义立场。我们看到《墨经》对物、知、闻、行、心、虑、意等一系列概念及其之间的关系作了考察和分析，其总体路径是沿经验——理论方向展开的，也是沿个别——一般方向展开的，其中，个体亲身实践所获得的经验被特别地加以重视。也正是在这个意义上讲，一般的研究都认为《墨经》或后期墨家具有比较明显的经验主义特征。而最重要的是，所有这些应当都有其坚实的科学实践的基础，科学的经验特征同样也赋予了哲学的经验特征。同时，在前面的考察中我们已经看到，《墨经》或后期墨家也有较完整的逻辑学，其中体现了更多的理性主义的特点，这固然也是由逻辑学的本质所决定的。后期墨家所提供的一系列逻辑思维的原则，分别涉及类、故、理或者概念、判断、推理等逻辑思维的工具与手段。而这样一些状况和特征同样也是与其对数学、力学等知识的深刻认识密切相关的。与其认识论所不同的是，由于是作为原则，因此在这里的思维表现出更多的一般性，这就导致其思维中又具有更多的推理特征。

从更深层的角度来看，墨家哲学的确有明显的经验论的特征，其科学思想亦不例外。冯契指出："一般说来，后期墨家立足于经验事实，运用形式逻辑方法来讨论问题，而对思辨哲学不感兴趣，这是它的优点。""后期墨家似乎由于厌恶思辨而对阴阳学说和气一元论也不加理睬了，因而它忽视了当时同天文、历法、医学、农学等有密切联系的另一种朴素唯物主义自然观，也忽视了与阴阳学说有密切联系的朴素辩证法。这可以说是后期墨家自然观的弱点。"①事实上，墨家哲学与科学思想在秦汉之后迅速"消失"，这在很大程度上也与此有关，因为经验特征要求事实或真实，战国后期逐渐泛滥的阴阳及五行学说显然已经开始远离这种客观真实的经验，而慢慢被概念化甚至神秘化。所以之后人们所关心或感兴趣的中心"问题"中并没有墨家的思想"踪迹"或"份额"，墨家在这些

---

① 冯契：《中国古代哲学的逻辑发展》（上册），第 258、259 页。

"问题"中是"主动""缺位"的。当然,墨家在秦汉以后的"消失"或"缺位"可能还存在更为复杂的原因,如墨家的地位、后世学者对相关知识以及逻辑问题兴趣的不足等等。不管怎样说,墨家思想对于后来科学活动的影响是相对有限的,这的确是一个事实,并且它也成为中国哲学史和中国科学史上一桩极大的憾事。李约瑟在谈到墨家时也曾不无遗憾地说:"中国科学史上的最大悲剧也许是道家的自然洞见没有能和墨家的逻辑结合起来。"①当然这事实上是不可能的,因为道家反对技术和智慧。但我们不妨假设,如果墨家的科学观念和思想能够深刻影响后来的知识活动,那么,中国古代科学就绝不会是我们现在所看到的这样一种面貌。

第十节　阴阳五行家和《易传》与科学的关系

冯友兰在其《中国哲学史新编》第二册中将阴阳五行家(亦称阴阳家)与《易传》对举,认为这是先秦时期所提出的两种重要的世界图式。这两种世界图式各有自己的体系,其中阴阳家不讲八卦,《易传》不讲五行。而这两种世界图式事实上与科学都有较密切的关系,它们是以相应的知识作为基础,建立起自己对世界的看法。

一、阴阳五行家的世界图式

阴阳五行家的核心思想是阴阳五行学说,然后又结合"气"等概念孕育出无限的变化。我们应当看到,这样一种学说在当时既具有哲学的性质,同时也具有科学或知识的性质,并且,在阴阳五行家这里,几乎所有的知识都是为了证明宇宙图式而服务的。阴阳五行家与道家有某种相似之处,即都非常关注自然现象及其变化,但二者又有不同,与道家相比,阴阳五行家具有明显的巫术性质或特征。阴阳五行家的学说或思想

---

① 〔英〕李约瑟:《中国科学技术史》第二卷《科学思想史》,第202页。

驳杂诡谲,所属五运、月令、数术、方仙等种种支派观点与兴趣各异,但当时的种种科学知识却无不杂糅其中。甚至可以这样说,该学派从产生之日起,就以对知识的掌握相标榜甚或"炫耀"。

五运派大致可以认为是阴阳五行家的正宗或嫡出,邹衍是其代表性人物。该学派主要讲五德终始与王朝更迭的关系,或以为这是一个社会历史学派。邹衍五德终始说或五运派的理论基础是阴阳特别是五行理论。邹衍的五德终始说在《吕氏春秋·应同》中有所保存:

> 凡帝王者之将兴也,天必先见祥乎下民。黄帝之时,天先见大螾大蝼。黄帝曰:土气胜。"土气胜",故其色尚黄,其事则土。及禹之时,天先见草木秋冬不杀。禹曰:"木气胜"。木气胜,故其色尚青,其事则木。及汤之时,天先见金刃生于水。汤曰:"金气胜"。金气胜,故其色尚白,其事则金。及文王之时,天先见火,赤乌衔丹书集于周社。文王曰:"火气胜"。火气胜,故其色尚赤,其事则火。代火者必将水,天且先见水气胜。水气胜,故其色尚黑,其事则水。水气至而不知,数备,将徙于土。

这种解释虽然荒谬,但它并非诉诸神意,而是完全出于自然(其实这也是方术或巫术与有神信仰间的重要区别)。不仅如此,我们应当看到,在对自然历史和社会历史的描述中,阴阳五行家学说虽强调某种循环论(事实上,循环论也是当时知识与思想界对自然的普遍认识),但其中的确包含有对自然规律和社会规律的探索和思考,其理论的展开始终有当时科学知识作为依托。并且,该学派与当时相关的知识部门也是关系甚密。邹衍的一个重要理论是"大九州"学说,这一学说中包含了丰富的地理学知识与思想。按邹衍的"大九州"学说,宇宙间陆地为大瀛海所围合,陆地共有九大块、八十一小块,中国或"赤县神州"只是"于天下乃八十一分居其一分耳"。(《史记·孟子荀卿列传》)今天来解读邹衍的这一理论,并不在于它的准确性,而在于它对当时地理观念的突破,以及若干猜测的惊人合理性。

除五运派外，阴阳五行家还有许多其他分支。月令派是将阴阳五行学说与十二个月的时令相结合，用以解释一年的物候变迁、时序变化。由于主要是讲时令，因此这一派的论证资料大多来自农学和生物学，同时也涉及天文、气象的内容，其学说在日后自然也主要对天文、历法、物候等知识领域产生影响。数术派是用阴阳五行理论来解释个人与国家的运命气数，由于解释方法有异，又形成天文、历谱、五行、形法诸家，进而又与蓍龟、杂占构成更大的命占系统。显然，这里有明显的占命色彩，因而也有明显的宗教或巫术成分。但这一派同样大量涉及天文、历法以及数学方面的知识，并且其对日后的影响较之月令派来得更为显著。即便是方仙道这样一个方术甚至巫术性质极为明显的旁支也包括了对当时众多科学知识的接触和利用，包括天文、地理、物理、药物、造船、航海等等。又阴阳五行家的学说对于当时的医学也产生了重要作用。《黄帝内经》的形成正是战国中后期阴阳五行理论开始盛行与泛滥的时候，而它显然受到这些学说或思想的深刻影响，这就有了中医学中的阴阳五行学说与五运六气学说。完全有理由说，如果没有阴阳五行学说的深刻影响，中医学就绝不是今天所看到的这个样子。从一定意义上说，阴阳五行家对于后来中国科学持续影响最大的部门是医学。此外，阴阳五行学说在当时还影响了作为杂家的《吕氏春秋》，在后来又分别影响了道家理论如刘安的《淮南子》和儒家学说如董仲舒的《春秋繁露》。

从今天的视角来看阴阳五行家，其最典型或最突出的特征就是宇宙图式。阴阳五行家学说的最大特点是将整个世界安排在一个图式之中，并且还用"充实"的材料来对它加以"证明"。这其中五行结构又尤为重要，从当时和稍后的文献中可以看到相关的观念。例如《礼记》中的《月令》：

> （孟春之月）其日甲乙，其帝大皞，其神句芒，其虫鳞，其音角，律中大蔟，其数八，其味酸，其臭膻。……（孟夏之月）其日丙丁，其帝

炎帝，其神祝融，其虫羽，其音徵，律中中吕，其数七，其味苦，其臭焦。……（孟秋之月）其日庚辛，其帝少皞，其神蓐收，其虫毛，其音商，律中夷则，其数九，其味辛，其臭腥。……（孟冬之月）其日壬癸，其帝颛顼，其神玄冥，其虫介，其音羽，律中应钟，其数六，其味咸，其臭朽。

我们在这里其实可以看到阴阳五行家对于知识的充分利用，这包括天文学、地理学、数学、音律学、生物学等等，只不过所有这些知识都是向"五行"这一宇宙图式辐辏的。李约瑟说国外学者艾伯华曾列出过一百多种五行结构。① 《中国科学思想史》中也列出了 48 种。② 相比之下，阴阳五行家有关阴阳的思想并非其特点。李约瑟在谈到其中的阴阳派时也指出："阴阳派是很不引人注目的，它的成员很难与其他自然主义学家相区别。"③因此，在一定意义上，把阴阳五行家或阴阳家称作五行家要更为合适和贴切。

阴阳五行家的思想或阴阳五行学说之所以能在当时和后来的一段时间内产生巨大影响，这其中很重要的一个原因就在于它所表现出的"科学"性，尽管在今天看来，这种"科学"性显得诡谲甚至神秘。事实上，如果没有这种"科学"性，它就不可能成为两汉思想的理论基础，就不可能支持两汉思想近四百年的持续发展。并且由此也可以看出科学对于哲学的基础或重要意义。不过，阴阳五行学说虽然诡谲甚至神秘，但总的来说，其绝大部分理论是将世界的变化看作自然的，而非神意的，这一点与它后来的"挚友"——两汉天命神学仍有很大的不同。对此，李约瑟的评价更为积极，他说阴阳五行家"发展了一种有机的自然主义哲学，并且赋予中国的原始科学思想以特有的基本理论"。④ 又

---

① 参见〔英〕李约瑟:《中国科学技术史》第二卷《科学思想史》，第 284 页。
② 参见袁运开、周瀚光主编《中国科学思想史(上)》，第 471、472 页。
③ 〔英〕李约瑟:《中国科学技术史》第二卷《科学思想史》，第 286 页。
④ 同上书，第 1 页。

说:"五行概念本身实质上是一种自然主义的、科学的概念。"①事实上,历史中的知识并非总是正确的或科学的,它需要通过检验加以证实或证伪,但我们并不能因此否认种种探索知识的努力,尽管一些努力完全有可能是谬误的或失败的。当然毫无疑问,在阴阳五行家思想与学说的深处,始终有一种巫术的因素或根源,这是中国文化的连续性使然,也是中国知识的连续性使然。即使我们给予其中肯、客观的评价,对这一点也是不能忽视和否认的,并且应当看到,这一点在阴阳五行家这里体现得尤为突出。

二、《易传》的世界图式

《易传》与《易经》是一脉相承的。但是与《易经》相比,其中的哲学与科学内容都无疑大大增加了,这是发展与时代使然。

从哲学思想上说,《易传》大量使用了阴阳概念,这与阴阳五行家主要偏重于五行适成对照。例如:"乾,阳物也;坤,阴物也。""一阴一阳之谓道。""阴阳不测之谓神。""八卦成列,象在其中矣。""刚柔相推,变在其中矣。""是故《易》者,象也;象也者,像也。""阳卦多阴,阴卦多阳。""六爻相杂,唯其时物也。"《易传》也强调变化或转化,如:"生生之谓易。""参伍以变,错综其数。""一阖一辟谓之变,往来不穷谓之通。""变通者,趣时者也。""日往则月来,月往则日来,日月相推而明生焉。寒往则暑来,暑往则寒来,寒暑相推而岁成焉。""《易》之为书也不可远,为道也屡迁,变动不居,周流六虚,上下无常,刚柔相易,不可为典要,唯变所适。"在这里,"道"也是《易传》的核心概念。《易传》如此清晰地使用阴阳、道等概念并阐述对立和转化思想,这明显的是受到道家思想传统的影响。也正是在这个意义上,《易传》并不能视作典型的儒家思想传统。

《易传》的上述哲学思想同样有深厚的知识背景,或者说,《易传》哲

---

① 〔英〕李约瑟:《中国科学技术史》第二卷《科学思想史》,第 261 页。

学思想的展开往往有知识作为背景或依据。如《易传·系辞上》开首一段文字：

> 天尊地卑，乾坤定矣。卑高以陈，贵贱位矣。动静有常，刚柔断矣。方以类聚，物以群分，吉凶生矣。在天成象，在地成形，变化见矣。是故刚柔相摩，八卦相荡。鼓之以雷霆，润之以风雨。日月运行，一寒一暑。乾道成男，坤道成女。

这是《易传》最基本的哲学思想，它完全是建立在对自然认识的基础之上的，这其实也是《易传》的基本状况。《易传》中有很丰富的天文学和气象学知识。例如"日往则月来，月往则日来，日月相推而明生焉。寒往则暑来，暑往则寒来，寒暑相推而岁成焉。"（《系辞下》）这里包含着基本的天文气象知识。《易传》中对某些自然现象有更多的描述，例如"风行天上"、"风行地上"、"风行水上"、"天下有风"、"山下有风"、"泽上有风"等记载，对不同种类或区域的风作了考察。以上这些知识应正是《易传》"阴阳不测之谓神"思想的科学依据，也是"生生之谓易"思想的科学依据。如前所见，《易经》中已经包含有一定的天文学知识，《易传》实际是继承和发展了这一内容。

《易传》中的天文、气象以及地理知识又往往与农学和生物学知识密切相关，这反映出以农耕为中心的知识观。例如《乾卦·文言》中讲："与天地合其德，与日月合其明，与四时合其序。"《泰卦·象传》中讲："财成天地之道，辅相天地之宜。"在《易传》中，"时"、"宜"这样一些概念使用得很频繁，例如"象其物宜"（《系辞上》）、"唯其时物"（《系辞下》）。又《易传》提出"三才之道"："《易》之为书也，广大悉备，有天道焉，有人道焉，有地道焉。兼三才而两之，故六。六者非它也，三才之道也。"（《系辞下》）这一思想显然也包括了农业、天文等知识背景。

与此同时，《易传》在论述其哲学思想时也涉及宇宙或事物的起源和演化问题。例如"《易》有太极，是生两仪，两仪生四象，四象生八卦。"（《系辞上》）这也是作为哲学的《易传》与作为占卜的《易经》之间的一个重大区别。对于《易传》这样一个关心宇宙图式的学派与学说而言，对宇宙起源问题的关心应是其题中之义。尽管说《易传》本身实际并未就此在知识上有更多的阐述，但汉代以后，"太极"这一概念就已经成为宇宙理论中的一个基本概念。这样一个概念与老子及道家的"道"一起，成为日后中国哲学本体论与天文宇宙理论的基础。事实上，由于对宇宙问题的关注，《易传》的哲学同样具有某种本体论的特征。这也进一步提示我们，本体论作为一种哲学形态，其很可能与宇宙理论有着十分密切的关系，换言之，哲学的本体论事实上不可能离开宇宙论的问题，至少在中国是如此。这种状况以后在宋代会有更为充分的体现。

《易传》中的数学知识与思想更具特点，并且也占据着极为重要的位置。一般认为，《易传》继承了《易经》的传统，其对排列和组合思想有了更自觉的认识。与此相关，由于推算的需要，《易传》对于奇数和偶数的认识也更加深入。不过，《易传》对后世哲学以及数学最深刻的影响可能还是其所提供的数字结构，以及由此而形成的一种对于数字神秘主义的理解或憧憬，尤其是其继承和发挥了《易经》的卦象结构，并由此开启了"象数学"这样一种知识和学术传统。如《易传·系辞上》中说：

> 大衍之数五十，其用四十有九。分而为二以象两，挂一以象三，揲之以四以象四时，归奇于扐以象闰，五岁再闰，故再扐而后挂。天数五，地数五，五位相得而各有合。天数二十有五，地数三十，凡天地之数五十有五，此所以成变化而行鬼神也。《乾》之策二百一十有六，《坤》之策百四十有四，凡三百有六十，当期之日。二篇之策，万有一千五百二十，当万物之数也。是故四营而成《易》，十有八变而成卦，八卦而小成。引而伸之，触类而长之，天下之能事毕矣。

可以清楚地看到，在这里，"数"与"象"是高度结合的。而到了汉代，这样一种以"象"、"数"为核心的传统与阴阳五行家以"类"为核心的传统又形成了一个更为"融洽"的观念聚合。

又《易传》对技术发明的历史也有深入的阐述。如《易传·系辞下》中的这一大段记载：

> 古者包牺氏之王天下也，仰则观象于天，俯则观法于地，观鸟兽之文与地之宜，近取诸身，远取诸物，于是始作八卦，以通神明之德，以类万物之情。作结绳而为罔罟，以佃以渔，盖取诸《离》。包牺氏没，神农氏作，斫木为耜，揉木为耒，耒耨之利，以教天下，盖取诸《益》。日中为市，致天下之民，聚天下之货，交易而退，各得其所，盖取诸《噬嗑》。神农氏没，黄帝、尧、舜氏作，通其变，使民不倦，神而化之，使民宜之。《易》，穷则变，变则通，通则久。是以自天祐之，吉无不利。黄帝、尧、舜，垂衣裳而天下治，盖取诸《乾》《坤》。刳木为舟，剡木为楫，舟楫之利，以济不通，致远以利天下，盖取诸《涣》。服牛乘马，引重致远，以利天下，盖取诸《随》。重门击柝，以待暴客，盖取诸《豫》。断木为杵，掘地为臼，臼杵之利，万民以济，盖取诸《小过》。弦木为弧，剡木为矢，弧矢之利，以威天下，盖取诸《睽》。上古穴居而野处，后世圣人易之以宫室，上栋下宇，以待风雨，盖取诸《大壮》。古之葬者，厚衣之以薪，葬之中野，不封不树，丧期无数，后世圣人易之以棺椁，盖取诸《大过》。上古结绳而治，后世圣人易之以书契，百官以治，万民以察，盖取诸《夬》。

虽然说，这一观象制器的技术发明观总体上存在着问题，但其中对于技术发明的宽阔视角仍是值得认真注意和积极评价的。

三、观念的模式化

当然，除了与知识的关系，在阴阳五行家与《易传》这里，我们还应注意其与世界图式观念密切相关的思维模式。

阴阳五行家的理论更多地与"类"相关，其在方法上更多的是取用比类也即比附原则。这具体来说实际有两种形态，一种是附象，另一种是附数，其中又尤以对五行的比附最为突出和典型。对五行的比附，从单独一行的比附看主要是附象的，而从整个五行的比附看则基本是附数的。例如《吕氏春秋》中讲孟春之月："其日甲乙，其帝太皞，其神句芒，其虫鳞，其音角，律中太蔟，其数八。"（《孟春纪》）孟夏之月："其日丙丁。其帝炎帝，其神祝融，其虫羽，其音徵，律中仲吕，其数七。"（《孟夏纪》）孟秋之月："其日庚辛，其帝少皞，其神蓐收，其虫毛，其音商，律中夷则，其数九。"（《孟秋纪》）孟冬之月："其日壬癸，其帝颛顼，其神玄冥，其虫介，其音羽，律中应钟，其数六。"（《孟冬纪》）在这里，我们看到，"类"与"象"、"数"又是被完全杂糅在一起的，其中心则是"五行"。阴阳五行家对"类"的这样一种理解，与公孙龙、后期墨家以及荀子等从分类、同异、种属或逻辑角度对"类"的理解显然是不同的。公孙龙、后期墨家以及荀子是一种分类的思维与观念，而阴阳五行家则是一种比类的思维与观念。在当时，这是两种不同的"类"思维与观念传统。阴阳五行家的这一"类"思维模式在战国末年得到充分的运用和发展，并在秦汉之际特别是汉代达到泛滥成灾的地步。

《易传》的形态是由《易经》所提供的范本发展而至的。相比较五行家的形态，《易传》的形态主要是以阴阳或八卦为核心，强调"象"与"数"的意义及其之间的结合，同时兼具"类"的观念，而这正是《易经》最初所规定的。例如根据"象"的推衍，"作结绳而为网罟，以佃以渔，盖取诸《离》"。"斫木为耜，揉木为耒，耒耨之利以教天下，盖取诸《益》。""刳木为舟，剡木为楫，舟楫之利以济不通，致远以利天下，盖取诸《涣》。""断木为杵，掘地为臼，臼杵之利，万民以济，盖取诸《小过》。弦木为弧，剡木为矢，弧矢之利，以威天下，盖取诸《睽》。"（《系辞下》）又如根据"数"的推衍，"大衍之数五十，其用四十有九。分而为二以象两，挂一以象三，揲之以四以象四时，归奇于扐以象闰；五岁再闰，故再扐而后挂。天数五，地数五，五位相得而各有合。天数二十有五，地数三十，凡天地之数五十有五，此所以成变化而行鬼神也。……引而伸之，触类而长之，天下之能事毕矣"。（《系辞上》）《易传》的这样一种思维是象数学的开端，其同样是赋予世界理解以一种思维模式,但是图像和数字的模式。不过由于《易传》较少五行类的那种粗糙比附,因此它至少在表面上看来不像阴阳五行家那样荒诞,并且又由于专注于数理,因此还貌似具有某种"深刻"性。① 这一形态以后对知识与思想活动产生了更为神秘的影响,包括汉代和宋代。

总体而言,在阴阳五行家这里是以"类"涵摄"象"、"数",而在《易传》这里则是以"象"、"数"涵摄"类",这是一个大致的区分。但尽管有这样的区分,其在紧紧依傍现有的知识或科学成果这一点上却是十分相同甚至完全一致的。这样两种思维模式都不同程度地影响了以后不同时期的科学和哲学,并也因此使得中国古代的科学与哲学被蒙上一层神秘甚至巫术的色彩。

第十一节　《吕氏春秋》的科学思想与理论

《吕氏春秋》亦称《吕览》,是一部跨时期的著作,其既可以视作是战国末年的思想成果,又可以视作是秦汉之际的成果。作为这一时期的著作,《吕氏春秋》有其鲜明的特点,其与阴阳五行家和《易传》一样,也都融合不同学派的知识与思想,而且更加庞杂。《吕氏春秋》受道家思想的影响最大,同时,阴阳五行家的思想也占有一定比重,由此可以看出,《吕氏春秋》与其他有着知识特征的学派之间的关系。《吕氏春秋》全书分十二

---

① 不过,李约瑟对于《易经》、《易传》以及在此基础上所形成的象数学系统比之阴阳五行学说有着更为负面的评价。如他在评价《易经》时说道:"恐怕我们不得不说,尽管五行和阴阳的理论对中国的科学思想发展是有益无害的,但是《易经》的那种精致化了的符号体系几乎从一开始就是一种灾难性的障碍。它诱使那些对自然界感兴趣的人停留在根本不成其为解释的解释上。《易经》乃是一种把新奇事物搁置起来,然后对之无所事事的系统。它那象征主义的普遍体系构成了一个庞大的归档系统。它导致了概念的格式化……"(李约瑟:《中国科学技术史》第二卷《科学思想史》,第 363 页)在谈到象数学问题时又说道:"所以,我们就看到,自然主义者——或者不论写下这节文字的人是谁——由于他们对活有机体世界的强烈兴趣而做出了很值得赞扬的观察。但是,就像开始的那一段所表明的那样,那一切都是放在数字神秘主义的框架之中的。"(同上书,第 295 页)

纪、八览、六论三大部分，就科学视角而言，其内容涉及物候、气象、天文、宇宙、养生、医疗以及农学方面的知识与思想，由此不难看出知识在这部著作中的分量。

一、天文思想与宇宙理论

有关物候、气象、天文、宇宙等自然方面的知识和思想是《吕氏春秋》中十分重要的一个内容。

这里首先要指出的是，在《吕氏春秋》中也有宇宙图式，这主要是阴阳五行家的观点。这一宇宙图式特别体现在《十二纪》中，即以一年的十二个月作为线索和架构，将宇宙间主要现象加以分类配置。如《孟春纪》：

> 孟春之月，日在营室，昏参中，旦尾中。其日甲乙，其帝太暤，其神句芒，其虫鳞，其音角，律中太蔟，其数八，其味酸，其臭膻，其祀户，祭先脾。东风解冻，蛰虫始振，鱼上冰，獭祭鱼，候雁北。

又如《孟秋纪》：

> 孟秋之月，日在翼，昏斗中，旦毕忠。其日庚辛，其帝少暤，其神蓐收，其虫毛，其音商，律中夷则，其数九，其味辛，其臭腥，其祀门，祭先肝。凉风至，白露降，寒蝉鸣，鹰乃祭鸟，始用行戮。

这可以说是《吕氏春秋》总的宇宙观，这一宇宙观具有很强的知识性，也具有很强的整体性或系统性，当然，也具有很强的神秘性。其实，这一宇宙图式也见于《礼记》的《月令》，并且相同的观念和思想也见于《黄帝内经》和《淮南子》，由此可知这一宇宙图式是战国至秦汉时期中国人的普遍观念。结合阴阳五行家与《易传》的宇宙图式，我们又可以知道，宇宙图式观念是当时知识与思想界的普遍兴趣所在。换言之，这样一种宇宙图式并不是一家的，而是大家的。

重要的是，《吕氏春秋》的这种宇宙图式是以其丰富的天文、气象知识作为基础或背景的。《吕氏春秋》中详细记载了一年十二个月中每月太阳、月亮和某些星辰的轨道位置，如"冬至日行远道"、"夏至日行近道"。又如"极星与天俱游，而天极不移"。（均见《有始览》）这反映了当时天文学知识的普及状况。此外，《吕氏春秋》中的《十二纪》和《有始览》中还记载有二十八宿的名称，这表明二十八宿在战国时期的史籍中已有明确记载。《吕氏春秋》中对节气也有相应的记载，这包括两至即夏至和冬至、两分即春分和秋分以及立春、雨水、立夏、小暑、立秋、白露、霜降、立冬等。又如关于气象，《吕氏春秋》中按方位将风分为八种："东北曰炎风，东方曰滔风，东南曰熏风，南方曰巨风，西南曰凄风，西方曰飚风，西北曰厉风，北方曰寒风。"（《有始览》）又按形状将云分为四类："山云草莽，水云鱼鳞，旱云烟火，雨云水波。"（《应同》）其中关于风，自《山海经》起就已经形成观察传统，而关于云，则是战国以后所特别关注的。同时，这些天文、气象知识又与农业知识密切相关，如："东风解冻，蛰虫始振，鱼上冰，獭祭鱼，候雁北。"（《孟春纪》）"蝼蝈鸣，丘蚓出，王菩生，苦菜秀。"（《孟夏纪》）"凉风至，白露降，寒蝉鸣，鹰乃祭鸟，始用行戮。"（《孟秋纪》）"水始冰，地始冻，雉入大水为蜃，虹藏不见。"（《孟冬纪》）可以看出，这也是《夏小正》物候观察传统的延续。

在《吕氏春秋》天文学知识和思想中最为重要的是宇宙理论，这之中尤以两个方面最具特色，它们分别是起源理论和循环理论。关于宇宙起源，《吕氏春秋》继承和发挥了道家思想，同时也揉入了当时十分盛行的阴阳学说。如《大乐》中说：

> 太一出两仪，两仪出阴阳。阴阳变化，一上一下，合而成章。浑浑沌沌，离则复合，合则复离，是谓天常。
>
> 万物所出，造于太一，化于阴阳。

这里的"太一"就是"道"，它是宇宙万物的源头。并且我们在这里还似乎可以看到《易传》学派的身影。在此过程中，《吕氏春秋》也涉及了盖天和浑天思想。如：

> 天道圜，地道方。圣王法之，所以立上下。何以说天道之圜也？

> 精气一上一下，圜周复杂，无所稽留，故曰天道圜。何以说地道之方也？万物殊类殊形，皆有分职，不能相为，故曰地道方。（《圜道》）

在这里，我们既可以从天圜地方的理论中看到盖天说思想，也可以从精气概念中隐约看到浑天说的思想。同时，在《吕氏春秋》看来，自然界的一切，大至宇宙天地，小至动植生命，又都莫不处于圜道也即周而复始的循环之中，《圜道》一篇充分表达了这一看法：

> 日夜一周，圜道也。月躔二十八宿，轸与角属，圜道也。精行四时，一上一下，各与遇，圜道也。物动则萌，萌而生，生而长，长而大，大而成，成乃衰，衰乃杀，杀乃藏，圜道也。云气西行，云云然，冬夏不辍；水泉东流，日夜不休。上不竭，下不满，小为大，重为轻，圜道也。

又《大乐》中形象地将这种圜道比喻为车轮："天地车轮，终则复始，极则复反，莫不咸当。"不难看出，上述圜道理论实际上是一种循环论，如前所说，这样一种循环论在当时是一种普遍的认识和观念。在前面的考察与叙述中我们已经反复指出，这种认识和观念最初只能建立于自然观中，也即只有在对自然界大量和长期的观察中才能建立起来，并且它主要是与物候和天文知识有关。《吕氏春秋》的意义在于，其对这种循环即圜道认识做了最深入也最具体的阐述，这对于这一观念的固化有着十分重要的作用。当然，这样一种循环理论在邹衍那里也已经有了相应的表述，这对秦汉之际的社会历史观产生了重要影响。

二、养生思想

《吕氏春秋》中也有丰富的养生和医疗知识，特别是其中的养生方面，提出了一整套思想、理论、原则和方法，在先秦与秦汉时期都处于最高的水平。

《吕氏春秋》指出，人的生理与自然密切相关。首先是节气，若四时失序，就会导致疾病，如孟春行秋令，"则民大疫"。（《孟春纪》）仲夏行秋令，"民殃于疫"。（《仲夏纪》）季秋行春令，"民气解堕"。（《季秋纪》）仲冬行春令，"民多疾疠"。（《仲冬纪》）其次是环境，这包括土壤水质等，如"轻水所，多秃与瘿人；重水所，多尰与躄人；甘水所，多好与美人；辛水所，多疽与痤人；苦水所，多尪与伛人。"（《尽数》）因此，应天顺时就是最基本的养生原则。《吕氏春秋》说：

> 天生阴阳、寒暑、燥湿，四时之化，万物之变，莫不为利，莫不为害。圣人察阴阳之宜，辨万物之利以便生，故精神安乎形，而年寿得长焉。（《尽数》）

《吕氏春秋》在这里明确指出养生就是顺应天气或四时的变化。具体来说，例如仲夏时节："是月也，日长至，阴阳争，死生分。君子斋戒，处必掩，身欲静无躁，止声色，无或进，薄滋味，无致和，退嗜欲，定心气，百官静，事无刑，以定晏阴之所成。"（《仲夏纪》）又如仲冬时节："是月也，日短至，阴阳争，诸生荡。君子斋戒，处必弇，身欲宁，去声色，禁嗜欲，安形性，事欲静，以待阴阳之所定。"（《仲冬纪》）这是说，夏至之后阳极而阴萌，暑气逼仄，故应当宁心绪，止声色，淡饮食。同样，冬至之后阴极而阳萌，寒气逼仄，也应当宁心境，去声色，禁嗜欲。

同时，《吕氏春秋》又提出节欲制情的重要原则。在《吕氏春秋》的《尽数》一篇中有这样一段文字：

> 大甘、大酸、大苦、大辛、大咸，五者充形则生害矣。大喜、大怒、大忧、大恐、大哀，五者接神则生害矣。大寒、大热、大燥、大湿、大风、大霖、大雾，七者动精则生害矣。故凡养生，莫若知本，知本则疾无由至矣。

这其中，所谓"大甘、大酸、大苦、大辛、大咸，五者充形则生害矣"就是讲节欲。《吕氏春秋》的《贵生》一篇中说："圣人深虑天下，莫贵于生。夫耳目鼻口，生之役也。耳虽欲声，目虽欲色，鼻虽欲芬香，口虽欲滋味，害于生则止。""由此观之，耳目鼻口，不得擅行，必有所制。""此贵生之术也。"具体来说，节欲又包括"声禁重，色禁重，衣禁重，香禁重，味禁重，室禁重。"(《去私》)在这里可以看到道家哲学思想的深刻影响。而所谓"大喜、大怒、大忧、大恐、大哀,五者接神则生害矣"就是讲制情。情与欲相关:"天生人而使有贪有欲。欲有情,情有节。圣人修节以止欲,故不过行其情也。"(《情欲》)《吕氏春秋》特别以音乐为例论述了制情的思想,如:"乐之有情,譬之若肌肤形体之有情性也。有情性则必有性养矣。"(《侈乐》)这其中,心也即理性对于平和与适度的主导又尤为重要,"心必和平然后乐","故乐之务在于和心,和心在于行适"。(《适音》)①

《吕氏春秋》还认识到运动对于养生的重要意义。《吕氏春秋》的作者认为,不动则郁,而郁则滞,郁则病。如讲:"流水不腐,户枢不蝼,动也。形气亦然。形不动则精不流,精不流则气郁。"(《尽数》)因此,运动对于养生非常重要。如《古乐》中提到先民通过运动来改善身体状况的例子:"昔陶唐氏之始,阴多滞伏而湛积,水道壅塞,不行其原,民气郁阏而滞著,筋骨瑟缩不达,故作为舞以宣导之。"《吕氏春秋》强调:"血脉欲其通也","精气欲其行也","若此则病无所居而恶无由生矣"。反之,"病之留,恶之生也,精气郁也。故水郁则为污,树郁则为蠹,草郁则为蒉。"(《达郁》)

应当说,《吕氏春秋》的养生理论是有这一学派自己的心得的。这一理论中的不少观点以后对科学、哲学甚至情感类的艺术活动都产生了重要的影响。

三、农学理论

《吕氏春秋》中又有丰富的农学知识和思想,其主要保存在《上农》、《任地》、《辩土》与《审时》四篇中,一般认为,这四篇是我国已知最早的农学论文。具体来说,《吕氏春秋》中的农学知识与思想涉及了以下这样一

---

① 有趣的是,若考察或比较西方音乐史,我们就会发现这一理论的"正确性"。事实上,这也是中国古代音乐理论从周代就形成的一个基本传统和原则。并且由此我们也得以进一步了解中国古代哲学里的中和或平和思想与音乐及其相关知识的联系。

些内容，它包括：精耕细作的技术与理论、农耕活动需要注意的气候问题、土地的利用、休耕与轮作技术与理论、整地技术、栽培技术等等。

《吕氏春秋》的农学思想以及相关的哲学思想首先突出地体现在其《任地》所说的"耕之大方"中，即：

> 凡耕之大方：力者欲柔，柔者欲力；息者欲劳，劳者欲息；棘者欲肥，肥者欲棘；急者欲缓，缓者欲急；湿者欲燥，燥者欲湿。

《任地》在这里提出了五对互相对立的辩证范畴，即力与柔、息与劳、棘与肥、急与缓、湿与燥。其核心思想就是因地制宜。而《任地》作者将此作为农耕的基本原则，显然是在给予农耕活动一种哲学意义的指导。另外，在《任地》、《辩土》篇中对此多有具体论述，如"上田弃亩，下田弃圳"。这是说高田旱地由于土壤墒情往往不足，故要将庄稼种在沟里，这样可以减少水分的蒸发；而低湿田地由于水分多，则要将庄稼种在垄上。"上田则被其处，下田则尽其污。""故晦欲广以平，圳欲小以深。下得阴，上得阳，然后咸生。"也都有同样的意思，即任地而行。

又《审时》讲："凡农之道，厚之为宝"，"是故得时之稼兴，失时之稼约"。《辩土》讲："所谓今之耕也，营而无获者。其蚤者先时，晚者不及时，寒暑不节，稼乃多灾实。"这些论述则体现出十分明显的宜时观念。

可以这样说，《吕氏春秋》的上述农学思想是对传统"宜"、"因"思想的深化。

《吕氏春秋》也体现出明显的精耕细作思想。如《辩土》说：

> 凡耕之道，必始于垆，为其寡泽而后枯，必厚其靮，为其唯厚而及。

这是说，耕地应先耕垆土，后耕弱土。这是因为垆土性黏，水分一经散失则不便耕作，而弱土松散，迟耕无妨。又播种的行列也有一定要求，《辩土》说："衡行必得，纵行必术，正其行，通其风。"即横行间错，纵行通达，这样可以达到通风的目的。而这一思想又为以后更为深入的认识奠定了良好的基础。

《吕氏春秋》的农学四篇是我国已知最早的农学论文，这成为以后历代农学著作的基础。

四、其他思想和理论

《吕氏春秋》还有其他一些思想和理论。

与农业和养生相关，《吕氏春秋》中也包含了丰富的天、地、人三才思想。如《序意》中讲："上揆之天，下验之地，中审之人。"又如《审时》在论到耕稼时讲："夫稼，为之者人也，生之者地也，养之者天也。"而三才思想其实也就是天人相合思想，即各种人为应符合天时或自然，否则就会导致灾害，如："孟春行夏令，则风雨不时，草木早槁，国乃有恐。行秋令，则民大疫，疾风暴雨数至，藜莠蓬蒿并兴；行冬令，则水潦为败，霜雪大挚，首种不入。"（《孟春纪》）"孟夏行秋令，则苦雨数来，五谷不滋，四鄙入保。行冬令，则草木早枯，后乃大水，败其城郭。行春令，则虫蝗为败，暴风来格，秀草不实。"（《孟夏纪》）

在涉及宇宙自然现象时，《吕氏春秋》对运动变化问题也多有论述，并且这些论述也同样有深刻的知识背景。例如："日月星辰，或疾或徐，日月不同，以尽其行。四时代兴，或暑或寒，或短或长，或柔或刚。"（《大乐》）"天为高矣，而日月星辰云气雨露未尝休也；地为大矣，而水泉草木毛羽裸鳞未尝息也。"（《观表》）这就是说，大至日月星辰，小至草木虫兽，宇宙间的一切无不在运动变化之中。这种运动变化是无止境的，所谓"与物变化而无所终穷，精充天地而不竭，神覆宇宙而无望，莫知其始，莫知其终，莫知其门，莫知其端，莫知其源，其大无外，其小无内，此之谓至贵"。（《下贤》）

除此之外，《吕氏春秋》中对于其他知识门类也有一定的认识和论述，其中如属于物理学内容的音律问题就比较突出。《吕氏春秋·季夏纪》的《音律》中说："黄钟生林钟，林钟生太蔟，太蔟生南吕，南吕生姑洗，姑洗生应钟，应钟生蕤宾，蕤宾生大吕，大吕生夷则，夷则生夹钟，夹钟生无射，无射生仲吕。三分所生，益之一分以上生；三分所生，去其一分以下生。黄钟、大吕、太蔟、夹钟、姑洗、仲吕、蕤宾为上，林钟、夷则、南吕、无射、应钟为下。"这一方法最早见之于《管子》的《地员》，但《吕氏春秋》的《音律》对于音位的理解和计算更加完整和细密。

不难看到，上述思想通常既有哲学的思考，也有知识的内容，而这其实也正是中国古代科学哲学或自然哲学的普遍特征。

第十二节　中国传统概念体系的确立

如前面考察所见，中国传统科学与哲学的观念与概念系统在西周时期已经有了一个基本的雏形，到了春秋时期，其已经完全形成了。并且，这些观念和概念已经逐渐形成了若干个相关的概念群或概念集合。如前面考察所见，有阴阳、五行、气、和等概念的集合，有天、天道、天人等概念的集合，有些概念如类、象、数也呈现出集合的趋势。而这些概念之中又包含了丰富的思想。事实上，在春秋时期，中国传统知识与思想活动中的概念系统已经确立了。[①]　不过，诸子时期仍提供了一些极其重要的概念，例如老子和庄子思想中的"道"、《易传》中的"太极"等，它们对以后的哲学与科学都产生了深刻的影响。同时，类、象、数概念的集合在战国时期也有了新的进展。本节的任务是将那些新的概念补充进原有的概念系统，并呈示至先秦结束时，中国古代概念系统的完整面貌。

一、新的概念的补充

这里所说的新的概念当然是与科学相关的概念。

"道"无疑是这一时期所形成的一个最为重要的概念。如前所见，"道"概念在春秋时已经出现了，其萌生或脱胎于"天道"概念。如："日月之行也，分，同道也；至，相过也。"（《左传·昭公二十一年》）而重要的是，

---

① 有关春秋时期更广泛意义上的概念群或概念集合可参考本人《中国哲学的起源——前诸子时期观念、概念、思想发生发展与成型的历史》一书。

到老子这里，知识之"道"成功转换与上升为哲学或思想之"道"。并且由于老子赋予其本原、本体以及宇宙论的含义，所以其日后又进一步反哺天文学研究。老子之后，"道"这一概念为庄子或后期道家所继承，并成为道家的核心概念。不仅如此，战国中后期以后，"道"这一概念也为其他不同学派所广泛使用。就对日后知识的影响而言，"道"首先影响到天文学的研究，从庄子到《吕氏春秋》，都就"道"的宇宙理论含义作了展开，这使得"道"的宇宙论性质得到确定，并且也使得自老子开始的宇宙论问题得到确定。除此之外，"道"概念及其思想还影响到医学等知识领域。由于"道"这一概念在前面的哲学思想考察中以及本章的相关考察中多有涉及，这里不再做详细展开。值得提示的是，在战国中后期的《易传》中出现了"太极"这一概念，其与"道"具有相似性，在哲学上有事物本原之意，在知识上有宇宙起源之意，这一概念在日后也将成为宇宙理论中的一个重要概念。

"故"是春秋战国时期逐渐形成的一个与科学和逻辑思想密切相关的重要概念。孟子就思考过"故"的问题，其讲："天之高也，星辰之远也，苟求其故，千岁之日至，可坐而致也。"（《离娄下》）这是说只要掌握天体运行的规律，即使千年之后的时日也能准确推算出来。以后，《墨经》对"故"有过更为深入的探讨。如《墨经》的《经上》中说："故，所得而后成也。"这是说任何事物的生成都有其内在根据或原因。又如《墨经》的《小取》中讲："以说出故。"这是要求用逻辑的方法揭示或解释任一事物成其为事物的理由，有判断的性质。《墨经》还说："故：小故，有之不必然，无之必不然，体也，若有端。大故，有之必无然，若见之成见也。"（《经说上》）这里的小故是指必要条件，大故则是指充要条件。我们在这里看到，"故"的最基本含义是原因、根据、理由、条件。总之，无论是《孟子》，还是《墨经》，都表达了一种追究缘由的思想，而其中显然都有科学的基础。

"理"也是一个在战国时期产生的与知识活动密切相关的重要概念。《墨经》就对"理"做过思考。如《墨经》讲："夫辩者，将以明是非之分，审治乱之纪，明同异之处，察名实之理。"（《小取》）这里的"理"有内在道理、逻辑之意。同样，当时的许多思想家也思考过这一问题。如荀子说："可以知，物之理也。"（《荀子·解蔽》）而这其中论述得最为充分的当数韩非，如韩非说："物有理不可以相薄，故理之为物之制。""凡理者，方圆、短长、粗靡、坚脆之分也。""有形则有短长，有短长则有小大，有小大则有方圆，有方圆则有坚脆，有坚脆则有轻重，有轻重则有白黑。短长、大小、方圆、坚脆、轻重、白黑之谓理。理定而物易割也。"韩非指出："夫缘道理以从事者，无不能成。"（《韩非子·解老》）从这些论述来看，"理"也具有原因、根据的含义，这其中既有判断的性质，又有推理的成分。"理"概念在以后哲学和科学思想中的地位将日渐凸显出来。

二、原有概念的完善

战国时期，不仅有新的概念的补充，至春秋时期已经形成的原有概念系统也在进一步的整合与调整。

如我们看到，及至春秋末年以后特别是战国时期，在《老子》、《管子》、《孟子》、《庄子》、《荀子》以及《易传》的思想中，"气"已经成为一个被不同学派或思想所广泛而普遍使用的核心哲学概念；在《老子》、《庄子》、阴阳五行家以及荀子、《易传》的思想中，"阴阳"也已经成为一个被不同学派或思想所广泛而普遍使用的核心哲学概念。同时值得注意的是，"气"概念日益与"阴阳"概念紧密结合。战国时期的人们在讲阴阳时通常是讲它的气，而当讲气时又往往讲它有阴阳两个方面或两种形态，气与阴阳几乎是异名而同实的，如庄子说："天地者，形之大者也；阴阳者，气之大者也。"（《庄子·则阳》）很多时候即使描述中阴阳概念不与气概念直接勾连，但其就是指"气"，例如："是故天地合而万物生，阴阳接而变化起。"（《荀子·礼论》）"阴阳不测之谓神。"（《易传·系辞上》）甚至即使气和阴阳这两个概念都不使用或显现，我们也知道其所指。例如："刚柔相推，变在其中矣。"（《易传·系辞下》）这里的刚柔就是阴阳之"气"。而这一现象又生动地表明用阴阳释气是科学与哲学的共识所在，同时也是二者的共通所需。

又如"天人"观念与概念在战国时期也有了新的发展，这其中一个重要方面就是"三材"思想的清晰提出。如孟子讲："天时不如地利，地利不如人和。"（《孟子·公孙丑下》）荀子讲："上不失天时，下不失地利，中得人和，而百事不废。"（《荀子·王霸》）《易传·说卦》中讲："是以立天之道曰阴与阳，立地之道曰柔与刚，立人之道曰仁与义，兼三材而两之。"《易传·系辞下》中讲："《易》之为书也，广大悉备，有天道焉，有人道焉，有地道焉。兼三材而两之，故六。六者非它也，三材之道也。""三材"思想的提出可以看作是对天人关系具体要素的一个清晰概括。而与此同时，一些思想家对科学活动或天人关系中人的因素也给予了更多的注意，如《荀子·天论》中讲："大天而思之，孰与物畜而制之！从天而颂之，孰与制天命而用之！望时而待之，孰与应时而使之！因物而多之，孰与骋能而化之！思物而物之，孰与理物而勿失之也！愿于物之所以生，孰与有物之所以成！故错人而思天，则失万物之情。""强本而节用，则天不能贫；养备而动时，则天不能病；修道而不贰，则天不能祸。故水旱不能使之饥渴，寒暑不能使之疾，祅怪不能使之凶。"在这里，荀子表达了重视人力、重视人工、重视人为的思想，这样的思想在日后将随着知识或科学活动中人为因素的增强而得到更丰富和更完整的表述。

再有，随着季候、气象、天文知识的增加，"象"、"数"、"则"、"时"、"常"、"变"这样一些概念也越来越被重视。例如"象"和"数"就是天文观测中的基本问题，但它以后也成为哲学的基本概念，《易传》中所提到的"象数"观念在很大程度上就与天文观察密切相关，所谓"在天成象"、"仰则观象于天"（《系辞上》）等等。又如"时"这一概念既与农耕活动密切相关，也与天文学知识密切相关，而这同样深刻地影响到哲学观念与概念，《易传》中"时"的概念就是由此发展而来的。

三、中国古代科学与哲学概念系统的完全确立

基于以上的发展，中国古代的概念系统在春秋以及战国时期已经完全确立了。就科学与哲学的关系而言，其中最主要的概念包括有：象、

类、阴阳、五行、中、和、天、天人、因、宜、天道、道、数、气、故、理，等等。不仅如此，在相关的科学与哲学思想中，已经逐渐形成了若干个概念群或概念集合，如前所说，这样的概念群或概念集合在春秋时就已经形成，而战国时期有了进一步的完善。这包括阴阳、五行观念与概念的集合；象、类、数观念与概念的集合；阴阳、五行观念和概念与象、类、数观念和概念的集合；阴阳与气观念与概念的集合；天人、因、宜、地、时观念与概念的集合；天道、道、天数、数观念与概念的集合。① 而这些概念大都是在科学或知识活动的基础上产生或形成的。毫无疑问，以上概念系统包括其集合关系是具有范式意义的，其将对以后的科学及相关哲学思想产生深刻且深远的影响。

第十三节　中国传统方法样式的形成

与此同时，在春秋战国时期，用于知识与思想或科学与哲学的方法也已经基本形成和确立了。一般来说，从观念、概念再到方法会有一个过程，如阴阳五行观念在三代或更早的时候已经建立，但其成为方法则要待周代以后，大抵是在春秋时期逐渐成熟。类、象、数也是如此，例如类，类分作为方法形成较早，类比则大约是在春秋时期被广泛或普遍地使用，类推基本上是与逻辑思维的成熟相伴的，其总体上说是战国时期的成果。而类比与类推又都是"类"观念成熟的结果。由此可见，为哲学和科学共同使用的方法（包括思维方式）一般来说要晚于观念和概念。还有，战国时期由于有大量的学派涉足知识或科学问题，因此方法就显得十分丰富，这也包括形式逻辑的方法在这一时期获得了十分充分的运用。本节的任务就是阐述在这一时期所形成的方法样式，它们对于后来的科学活动及思想具有范式的意义。

---

① 相关内容可参见本人《中国哲学的起源——前诸子时期观念、概念、思想发生发展与成型的历史》中的论述。

一、科学与哲学中经验传统的形成

无论是对于科学，还是对于哲学，经验都是一种重要的思维和方法，只不过其在两个活动领域的表现有所不同。

科学十分重视观察，这主要是在天文、气象、地理以及医学等领域，大量的知识正是通过长期的观察而获得的。而在农业、手工业以及医疗活动中，实践又非常重要，通过实践会积累丰富的经验。事实上，观察和实践都十分注重反复，并在反复过程中对所掌握的知识加以检验、修正，这可以说是科学活动的最大特点。此外，生产或劳动实践又会带动直觉一类思维的发展，对此，《庄子》中一些故事提供了生动的例证，如庖丁解牛："方今之时，臣以神遇而不以目视，官知止而神欲行。依乎天理，批大郤，导大窾，因其固然，技经肯綮之未尝微碍。"（《养生主》）轮扁斫轮："斫轮，徐则甘而不固，疾则苦而不入。不徐不疾，得之于手而应于心，口不能言，有数存焉于其间。"（《天道》）匠石斫垩："郢人垩慢其鼻端，若蝇翼，使匠人斫之。匠石运斤成风，听而斫之，尽垩而鼻不伤，郢人立不失容。"（《徐无鬼》）这些故事都体现了高超的直觉判断。知识经验积累中最常见的方法是归纳形式，即对已有观察或实践材料加以概括整理。例如《吕氏春秋》中对于农业生产经验的归纳就非常典型。《辩土》讲："凡耕之道，必始于垆，为其寡泽而后枯，必厚其靯，为其唯厚而及。"这是最基础的归纳。《审时》讲："凡农之道，厚之为宝。"这是进一步的归纳。而《序意》中讲"上揆之天，下验之地，中审之人"，这是最高层面的归纳，而这样一种归纳也是经验方法通向逻辑方法的门户。①

哲学活动中，同样可以看到经验思维深厚而强大的传统。只是在哲学中，个体经验并不突出，其通常更注重整体性的和历时性的经验。中国古代哲学的经验意识实际从周代就已经产生了，春秋时期已经相当普遍，这也直接导致了诸子的不同经验观或历史观。儒家将周代社会及其

---

① 可以参考本人所著《中国思维形态》中的相关论述。

文明作为自己的经验，墨家将夏代社会及其文明作为自己的经验，道家则更是将其经验追溯到质朴的原始社会时期。几种主要社会学说中似乎只有法家的理论没有看重前人的经验即"法先王"，而是讲"法后王"，但后王其实同样也是一种经验，只不过是一种直接的经验。哲学思想同样离不开归纳的方法。例如墨家的"三表法"就是对各种经验类型的归纳，并且其与知识活动有密切的关系。再如商鞅关于礼法问题的看法："伏羲、神农教而不诛，黄帝、尧、舜诛而不怒，及至文、武，各当时而立法，因事而制礼。礼法以时而定，制令各顺其宜，兵甲器备各便其用。臣故曰：治世不一道，便国不必法古。汤、武之王也，不修古而兴；夏、殷之灭也，不易礼而亡。"（《商君书·更法》）这里我们可以清晰地看到基于历史的概括归纳。另外需要指出的是，哲学虽不注重个体经验，但对其中所涉及或包含的问题是重视的，例如墨子、荀子等思想家对感觉经验可靠性问题的认识。哲学家一般来说也不直接参与观察，但这并不排除可以积极地利用各种观察成果，例如《易传》对"象"的重视。并且，哲学也同样重视对经验和理论的检验，如荀子的"符验"，韩非的"参验"。

二、综合与分析方法

综合，古代中国实际称之为"参"、"合"，其所包含或体现的是一种全面的性质特征，在很大程度上综合思维也与辩证和整体思维有关。春秋时期，其已经清晰地体现在战争活动或军事思想中。战争活动与医疗活动非常接近，全面了解各种因素至为重要，所以孙子说："故经之以五事，校之以计而索其情：一曰道，二曰天，三曰地，四曰将，五曰法。""故校之以计而索其情，曰：主孰有道？将孰有能？天地孰得？法令孰行？兵众孰强？士卒孰练？赏罚孰明？吾以此知胜负矣。"（《孙子兵法·始计》）在科学活动中，农学与医学都会运用这一方法，如《吕氏春秋·任地》中所说的"凡耕之大方：力者欲柔，柔者欲力；息者欲劳，劳者欲息；棘者欲肥，肥者欲棘；急者欲缓，缓者欲急；湿者欲燥，燥者欲湿。"又"三材"思想同样也是一种方法。以后，这一方法在以《黄帝内经》为代表的医疗活动中有更完整的体现,如:"故圣人杂合以治。"(《素问·异法方宜论》)"能参合而行之者,可以为上工。"(《灵枢·邪气脏腑病形》)这种思维与方法同样反映在更为抽象思辨的哲学活动中,并且为我们所熟知。如荀子将此称之为"辨合",他说:"凡论者贵其有辨合,有符验。故坐而言之,起而可设,张而可施行。""无辨合符验,坐而言之,起而不可设,张而不可施行。"(《荀子·性恶》)韩非子将此称之为"参伍之道",他说:"参伍之道:行参以谋多,揆伍以责失。……言会众端,必揆之以地,谋之以天,验之以物,参之以人。四征者符,乃可以观矣。"(《韩非子·八经》)又在庄子、荀子以及《易传》中,综合方法又常被概括为"兼"或"全",如荀子所说:"兼权之,孰计之,然后定其欲恶取舍,如是则常不失陷矣。"(《荀子·不苟》)又如《易传》中说:"君子安而不忘危,存而不忘亡,治而不忘乱","君子知微知彰,知柔知刚,万夫之望。"(《系辞下》)

一般认为中国思维具有整体和综合的特征,而缺少分析这一形式,但这是一种误解。造成这样一种误解在很大程度上与我们片面理解一些经典作家的看法有关,如恩格斯曾说:早期的素朴的世界观"虽然正确地把握了现象的总画面的一般性质,却不足以说明构成这幅总画面的各个细节"。这通常被当作证明古代思维缺少分析或者精细性的理论依据。但恩格斯其实也已注意到"精确的自然研究","在亚历山大里亚时期的希腊人那里"就已经开始了。① 也就是说,在古代不是分析方法的有无问题,而只是分析方法的水平问题。事实上,无论是中国科学还是哲学都不缺少这样一种思维。如《孙子兵法》的《地形》和《九地》中从作战角度对地理所作的深入分析,这既是科学的,也是哲学的。《韩非子》的《五蠹》分析了危害社会的五种人群、《八经》分析了君主理政的八种方法、《亡征》分析了国家灭亡的四十七种征象,这是哲学分析的典型形式。科学活动及相应的逻辑学也是如此。《墨经》中就对很多概念作了深入分析,如前所见,关于"同"这一概念,《墨经》就有很深入细致的分析,《经

---

① 参见恩格斯:《反杜林论》,见《马克思恩格斯选集》第3卷,第60页,北京,人民出版社,1972。

上》讲："同：重、体、合、类。"《经说上》又对此解释道："同：二名一实，重同也；不外于兼，体同也；俱处于室，合同也；有以同，类同也。"又《大取》中对此还有更为详细的划分："重同，俱同，连同，同类之同，同名之同，丘同，鲋同，是之同，然之同，同根之同。"一个"同"在《墨经》中竟然可以划分出如此多的种类，这比亚里士多德仅将"同"分为数量与种类的同一显然要细密得多。另公孙龙的《白马论》、《通变论》、《坚白论》中也都不乏深入的分析方法的运用，其同样兼具思想与知识的特征。除此之外，在当时的知识与思想活动中也不乏因果分析和比较分析的例子。①

三、以"类"为中心所形成的经验与逻辑方法

"类"的观念与思想在前面已经有过论述，这里再从方法与思维的角度做一考察，包括作为方法如何由科学领域向其他领域延伸。

首先来看分类。我们看到，正是由于《尔雅》、《管子》等科学活动中普遍的分类实践直接导致了逻辑学和哲学中"类"的概念的产生，这其中尤以逻辑科学中对"类"的认识最为严谨和科学。这样一种认识是围绕概念也即"名"的问题而展开的，它在《公孙龙子》中体现为对"白马非马"、"指物"等问题的认识，在《墨经》中体现为对"达名"、"类名"、"私名"的认识，在《荀子》中体现为对"共名"和"别名"问题的认识。这可以说已经将"类"的观念或方法上升到了逻辑学理论的高度。但其中也仍有遗憾之处，如前所述，以上所有对于概念问题的研究都没有涉及"属加种差"的方法，由此使得概念问题研究止步于下科学定义的门槛之前。与此同时，分类思维或方法在自然科学领域成熟运用的基础上，又逐渐开始广泛影响到军事、经济、政治、教育等领域，例如孙子对于作战地理状况的划分，孔子对于学生类型的划分，《商君书》的《垦令》篇中对于垦令实施措施的分析，《韩非子》中《八奸》、《五蠹》、《八经》、《亡徵》等篇中对于种种相关问题的分析研究。并且，在中国古代的思维中，分类与分析

---

① 详见本人《中国思维形态》相关内容。

这样两种方法具有一定的相关性。

第二，比类或类比思维与方法。春秋战国时期，类比方法的使用同样十分普遍。比类思维最初可能出现于诗歌创作中，例如《诗经》，其形式就是"比兴"。之后，比类思维又广泛应用于思想领域，如《孙子兵法》中说："夫兵形象水。"（《虚实》）战国以后，我们已经可以看到这一思维和方法的广泛使用。例如"寓言"方法实际就是比类方法的延伸，在《楚辞》、《庄子》、《韩非子》中可以看到这方面的大量例子。比类思维与方法的优点是富于想象力和创造性，这在科学活动中表现得尤为突出，在前面我们已经看到大量的例证。但比类思维和方法有自身的弱点，这即在于如果缺少严格的科学精神与客观准则的制约，它很容易陷入随心所欲、主观无据的泥沼，而这种状况正是我们在比附思维与方法中所看到的。比附与比类是一母所生，比类离开科学的使用往往就会导致比附。这种情况在春秋时期就已经开始出现，战国以后，比附已经成为一种十分普遍甚至十分"时髦"的思维方式。例如《吕氏春秋》中有："孟春之月，日在营室，昏参中，旦尾中。其日甲乙，其帝太暤，其神句芒，其虫鳞，其音角，律中太蔟，其数八，其味酸，其臭膻，其祀户，祭先脾。"（《孟春纪》）

第三，类推思维与方法。这一思维相对晚出，其最初定型于《老子》。《老子》中讲："道生一，一生二，二生三，三生万物。"（《第四十二章》）这就明确阐明了由"道"推衍万物的进程。类推方法以后为各家所使用。如《墨经》："效者，为之法也。所效者，所以为之法也。"（《小取》）又如《荀子》："以类行杂，以一行万。"（《王制》）"以近知远，以一知万。"（《非相》）上述这样一种推理通常是某种法则或样本的延伸，在逻辑上具有合理性。值得我们注意的是阴阳家对这一思维或方法的使用。《史记·孟子荀卿列传》中在讲到邹衍时说："其语闳大不经，必先验小物，推而大之，至于无垠。"而邹衍主要是对阴阳和五行的推衍。"因载其禨祥度制，推而远之，至天地未生，窈冥不可考而原也。先列中国名山大川，通谷禽兽，水土所殖，物类所珍，因而推之，及海外人之所不能睹。称引天地剖判以来，五德转移，治各有宜，而符应若兹。"我们在这里看到一种以阴阳五行作为宇宙图式的推衍模式。① 而《易传》则采用了以象数为核心的推衍模式，其也可以归到类推方法中来。我们应当看到，这样一类推衍模式在以后的科学活动和哲学活动中都具有重要的地位。

这里需要指出的是，无论是公孙龙，还是后期墨家，以及荀子有关"类"的问题的逻辑思考在秦汉以后都整体性失传了。与此同时，到了秦汉之际，类比与类推这两种思维与方法完全占据了主流位置，并且这两种思维与方法还有合流的倾向。这种状况将深刻影响接下来的历史。同时它也解释了形式逻辑如何退出中国思维与方法的舞台，比类、联想以及辩证等思维形式何以真正能成为思维或方法舞台的主角。

第十四节　影响当时和后世的重要问题

最后，我们再来就春秋战国时期哲学思想与科学活动中的一些重要问题作点思考。综观春秋战国时期哲学与科学的发展，其中有两点尤为重要。

首先，是哲学与科学的密切关系。

春秋战国时期是中国哲学的成型时期。在这个时期，科学与哲学之间有着十分密切的接触或联系，中国古代许多哲学和科学共同使用的思想、理论、概念和方法就正是在这一时期形成的。这一时期科学与哲学关系的总体特点是：科学影响哲学，科学决定哲学，这实际也是延续了三代的"惯性"。当然，哲学一旦"独立"，其也会产生影响科学的思想，特别是到了这个阶段的末期，观念与思想越来越多地出现在知识活动中。

这一时期科学与哲学间的密切关系具体体现在如下方面：

第一，科学活动与哲学的关系。先秦时期的科学活动成为哲学发展广阔而深厚的背景，不同的科学活动以其特有的问题与哲学建立起联系。例如天文学以对规律和天人关系问题的关注建立起与哲学的关系，

---

① 以上关于"类"的思维意义的分析可参见本人《中国思维形态》相关内容。

农学与生物学以对天人关系、辩证方法、分类方法的关注建立起与哲学的关系，还有地理学对类的问题的关注，数学对数的问题的关注，所有这些都为哲学的展开提供了知识、概念以及思维、方法的前提。

第二，哲学活动与科学的关系。这一时期相当多的哲学学派都程度不同地与科学知识保持着联系，有些甚至对科学具有极其浓厚的兴趣。例如道家对宇宙的生成和发展抱有浓厚的兴趣；墨家根本就是一个科学学派，其科学知识与思想涉及光学、力学、数学以及实验等多个方面；阴阳家的体系十分驳杂，所涉及的知识领域非常宽广。还有名家、杂家以及《易传》。这足以说明科学在当时哲学研究中的重要地位。

第三，科学与哲学共有的观念、思想与概念。在科学活动先期形成的问题积极地影响到了哲学活动，在科学活动中所形成的观念和概念也就自然延伸到哲学领域。例如天文学中的天道发展而为哲学的道，农学、生物学中的天人关系问题上升为具有更为一般意义的哲学命题，农学、医学中的辩证思考成为哲学中相关思考的基础，而天文学与数学中的象、数概念最终导致了哲学的象数学传统。这一时期已形成了多个源于知识的概念群。

第四，科学与哲学共用的思维与方法。在春秋战国时期，无论是科学活动中，还是哲学活动中，各种方法多姿多彩。科学与哲学不仅开始共有观念和概念，也开始共有思维和方法。这包括：经验类型的思维与方法是中国科学与哲学的共有资源，类思维也成为两个不同领域的共同财产，还有与演绎或推理有关的思维和方法也在两个不同的领域中得到了具有关联的发展。

毫无疑问，春秋战国时期科学与哲学之间如此密切的关系在中国历史上是少见的，这在很大程度上与自由的学术气氛有关，也与自然而然所形成的兴趣有关。尤其重要的是，其提供了一个中国古代哲学与科学紧密联系的时代范本。以上哲学与科学的密切关系对于以后的中国知识界与思想界具有重要的范式意义。

其次，是科学、哲学和宗教神秘主义的复杂关系。

从西周末年开始,中国社会主要是知识界和思想界中出现了一个理性或无神论思潮的进步过程。这样一个进步是缓慢发生发展的,它伴随着思维的进步,也伴随着知识的进步。如有关天道知识的增加在无神论思潮的发展中就起着重要的作用。而春秋以后的理性趋势又是奠立在这一基础之上的。由于知识的积累,道德的泛化,到了春秋时期,知识与思想界的理性意识已经形成了一定的趋势。表现在与宗教的关系上,已经有越来越多的智者对传统的迷信提出了质疑,过去那种习以为常的巫术思维与视界受到了前所未有的挑战。以快速增长的知识和广泛普及的德性作为依托,越来越多的智者采取理性而非迷信地看待与解决问题的态度或方式,于是,理性精神得到高扬。而这样一种持续的发展一旦有一个合宜的社会氛围,便势必会造就一个伟大的时代的到来。结果,到了春秋末年,也就是雅斯贝斯所说的轴心期的核心时段,由于思想被提供了一个空前活跃和自由的空间,我们终于看到了老子、孔子、墨子、孟子、庄子这样一些伟大的智者纷纷出场。这是整个人类相同的理性出场的一个组成部分。

但我们又要看到,神秘或巫术又不可能如此轻易地退场。在一定意义上,春秋战国时期的无神论思潮实际遮蔽了中国社会神秘信仰的真实状况。而从战国末年起,知识与思想界开始普遍出现一种迷恋象、类、数,同时将其神秘化的倾向。除了宗教信仰的原因,这其中一个深刻的背景就是春秋以来在天文、数学以及生物、医疗等知识领域方面的快速增长。从一定意义上说,这也是一种理性的自负和狂妄,以为某些结构是可以以一驭万的。在这里,虚妄自大的理性导致了某种神秘主义的倾向。但是,理性的迷失一般不会导致普遍的思维偏向。因此,就神秘倾向而言,其背后还一定应当有更为深刻的信仰根源或宗教因素,而这就是中国宗教或信仰的连续性的反映。由于没有经过宗教革命,原始的巫术信仰在一定的时候便会重新复萌,也即是返祖。就此而言,从战国中后期开始,中国的知识与思想界实际又是沉浸在一片宗教巫术的氛围之中。例如在阴阳五行家的思想中,既有大量的神秘色彩,但又不乏知识或科学活动的内容,这可以在《吕氏春秋》、《淮南子》以及《黄帝内经》等著作中清楚地看到。事实上,中国的科学以及哲学就是在与神秘主义的交织中发展起来的。

以上正是中国古代哲学、科学、巫术、信仰关系的复杂性,或理性与神秘关系的复杂性,这种复杂性将作为一个深刻的印记而伴随中国古代哲学与科学终身。

第三章　秦汉时期哲学与科学的关系

秦汉时期是指从公元前 221 年秦王朝的建立到公元 220 年东汉结束这段历史。

如同先秦时期的哲学一样，秦汉时期的哲学思想与同时代的科学知识同样有着密切的联系，并且在中国哲学的各个历史时期中，秦汉时期的这样一种联系很可能也是属于最密切的。秦汉时期的科学知识活动十分活跃，这些活动不仅导致了科学知识自身的发展，也提出或涉及了很多哲学问题，当然，它们也在前代和当代的思想那里汲取养分；反之，哲学也并不仅仅是一种理论或思想的封闭运动，也并非只是关注天命神学、人性、伦理或社会问题，其对自然知识以及结构也给予了充分的关注。秦汉时期的哲学既从科学活动中积极获取资料，也将其理论与学说反馈给具体知识（无论正确与否）。而不管是这一时期的哲学，还是这一时期的科学，都有很多共同使用的观念、概念和思维、方法，例如阴阳、五行、气等等。如果将秦汉时期与另外两个重要时期——先秦、宋元加以比较的话，我们会看到先秦时期主要是科学影响哲学，宋元时期则主要是哲学影响科学，而秦汉时期相对而言则保持了一种科学与哲学之间相互影响的均衡。在秦汉时期，科学与哲学间的互动关系是最为明显的。

因此，比较准确地描述这一时期哲学思想与科学知识之间的关系，能够有助于我们对这一时期的哲学思想做更为全面、深入甚或客观的了解与把握。并且鉴于秦汉时期哲学与科学的关系是如此紧密，这样的了解和把握就显得愈加重要。

第一节　秦汉时期的知识背景与观念背景

如果说先秦时期主要是科学影响哲学，因此首先要考察的是观念或思想的知识背景，那么从秦汉开始，这种影响就是双向的，科学会影响哲学，同时，已经成长起来的哲学也会影响科学。所以从本章开始，我们将对知识背景和观念背景都作一个简单的考察和叙述，以为下面具体深入的考察做一个基本的铺垫。

先来看这一时期的知识背景。

秦汉时期在科学技术及思想方面取得了极大的成就。首先是各种制作技术的发明和进步。以冶炼为例，在冶铁技术方面，这一时期出现了球墨铸铁，而现代球墨铸铁技术是 20 世纪 40 年代才研制成功；在炼钢技术方面，这一时期发明了炒钢技术，而欧洲使用炒钢法冶炼熟铁的技术是在 18 世纪中期以后才出现的。这些都表明，我国古代的冶炼技术在这一时期已经达到了成熟的阶段。除此之外，这一时期在造纸、纺织、车辆与船舶制造、漆器与瓷器的制作、建筑与水利技术等方面也都取得了重要的进步。农业技术以及思想在秦汉时期也发展迅速。农业在春秋战国时期已经获得了长足的进步，而秦汉四百余年的统一局面更加有利于农业的发展。这一时期出现了许多新的农具，例如耧车、风车、水碓等，而改进的农具还要更多。园艺和驯化如养马、养蚕方面在这一时期也都取得了重要的进步。此外，农学思想在这一时期也继续发展，重要农学著作有《氾胜之书》。秦汉时期在天文历法方面取得了重要的成就。《中国科学思想史》一书将当时的天文学成就主要概括为以下方面：对各种天象及其运行轨道的观测和计算不断趋于精密；大量对于天体运行周期的观测和计算导致了对天体运行规律的深入认识；将回归年和朔望月数值合参最终确立了阴阳合历制度；在历法中安排进二十四节气从而能对农业生产给予更为实用和有效的指导。此外，这一时期在宇宙理论方面出现了论天三家，即盖天、浑天、宣夜说。而张衡的工作可以说将这一时期的宇宙天文研究推向高峰。这一时期数学方面的成就主要反映为出现了《周髀算经》、《九章算术》等一批专著，这其中最为重要的就是《九章算术》。《九章算术》共有九章即九个专题，分别是方田、粟米、衰分、少广、商功、均输、盈不足、方程、勾股。《九章算术》的首先一个成就是有关分数运算概念、定义和法则的制定，其他思想还包括"今有术"即比例思想与计算方法的发明等。《九章算术》的出现标志着中国古代数学体系的最终形成。医学在这一时期也取得巨大进展。在医药学著作方面，《黄帝内经》经长期发展完善最终在这一时期定型，此外还有《神农本草经》和《伤寒杂病论》，由此中国古代医学体系也在这一时期完全形成。这一时期还涌现出像华佗、张仲景这样的名医。在地理学方面，长沙马王堆出土的地图在绘制上已经达到很高的水平。《汉书·地理志》是我国第一部用"地理"命名的地理学著作。除以上知识和学科门类外，这一时期还有其他一些领域也取得了相应的成果，例如声学、化学等，鉴于本书的性质，这里不再一一介绍。①

值得注意的是，秦汉时期科学活动的重要性更在于它是中国古代科学范型完全确立的时期。从大的方面说，这包括问题、思想、概念、方法等等。具体地，如天文学中的宇宙起源与结构理论，数学中《九章算术》所确立的基本思想，医学中《黄帝内经》所确立的基本理论以及《伤寒杂病论》所确立的辨证论治原则等等。这些思想、原则以及方法对于日后的相关科学活动都具有范式的意义，并且也会在不同程度上对观念或哲学产生影响。

再来看这一时期的观念背景。

____

① 以上考察主要参考了杜石然等编著《中国科学技术史稿》（上册）、刘洪涛编著《中国古代科技史》和袁运开、周瀚光主编《中国科学思想史（中）》（合肥，安徽科学技术出版社，2000）等著作中的相关内容。

秦汉时期的观念背景就是指以"阴阳"、"五行"以及"类"、"象"、"数"等理论或学说为骨干的宇宙观或宇宙图式。对于这样一种宇宙观或宇宙图式，冯友兰曾有过概括性的描述，他认为在先秦时期，阴阳五行家和《易传》已经提出了两种世界图式。"这两种图式各有自己的体系；阴阳家不讲八卦，《易传》不讲五行。汉初的科学（如《内经》所代表的）以及哲学，都是以阴阳家的世界图式为根据的。《淮南子》的自然观根据这个图式，董仲舒兼用这两种图式，《易纬》也是以《易传》的'象'、'数'说明这些图式，用《易传》的术语和范畴说明'气'的发展和运行。这就把《易传》的世界图式和阴阳家的世界图式结合起来，这也就是把《易传》和当时关于气的理论以及阴阳五行学说结合起来。"[1]应当说，冯友兰的概括与描述总体而言是准确的。当然，秦汉时期的观念背景不唯阴阳五行学说以及"类"、"象"、"数"理论为骨干的基本宇宙观或宇宙图式。天人关系问题也是这一时期的一个重要观念，尤其是天人感应的思想与学说。一般来说，董仲舒是这一思想与学说的代表性人物，但我们应当看到，天人感应思想事实上是汉代的一种带有普遍性的思潮，其在当时完全呈泛滥之势。而天人感应思想及其相关的谶纬迷信的泛滥又招致王充的严厉批判，这一批判最终导致了天人感应思想的衰落。除此之外，"气"是这一时期又一个重要的观念，就源头而言，"气"观念本与阴阳观念密切相关。有意味的是，在汉代，这一观念已渗入到不同的知识活动如天文学、医学及炼丹术理论当中，也为不同的甚至是立场截然相反的思想家如董仲舒和王充所接受和阐述，并为各自的论证提供材料。不仅如此，"气"观念还与"类"观念高度结合在一起，用于解释"类同"的问题，甚至也与"象"、"数"观念结合起来，从而形成卦气说与律气说。而更为复杂的是，阴阳五行、天人感应以及气、类这些观念又经常纠结在一起，形成一幅斑斓的观念图景。

除此之外，汉代还出现了一个活动，它与科学和哲学都保持着密切

---

[1] 冯友兰：《中国哲学史新编》第三册，第189—190页，北京，人民出版社，1985。

的关系,这就是炼丹术。炼丹术比较特别,它很难简单归于科学或哲学甚至宗教,因为其中的炼丹术知识多涉及医药、化学方面的内容,应当属于科学知识,但有些观念与思想例如阴阳、类、变化等则显然是哲学的内容,其中还有些观念如长生不死则更接近于宗教。从历史发展来看,炼丹的风气与求仙的愿望相一致大约始于秦汉之际,但炼丹术的发展是在西汉末年至东汉初年。东汉末年,伴随着道教的兴盛,终于导致炼丹术盛行,而其最重要的成果就是《周易参同契》这部著作。该书一般认为由东汉时期魏伯阳所撰。同时,与炼丹术密切相关的一个重大现象是,先秦时期的道家在此时逐渐演化为道教。这之中既有哲学向宗教的转换,也有哲学向知识的转换,同时也包含着理性向巫术的返祖或复归,在这里,理性、神秘、知识、信仰错综交织,变化无穷。

第二节　"阴阳"、"五行"观念与知识的关系

在秦汉特别是汉代的哲学与科学活动中,阴阳五行是一个基本的概念,这是对先秦传统的继承。并且它不仅是观念的,也是方法的。这样一套东西既反映在早期如《淮南子》、《春秋繁露》、《礼记》、《黄帝内经》等著作中,也反映在后来《易纬》、《白虎通》等著作中。所以顾颉刚说:"汉代人的思想的骨干,是阴阳五行。无论在宗教上,在政治上,在学术上,没有不用这套方式的。"[1]但事实上,这种状况在当时是有深刻的知识背景的。可以这样说,阴阳五行说之所以成为秦汉时期科学与哲学的核心观念与思维方式,就是因为这一个时期的人们认为阴阳五行现象和结构就是宇宙的一种基本图式。并且,哲学与科学又应当是通过共同使用和相互交流,推动了这样一种观念和方法成为这一时代的核心概念。这其中,知识活动为思想活动提供经验材料,而思想活动则为知识活动提供理论概括。

---

[1] 顾颉刚:《秦汉的方士与儒生》,第 1 页,上海,上海古籍出版社,1978。

一、"五行"观念与知识的关系

将"五行"与知识普遍结合起来始于春秋战国时期,特别是到了战国后期,经阴阳五行家的提倡,逐渐泛滥开来。例如《吕氏春秋》的《十二纪》中讲孟春之月,"其日甲乙,其帝太皞,其神句芒,其虫鳞,其音角,律中太蔟,其数八。"(《孟春纪》)孟夏之月,"其日丙丁,其帝炎帝,其神祝融,其虫羽,其音徵,律中仲吕,其数七。"(《孟夏纪》)孟秋之月,"其日庚辛,其帝少皞,其神蓐收,其虫毛,其音商,律中夷则,其数九。"(《孟秋纪》)孟冬之月,"其日壬癸,其帝颛顼,其神玄冥,其虫介,其音羽,律中应钟,其数六。"(《孟冬纪》)前已指出,这实际是一种宇宙图式。

秦汉时期的知识与思想活动普遍继承了这一观念、方法或宇宙图式。如《淮南子·天文训》:

> 东方,木也,其帝太皞,其佐句芒,执规而治春;其神为岁星,其兽苍龙,其音角,其日甲乙。南方,火也,其帝炎帝,其佐朱明,执衡而治夏;其神为荧惑,其兽朱鸟,其音徵,其日丙丁。中央,土也,其帝黄帝,其佐后土,执绳而制四方;其神为镇星,其兽黄龙,其音宫,其日戊己。西方,金也,其帝少昊,其佐蓐收,执矩而治秋;其神为太白,其兽白虎,其音商,其日庚辛。北方,水也,其帝颛顼,其佐玄冥,执权而治冬;其神为辰星,其兽玄武,其音羽,其日壬癸。

《淮南子·地形训》中也说:

> 木胜土,土胜水,水胜火,火胜金,金胜木,故禾春生秋死,菽夏生冬死,麦秋生夏死,荠冬生中夏死。木壮水老火生金囚土死,火壮木老土生水囚金死,土壮火老金生木囚水死,金壮土老水生火囚木死,水壮金老木生土囚火死。音有五声,宫其主也。色有五章,黄其主也。味有五变,甘其主也。位有五材,土其主也。是故炼土生木,炼木生火,炼火生云,炼云生水,炼水反土。炼甘生酸,炼酸生辛,炼辛生苦,炼苦生咸,炼咸反甘。变宫生徵,变徵生商,变商生羽,变羽

生角，变角生宫。是故以水和土，以土和火，以火化金，以金治木，木复反土。五行相治，所以成器用。

再如《礼记》的《月令》：

（孟春之月）其日甲乙，其帝大皞，其神句芒，其虫鳞，其音角，律中大蔟，其数八。……

（孟夏之月）其日丙丁，其帝炎帝，其神祝融，其虫羽，其音徵，律中中吕，其数七。……

中央土。其日戊己。其帝黄帝，其神后土。其虫保，其音宫，律中黄钟之宫，其数五。……

（孟秋之月）其日庚辛，其帝少皞，其神蓐收，其虫毛，其音商，律中夷则，其数九。……

（孟冬之月）其日壬癸，其帝颛顼，其神玄冥，其虫介，其音羽，律中应钟，其数六。

可以看到，如同《吕氏春秋》的《十二纪》一样，《淮南子》的《天文训》、《地形训》以及《礼记·月令》的以上论述也都是围绕"五行"来展开的。而无论是《吕氏春秋》，还是《淮南子》或《礼记》，其五行观念与思想里都包括了多种不同的知识，包括天文、历法、生物、音律、数学等等，这是一种自然观或知识观。

这样一种自然观或知识观也广泛见诸当时的生物学与医学理论。例如《淮南子》中说：东方"其地宜麦，多虎豹"；南方"其地宜稻，多兕象"；西方"其地宜黍，多旄犀"；北方"其地宜菽，多犬马"；中央"其地宜禾，多牛羊及六畜"。（《地形训》）特别是医学，如《黄帝内经》中说："五行者，金、木、水、火、土也，更贵更贱，以知死生。"（《素问·藏气法时论》）"东方生风，风生木，木生酸，酸生肝，肝生筋，筋生心，肝主目。"（《素问·阴阳应象大论》）由此，中国古代的医学也建立起整体或系统观理论，这方面内容将在后面辟专节做详细考察。这样的论述在当时还有许多，这里不一一列举。

在一定意义上可以这样说，到了战国与秦汉时期，"五"已经变成了一个容器，无论什么样的内容都可以往里面投放。

二、"阴阳"观念与知识的关系

战国后期，《易传》在解释"阴阳"思想时赋予了较多的具体知识内容。例如："日往则月来，月往则日来，日月相推而明生焉。寒往则暑来，暑往则寒来，寒暑相推而岁成焉。"（《系辞下》）但阴阳观念与知识的密切结合是在秦汉以后。就知识背景而言，这与该时期发达的天文学、医学以及生物学等知识有关，这也可以看作是秦汉时期阴阳观念发展的一个特点。

由前面的考察知道，阴阳知识与观念的产生之初就与日月现象有关，与天气变化或季节消息有关。自战国以来，天文学获得了极大的发展，特别是到了秦汉时期，历法又得到高度的重视。这些便促成了这一时期的阴阳观念、思想、学说广泛借助天文学的知识来加以阐述。这其中，《淮南子》的思想就十分典型。《淮南子》认为，阴阳现象在宇宙浑沌初开时就已产生。《天文训》中说：

> 气有涯垠，清阳者薄靡而为天，重浊者凝滞而为地。

阴阳剖分之后，天地万物的生长变化便都与阴阳二气有关。

> 天地之袭精为阴阳，阴阳之专精为四时，四时之散精为万物。积阳之热气生火，火气之精者为日；积阴之寒气为水，水气之精者为月。

这里说的是天文现象。

> 吐气者施，含气者化，是故阳施阴化。天之偏气，怒者为风；地之含气，和者为雨。阴阳相薄，感而为雷，激而为霆，乱而为雾。阳气胜则散而为雨露，阴气胜则凝而为霜雪。

这里说的是天气现象。

> 毛羽者，飞行之类也，故属于阳；介鳞者，蛰伏之类也，故属于阴。日者，阳之主也，是故春夏则群兽除，日至而麋鹿解。月者，阴之宗也，是以月虚而鱼脑减，月死而蠃蛖膲。

这里说的是生物现象。在《淮南子》的其他篇章中也有类似的思想，如《俶真训》中说："天气始下，地气始上，阴阳错合，相与优游竞畅于宇宙之间，被德含和，缤纷茏苁，欲与物接而未成兆朕。"《泰族训》中说："天致其高，地致其厚，月照其夜，日照其昼，阴阳化，列星朗，非其道而物自然。故阴阳四时，非生万物也；雨露时降，非养草木也。神明接，阴阳和，而万物生矣。"总之，《淮南子》认为天地万物是由阴阳二气构成的。我们在这里可以清楚地看到，《淮南子》在对此作论证的时候，使用了大量的自然知识的例证。同时，从上面的材料中又可以看到，《淮南子》也明显地继承了先秦时期道家以及《易传》的思想。这些无疑都大大丰富了有关阴阳的思想和理论。当然，这其中也不乏神秘的解释，如《淮南子·地形训》说：

> 正土之气也御乎埃天，埃天五百岁生缺，缺五百岁生黄埃，黄埃五百岁生黄澒，黄澒五百岁生黄金，黄金千岁生黄龙，黄龙入藏生黄泉，黄泉之埃上为黄云，阴阳相薄为雷，激扬为电，上者就下，流水就通，而合于黄海。
>
> 偏土之气，御乎清天，清天八百岁生青曾，青曾八百岁生青澒，青澒八百岁生青金，青金八百岁生青龙，青龙入藏生青泉，青泉之埃上为青云，阴阳相薄为雷，激扬为电，上者就下，流水就通，而合于青海。

而这在当时也是不可避免的。

这里特别值得一提的是，即便是被视作神学目的论代表人物的董仲舒，也需要相关的知识来作为其学说的支持，这其中就包括"阴阳"思想。并且，我们也看到这一思想中不乏知识的内容，其中有不少内容具有合理性。例如《阴阳出入》中说："春分者，阴阳相半也，故昼夜均而寒暑平。

阴日损而随阳，阳日益而鸿，故为暖热。初得大夏之月，相遇南方，合而为一，谓之日至。……秋分者，阴阳相半也，故昼夜均而寒暑平。阳日损而随阴，阴日益而鸿，故至于季秋而始霜，至于孟冬而始寒，小雪而物咸成，大寒而物毕藏，天地之功终矣。"再如《循天之道》中说："阳气起于北方，至南方而盛，盛极而合乎阴；阴气起乎中夏，至中冬而盛，盛极而合乎阳；不盛不合。"应当说，这些论述大都符合科学的知识，而这在董仲舒的思想中并非偶然，在《春秋繁露》中可以找到大量这方面的材料，这在很大程度上说明了董仲舒的思想同样是有科学知识的基础的。如果我们不做先验的形而上学的划分，对这一现象应当不难理解，在天人关系的论证中，天的权威性是毋庸置疑的。问题在于董仲舒对此作了不恰当的延伸，例如以下这段："故曰：阳，天之德，阴，天之刑也，阳气暖而阴气寒，阳气予而阴气夺，阳气仁而阴气戾，阳气宽而阴气急，阳气爱而阴气恶，阳气生而阴气杀。"（《阳尊阴卑》）当然，这样一种延伸其实也是当时知识界与思想家的普遍现象（对此后面还会加以考察），只是董仲舒显得尤为突出，或走向了极端。

以上可以说是当时关于阴阳问题的主流观念。就思想而言，其主要是继承了先秦以来的传统。这其中对《易传》传统的继承尤为明显。例如《易纬·乾凿度》中讲的："易始于太极，太极分而为二，故生天地。天地有春秋冬夏之节，故生四时。四时各有阴阳刚柔之分，故生八卦。八卦成列，天地之道立，雷风水火山泽之象定矣。"当然，这里同样也包括《易传》重视知识的传统。

除此以外，阴阳思想及其概念也在当时的知识活动中得到广泛的应用。医学是这一时期与阴阳理论密切结合的一个重要知识领域。例如《内经》中讲："阴阳者，天地之道也，万物之纲纪，变化之父母，生杀之本始，神明之府也。"（《素问·阴阳应象大论》）"人生有形，不离阴阳。"（《素问·宝命全形论》）关于《内经》中的阴阳理论后面将作专门考察。还有道教炼丹术，如《周易参同契》中讲："乾刚坤柔，配合相包。阳禀阴受，雌雄相须。""男女相须，含吐以滋。雌雄错杂，以类相求。"这里关于阴阳问题的一个主要看法就是强调具有对立性质的事物之间的互相配合，这其中不仅有原始道家的思想传统，也有《易传》思想的潜在影响。《内经》与《周易参同契》虽只是两例，但这可以看作是当时知识活动的一个基本面貌。

三、"阴阳"观念与"五行"观念结合中的知识内容

需要指出的是，到秦汉时期，阴阳观念与五行观念已经高度结合，许多思想在论述过程中是将阴阳观念与五行观念完全融合在一起的，而在这样的论述中同样可以看到对于知识的运用。

例如《淮南子》中说：

> 日冬至则水从之，日夏至则火从之，故五月火正而水漏，十一月水正而阴胜。阳气为火，阴气为水。水胜，故夏至湿；火胜，故冬至燥。燥故炭轻，湿故炭重。日冬至，井水盛，盆水溢，羊脱毛，麋角解，鹊始巢，八尺之修，日中而景丈三尺。日夏至而流黄泽，石精出，蝉始鸣，半夏生，蚊虻不食驹犊，鸷鸟不搏黄口，八尺之景，修径尺五寸，景修则阴气胜，景短则阳气胜。阴气胜则为水，阳气胜则为旱。（《天文训》）

这段论述明显地将阴阳变化与五行生胜结合起来，同时以各种现象或知识加以佐证。

又如董仲舒以下两段十分具有代表性的论述："天地之气，合而为一，分为阴阳，判为四时，列为五行。"（《五行相生》）"是故明阳阴、入出、实虚之处，所以观天之志。辨五行之本末、顺逆、小大、广狭，所以观天道也。"（《天地阴阳》）在这里可以清楚地看到董仲舒将天文气候知识与阴阳五行观念杂糅在一起。

而在《汉书·律历志》下面这段论述中，不仅看到五行与阴阳这两种观念结合在一起，还看到这两种观念与律、气等观念和知识高度结合在一起：

黄钟：黄者，中之色，君之服也；钟者，种也。天之中数五，五为声，声上宫，五声莫大焉。地之中数六，六为律，律有形有色，色上黄，五色莫盛焉。故阳气施种于黄泉，孳萌万物，为六气元也。以黄色名元气律者，著宫声也。宫以九唱六，变动不居，周流六虚。始于子，在十一月。大吕：吕，旅也，言阴大，旅助黄钟宣气而芽物也。位于丑，在十二月。太簇：簇，奏也，言阳气大，奏地而达物也。位于寅，在正月。夹钟，言阴夹助太簇宣四方之气而出种物也。位于卯，在二月。姑洗：洗，洁也，言阳气洗物辜洁之也。位于辰，在三月。仲吕，言微阴始起未成，著于其中旅助姑洗宣气齐物也。位于巳，在四月。蕤宾：蕤，继也，宾，导也，言阳始导阴气使继养物也。位于午，在五月。林钟：林，君也，言阴气受任，助蕤宾君主种物使长大茂盛也。位于未，在六月。夷则：则，法也，言阳气正法度而使阴气夷当伤之物也。位于申，在七月。南吕：南，任也，言阴气旅助夷则任成万物也。位于酉，在八月。无射：射，厌也，言阳气究物而使阴气毕剥落之，终而复始，无厌已也。位于戌，在九月。应钟，言阴气应无射，该藏万物而杂阳阂种也。位于亥，在十月。

将阴阳观念与五行观念糅合在一起，表明了阴阳五行家与《易传》学派之间的打通，或表明了当时的思想界企图将这两种原本不同的观念或宇宙图式打通；也意味着企图将这两种观念所代表的各种各样的现象或知识打通，这包括天文、历法、气象、物候、地理、音律甚至数学。此外，这里实际上涉及对于"类"以及"象"、"数"问题的理解，关于这些问题还将在下面专门论述。

四、批评

由于阴阳五行尤其是五行观念这样一种思维方式最终导致了观念数字化、结构化、形式化、简单化、教条化以及神秘化，故历来遭到理性思想家的严厉批评。

这样一种批评从东汉时期就开始了。王充就对阴阳五行学说作了激烈的批评，如《论衡》的《物势》篇中这一段：

　　且五行之气相贼害，含血之虫相胜服，其验何在？曰：寅，木也，其禽虎也。戌，土也，其禽犬也。丑、未，亦土也，丑禽牛，未禽羊也。木胜土，故犬与牛羊为虎所服也。亥，水也，其禽豕也。巳，火也，其禽蛇也。子亦水也，其禽鼠也。午亦火也，其禽马也。水胜火，故豕食蛇；火为水所害，故马食鼠屎而腹胀。曰：审如论者之言，含血之虫，亦有不相胜之效。午，马也。子，鼠也。酉，鸡也。卯，兔也。水胜火，鼠何不逐马？金胜木，鸡何不啄兔？亥，豕也。未，羊也。丑，牛也。土胜水，牛羊何不杀豕？巳，蛇也。申，猴也。火胜金，蛇何不食猕猴？猕猴者，畏鼠也。啮猕猴者，犬也。鼠，水。猕猴，金也。水不胜金，猕猴何故畏鼠也？戌，土也。申，猴也。土不胜金，猴何故畏犬？

显然，王充在这里所使用的批评武器或工具就是科学常识。如"水胜火，鼠何不逐马？金胜木，鸡何不啄兔？亥，豕也。未，羊也。丑，牛也。土胜水，牛羊何不杀豕？巳，蛇也。申，猴也。火胜金，蛇何不食猕猴？"等等。而这些基于常识的批评对于揭示这样一种学说中的荒谬怪诞无疑有着重要的作用或意义。

近代以来的学者也对五行观念作了深入的分析与深刻的批评。例如梁启超说："阴阳五行说，为二千年来迷信之大本营。直至今日，在社会上犹有莫大势力。"[1]顾颉刚也说："五行，是中国人的思想律，是中国人对于宇宙系统的信仰；二千余年来，它有极强固的势力。"[2]而日本学者中村元则从思维模式的角度对五行观念加以分析，并将五行观念称之为

---

[1]　梁启超：《阴阳五行之来历》，《古史辨》（五），第 343 页，上海，上海古籍出版社，1982。

[2]　顾颉刚：《五德终始说下的政治和历史》，《古史辨》（五），第 404 页，上海，上海古籍出版社，1982。

"外表的齐合性"。他说："五行说就是这方面的典型例子。他们（指中国人）不是调查每一事物的本质，而依靠外观的类似把所有事物结合起来；例如五方、五声、五形、五味、五脏，以及分成以五为数的许多其他事物，并把它们一一派入五行之一，每一事物分别从它所属的行中获得性质。"①

事实上，"五行"这样一种观念在很大程度上就是原始思维中的"比类"形式。这些观念或概念也像它的始祖——原始思维一样，保持着对"类"与相关的"数"的浓厚兴趣。换言之，我们也可以将这一观念看作一种返祖现象，在它的身上我们重新看到了原始巫术的魅影，也看到了原始思维给中国哲学所遗留的胎记。

五、李约瑟对"阴阳"、"五行"观念与中国古代科学关系的看法

值得注意的是，李约瑟在《中国科学技术史》第二卷《科学思想史》的第十三章（几占全卷五分之一篇幅）以"中国科学的基本观念"为题，着重对阴阳五行观念与科学的关系作了讨论，其中一些看法对于我们深入思考这一问题很有意义。

总的来说，李约瑟认为阴阳五行观念的产生有其合理性，它最初是有朴素的知识依据的，但随着发展，它有越来越多的牵强附会，也变得越来越繁复怪诞。李约瑟说："这些相互联系有些是这一基本假说本身之自然而无害的结果。五行与季候的联系是显而易见的，人们并且根据它们与方位的联系建立了各种顺序。把火与夏季和南方联系起来。还有什么能比这更加无可避免的呢？这一定起源于太古，因为我们在秋收字样中看到火（即热）和被它育熟的禾。""但是随着事物的日益复杂化，牵强附会也就日益增多。"②又说："据我所能看到的而言，这些理论起初对中国的科学思想倒是有益的而不是有害的，而且肯定绝不比支配欧洲中

---

① 〔日〕中村元：《东方民族的思维方法》，第 157 页，杭州，浙江人民出版社，1989 年。
② 〔英〕李约瑟：《中国科学技术史》第二卷《科学思想史》，第 284 页。

古代思想的亚里士多德式的元素理论更坏。当然，象征的相互联系变得越繁复和怪诞，则整个体系离开对自然界的观察就越远。"①

对于在科学已经昌明的今天如何看待或理解这一古老的观念与思维体系，李约瑟也表达了自己独到的看法。李约瑟指出："大多数欧洲观察家都指责它是纯粹的迷信，阻碍了中国人中间真正科学思维的兴起。不少中国人，特别是现代的自然科学家，也倾向于采取同样的意见。但是他们的处境有点不同，因为他们必须与成千上万的传统的中国学者打交道，而这些人并未受过现代科学的世界观的教育，这些人仍在想象着中国的古代思想体系是一个可供选择的活路。垂死的原始科学理论顽固地依附于不死的伦理哲学之上。但是我们的任务不是要研究中国社会的现代化，它是完全能够自行现代化的。我们所要考察的是，事实上古代的和传统的中国思想体系是否仅只是迷信，或者简单地只是一种'原始思想'，还是其中也许包含有产生了它的那种文明的某种特征性的东西，并对其他文明起过促进作用。"②我们看到，李约瑟在这里反映出了一种不同于一般观察者与科学家的看法，这是一种基于深刻历史观和文化史观上的睿智。

那么，阴阳五行观念或学说究竟有怎样的合理性呢？或者说其在思维上究竟有怎样的价值呢？李约瑟指出，许多西方学者将中国阴阳五行学说中所体现出的整体观称之为"协调的思想"。他说："葛兰言已经把我们在这里所讨论的那种思维命名为'协调的思想'（coordinative thinking）或'联想的思维'（associative thinking）。这种直觉—联想的体系有其自身的因果性及其自身的逻辑。它既不是迷信，也不是原始的迷信，而是它自身特有的一种思想方式。卫德明把它与强调外因的欧洲科学所特有的'从属'（subordinative）的思维作了对比。在协调的思维中，各种概念不是在相互之间进行归类，而是并列在一种模式之中。而且，

---

① 〔英〕李约瑟：《中国科学技术史》第二卷《科学思想史》，第 288 页。
② 同上书，第 303 页。

事物的相互影响不是由于机械原因的作用，而是由于一种'感应'（inductance）。"①李约瑟进一步指出："中国思想史中的关键词是'秩序'（order），尤其是'模式'（pattern）以及'有机主义'（organism）。象征的相互联系或对应都组成了一个巨大模式的一部分。事物以特定的方式而运行，并不必然是由于其他事物的居先作用或者推动，而是因为它们在永恒运动着的循环的宇宙之中的地位使得它们被赋予了内在的本性，这就使那种运行对于它们成为不可避免的。如果事物不以那些特定的方式而运行，它们就会丧失它们在整体之中相对关系的地位（这种地位使得它们成其为它们），而变成为与自己不同的某种东西。因此，它们是有赖于整个世界有机体而存在的一部分。"②李约瑟以及葛兰言上面所说的协调、秩序以及有机主义的思维方式在中国古代医学中得到最为清晰也最为经典的体现，这将在后面详加考察。

鉴于人们对阴阳五行理论的批评，李约瑟结合欧洲的事例或经验对这一理论作了必要的辩护。李约瑟说："对于不考虑欧洲科学史而探讨这些理论的现代科学家来说，它们似乎是古怪的。到了这些内行们的手里，它们达到荒诞的境地，但这却并不比欧洲中世纪对元素、命星和体液等的理论化更坏。回顾前面所谈的一切，五行和阴阳体系看起来并不是完全不科学的。任何人想要嘲笑这种体系的持续，都应当回想起当年创立英国皇家学会的前辈们曾耗费他们大量宝贵的时间，来与亚里士多德的四元素理论和其他'逍遥学派的幻想'的顽固支持者们进行殊死的斗争。"③李约瑟还说："中国的五行理论的唯一毛病是，它流传得太久了。在公元 1 世纪是十分先进的东西，到了 11 世纪还勉强可说，而到了 18 世纪就变得荒唐可厌了。这个问题可以再一次回到这样的事实：欧洲有过一场文艺复兴，一场宗教改革，以及同时伴随着的巨大的经济变化，而中

---

① 〔英〕李约瑟：《中国科学技术史》第二卷《科学思想史》，第 304 页。
② 同上书，第 305 页。
③ 同上书，第 318 页。

国却没有。"①李约瑟甚至认为:"我们对于五行和两种力量(注:指阴阳)的理论所作的思考已经表明,它们对中国文明中科学思想的发展起了一种促进的而不是阻碍的作用。只有到了 17 世纪当欧洲最后摒弃了亚里士多德的四元素以后,这两种学说与西方人的世界图像比较起来,才使中国人的思想呈现某种程度的落后。"②

不难看出,李约瑟对于阴阳五行理论给予了足够的宽容,当然这并非是基于简单的同情,而是基于对中国式思维特征及其价值的深入思考。不能否认,李约瑟的上述评价可能多少有些溢美之嫌,但其中的确不乏合理性。应当说,李约瑟对于阴阳五行观念与中国古代科学技术关系的看法是值得我们注意的。

第三节　"天人"观念与知识的关系

天人关系也是秦汉时期最为重要的观念之一。与阴阳五行观念相同,这一观念早在先秦时期就产生了,秦汉时期的宗教、知识与思想活动都继承了这一资源或传统。在前面的考察中我们已经知道,天人关系首先有着深刻的现实或日常生活的知识根源,它来源于农业耕种、生物学以及相关的气象学、天文学等领域的知识活动,在观念上主要体现为"因"、"宜"这样一些含义。天人关系问题又有着深厚的宗教的根源,并且宗教甚至迷信还可以利用知识的成果,这一点在汉代的天人感应学说中体现得非常清楚,其代表就是董仲舒。针对天人感应学说以及谶纬迷信思想,王充站在自然天道观的哲学立场上作了严厉且深入的反驳,而王充的反驳应用了大量的科学知识,也因此这些反驳显得如此有力。除此之外,天人关系问题实际也涉及力命问题,与先秦相比,在汉代,从知识角度出发来思考人力或人为问题也有了更宽阔的视野。

---

① 〔英〕李约瑟:《中国科学技术史》第二卷《科学思想史》,第 318 页。
② 同上书,第 330 页。

一、顺应自然的"因"、"宜"观念

如前面的考察所指出，"因"、"宜"观念及其方法有着悠久和深厚的传统，从三代到春秋战国时期，顺应自然的天人观念已经十分普遍，这突出地体现在"因"、"宜"观念中。在先秦时期的许多文献如《尚书》、《诗经》、《管子》、《墨经》、《易传》、《吕氏春秋》中都可以找到相关的思想表达。而秦汉时期实际继承了这一思想传统，这尤其体现在农学、医学等知识活动之中。

农耕生产活动首先会涉及"因"、"宜"问题。这里有两部著作值得注意，即《周礼》与《吕氏春秋》。这两部著作在本书的划分中都归属先秦时期，但事实上它们又都与秦汉这一时期有关，因此其中的相关思想不能不提。例如《周礼》中说："以土宜之法，辨十有二土之名物，以相民宅而知其利害，以阜人民，以蕃鸟兽，以毓草木，以任土事。"（《地官司徒·大司徒》）又如《吕氏春秋》中说："凡耕之大方：力者欲柔，柔者欲力；息者欲劳，劳者欲息；棘者欲肥，肥者欲棘；急者欲缓，缓者欲急；湿者欲燥，燥者欲湿。"（《任地》）在这里，"因"、"宜"观念或思想显而易见。到了汉代，《氾胜之书》就继承了这样的观念或思想传统，其强调：

> 凡耕之本，在于趣时，和土，务粪泽，早锄早获。

这里的"趣时"、"和土"不仅涉及天、地问题，也涉及因、宜问题，内在思想与前人的传统相连贯和衔接。不过我们同时要看到，到了汉代，"因"、"宜"观念中也多了几分神秘色彩，具体来说，就是宜忌观念在这一时期突显出来，而这一观念中既有科学的内容，也有神秘和巫术的成分。例如："小豆忌卯，稻麻忌辰"，"小麦忌戌，大麦忌子。"当然，这也是秦汉这一时代的特点。

医疗活动或医学中的"因"、"宜"观念与方法也非常典型。但需要指出的是，医疗活动中的"因"、"宜"观念与农业活动中的"因"、"宜"观念是有所区别的，其具有某种特殊性。在前面的考察中我们知道，"因"、"宜"

观念首先是因为农业耕种或生产而发展起来的，也就是在天人关系中发展起来的，由此，其中的"因"、"宜"观念就是指因天地之宜，因土时之宜。而医疗活动中的"因"、"宜"观念已经有所变化。以《黄帝内经》为例，其"因"、"宜"观念与方法主要是指宜疾、宜人、宜位（穴）、宜时等不同方面。如讲："视人五态乃治之"（《灵枢·通天》）、"谨候其时，病可与期"（《灵枢·卫气行》）。不难看出，这里的"因"、"宜"观念显然与"原型"有很大的不同，其做了进一步的延伸。当然，其总体精神与农业生产是一致的。关于这方面的具体内容将在下面做专门考察。这里还需要指出的是，《内经》有关"因"、"宜"的观念与方法在很大程度上同样涉及有差异性或具体性思想，而这样一种思想也是早在先秦时期就已经奠定了的，但《内经》显然使得这一思想或观念变得更加丰富。因此，我们可以这样说，《内经》对于"因"、"宜"问题的特殊理解无疑是进一步发展或丰富了传统的"因"、"宜"观念，这不仅仅是在科学的意义上丰富了这一观念，也是在哲学的意义上丰富了这一观念。

二、《淮南子》中的"或使"说、"莫为"说及知识论证

哲学中的天人观主要是通过"或使"说与"莫为"说来呈现和展开的，这在先秦时期就已经开始呈现，汉代继续着这一话题。我们先来看《淮南子》的思想。

《淮南子》的黄老无为之学主要继承了先秦道家的自然天道观，其强调世间万物皆自然而然，没有任何意志的安排，这是非目的论也即"莫为"说的观点。而我们在这里主要是考察《淮南子》是如何用知识来加以论证的，例如：

> 故高山深林，非为虎豹也；大木茂枝，非为飞鸟也；流源千里，渊深百仞，非为蛟龙也。致其高崇，成其广大，山居木栖，巢枝穴藏，水潜陆行，各得其所宁焉。（《泰族训》）

在这段论述中，我们可以清楚地看到《淮南子》"莫为"说的自然天道观，

而这种自然天道观的"莫为"说是通过地理、植物、动物等种种具体事物或知识来加以论证的，其目的就是通过具体的事例来证明"莫为"说的真实性。

但另一方面我们又要看到《淮南子》中也存在着"或使"说，即天人感应的思想，如："故圣人在位，怀道而不言，泽及万民。君臣乖心，则背谲见于天，神气相应征矣。"（《览冥训》）虽然这并非是《淮南子》思想的主流。有意思的是，《淮南子》也同样赋予这种观点以某种知识的证明，如："人主之情上通于天，故诛暴则多飘风，枉法令则多虫螟，杀不辜则国赤地，令不收则多淫雨。"（《天文训》）当然，《淮南子》的"或使"说与目的因的"或使"说可能还是有区别的，因为它将变化的原因更多地归结于阴阳之气，这属于质料因的"或使"说，不同于目的因的"或使"说，但即便如此，"这种外因论是不可能把唯物论贯彻到底的"①。

总之，《淮南子》主要持的是"莫为"说的观点，但"或使"说的观点也是存在的，这就形成了《淮南子》思想的一定内在矛盾。有趣的是，这样两种截然对立的观点却都得到了知识的论证，这又反映出由思想的矛盾性而导致的证明的矛盾性。不过，放在时代背景中来看，这一矛盾又是正常的。从一定意义上讲，汉代就是一个"矛盾备出"的时代，正确中有谬误，荒诞中却包含着合理性，是中有非，非中有是，"是非曲折"，甚至"是非混淆"，这是汉代知识与思想活动中的一个普遍现象，而这种现象也将贯穿下面的论述。

三、董仲舒论证天人感应理论即"或使"说的知识基础

但总的来说，这一时期哲学中的天人观念问题主要是围绕论证或驳斥天人感应理论而展开的，其代表性的人物分别是董仲舒与王充，这里我们先来看董仲舒。

董仲舒的哲学思想以天人感应、灾异谴告的目的论而著称，这是一

---

① 冯契：《中国古代哲学的逻辑发展》（中册），第 414、415 页，上海，上海人民出版社，1984。

种典型的"或使"说。一般来说，现有研究通常只会注意到这一学说的神秘与荒谬性质，甚至认为其具有某些"欺骗"的性质，而不会注意这种荒谬结论其实很可能有知识的背景，或者说它也需要有当时科学知识的支持。这里就涉及董仲舒的天人感应学说与科学知识的关系。应当承认，董仲舒哲学思想的结论的确存在着严重的错误，也可以看作是失误。但一种结论错误的思想或者学说之所以能够存在并具有"巨大"影响力一定是有原因的，它一定有某些东西的"有力"支持。就天人感应理论而言，政治背景是非常重要的一个方面，而知识的因素同样不能忽视，从哲学依据而非政治依靠来说，这种知识的因素可能愈加重要。显然，在以往的研究中，对于董仲舒思想的这种知识背景恰恰是有所忽略的，但这种被忽略的东西或许正是其理论的基础或力量所在。

考察表明，董仲舒在论述天人感应哲学思想时应用了大量的知识内容，这也就是"天"。这些知识大多是些一般性的常识，其以四时、节气方面的内容为多。但当这些知识与阴阳、五行以及天人感应思想结合在一起，就成为这些思想的论证材料。例如："风者，木之气也"；"霹雳者，金气也"；"电者，火气也"；"雨者，水气也"；"雷者，土气也"。(《五行五事》)这其中，有一些知识也是正确的或基本正确的，例如："地出云为雨，起气为风。"(《五行对》)在《五行对》、《阴阳位》、《阴阳终始》、《阴阳义》、《阴阳出入》、《暖燠常多》、《四时之副》、《人副天数》、《同类相动》、《五行相生》、《五行五事》、《循天之道》、《天地之行》、《天地阴阳》这些篇章中都包含有这方面的知识内容。从一定意义上也可以这样说，思想是单调的，而论证却是丰富的。

在这里，董仲舒有一篇专门论述气象问题的《雨雹对》值得专门一引，①因为其中涉及的一些具体气象知识，即使从今天来分析仍具有合理

①《雨雹对》在《四库全书》中共有四处收录，分别是《古文苑》、《西汉文纪》、《文章辨体汇选》及《汉魏六朝百三家集》。

性。董仲舒说：

> 运动抑扬，更相动薄，则熏蒿歍蒸，而风雨云雾雷电雪雹生焉。气上薄为雨，下薄为雾，风其噫也，云其气也，雷其相击之声也，电其相击之光也。二气之初蒸也，若有若无，若实若虚，若方若圆。攒聚相合，其体稍重，故雨乘虚而坠。风多则合速，故雨大而疏。风少则合迟，故雨细而密。其寒月则雨凝于上，体尚轻微，而因风相袭，故成雪焉。寒有高下，上暖下寒，则上合为大雨，下凝为冰，霰雪是也。雹，霰之至也，阴气暴上，雨则凝结成雹焉。

以上这段文字的大意是：各种气象状况如风雨云雾、雷电雪雹都是阴阳二气运动的结果。阴阳二气由于日照向上蒸腾，在一定高度积聚起来，而积聚到一定程度又会变成雨点落下。此时如风大，则气体凝结速度加快，雨点便大；如风小，则气体凝结速度放慢，雨点便小。其中在寒冷的季节因温度偏低，所以雨气在天上遇风就成为雪。而当阴阳之气冲突激荡加剧时，雨气又会形成冰雹。有学者这样分析上述这段文字的合理和科学性质：（1）将各种气象形成的过程看作一个气体蒸发上升，又成液态或固态落下的循环变化过程，这符合科学道理；（2）物态变化的基本条件是温度与重量，由此形成了云、雨、雪、雹种种气象，这同样符合科学道理；（3）小雨和大雨的形成还与季节和风速有关，这进一步反映了董仲舒所具备的知识底蕴；（4）对于某些气象，如雨的解释，其实跟王充没有什么区别。[1] 总的来说，就知识本身而言，董仲舒所使用的材料与《淮南子》和王充等学派或思想家所使用的材料或许并无本质区别。换言之，撇除思想，材料的"砖块"都是相同的，或者相似的。

指出董仲舒哲学思想中的知识背景并不是为了论证其思想的合理，而在于揭示其哲学思想是如何利用当时的科学知识来做论证的。换言之，我们应当注意董仲舒的哲学与汉代整个知识背景的关系，尤其应当

---

[1] 参见袁运开、周瀚光主编《中国科学思想史（中）》，第 176 页。

注意作为一个相当完整严密的神学目的论体系对于知识甚至科学不得不依赖的关系。更积极地来看，对于任何自信掌握了"真理"的思想或学说而言，科学知识都是重要的论证工具，也是重要的理论基石。通过考察可以看到，一种即使荒谬的理论或学说如果有科学作为依托或支持，同样能够大大增强其信服力。董仲舒的思想便是如此。其实，董仲舒也只是一个样本。在汉代，这种状况普遍存在。就此而言，董仲舒的哲学思想既有其个人的特殊理解，也有作为整个时代知识背景的必然因素。正因为有各种各样知识的支持，那些本质上荒谬的理论与学说才得以流行，且要流行长久，就需要更多并且更有力的知识的支持。若从更广阔的视角看，用科学来论证神学并非董仲舒或汉代思想文化所特有，并非中国所特有，而是世界范围内许多神学的手段或招数，或许我们也可以更中肯地将其看作一种现象，如这种状况其实也十分明显地存在于基督教神学之中。不能正确地认识这一问题也就不能正确地对相关哲学及哲学史作出解释。

四、王充论证"莫为"说即驳斥天人感应说的知识基础

王充的哲学则是"莫为"说的典型代表，以其对天人感应目的论也即"或使"说的驳斥而著称。而王充对天人感应论的驳斥除了其哲学思考本身的深刻性以外，十分重要的一点就在于科学的力量。一部《论衡》，不仅是哲学著作，而且也包含有相当多的科学或知识的内容。虽然说这些知识可能未必全然正确，但总体而言，这些知识毫无疑问成为其哲学思想的一个重要基础和可靠担保，同时，这些知识也是驳斥天人感应理论和谶纬迷信的有力证据和锐利武器。王充正是利用其所掌握的科学知识来辨识天人感应理论中知识的真伪，指明其中虚假的知识，也将真实的知识与虚假的理论剥离开来，从而有效地驳斥天人感应理论和谶纬迷信思想。

天人感应论的核心就是谴告说或灾异说，灾异是谴告的表现，或者说谴告通过灾异来体现。王充在《谴告》篇中对这二者的关系作了简略

的概括。"论灾异，谓古之人君为政失道，天用灾异谴告之也。"在哲学思想上，王充是用天道自然与无为理论来驳斥灾异与谴告说，这具有对应性。他说："夫天道自然也，无为。如谴告人，是有为，非自然也。"（《谴告》）但天人感应论的论证往往是借助于日常知识的。因此王充在哲学论证与批判中也相对应地使用了大量的科学知识，这些科学知识不仅用于论证他自己的自然无为的天道观思想，更直接用于驳斥天人感应的目的论。

例如在当时虫害往往就是天人感应说的一个重要"证据"，"变复之家谓虫食谷者，部吏所致也。贪则侵渔，故虫食谷。身黑头赤，则谓武官；头黑身赤，则谓文官。使加罚于虫所象类之吏，则虫灭息不复见矣"。这即是将虫灾与政治联系在一起，用虫灾来证明天人感应。对此，王充指出：

> 夫虫，风气所生，苍颉知之，故"凡虫"为"风"之字，取气于风，故八日而化，生春夏之物，或食五谷，或食众草。

王充告诉人们，虫不过是"风气所生"，"生春夏之物，或食五谷，或食众草"，即是自然现象。那么虫灾是怎样产生的呢？王充说：

> 何知虫以温湿生也？以蛊虫知之。谷干燥者，虫不生；温湿饐饐，虫生不禁。藏宿麦之种，烈日干暴，投于燥器，则虫不生。如不干暴，闻喋之虫，生如云烟。（以上均见《商虫》）

这就是说，虫灾的产生与季节相关，也与气候相关，但与感应无关。

人遭雷击是天人感应论的又一个重要"证据"，"盛夏之时，雷电迅疾，击折树木，坏败室屋，时犯杀人。世俗以为击折树木、坏败室屋者，天取龙；其犯杀人也，谓之有阴过，饮食人以不洁净，天怒，击而杀之。隆隆之声，天怒之音，若人之响吁矣。世无愚智，莫谓不然"。但王充认为，此完全是"虚妄之言也"。王充指出，雷击也完全是一种自然现象，他解释道：

雷者,太阳之激气也。……盛夏之时,太阳用事,阴气乘之。阴阳分争则相校轸。校轸则激射。激射为毒,中人辄死,中木木折,中屋屋坏。人在木下屋间,偶中而死矣。

不仅如此,王充还通过实验或实际观察来论证这一观点:

试以一斗水灌冶铸之火,气激袭裂,若雷之音矣。或近之,必灼人体。

雷者火也,以人中雷而死,即询其身,中头则须发烧燋,中身则皮肤灼熿,临其尸上闻火气。(以上均见《雷虚》)

天人感应说的一个非常重要的理论就是人的行为能够影响到天。当时持天人感应说的人通常会以鱼水关系为例来说明人与天的关系,董仲舒就有过这样的说法:"天地之间,有阴阳之气,常渐人者,若水常渐鱼也。所以异于水者,可见与不可见耳。"(《春秋繁露·天地阴阳》)而王充在《论衡》中对此类观点也作了记述:"人在天地之间,犹鱼在水中矣。其能以行动天地,犹鱼鼓而振水也,鱼动而水荡,人行而气变。"(《变虚》)这就是说,人能影响天,就如同鱼能激荡水一样。这实际是企图通过人们的日常经验知识来解释天人感应理论。针对此,王充也用同样的知识,并通过更为科学的解释来加以驳斥,王充指出:

假使真然,不能至天。鱼长一尺,动于水中,振旁侧之水,不过数尺,大若不过与人同,所振荡者,不过百步,而一里之外澹然澄静,离之远也。今人操行,变气远近,宜与鱼等;气应而变,宜与水均。以七尺之细形,形中之微气,不过与一鼎之蒸火同。从下地上变皇天,何其高也!(《变虚》)

王充说,鱼激荡水,小者"不过数尺",大者"不过百步","而一里之外澹然澄静,离之远也"。同样,人也是如此,要"以七尺之细形,形中之微气",而"从下地上变皇天",这显然是根本不可能的。可以看到,王充在这一驳斥中有效地利用了普通人所具有的常识并加以科学的解释,这包括力量的大小、距离的远近等，并且由于其有明确的针对性，因此驳斥也就格外有力。

这样的驳斥在《论衡》中还有许多，如王充说：

> 人在天地之间，犹蚤虱之在衣裳之内，蝼蚁之在穴隙之中。蚤虱、蝼蚁为逆顺横从，能令衣裳穴隙之间气变动乎？蚤虱、蝼蚁不能，而独谓人能，不达物气之理也。（《变动》）

又说：

> 天至高大，人至卑小。蒿不能鸣钟，而萤火不爨鼎者，何也？钟长而蒿短，鼎大而萤小也。以七尺之细形，感皇天之大气，其无分铢之验，必也。（《变动》）

在这些例子中，王充借助蚤虱与衣裳的关系、蝼蚁与穴隙的关系、蒿草与鸣钟的关系、萤火与爨鼎的关系来比喻人与天之间根本不可能互相影响。由于这些例子中都包含了最浅显却基本的科学道理，就使得王充对天人感应理论的驳斥被赋予了最一般但也是最坚实的知识力量。

我们完全可以想象，如果王充不是通过大量生动而浅显的知识而仅仅是依赖或凭借思辨，那么他的驳斥是绝对不会这么有力的。同样我们也有理由相信，如果不是由于遇到这样的科学知识的挑战与批驳，汉代天人感应神秘理论与谶纬迷信学说就不会如此快地衰落。这些正是知识或科学赋予王充哲学思想的力量，也是知识或科学赋予理性的力量。

五、人为观念的累积

就发端而言，《尧典·皋陶谟》中已有"天工人其代之"的思想。春秋战国以后，重视人力或人为的思想不断丰富。至战国后期，荀子又强调天人之分，并提出"制天命而用之"的思想，这一思想认为客观或自然环境通过人力或人为是可以得到相应改变的，这实际也是对当时生产力和科学发展的反映。

这样一种思想或观念在汉代继续积累。如《淮南子》的《修务训》中讲:"夫地势水东流,人必事焉,然后水潦得谷行。禾稼春生,人必加功焉,故五谷得遂长。听其自流,待其自生,则鲧禹之功不立,而后稷之智不用。"我们看到,这里强调了人力或人为的重要性,它与荀子的思想是一脉相承的。

而从汉代始,有两方面的生产和知识活动对于人为观念的累积与发展形成重要影响,它们分别是农业生产中的精耕细作方式与炼丹术知识。汉代农业中的精耕细作思想主要体现在《氾胜之书》中,尤其是其中提出了"区种法",这一方法认为:"区田以粪气为美,非必须良田也。诸山陵近邑、高危倾阪及丘城上皆可为区田。"这实际上已经提出了一种园艺的思想。在这样一种思想和方法中,人力因素得到了高度重视。故有学者指出,"区种法"更加"强调改造,而不是适应"。① 由此进一步发展的园艺知识及其对观念的影响将在唐宋以后得到更多的体现。炼丹术是能够充分反映人为观念的又一个知识领域。炼丹术的目的在于通过服食丹药来延长人的寿命,如魏伯阳的《周易参同契》中说:"金性不败朽,故为万物宝。术士服食之,寿命得长久。"这其中人为观念十分明显。《周易参同契》又说:"同类易施功兮,非种难为巧。"由此可以看到,炼丹术就知识而言又是通过人为手段或方法来控制物态的变化。类似的知识与思想同样在南北朝以后变得更加活跃和清晰。总之,在此以后,这两条知识的线索将在人为观念与思想的发展中起着重要的作用,其一直贯穿到明清。

第四节　"气"观念和"类"观念与知识的关系

"气"观念与概念是秦汉时期哲学思想中的重要观念与概念,同时也是科学思想中的重要观念与概念,"气"的观念是与知识密切相关的。并且从前面的考察中我们也可以看到,无论是阴阳五行观念,还是天或自

---

① 李申:《中国古代哲学和自然科学》,第 268 页,上海,上海人民出版社,2002。

然观念，又广泛涉及"气"的观念。因此，"气"是这一时期的一个十分基本的观念和概念。又早在先秦时期，"类"就已经成为一个十分重要的观念，相应的，比类也成为一种重要的思维形式。从战国末年到秦汉之际，这一观念或思维得到十分充分的表述，例如《吕氏春秋》的《十二纪》，这也是《月令》的观念与思维。汉代，这一思维或观念也被全面继承和发展，甚至被发挥到极致。

一、"气"观念与知识的关系

首先，"气"观念与知识的关系直接体现在相关的知识之中，这里以天文与医疗知识为例作些考察。

在《淮南子》中，"气"观念往往是与气象和天文知识密切相关的。例如：

> 方者主幽，圆者主明。明者，吐气者也，是故火曰外景；幽者，含气者也，是故水曰内景。吐气者施，含气者化，是故阳施阴化。天之偏气，怒者为风；地之含气，和者为雨。阴阳相薄，感而为雷，激而为霆，乱而为雾。阳气胜则散而为雨露，阴气胜则凝而为霜雪。（《天文训》）

天地含气，而风雨雷霆、露雾霜雪这些自然现象无非都是气的不同形态。此外，气也与方位有关，如"阳气起于东北，尽于西南。阴气起于西南，尽于东北"。（《诠言训》）

而《黄帝内经》则是从医学的视角来理解气观念，并且由此也确定了"气"这一概念在中国古代医学思想中的核心地位。例如：

> 是故春，气在经脉；夏，气在孙络；长夏，气在肌肉；秋，气在皮肤；冬，气在骨髓中。（《素问·四时刺逆从论》）

> 月始生，则血气始精，卫气始行；月郭满，则血气实，肌肉坚；月郭空，则肌肉减，经络虚，卫气去，形独居。（《素问·八正神明论》）

《黄帝内经》认为，人身之气随四季有所变化，各不相同。而且，在《内经》

看来,气随月亮盈亏的变化亦有所不同。

汉代的哲学同样与"气"观念密切相关,在当时,无论哲学立场有多么不同,但"气"往往都是各个思想家的核心概念。而这种现象显然又是由共同的知识背景以及在观念上的某种共识造就的。事实上,对"气"这一观念或概念的重视实际上也是对这一概念自身所包含的知识本性的重视,或者说是对其中某种"客观性"与"真理性"的重视。总之,当时的思想家都无法回避"气"这一观念所涉及或包含的知识内容。

如董仲舒的哲学虽是神学目的论的,但"气"却是其哲学思想的重要或核心概念,包括"元气"这一概念的使用可能也与其密切相关。例如《春秋繁露》下面这一段论述是在于阐述天人之间的目的论关系:"春气爱,秋气严,夏气乐,冬气哀;爱气以生物,严气以成功,乐气以养生,哀气以丧终,天之志也。是故春气暖者,天之所以爱而生之;秋气清者,天之所以严而成之;夏气温者,天之所以乐而养之;冬气寒者,天之所以哀而藏之。"(《王道通三》)很明显,董仲舒的这一阐述是借助于自然或知识之"气"作为其思想的"知识平台"的。而正是由于对"气"观念的使用并受到这一观念的影响,也使得董仲舒的哲学思想会包括一些合理的认识。如董仲舒说:

> 天有阴阳,人亦有阴阳。天地之阴气起,而人之阴气应之而起。人之阴气起,而天地之阴气亦宜应之而起,其道一也。明于此者,欲致雨则动阴以起阴,欲止雨则动阳以起阳。故致雨非神也。而疑于神者,其理微妙也。(《同类相动》)

董仲舒这里所说的"故致雨非神也"直接排除了"神意"之神。同时,"疑于神者,其理微妙也"乃是指自然变化中的"神妙"性,也就是《易传》中所说的"阴阳不测之谓神"。这里有两点值得注意:第一,董仲舒在这里引入了"气"的观念;第二,也因此,董仲舒将各种自然变化看作阴阳二气运动的结果,而并非是"神"的意志的结果。我们看到,由于"气"观念的引入或使用,董仲舒在这里很大程度上已经背离或修正了其天命神学的宗旨，至少出现了悖论。事实上，这在董仲舒的思想中也并非个例。对董仲舒哲学思想中这部分由知识基础而产生的合理内容我们以往是有所忽略的。但值得我们注意的是，正是科学知识才有可能导致董仲舒思想中出现这种合理性及其某种矛盾性。

而王充更是将其全部哲学建立在元气自然论的基础之上。并且如我们所知，王充的《论衡》一书在阐述或论证过程中十分注重理论的科学性。如关于天地的产生问题，王充说：

> 说《易》者曰：元气未分，浑沌为一。儒书又言：溟涬濛澒，气未分之类也。及其分离，清者为天，浊者为地。如说《易》之家，儒书之言，天地始分，形体尚小，相去近也。近则或枕于不周之山，共工得折之，女娲得补之也。含气之类，无有不长。天地，含气之自然也，从始立以来，年岁甚多，则天地相去，广狭远近，不可复计。儒书之言，殆有所见。然其言触不周山而折天柱，绝地维，消炼五石补苍天，断鳌之足以立四极，犹为虚也。何则？ 山虽动，共工之力不能折也。岂天地始分之时，山小而人反大乎？ 何以能触而折之？ 以五色石补天，尚可谓五石若药石治病之状。至其断鳌之足以立四极，难论言也。从女娲以来久矣，四极之立自若鳌之足乎？（《谈天》）

王充认为：儒者关于天地起源于浑沌之气的看法是合理的，但有关共工、女娲以及不周山的种种传说都是虚言。又关于万物和人的产生，王充说：

> 天之动行也，施气也，体动气乃出，物乃生矣。由人动气也，体动气乃出，子亦生也。夫人之施气也，非欲以生子，气施而子自生矣。天动不欲以生物，而物自生，此则自然也。施气不欲为物，而物自为，此则无为也。谓天自然无为者何？ 气也。（《自然》）

这强调了元气自然无为的哲学思想，无疑，这样一种哲学思想是以自然知识作为坚强支撑的。如针对"天为人作农夫桑女"的目的论观点，王充加以常识性解释："天者普施气万物之中，谷愈饥而丝麻救寒，故人食谷衣丝麻也。"(《自然》)再如王充以水与冰的常识来解释气与人的关系："人之生，其犹冰也，水凝而为冰，气积而为人。冰极一冬而释，人竟百岁而死。"(《道虚》)这些常识在阐述自然无为的元气理论时都很容易被理解，因此也就起到很好的论证作用。

二、"律气"与"卦气"

不仅如此，汉人对"气"的理解和运用实际上要生动和丰富得多。如汉人还将气与律和卦结合在一起，也就是卦气说与律气说，这其中卦气实际是象与气的关系，而律气实际是数与气的关系。换言之，这也就是"气"观念与"象"、"数"观念的结合。在汉人关于"气"的形形色色的理论中，这两种理论显得十分典型，并也成为其他类似理论的基础。

律与气的关系或律气说可以追溯至秦汉之际的《吕氏春秋》。如《吕氏春秋》的《音律》一篇里就用十二律来配十二月，其中说道："黄钟之月，土事无作，慎无发盖，以固天闭地，阳气且泄。""太蔟之月，阳气始生，草木繁动，令农发土，无或失时。""姑洗之月，达道通路，沟渎修利，申之此令，嘉气趣至。""蕤宾之月，阳气在上，安壮养佼，本朝不静，草木早槁。林钟之月，草木盛满，阴将始刑，无发大事，以将阳气。""应钟之月，阴阳不通，闭而为冬，修别丧纪，审民所终。"从以上论述中我们可以看到《吕氏春秋》作者想表达的一种音律与天地阴阳之气的对应关系。如前所见，这样的观念早已出现于《国语·周语下》中。伶州鸠谈及音乐时说："度律均钟，百官轨仪，纪之以三，平之以六，成于十二，天之道也。"这也可以视作律与气关系思想的最初源头。

到了汉代，《淮南子》、《史记》、《汉书》中关于音律或律历问题的看法几乎都继承了这样的思想。如《淮南子·天文训》中说："黄钟为宫，宫者音之君也，故黄钟位子，其数八十一，主十一月，下生林钟。林钟之数五十四，主六月，上生太蔟。太簇之数七十二，主正月，下生南吕。南吕之数四十八，主八月，上生姑洗。姑洗之数六十四，主三月，下生应钟。应钟之数四十二，主十月，上生蕤宾。蕤宾之数五十七，主五月，上生大吕。

大吕之数七十六，主十二月，下生夷则。夷则之数五十一，主七月，上生夹钟。夹钟之数六十八，主二月，下生无射。无射之数四十五，主九月，上生仲吕。仲吕之数六十，主四月，极不生。"又如《史记·律书》中讲："应钟者，阳气之应，不用事也。其于十二子为亥。亥者，该也。言阳气藏于下，故该也。""黄钟者，阳气踵黄泉而出也。""夹钟者，言阴阳相夹厕也。""中吕者，言万物尽旅而西行也。其于十二子为巳。巳者，言阳气之已尽也。""蕤宾者，言阴气幼少，故曰蕤。""林钟者，言万物就死气林林然。""夷则，言阴气之贼万物也。""南吕者，言阳气之旅入藏也。""无射者，阴气盛用事，阳气无余也，故曰无射。"我们看到，无论是在《淮南子》中，还是在《史记》中，十二律都与十二月一一对应。

而这样一种关系在《汉书·律历志》中有了更为清晰的表述：

> 律十有二，阳六为律，阴六为吕。律以统气类物，一曰黄钟，二曰太族，三曰姑洗，四曰蕤宾，五曰夷则，六曰亡射。吕以旅阳宣气，一曰林钟，二曰南吕，三曰应钟，四曰大吕，五曰夹钟，六曰仲吕。

在这里，"律以统气"一说对律与气的关系作了更确切的概括，由此，"气"与"数"获得了高度的统一。

汉人又将卦与气结合起来，企图用《易》来模拟自然的变化，从而形成卦气说。以易卦配节气的创始人是西汉时期的孟喜。《新唐书·历志》记载唐代天文学家一行《卦议》的话说："十二月卦，出于孟氏章句。其说《易》本于气，而后以人事明之。"而孟喜创立卦气说，就在于通过卦爻来说明阴阳变化消息，所谓"卦以地六，候以天五，五六相乘，消息一变，十有二变而岁复初"。孟喜的卦气说主要包括四正卦和十二辟卦。

其中四正卦是以卦象来配四时。《卦议》引孟氏章句的话说：

> 《坎》、《震》、《离》、《兑》，二十四气，次主一爻。其初则二至、二分也。《坎》以阴包阳，故自北正，微阳动于下，升而未达，极于二月，凝涸之气消，《坎》运终焉。春分出于《震》，始据万物之元，为主于内，则群阴化而从之，极于南正，而丰大之变穷，《震》功究焉。《离》

> 以阳包阴，故自南正，微阴生于地下，积而未章，至于八月，文明之质衰，《离》运终焉。仲秋阴形于《兑》，始循万物之末，为主于内，群阳降而承之，极于北正，而天泽之施穷，《兑》功究焉。故阳七之静始于《坎》，阳九之动始于《震》，阴八之静始于《离》，阴六之动始于《兑》。故四象之变，皆兼六爻，而中节之应备矣。《易》爻当日，十有二中，直全卦之初；十有二节，直全卦之中。

很明显，四正卦是与四时或四季相对应的。

十二辟卦，也被称作消息卦。因终年十二月，故卦气说又设十二个消息卦来与之相配，其对应关系分别是：《复》䷗对应于十一月，《临》䷒对应于十二月，《泰》䷊对应于正月，《大壮》䷡对应于二月，《夬》䷪对应于三月，《乾》䷀对应于四月，《姤》䷫对应于五月，《遁》䷠对应于六月，《否》䷋对应于七月，《观》䷓对应于八月，《剥》䷖对应于九月，《坤》䷁对应于十月。然后开始新一轮的循环。

当然，卦气说在之后的发展远较此驳杂，如《新唐书·历志四上》就记载有《周易》与二十四节气、十二月令结合得更加完整的卦气图，但其根柢大致如此。

有学者这样评价或批判这套学说："卦气（无论正卦、辟卦）、纳甲、爻辰，都是按象数推衍排列成整齐划一的模式，用以套四季、十二月、节气、物候、星辰，虽然它可能为研究天文、历象、物候提供某种启示，具有原始系统方法的萌芽，但它仅仅满足于对以往感性的直观现象，作一些形式上的排列，排斥严密的科学观测和实验精神，它对古代科学的发展，很难作出实际贡献。"[1]应当说，上述批判有一定的道理，即注意到中国古代的卦气一类知识与近代科学的本质区别。不过，我们仍应看到律气说与卦气说对于知识的重视这一现象，看到这一现象背后所存在的对于重视相关知识的种种努力。并且，对于此类学说的评价恐怕也不是仅用对古代

---

[1] 唐明邦：《汉代〈周易〉象数学的思维模式剖析》，载唐明邦等编《周易纵横录》，第 324 页，武汉，湖北人民出版社，1986。

科学"实际贡献"这样比较简单的尺度所能衡量或解决的。此外,值得我们思考的还有:为什么结合了知识的这种理论或学说能够打动人心?换言之,采用了知识的理论或学说何以能够具备非凡的说服力或影响力?

三、"比类"

比类早在先秦知识与观念活动中就已经有了充分的发展,对这一线索在前面的考察中也已经有了较完整的描述。

在汉代董仲舒的哲学思想中,类与比类的观念或思维是十分明显的,这也为我们所熟悉。确切地说,董仲舒的这样一种观念或思维是通过附会或者说利用各种知识来展开的。例如《春秋繁露》中说:

> 天亦有喜怒之气,哀乐之心,与人相副。以类合之,天人一也。春,喜气也,故生;秋,怒气也,故杀;夏,乐气也,故养;冬,哀气也,故藏。四者天人同有之。(《阴阳义》)

在这里,天人之间的比类实际上附会了关于四时或四季特征的知识。又如:

> 天将阴雨,人之病故为之先动,是阴相应而起也。天将欲阴雨,又使人欲睡卧者,阴气也。有忧亦使人卧者,是阴相求也。有喜者,使人不欲卧者,是阳相索也。水得夜益长数分,东风至而酒湛溢,病者至夜而疾益甚,鸡至几明,皆鸣而相薄。其气益精,故阳益阳而阴益阴。阳阴之气,因可以类相益损也。(《同类相动》)

在这里,天人之间的比类实际上附会了阴阳、天气、节气、生物节律等知识。再如:

> 天地之符,阴阳之副,常设于身。身犹天也,数与之相参,故命与之相连也。天以终岁之数成人之身,故小节三百六十六,副日数也。大节十二分,副月数也。内有五藏,副五行数也。外有四肢,副四时数也。乍视乍瞑,副昼夜也。乍刚乍柔,副冬夏也。乍哀乍乐,

副阴阳也。（《人副天数》）

在这里，天人之间的比类包括阴阳、五行、四时、日月之数、人体结构等知识。

其实这样一种认识并非为董仲舒所独有，而是汉代思维的普遍状况。例如《黄帝内经》中讲：

> 冬病在阴，夏病在阳，春病在阴，秋病在阳，皆视其所在，为施针石也。故背为阳，阳中之阳心也；背为阳，阳中之阴肺也；腹为阴，阴中之阴肾也；腹为阴，阴中之阳肝也；腹为阴，阴中之阴脾也。此皆阴阳、表里、内外、雌雄相输应也，故以应天之阴阳也。（《素问·金匮真言论》）

这里阐述了天人相应的思想，所涉及的知识包括阴阳、季节、五脏等。又如《淮南子》中讲：

> 天地以设，分而为阴阳。阳生于阴，阴生于阳，阴阳相错，四维乃通，或死或生，万物乃成。蚑行喙息，莫贵于人，孔窍肢体，皆通于天。天有九重，人亦有九窍；天有四时以制十二月，人亦有四肢以使十二节；天有十二月以制三百六十日，人亦有十二肢以使三百六十节。（《天文训》）

这里同样阐述了天人同类的思想，其中所涉及的天与人的知识包括九重与九窍、四时与四肢、十二月与十二节、三百六十日与三百六十节。而无论是《黄帝内经》还是《淮南子》，其在天人不同知识间所作的类比与董仲舒的类比又都是极其相似的，也可以说是完全相同的，而这正是汉代思维与思想的一般场景。

建立在这样一些知识上的比类从今天的视角看来显得荒谬或滑稽，但在当时它的确很容易使人信服。从一定意义上讲，此时人们的思维还沉浸在发现知识关联的欣喜之中，由此造成的"走火入魔"也刚刚开始。

四、"同类相应"

与比类相关，秦汉时期的思想界还特别关注同类相应的问题，而这一问题在很大程度上又与气观念密切相关，类的相同实际上也被视作气的相同。

最早完整阐述同类相应思想的是《吕氏春秋》。在《吕氏春秋》的《应同》中有一段论述，其中讲到：

> 类固相召，气同则合，声比则应。鼓宫而宫动，鼓角而角动。平地注水，水流湿；均薪施火，火就燥。山云草莽，水云鱼鳞，旱云烟火，雨云水波，无不皆类其所生以示人。故以龙致雨，以形逐影，师之所处，必生棘楚。祸福之所自来，众人以为命，安知其所。

这里明确提出了同类相应的思想，而其知识证明就是声学中的共振现象。

之后，这一思想被汉代思想家所普遍继承，其中的共振现象也被思想界作为同类相应的经典例证而加以广泛引用。例如《春秋繁露·同类相动》中董仲舒的两则表述：

> 百物去其所与异，而从其所与同。故气同则会，声比则应。其验皦然也。试调琴瑟而错之，鼓其宫则他宫应之，鼓其商而他商应之。五音比而自鸣，非有神，其数然也。

> 故琴瑟报弹其宫，他宫自鸣而应之，此物之以类动者也。其动以声而无形，人不见其动之形，则谓之自鸣也。又相动无形，则谓之自然。其实非自然也，有使之然者矣。物固有实使之，其使之无形。

《淮南子》中也有相同的思想，例如：

> 物类相动，本标相应。故阳燧见日，则燃而为火；方诸见月，则津而为水。虎啸而谷风至，龙举而景云属，麒麟斗而日月食，鲸鱼死而彗星出，蚕珥丝而商弦绝，贲星坠而勃海决。（《天文训》）

238

> 夫物类之相应，玄妙深微，知不能论，辩不能解。故东风至而酒湛溢，蚕咡丝而商弦绝，或感之也。画随灰而月运阙，鲸鱼死而彗星出，或动之也。……故山云草莽，水云鱼鳞，旱云烟火，涔云波水，各象其形类，所以感之。(《览冥训》)

于是，除"象"、"数"外，我们又看到"气"与"类"的"亲密"关系。

另外，炼丹术活动中也包括有类似的观念，如《周易参同契》上卷中论证道："欲作服食仙，宜以同类者。植禾当用粟，复鸡用其子。以类辅自然，物成易陶冶。鱼目岂为珠，蓬蒿不成槚。类同者相从，事乖不成宝。"这里有明确的同类相从、同类相辅的观念，而这正是炼丹术的理论基础。还有，王充虽然批评建立在目的或道德意义上有关人对天的影响或天对人的惩罚的种种看法，但实际上他也并不绝对否认天地之间或事物之间建立在"气"基础上的相互感应，如他说："风雨之气感虫物也。"(《变动》)其中有一些王充也理解为同类相应，例如："风从虎，云从龙，同类通气，性相感动。"(《偶会》)由此我们也可以看出同类相应观念在当时的普遍性。

总的来说，同类相应观念可以看作一个知识与观念互动的经典范例，其中如共振现象及其知识也可以看作知识为观念提供材料的经典例证。

五、李约瑟关于古代知识活动中类比思维的看法

李约瑟也曾就中国古代知识活动中的类比思维问题提出过自己的见解。李约瑟指出：类比思维虽是中国的特点，却并非为中国所特有，这一看法对于我们理解古代思维有着重要的意义。

李约瑟说："那种认为凡属同类的事物都彼此共鸣或激励的观念，虽然为中国思想所特有，但在希腊也不是没有类似的想法。对此，康福德已经在他所谓流行信仰的准则中有所觉察，这种信仰被哲学家们不加考察就根据常识予以接受。以亚里士多德的三种变化为例：空间中的运

动，是以断言同类吸引同类来解释的；生长，是以断言同类滋养同类来解释的；性质的改变，是以断言同类影响同类来解释的。"李约瑟还引用亚里士多德的说法："德谟克利特认为，药剂与病人一定相同或相似，因为如果不同的事物相互起作用，那就只是偶然地由于有着某种同样的性质的缘故。"但是还有一套相反的准则，即同类的事物互相排斥，如柏拉图所说："一切事物所愿望的不是同类，而是相反。"李约瑟指出："这一切都和前苏格拉底派关于自然现象中'爱'和'憎'的观念有明显的关系，而且在社会实践中，在族外婚或族内婚、交感巫术等等中，很容易看到它的起源。"李约瑟进而说道："这里所要着重指出之点是，当希腊思想脱离这些古老想法而转向预示着文艺复兴的全盘突破那种机械因果关系概念时，中国思想则发展了其有机的方面，把宇宙想象为一种由意志的和谐所充塞的部分和整体的等级制度。"①

李约瑟还特别以"大宇宙与小宇宙"为题集中讨论了这一问题。李约瑟说："用宇宙模型或有机体的术语来说，如果欧洲与古代和中古时代的中国思想有什么可以类比之处，那便是这种大、小宇宙的学说，虽然它对西方观念的支配从未达到同样的程度。它包含两个类似之点：一个是假定人体与整个宇宙之间有一一对应的关系；另一个则是设想人体与国家社会之间有着相似的对应关系。"②为此，李约瑟列举了大量的例子。如古希腊时期的塞涅卡在他的《自然问题》一书中认为大自然是按照人体模型组成的，水道相当于静脉，气道相当于动脉，地质的物质相当于各种肌肉，地震则相当于痉挛。李约瑟指出，这种普遍的世界观渗透于欧洲古代后期和中世纪，它是随处可见的。如天文学诗人马尼利乌斯把人体各部位指定为黄道带的各个区域，并且这一时期有了直接以小宇宙和大宇宙命名的著作。直至 16 世纪，宇宙类比的观念仍然生气勃勃。例如弗卢德在论及极性问题时，就提出如下的对立面：热—运动—光亮—

---

① 〔英〕李约瑟：《中国科学技术史》第二卷《科学思想史》，第 309、310 页。
② 同上书，第 319 页。

膨胀—稀薄、冷—惰性—黑暗—收缩—浓厚；或者：日—父亲—心脏—右眼—血液、月—母亲—子宫—左眼—黏液。李约瑟说他好像一个持阴阳论的中国人在讲话。李约瑟还指出，除阴阳两极说之外，在欧洲思想中还可以找到一些其他的类比观念。①

当然，李约瑟也指出，中国的宇宙类比与欧洲在哲学上所采取的形式是有所不同的。欧洲诚然也有过大宇宙与小宇宙的学说，但那并非是主流形式。总体而言，欧洲人只能以德谟克利特的机械唯物主义或柏拉图的神学唯灵主义进行思考。然而，这正是中国哲学所不曾采取的途径。② 除此之外，还有必要指出，类比思维实际上就是中国古代思维与思想所具有的连续性背景或特征的体现，而这是李约瑟未加注意的，但这种连续性的确是影响包括思维与思想在内的中国文化特质的一个关键因素。

第五节　其他观念与概念

秦汉时期的科学与哲学活动中还有另外一些重要的观念和概念，如常、变、象、数、道、理，这些观念和概念无法简单归属在前面的论述之中，因此有必要在这里做一个专门的考察。需要说明的是，这些观念和概念与知识或科学都有着密切的关系。

一、"常"与"变"

在汉代，"常"、"变"是很能够反映哲学与科学密切关系的一对概念或范畴。

"常"这一观念或概念早在先秦时期已经出现，如荀子说"天行有常"。显然，这一概念最初与天文学知识密切相关。如前所见，中国古代

① 参见〔英〕李约瑟《中国科学技术史》第二卷《科学思想史》，第319—321页。
② 同上书，第327页。

的天文观察到了春秋战国和秦汉时期已经达到了很高的水平。这其中包括如对回归年周期的精确掌握,对行星运行和回合周期的精确把握等。此外,还有对交点月长度的测定,对交食周期的测定,这些又都在汉代取得了很高的成就。而这些正是哲学思想中"道"、"常"等概念的知识根源。就此而言,董仲舒讲"天不变,道亦不变"。(《汉书·董仲舒传》)这其实也是有深刻的科学基础的。事实上直到当代,天文学知识仍是某种决定论思想的根源。

当然,人们在现实生产和生活中也注意到许多变化莫测、反复无常的现象,也就是所谓"变"。值得注意的是,受知识背景原因的深刻影响,汉代的人们对于变化问题似乎有着很浓厚的兴趣。科学活动对此有所记录,科学与哲学活动也会从各自不同的视角对此加以解释。这其中所涉及的具体知识领域包括:(1)地理知识:例如关于地震的现象。(2)气象知识:例如有关云气方面的知识。(3)生物知识:例如各种动植物的生长变化。(4)医学知识:比如各种疾病的传变。(5)化学知识:包括各种金属冶炼以及炼丹活动中的现象。这其中,炼丹术中的认识就十分典型。由于炼丹过程是一个化学反应的过程,包括化合与分解,这就必然会涉及大量变化现象或问题。而炼丹术士由于长期与矿物和金属的接触,对其性质、变化包括分解、化合都会积累起一定的知识。例如《周易参同契》中讲:

> 偃月法炉鼎,白虎为熬枢。汞日为流珠,青龙与之俱。举东以合西,魂魄自相拘。

这里就是讲物体由液态向固态转化,最终化合成铅汞齐。事实上,生物、化学这样一些知识领域又是最容易导致变化观产生和发展的,直到今天依然如此。

而变化问题自然也与哲学密切相关。如变化问题往往会涉及对"气"这一问题的观察和思考,《周易参同契》中就讲:"山泽气相蒸兮,兴云而为雨。泥竭遂成尘兮,火灭化为土。"在这里,变化是与气结合在一起的，它实际涉及了物质形态的转化问题。还有，生物和医学知识中对于生命现象的观察和思考，无疑会对哲学思想中的变化观产生深刻的影响，如王充说："万物变化，无复还者。"（《论衡·道虚》）在这里，变化是与生命相关联的。同样，即便是在我们看来如此荒谬的谶纬之学，变化问题也是其思想中的一个重要问题。例如《易纬·乾凿度》中讲："易变而为一。一变而为七，七变而为九。九者，气变之究也，乃复变而为一。一者，形变之始。清轻者上为天，浊重者下为地。物有始，有壮，有究，故三画而成乾。乾坤相并俱生。物有阴阳，因而重之，故六画而成卦。三画已下为地，四画已上为天，物感以动，类相应也。"当然，秦汉时期的变化观念还有宗教信仰的源头或因素。此外，就表现而言，某些知识如云气当形成观念时也会以艺术的样式呈现出来，这也是这一时期观念的一个十分有趣的现象。

二、"象"与"数"

"象"与"数"在当时的哲学与科学中也是两个十分重要的观念，这在前面虽有所叙，但这里仍再专门加以考察。

在上一章的考察中已经看到，象数观念早在先秦时期就产生了，到了战国时期实际已经趋于成熟并开始泛滥。而秦汉时期的象数观念和概念已经是这种泛滥的结果了。对此，前面的考察也已经援引了冯友兰的看法，其认为在先秦时期，阴阳五行家和《易传》已经提出了两种世界图式。汉初的科学以及哲学都是以这两种世界图式为根据的，《淮南子》的自然观是根据这个图式，董仲舒则兼用了这两种图式，而《易纬》也是把《易传》的世界图式和阴阳家的世界图式结合起来，以"象"、"数"来说明这些图式。

就思想材料而言，如《礼记》的《月令》说："（孟春之月）其日甲乙，其帝大皞，其神句芒，其虫鳞，其音角，律中大蔟，其数八。……（孟夏之月）其日丙丁，其帝炎帝，其神祝融，其虫羽，其音徵，律中中吕，其数七。……中央土。其日戊己。其帝黄帝，其神后土。其虫倮，其音宫，律中黄钟之宫,其数五。……(孟秋之月)其日庚辛,其帝少皞,其神蓐收,其虫毛,其音商,律中夷则,其数九。……(孟冬之月)其日壬癸,其帝颛顼,其神玄冥,其虫介,其音羽,律中应钟,其数六。"这里面就包含了十分明显的象数观念,同时,这一观念又与类观念相混杂,如前所指出,这样一种更为复杂的观念其实也是在先秦时期就已经开始具有的。再如董仲舒所说:"天地之符,阴阳之副,常设于身。身犹天也,数与之相参,故命与之相连也。天以终岁之数成人之身,故小节三百六十六,副日数也。大节十二分,副月数也。内有五藏,副五行数也。外有四肢,副四时数也。乍视乍瞑,副昼夜也。乍刚乍柔,副冬夏也。乍哀乍乐,副阴阳也。"(《春秋繁露·人副天数》)这之中不仅有阴阳五行思想,有阴阳五行的比类,同时也包含了象数思想。

重要的是,在汉代,象数观念通常都有具体知识的"有力"支持,换言之,其与知识的结合十分紧密,这其中包括天文学、气象学、历法、数学、律学等,相关的概念有卦气、律气、易数、律数等。如卦气说的提出无疑就大大增强了卦象的知识特征,又如数与易的结合、数与律以及数与天文历法的结合也都大大加强了数概念的地位。例如《淮南子·天文训》中讲:"黄钟为宫,宫者音之君也,故黄钟位子,其数八十一,主十一月,下生林钟。林钟之数五十四,主六月,上生太蔟。太蔟之数七十二,主正月,下生南吕。南吕之数四十八,主八月,上生姑洗。姑洗之数六十四,主三月,下生应钟。应钟之数四十二,主十月,上生蕤宾。蕤宾之数五十七,主五月,上生大吕。大吕之数七十六,主十二月,下生夷则。夷则之数五十一,主七月,上生夹钟。夹钟之数六十八,主二月,下生无射。无射之数四十五,主九月,上生仲吕。仲吕之数六十,主四月,极不生。"又如《汉书·律历志》中讲:"《易》曰:参天两地而倚数。天之数始于一,终于二十有五。其义纪之以三,故置一得三,又二十五分之六,凡二十五置,终天之数,得八十一,以天地五位之合终于十者乘之,为八百一十分,应历一统千五百三十九岁之章数,黄钟之实也。繇此之义,起十二律之周径。地之数始于二,终于三十。其义纪之以两,故置一得二,凡三十置,终地之数,得六十,以地中数六乘之,为三百六十分。当期之日,林钟之实。"在这里,"象"、"数"观念都被高度知识化,其以音律、历法以及天文的面貌出现。这种状况在汉代的知识与思想中是十分普遍的,它无疑是象数观念特别是数观念泛滥的表现,但在当时,它的确给人以某种"真实"乃至"真理"的感觉,而观念的泛滥就正是由于有了这种"真实"乃至"真理"在知识上的"担保"。

三、"道"与"理"

"道"在秦汉时期仍是一个重要的概念,这首先与汉初时期崇尚道家思想的氛围有关。汉初的黄老学派继承了道家的思想,"道"自然是其核心概念,并且是最高的范畴。如帛书《黄帝四经》中讲:"道者,神明之原也。神明者,处于度之内而见于度之外者也。处于度之内者,不言而信;见于度之外者,言而不可易也。"(《经法·名理》)"是故上道高而不可察也,深而不可测也。显明弗能为名,广大弗能为形。独立不偶,万物莫之能令。"(《道原》)《淮南子》也继承了老子关于"道"的思想,如"道始于一,一而不生,故分而为阴阳。阴阳合和而万物生,故曰:一生二,二生三,三生万物。"(《天文训》)汉代还有其他一些思想家也将"道"这一概念作为概括万物的最高范畴。如贾谊说:"德之有也,以道为本,故曰:'道者,德之本也。'……德生于道而有理,守理则合于道,与道理密而弗离也,故能畜物养物。"(《新书·道德说》)扬雄说:"夫玄也者,天道也,地道也,人道也,兼三道而天名之。"(《太玄·玄图》)王充主要是讲"气",但因天道自然无为的立场也必然会涉及"道",如他说:"物自生,子自成,天地父母,何与知哉? 及其生也,人道有教训之义;天道无为,听恣其性。"(《论衡·自然》)

在科学思想中,"道"这一概念尤多见于天文学与医学等学科之中。《淮南子》就遵循老子的思想用"道"来解释宇宙的生成与演化,如"道始于虚廓,虚廓生宇宙,宇宙生气。气有涯垠,清阳者薄靡而为天,重浊者凝滞而为地。"(《天文训》)又如"夫道者覆天载地,廓四方,柝八极,高不可际，深不可测，包裹天地，禀授无形；原流泉浡，冲而徐盈；混混滑滑，浊而徐清。故植之而塞于天地，横之而弥于四海，施之无穷而无所朝夕，舒之幎于六合，卷之不盈于一握。"（《原道训》）"道"在这里具有本原的含义。而《黄帝内经》则用"道"来阐述生命与健康理论，如"上古之人，其知道者，法于阴阳，和于术数，食饮有节，起居有常，不妄作劳，故能形与神俱，而尽终其天年，度百岁乃去。"（《素问·上古天真论》）又如"夫四时阴阳者，万物之根本也。所以圣人春夏养阳，秋冬养阴，以从其根，故与万物沉浮于生长之门。逆其根，则伐其本，坏其真矣。故阴阳四时者，万物之终始也，死生之本也。逆之则灾害生，从之则苛疾不起，是谓得道。"（《四气调神大论》）"道"在这里具有法则的含义。

可见，无论是哲学思想，还是科学思想，汉代对"道"概念的使用主要都是受到道家思想的影响，并且主要是集中在前期，也即黄老道家占主导地位的时期。

秦汉时期还有一个概念值得一提，这就是"理"。这里主要从与知识相关的角度予以考察，而这样考察的目的就在于我们由此能够了解以后思想与知识活动中这一概念的早期知识线索。"理"这一概念在先秦时期已经出现，在荀子与韩非的思想中，都使用过这一概念。如《荀子》中讲："凡以知，人之性也。可以知，物之理也。"（《解蔽》）《韩非子》中讲："凡理者，方圆、短长、粗靡、坚脆之分也。"（《解老》）这些都是从事物性质、规律的意义来解释"理"这一概念，具有知识论的特征。汉代一些知识与思想活动的"理"观念与概念在很大程度上就是继承了这一传统。《淮南子》中就多次使用到"理"这一概念，例如："禹决江疏河以为天下兴利，而不能使水西流，稷辟土垦草以为百姓力农，然不能使禾冬生。岂其人事不至哉？其势不可也。夫推而不可为之势，而不修道理之数，虽神圣人不能以成其功，而况当世之主乎！夫载重而马羸，虽造父不能以致远。车轻马良，虽中工可使追速。是故圣人举事也，岂能拂道理之数，诡自然之性，以曲为直，以屈为伸哉？"（《主术训》）在这里，"理"明显有着自然规律的含义，并且从这段论述中也可以看出，《淮南子》明显在一定程度上继承了荀子的思想。

有些学科对于"理"有特殊的使用，如地理学中的"地理"，医学中的"腠理"，其都有机理、规律的含义。以"地理"为例，据研究，这一语词最早见于《管子·形势解》："上逆天道，下绝地理。"以后又见于《易传·系辞上》："仰以观于天文，俯以察于地理。"汉代沿用了这一概念。如《淮南子·泰族训》中说："俯视地理，以制度量。"尤其是《汉书·地理志》，更直接以"地理"一词来命名。我们应当看到，以上这些论述与文献中的"地理"概念并非纯粹只是一个地理学概念，其中实际包含着哲学的基本观念。此外，《周易参同契》中使用"理"也较多，例如："赏罚应春秋，昏明顺寒暑。爻辞有仁义，随时发喜怒。如是应四时，五行得其理。""黄中渐通理，润泽达肌肤。初正则终修，干立未可持，一者以掩蔽，世人莫知之。""道穷则反，归乎坤元，恒顺地理，承天布宣。"这不仅反映了炼丹术对于"理"这一语词概念的特殊认识，也在一定程度上显示了这一概念的发展趋势，即向更广泛的知识领域的延伸，而到了一定的时候，这种延伸或发展就会引起质变。不过总体而言，"理"的知识论意义在汉代仍处于发展的早期阶段。

第六节　天文学的发展及各种宇宙理论

现在，我们可以将视角转向科学思想或理论。首先来看天文学。秦汉时期，天文学获得了很大的发展，历法系统得到完善，观测数据得到提高。而汉代丰富的天文学思想是与此相适应的。两汉天文学思想最重要的内容是有关宇宙的理论，这包括宇宙起源和宇宙结构。从前一章的考察中我们已经知道，这样一些问题早在春秋战国时期就有所讨论，最早确切思考这一问题的是老子，两汉对这些问题的讨论在很大程度上就是先秦时期相关讨论的延续。事实上，宇宙问题正是老子及道家哲学对科学的反哺。两汉时期最早讨论宇宙问题的是《淮南子》，之后关于宇宙问题的讨论主要形成了盖天、浑天以及宣夜这样三种学说或三派。与此同时,易学家们也参与了这一讨论。这一讨论中最为重要且最具影响的人物是张衡。张衡是西汉以来浑天说宇宙理论的集大成者,其代表作为《浑天仪》(又作《浑天仪注》或《浑天仪图注》)①和《灵宪》两部著作。张衡的科学思想以及相关的哲学思考也主要保存在这里。

一、天文学的发展

中国古代的天文学在秦汉时期获得了很大的发展,并达到了一个很高的水平。秦汉时期尤其是汉代天文学的成就包括:历法系统的进一步完善,天文观测与计算精度的进一步提高,相当数量的天文理论著作的面世,特别是有关宇宙的理论探讨的深入,还有一批天文仪器的创制。

对行星运行周期的准确测定是天文观测与计算精度提高的明显例证,它也是秦汉时期天文学高度发展的重要成果。如长沙马王堆出土的帛书《五星占》,给出了从秦始皇元年(前246)到汉文帝三年(前177)七十年间金星、木星、土星的准确位置,并推得它们的会合周期与恒星周期。经研究,其中木星的恒星周期为12年(应为11.86年),土星的恒星周期为30年(应为29.46年)。又木星的会合周期为395.44日,比今测值小3.44日;土星的会合周期为377日,比今测值只小1.09日;而金星的会合周期为584.4日,比今测值仅小0.48日。不难看出,这些数值的精度与现代数值的精度已十分接近。

历法是这一时期天文学成就中最为重要的部分。秦使用的是《颛顼历》,汉代初年仍沿用此历,直至武帝时制定新的历法。两汉期间先后出现过四部历法,分别是《太初历》、《三统历》、《四分历》和《乾象历》,总的来说,这是一个不断进步、不断精确的过程。这其中尤以《太初历》和《乾象历》最为重要。《太初历》是我国历史上第一部体系较完整的历法。该历已经具备后世历法最主要或最基本的内容,包括气朔、闰法、五星、交食周期等内容。它首次将二十四节气引入历法,明确提出以没有中气

---

① 关于《浑天仪》的作者问题,学术界也存在着不同的看法。

（雨水、春分、谷雨等十二节气）的月份为闰月的原则，把季节和月份的关系调整得十分合理，而这一方法在农历中一直沿用至今。此外，《太初历》还第一次明确提出了 135 个朔望月中有 23 个食季的食周概念，对于五星会合周期的测算精度比起以往有明显提高。汉代另一部重要历法是《乾象历》。东汉早期，天文学家李梵、苏统等发现月亮视运动的不均匀性，也就是月有迟速。至东汉晚期，刘洪在《乾象历》中首次将这一成果纳入历法，运用于交食推算。刘洪明确给出一近点月长度的数值为 27.5533590 日，与今推值 27.5545689 日相差仅约百秒。这也是《乾象历》最主要的成就。除此之外，刘洪还发现了白道与黄道之间存在着一个六度左右的夹角，这与现测值也很接近；又首次发现了黄白交点的退行现象，提出了食限的概念。汉代的天文观测仪器也有很大的进步，特别是到了张衡时达到了一个高峰。同时，这一时期对于天象的观测与记录日趋详备和精细。

二、《淮南子》的宇宙起源与演化理论

天文学的发展也导致了相关宇宙理论的发展。汉代的宇宙理论首先反映在《淮南子》这部著作之中。总的来说，《淮南子》的宇宙起源与演化理论是接着先秦时期老子、庄子等人的相关思想往下说的。同时，也明显地与《黄帝四经》中《道原》的思想相对接。但与前人相比，研究科学思想史的学者倾向于认为其更加"具体"或更加"完整"。《淮南子》有关宇宙起源和演化的理论主要集中在《俶真训》和《天文训》两卷里。

自先秦有宇宙论观念和思想以来，《淮南子》的《天文训》中第一次对宇宙生成和演化有了较为细致和完整的描述。

> 天地未形，冯冯翼翼，洞洞灟灟，故曰太昭。道始于虚廓，虚廓生宇宙，宇宙生气。气有涯垠，清阳者薄靡而为天，重浊者凝滞而为地。

在这里，《天文训》将宇宙最初的生成，从无到有细分为"太昭"、"虚廓"、

"宇宙"等几个不同的阶段。这其中,"天地未形,冯冯翼翼,洞洞灟灟,故曰太昭"是说宇宙天地未形成之时的混沌状态,这显然受到老子"道"和"无"的宇宙论思想的影响。之后,《天文训》又对宇宙生成之后的演化发展作了描述:"清妙之合专易,重浊之凝竭难,故天先成而地后定。"这是接着"气有涯垠,清阳者薄靡而为天,重浊者凝滞而为地"思想的进一步展开。"天地之袭精为阴阳,阴阳之专精为四时,四时之散精为万物。""毛羽者,飞行之类也,故属于阳;介鳞者,蛰伏之类也,故属于阴。日者,阳之主也,是故春夏则群兽除,日至而麋鹿解。月者,阴之宗也,是以月虚而鱼脑减,月死而蠃蛖膲。"这里涉及了种种有关物理、生物现象生成与演化的猜测。在这些论述中,我们都可以看到老子"天下万物生于有,有生于无"、"道生一,一生二,二生三,三生万物,万物负阴而抱阳"思想的影子。并且,《淮南子》的上述宇宙论明显也继承了老子的自然天道观思想,在其中看不到任何神的位置,这实际是延续了优秀的无神论传统,而这种延续对于后来者的思想极其重要。

《俶真训》则是从"无始"与"有始"的关系来论说宇宙起源问题。"有始者,有未始有有始者,有未始有夫未始有有始者;有有者,有无者,有未始有有无者,有未始有夫未始有有无者。"这段话其实是对《庄子·齐物论》中原话的复述。但重要的是,《俶真训》结合庄子的思想对有关宇宙起源的问题作了展开。按照《俶真训》,"所谓有始者",是指"繁愦未发,萌兆牙蘗,未有形埒垠堮,无无蠕蠕,将欲生兴而未成物类"。所谓"有未始有有始者",是指"天气始下,地气始上,阴阳错合,相与优游竞畅于宇宙之间,被德含和,缤纷茏苁,欲与物接而未成兆朕"。而所谓"有未始有夫未始有有始者",则是指"天含和而未降,地怀气而未扬,虚无寂寞,萧条霄霏,无有仿佛,气遂而大通冥冥者也"。同样,所谓"有有者",是指"言万物掺落,根茎枝叶,青葱苓茏,崔萌炫煌,蠉飞蝡动,蚑行哙息,可切循把握而有数量"。所谓"有无者",是指"视之不见其形,听之不闻其声,扪之不可得也,望之不可极也,储与扈冶,浩浩瀚瀚,不可隐仪揆度而通光耀者"。所谓"有未始有有无者",是指"包裹天地,陶冶万物,大通混冥，深闳广大，不可为外，析毫剖芒，不可为内，无环堵之宇而生有无之根"。所谓"有未始有夫未始有有无者"，则是指"天地未剖，阴阳未判，四时未分，万物未生，汪然平静，寂然清澄，莫见其形"。

如此，由老子及庄子所开创的具有"哲学"面貌的宇宙理论已经明显发展成更为"科学"的宇宙理论。

三、《易纬》等纬书中的宇宙生成理论

《淮南子》之后，两汉哲学中的宇宙论思想主要以纬书为代表，其中的宇宙生成理论主要是继承了《易传》的思想与理论，属于相对独立的一脉。在很大程度上，这也是儒家思想文化统治所产生的果实。

《易纬·乾凿度》说：

> 夫有形生于无形，乾坤安从生？故曰：有太易，有太初，有太始，有太素也。太易者，未见气也；太初者，气之始也；太始者，形之始也；太素者，质之始也。气形质具而未离，故曰浑沦。浑沦者，言万物相浑成而未相离，视之不见，听之不闻，循之不得，故曰易也。

《乾凿度》这段话既有《易传》的思想，也有老子的思想，当然又明显与《淮南子》的宇宙论有类似之处，即用气来说明宇宙的演化过程。

但毫无疑问，作为诠释，《易纬》必然会有更多的《易传》"血统"。如《孝经纬·钩命诀》中说："天地未分之前，有太易，有太初，有太始，有太素，有太极，是为五运。形象未分谓之太易，元气始萌谓之太初，气形之端谓之太始，形变有质谓之太素，质形已具谓之太极，五气渐变谓之五运。"又如《河图·括地象》中说："易有太极，是生两仪。两仪未分，其气混沌。清浊既分，伏者为天，偃者为地。"再如《洛书·灵准听》中说："太极具理气之原。两仪交媾而生四象，阴阳位别而定天地，其气清者乃上浮为天，其质浊者乃下凝为地。"以上《易纬》及纬书上的话都是为了说明宇宙从无到有，从一到二，从气到物的演化过程。但其中的《易传》传统十分明显。同时还应注意，若与《淮南子》相比，这一脉的宇宙理论有更

多的玄想和臆测性质，而这在很大程度上也是与作为源头的《易传》密切相关的，即总体上说，这一宇宙理论更加偏向"哲学"。

通过纬书也可以看到，宇宙论观念其实在汉代十分普遍，作为思想资源它也是庞杂的，其中可能有老子、《易传》的源头，也可能包含了《淮南子》、纬书的认识和思想。例如《白虎通·天地》中说："始起先有太初，然后有太始。形兆既成，名曰太素。混沌相连，视之不见，听之不闻，然后判清浊。"又如王符的《潜夫论·本训》中说："上古之世，太素之时，元气窈冥，未有形兆。万精合并，混而为一，莫制莫御。若斯久之，翻然自化，清浊分别，变成阴阳。"这些例子表明，宇宙起源与演化模式已经成为汉代思想界的基本常识，从这里也可以看出思想界对原本属于知识领域的宇宙问题普遍有着浓厚的兴趣。

另外值得我们注意的是，《易纬》及纬书上的这些思想对以后宋明理学产生了重要的影响。冯友兰认为，郑玄注说："太易，无也。太极，有也。太易从无入有。"后来周敦颐的《太极图说》开头就说："由无极至太极"就是"从无入有"的意思。朱熹把"由无极至太极"改为"无极而太极"，又说：太极"无形而有理"。他把无极作为太极的形容词而不把它作为太易那个阶段，但是从无入有那个意思还没有多大改变。大概纬书的这种宇宙发生论是经过道教而传至周敦颐的。冯友兰又说，从上面这些话可以看出："后来道学所有的范畴及术语，有一些是在汉朝就有的。'理、气'这一对范畴，纬书中已经明确地提出。"①

四、论天三家

汉代更多地从知识而非哲学角度来探讨宇宙问题的是论天三家。所谓论天三家就是指对于天的三种看法或学说，分别是盖天说、浑天说以及宣夜说，这也可以看作是有关宇宙理论的三个学派。一般认为三家学说的思想渊源均可以追溯到春秋战国或更早的时期，但也有学者倾向

---

① 冯友兰：《中国哲学史新编》第三册，第 191 页。

于认为盖天说形成最早，可能起源于周代，而浑天说与宣夜说分别产生或出现于西汉初期和东汉初期。与《淮南子》特别是《易纬》的宇宙演化理论有所不同，论天三家所关心和争论的主要是宇宙的结构问题，这是因为关于宇宙结构问题的讨论不像宇宙起源问题那样玄思，它可以得到相应观察和测算的支持。而这也就注定了围绕这一问题的讨论即论天三家的学说具有更多的科学性质而非哲学特征。但由于宇宙结构问题毕竟属于重大问题，它有着"哲学"的"胎记"，也有着"哲学"的"品味"，因此三家的争论同样吸引了许多哲学家和思想家参与其中。

三家中尤以盖天、浑天二说及其之间的争论影响最大。

盖天说最初可能源于古人对天地相对关系的直观观察，但从产生后实际上不断经历变化，其主张大致可以概括为"天如车盖"、"天如斗笠"或"天圆地方"这样一些说法。先秦时期，《吕氏春秋》的《圜道》和《有始览》中都有盖天说的思想。在汉代，盖天说以《周髀算经》为代表，东汉蔡邕也将盖天说称作"周髀说"。盖天说发展到《周髀算经》这里已经形成比较完整的体系。在《周髀算经》中，有关盖天说理论最重要的内容就是勾股测量法以及七衡六间说，《周髀算经》也因此建立起一套完整的天文数据。尽管这些数据都有错误，但有的方法却是合理的，如立八尺表测量日影确定节气日期的方法就是正确的，后世不少历法也正是以此为基础推算二至的准确时刻，而这些正是盖天说得以生存的原因。又由于此类原因，盖天说也得到一些思想家的支持，如东汉王充就力主盖天说。当然，盖天说无论就理论而言，还是就数据来说，都有许多粗疏和不够精密之处，这也正是浑天说的立足和发展之处。

浑天说认为天体好像鸡蛋，地居天之内犹如蛋黄。换言之，在浑天说看来，大地是球形的，天包裹着地，也因此有一部分一定在地底下。与此相关，日月众星则环绕地球作圆周运动。其实，在战国时代惠施"天与地卑"、"我知天下之中央，燕之北越之南是也"的命题中，我们已经可以看到这种学说的萌芽或雏形。显然，这一学说比起盖天说来说要更加进步。浑天说主要是在西汉时期得到了很大的发展，当时，经落下闳、鲜于妄人、耿寿昌等天文学家的努力，这一学说为越来越多的人所接受。与此同时，这一学说也得到了思想家的支持，如桓谭、扬雄二人就都是浑天说宇宙理论的主张者，特别是扬雄，其在与盖天说理论的交锋中专门提出了"难盖天八事"，对浑天说胜过盖天说有重要贡献。浑天说理论最具代表性的人物是张衡。张衡认为"天如鸡子，地如鸡中黄，孤居于天内，天大而地小"。关于张衡的思想与理论，后面将作专门考察。但浑天说也有值得疑问之处，这也为盖天说提供了生存空间。

而以上这两种学说的要点也可以概括为：盖天说不主张天半绕地下，浑天说则主张天半绕地下。其实无论是盖天说，还是浑天说，其在争论中都是有所发展的。

宣夜说的基本看法是：所谓天只是气和日月众星，其并没有具体形质。宣夜说的这一看法由东汉前期的郗萌作了系统的总结和明确的表述，其见载于《晋书·天文志上》。郗萌说："天了无质"，但"高远无极"。天看上去"苍苍然也。譬之旁望远道之黄山而皆青，俯察千仞之深谷而窈黑"，但"夫青非真色，而黑非有体也"。郗萌进一步指出："日月众星，自然浮生虚空之中，其行其止皆须气焉。"应当说，宣夜说的这样一种观点更加接近于事实，并且其中包含了宇宙无限的思想，在当时最为先进。不过，由于这样一种看法还有较多的思辨性，在当时缺乏可观测性，因此其影响远不如盖天和浑天二家。同时，宣夜说对当时人们所关注的某些重要天象也无法做出恰当解释，例如既然众星悬浮，为什么都由东向西移？又为什么不会坠落？事实上，在当时的科学条件下，尽管宣夜说的见解高明而前瞻，但对某些现象还无法加以实证，这也就最终导致学说虽更加正确却无法为人普遍接受。同时，它也印证了这样一个事实，正确的未必就是能够存在的，能够存在的一定有诸多条件的支持，思想与理论也不例外。

无论如何，由于论天三家的学说直接关系到宇宙的起源和结构问题，因此这是几乎所有关心宇宙问题的科学家、哲学家或思想家都必须涉及的，也就是说它对于科学与哲学来说都具有根本或基础的意义。所以当时众多的科学家、思想家或哲学家都参与了讨论和争论，例如王充主张盖天说，而桓谭、扬雄、张衡等则主张浑天说。通过论辩，参与的各种理论都力图证明自己的解释更接近于经验事实。显然，这里不单纯是科学问题，而也涉及哲学的基本问题，或涉及哲学基本问题的论据。同时科学又引领着这一讨论，因为观测在其中占有主导地位，就此而言，宇宙理论又是验明"科学"正身之所。进而，可以看到，从老子在天文学与天道观的基础上始提出宇宙理论问题，到论天三家理论的完整呈现，历时七八百年，其间哲学与科学交替引领着这一问题的深入和展开，这向我们展示了一个科学与哲学互动的经典范例。并且，总的来说，中国古代的宇宙理论很少有神创论的影子，这是与哲学无神论和较纯粹的科学关心或知识取向密不可分的，这同样也为我们提供了一个哲学与科学相互交流、相互影响的经典范例。

五、张衡浑天说的宇宙理论

在这之中，张衡的活动和思想尤为突出。张衡（78—139），字平子，河南南阳人。张衡是汉代乃至整个中国古代非常重要的科学家，也是世界上最伟大的天文学家之一，同时他的天文学思想中也有比较丰富的哲学内容。

《浑天仪》是张衡关于浑天说的代表作，主要说明了宇宙的结构以及天体的运动。在《浑天仪》中，张衡提出了人们所熟知的著名论述：

> 天如鸡子，地如鸡中黄，孤居于天内，天大而地小。天表里有水，天地各乘气而立，载水而行。周天三百六十五度四分度之一，又中分之，则半覆地上，半绕地下，故二十八宿半见半隐，天转如车毂之运也。（《晋书·天文志上》所载葛洪引《浑天仪注》）

概括张衡的浑天说，其主要观点包括：（1）天为圆球形，地亦为圆球形；（2）天大地小，地被裹于天之中；（3）天表里有水，天地均载水而行；（4）天半覆地上，半绕地下；（5）天转如车毂之运，周旋无端。以上就是张衡关于宇宙结构和天体运动的浑天说的基本理论。值得我们注意的是，张衡的上述理论经过了相应的测算，得出相应数据，这就赋予理论以实证的性质。如根据其测算，周天三百六十五度四分度之一，则一百八十二度八分之五覆地上，一百八十二度八分之五绕地下，故昼夜同。相关的测算还包括北极和南极的位置、赤道与南北极的距离、黄道与赤道和地平的夹角等，这些数据都是用来论证浑天说理论的。[1] 总的来说，张衡的浑天说是一种以地球为中心的宇宙理论，在当时最接近于说明天体的实际结构，因此具有明显的合理性，并进而对后世天文学理论产生深远影响。当然，这一假说也存在着明显的缺陷，即"天表里有水"，不过，历史上种种理论假说往往都会有这样或那样的缺陷。

《灵宪》同样是张衡浑天说的重要代表作，主要说明了宇宙的生成和演化。张衡认为宇宙的生成或演化有三个阶段，即"太素之前"、"太素"和"元气剖判"。具体来说第一个阶段是：

> 太素之前，幽清玄静，寂漠冥默，不可为象，厥中惟虚，厥外惟无，如是者永久焉，斯为溟涬，盖乃道之根也。

张衡认为太素之前宇宙是幽清玄静、寂漠冥默的，也即是虚无的，这种虚无的状况经历了一个非常久远的时期，而它正是道之本根。在第二个阶段，表现为：

> 太素始萌，萌而未兆，并气同色，浑沌不分。故道志之言云：有物浑成，先天地生。其气体固未可得而形，其迟速固未可得而纪也。如是者又永久焉。斯为庞鸿，盖乃道之干也。

张衡认为，由无而产生有，这个最初的"有"就是太素。太素由元气构成，其状态是浑沌未分，它位于天地之先。这种浑沌的状态也经历了一个非常久远的时期。至第三个阶段，则：

---

[1] 参见袁运开、周瀚光主编《中国科学思想史（中）》，第 84 页。

元气剖判，刚柔始分，清浊异位。天成于外，地定于内。天体于阳，故圆以动；地体于阴，故平以静。动以行施，静以合化，埂郁构精，时育庶类。

张衡说宇宙生成或演化的第三个阶段就是元气剖分，刚柔、清浊、动静、天地、内外、阴阳都由此产生，其中清阳之气上升散为天，浊阴之气下降凝为地。最后，万物并萌，庶类群分。以上即是《灵宪》一文的最主要内容，它是张衡有关宇宙的看法由结构问题向演化问题的延伸，并构成其浑天说的一个重要组成部分。并且在这里可以看到道家哲学思想的深刻影响。

在宇宙生成的时间上和宇宙结构的空间上，张衡还表达了十分明确的无限观念或思想。张衡讲："宇之表无极，宙之端无穷"（《灵宪》）。这里的"无极"和"无穷"都具有无限的含义。宇宙概念最初是由《墨经》提出的，先秦思想家对无限问题也有所接触，但张衡根据其天文学的研究明确提出了宇宙无限的思想。而上述思想又与其经验知识观紧密结合。张衡讲："过此而往者，未之或知也"（《灵宪》）。关于天地起源的时间问题庄子就有过思考，而张衡的思考具有更为明显的知识和经验特征，即可观察的就是可确定的，而观察不到的则是未可确定的。

由此也进一步涉及张衡的科学方法。张衡从事科学研究的主要方法是"效象度形"，即凡事物皆"有象可效，有形可度"（《灵宪》）。张衡所说"效象"是指对自然现象的观察、模拟并以客观自然加以验证；所说"度形"则是指用数学方法去度量天地间的一切事物。① 例如张衡所制作的浑天仪、地动仪就是"效象"科学方法的产物，而在"度形"方法的指导下，张衡对日、月的角直径、赤道圈和黄道圈的夹角以及洛阳地区的北极仰角等问题都作了精确的测算。

此外，张衡在天文学研究中还有其他一些思想，其中十分重要的一个方面就是关于行星运行规律的认识。张衡在《灵宪》中指出："文曜丽

---

① 参见周瀚光《中国古代科学方法研究》，第 43 页，上海，华东师范大学出版社，1992。

乎天，其动者七，日月五星是也。周旋右回，天道者，贵顺也。近天则迟，远天则速。行则屈，屈则留回，留回则逆，逆则迟，迫于天也。"这其中尤其是关于行星顺逆运行问题，在《史记·天官书》中已经提到，至东汉初年天文学家李梵、苏统等人又发现了月行迟速的现象。张衡的贡献在于将行星视运动的迟速顺逆现象归纳为一条普遍规律。对于天体运行规律也即"天道"的认识为我们提供了一个生动的范例。它表明，对于自然规律的认识是不断深入的，这同样也是由抽象而具体的认知规律的生动体现。

六、张衡宇宙理论中的哲学问题

张衡上述以浑天说宇宙理论为主的科学思想和方法与哲学也有着密切的联系。那么张衡浑天说宇宙理论与哲学的关系主要体现在哪里呢？我们大致可以考虑这样几个主要方面：（1）与先秦以来道家哲学思想中相关理论的关系。由前面考察知道，关于宇宙的起源问题，先秦道家哲学的代表性人物老子、庄子都有所接触，汉代初年《淮南子》也有过讨论。而考察张衡的理论，其中许多基本思想都与老子、庄子以及《淮南子》的看法相同，包括"虚无"、"浑沌"等概念，特别是其有关宇宙演化分为"太素之前"、"太素"、"元气剖判"三个阶段的思想明显受到道家哲学"有生于无"思想的深刻影响。总之，在张衡的这些论述中可以看到老子、庄子、《淮南子》等道家人物与学派所关注问题及其思想的延续。（2）关于宇宙无限的思想。这一问题在先秦哲学家以及《淮南子》中也已经有朦胧的意识。张衡在前人的基础上作了更为明确的归纳和表达。并且应当看到，张衡所说的无限不仅是指空间上的，也是指时间上的，这就使得无限概念具有完整性。同时，由于这样一种归纳和表达有坚实的知识背景，因此其也就赋予这一哲学命题以更多的科学性。（3）在宇宙结构和宇宙演化理论中，张衡还使用了大量与哲学思想密切相关的概念，这包括气概念以及有无、内外、阴阳、动静等对立概念。这些概念在很大程度上也是先秦及道家学派的思想所提供的。（4）在有关宇宙结构和运行问题的研究中，由于张衡对天体运行规律有深刻的理解，这有助于为哲学对于一般规律的认识提供更为可靠的科学依据，这属于科学对哲学的意义。（5）张衡的"效象度形"科学方法与后来宋元时期哲学"格物致知"的思想也存在着认识论意义的内在联系，并且它将会与其他相关方法一道作为一种资源促进以后"格物致知"思想的运用和展开。（6）除此之外，张衡对于包括浑天仪、地动仪等观测仪器的制作，也可能成为后世尤其是明清之际哲学强调实证传统的一个早期的重要经验渊源。

第七节　数学的发展与数的观念

汉代在数学方面也是成就斐然，其突出地体现为我国古代的数学体系在这一时期已经完全形成，或者说，数学作为一门学科，知识已经完全形成。而能够充分体现这一成就的就是这一时期两部最为重要的数学代表性著作，它们分别是《周髀算经》和《九章算术》，这两部著作分别就天文学中的数学问题与日常生活生产中的实用数学问题做了深入探讨和解答。同时，数的观念在汉代也获得空前的发展，这包括律数、易数以及与此相关的历数观念，这些观念在汉代都倍受重视。而由于律数、易数观念本身具有某种神秘的性质甚至巫术的色彩或遗存，这又进一步导致数字神秘主义的泛滥，这也可以说是汉代在数的知识或观念方面的一个重要特点和内容。值得我们注意的是，这其中，由于汉代对天文历法的高度重视，历数及其观念很可能在沟通各种"数"知识与观念中起着某种类似桥梁的性质或作用。

一、《周髀算经》的数学观与数学思想

如前所述，《周髀算经》原本是盖天说的理论著作。但是由于要说明天体结构，就必须提供相应的数据，而这些数据的获得最终是建立在一定的数学基础即勾股术上的，这样，《周髀算经》也就同时又是一部数学著作。

《周髀算经》关于数学的认识成果首先体现在其科学的数学观上。《周髀算经》中记载有一段托名周公向商高请教数学起源问题的完整问答。周公问于商高曰："窃闻乎大夫善数也，请问古者包牺立周天历度，夫天不可阶而升，地不可得尺寸而度，请问数安从出？"商高对曰：

> 数之法出于圆方，圆出于方，方出于矩，矩出于九九八十一。故折矩，以为句广三，股修四，径隅五。既方其外，半之一矩，环而共盘，得成三、四、五。两矩共长二十有五，是谓积矩。故禹之所以治天下者，此数之所生也。

商高的回答言简意赅，他将数学知识简单概括为"数之法出于圆方，圆出于方，方出于矩，矩出于九九八十一"。也就是说，数学就是几何加算术。我们可以看到，《周髀算经》对于数学知识起源的看法没有一点神秘主义的色彩，也没有因要将其归功于某个历史传说中的圣人或神人而忽略作为知识产生的自然历史属性。《周髀算经》所阐述和强调的实际上是一种实践出知识、实践出数学的观点，包括禹对勾股术的应用其实也是与实践密切相关的。这比起《易传》中对数的看法无疑要高明得多，也显然是一个巨大的进步。由此我们在这里也多少可以看到中国古代科学与哲学之间对于同样问题认识时所存在的一定差异，真正或纯粹科学的看法通常更加客观、真实，而哲学却有可能具有玄想或臆测的性质。

《周髀算经》中最突出的具体数学方法或理论无疑是勾股术。"故折矩，以为句广三，股修四，径隅五"就是讲这种勾股术，也即在一个直角三角形中一定存在勾（短直角边）三、股（长直角边）四、弦（斜边）五的比例关系，换言之，在直角三角形中，3∶4∶5的比例关系是恒定的，如此，人们在知道直角三角形中两条边长的情况下，就能轻而易举地推算出第三条边的边长。具体地，《周髀算经》又谈到"用矩之道"，其共包含有六种方法，分别是平矩、偃矩、覆矩、卧矩、环矩、合矩。虽然说，《周髀算经》将这种方法用于天体所得出的数据并不正确，但它并非是主观臆测的数据，而是实际测量的数据。主观臆测数字的错误与实际测量数据的误差在性质上是完全不同的：前者是向壁虚造的，是荒谬的；而后者则是客观的，是可以修正的。就对勾股方法乃至原理的掌握本身来说，《周髀算经》无疑是科学的，并且将这一方法或原理运用于天文观测，也无疑是典型的科学活动。它所获得的数据的误差只是因为观测工作已大大超出了当时实际掌握知识的范围，也即超出了当时的认识条件。但这些都不妨碍《周髀算经》在理论和方法上的深刻性。除此之外，《周髀算经》的理论成果还包括有"重差术"的发明，有学者将其视作世界范围的测量学的开端，以及关于分数运算和圆周率计算的思想的提出等。①　当然，这样的方法并非只具有科学意义，它将在以后宋元时期自然哲学的研究中产生影响。当然，这是后话。

二、《九章算术》的数学思想及哲学意义

与《周髀算经》不同，《九章算术》是一部真正或单一意义的数学著作，其共有九章即九个专题，分别是方田、粟米、衰分、少广、商功、均输、盈不足、方程、勾股。《九章算术》也是经过长时间的修改、补充，才逐渐发展完备起来的。

《九章算术》的首先一个成就是有关分数运算概念、定义和法则的制定，这包括约分、合分、减分、乘分、经分、课分、平分等。例如约分，这用现代数学术语解释就是分子与分母相约或化简。《方田》中说："术曰：可半者半之，不可半者，副置分母子之数，以少减多，更相减损，求其等也，以等数约之。"这是说约分的最基本法则就是能简则简。当遇到分子分母均为偶数时，最先考虑的步骤就是"可半者半之"，而"不可半者"则"以少减多，更相减损，求其等也，以等数约之"，这也就是公因子。如此，《九章算术》最早系统地提出了一整套分数运算中的概念、定义以及基本法则。这比起之前《管子》、《淮南子》、《史记》等谈到乐律时所用的分数算法以及《周髀算经》中的分数运算思想都要完整系统得多。而就世界范

---

① 参见袁运开、周瀚光主编：《中国科学思想史（中）》（第 110—116 页）有关内容。

围的数学史而言,这些法则比欧洲在 15 世纪后才逐步形成的现代分数算法要早一千四百年左右。除此之外,《九章算术》中的数学思想还包括:"今有术",即比例思想与计算方法的发明;多位数开平方和开立方法则的建立;"盈不足术",即盈亏问题解决方法的提出,学者们普遍认为这是中国古代数学的一大发明;联立一次方程解法的运用;"正负术"的运用,即负数概念及其运算方式的提出,等等。① 即使从今天来看,《九章算术》的上述内容也包括了现代小学算术的大部分内容和中学数学的一部分内容,即包括了初等数学中算术、代数以及几何的部分内容。

而《九章算术》以上数学思想与方法也有一定的哲学意义。

这首先体现在问题意识上。《九章算术》一书凡二百四十六个问题,涉及田亩计算,农业生产,农作物产量的计算,粟米和布匹的交换,纺织、制瓦、酿酒等手工业生产,徭役、赋税及其平均负担,工程量的计算,还有劳动的分配,运输以及利息、关税,等等,几乎囊括了生产和生活的各个方面,为人们解决这些方面的数学问题提供了方法,列出了示范例题。可以说,提出问题和解决问题,这是贯穿《九章算术》的一条基本线索,也是《九章算术》作者的根本目的。李约瑟就曾指出:"几何学是希腊数学的特征,而代数学则是中国数学的特征;这可能只是一种偶合吗? 自汉代以来,中国数学家的全部努力可以概括为一句话:怎样使一个特殊问题适合于某种模式或模型问题,并由此而加以解决。"②吴文俊也指出:中国数学传统是"从问题而不是从公理出发",这样一种传统是"以解决问题而不是以推理论证为主旨"③。值得注意的是,中国古代哲学尤其是儒家哲学乃以经世致用著称,因此在这之间应当是存在共同的价值和文化取向的。

其次是逻辑方法。吴文俊指出:"我国的古代数学基本上遵循了一条从生产实践中提炼出数学问题,经过分析综合,形成概念与方法,并上

---

① 上述归纳参见袁运开、周瀚光主编《中国科学思想史(中)》(第 117—126 页)有关内容。
② 〔英〕李约瑟:《中国科学技术史》第二卷《科学思想史》,第 317 页。
③ 吴文俊:《关于研究数学在中国的历史与现状》,《自然辩证法通讯》1990 年第 4 期。

升到理论阶段,精炼成极少数一般性原理,进一步应用于多种多样的不同问题。"①这其实就是对《九章算术》的最好概括。又周瀚光根据研究指出,《九章算术》的表述体系在方法上是一个由提出问题到解决问题的归纳过程。全书的归纳过程可以分为三步:第一,先举出某一社会生活领域中的一个或几个个别问题,由此归纳出某一类问题的一般算法;第二,把各类算法再综合起来,精炼出极少数一般性原理,得到解决该领域中各种问题的方法,于是就构成一章;第三,再把解决社会生产、生活各领域中问题的数学方法综合起来,归纳而成整个《九章算术》。并且《九章算术》并未就此结束,其进一步以此为模型来解决具体问题,而这又是从一般到个别的演绎即运用过程。② 应当说,这样一些方法无疑都有着相应的逻辑思维的训练或基础,并且它与更大背景中的中国古代哲学重经验归纳的思维也是相吻合的。

要之,《九章算术》的最大特点就是理论不脱离实际,一切从实际问题出发,而不是从抽象的定义和公理出发。以此为基础,在实际的计算方面达到了很高的水平。正是由于这些特点,使得当时中国数学在许多重要方面,特别是解决实际的计算问题方面,远远胜过古希腊的数学体系。后来,正是中国古代数学的这些内容,经过印度和中世纪伊斯兰国家而辗转传入欧洲,对文艺复兴前后世界数学的发展作出了应有的贡献。③

三、数的观念及其背景

但总的来说,无论是《周髀算经》,还是《九章算术》,所关心的都是具体知识或科学问题,所重视的都是"术",因此其中的观念内容显得比较有限,而这恰恰与汉代的整个时代氛围存在着一定的隔膜。但与某种知

---

① 吴文俊:《关于研究数学在中国的历史与现状》,《自然辩证法通讯》1990 年第 4 期。
② 参见周瀚光《中国古代科学方法研究》,第 39 页。
③ 参见杜石然等编著《中国科学技术史稿》(上册),第 185 页。

识相对应的观念一定有其生存的空间以及"需求"。秦汉时期，各种观念盛行，这其中也包括"数"。而就与哲学的关系而言，这些"数"的观念较之《周髀算经》与《九章算术》中的数学知识要来得更加"亲密"。

汉代"数"观念的盛行有十分复杂的原因。这既包括现实大一统政治及其天人感应、天人合一观念的社会根源，也包括在过去已经形成的数知识与观念的历史根源。而就知识的角度而言，这既有天文历法所提供的知识基础，也有音律学所提供的知识与观念依据，还有与《易》相关的貌似知识的各种神秘理解和解释。

如前面考察所见，数观念早在先秦时期就已经形成了。最初始、最简单的数观念与四方、五行这些知识与观念有关，也与八卦的知识与观念有关，并且从春秋开始已经有神秘化的倾向。

随着占星术的发展、天文知识的增加以及人们对音律知识的了解，天数观念和概念在西周末年至春秋末年之间已经逐渐形成。例如《国语·周语下》中讲："古之神瞽考中声而量之以制，度律均钟，百官轨仪，纪之以三，平之以六，成于十二，天之道也。"又如《左传·哀公七年》中讲："周之王也，制礼，上物不过十二，以为天之大数也。"这里的"十二"既与天文知识有关，即十二辰、十二次、十二月，又与音律知识有关，即十二律。我们在这里也已经可以看到天数与律数在数字上的某种相似关联。到了战国时期，人们已经普遍认为在季节与音律之间存在着联系。前面已经讲到，在《吕氏春秋》里，十二律与十二月是相配的，如："黄钟之月，土事无作，慎无发盖，以固天闭地，阳气且泄。""太蔟之月，阳气始生，草木繁动，令农发土，无或失时。"（《音律》）这就是一种"数"的观念。

另一方面，至战国后期，易数观念与概念也逐渐形成。《易传·系辞上》中讲："大衍之数五十，其用四十有九。分而为二以象两，挂一以象三，揲之以四以象四时，归奇于扐以象闰，五岁再闰，故再扐而后挂。天数五，地数五，五位相得而各有合。天数二十有五，地数三十，凡天地之数五十有五，此所以成变化而行鬼神也。《乾》之策二百一十有六，《坤》之策百四十有四，凡三百有六十，当期之日。二篇之策，万有一千五百二十，当万物之数也。是故四营而成《易》，十有八变而成卦，八卦而小成。引而伸之，触类而长之，天下之能事毕矣。"这可以说是易数观念的张本，同时它也将易数与天数勾连了起来。

而先秦时期律数、易数与天数的这种关系也为汉代律数、易数与历数的结合作了思维与观念上的铺垫。以上可以说是汉代数观念的历史背景。

同时，天文历法的发展对于汉代的数观念也有着至关重要的意义。如前面的考察所示，自春秋战国以来，天文学取得巨大进展。到了汉代，制定历法又成为天文学的首要任务。而天文历法都与数密切相关。以汉代诸历法中的朔望月与回归年长度为例。《太初历》的基本常数是：一朔望月 $29\frac{43}{81}$ 日和一回归年长度 $365\frac{385}{1539}$ 日，因其将一日分成八十一分，故又名八十一分法，或八十一分律历，这一日数较之战国时期四分历要粗，但较之秦汉之际的颛顼历要精；《四分历》与战国时期的四分历相同，其常数是：一朔望月 $29\frac{499}{940}$ 日和一回归年长度 $365\frac{1}{4}$ 日；《乾象历》的常数是：一朔望月 $29\frac{773}{1457}$ 日和一回归年长度 $365\frac{145}{589}$ 日。事实上，类似的常数除了朔望月和回归年长度以外，还包括近点月、交点月、恒星月、交食周期、五星会合周期以及二十八宿距度、黄赤交角、黄白交角、昼夜刻漏、晷影长度等。并且，在不同的常数之间还要寻求平衡，如太阳年与月亮年之间就存在差数，这就要通过置闰的方法加以调节从而将这两个周期加以整合。此外，天体运行又并非是匀速的，例如李梵、苏统等人在编订《四分历》时就注意到月亮视运动的不均匀性，也就是月有迟速，原因是月球在近地点走得最快，但近地点位置却不固定，大概一月间移动三度。总之，历数非常复杂，其中必然涉及精密的观测和计算。这些有关数的天文知识无疑会对数观念产生深刻的影响，而这也是汉代数观念盛行的现实知识背景。

以上就是汉代数观念的背景，汉代数观念就是在这种背景下发展起来的。我们看到，汉人津津乐道的数普遍与天文历法知识或相应的观念有关。例如《淮南子·天文训》中讲："二阴一阳成气二；二阳一阴成气三。合气而为音，合阴而为阳，合阳而为律，故曰五音六律。音自倍而为日，律自倍而为辰，故日十而辰十二。月日行十三度七十六分度之二十六，二十九日九百四十分日之四百九十九而为月，而以十二月为岁。岁有余十日九百四十分日之八百二十七，故十九岁而七闰。"又如《史记·律书》中这一段："子一分，丑三分二，寅九分八，卯二十七分十六，辰八十一分六十四，巳二百四十三分一百二十八，午七百二十九分五百一十二，未二千一百八十七分一千二十四，申六千五百六十一分四千九十六，酉一万九千六百八十三分八千一百九十二，戌五万九千四十九分三万二千七百六十八，亥十七万七千一百四十七分六万五千五百三十六。"在这里，数与天干地支观念紧密联系在一起。这些"数"在当时看上去似乎都那么"真实"，也正是由于看上去的"真实"，一时间似乎又都很具有"说服力"。当然，这类"数"观念所感兴趣的并不会是像天文观测与计算那样去求证客观的数据，否则也就不存在知识与观念的差别。

事实上，这样一种数观念的最终目的乃在于追求某些看上去恒定不变的数或普遍适用的数，因为从观念的视角来看，这些恒定不变的数或普遍适用的数更为重要，它们通常可以作为其他事物或数字的基准，这也就是所谓"天数"。汉代许多思想家都在追求这样的数，他们千方百计证明这些数的存在，他们相信有某种不同知识都必须遵循或必然显现的共同的数，或者说有某些可以一以贯之天下万物的共同之数。由此，这也将哲学与科学区分了开来。

在汉代的各种数观念中，又尤以易数与律数两种思想或理论最为重要。《汉书·律历志》中记载了一段刘歆对数所作的界说：

数者，一十百千万也，所以算数事物，顺性命之理也。《书》曰：先其算命。本起于黄钟之数，始于一而三之，三三积之，历十二辰之数，十有七万七千一百四十七，而五数备矣。其算法用竹，径一分，

> 长六寸，二百七十一枚而成六觚，为一握。径象乾律黄钟之一，而长象坤吕林钟之长。其数以易大衍之数五十，其用四十九，成阳六爻，得周流六虚之象也。夫推历生律制器，规圜矩方，权重衡平，准绳嘉量，探赜索隐，钩深致远，莫不用焉。

从刘歆这段话中我们可以看出，在数观念中，易数观念与律数观念是最为重要的两个方面。而律数与易数之所以重要，就在于其中的某些数字被认为具有神秘性或神圣性，被认为是宇宙的法则所在。应当说，比起先秦时期阴阳或象数学派以阴阳五行为核心的宇宙图式观念，这的确是一种新的"玩法"。

下面我们就分别来考察这两个内容。

四、律数

律数首先仍应被视作一种知识，这也是律数与易数的一个重要区别。但汉代的律数知识及其观念存在着明显的问题，这就是将天文与音律两种不同的知识附会在一起。当然，这种附会并非是什么新的发明创造。如前所见，这样一种附会在《吕氏春秋》中已经十分明显，而汉代显然继承了这样的思维与观念。例如《史记·律书》中讲："律历，天所以通五行八正之气，天所以成孰万物也。"

具体如：

> 十月也，律中应钟。应钟者，阳气之应，不用事也。其于十二子为亥。

> 十一月也，律中黄钟。黄钟者，阳气踵黄泉而出也。其于十二子为子。

这种思维与观念与《吕氏春秋》无疑是一脉相承的。不过，司马迁也有新的认识，这就是以律造历。《史记》中说："王者制事立法，物度轨则，一禀于六律，六律为万事根本焉。"又说："钟律调自上古。建律运历造日度，可据而度也。合符节，通道德，即从斯之谓也。"这就是说历的根据在律。

这一思想提出后，对于汉代天文历法知识的影响极大。之后，《汉书·律历志》中又有以律起历的说法，讲武帝修《太初历》，"乃选治历邓平及长乐司马可、酒泉候宜君、侍郎尊及与民间治历者，凡二十余人，方士唐都、巴郡落下闳与焉。都分天部，而闳运算转历。其法以律起历，曰：律容一龠，积八十一寸，则一日之分也。与长相终。律长九寸，百七十一分而终复。三复而得甲子。夫律阴阳九六，爻象所从出也。故黄钟纪元气之谓律。律，法也，莫不取法焉"。这里所谓"律，法也，莫不取法焉"，就是讲历法以音律作为基本的准则。说到底，这就是想为自然立法，或者说寻找与确定宇宙的终极法则。但历法的依据首先只能是来自天文规律，以律统历的做法无疑是主观的，也是错误的。

讲汉代律数与历数的关系也不能不提京房的六十律。六十律是一种音律体系。我们知道，在京房之前，中国已经取得十二律的音律体系。而京房有见于十二音律体系在音差上的粗疏，因此将十二律扩展为六十律。与十二律相比，六十律所获得的数字要精确许多，这一思维上的精细化努力是我们应当看到的。不过，京房的这种六十律其实并无使用价值，正如有音乐史家所指出的：在中国历史上从来就没有出现过具备六十律的能为实际演奏服务的乐器。[1] 更重要的是，京房研究六十律的目的主要不是在音律本身，而是为了说明与季节变化的关系，为了说明与一年 366 天天数的关系。在这里，我们同样可以看到《吕氏春秋》思想的影响或延续，看到主观比附的思维倾向。

五、易数

如前所见，易数是在《易经》特别是《易传》的基础上发展起来的。与律数有所不同，易数首先并不是一种知识，而是基于占卜发展起来的观念与思想。但与律数一样，大约从战国起，已发展出用易附历。而到了汉代，由于天文历法的显赫地位，易数也与历数高度结合或附会起来。

---

[1] 参见杨荫浏《中国古代音乐史稿》（上册），第 131 页，北京，人民音乐出版社，1981。

在这里，历法家及学者多用易数作为天文历法之依据。汉代以易数配历数的开先河者是孟喜，其具体理论即卦气说。而易数与历数结合的典型表述，则可以从《汉书·律历志》以下这段记载中看出：

> 是故元始有象一也，春秋二也，三统三也，四时四也，合而为十，成五体。以五乘十，大衍之数也，而道据其一，其余四十九，所当用也，故著以为数。以象两两之，又以象三三之，又以象四四之，又归奇象闰十九及所据一加之，因以再扐两之，是为月法之实。如日法得一，则一月之日数也，而三辰之会交矣，是以能生吉凶。故《易》曰：天一，地二，天三，地四，天五，地六，天七，地八，天九，地十。天数五，地数五，五位相得而各有合。天数二十有五，地数三十，凡天地之数五十有五，此所以成变化而行鬼神也。并终数为十九，《易》穷则变，故为闰法。参天九，两地十，是为会数。参天数二十五，两地数三十，是为朔望之会。以会数乘之，则周于朔旦冬至，是为会月。

在这里，易数与历法高度附和，而其依据就是《易》。但这些看上去将易数与历法结合得如此巧妙的理论其实充满了穿凿附会。对此，赵庄愚有精辟的分析："至汉代神视易及易数，乃始以易数为历数之本。制历与易之象数学合为一，此盖有由玄入实之意，但其确定的数，不由自然之真，涉于牵强附合。其根本不实在，所论有支离而无当、破碎而难立之病，故其后有被讲义理的王弼，深入实测的郭守敬，给以批判扬弃。"赵庄愚还指出易数家对于数的理解的错误，即将纯数当作算术数。但"易数本不可以视为精确数而硬要以为极精确，于是翻转误了历法之计算"。当这样一种错误的认识被用于历法计算时只能导致错误的结果，这也是问题的真正严重之处，即一种纯粹观念的东西结果被当作了纯粹知识的东西，其后果可想而知。如"积年数"和"日法数"。"求此两个的整数，可累够了从汉代到元代一千多年之历代改历者之作其详细计算，各人得数并不同，白白地劳而少功。直到元代《授时历》作者郭守敬才悟出其不合实际,废了求此两项的无益计算工作。"①而从以易数来附会历数这个例子中,也可以看到中国古代科学思想发展的曲折性,看到思想与知识关系的复杂性,看到在这种背景下知识与思想发展所付出的巨大代价。

六、驳杂、神秘的思维特征及其巫术性质

当然,汉代的数观念远较此来得驳杂和神秘。

以京房的六十律为例。其律学背后有深刻的易学背景,也就是说,律数与易数又是串通在一起的。对此,《后汉书·律历志》中有清楚的记载:元帝时,郎中京房知五声之音,六律之数。上使太子太傅玄成、谏议大夫章,杂试问房于乐府。京房对曰:"夫十二律之变至于六十,犹八卦之变至于六十四也。宓羲作易,纪阳气之初,以为律法。……以六十律分期之日,黄钟自冬至始,及冬至而复,阴阳寒燠风雨之占生焉。"也因此,汉代的律数知识、易数观念与天数观念或历数知识往往杂糅在一起,如《汉书·律历志》的下面这段话:

> 《易》曰:参天两地而倚数。天之数始于一,终于二十有五。其义纪之以三,故置一得三,又二十五分之六,凡二十五置,终天之数,得八十一,以天地五位之合终于十者乘之,为八百一十分,应历一统千五百三十九岁之章数,黄钟之实也。繇此之义,起十二律之周径。地之数始于二,终于三十。其义纪之以两,故置一得二,凡三十置,终地之数,得六十,以地中数六乘之,为三百六十分。当期之日,林钟之实。人者,继天顺地,序气成物,统八卦,调八风,理八政,正八节,谐八音,舞八佾,监八方,被八荒,以终天地之功,故八八六十四。其义极天地之变,以天地五位之合终于十者乘之,为六百四十分,以应六十四卦,太族之实也。《书》曰:天功人其代之。天兼地,人则天,故以五位之合乘焉,唯天为大、唯尧则之之象也。地以中数乘

① 赵庄愚:《论易数与古天文历法学》,载唐明邦等编《周易纵横录》,第 443—447 页。

者，阴道理内，在中馈之象也。三统相通，故黄钟、林钟、太族律长皆全寸而亡余分也。

在这段话里，天之数、律之数、易之数完全纠合在一起，煞有介事，而且天人对应，俨然附合。不仅如此，数也与气、阴阳、五行等观念糅合在一起，如《汉书·律历志》以下这段：

> 天之中数五，地之中数六，而二者为合。六为虚，五为声，周流于六虚。虚者，爻律夫阴阳，登降运行，列为十二，而律吕和矣。太极元气，函三为一。极，中也。元，始也。行于十二辰，始动于子。参之于丑，得三。又参之于寅，得九。又参之于卯，得二十七。又参之于辰，得八十一。又参之于巳，得二百四十三。又参之于午，得七百二十九。又参之于未，得二千一百八十七。又参之于申，得六千五百六十一。又参之于酉，得万九千六百八十三。又参之于戌，得五万九千四十九。又参之于亥，得十七万七千一百四十七。此阴阳合德，气钟于子，化生万物者也。

天五地六、阴阳升降、周流六虚，这些早在春秋时期就已经形成的观念又与神秘、复杂的数字结合在一起。可以说，汉人将当时能够搜罗到的重要知识和观念全部搜罗在了一起，并扔在一口锅里翻搅熬煮，让人瞠目结舌、叹为观止。但这些看上去煞有介事的知识其实是根本不真实的！也是根本不存在的！它们无不是主观杜撰或臆测的结果。

而这样的数字及背后的思维显然也有着明显的巫术性质，如《汉书·律历志》：

> 五胜相乘，以生小周，以乘《乾》《坤》之策，而成大周。阴阳比类，交错相成，故九六之变登降于六体。三微而成著，三著而成象，二象十有八变而成卦，四营而成易，为七十二，参三统两四时相乘之数也。参之则得《乾》之策，两之则得《坤》之策。以阳九九之，为六百四十八，以阴六六之，为四百三十二，凡一千八十，阴阳各一卦之微算策也。八之，为八千六百四十，而八卦小成。引而信之，又八

> 之，为六万九千一百二十，天地再之，为十三万八千二百四十，然后大成。五星会终，触类而长之，以乘章岁，为二百六十二万六千五百六十，而与日月会。三会为七百八十七万九千六百八十，而与三统会。三统二千三百六十三万九千四十，而复于太极上元。

不难看出，这样的理论有《易》的背景或影子，其由占卜传统而来，再杂糅进占星的内容，事实上这与当时的道教思想也已经相距不远。就根源来看，这种理论无疑是原始思维与观念连续性的表现。说到底，其中有巫术性质在作祟。当然，对数的特殊兴趣、喜好并将其意义加以夸大甚至神秘化乃是世界范围内的普遍现象。就此而言，这也不足为怪。

对于这样一种神秘主义的数观念，李约瑟也有过议论。李约瑟说："中国宇宙观和现代宇宙观之间的对比，很鲜明地表现在数字的使用上。"在欧洲也有毕达哥拉斯派，"但是中国人的相互联系的思维十分自然地包含有一种数字神秘主义"。李约瑟将之称为命理学，并认为它对于现代科学头脑之可厌，正和有关大金字塔的命理学幻想是一样的。李约瑟说："就我所能看到的而言，互相联系的思维的这一方面对中国科学毫无贡献。"李约瑟引用贝尔盖涅的话说："数字并不取决于被知觉或被描绘的物体的实际（经验）的多元性，相反地，它是那样一些物体，其多元性是根据一个事先决定的神秘数字（好像在一个预制的结构中那样）而取得的形式来确定的。"李约瑟还特别引用葛兰言有关古代中国人数字符号主义思想的一些论述："定量的观念在（古代）中国人的哲学思考中实际上并不起什么作用。尽管如此，他们的圣哲对数字本身却是深感兴趣的。""不管测量员、木工、建筑师、战车制造者和音乐家的各种团体的算术或几何知识是如何渊博，圣哲们对它从来没有任何兴趣，除了它可以促进所谓的'数字游戏'。数字就仿佛它们是象征那样而被加以操纵。""数字没有表示大小的功用，它们是用来调整宇宙比例的具体尺度的。"李约瑟也说："毫无疑问，对上古和中古的中国命理学的批评不可失之过苛。"但他还是概括性地指出："然而，我想要提出，这种命理学以及对五行的象征的相互联系的更加怪诞的引申，乃是对某些基本观念的夸张，其方法的有效和对后来人类思想史的价值，与那些在欧洲中古时代造成了以正式法律程序对动物进行审判的怪诞行为的其他基本观念是一样的。"①李约瑟的（包括其所引述的）这些看法都是值得我们认真加以注意的。

第八节　医学的发展与《黄帝内经》的整体观

中医药体系在汉代也已经完全形成。考察汉代时期的医学，首先要讲秦汉时期逐渐定型的《黄帝内经》。《黄帝内经》并非一人一时之作，其出现于战国中晚期，之后又经不断整理而最终定型于汉代。②《黄帝内经》为中国医学理论体系的形成奠定了十分广泛和坚实的基础。东汉时期的医学有了更大的发展。这一时期，外科有华佗，其以精巧的外科手术和先进的麻醉术而著称于世，《后汉书·华佗传》中就有关于其使用麻沸散施行腹腔外科手术的生动描述；内科有张仲景，其在《黄帝内经》辨证论治原则的基础上明确提出"六经辨证"思想，并将其广泛运用于临床实践。此二人与战国时期对脉学作出重大贡献的扁鹊一起被称为中医三大祖师。在医药学著作方面，这一时期药物学方面有《神农本草经》、内科诊断和治疗学方面有张仲景的《伤寒杂病论》，此二书与《黄帝内经》一起又并称为中医学三大医典，在以后的历史中，这三部医学典籍一直对中国医学起着纲领性的指导作用。本节将以《黄帝内经》为主，兼涉其他医学成就。

一、《黄帝内经》思想概说

《黄帝内经》（简称《内经》）是中国医学具有奠基性意义的著作。《黄

---

① 〔英〕李约瑟：《中国科学技术史》第二卷《科学思想史》，第 312 页。
② 但《黄帝内经》作为一部经验和理论总结性的著作，其许多思想可能在春秋战国时期就已逐渐形成。

帝内经》包括《素问》和《灵枢》两大部分,各九卷,总计十八卷,一百六十二篇。其中《素问》流传至唐代仅存八卷,经唐人王冰历时十二年研究,又为之补入《天元纪大论》等七篇(通称七大论)。《素问》、《灵枢》两书内容包括生理、脏象、经络、病因、病机、诊法、治则、针灸、运气、养生以及医德等内容。

《内经》的基本或核心内容就是阴阳五行理论和脏腑经络学说,以此为基础,又形成病因病机学说、诊法和治则理论。其中阴阳理论方面包括对阴阳对立、平衡、交错、转化等性质和状态的深刻认识以及结合生理、病理的深入展开;五行理论方面包括将这一理论纳入人体从而形成的脏腑、经络学说以及"生克"、"乘侮"理论。

从哲学的角度看,《内经》中最有价值的就是其整体观,这也是《内经》提供给中国古代哲学的一件瑰宝。当然,作为整体观,其在《内经》的各种理论和思想中是不尽相同的,它由许多具体的内容或形式共同组成。如其在阴阳理论中主要是关注平衡问题,在五行及生克理论中主要是关注关系问题,其中乘侮理论也与平衡有关;其在脏腑学说中突现为一种系统观,在经络、表里学说中所体现的则是对联系的思考;此外,其在辨证施治思想中关心的是多样性和复杂性问题,也就是在运用辩证思维,而杂合、参合等概念与思想则属于综合性的思维。《内经》的整体观就是所有这些思想、理论、思维、方法的总和,正是这样一种整体观造就了中国古代医学十分独特的传统。

此外,在考察《内经》的具体医学思想之前,还有一个问题有必要先来简单了解一下,那就是这一时期的医学观。我们知道,医早先是起源于巫的,直至周代仍是巫医并存。随着医疗技术的发展,到春秋战国之际,扁鹊终于提出了"病有六不治"的原则,其中一条就是"信巫不信医"不可治也,这一原则可以说充满了科学精神,事实上,这也是与同期哲学思想中的无神论思潮以及理性精神相吻合的。而这一精神在以《内经》为代表的秦汉时期的医疗活动中得到了继承。如《内经》中说:"拘于鬼神者,不可与言至德。"(《素问·五脏别论》)这实际体现了一种科学的医学观。当然，这并非是说这一时期在民间没有巫术鬼神的影响，但总体而言，在整个汉代的医学理论中的确没有鬼神的地位。也因此，当我们看到魏晋以后鬼神迷信重新出现在医学理论中的时候，也知道中国古代科学发展的曲折变化。

二、阴阳五行理论与整体观

《内经》的医学理论是以阴阳、五行概念和理论作为基础建立起来的，换言之，阴阳五行理论是《内经》的核心，而《内经》的整体观首先就体现于这一理论之中。

（一）阴阳平衡理论

与同时期的许多知识与思想一样，《内经》也认为：阴阳是可以涵盖宇宙中一切事物和现象的。《内经》说：

> 阴阳者，天地之道也，万物之纲纪，变化之父母。（《素问·阴阳应象大论》）

> 阴阳者，数之可十，推之可百，数之可千，推之可万；万之大，不可胜数，然其要一也。（《素问·阴阳离合论》）

这些都在于说明，阴阳是宇宙的基本法则。并且，《内经》也已经注意到阴阳各自及相互之间所具有的复杂性质，如："阴中有阴，阳中有阳。"（《素问·金匮真言论》）这是阴阳各自的复杂状况。又如："阳中有阴，阴中有阳。"（《素问·天元纪大论》）这是阴阳之间的复杂状况。而阴阳之间的复杂性又特别体现在它们会转化到相反的方面，所谓："重阴必阳，重阳必阴。"（《素问·阴阳应象大论》）这些都表明，《内经》对于阴阳问题的观察与思考已经十分深入，这里面包含了丰富的辩证思维。

以此为基础，《内经》将阴阳理论广泛运用于其医学思想中。《内经》认为，人体也是由阴阳二气构成的，而健康就是阴阳二气处于相互调和的状态。如《素问·生气通天论》中说："是以圣人陈阴阳，筋脉和同，骨髓坚固，气血皆从。如是则内外调和，邪不能害，耳目聪明，气立如故。"

这一思想又进而落实在诊断与治疗活动之中。《内经》讲："善诊者,察色按脉,先别阴阳。"(《素问·阴阳应象大论》)这是说,诊疗首先应判明病症的阴阳性质。

而在《内经》所有关于阴阳问题的思考中,阴阳平衡理论是最为重要的成果。《内经》认为,在一般或正常情况下,人体的阴阳两个方面(气)是互相平衡的,这时人体处于健康状态,如《素问·调经论》所说:

> 阴阳匀平,以充其形,九候若一,命曰平人。

但人是一个生命体,由于受内部因素和外部因素的影响,阴阳两个方面是相互消长的,即处于动态变化之中,这样到一定的时候,原有的平衡便会被打破,人体也就会产生疾病。在《内经》中,有关这一思想的论述非常之多,例如《素问·生气通天论》中以下两段:

> 阴不胜其阳,则脉流薄疾,并乃狂。阳不胜其阴,则五藏气争,九窍不通。是以圣人陈阴阳,筋脉和同,骨髓坚固,气血皆从。如是则内外调和,邪不能害,耳目聪明,气立如故。

> 凡阴阳之要,阳密乃固。两者不和,若春无秋,若冬无夏。因而和之,是谓圣度。故阳强不能密,阴气乃绝。阴平阳秘,精神乃治,阴阳离决,精气乃绝。

在这两段不长的论述中,《内经》多次用了"陈阴阳"、"筋脉和同"、"内外调和"、"阴平阳秘"等语词来描述平衡的状态,相反则是"阴不胜其阳,则脉流薄疾"、"阳不胜其阴,则五藏气争"、"阳强不能密,阴气乃绝"、"阴阳离决,精气乃绝"。简言之,阴阳一旦失去平衡就会导致疾病。在《素问·阴阳应象大论》中,有对此更为简略的概括性表达:

> 阴胜则阳病,阳胜则阴病。阳胜则热,阴胜则寒。

除阴阳概念外,《内经》也使用有余与不足这一对概念来表达阴阳失衡的状况,这使得我们对阴阳失衡的理解更为形象、具体和饱满。如《素问·调经论》说:"黄帝问曰:余闻《刺法》言,有余泻之,不足补之。何谓有余？何谓不足？岐伯对曰：有余有五，不足亦有五，帝欲何问？帝曰：愿尽闻之。岐伯曰：神有余有不足，气有余有不足，血有余有不足，形有余有不足，志有余有不足。凡此十者，其气不等也。"

据此，《内经》提出身体健康的基本要求或原则就是克服偏盛偏衰，保持阴阳平衡。并且《内经》也总结出了种种恢复平衡的方法，如："寒者热之，热者寒之；温者清之，清者温之；散者收之，抑者散之；燥者润之，急者缓之；坚者软之，脆者坚之；衰者补之，强者泻之。"（《素问·至真要大论》）总之，欲使人体处于一种健康状态，就必须尽可能地使阴阳两个方面在相互消长的动态过程中保持平衡，这正是《内经》阴阳理论的精髓。

（二）五行关系理论

《内经》理论也与五行学说有着密切的关系。《内经》认为：五行也是天地间一切事物和现象所具有的法则。如：

> 五行者，金、木、水、火、土也，更贵更贱，以知死生。（《素问·脏气法时论》）

> 天地之间，六合之内，不离于五，人亦应之。（《灵枢·阴阳二十五人》）

这些都在于说明，五行是万物的根本形态。

具体来说，《内经》将人体的各个部位与五行一一对应起来，肝属木、心属火、脾属土、肺属金、肾属水。如《素问·阴阳应象大论》中说：

> 东方生风，风生木，木生酸，酸生肝，肝生筋，筋生心，肝主目。
> 南方生热，热生火，火生苦，苦生心，心生血，血生脾，心主舌。
> 中央生湿，湿生土，土生甘，甘生脾，脾生肉，肉生肺，脾主口。
> 西方生燥，燥生金，金生辛，辛生肺，肺生皮毛，皮毛生肾，肺主鼻。
> 北方生寒，寒生水，水生咸，咸生肾，肾生骨髓，髓生肝，肾主耳。

不难看出，五行理论对《内经》的影响十分明显，这些理论与同时期的《吕氏春秋》、《淮南子》以及《礼记·月令》中的理论是一致的，它反映了当时的一种普遍性思维或者具有普遍意义的宇宙图景。

而《内经》的五行理论包含了十分明显的整体观,这特别呈现在以下两个方面:第一,联系的认识。按五行理论,不同的行之间存在着相生相克关系,其中相生规律是木生火,火生土,土生金,金生水,水生木;相克规律是木克土,土克水,水克火,火克金,金克木。《内经》中引入了这一理论,试图用它来说明脏器及疾病间的授受传变关系,例如《素问·玉机真脏论》中讲:"肝受气于心,传之于脾","心受气于脾,传之于肺","脾受气于肺,传之于肾","肺受气于肾,传之于肝","肾受气于肝,传之于心"。在这里,《内经》明显在考虑关系问题,各个脏器并非是孤立的,它们之间存在着联系,这也是《内经》引入五行生克理论的意义所在。第二,平衡的认识。《内经》不仅讲生克,而且还讲乘侮。所谓乘侮,有乘机欺侮和恃强凌弱之意。《内经》认为,当某一行气过盛时,不仅会欺侮己胜之气,而且能欺侮胜己之气;而当某一行气不足时,无论是原克己之气还是原己克之气又都会乘势来欺侮。如《素问·五运行大论》中说:"气有余则制己所胜而侮所不胜;其不及则己所不胜侮而乘之,己所胜轻而侮之。"乘侮也是在关注关系或相关性问题,不过乘侮中除了相互关系的内容外,显然还包含有对于平衡问题的思考,乘侮现象实际上就是平衡被打破的状况。但需要指出的是,在《内经》所有整体观思想中,以五行理论部分的缺陷最多,尤其是生克理论,其中有不少勉强和荒谬的内容,这无疑也是应当注意的。

三、脏腑经络学说与整体观

《内经》的整体观又体现在其脏腑经络学说上。这里的脏腑即指人体内部脏器,包括五脏六腑。值得注意的是,《内经》也讲脏象,所谓脏象就是指脏腑状况及其在体表的征象,象与脏二者又合称表里。经络是人体内气血运行的通路,其干者为经,支者为络。这些就是脏腑经络学说最基本的内容。而这一学说同样包含了整体观。在《内经》看来,人体是一个完整的结构或系统,它的各个部分都不是孤立的,而是相互联系的。

在这里，整体观一目了然。下面就从脏腑、表里、经络这三个方面来具体了解《内经》脏腑经络学说中整体观的状况。

（一）脏腑学说中的系统思想与联系思想

《内经》脏腑理论中的整体观主要体现在两个方面，其一是系统思想，其二是联系思想。

首先，《内经》将人体所有的脏腑器官视作一个完整有机的系统，每一个单独的脏器都只是这个完整系统中的一个部分，它要发生作用就必须与其他脏器配合或协调进行。对此，《素问·灵兰秘典论》中有一段著名的论述，兹全文抄录于下：

> 黄帝问曰：愿闻十二脏之相使，贵贱何如？岐伯对曰：悉乎哉问也。请遂言之。心者，君主之官也，神明出焉。肺者，相傅之官，治节出焉。肝者，将军之官，谋虑出焉。胆者，中正之官，决断出焉。膻中者，臣使之官，喜乐出焉。脾胃者，仓廪之官，五味出焉。大肠者，传道之官，变化出焉。小肠者，受盛之官，化物出焉。肾者，作强之官，伎巧出焉。三焦者，决渎之官，水道出焉。膀胱者，州都之官，津液藏焉，气化则能出矣。凡此十二官者，不得相失也。故主明则下安，以此养生则寿，殁世不殆，以为天下则大昌。主不明则十二官危，使道闭塞而不通，形乃大伤，以此养生则殃，以为天下者，其宗大危，戒之戒之！

按照《素问·灵兰秘典论》上述理论，人体如同政府机构，各个部门虽然独立却不能脱离整体而存在，它们只有通过相互配合才能完成各自的职能。如此，《内经》就将人体的各个器官纳入整体或系统的认识中来。这是一种典型的系统思想，其核心就在于要求系统或完整地认识问题。

其次，与系统思想相关，《内经》又必然从联系的视角出发来看待脏腑器官之间的关系。这种联系主要体现为两个方面：其一，脏与脏之间、腑与腑之间、脏与腑之间是相互联系的。如脏与脏之间的关系：心，"其主肾也"；肺，"其主心也"；肝，"其主肺也"；脾，"其主肝也"；肾，"其主脾也"。(《素问·五脏生成》)又如脏与腑的关系："肺合大肠"，"心合小肠"，"肝合胆"，"脾合胃"，"肾合膀胱"。(《灵枢·本输》)其二，脏器本身所具有的联系又导致疾病的相互影响。如："肾移寒于脾，痈肿，少气。脾移寒于肝，痈肿，筋挛。"(《素问·气厥论》)这是脏与脏之间疾病的相互影响。"脾咳不已，则胃受之"；"肝咳不已，则胆受之"；"肺咳不已，则大肠受之。"(《素问·咳论》)这是脏与腑之间疾病的相互影响。这是典型的联系思想，其核心在于联系而非孤立地看待问题。并且可以清楚地看到，这种对于脏腑关系的认识明显受到对于五行关系认识的影响。

（二）表里、经络学说中的联系思想

《内经》表里与经络学说中的整体观也主要体现为联系的思想。

在《内经》看来，不仅脏器之间存在着联系，而且脏器与体表之间也存在着联系。《内经》认为，由于人体的外部表征与人体的内部组织有着必然的联系，因此就可以通过外部表征知道体内的健康状况以及疾病变化。具体来说，这种联系包括：第一，肤表外候，如"心之合脉也，其荣色也"；"肺之合皮也，其荣毛也"。(《素问·五脏生成》)第二，开窍，如肝"开窍于目"；脾"开窍于口"；肾"开窍于二阴"。(《素问·金匮真言论》)以上是表里学说的两个重要内容。第三，腧穴。这是表里学说的另一个重要内容，同时它又与经络学说密切相关。因为经络将人体脏腑、表里连通为一个整体，并形成诸多腧穴。按《内经》的说法就是："经脉流行不止，环周不休。"(《素问·举痛论》)"其流溢之气，内溉脏腑，外濡腠理。"(《灵枢·脉度》)《内经》认为：脏腑变化正是通过经络反映到体表及腧穴上来，而通过对腧穴的干预如针灸也可以调整控制脏腑的状况。具体地，《内经》归纳出了人体的十二经脉以及奇经八脉，并分别指示出它们在人体中的分布、走向以及气血状况、流注次序等。总之，正是由于有了外候、开窍与脏器之间的联系，便可以了解疾病；也正是由于有了腧穴与脏器之间的联系，又可以治疗疾病。而这些也就是中国医学独特的表里学说与经络学说。也是基于这样的学说，中国医学遂形成了望、闻、问、切和针灸等一整套诊断、治疗疾病的方法手段。因此可以这样说，中国医学独特的问诊与治疗方式是由其中联系的思想所决定的。

四、辨证施治思想与整体观

《内经》的整体观还体现在其辨证施治的思想与方法上面。这里需要指出的是，中国古代医学的辨证论治体系是由张仲景完全建立起来的，但辨证施治作为思想和方法，已经在《内经》中大量出现和使用。

（一）多样、复杂、针对性认识与辩证思维

前面已经看到，《内经》中对于阴阳问题的思考就包含了丰富的辩证思维。《内经》也将这一思维用于临床实践，例如《素问·阴阳应象大论》中说：

> 故善用针者，从阴引阳，从阳引阴，以右治左，以左治右。
>
> 审其阴阳，以别柔刚，阳病治阴，阴病治阳。

在这里，我们可以看到《内经》医疗实践所包含的辩证智慧。

不过，在《内经》中，最能体现辩证思维的应是辨证施治的思想与方法。辨证施治思想与方法的核心就是注意和强调事物即认识对象的多样性与复杂性，并由此提供或制定针对性的解决办法。不难看出，这里面所体现的就是一种辩证思维。具体来说，辨证施治可以分解为如下两个环节：

第一，辨证，其核心是关注多样性与复杂性。《内经》已经广泛注意到疾病原因、变化及其表现形式的多样性和复杂性，由于病因病机不同以及每个人身体条件和所处外部环境不同，病症也往往表现得十分不同。以脉诊为例："病热脉静；泄而脉大；脱血而脉实；病在中，脉实坚；病在外，脉不实坚者，皆难治。"（《素问·玉机真脏论》）因此，治病的第一步就应当认真辨证，准确区分和判定疾病的性质与状态。为此，《内经》以阴阳平衡理论为基础，结合医疗实践，将人体状态区分为六种类型，即太阴、太阳、少阴、少阳、厥阴、阳明，也称三阴三阳。如《素问·天元纪大论》中说："阴阳之气各有多少，故曰三阴三阳也。"这种区分的目的就是为了对人体状况在类型上有一个更准确的认识和把握，以后张仲景也是据此明确提出了"六经辨证"的理论。《内经》也有了"八纲辨证"的基本形态，其用阴阳、表里、寒热、虚实等对应范畴来归纳概括病因、病机及病理的复杂性质。如《内经》将虚实各分为五种："脉盛、皮热、腹胀、前后不通、闷瞀，此谓五实；脉细、皮寒、气少、泄利前后、饮食不入，此谓五虚。"（《素问·玉机真脏论》）不仅如此，虚实之间又会呈现出交错的状态，如虚中有实、实中有虚，实际上，这一认识也是阴阳理论深入运用的体现。《内经》还注意到更为复杂的情况，如寒热与表里这两对范畴所代表的症状也会呈现交错的复杂状态，或表寒里热，或表热里寒。此外，《内经》也已经注意到现象与本质的复杂关系，如有真实假虚、真虚假实；也有真热假寒、真寒假热等。这样的辨识和区分无疑都是认识趋于细致和深入的体现。无疑，《内经》对于具体性、多样性、复杂性现象的重视也是与整个中国思维传统特征相吻合的。

第二，施治，其核心是强调针对性。如《内经》中这样处理有余与不足："神有余则泻其小络之血，出血勿之深斥，无中其大经，神气乃平；神不足者，视其虚络，按而致之，刺而利之，无出其血，无泄其气，以通其经，神气乃平。"（《素问·调经论》）《内经》中尤其强调"宜"这一思想和方法原则，也即强调治疗要依据对象的实际情况。在一定意义上，这也是一种遵循客观性的原则。它具体包括：（1）宜疾。《内经》以为疾病"各不同形"，故治疗应"各以任其所宜"（《灵枢·九针十二原》）。如："病间者浅之，甚者深之。"（《灵枢·卫气失常》）（2）宜人。《内经》又强调治疗需"视人五态乃治之"（《灵枢·通天》）。这具体又涉及性别、年龄、壮弱、肥瘦等差异。如："男阴女阳，良工所禁。"（《灵枢·官能》）（3）宜位。这主要是指针刺的穴位，由于穴位不同，治疗方法也应有所不同。如："刺上关者，呿不能欠；刺下关者，欠不能呿。"（《灵枢·本输》）（4）宜时。《内经》讲："谨候其时，病可与期。"（《灵枢·卫气行》）其中最典型的就是针灸中的进出针时间："气盛不可补也""气虚不可泻也"（《灵枢·小针解》）。同样，针对性或宜思维是中国传统思维普遍具有的特征，《内经》事实上只是这个传统的一个组成部分。

《内经》的辩证思维正是通过以上辨证、施治两个具体方面得到充分的展现。

（二）杂合、参合思想与综合思维

《内经》又形成一整套具有综合性特征的诊治原则与方法，《内经》称之为"杂合"或"参合"，如《内经》讲：

> 圣人杂合以治。（《素问·异法方宜论》）

> 能参合而行之者，可以为上工。（《灵枢·邪气脏腑病形》）

具体地，如《素问·阴阳应象大论》中说：

> 审清浊而知部分；视喘息、听声音而知所苦；观权衡规矩而知病所主；按尺寸、观浮沉滑涩而知病所生。

《内经》认为，只有通过这种综合的途径，医家才可以得到一个全面和完整的消息。

另外，有关天人对应关系的思考也可以看作"杂合"、"参合"思想的组成部分。《内经》指出："九窍、五脏、十二节，皆通乎天气。"（《素问·生气通天论》）《内经》尤其重视节气与人体健康或养生的关系，如《素问·四气调神大论》中说："逆春气则少阳不生，肝气内变；逆夏气则太阳不长，心气内洞；逆秋气则太阴不收，肺气焦满；逆冬气则少阴不藏，肾气独沉。""所以圣人春夏养阳，秋冬养阴，以从其根，故与万物沉浮于生长之门。逆其根，则伐其本，坏其真矣。"这样一种思想在中国传统观念中可以说根深蒂固，直到今天仍深刻影响中国医学以及中国人的健康与养生观念。

五、对于《内经》整体观的评价

从科学的视角来看，《黄帝内经》奠定了中国医学的基本传统，对后世医疗实践和医学思想都产生了深刻影响，这应当是不言而喻的。

而从哲学的视角来看，《内经》在中国古代浩繁的科学著作中是最具理论色彩的。《内经》首先是建立在阴阳五行理论基础之上的，其脏象、经络、病因病机、诊法治则等理论和学说中都充分体现了一种整体观，换言之，《内经》最重要的成果或特征就是提供了整体观察世界的方式。这里的整体包括平衡、关系、系统、联系、辩证、综合等种种内容。也正是在这种整体观的指导下，造就了中国医学十分独特的传统。如前所述，包括李约瑟在内的一些西方学者将中国阴阳五行学说中所体现出的整体观视作协调、有机的思想。可以这样说，《黄帝内经》是最能体现这样一种协调、秩序以及有机主义观念和思维模式的。《内经》为中国哲学提供了一个整体观的典型样本，也因此，《内经》成为中国古代哲学中一个重要和特殊的组成部分。并且还应当看到，《内经》以上整体观是在距今两千年前的历史条件下产生的，所以我们更应当充分肯定和倍加珍惜这些成就。

当然，由于历史的局限性，《内经》整体观还存在着粗疏的性质，其五行理论以及相关的脏腑学说也包含有荒谬的成分。但放在历史背景或条件中来看，这也是在所难免的。今天了解这些缺陷或不足的目的并不在于指摘和批评以往的失误，而在于让我们不再重蹈这些失误。

六、《神农本草经》和《伤寒杂病论》中的科学思想

除《黄帝内经》以外，《神农本草经》和《伤寒杂病论》这两部著作也都不同程度地包含有一定的科学思想和哲学思想。

《神农本草经》是我国现存最早的一部药物学专著。与《黄帝内经》相似，该书虽成型于东汉时期，但其实是战国至西汉以来药物知识的总结，而并非一时一人之作。《神农本草经》共收载药物 365 种，其中植物药 252 种，动物药 67 种，矿物药 46 种。根据性能和用途，《神农本草经》将药物分为上、中、下三品。

《神农本草经》的科学思想主要体现在：（1）受阴阳五行理论的影响，提出将药性药味归纳概括为"四气五味"的思想。其中"四气"是在阴阳、寒热概念的基础上，进一步将药性细分为寒、温、热、凉四类；"五味"即指

酸、咸、甘、苦、辛，此完全与五行本义相吻合。（2）从临床应用出发，结合药物的自然属性对药物性能作了分类。这包括按自然属性将药物分为六部，即玉石、草、木、虫兽、果菜、米食，又按性能将药物分为上、中、下三品：上品延年益气，中品遏病补虚，下品祛邪愈疾。这样的分类透露出合理的科学思维。（3）深化由《黄帝内经》提出的药物配伍思想，提出方剂配伍的"七情合和"准则；同时强调对症下药。这些具体的医学或药物学思想中不仅包含有深入细致的分析方法，而且包含着中国古代文化特别是哲学思考中普遍具有的"宜"思维，即强调医疗活动的针对性。

经历代整理，《伤寒杂病论》现包括《伤寒论》和《金匮要略》两部分内容。该书的最大特点是将《黄帝内经》的基本理论与作者本人长期的临床实践结合起来，形成一套完整的"辨证论治"的医学体系，从而奠定了中医诊断和治疗学的基础。

《伤寒杂病论》的科学思想就是围绕"辨证论治"原则来展开的，这主要包括：（1）通过外部症状来分析判断疾病的性质，即外在的症状实际与身体内部脏腑病变有关，用张仲景本人的话说，就是"见病知源"。这样一种思维及方法显然有《黄帝内经》表里理论的基础，但更结合了张仲景本人的临床经验。（2）"见病知源"又具体体现为"六经辨证"。这里所谓"六经"是指太阳、少阳、阳明、太阴、少阴、厥阴，最初由《黄帝内经》提出，其哲学思想根基就是"因"、"宜"观念。但这一原则在《黄帝内经》中较为粗疏，而张仲景则通过临床实践将其具体化和科学化，同时，张仲景也将伤寒严格归入六经之中，为伤寒病的医治提供了定性与分类的坚实的哲学基础。（3）关于外部症状，又主张"脉"与"证"并重，强调二者的参合，这显然是一种综合性思维的体现。（4）六经的疾病又不是固定的，而是会互相传变，这就注意到了疾病或事物的变化和复杂性，这也是对《内经》相关思想的继承和发展。

第九节　王充的科学思想

王充也即《论衡》的哲学思想中有十分丰富的科学内容。并且，王充哲学思想中的科学知识并不仅仅存在于对天人感应理论的批判或驳斥的内容中，它也在更大的范围内构成王充哲学的科学基础，构成他天道自然哲学思想与理论的基础。正是这些内容使得我们在阅读王充的思想时，能够强烈感受到其中的科学性质与唯物论特征。所有这些都需要我们在这里对王充的科学思想作专门的考察和论述。

一、天文与地理思想

前面已提及王充有关天文学或宇宙理论的看法属于盖天说，这些看法主要集中在《谈天》和《说日》两篇里，在当时，王充也基于盖天说的主张与浑天说做过辩论。

王充主张盖天说，但与《周髀》所说的又有所不同，王充认为："夫取盖倚于地不能运，立而树之然后能转。今天运转，其北际不著地者，触碍何以能行？由此言之，天不若倚盖之状，日之出入不随天高下，明矣。"（《说日》）这里明显地对原有盖天说作了修正。但王充是明确反对浑天说的，他说："如审运行地中，凿地一丈，转见水源，天行地中，出入水中乎，如北方低下不平，是则九川北注，不得盈满也。实者，天不在地中，日亦不随天隐，天平正，与地无异。"（《说日》）王充的一些看法未必是正确的，如关于日食，当时有人认为："日食者，月掩之也，日在上，月在下，障于月之形也。日月合相袭，月在上日在下者，不能掩日。日在上，月在日下，障于日，月光掩日光，故谓之食也，障于月也，若阴云蔽日月不见矣。其端合者，相食是也。"在今天看来，这一认识应当是正确的，但王充质疑说："日月合于晦朔，天之常也。日食，月掩日光，非也。何以验之？使日月合，月掩日光，其初食崖当与旦复时易处。假令日在东，月在西，月之行疾，东及日，掩日崖，须臾过日而东，西崖初掩之处光当复，东崖未掩者当复食。今察日之食，西崖光缺，其复也，西崖光复，过掩东崖复西崖，谓之合袭相掩障，如何？"（《说日》）应当说，在科学发展中，出现种种错误认识也是在所难免的，王充也不例外。但王充科学或自然天道观的立场十分坚定，如针对当时天人感应说中土龙致雨的迷信说法，王充对雨产生的自然原因作了考察，其指出："雨之出山，或谓云载而行，云散水坠，名为雨矣。夫云则雨，雨则云矣，初出为云，云繁为雨。"并进而指出雨乃是遇冷凝冻而成，"雨露冻凝者，皆由地发，不从天降也"。此外，王充还指出云、雾、露、霜、雨、雪不过是天上水气在不同温度条件下的不同表现形式："云雾，雨之征也，夏则为露，冬则为霜，温则为雨，寒则为雪。"（《说日》）比起其盖天说，这些认识或论述具有明显的科学性。

在地理学方面，王充对钱塘江潮作过解释。传说中钱塘江大潮是因为"吴王夫差杀伍子胥，煮之于镬，乃以鸱夷橐投之于江。子胥恚恨，驱水为涛，以溺杀人"。但王充经认真观察后得出结论：钱塘潮是由于海水入江后，水道"殆小浅狭，水激沸起，故腾为涛"。并且"涛之起也，随月盛衰，小大满损不齐同"。（《书虚》）这是对钱塘潮起因的科学解释，同时也是在中国历史上第一次正确指出了海潮与月亮盈亏的关系。

二、对物理和生命现象的解释

在王充的思想中还有大量对自然物理现象的解释，但通常为哲学史论著所疏忽，这值得我们在此作一番考察。例如关于物体状态、运动及"力"的问题，这里包含着力学知识及其思想。王充曾对"力"下过具有哲学性质的定义，他说："人之精乃气也，气乃力也。"（《儒增》）显然，这一定义并非科学。不过，当王充涉及"力"的具体问题时，其科学性明显增加了。如王充说：

> 小石附于山，山力能得持之；在沙丘之间，小石轻微，亦能自安。至于大石，沙土不覆，山不能持，处危峭之际，则必崩坠于坑谷之间矣。（《效力》）

这是考虑物体与物体间的关系问题，其中也包括了物体的大小问题。物体的运动也与重量有关。如："是故车行于陆，船行于沟，其满而重者行迟，空而轻者行疾。"（《状留》）物体重便运动迟缓，轻便运动迅疾。同样，力的大小、对物体的作用也与物体的重量密切相关。"是故湍濑之流，沙石转而大石不移。何者？大石重而沙石轻也。""是故金铁在地，飙风不能动，毛芥在其间飞扬千里。"(《状留》)此外，"且圆物投之于地，东西南北，无之不可；策杖叩动，才微辄停。方物集地，壹投而止；及其移徙，须人动举"(《状留》)。这里涉及对摩擦和惯性现象的观察与思考。"奡、育，古之多力者，身能负荷千钧，手能决角伸钩，使之自举，不能离地。"(《效力》)这里涉及对引力问题的思考。

此外，在王充的思想中还涉及对声、光、热、磁等现象与问题的认识。如关于声，王充认为是源于振动。他说：

> 生人所以言语吁呼者，气括口喉之中，动摇其舌，张歙其口，故能成言。譬犹吹箫笙，箫笙折破，气越不括，手无所弄，则不成音。(《论死》)

这即是将人的发声解释为气(空气)在口舌之间(口腔内)的振动。王充还被认为是世界科学史上第一个以水波比喻声波或振波的人。如前面所见，"鱼长一尺，动于水中，振旁侧之水，不过数尺，大若不过与人同，所振荡者，不过百步，而一里之外澹然澄静，离之远也"(《变虚》)。王充的这一论述本意在于驳斥"人在天地之间，犹鱼在水中矣。其能以行动天地，犹鱼鼓而振水也，鱼动而水荡，人行而气变"这一虚妄之言，但其反驳的依据恰恰包含了科学知识和原理，即水波、声波乃至振波会随距离增加而衰减。王充的这一比喻和理解与现代声学中的科学原理也有一致之处。又如关于磁，经一些学者研究，王充的《论衡》是我国最早明确记录磁性指南器的，其中《是应》中记载："司南之杓，投之于地，其柢指南。"另《乱龙》一篇中不仅记载了磁石，还记载了静电现象："顿牟掇芥，磁石引针，皆以其真是，不假他类。"这里的"顿牟"即玳瑁，其壳经摩擦会带上电荷，因此便能吸引较小的芥粒。王充思想所涉及的自然物理现象如此之多，难怪有学者指出，王充思想几乎已经涉及了物理学知识的每一个领域。①

---

① 以上论述参考了袁运开、周瀚光主编《中国科学思想史(中)》，第178—185页。相关内容同时可参考卢嘉锡总主编、席泽宗分卷主编《中国科学技术史·科学思想卷》，第216—222页。

王充对昆虫的生长有过细致的观察，如："夫虫食谷，自有止期，犹蚕食桑自有足时也。生出有日，死极有月，期尽变化，不常为虫。""然夫虫之生也，必依温湿。温湿之气，常在春夏。秋冬之气，寒而干燥，虫未曾生。"（《商虫》）关于人的生命，王充说："人之所以生者，精气也，死而精气灭，能为精气者，血脉也，人死血脉竭，竭而精气灭，灭而形体朽，朽而成灰土。"（《论死》）而针对当时方术道士的"轻身益气，延年度世"虚言和所谓"不死之方"，王充尖锐地指出：

> 有血脉之类，无有不生，生无不死。以其生，故知其死也。天地不生，故不死；阴阳不生，故不死。死者，生之效；生者，死之验也。夫有始者必有终，有终者必有始。唯无终始者，乃长生不死。（《道虚》）

有理由这样说，对自然现象广泛而充分的关注，这是王充哲学思想的一个十分鲜明的特点。换言之，这些关注看上去是科学的，其实与哲学思想密切相关。我们绝不可忽视这些关注与思想。对这方面的重要性及现有认识上的误区，本书上一章的第九节即"后期墨家思想中的科学内容"中已有论述。

三、局限

当然，王充也不可能离开他所生活的时代的那片知识和观念的土壤。对此，李约瑟不无洞见地指出："王充全部接受了阴阳二元论和五行论，虽则并非无批判地。他很少使用'道'或'理'这些词，而是采用了以'命'（即命运或命定）一词为标志的一种彻底的决定论，此词类似于前苏格拉底学派的'必然'。他也像道家一样，否认天有意识，而主张一种以'自然'为口号的自然主义世界观。在他看来，以一阴一阳的原理来说明自然界的奥秘乃是正确的，因为天属阳，地属阴。"[1]这一点在其命定理

---

[1] 〔英〕李约瑟：《中国科学技术史》第二卷《科学思想史》，第 395、396 页。

论及相关的骨相理论中表现得尤为清楚,在这里,几乎全部用于论证的知识跟着一个错误的理论一起陷入泥沼,甚至还成为将理论推向泥沼的助力。总之,应当看到,即使王充有清晰的意识和批判的精神,但他的思想同样会被烙上其所处时代和传统的印记。

第十节　科学与思维方法

科学方法与思维方法也是哲学与科学关系的一个重要内容。秦汉时期有一些重要的思维与方法,这包括观察、归纳、检验与实验等,它们在哲学与科学活动中都扮演着十分重要的角色。这里需要说明的是,有些方法同样也是观念,而基于它们更为重要的方法论意义或地位,所以将它们放在方法这里论述。另医学中的整体观和辩证观同样具有方法论的意义,这在前面已经有过考察。

一、观察方法

观察对于科学活动的意义是不言而喻的。汉代的科学活动非常重视观察。汉人在天文学中对于观察的重视是显而易见的,没有这样一种重视,汉人的天文观测不可能取得如此高的成就。医学中同样强调观察的重要性,望、闻、问、切就是不同的观察方式。此外,对于观察的重视也体现在农学、生物学以及炼丹术等活动和知识之中。这里值得引起注意的是,在天文学科中,由于对观察的重视以及进一步向测算和演算的延伸,自先秦以来,逐渐形成了对于量化或精确化的要求与传统,这样一种要求与传统进一步也会影响到思维层面。

而受科学活动的影响,汉代的哲学中同样有相应的意识。这样一种意识见之于秦汉之际与西汉时期,例如《吕氏春秋》中的《十二纪》,《淮南子》中的《天文训》、《时则训》;也见之于东汉时期及至汉魏之际,例如王充《论衡》一书中所记载的基于对天人感应学说证伪所需要的大量仔细的观察,魏伯阳《周易参同契》一书所记录的围绕炼丹活动所作的大量仔细的观察。总之，无论是这一时期的儒家学者，还是道家或道教学者都十分重视观察，重视观察这一方法或形式在知识以及思想中的地位。当然，科学强调的是直接观察，而哲学可能更重视观察所获得的材料。事实上，即使是我们认为荒诞不经的灾异学说也有相当的观察基础。有些学者的研究就已经注意到了这一点："观察自然界，忠实地记录所见的事实，并对之作出解释，是汉代天人感应说的要求"，"从《汉书》、《后汉书》的《天文志》、《五行志》中，从现存的纬书中，我们可以看到汉代学者观察、记录了大量的自然现象。"不过，"在天人感应思想影响下，学者们只是寻求这些现象和人事的关系，而这些现象相互之间，则显得零散而无联系"。①

由此可见，观察不仅是汉代的科学传统，以此作为知识的起点也成为汉代哲学的一个重要认识。而这样一种观念和传统将会深刻地影响以后的科学活动以及哲学观念。

二、归纳方法

归纳这样一种方法通常由于其逻辑学的特征而被认为与哲学有更为密切的关系，这是西方哲学及科学哲学的一般认识。但事实上，这样一种方法大量见诸科学活动，并且就其经验性而言，它首先见诸科学活动，见诸科学活动的尾端或顶层，这也更符合中国古代科学活动及其思想的实际。

对经验作归纳总结普遍见之于农耕活动与农业知识中，如《吕氏春秋》中《上农》、《任地》、《辨土》、《审时》四篇以及《氾胜之书》。《吕氏春秋·任地》中的"凡耕之大方：力者欲柔，柔者欲力；息者欲劳，劳者欲息；棘者欲肥，肥者欲棘；急者欲缓，缓者欲急；湿者欲燥，燥者欲湿"，《氾胜之书》中的"凡耕之本，在于趣时，和土，务粪泽，早锄早获"都是具体经验的归纳总结，当然，这样一种方法也会延伸到相关的生物学知识中。

---

① 见卢嘉锡总主编、席泽宗分卷主编《中国科学技术史·科学思想卷》，第 217—218 页。

医疗活动中对于归纳方法的使用也是十分普遍的。《黄帝内经》以为"五脏有疾也"定会"应出十二原"（《灵枢·九针十二原》），例如"邪在肺,则病皮肤痛"（《灵枢·五邪》）。而在诸多的归纳中,又尤以伤风和浸邪两类陈述最为典型,如风乃"百病之始也"（《素问·生气通天论》）,邪乃"必先舍于皮毛"（《素问·缪刺论》）。此外,《伤寒杂病论》与《神农本草经》中也包括了类似的归纳。事实上,无论中西,医学都是经验科学,都注重归纳总结。

秦汉时期的数学活动同样包括归纳方法的运用,如前所见,《九章算术》的表述体系在方法上就是一个由提出问题到解决问题的归纳过程,即从个别问题到一类问题或一般算法,再从一类问题或一般算法提炼出一般性原理。如约分、合分、减分、乘分、经分、课分、平分等有关分数运算概念、定义和法则的制定就是归纳的结果。此外,我们也可以将数的观念甚至在一定意义上还包括数字神秘主义看作归纳思维的结果。

哲学思维、观念与概念中的归纳同样明显。如气、象、数、常、变等许多哲学观念与概念都包含有归纳方法的运用。董仲舒用于论证天人感应的工具中既有类比推理的方法,同样也有归纳的方法。而王充反对天人感应的武器中又有更多的对经验的总结,并且,其元气自然论的建立从根本上说也是归纳推理的成果。无疑,与科学相比,哲学的归纳是更高层面的归纳,并且在归纳以后通常会将其成果加以推演。

三、对检验与实验的重视

作为检验或验证的哲学认识在先秦时期就已经形成,这包括荀子的"征知",韩非的"参验",这也为汉代对于知识的确定提供了一个重要的哲学认识前提。王充哲学中所提出的"效验"思想或理论在很大程度上就是在此基础上形成的。王充讲:"事莫明于有效,论莫定于有证。"（《论衡·薄葬》）"论则考之以心,效之以事,浮虚之事,辄立证验。"（《论衡·对作》）"凡论事者,违实不引效验,则虽甘义繁说,众不见信。"（《论衡·

知实》)王充也正是用这样一种方法来实际检验和判断观念或言说的真伪，例如关于雷火："雷者火也。以人中雷而死，即询其身，中头则须发烧燋，中身则皮肤灼燌，临其尸上闻火气，一验也。道术之家，以为雷烧石色赤，投于井中，石燋井寒，激声大鸣，若雷之状，二验也。人伤于寒，寒气入腹，腹中素温，温寒分争，激气雷鸣，三验也。当雷之时，电光时见，大若火之耀，四验也。当雷之击，时或燔人室屋及地草木，五验也。夫论雷之为火有五验，言雷为天怒无一效。然则雷为天怒，虚妄之言。"(《论衡·雷虚》)"验"在这里不仅是方法，也是王充思想的"灵魂"。或可以这样认为，王充的"效验"思想或理论实际是将荀子的"征知"思想与韩非的"参验"思想进一步具体化，特别是在科学实践与检验中的具体化。而且还值得注意的是，董仲舒似乎也有类似的意识，如他说："不法之言，无验之说，君子之所外。"(《春秋繁露·深察名号》)正如李申所指出："重视事实""是汉代人基本的思维方式。"①

而更重要的是，从秦汉时期开始，这样一种最初源于先秦哲学的观念开始逐渐成为科学活动的重要思维与方法。这一思维或方法在当时的天文学活动中就体现得十分明显。由于历法的制定以及对各种天体运行轨道数据的需求都对精确性提出要求，因此检验或验证自然成为不可或缺的重要方法。例如张衡就是根据长期的天文观测经验，提出"有象可效，有形可度"(《灵宪》)。这样一种思维和方法为当时的天文观测所普遍遵循。

中国古代科学史上的实验方法始于先秦墨家学派，但汉代的科学实验无疑有了重大的进展。我们知道，张衡的工作就有实验的基础，这包括浑天仪、地动仪以及漏壶等，这些实验仪器较之以前几乎有了质的变化。而随着炼丹术的出现，实验活动又提升到了一个新的高度，这就是人工控制下的实验形式，就知识领域而言，便是从物理学科延伸扩大到化学学科。也有学者将《周易参同契》中的炼丹活动概括为剂量配比、捣

---

① 见卢嘉锡总主编、席泽宗分卷主编《中国科学技术史·科学思想卷》，第215页。

冶、固塞、用火、温度调试、时间掌握和谨慎观察。事实上，这就是一般意义的化学实验的基本要素，其中甚至也涉及一般意义上的科学实验的基本要素。

总之，中国古代的检验与实验的方法在秦汉特别是两汉时期已基本成型，在以后的科学活动中会不断发展。

四、形式逻辑方法的衰落

当然，在秦汉时期，中国古代知识与思想活动也有失去的东西。

李约瑟指出："当希腊人和印度人很早就仔细地考虑形式逻辑的时候，中国人则一直倾向于发展辩证逻辑。"[1]一些研究中国科学思想史的著作也认为，秦汉时期形式逻辑方法是衰落或缺失的。例如袁运开、周瀚光主编的《中国科学思想史》的相关章节中就专门有"逻辑方法的缺失"一目，席泽宗主编的《中国科学技术史·科学思想史卷》的相关章节中也有"分析和演绎的衰落"一目。

先秦时期的科学与哲学活动中其实都不乏形式逻辑的运用，包括演绎推理与论证这样的方法。但是从秦汉时期开始，形式逻辑尤其是演绎推理形式的确衰落或缺失了。《中国科学思想史》一书指出："擅长辩证思维而缺少形式逻辑的思维方法是秦汉各门具体科学之所以显得体系庞大而内容精芜并存以至缺少相对独立理论品位的一个真正的深层的原因。这种情况不仅秦汉时有，就是整个中国传统哲学和传统科学中都有。"[2]这是从思维的角度考虑形式逻辑这种思维形式缺失的原因。事实上，从根源上说，形式逻辑这种思维形式的确也是与知识及思想界的兴趣密切相关的，秦汉时期的知识分子、理论界、思想界更加专注比类思维的运用，而忽略形式逻辑问题。但形式逻辑这样一种思维或方法不通过专门的研究或者说没有学者的广泛使用是根本不可能生存的，这无疑是

---

① 〔英〕李约瑟：《中国科学技术史》第三卷《数学》，第 337 页，北京，科学出版社，1978。
② 袁运开、周瀚光主编：《中国科学思想史（中）》，第 68、69 页。

秦汉乃至以后形式逻辑思维与方法缺失的一个更为根本的原因。

就哲学反思来说，以比类或类比思维完全取代形式逻辑的思维无疑是一个深刻的经验教训，这应该不仅仅涉及对一个时代选择的检讨。毫无疑问，形式逻辑思维与方法的缺失是一个非常严重的问题，它对中国知识与思想发展的消极影响是巨大的，日后许多知识与思想上的重大失误在很大程度上都可以追溯至此。

第十一节　科学、哲学与宗教的关系

最后，有必要来看一下秦汉时期科学、哲学与宗教的关系。

汉代总体上而言有着浓郁的宗教气氛，由此我们也可以看到一些十分值得深思的现象。例如与其他历史时期相比，汉代的哲学可能是最具有宗教色彩的，也可以说与宗教的关系是最紧密、最复杂的；又如汉代的科学知识相比其他历史时期可以用"突出"来形容，但它旁边却侧立着同样可视之为"突出"的宗教信仰，这种宗教信仰是带有神秘的巫术性质的。这就是汉代哲学与科学的氛围和环境，宗教氤氲弥漫和笼罩着整个时代。其实，这样一种宗教气氛以及与哲学和科学的密切关系从战国末年就已经开始弥漫和确定了。

以阴阳五行思想为例。阴阳五行学说在战国末年已经赫然而出，于诸学派中俨然成一大家。特别是其中的五行思想，它已经反映在邹衍的五德终始历史观中，反映在诸如"五方"、"五帝"、"五神"等种种宗教信仰中，反映在《黄帝内经》的早期理论和实践中，也反映在以吕不韦为代表的杂家思想中。在这里，知识、观念、信仰、思想紧密纠缠在一起。而到了汉代，相当多的知识、思想以及宗教信仰都是以阴阳五行学说作为理论基础的，这包括《黄帝内经》这样的知识系统，包括《淮南子》这样哲学与科学合二为一的系统，也包括《春秋繁露》、《白虎通》这样哲学与神学合二为一的系统。但是，阴阳五行学说在汉代已经完全被神学化或神秘化了。例如董仲舒说："阳，天之德；阴，天之刑也。阳气暖而阴气寒，阳气予而阴气夺,阳气仁而阴气戾,阳气宽而阴气急,阳气爱而阴气恶,阳气生而阴气杀。是故阳常居实位而行于盛,阴常居空位而行于末。天之好仁而近,恶戾之变而远,大德而小刑之意也,先经而后权,贵阳而贱阴也。"(《春秋繁露·阳尊阴卑》)又如《黄帝内经》中说:"东方青色,入通于肝,开窍于目,藏精于肝,其病发惊骇。其味酸,其类草木,其畜鸡,其谷麦,其应四时,上为岁星,是以春气在头也。其音角,其数八,是以知病之在筋也,其臭臊。"(《素问·金匮真言论》)在这里,当阴阳五行理论无论是用于哲学还是用于科学解释时,都具有浓厚的神秘色彩,这却是汉代的普遍现象。

又如"象"、"数"问题。随着"象"、"数"观念在人们头脑中的确立,其中的神秘主义也萌芽了,这里面同样既有知识的东西,也有巫术的东西。如关于"象",汉人的大量物候、气象和天象观察中就是科学知识与宗教迷信杂糅在一起的。以《史记·天官书》说"云"为例,其讲:"稍云精白者,其将悍,其士怯。其大根而前绝远者,当战。青白,其前低者,战胜;其前赤而仰者,战不胜。阵云如立垣。杼云类杼。轴云抟两端兑。杓云如绳者,居前亘天,其半半天。其蜺者,类阙旗故,钩云句曲。诸此云见,以五色合占。而泽抟密,其见动人,乃有占;兵必起,合斗其直。"这里是用云气来解释兵事,宗教神秘主义倾向以及巫术特征都十分明显,但学者们也指出,这其中对于云象的观察、分析和判断又无疑包含着知识的因素。[1] 关于"数",汉代有关的知识、思想同样与宗教信仰纠缠、混淆在一起。如《淮南子·地形训》:"天一地二人三,三三而九,九九八十一。一主日,日数十,日主人,人故十月而生。八九七十二,二主偶,偶以承奇,奇主辰,辰主月,月主马,马故十二月而生。七九六十三,三主斗,斗主犬,犬故三月而生。六九五十四,四主时,时主彘,彘故四月而生。五九四十五,五主音,音主猿,猿故五月而生。四九三十六,六主律,律主麋鹿,麋鹿故六月而生。三九二十七,七主星,星主虎,虎故七月而生。二

---

[1] 参见谢世俊《中国古代气象史稿》,第510页,重庆,重庆出版社,1992。

九十八，八主风，风主虫，虫故八月而化。"在这里，数竟能将不同的物、类以及时间串在一起。而在《汉书·律历志上》中，我们又可以看到律、历与数甚至《易》已经完全纠合在一起，例如："天之数始于一，终于二十有五。其义纪之以三，故置一得三，又二十五分之六，凡二十五置，终天之数，得八十一，以天地五位之合终于十者乘之，为八百一十分，应历一统千五百三十九岁之章数，黄钟之实也。繇此之义，起十二律之周径。地之数始于二，终于三十。其义纪之以两，故置一得二，凡三十置，终地之数，得六十，以地中数六乘之，为三百六十分，当期之日，林钟之实。"这些在汉代实际上是非常普遍的认识，其中的神秘主义或巫术的性质是如此明显。这样一种对数的神秘主义的理解或解释在刘歆那里达到了巅峰，也因此，科学史研究没有其地位。

此外如我们所知，神仙说与方士术士在战国末年已经产生，更是浸淫于整个汉代，这在很大程度上又反映了知识分子对于神仙方术信仰的热衷。凡此种种，都是秦汉时期特别是汉代知识、学术、信仰、观念、思想与理论的土壤，而汉代的精神世界也的确就是得益于这片土壤而蓬勃发展起来的。

上述现象究竟意味着什么？可以这样认为：它充分表明了中国文化所存在的连续性特征。知识活动没有发生革命，体现出连续性；宗教生活也没有发生革命，同样体现出连续性。这二者又与思维相关，并进一步影响哲学。① 而这又将作为一种范式深刻影响后来的各种相关领域及活动。

当然，上述问题也可以反过来考察。这就是宗教与科学的关系、宗教与哲学的关系。或者说，宗教背后的科学因素、哲学因素以及宗教背后的理性因素。

以天人感应理论为例，这样一种观念或理论在战国末年已经露面，

---

① 以上连续性以及相关的革命问题可参考本人的相关研究。其中思维方面可参见拙作《中国思维形态》；知识方面可参见拙作《古代中国科学范型》；宗教方面可参见拙作《中国社会的宗教传统》；哲学方面可参见拙作《中国哲学的起源》。

我们可以在儒家、杂家和《易传》的思想中找到它的蛛丝马迹。到了汉代，天人感应理论已经演变为一种政治神学，或者说它成为一种用于满足政治目的的宗教学说。证明这样一种学说理论上的荒谬并不困难，到目前为止，诸多的哲学史研究也是这样做的。但我们也应该考虑，既然是如此荒谬的理论为何在当时却有很强的"吸引力"甚至"生命力"。事实上，这种"吸引力"与"生命力"在很大程度上就来自科学知识，来自科学知识的支持。许多荒谬的理论由于有了科学的支持，有了科学作为同盟，因而变得令人信服。不仅如此，这样一种学说对于科学可能还存在着刺激或带动，更深远地说，也包括由这些科学论证所导致的更新和更高的哲学认识与理解。事实上，在神学高度发展的汉代，天文学（当然也可以理解为占星术）取得了相当大的发展。正如我们所看到的，与先秦时期相比，汉代的天文观察越来越周密，测算越来越精确，历法越来越进步，这些都是不争的事实。探究其中的原因，"神秘"的好奇心的确不容我们忽视。对此李申曾有令人深受启发的意见，其指出："汉代的天人感应学说，其目的是服务于政治，它所注意的主要是具体的天象。它的天，当然是个神。但它不能否认天也是一个物。这个物与地的相对位置如何？天人感应思想不感兴趣。它注意的只是异常天象。然而，正因为它特重异常，也就必须首先去弄清正常的情况：日月星辰为何东升西落？春夏秋冬为什么周而复始？否则就不知道何为异常。因此，天人感应不仅不阻挠，反而可能去鼓励对上述问题的探讨。这样，神学就给科学留下了一块较为自由的土地。"①其实，天人感应学说的衰落最终也是由自己造成的，从某种意义上说是自己所导致或依赖的科学证明为自己挖掘了坟墓。

再有谶纬学说。谶纬学说充斥着荒诞不经的论断以及论据，这是毋庸置疑的。以纬书为例。如《尚书纬·璇玑钤》："尚书篇题号：尚者上也；上天垂文象，布节度。书也，如天行也。"《礼纬·稽命征》："礼之动摇

---

① 李申：《中国古代哲学和自然科学》，第 312 页。

也，与天地同气，四时合信，阴阳为符，日月为明，上下和洽，则物兽如其性命。"《诗纬·含神雾》："诗者，天地之心，君德之祖，百福之宗，万物之户也。刻之玉版，藏之金府，集微揆著，上统元皇，下序四始，罗列五际。"类似这样的话在纬书中可以说比比皆是，从这些话中我们也不难看出对于经的神秘性质的强调。但即便如此，纬书中其实仍然包含着一定的科学内容，或包含着对当时许多科学知识的认识。冯友兰在《中国哲学史新编》第三册第三十一章中专门安排了第七节"纬书的世界图式与希腊毕达哥拉斯学派的比较"，其在结尾处指出"其中也有科学的思想"，并以列宁的话佐证，这是"科学思维的萌芽同宗教、神话之类的幻想的一种联系"①。不过，由于一些我们可以猜测的原因，冯友兰并没有举例说明和论证。但《中国科学思想史》一书的作者通过考察、研究为我们提供了相应的例证。例如《春秋元命包》中记录有当时的浑天说理论："天如鸡子，天大地小，表里有水，地各承气而立，载水而浮。"其中甚至还在中国科学史上最早系统地提出了有关地球运动的思想："地有四游，冬至地上行北而西三万里，夏至地下行南而东三万里，春秋二分是其中矣。"（《尚书纬·考灵曜》）这无疑也是受到浑天说理论的启发。类似的例子还有不少。② 从这里我们的确可以看到神学与科学之间的联系，神学并不截然与科学对立，甚至还会无意地"孵化"科学。

就此而言，我们切不可得出神学与科学必定截然对立的形而上学的结论。

李约瑟曾从神秘主义的角度对此问题作过考察，他结合西方的经验指出："理性的神学是反对科学的，而神秘的神学却证明是拥护科学的。对这个明显的矛盾可以这样解释：理性的神学是反方术的，而神秘的神学则倾向于赞成方术。"他举例说："波尔塔的一部含有许多科学材料的著作却是以《自然魔术》（*Natural Magic*）为书名；英国皇家学会早期所

---

① 冯友兰：《中国哲学史新编》第三册，第 207 页。
② 参见袁运开、周瀚光主编《中国科学思想史（中）》，第 39—41 页。

感兴趣的一些东西，我们今天看来都是些方术；而像托马斯·布朗爵士和坚决反对亚里士多德的格兰维尔的观点都是巫术；还有，17 世纪的生物学家沉醉于犹太教神秘主义'喀巴拉'（Kabbalah）体系，相信它那古代神秘主义也许含有对他们有价值的观念。"①以此为基础，李约瑟进一步得出结论："在欧洲近代科学的创始阶段，神秘主义的路数常常比理性主义更有帮助。"②上述西方的事例与经验在我们评价中国古代宗教与科学的关系时无疑是值得参考的。

总之，汉代的宗教、神学同样不能回避科学。在一定意义上，宗教和神学也是在一种"不清不楚、不明不白"的状态中与科学保持着联系。这是一柄双刃剑。结合历史来考察，一方面，哲学对于神学的借用、宗教对于理性的侵蚀固然会损害哲学以及科学，它会压抑理性的正常发展，这大致可以说是汉代前期的现象；但另一方面，神学与宗教对于科学利用或庇护的诉求，也会壮大科学及其盟友：理性的思维与哲学，并反过来击溃神学本身，这正是汉代后期的情况。

---

① 〔英〕李约瑟：《中国科学技术史》第二卷《科学思想史》，第 101 页。
② 同上书，第 102 页。

第四章　魏晋南北朝与隋唐时期哲学与科学的关系

这一章是由两个相对独立的时期组成。

魏晋南北朝时期在中国哲学史上是一个很重要的时期。但这一时期哲学与科学的关系是比较薄弱或松散的。相比较汉代哲学对于科学的热情，这一时期哲学与科学之间的关系是有些疏离的。它一方面表现为科学活动中对于哲学思想的使用要多于哲学活动中对于科学知识的使用，科学对于哲学的兴趣要多于哲学对于科学的兴趣，从某种意义上说，这一时期的哲学表现得较为"自我"。另一方面，从魏晋到南北朝，也是哲学与科学逐渐疏远的过程，这其中一个十分重要的原因可能是，哲学或佛学在主要关心心性问题后就与科学失去了对话的可能，也即失去了共同的话语。在这样一种背景下，哲学与科学关系的各个方面均显得有些忽明忽暗、若即若离。一般认为，这一时期的科学在中国科学史上也可视作一个高峰，但除了个别领域如炼丹术，它并没有得到哲学更多的眷顾。同时由于哲学没有注入科学所带来的视角与知识，也就进一步导致了儒家与道家哲学传统的衰落。

隋唐时期哲学与科学之间的关系基本上可以说是延续了魏晋南北朝时期的状况，即科学活动中对于哲学思想的使用要多于哲学活动中对于科学知识的关注，并且，总的来说，科学活动与哲学活动之间存在着相当程度的"游离"。与魏晋南北朝时期不同的是,隋唐时期的哲学基本上是佛教哲学一枝独秀。由于佛教哲学中基本没有科学的位置,所以这一时期在科学与哲学之间几乎没有共同问题和话语(但这并不意味着佛教不参与科学活动)。如果说这一时期科学与哲学还存有某些联系,那大都也是前代所留下的问题与话语,而这样的问题与话语有可能与时代产生一定的隔膜。从中国古代科学史的角度看,隋唐时期的科学并不属于高潮或高峰时期。同样,这一时期的中国传统哲学——儒家与道家哲学的声音也显得如此微弱。从这里也可以反证科学与哲学联系的重要性。这一点无论是在与以往先秦、秦汉以及魏晋时期的对比中还是与日后宋元时期的对比中都体现得非常清楚。

第一节　魏晋南北朝和隋唐时期的知识背景与观念背景

首先来看这一时期的知识背景。

魏晋南北朝时期北方地区的农业生产进入了总结阶段,其代表性成果就是贾思勰的《齐民要术》。同时期,长江以南的经济也日趋繁荣,水稻和蚕桑技术都达到一定的水平。天文历法此时也取得了不少新的发现,包括岁差概念的提出、太阳和五星视运动不均匀性的发现等。作为秦汉时期宇宙理论的延续和发展,这时出现了新的论天三家。而包括星图、浑仪、浑象在内的天文观测仪器有了进一步的改进,天文常数精度有了进一步的提高。在地理学方面,裴秀对制图做出了重要贡献,尤其是其提出了制图的六条重要原则。而郦道元的《水经注》全面描述了全国的山川地理状况,其中记述的河流水道多达 1252 条。这一时期的数学在《九章算术》的基础上又有了新的成就,出现了赵爽的《周髀注》、刘徽的《九章算术注》等一大批数学著作,其中刘徽还创立了"割圆术"。之后,祖冲之又在刘徽的基础上求出了精确到七位有效数的圆周率,其数值远远走在当时世界的前列。医药学在这一时期也进入了总结性的阶段,出现了王叔和的《脉经》、皇甫谧的《针灸甲乙经》、由葛洪初撰经陶弘景整理补充的《肘后备急方》、陶弘景的《神农本草经集注》等诸多著作。魏晋南北朝时期又是炼丹术的重要发展时期，而炼丹术的发展又促进了化学知识的发展。除此之外，这一时期包括制瓷、灌钢、建筑以及机械制造在内的制作技术也取得了很大的成就。[1]

隋唐时期的社会由于相对安定，使得农业有了比较稳定的发展。这一时期以种茶为代表的植物栽培达到了一个新的水平，同时，农学和园艺类著作也大量出现，如《四时纂要》、《茶经》等，特别是园艺栽培技术的发展和著作的出现为日后的植物谱录奠定了基础。在天文学方面，出现了刘焯、一行等著名天文学家，天文仪器继续得到改进，天文常数精度进一步提高。在地理学方面，这一时期的科学发展主要体现在对海陆变迁和潮汐的认识上。数学在这一时期的发展是更加注重实用。医药制度在隋唐时期有了发展提高，唐代出现了第一部国家药典：《新修本草》，出现了孙思邈这样的名医以及《千金方》等医学名著。炼丹术及其制备技术在这一时期也有了进一步的发展，与此同时，人们对化学知识也有了新的了解。此外，唐代的纺织、印刷、建筑技术都达到了新的水平。特别是作为雕版印刷术，在整个人类文明史上具有划时代的意义。这一时期的中外知识交流达到了空前的水平。[2]

以上就是魏晋南北朝与隋唐时期科学知识发展的一个基本概况。

下面再来看这一时期的哲学观念背景，特别是科学与哲学的一般关系。

这里先来对这两个时期做一个综合的描述。我们知道，在魏晋时期，玄学的基本思想是自然天道观，换言之，由王充所提倡的自然天道观得到了延续，因此这一时期的观念与思想是相对统一的。但玄学与王充的思想又有着重大的区别，玄学本身总体来说并不关心科学知识，它不像王充那样具有很强的实证性，而完全是一种"悬浮"的哲学思想，因此

---

[1] 参看杜石然等编著《中国科学技术史史稿》（上册），第五章相关内容。
[2] 参看杜石然等编著《中国科学技术史史稿》（上册），第六章相关内容。

其对科学的影响也是相对有限的。特别是往后，其思想的影响力不断衰减。玄学之后，佛道盛行，其中所包含的鬼神迷信自然也逐渐侵入科学活动。与此同时，伴随着玄学以及自然天道观的衰微，传统儒家思想中的天命理论、天人感应思想、灾异祥瑞观念也纷纷卷土重来。这些都是与理性的退场或缺位密不可分的。这种退场或缺位为神秘主义的登场和继位提供了足够的活动空间。特别是到了唐代，天文、医药诸学科都普遍受到神秘主义思潮的严重侵染。另外，也由于哲学在科学活动中的缺位，使得知识逐渐失去对理论的兴趣，而普遍表现出实用的特征，这种状况在唐代尤为突出。要之，由于哲学总体上不在场，这一时期的科学活动大抵可用一个"乱"字来概括，这并非是指知识自身的混乱，而是指其缺乏整体、流畅并贯穿始终的观念和思想，缺乏理论，缺乏理性，缺乏核心的概念与范畴体系，也缺乏基本的科学观。如果将这一时期与此前的秦汉以及此后的宋元两个时期加以比较，就会清楚地看到这一时代特征。另外，这个"乱"又体现为科学、理性与包括巫术、迷信在内的种种神秘主义的相互冲突，体现为这种冲突过程的曲折、反复，甚至于这两种性质的内容还经常相互纠结和缠绕不清。这一点若与宋元时期相比，同样也特别明显地呈示了其时代的特点。

当然，这并不是说这一时期的哲学完全与科学无关，应当看到，尽管这一时期哲学与科学活动之间存在着"疏离"，但还是有不少科学活动并不缺乏哲学的思考。在魏晋南北朝时期，科学活动中的哲学思考还是相对比较丰富的，这包括天文学、数学等。同时，炼丹术的兴起也赋予哲学以新的视角和位置。反之，在一些哲学家的思想中也能够看到知识的内容，例如杨泉。而葛洪则为我们提供了一个集哲学、科学和宗教为一体的范例。即使在哲学与科学关系更为疏离的隋唐时期，也仍然能够在医药学、地理学中看到哲学的影子，也仍然能看到哲学家如柳宗元、刘禹锡在关注知识问题。

具体地，就魏晋南北朝时期而言，其前期是玄学的时期，而后期则是佛学的时期。由此，哲学与科学的关系也呈现出不同的状态。在前半段,哲学与科学还能保持着相对比较密切的关系,从东汉末年开始兴起的天道自然观和元气自然论对魏晋时期的科学都产生了一定的影响。但相比秦汉时期而言,这一时期哲学家对于科学问题的关注似乎要薄弱得多。玄学由于过于注重思辨而没有给予科学知识足够的重视。继而进入后半段,随着佛教哲学的兴起,哲学与科学间的关系开始疏离甚至完全脱节,人们对于哲学的关注普遍因佛教的原因而转向心性问题。尽管道教及其哲学对此有一定的弥补,但涉及范围相对有限,并且其宗教性质也最终会使知识活动偏离原有轨道。这可以说是这一时期哲学与科学关系的一个大势。

更具体地来看,在科学活动中,魏晋时期的天文学、医学以及炼丹术都表现出对理论包括所涉及的哲学问题的一定兴趣,哲学所关心的天道、元气、阴阳、自然等问题在这些学科中也有所反映。反映在观念或概念上,魏晋时期的哲学与科学有某些共同的话语,这包括对道、气、自然、天人、变化这些概念的使用,其中自然概念大概可以视作这一时期最为核心的概念。值得注意的是"理"这一概念的使用逐渐增多,我们应看到它与后来隋唐特别是宋明时期知识与思想活动之间的内在关系。在方法上,魏晋时期的方法更加偏重于理论的形态,例如刘徽的数学思想中"析理以辞"的逻辑方法;而南北朝时期则更加偏重于应用的形态,这一时期,包括数学、医学等学科普遍呈现出理论能力的下降以及对于实际应用的重视,这与后来隋唐是相连接的。同时,这一时期对于逻辑问题重新有所关注,而它也影响到诸如数学这样的学科对于理论及其哲学问题的兴趣,换言之,它也可能是数学重视理论的兴趣所致。但对于科学逻辑的兴趣并未能持久,不仅如此,之后科学对于理论的兴趣普遍有所减弱。从哲学的角度或原因分析,这应当与佛学的兴起有关。

总体来说,在哲学与科学的关系方面,这一时期科学对于哲学的重视程度要大于哲学对于科学的重视程度;魏晋时期哲学与科学的密切程度要大于南北朝时期哲学与科学的密切程度。而这样一种状况及其趋势又会对接下来的隋唐时期产生深刻的影响。

　　隋唐时期的哲学以佛教哲学为主，佛教或佛学一些大的派别在这一时期纷纷登上哲学舞台；道教及其哲学虽不如佛教炙手可热，显赫一时，但也形成一定的气候；至于传统的儒家学说，这一时期的发展是极其有限的，几乎可以用"人微言轻"来形容。

　　这一时期哲学与科学的关系与魏晋南北朝时期具有某种相似性，事实上，也的确保持了相当的连贯性。一方面，科学活动中仍会涉及一定的哲学内容，这包括天文学、地理学、医学等学科。但不同的学科又有所不同。天文学虽然仍包含有对规律问题的探索，但这一时期很重要的一个现象是天人感应观念重新有所抬头；地理学成就最突出地体现在海潮理论中，其主要是对潮汐规律的认识；医学活动历来不乏哲学思考，但与天文学领域相似，隋唐时期的医学理论与实践还接受了鬼神观念。另一方面，与科学活动相比，哲学对于科学知识的涉及就显得十分有限。如前所指出，自汉代以来与科学关系较为密切的儒家哲学在这一时期受到严重压缩，正处于生存和发展的困境之中，活动空间相当有限，因此它自然无法给予科学以更多的关注和支持。至于炼丹术，其中会涉及道家或道教的相关哲学和科学思想，但同时也充斥着大量的谬误。当然，由于天人感应观念的重新抬头，也在一定程度上似乎拉近了科学与哲学的距离，但这是消极的，在理论上也无新意，在实践上还可能对知识活动产生负面影响。不过，由此而引出的柳宗元、刘禹锡二人对于天人问题的某些看法或见解仍是有意义的。同样，这样一种状况也影响到观念、概念、思维和方法。从魏晋南北朝时期开始，我们就很难再看到先秦和秦汉时期那种哲学与科学之间的高度一致性，或者说那种"亲密"的关系，隋唐时期更是如此。在这两个时期，哲学与科学所关心的问题很大程度上是分离的，并且，较之南北朝时期，隋唐时期科学与哲学之间的分歧可能还要更大些，这里主要是指隋唐佛教哲学与科学活动的距离。但又要看到，尽管隋唐时期的科学活动与哲学活动有一定的隔阂，这一时期哲学与科学之间仍有一些沟通之处。尤其是一些重要的概念，例如气、理等，特别是"理"这一概念的使用较之魏晋南北朝时期又有所增多，并且使用得越来越频繁。也正是这些概念又将此前的秦汉时期与此后的宋元时期勾连在一起，并成为宋代哲学的一个坚实而重要的基础。

最后，还有两点需要特别指出。第一，尽管我们指出，佛教哲学所关心的问题与科学活动之间存在着距离，但我们也要注意佛教哲学与佛教在这一问题上的差别，事实上，佛教与知识仍保持着一定的联系，在某些领域如医学、天文学领域中还比较甚至十分密切。第二，在魏晋南北朝与隋唐时期，实测与实验的思维与方法获得了比较充分的发展，这可以说是这一时期科学活动中的一个十分显眼的"亮点"。而我们在其中又要注意，这一"亮点"与科学思想以及哲学思想之间的联系。

第二节　"天人"观念与知识的关系

魏晋南北朝与隋唐时期的天人观呈现出丰富且复杂的面貌。在魏晋时期，其主要是体现为哲学思想中的自然天道观，这一观念和思想实际是由东汉末年而来。之后，这一观念与思想也影响到知识领域。如杜预与何承天所主张的"顺天求合"天文学思想就是这一哲学天人观的体现。另一方面，尽管天人感应的思想从东汉末年起就开始遭到清算，但其实它并没有绝迹，并没有退出历史舞台，而且在"气候"适当的情况下还会死灰复燃，事实上，在占星术这样的领域也一直提供着这样的"气候"。从南北朝起，天人感应思想以及谶纬迷信又有所回潮，其特别反映在隋唐时期的天文学或占星术中，与此同时，一批天文学家和思想家也对此作出了严厉的批评。隋唐时期在观念与概念方面的发展总体来说并不显著，但天人关系问题仍值得我们注意。隋唐时期的天人观念在很大程度上仍延续着秦汉时期哲学所思考的问题，也在很大程度上保持了儒家的观念与思想传统。所有这些，便构成了魏晋南北朝与隋唐时期天人观的复杂而且有些"混乱"的图景。除此之外，在知识领域，因宜、力命等观念也都有所体现。另外，在柳宗元、刘禹锡的哲学思想里也包含有这方面的内容。

一、魏晋时期哲学中的自然天道观

魏晋玄学所讨论的中心问题是天人关系问题，其总的原则或倾向是崇尚和强调天道自然，这是对汉代天人感应理论的清算与批判，当然也是继承了东汉王充的批判传统。在这之中，玄学各家思想都会不同程度地涉及一些一般的知识内容。

如王弼讲："故其大归也，论太始之原以明自然之性，演幽冥之极以定惑罔之迷。"（《老子指略》）嵇康讲："浩浩太素，阳曜阴凝；二仪陶化，人伦肇兴。"（《太师箴》）阮籍讲："天地生于自然，万物生于天地。自然者无外，故天地名焉；天地者有内，故万物生焉。"（《达庄论》）郭象讲："（天）不运而自行也，（地）不处而自止也，（日月）不争所而自代谢也，皆自尔。"（《庄子注·天运》）这些论述无不是论述天道自然的性质，且其中又都在不同程度上包含了对宇宙结构、演化及其性质的看法。又如王弼讲："人不违地，乃得全安，法地也。地不违天，乃得全载，法天也。天不违道，乃得全覆，法道也。道不违自然，乃得其性，法自然也。"（《老子注》二十五章）郭象讲："人皆以天为父，故昼夜之变，寒暑之节，犹不敢恶，随天安之。况乎卓尔独化，至于玄冥之境，又安得而不任之哉？"（《庄子注·大宗师》）这些论述尽管主要是为了论证天道的思想，但其中却包含了对天人关系的看法，并且从其中同样可以看到某些符合科学认识或理解的基本精神。

不过应当看到，总的说来，科学证明并不是魏晋玄学主要的论证工具。

二、魏晋南北朝时期知识活动中的天人观

传统天人关系的思想在科学活动中的一个重镇是农学，魏晋南北朝时期也不例外，这突出地表现于贾思勰的《齐民要术》。如贾思勰讲：

> 顺天时，量地利，则用力少而成功多。任情返道，劳而无获。

（《齐民要术·种谷》）

以上短短两句话，实际上体现了贾思勰天人观的基本原则。这其中的"顺天时，量地利"就是要求遵循最基本的自然规律。"返"也就是"反"，"任情返道"就是指随意违背自然规律，而违背自然规律必然"劳而无获"。贾思勰的天人观非常清楚，农耕活动就是要正确处理天时、地利和人力这三者之间的关系，而这种天人观的原则就是以自然天道为中心。

与天人观密切相关，自先秦时期就已形成的"因"、"宜"观念及方法也在农学或农业生产中得到延续。贾思勰的"因"、"宜"观念实际上就是其"顺天时，量地利"基本思想的展开。如贾思勰在《齐民要术》中讲："凡谷成熟有早晚，苗秆有高下，收实有多少，质性有强弱，米味有美恶，粒实有息耗。地势有良薄，山、泽有异宜。""凡春种欲深，宜曳重挞。夏种欲浅，直置自生。""凡种谷，雨后为佳。遇小雨，宜接湿种；遇大雨，待蘱生。""有闰之岁，节气近后，宜晚田。"（均见《种谷》）"燥湿之宜，杷劳之法，一同谷苗。"（《梁秫》）"畦畛大小无定，须量地宜，取水均而已。"（《水稻》）以上讲到了种植的宜地、宜时、宜法等要求。又如："岁宜晚者，五、六月亦得；然稍晚稍加种子。地不求熟。收刈欲晚。"（《大豆》）"粪宜熟，无熟粪者，用小豆底亦得。"（《种麻》）这里又涉及根据不同情况、条件所作的适宜性调整。总的来说，在贾思勰的《齐民要术》这里，"因"、"宜"涉及天气、土壤、作物以及耕种方式种种具体农作问题。

对于"因"、"宜"问题的思考也并不仅仅局限于农学领域，医疗活动也是如此。例如王叔和在《脉经》中讲："寸口脉浮，中风，发热头痛，宜服桂枝汤、葛根汤"，"寸口脉紧，苦头痛，骨肉痛，是伤寒，宜服麻黄汤"；"关脉数，胃中有客热，宜服知母丸"，"关脉迟，胃中寒，宜服桂枝丸、茱萸汤"；"尺脉浮，下热风，小便难，宜服瞿麦汤、滑石散"，"尺脉沉，腰背痛，宜服肾气丸。"（《脉经》卷二《平三关病候并治宜》）由以上考察可以看到，《内经》的医学传统在魏晋南北朝时期得到了延续，事实上，这以后一直是中国医学的基本思维或方法传统。

另一个受天人观影响的知识领域是天文学。魏晋南北朝时期的一些天文学家明显受到自然天道观的深刻影响，如晋代的杜预提出天文历法"言当顺天以求合，非为合以验天者也"（《晋书·律历志下》）之后，刘宋时期的何承天也说："是以《虞书》著钦若之典，《周易》明治历之训，言当顺天以求合，非为合以验天也。"（《宋书·律历志中》）这一天文学思想实际上就是自然天道观的反映。有关这方面的具体内容将在本节第四部分以及天文学的科学思想一节中加以详细考察。

三、道教对于"天人"和"力命"问题的看法

值得注意的是，魏晋南北朝时期的道家与道教哲学以及道教的炼丹术和养生术又提供了理解天人以及力命关系的新的方向。这一时期的道家著作提出了人"盗"天地之利的思想。如《列子·天瑞》中说：

> 吾闻天有时，地有利。吾盗天地之时利，云雨之滂润，山泽之产育，以生吾禾，殖吾稼，筑吾垣，建吾舍。陆盗禽兽，水盗鱼鳖，亡非盗也。夫禾稼、土木、禽兽、鱼鳖，皆天之所生，岂吾之所有？然吾盗天而亡殃。

这里的"盗"是指利用。以后，《阴符经》显然继承了这一思想，其讲：

> 天地，万物之盗；万物，人之盗；人，万物之盗。三盗既宜，三才既安。

这即是说，天、人和万物之间实际上是一种相互利用的关系，并且这也将三盗思想与传统的三才思想结合了起来。[①] 而强调人的能力的思想，进一步在道教的炼丹知识中得到更为积极甚至是夸张的体现。炼丹术从东汉开始，到了魏晋南北朝时期已经有了相当的经验和知识积累，一些

---

① 李申指出：《阴符经》对后世产生了重要影响。多数主张征服、改造自然的思想和著作，都要从《阴符经》中吸收思想营养。见卢嘉锡总主编、席泽宗分卷主编《中国科学技术史·科学思想卷》，第 292 页。

炼丹家或思想家也因此有了更多的自信。例如晋代葛洪在《抱朴子内篇·对俗》中引《仙经》曰："服丹守一，与天相毕；还精胎息，延寿无极。"尤其是其在《抱朴子内篇·黄白》中引《龟甲文》曰：

> 我命在我不在天，还丹成金亿万年。

毫无疑问，"我命在我不在天"这一思想表现出了相当积极的人生观，对于传统的命运观念是一个极大的挑战，而这样一种思想以后无论是对于科学还是哲学都将产生积极的影响。

此外，在唐代的道教这里也可以看到对魏晋南北朝时期道教有关天人关系思想的继承，这其中一个典型的例子就是《阴符经疏》。关于《阴符经疏》的作者尚有争论，其中一说为李筌。在《阴符经疏》中，由《列子》、《阴符经》所提出的有关"盗"的思想得到进一步的阐述。例如："更相为盗者亦自然之理。凡此相盗，其中皆须有道，惬其宜则吉，乖其理则凶。"（《阴符经疏》卷中）这里明确了"盗"所内含的客观规律性。又如："何名为盗机？缘己之先无，知彼之先有，暗设计谋，而动其机数，不知不觉，窃盗将来，以润其己，名曰盗机。言天下之人咸共见此盗机，而莫能知其深理。"（《阴符经疏》卷中）这里则不仅言明了"盗"的客观要求，还对"盗"的主观能动性质作了深入的说明。

当然，有关"天人"与"力命"问题的看法或许并不止于道教思想。①

四、天文知识领域在天人观问题上的冲突

一个值得我们注意的重要现象是，在天文学或占星术这个天人感应思想始终占统治地位的领域，此时却受到自然天道观的严重挑战。

事实上，直到张衡，天文学思想中的天人感应内容都是很明显的，如

---

① 此外还值得我们注意的是，这一时期所取得的不少新的认识与成就可能都会对在有关力命问题中的人即主观能动思想方面产生积极的影响，例如在农业和植物学中对选种以及遗传与变异等问题的认识，在机械制作领域所取得的诸如记里鼓车、欹器这样一些奇妙成就，等等。

张衡说："文曜丽乎天，其动者有七，日月五星是也。日者，阳精之宗；月者，阴精之宗；五星，五行之精。众星列布，体生于地，精成于天，列居错峙，各有攸属。在野象物，在朝象官，在人象事其以神著，有五列焉，是为三十五名。一居中央，谓之北斗。四布于方各七，为二十八舍。日月运行，历示吉凶，五纬躔次，用告祸福。"（《晋书·天文志上》）这可以说是占星术的基本状况，而秦汉大一统以来，这种状况尤甚，天文知识要论证现实政治。

但到了魏晋南北朝时期，在天文学思想中开始出现明显而深刻的变化。以自然天道观以及"顺天以求合"的天文学思想为基础，一批天文学家开始向天人感应的占星理论发起挑战。如何承天就曾严厉地批评汉代的谶纬迷信，他说：

> 积代不悟，徒云建历之本，必先立元，假言谶纬，遂关治乱，此之为蔽，亦已甚矣。刘歆《三统法》尤复疏阔，方于《四分》，六千余年又益一日。扬雄心惑其说，采为《太玄》，班固谓之最密，著于《汉志》。（《宋书·律历志中》）

稍后，祖冲之针对戴法兴"夫二至发敛，南北之极，日有恒度，而宿无改位。故古历冬至，皆在建星"之说也讲：

> 周汉之际，畴人丧业，曲技竞设，图纬实繁。或借号帝王以崇其大，或假名圣贤以神其说。是以谶记多虚，桓谭知其矫妄；古历舛杂，杜预疑其非直。（《宋书·律历志下》）

再之后，北朝与隋初间天文学家刘焯也反对灾异祥瑞之说。据颜之推《颜氏家训·省事》记载：

> 前在修文令曹，有山东学士与关中太史竞历，凡十余人，纷纭累岁，内史牒付议官平之。吾执论曰：大抵诸儒所争，四分并减分两家尔。历象之要，可以晷景测之，今验其分至薄蚀，则四分疏而减分密。疏者则称政令有宽猛，运行致盈缩，非算之失也；密者则云日月

有迟速，以术求之，预知其度，无灾祥也。

李申认为，颜之推此处所说"山东学士"显然是指刘焯等人，由于遵从"顺天求合"的原则，且历法精密，故宣称"无灾祥也"。

当然，在天文学这个天人感应理论的重镇，自然天道观要取得胜利绝非一朝一夕、一朝一代可能实现的，其前进的每一步都必然会遇到阻挠，真理的发展必然会经历反复。我们看到，在隋唐时期，由于统治者的需要，天人感应思想与谶纬迷信再次受到重视，重新抬头。这种状况在一定程度上显然与隋唐时期的统一政治格局有关，隋唐在恢复秦汉政治模式的同时也连带恢复了与这一政治模式相伴随或契合的信仰模式。

例如由李淳风等编写的《隋书·律历志》中说："夫历者，纪阴阳之通变，极往数以知来。"又《隋书·五行志》中说："天道以星象示废兴，则甘、石所以先知也。是以祥符之兆可得而言，妖讹之占所以征验。"这其中，天人感应与灾异祥瑞思想十分明显。李淳风又特别重视天文学所具有的天人感应和神道设教的性质。例如李淳风在《乙巳占》序中说：

> 至于天道神教，福善祸淫，谴告多方，鉴戒非一。故列三光以垂照，布六气以效祥，候鸟兽以通灵，因歌谣而表异。同声相应，鸣鹤闻于九皋；同气相求，飞龙吟乎千里。兼复日亏麟斗，月减珠消，晕逐灰移，慧因鱼出。门之所召，随类毕臻；应之所授，待感斯发。无情尚尔，况在人乎？

这一状况也在一行的思想中体现出来，这特别反映在《大衍历议》之中。例如在《大衍历议》的《合朔议》中就重现了谴告理论，而在《日食议》、《五星议》中，天人关系思想得到了更为清晰的表达。如《日食议》中说：

> 日，君道也，无朒魄之变；月，臣道也，远日益明，近日益亏。望与日轨相会，则徙而浸远，远极又徙而近交，所以著臣人之象也。望而正于黄道，是谓臣干君明，则阳斯蚀之矣。朔而正于黄道，是谓臣壅君明，则阳为之蚀矣。

又如《五星议》中说：

> 故五星留逆伏见之效，表里盈缩之行，皆系之于时，而象之于政。政小失则小变，事微而象微，事章而象章。已示吉凶之象，则又变行，袭其常度。不然，则皇天何以阴骘下民，警悟人主哉！

又《大衍历议》的《历本议》中说："自五以降，为五行生数；自六以往，为五材成数。"这又是明显的五行思想，而我们知道，阴阳五行学说与天人感应学说有着密切的关系。

所以李申认为：一行是诚心诚意地把科学附会于神学，为封建政治服务。但李申的研究也指出：灾异祥瑞观念在隋唐时期也是一波三折的。如隋炀帝禁谶纬就相当彻底，但喜欢祥瑞，唐太宗李世民则并不过多地求助于祥瑞，武则天喜符命祥瑞，而从唐玄宗起，几代皇帝都屡次下诏禁奏祥瑞，表明天人感应观念在朝廷之上也日益衰落了。[①]

五、唐代以柳宗元、刘禹锡为代表的天人观

再来看思想层面。据研究，唐代批判灾异、祥瑞观念的第一篇专论是卢藏的《析滞论》。卢藏在其中说道："得丧兴亡，并关人事；吉凶悔吝，无涉天时。"历史学家刘知几认为，在历史上真正的祥瑞很少，"求诸《尚书》、《春秋》，上下数千载，其可得言者，盖不过一二而已"（《史通·书事》）。但刘知几又说："夫灾祥之作，以表吉凶，此理昭昭，不易诬也。"（《史通·书志》）由此也不难看到其思想的矛盾性或复杂性。

从哲学或理性的视角来看，当时对于这一问题的认识最具代表性的应当是唐代的柳宗元与刘禹锡二人。柳刘二人都就当时流行的天人感应学说提出了自己的批判性看法，并提出了自己的天人关系理论。如柳宗元讲："生植与灾荒，皆天也；法制与悖乱，皆人也。二之而已，其事各行不相预，而凶丰理乱出焉。"（《答刘禹锡天论书》）刘禹锡讲："天之所能

---

① 李申：《中国古代哲学和自然科学》，第 500、685 页。

者，生万物也。人之所能者，治万物也。""天之能，人固不能也；人之能，天亦有所不能也。"（《天论》）柳刘二人的这些论述都明显承继了荀子的思想，即将天人区分开来。而这之中尤为重要的就是去除两者间某种神秘和必然的联系，如柳宗元讲："假而有能去其攻穴者，是物也。其能有报乎？蕃而息之者，其能有怒乎？天地，大果蓏也；元气，大痈痔也；阴阳，大草木也；其乌能赏功而罚祸乎？"（《天说》）在这里，柳宗元明确指出，天人之间不存在什么意志上的赏罚关系。柳宗元还写了《贞符》，对符瑞和遣告说给予了尖锐的批评，柳宗元说："后之妖淫嚣昏好怪之徒，乃始陈大电、大虹、玄鸟、巨迹、白狼、白鱼、流火之乌以为符。斯为诡谲阔诞，其可羞也，而莫知本于厥贞。"由此，柳宗元坚定地指出："未有恃祥而寿者也。"柳宗元的这些论述可以说对祥瑞符命思想作了直接的否定。

同时，柳宗元和刘禹锡又都很重视人力，如柳宗元讲："变祸为福，易曲成直，宁关天命？在我人力。"（《愈膏肓疾赋》）刘禹锡讲："万物之所以为无穷者，交相胜而已矣，还相用而已矣。""天非务胜乎人者也。何哉？人不宰则归乎天也。人诚务胜乎天者也。何哉？天无私，故人可务乎胜也。"（《天论》）这些思想既继承了先秦时期荀子的思想传统，同时应当也与其所处时代的力命观有着一定的关联，并且这也在一定程度上成为宋元时期相关认识与知识活动的基础。

不过也应看到，柳宗元、刘禹锡这样一些思想家所发出的声音在当时是十分微弱的。

第三节　"道"、"理"概念与知识的关系

如前所指出，魏晋南北朝与隋唐时期的科学与哲学活动存在着一定的疏离，这在一定程度上也会影响到观念与概念系统，类似秦汉时期与宋明时期那样哲学与科学在众多的概念使用上保持高度统一的局面在魏晋南北朝时期并不典型。但"道"与"理"却是这一时期的两个重要概念。魏晋时期，自然天道观盛行，因此，"道"概念是这一时期的核心概

念。与此相关，"自然"也是一个十分重要的概念，并对知识活动产生了深刻影响。同时，"理"概念在这一时期出现得越来越频繁，无论是在思想中，还是在知识中都显得越来越重要，这可以说是魏晋南北朝与隋唐时期在概念上的一个重要现象。而"理"概念广泛的运用又为以后宋元时期的相关思想作了充分的知识准备。

一、"道"与"自然"

魏晋时期的哲学也即玄学所崇尚的是天道自然的理论，其思想直接源于先秦时期的道家学说，由此，"道"这一概念同样也成为这一时期哲学思考的重要概念。例如玄学家王弼说："道者，无之称也。无不通也，无不由也，况之曰道，寂然无体，不可为象。"（《论语释疑》）郭象说："物各自生而无所出焉，此天道也。"（《庄子注·齐物论》）又如道教思想家葛洪说："凡言道者，上自二仪，下逮万物，莫不由之。"（《抱朴子内篇·明本》）"道者，万殊之源也。"（《抱朴子内篇·塞难》）从这里可以看出，"道"在魏晋时期的哲学思想中仍是一个基本的概念。并且，作为一种观念或思想，天道的概念也对同时期的科学活动产生了一定的影响。

"自然"也是这一时期的一个重要概念和观念，这一概念本与道或天道的概念是紧密联系的。不过实际应用中，这一概念在魏晋时期已经逐渐分离了出来，从而成为一个独立的重要概念。玄学家王弼非常重视这一概念，如他说："天不违道，乃得全覆，法道也。道不违自然，乃得其性，法自然也。法自然者，在方而法方，在圆而法圆，于自然无所违也。"（《老子注》二十五章）"万物以自然为性，故可因而不可为也，可通而不可执也。"（《老子注》二十九章）"故其大归也，论太始之原以明自然之性，演幽冥之极以定惑罔之迷。"（《老子指略》）玄学家郭象也十分重视这一概念，如他说："自然者，不为而自然者也。故大鹏之能高，斥鷃之能下，椿木之能长，朝菌之能短，凡此皆自然之所能，非为之所能也。"（《庄子注·逍遥游》）"我既不能生物，物亦不能生我，则我自然矣。自己而然，则谓之天然。"（《庄子注·齐物论》）还有阮籍，其讲："道者法自然而为化。"（《通老论》》"天地生于自然,万物生于天地。自然者无外,故天地名焉。""人生天地之中,体自然之形。身者,阴阳之精气也。"(《达庄论》)又张湛《列子注·仲尼》引夏侯玄曰:"天地以自然运,圣人以自然用。自然者,道也。道本无名,故老氏曰强为之名。"

但总体而言,"道"这一概念到了南北朝时期已不能再视作核心概念。在科学领域,由于科学活动与哲学活动之间所存在的疏离,这一概念除道教活动外并没有成为主要概念。在哲学领域中,随着佛教的兴盛,这一概念也逐渐从主要概念中退出。同"道"概念一样,"自然"这一概念在南北朝以后也逐渐稀少。这正反映了自然这一概念与道概念的关系,以及这两个概念的共同结果或命运。

二、魏晋南北朝时期"理"概念的兴起

魏晋南北朝时期应当值得我们注意的是另一个概念的兴起,这就是"理"。考察表明,这一概念在哲学和科学中开始被广泛使用。

在哲学思考中,例如郭象就经常使用这一概念,他说:"故知君臣上下,手足内外,乃天理自然,岂真人之所为哉?"(《庄子注·齐物论》)"一物不具,则生者无由得生;一理不至,则天年无缘得终。"(《庄子注·大宗师》)"以小求大,理终不得;各安其分,则大小俱足矣。"(《庄子注·秋水》)嵇康也使用这一概念,他讲:"夫推类辨物,当先求之自然之理。"(《声无哀乐论》)葛洪的《抱朴子内篇》也多用这一概念,如《论仙》中说:"夫言始者必有终者多矣,混而齐之,非通理矣。"《至理》中说:"夫逝者无反期,既朽无生理,达道之士,良所悲矣!"《明本》中说:"其评论也,实原本于自然;其褒贬也,皆准的乎至理。"其中《道意》中说:"患乎凡夫不能守真,无杜遏之检括,爱嗜好之摇夺,驰骋流遁,有迷无反,情感物而外起,智接事而旁溢,诱于可欲,而天理灭矣,惑乎见闻,而纯一迁矣。"这与《礼记·乐记》中的儒家观点十分近似,但又融入了道家的思想。当然,葛洪的思想也可以从科学的角度来观察和解读。还有张湛的《列子注》,如《仲尼》中讲:"用失其道,则无益于理也。"《力命》中讲:"命者,必然之

期，素定之分也。虽此事未验，而此理已然。"

与此同时，在科学活动中，天文学、地理学、数学、医学、生物学等许多学科也都广泛涉及了这一概念。如杨泉在《物理论》中说：

> 风者，阴阳乱气激发而起者也。怒则飞沙扬砾，发屋拔树；喜则不摇枝动草，顺物布气，天地之性，自然之理也。

这是将"理"视作天地自然的一般规律。又杜预讲：

> 天行不息，日月星辰，各运其舍，皆动物也。物动则不一，虽行度有大量，可得而限。累日为月，累月为岁，以新故相涉，不得不有毫末之差，此自然之理也。（《晋书·律历志下·春秋长历》）

这是说天体运行本身有变化，因此天文数据不可能一成不变，而是需要经常加以修正。在数学研究方面，如赵爽讲：

> 盖方者有常而圆者多变，故当制法而理之。（《周髀算经注》）

这是说，方圆的关系问题可遵循相应的规律来认识和解决。刘徽讲：

> 析理以辞，解体用图，庶亦约而能周，通而不黩。（《九章算术注》序）

这是说，数学的目的就在于分析数现象背后的法则。在与生物知识相关的语词分类方面，如郭璞的《尔雅图赞·释鱼·蚌》中说：

> 万物变蜕，其理无方。

在地理学方面，如郦道元在《水经注·洛水注》中指出：

> 物无不化之理。

郭璞和郦道元也都将变化看成大千世界的基本法则，亦即"理"。在医学方面，如皇甫谧说：

> 病有浮沉，刺有浅深，各至其理，无过其道。（《针灸甲乙经》）

皇甫谧在这里将理与道这两个词并用，其含义都是指一种法则或规律。

由此不难看出，在魏晋南北朝时期，"理"这一语词已经越来越多地被使用，并开始从哲学广泛地向科学传播，成为一个哲学和科学共同接受的重要概念。而结合先秦与秦汉时期的考察，我们在这里其实也看到了一个由哲学概念发展出科学概念并产生一定量变的鲜活例证。

三、隋唐时期"理"概念的发展

到了隋唐时期，"理"这一语词与概念的使用越来越频繁，其明确被用来表达规律、法则的含义，无论是哲学和科学都是这样。

在科学中，"理"这一概念广泛出现于天文学、地理学以及医药学中。

如在天文学中，李淳风在《乙巳占》序中讲：

> 夫神功造化，大易无以测其源；玄运自然，阴阳不可推其末。故乾元资始，通变之理不穷；坤元资生，利用之途无尽。

在这里，"理"明显具有规律之意。尤其是地理学方面，在一些科学论文中，作为规律意义的"理"概念大量出现，如卢肇的《海潮赋》中就反复使用"理"这一语词，他说：

> 浑天之法著，阴阳之运不差。阴阳之运不差，万物之理皆得。万物之理皆得，其海潮之出入，欲不尽著，将安适乎？
>
> 夫日之入海，其必然之理乎。
>
> 肇适得其旨，以潮之理，未始著于经籍间，以类言之，犹乾坤立，则易行乎其中。
>
> 今将尽索乎彼潮之至理，何得与日月而相符。
>
> 事有至理，无争无胜。犹权衡之在悬，审锱铢而必应。
>
> 赋之者究物理、尽人谋，水无远而不识，地无大而不搜。

这里的"万物之理"、"必然之理"、"至理"、"物理"都具有规律或法则的含义，并且明显被赋予了普遍性。而像这样对"理"概念的密集使用在当时的知识研究中绝非个别现象。

其他如医药学方面，《关尹子·九药篇》中讲：

> 谋之于事，断之于理，作之于人，成之于天。

刘知古在《日月玄枢论》中说：

> 所以千举万败者，其由不达三五与一之理。
>
> 世人徒知还丹可以度世，即不知度世之理，从何生焉。

还有炼丹术，容字号无名氏所注《周易参同契》中讲：

> 顺五行气，火则得其理。
>
> 若不从铅，必无得理。

这里的"理"也同样有道理、法则的意思。

在这一时期的哲学思想中，尤以刘禹锡最为重视"理"这一概念。如刘禹锡说：

> 吾固曰：是非存焉，虽在野，人理胜也。是非亡焉，虽在邦，天理胜也。（《天论中》）

这是结合天人关系讲自然与社会各自具有的法则。又说：

> 若知操舟乎？夫舟行乎潍、淄、伊、洛者，疾徐存乎人，次舍存乎人。风之怒号，不能鼓为涛也；流之溯洄，不能峭为魁也。适有迅而安，亦人也；适有覆而胶，亦人也。舟中之人未尝有言天者，何哉？理明故也。彼行乎江、河、淮、海者，疾徐不可得而知也，次舍不可得而必也。鸣条之风，可以沃日；车盖之云，可以见怪。恬然济，亦天也；黯然沉，亦天也。阽危而仅存，亦天也。舟中之人未尝有言人者，何哉？理昧故也。（《天论中》）

这是将天、人、理这三个概念相结合，既论述天人关系，同时又阐述天人与理的关系，其中对规律与认识之间关系的思考可谓深入。同时，我们从中也可以看到知识的内容。刘禹锡也有一些论述虽未用"理"的概念，但其含义是相同的，例如："夫目之视，非能有光也，必因乎日月火炎而后光存焉。所谓晦而幽者，目有所不能烛耳。彼狸、狌、犬、鼠之目，庸谓晦为幽邪？吾固曰：以目而视，得形之粗者也；以智而视，得形之微者也。"（《天论中》）在这里我们看到刘禹锡利用所掌握的光学方面的知识来论证哲学基本问题，这其中的"得形之微者"就具有理的性质，其既有规律的意思，也有原因的意思。其他思想家如韩愈也用这一概念，如："学所以为道，文所以为理。"（《送陈秀才彤》序）

此外，还有一个与"理"非常接近的语词即"数"也经常出现。以刘禹锡为例，他说："水与舟，二物也。夫物之合并，必有数存乎其间焉。数存，然后势形乎其间焉。一以沉，一以济，适当其数乘其势耳。彼势之附乎物而生，犹影响也。"（《天论中》）"大凡入乎数者，由小而推大必合，由人而推天亦合。以理揆之，万物一贯也。"（《天论下》）由以上刘禹锡的论述可以看到，"数"与"理"具有相似的含义。

不仅哲学中使用这一概念，科学中也经常使用"数"这一概念。如李淳风就试图将易数作为历数的根据，他引《易传》中的话："天数五，地数五，五位相乘而各有合。天数二十有五，地数三十，凡天地之数五十有五，所以成变化而行鬼神也。乾之策二百一十有六，坤之策一百四十有四，凡三百六十。"然后解释说："凡三百六十，以当期之日也。至乃阴阳迭用，刚柔相摩，四象既陈，八卦成列，此乃造文之元始。创历之厥初者欤？"（《隋书·律历志》）李淳风上述对于"数"概念的理解和使用无疑是对象数学传统的继承。孙思邈在讲到天人之间的对应关系时也用"数"来表达，他说："天有四时五行寒暑迭代，其转运也，和而为雨，怒而为风，凝而为霜雪，张而为虹霓，此天地之常数也。人有四支五藏，一觉一寝，呼吸吐纳，精气往来，流而为荣卫，彰而为气色，发而为音声，此人之常数也。"（《旧唐书·方伎传》）应当看到，虽然这种天人对应的比较方式仍难免有附会之嫌，但"数"在这里明显的是用于表示"必然性"这层意义。其他如容字号无名氏所注《周易参同契》中也用"不测其理，不晓阴阳运火度数"来形容和批评当时错误的炼丹方法，这其中则明确将"理"与"数"作了同义的理解。

四、由"道"而"理"的必然性

从"道"到"理",这一发展必然有其内在的深刻原因。对于这一问题,李申曾有过思考。其认为"道从行和路上升为抽象的哲学范畴,指的是人们的办事方式"。"道这个概念的产生,与人的行为有关,所以它自始就是一个动态的概念、描述事物运动的范畴。""理不是产生于对人们行为的认识,而是产生于对物自身各种因素相互关系的认识。""物体自身各个因素之间有稳定的相互关系,构成一定的秩序,这就是物的理。""物自身的秩序,物与物的关系,是静态的。所以,理自始就是一个静态的概念。""源于动态的东西,由于物自身在动,一般通过静态的观察就可了解。源于静态的概念,由于物自身不动,往往必须在变革现实的实践中才能认识。""因此,理是比道更深一层的概念,所以它比道晚出。"①李申上述分析主要是基于行为与物理、动态与静态的思路,有一定道理。

但从知识发展的视角看,由"道"而"理"的过程更可能与以下原因相关:

第一,"道"与"理"首先都是具有规律、法则意义的概念。但就知识背景而言,二者却是有所不同的。"道"这一概念主要源自先秦时期天文学或占星术的发展,源自在此基础上建立起来的天道观。而"理"有所不同,从一开始,这一概念就与一般或普遍事物有关,与一般或普遍认识有关。而从秦汉到魏晋,再从南北朝到隋唐,知识或认识不断扩大,也不断深入,"道"这一基于天文学和天道观发展起来的概念在应用上就显得不能得心应手,而"理"这一概念由于一开始就具有的广泛性特征或大众性身份就明显更加应对自如。

第二,"道"这一概念由于是基于天文学和占星术的,是对天体运行轨道、周期的认识,因此从一开始就被赋予规律的含义,并且在很大程度上也为这一含义所限定。但"理"有所不同,从其在先秦时期出现起,就

---

① 李申:《中国古代哲学和自然科学》,第 515—517 页。

同时包含有原因、根据的含义。如韩非子所说的"短长、大小、方圆、坚脆、轻重、白黑之谓理"。又如荀子所说的"凡以知，人之性也；可以知，物之理也"。这里所说的理不仅有规律、法则的含义，同时也有原因、依据的含义。事实上，"理"在这里也就是"故"的意思。古人所谓"求其故"也就是"求其理"。

第三，"道"这一概念又与特定的道家哲学思想有关，与相邻的"自然"观念或概念息息相关，与天道自然的哲学思想或理论密切相关。换言之，在道家哲学思想中，"道"是一个核心概念。事实上，我们在葛洪的思想中仍能看到"道"与"理"大量并存的现象。不过，葛洪的思想其实也已是道家天道自然哲学思想在魏晋时期的尽头或终结。伴随着道家哲学或天道自然哲学思想逐渐淡出，对"道"这一概念的使用也会相应衰减。相比之下，一个不受特定学派和学说限制的概念"理"则更能适合不同知识与心理的需求。

总而言之，在内涵上，"道"比"理"更加狭窄，"理"比"道"更加宽广。因此，由"道"而"理"的过程恰恰体现了知识的发展，体现了知识的扩大，同时也体现了认识的扩大和深入。当然，在这之中，佛教的相关概念很可能也起到了一定的推动作用。

充分了解魏晋南北朝时期由"道"而"理"的过程，无论是对于深入了解中国古代科学的发展，还是对于深入了解中国古代哲学的发展都有着重要的意义。有理由说，后来宋明理学中"理"这一语词或概念之所以能成为核心概念，应当是与魏晋南北朝和隋唐时期所提供的种种知识和思想的资料密切相关的。在一定意义也可以说，"理"概念到了唐代这里，已经是处于其整个发展过程质变的"前夜"。

第四节　"气"概念与知识的关系

"气"概念也是魏晋南北朝与隋唐时期相对比较重要的概念，这在很大程度上源于"气"的无所不在的性质。哲学上对于这一概念的使用主要还是因循传统。在知识领域，不同的学科可能也有所不同，其中天文学、医药学以及炼丹术对于"气"概念的使用是比较充分的。另外值得注意的是，在魏晋南北朝与隋唐时期，"变化"观念及其概念也很丰富和生动，而这在很大程度上也与"气"观念和概念有关。

一、魏晋南北朝时期哲学与科学思想中的"气"概念

"气"这一概念在先秦和秦汉时期的哲学理论中一直是最为基本的概念。在魏晋玄学中，"气"这一概念虽不能说是基本的概念，但由于受东汉以来元气自然论的影响，因此仍在思想中有一定的体现。例如嵇康讲："夫元气陶铄，众生禀焉。赋受有多少，故才性有昏明。"（《明胆论》）阮籍讲："自然一体，则万物经其常，入谓之幽，出谓之章。一气盛衰，变化而不伤。"（《达庄论》）阮籍、嵇康在这里所表达的是一种元气自然论的思想。类似的思想尤见之于杨泉的《物理论》，如："元气浩大，则称皓天。皓天，元气也。皓然而已，无他物焉。""土气合和，而庶类自生。""人，含气而生，精尽而死。"比较当时其他哲学家而言，杨泉对于元气自然思想的论述可能是比较丰富的，这应当与其对王充思想的继承有关。讲到这一时期哲学领域"气"概念的应用，我们也不能排除道教哲学的思想。如葛洪说："夫人在气中，气在人中。自天地至于万物，无不须气以生者也。"（《抱朴子内篇·至理》）并且道教哲学中，有关气的思想是非常丰富的。

在魏晋南北朝时期的科学活动中，"气"概念首先体现在对于天的思考中，例如《列子》的《天瑞》篇中讲："天，积气耳，亡处亡气。若屈伸呼吸，终日在天中行止，奈何忧崩坠乎？""日月星宿，亦积气中之有光耀者，只使坠，亦不能有所中伤。"这是说天地都是由气所构成的，而气无所谓崩坠。又讲："虹霓也，云雾也，风雨也，四时也，此积气之成乎天者也。山岳也，河海也，金石也，火木也，此积形之成乎地者也。知积气也，知积块也，奚谓不坏？"这是说凡由气所积之物都是要坏的，天地亦不能例外。显然，这里围绕"气"反映了两种不同的对宇宙的看法。这一时期"气"概念的应用也体现在医学活动中。我们看到，在这一领域，一如《黄帝

内经》理论所确定的那样，仍将"气"视作生命的基础。例如王叔和说："气行血留，不能相与俱微，气闭实则胸满脏枯，而争于中，其气不朝，血凝于中死矣。"（《脉经》卷四《诊损至脉第五》）皇甫谧说："五藏主藏精者也，不可伤，伤则失守阴虚，阴虚则无气，无气则死矣。"（《针灸甲乙经》）事实上，这也是由先秦与秦汉两个时期所奠定的重要传统。可以这样说，医学理论以及相关的人体知识赋予了"气"概念生存发展的最大空间。

二、隋唐时期哲学与科学思想中的"气"概念

先来看隋唐时期科学思想中的"气"概念，在这里我们会有一些新的发现。对于中国传统医学来说，"气"始终是一个重要概念，但据俞慎初的研究，隋唐时期的孙思邈却将气论思想与印度医学中的"四大不调"学说结合起来，由此为"气"概念及其思想提供了新的解说。[①] 孙思邈这样讲道："地、水、火、风，和合成人。凡人火气不调，举身蒸热；风气不调，全身强直，诸毛孔闭塞；水气不调，身体浮肿，气满喘粗；土气不调，四肢不举，言无音声。""凡四气合德，四神安和。一气不调，百一病生。四神动作，四百四病同时俱发。又云一百一病，不治自愈；一百一病，须治而愈；一百一病，虽治难愈；一百一病，真死不治。"（《千金要方》卷一《论诊候第四》）事实上，古代印度的"四大"很类似于古代中国的"五行"。孙思邈将这一学说引入他的医学理论，这不仅是不同文化的科学传统之间的交流，也是不同文化的哲学或思想传统之间的交流。除医学外，另如邱光庭对于潮汐的解释也使用了"气"的概念，这也可以说是将"气"这一概念用于了一个新的知识领域。他说："地之所处，于大海之中，随气出入而上下。气出则地下，气入则地上。地下则沧海之水入于江河，地上则江河之水归于沧海。入于江河之谓潮，归于沧海之谓汐。"（《海潮论》）

---

① 参见俞慎初《中国医学简史》，第 112 页，福州，福建科学技术出版社，1983。

在隋唐时期，"气"对于中国传统儒家哲学思想来说仍是一个重要的概念，这其中又以柳宗元和刘禹锡二人最具代表性。例如柳宗元说："本始之茫，诞者传焉。鸿灵幽纷，曷可言焉！冥黑晰眇，往来屯屯，厐昧革化，惟元气存，而何为焉！"（《天对》）柳宗元的这一表述体现了一种源自王充的元气自然论的思想。柳宗元又说："彼上而玄者，世谓之天；下而黄者，世谓之地；浑然而中处者，世谓之元气；寒而暑者，世谓之阴阳。是虽大，无异果蓏、痈痔、草木也。……天地，大果蓏也；元气，大痈痔也；阴阳，大草木也。"（《天说》）在这里，无论是从宇宙起源的角度考虑，还是从宇宙结构的角度考虑，柳宗元都视"气"为基本的物质形态，并且我们也看到柳宗元通过自然知识或现象来论证世界的物质性。与柳宗元一样，刘禹锡也继承和坚持了元气自然论的思想。如刘禹锡说："浊为清母，重为轻始。两仪既位，还相为庸。嘘为雨露，噫为雷风。乘气而生，群分汇从，植类曰生，动类曰虫。倮虫之长，为智最大，能执人理，与天交胜，用天之利，立人之纪。"（《天论下》）我们在这里看到刘禹锡也是以元气自然论为基础，对自然和人类的发生发展历史作了符合科学的描述。

三、宗教思想中的"气"概念及其与知识的关系

同样，讲"气"概念与知识与思想的关系也不能不讲道教。魏晋南北朝时期道教有关养生、疗病、气功以及炼丹的理论中都大量涉及气这一概念。例如葛洪说：

> 云雨霜雪，皆天地之气也，而以药作之，与真无异也。（《抱朴子内篇·黄白》）

又如陶弘景的《养性延命录》中说："俗人但知贪于五味，不知有元气可饮。圣人知五味之毒焉，故不贪；知元气可服，故闭口不言，精气息应也。"（《杂诫忌禳灾祈善篇第三》）又说："凡行气欲除百病，随所在作念之。头痛念头，足痛念足，和气往攻之。从时至时，便自消矣。"（《服气疗

病篇第四》)隋唐时期的道教也是如此。例如《无能子》中说：

> 天地未分，混沌一气。一气充溢，分为二仪。有清浊焉，有轻重焉。轻清者上，为阳为天；重浊者下，为阴为地矣。天则刚健而动，地则柔顺而静，气之自然也。天地既位，阴阳气交，于是裸虫、鳞虫、毛虫、羽虫、甲虫生焉。人者，裸虫也，与夫鳞毛羽甲虫俱焉，同生天地，交气而已，无所异也。(《圣过》)

又如唐末五代道士谭峭说：

> 小人由是知神可以分，气可以泮，形可以散。散而为万，不谓之有余；聚而为一，不谓之不足。若狂风飘发，魂魄梦飞；屐齿断蚓，首尾皆动。夫何故？太虚，一虚也；太神，一神也；太气，一气也；太形，一形也。命之则四，根之则一。守之不得，舍之不失，是谓正一。(《化书·道化·正一》)

以上这些论述中不仅有思想的内容，也有知识的内容，并且大至宇宙天地，小至鳞毛羽甲，可谓无所不包。

有趣的是，某些佛教的相关论述也成为这一时期本属于中国传统的气论哲学图景的一个组成部分。例如华严宗的宗密就在其《原人论》中使用了元气概念，他说："所禀之气，展转推本，即混一之元气也。所起之心，展转穷源，即真一之灵心也。究实言之，心外的无别法，元气亦从心之所变，属前转识所现之境。是阿赖耶相分所摄，从初一念业相，分为心境之二。"毫无疑问，宗密在这里所使用的"气"是为其唯心论的佛教哲学作论证的。

四、"变化"观念及其与"气"的关系

在魏晋南北朝与隋唐时期的思想界和知识界，"变化"也是一个十分重要的观念和概念，而它们事实上又与"气"这一概念密切相关。

在魏晋南北朝时期的哲学与科学思想中，动静变化是十分重要的概念，尤其是变化这一概念，它是哲学和科学所共同关心的。哲学关

心这一概念的一个重要原因是由于玄学对先秦时期一些重要典籍如《庄子》、《易传》的重视，在这些典籍中有丰富的变化思想，同样，它们也影响到魏晋时期玄学家的思想。例如王弼说："天地虽大，富有万物，雷动风行，运化万变。"（《周易注·复卦》）郭象说："出入者，变化之谓耳，言天下未有不变也。"（《庄子注·知北游》）而这样一种关注也会引起对于变化问题的更为深入的思考和探讨，这其中就有可能包含相关知识问题。如张湛说："夫万物与化为体，体随化而迁，化不暂停，物岂守故？故向之形生，非今形生，俯仰之间，已涉万变。"（《列子注·天瑞》）这里明确地论述了变化与时间的关系。同样，这一时期的科学也十分重视对变化现象的解释。例如郦道元在解释水文的变化时说："夫物无不化之理，魄无不迁之道。"（《水经注·洛水注》）贾思勰也十分重视环境对于植物变异的影响，如讲："并州无大蒜，朝歌取种，一岁之后，还成百子蒜矣，其瓣粗细正与条中子同。芜菁根，其大如碗口，虽种他州子，一年亦变。大蒜瓣变小，芜菁根变大，二事相反，其理难推。"（《齐民要术·种蒜》）很明显，这些关于变化的认识都是结合具体科学知识来展开的，这也是科学认识与哲学认识一个最为明显的区别，但这又不妨碍科学从更具体的层面来认识变化及其他相关哲学问题，并且这又进一步为哲学论证提供材料，也即成为哲学论证的基础。关于变化问题，葛洪的论述是很丰富的，其认识也是很深刻的，对此，将在下一节做专门考察。

而变化又是与"气"密切相关的。如《列子》中说："虹霓也，云雾也，风雨也，四时也，此积气之成乎天者也。山岳也，河海也，金石也，火木也，此积形之成乎地者也。知积气也，知积块也，奚谓不坏？"（《列子·天瑞》）又如葛洪说："夫变化之术，何所不为"，"云雨霜雪，皆天地之气也"。（《抱朴子内篇·黄白》）这些论述都是从天文或天气现象来理解"气"与变化之间的关系。又如范缜说："夫欻而生者，必欻而灭；渐而生者，必渐而灭。欻而生者，飘骤是也；渐而生者，动植是也。有欻有渐，物之理也。"（《神灭论》）这里深入地考察了"气"的变化的不同形态。我们知道，在先秦时期的考察中，"气"与"阴阳"概念密切相关，经过两汉之后，"气"与"变化"概念有了更多的结合。这实际正反映了科学知识的发展对于观念或概念的影响，确切地说，就是天文、气象等知识的发展在思想概念发展中的反映。

之后，随着炼丹术以及道教丹学理论的整体发生发展，"气"与"化"的概念又有了更为丰富的内涵。这可以谭峭的《化书》为例。谭峭的《化书》是以内丹理论作为基础，而"化"这一概念就在其中得到充分的阐发。例如谭峭说：

> 道之委也，虚化神，神化气，气化形，形生而万物所以塞也。道之用也，形化气，气化神，神化虚，虚明而万物所以通也。是以古圣人穷通塞之端，得造化之源，忘形以养气，忘气以养神，忘神以养虚。（《化书·道化·道化》）

又说：

> 虚化神，神化气，气化血，血化形，形化婴，婴化童，童化少，少化壮，壮化老，老化死。死复化为虚，虚复化为神，神复化为气，气复化为物。化化不间，犹环之无穷。（《化书·道化·死生》）

在以上论述中既包含有丰富的道教思想，也包含有对知识的理解，这其中最为突出的就是对"化"的深入思考，而这一思考无疑又是以其炼丹实践与丹学理论作为基础的。可以想象，如果没有道教对于炼丹及养生知识的探索，其有关"化"的思想是不会如此深入的。不仅如此，还应看到，谭峭对"气"与"化"的理解包括在此基础上所形成的宇宙观显然对以后张载、王夫之等人的思想产生了深刻的影响。例如谭峭说："太虚，一虚也；太神，一神也；太气，一气也；太形，一形也。命之则四，根之则一。守之不得，舍之不失，是谓正一。"（《化书·道化·正一》）我们可以看到，日后张载在《正蒙》中所阐述的思想与谭峭在这里的论述有颇多相近甚至相似之处。

第五节　葛洪的科学思想及哲学思想

葛洪(生卒年月一般认为是 284—364 年,或曰 281—341 年),字稚川,自号抱朴子,丹阳句容人。葛洪不仅是思想家,也是我国古代著名的医药学家和炼丹家。葛洪的主要著作有《抱朴子》、《肘后备急方》(简称《肘后方》),其中《抱朴子》一书由《内篇》和《外篇》两部分组成,前者在于宣扬神仙方术思想,包含有大量炼丹方法和化学知识;《肘后方》是一部医学典籍,在中国医学史上居有重要的地位,里面的不少医方至今仍在临床上使用。另外葛洪对天文学也有所研究,相关内容将在第六节即天文学中的科学思想中加以考察。

一、炼丹术思想

我们已经知道,魏晋南北朝时期的道教炼丹术实际是在东汉时期的基础上发展起来的。如上一章所见,东汉时期魏伯阳的《周易参同契》已经对炼丹理论与方法作了基本的阐述,葛洪正是在此基础上取得了更大的进展。葛洪本人从事炼丹数十年,积累有丰富的物质变化的经验与知识。在此基础上,他对前人的经验、知识加以总结和发展,并形成对后世产生深刻影响的理论,这就是《抱朴子内篇》。而在葛洪的《抱朴子内篇》中,有关炼丹的内容又主要保存在《金丹》、《仙药》和《黄白》三卷中。

道教服食丹药的目的在于长生甚至不死,葛洪的看法亦不例外。葛洪说:

> 夫五谷犹能活人,人得之则生,绝之则死,又况于上品之神药,其益人岂不万倍于五谷耶?夫金丹之为物,烧之愈久,变化愈妙。黄金入火,百炼不消,埋之,毕天不朽。服此二物,炼人身体,故能令人不老不死。此盖假求于外物以自坚固,有如脂之养火而不可灭。(《抱朴子内篇·金丹》)

葛洪认为，五谷犹能养人，何况金丹神药，自然能够延年益寿。葛洪又说："凡草木烧之即烬，而丹砂烧之成水银，积变又还成丹砂，其去凡草木亦远矣，故能令人长生。"（《抱朴子内篇·金丹》）葛洪认为，草木烧之则为灰烬，但丹砂与水银则可循环，这自然就是长生的依据。葛洪的这一看法很可能受到自然往复再生现象或法则的启发，而这正是服用丹药的目的所在。葛洪说："上药令人身安命延，升为天神，遨游上下，使役万灵，体生毛羽，行厨立至。"（《抱朴子内篇·仙药》）何为"上药"？葛洪认为尤以还丹和金液最为重要，他说："余考览养性之书，鸠集久视之方，曾所披涉篇卷，以千计矣，莫不皆以还丹金液为大要者焉。"这是因为在葛洪看来，"此二事，盖仙道之极也。"（《抱朴子内篇·金丹》）葛洪的上述思想无疑存在着重大的失误，其对生命现象的基本判断走向了歧途。但我们又应看到，这其中的确也包含了对于变化和永恒问题的认真探索。而从今天知识的角度来看，葛洪及道教所接触的实际上就是化学反应知识，其中还丹一般认为或是硫汞齐，或是铅汞齐，金液则主要是指金汞齐。此外，葛洪也记述了铜砷合金的化学反应，其中砷黄铜称为药金，砷白铜称为药银。当然，类似的化学知识还有不少。① 不过，所有这些都是用来论证以及达到长生不死的目的。

二、医药学思想

葛洪在医疗上的贡献很多，并且较之炼丹术显然更加真实和科学。《肘后方》一书的内容包括急性传染病、各脏腑慢性病、外科、儿科、眼科疾病以及六畜病的治疗方法，并且对各种疾病的起因、病状皆有叙述，书中附有治法和药方，是一部非常实用的方书。《肘后方》尤其对于急性传染病的防治有重要贡献，这些贡献包括：对于天花的记载以及治疗方法、对于结核性传染病的描述、对于沙虱所引起的急性传染病的防治等，葛洪还针对传染病提出了致病物质"疠"这一概念。此外，葛洪还提到狂犬

---

① 以上可参见胡孚琛《魏晋神仙道教》相关内容，北京，人民出版社，1989。

病的医治，涉及免疫思想和方法。例如葛洪对于天花的记载："比岁有天行发斑疮，头面及身，须臾周匝，状如火疮，皆戴白浆，随决随生，不即疗，剧者数日必死。治得差后，疮瘢紫黑，弥岁方灭，此毒之气也。"（《肘后方》卷二）据研究，这是关于天花的最早记载，它比阿拉伯医师相关的记载要早 500 多年。与此同时，葛洪还提供了治疗天花的实践经验："煮葵菜，以蒜捣烂后服用，即能止。"这比起欧洲人发明牛痘接种也要早 1000 多年。

以这些医疗活动或实践为基础，葛洪也阐述了一些基本的医学思想。如其在《抱朴子内篇·杂应》中就结合《肘后方》的特点与目的讲到以下两个重要的思想。（1）医家治病，必须为病人着想。葛洪说，其每每见"治卒暴之候，皆用贵药，动数十种，自非富室而居京都者，不能素储，不可卒办也"。又"医多承袭世业，有名无实，但养虚声，以图财利。寒白退士，所不可得使，使之者乃多误人，未若自闲其要，胜于所迎无知之医"。在这里，葛洪实际清晰地阐述了医学道德观。（2）医籍药方一定要条理清晰，简便易用。葛洪说："余究而观之，殊多不备，诸急病甚尚未尽，又浑漫杂错，无其条贯，有所寻按，不即可得。""余所撰百卷，名曰《玉函方》，皆分别病名，以类相续，不相杂错，其《救卒》三卷，皆单行径易，约而易验，篱陌之间，顾昐皆药，众急之病，无不毕备，家有此方，可不用医。"这里既有分类思想，也有实用思想。我们在上述这些论述中可以清楚地看到葛洪对于医疗活动的更为人性、更为本质的认识，也看到葛洪在方法上的科学性和更具哲学精神的体现。

三、强调变化与重视人为

前面已经有所涉及，以炼丹活动为基础，葛洪还进一步提出了相应的哲学思想。当然，它也很可能是这样一种情况，即葛洪的炼丹理论有着深刻的哲学思想基础。但无论哪种情况，都表明其科学活动与哲学思想之间存在着密切的关系。而这其中一个重要的哲学思想就是变化观。如葛洪说：

　　夫存亡终始，诚是大体。其异同参差，或然或否，变化万品，奇怪无方，物是事非，本钧末乖，未可一也。夫言始者必有终者多矣，混而齐之，非通理矣。谓夏必长，而荠麦枯焉。谓冬必凋，而竹柏茂焉。谓始必终，而天地无穷焉。谓生必死，而龟鹤长存焉。盛阳宜暑，而夏天未必无凉日也。极阴宜寒，而严冬未必无暂温也。百川东注，而有北流之浩浩。坤道至静，而或震动而崩弛。水性纯冷，而有温谷之汤泉；火体宜炽，而有萧丘之寒焰；重类应沈，而南海有浮石之山；轻物当浮，而牂柯有沈羽之流。万殊之类，不可以一概断之，正如此也久矣。（《抱朴子内篇·论仙》）

　　夫变化之术，何所不为。盖人身本见，而有隐之之法。鬼神本隐，而有见之之方。能为之者往往多矣。水火在天，而取之以诸燧。铅性白也，而赤之以为丹。丹性赤也，而白之而为铅。云雨霜雪，皆天地之气也，而以药作之，与真无异也。至于飞走之属，蠕动之类，禀形造化，既有定矣。及其倏忽而易旧体，改更而为异物者，千端万品，不可胜论。人之为物，贵性最灵，而男女易形，为鹤为石，为虎为猿，为沙为鼋，又不少焉。至于高山为渊，深谷为陵，此亦大物之变化。变化者，乃天地之自然，何为嫌金银之不可以异物作乎？（《抱朴子内篇·黄白》）

以上两段论述只是葛洪众多思考中的两则，却很具有代表性。在这两段论述中，葛洪表达了以下两个基本思想：

其一，事物是复杂的和多样的。葛洪说："夫存亡终始，诚是大体。其异同参差，或然或否，变化万品，奇怪无方。"为此葛洪列举了许多事例，如："夫言始者必有终者多矣，混而齐之，非通理矣。"又如："谓始必终，而天地无穷焉。谓生必死，而龟鹤长存焉。"葛洪的结论是：既然事物是复杂多样的，那么对于存亡终始一类问题又岂能一概而论，所谓"物是事非，本钧末乖，未可一也。""万殊之类，不可以一概断之。"应当说，葛洪的论证未尽合理或正确，但其中所包含的对于复杂性和多样性问题的思考无疑是深刻的。

其二,所有事物都处在变化之中,并且事物的性状是可以改变的。葛洪讲:"变化万品,奇怪无方","变化之术,何所不为","变化者,乃天地之自然"。为此他也举了很多例子,包括自然山川、云雨霜雪、飞禽走兽、灵性男女,"及其倏忽而易旧体,改更而为异物者,千端万品,不可胜论"。在这里应当注意的是,知识活动对于思想或理论的意义。正是由于炼丹活动涉及大量的物质变化现象,因此葛洪有十分突出的变化思想,也因此,它又表明,科学活动对于科学思想和哲学思想的深刻意义。

当然,也需要注意的是,葛洪及其道教对于变化的认识在很大程度上是以实验或实证为基础的。

此外,与变化问题密切相关,葛洪对力命问题也有深入的思考。这同样也与炼丹术有关,因为正是在炼丹活动中,通过人为的干预可以制造出无穷的变化。所以葛洪十分重视和强调人为对自然和变化的干预。葛洪相信,通过人为,可以改变事物的生物或物理性状。如葛洪说:"云雨霜雪,皆天地之气也,而以药作之,与真无异也。""及其倏忽而易旧体,改更而为异物者,千端万品,不可胜论。"(《抱朴子内篇·黄白》)葛洪又说:"变化者,乃天地之自然,何为嫌金银之不可以异物作乎?"(同上)既然世间变化无奇不有,那么通过人工方法来改变金银铅丹的性状有什么不可能呢?葛洪还对不信人为的少见多怪观念提出批评:"外国作水精碗,实是合五种灰以作之。今交、广多有得其法而铸作之者。今以此语俗人,俗人殊不肯信。乃云水精本自然之物,玉石之类。况于世间,幸有自然之金,俗人当何信其有可作之理哉?愚人乃不信黄丹及胡粉,是化铅所作。又不信骡及駏驉,是驴马所生。云物各自有种。况乎难知之事哉?夫所见少,则所怪多,世之常也。"(《抱朴子内篇·论仙》)又正是以上述认识作为基础,葛洪还表达了更为明确的力命观,葛洪在《抱朴子内篇·黄白》中引《龟甲文》曰:"我命在我不在天,还丹成金亿万年。"这可以看作是葛洪力命观的更为简洁的概括。事实上,从现代医学的角度来看,通过改变自然属性而得到的各种药物也的确在促进人的健康方面起到了十分积极的作用，就此而言，如果去除在生命问题判断上的基本错误以及一些具体的谬误，葛洪的思考不啻为一种真知灼见。

四、实验与实测精神

由于炼丹术的需要，葛洪也十分重视实验，在《抱朴子》中对此多有记载。如葛洪讲："丹砂烧之成水银，积变又还成丹砂。"（《抱朴子内篇·金丹》）这里，"丹砂烧之成水银"是说汞的制备过程，而"积变又还成丹砂"是说汞又具有与硫黄化合还原丹砂的性质。又如："先取武都雄黄，丹色如鸡冠，而光明无夹石者，多少任意，不可令减五斤也。捣之如粉，以牛胆和之，煮之令燥。以赤土釜容一斗者，先以戎盐石胆末荐釜中，令厚三分，乃内雄黄末，令厚五分，复加戎盐于上。如此，相似至尽。又加碎炭火如枣核者，令厚二寸。以蚓蝼土及戎盐为泥，泥釜外，以一釜覆之，皆泥令厚三寸，勿泄。阴干一月，乃以马粪火煴之，三日三夜，寒，发出，鼓下其铜，铜流如冶铜铁也。乃令铸此铜以为筒，筒成以盛丹砂水。又以马屎火煴之，三十日发炉，鼓之得其金，即以为筒，又以盛丹砂水。又以马通火煴三十日，发取捣治之。取其二分生丹砂，一分并汞，汞者，水银也，立凝成黄金矣。"（《抱朴子内篇·黄白》）葛洪在这里详细具体地记载了铜砷合金方法。以上这些无疑都是实验方法。葛洪的这些实验具有重要的意义，它是继魏伯阳的《周易参同契》之后，深入细致记录炼丹实验的著述，其对于以后的炼丹实验产生了极其重要的影响。

除炼丹实验之外，葛洪在天文学研究中也十分重视对天象的实际观察，这不仅包括重视自己的亲身观察，也包括重视桓谭、张衡等人的观察经验。据此，葛洪又对其他诸多天文学说提出批评，指出："论天者虽多，然精于阴阳者少。"（《晋书·天文志上》）这里所谓"精于阴阳者少"即是指疏于实际观测。并且我们看到，这其中也包含了实测的思想。葛洪的这一思想对后世产生了重要影响。有关葛洪的这一思想与天文学理论的关系还可见下一节的相关内容。

广义地来看，葛洪在实验与实测问题上的重视及其相关思想，对于中国古代科学发展的意义是重大的。就实验来说，炼丹实验是继战国时期后期墨家力学、光学与声学实验之后的一个新的尝试。就实测来说，张衡、葛洪可以看作是一个整体，其所提倡的工作样式或作风将对科学发展产生重要而正确的引领作用。不仅如此，应当看到，丰富的实验和实测对于观念的影响也是巨大的。如大量的改变物性或物种的实验就为哲学对于"力命"问题的讨论提供了依据。从南北朝以后逐渐而持续增加的对人的重视，可以说就是建立在这种科学活动与认识的基础之上的。而实测也以其严谨的精神影响着观念和思想，这在很大程度上也为以后宋元哲学的格物致知倾向提供了坚实的知识依据与基础。所有这些意义或影响尤其将在宋元以及明清时期的科学活动和哲学思想中充分体现出来。

五、评价

李约瑟在谈到葛洪时指出："在他的《抱朴子》头几篇中包含着某些看来是高水平的科学思想。人的心灵是在探索着要掌握自然界的复杂性，而各种现象的分歧性所给人们的印象要比统一这些现象的任何概括化都更深刻；换句话说，当时主要的气氛是经验主义的。"[1]我们要看到，葛洪在不少具体的知识问题上都取得了重要的认识成果，其中有许多是正确的，这既有医学思想，也有天文学思想和炼丹术思想，此外还有实验与实测的方法。李约瑟的判断和概括是准确的，即葛洪的科学思想中体现出强烈的经验主义成分。同时，葛洪也形成了一些重要的哲学思想，例如对于变化问题和力命问题的认识，这样一些思想对当时和以后都产生了较为深刻的影响。当然，这些思想中也包含有谬误，这其中有思维幼稚的原因，也有时代局限的因素，有些是荒诞的，但也有一些是不能苛责的。总的来说，葛洪在中国古代科学及哲学的发展中占有一席重要的地位。

当然，我们也必须要了解葛洪及其整个道教科学与哲学思想的特殊

---

① 〔英〕李约瑟：《中国科学技术史》第二卷《科学思想史》，第 466 页。

性，它既不能简单归类为科学活动中的哲学内容，也不能简单理解为哲学思想中的科学内容。在道教和葛洪的思想中，哲学与科学的内容在一定程度上又是依附于其神仙信仰的。因此在这里并不是一种简单的科学与哲学之间的关系，而是较此更为复杂的科学、哲学与宗教之间的关系。事实上，通过葛洪，我们可以看到道教的复杂性质。例如葛洪一方面是强调神仙或鬼神存在的，并且也认可符咒的合理性，这其中有道教的神秘传统，这显然是我们不能回避的；但另一方面葛洪又反对问医求助于鬼神，其思想或理论又呈现出自然天道观的性质，并且也秉承了儒家的理性传统，这也应是值得充分注意和肯定的。这样两种看似矛盾或悖论的现象恰恰是集于葛洪一身的。而重要之处还在于：葛洪何以在如此复杂或矛盾的背景中依然能够提出种种充满理性的科学思想与哲学思想，就此而言，葛洪很可能也是中国古代文化的一个缩影，这正是值得我们深思的。

第六节　天文学中的科学思想及其与占星术的关系

在魏晋南北朝和隋唐时期，天文学与地理学也都涉及有一定的哲学内容。一方面，由于对天文现象的探索不断深入，特别是由于受到自然天道观的影响，魏晋南北朝时期的天文学家如杜预、何承天等人提出了"顺天求合"的科学思想，这对于天文学科的科学化具有重大意义；但另一方面，在这一知识部门仍呈现出驳杂的特点，天人感应和灾异理论并未因自然天道观的批评而消失，尤其是隋唐时期还强势回潮。当然，对于种种灾异或祥瑞观念，又不乏来自理性学者或思想家的激烈批判与攻击。总之，理性与神秘两种因素在这一时期是并存和交错的。

一、天文学的发展及主要成就

魏晋南北朝时期，制定新的历法仍然是天文学中的首要事项。从三国起，先后出现了《乾象历》、《景初历》、《元始历》、《元嘉历》、《大明历》

等。这一时期又有新的论天三家，新的天文学概念和思想也相继提出，如杜预、何承天等人就提出了"顺天求合"的重要科学思想。具体地，东晋时期的虞喜通过对当时同一时节星辰出没时刻与古代记录比较，发现其所处年代恒星的出没比古代提前了，春分、秋分点和冬至、夏至点已向西移动，于是他首先提出了岁差的概念，并开始探讨岁差的规律。之后，何承天、祖冲之都对这一问题进行了深入的研究。又如北齐民间天文学家张子信经过三十多年的观测，发现太阳和五星视运动不均匀性的现象，其指出日行在春分后则迟，秋分后则速。与此同时，所用数值也日益精确。例如祖冲之测出回归年的长度为 365.2428148 日，这比起前人所获得的数值要精确得多，即使与现代的数值相比，也仅差四十六秒。此外，祖冲之还推算出交点月的周期时间为 27.21223 日，与现代测定的 27.212220 日数值仅差不到一秒。

在中国古代天文学史上，隋唐是一个比较重要的时期，因为在这一时期涌现出了一大批著名的天文学家，包括刘焯、李淳风、一行等人，从事了一系列重要的活动，例如李淳风主持建造的新型浑天仪、一行与梁令瓒主持建造的新型浑象、一行主持的大地子午线测量等；编制了一批优秀的历法，包括《皇极历》、《大业历》、《麟德历》、《大衍历》、《宣明历》等；撰写出一批天文学名著，如《仪象志》、《乙巳占》、《开元占经》、《步天歌》等。伴随着天文观测和历法方面的进步，天文常数精度进一步提高。例如隋代张胄玄的《大业历》在五星位置的推算中首创利用等差级数提高行星动态表精度的方法，使得五星会合周期的准确值获得了空前的提高；又如这一时期十余种历法所用交点月的长度值同理论推算值之间的差距多在 1 秒以下，以后宋元时期也基本保持在这一水平；再如交食周期数值这时也达到了十分精确的程度，郭献之的《五经历》中采用了 716个朔望月 122 次食季的交食周期，而一千年后即 19 世纪末西方的纽康周期与此等值。①

---

① 详见杜石然等编著《中国科学技术史稿》（上册）相关内容。

二、宇宙理论的发展变化

宇宙理论从先秦起就是哲学所关注的问题，从汉代起也成为天文学所关心的重要问题。魏晋南北朝时期也是我国历史上有关宇宙理论讨论的最活跃的时期，这其中既有宇宙结构问题，也有宇宙演化问题。

如前所见，到汉代，天文学对宇宙结构的看法主要有盖天、浑天和宣夜三种理论，学者或将其称作老三家。而到了魏晋时期，有关宇宙结构的看法又出现了安天、穹天和昕天三种理论，学者或将其称作新三家。新三家的产生在很大程度上是为了要解决长期以来存在于人们心中的一个疑惑：天地会不会崩塌或坠落，这一问题早在《庄子·天下》篇黄缭所提问题中就有所涉及，这同样也是《列子·天瑞》中所讲的"杞人忧天"故事的内容，尤其是后者。因此这里有必要概要地来了解一下《列子·天瑞》的内容。

《天瑞》记载，杞国有人忧天地崩坠，身亡所寄，废寝食者。于是有晓者前往解忧，曰："天，积气耳，亡处亡气。若屈伸呼吸，终日在天中行止，奈何忧崩坠乎？""日月星宿，亦积气中之有光耀者，只使坠，亦不能有所中伤。""地，积块耳，充塞四虚，亡处亡块。若躇步跐蹈，终日在地上行止，奈何忧其坏？"在这里，作为解忧的晓者表达了一个十分重要的观点，天地都是由气所构成的，而气无所谓崩坠。接着，有名为长庐子的闻而笑曰："虹蜺也，云雾也，风雨也，四时也，此积气之成乎天者也。山岳也，河海也，金石也，火木也，此积形之成乎地者也。知积气也，知积块也，奚谓不坏？夫天地，空中之一细物，有中之最巨者，难终难穷，此固然矣；难测难识，此固然矣。"长庐子的观点是，凡由气所积之物都是要坏的，天地亦不能例外，不过天地乃一巨物，所以其生命"难终难穷"，对它的认识也"难测难识"。长庐子最后归结说："忧其坏者，诚为大远；言其不坏者，亦为未是。"再接下来，列子又归结曰："言天地坏者亦谬，言天地不坏者亦谬。坏与不坏，吾所不能知也。虽然，彼一也，此一也，故生不知死，死不知生；来不知去，去不知来。坏与不坏，吾何容心哉？"列子的看法是，生与死是交替的，而生命却是一个无限的周期，这并不是有限的心智所能把握的，这之中的思想显然与庄子的哲学思想相同。这里还值得我们注意的是，上述《列子·天瑞》中对宇宙的看法虽然包括了几种看法，但有一点是肯定的，就是这些不同的看法都表现出一种自然主义的态度，这与同时期普遍具有的自然天道观是相吻合的。

以上就是《列子》所提出的问题，也是新三家以及当时的人们普遍要面对和想解决的问题：天地究竟是坠还是不坠，究竟是陷还是不陷。当然，新三家的出现也与宣夜说日、月、星辰都飘浮于空中这一理论有关。这其中，孙吴姚信所作《昕天论》仍有天人比附的色彩，且一些基本看法与事实不符。东晋虞耸作《穹天论》既有盖天说的内容，也有浑天说的成分，属于浑、盖合一的产物。新三家之中尤以东晋虞喜所作《安天论》最有价值，在宇宙结构方面，其对浑盖二说均提出质疑，并继承发展了宣夜说宇宙无限的先进思想。虞喜指出天地都是"常安"的，他说："天高穷于无穷，地深测于不测。天确乎在上，有常安之形；地块焉在下，有居静之体。当相覆冒，方则俱方，圆则俱圆，无方圆不同之义也。其光曜布列，各自运行，犹江海之有潮汐，万品之有行藏也。"（《晋书·天文志上》）虞喜上述这段话的大意是：宇宙无边无际，但其运行均遵行一定规律，所以谓之"常安"。虞喜的这一看法与宣夜说十分接近，其在一定程度上也解决了天是否会崩坠的问题，尽管这一解释在理论上有未尽合理之处。由于《安天论》对浑盖二家均持批评态度，因此这一理论也遭到持浑天理论的葛洪的讥评。葛洪说："苟辰宿不丽于天，天为无用，便可言无，何必复云有之而不动乎？"（《晋书·天文志上》）但葛洪的批评并非正确，从今天来看，日月星辰"不丽于天"的见解是正确的。

魏晋以后，各种宇宙理论之间的争论虽没有停止，但其中继续得到发展的主要是浑天说，如葛洪、何承天等人都对浑天说给予了进一步的论证，并且葛洪还对持盖天说的王充的思想给予了责难。事实上，如前面考察所见，葛洪之所以坚持浑天理论而对其他诸多学说提出批评，其中最为重要的一个理由就是其认为："论天者虽多，然精于阴阳者少。"

（《晋书·天文志上》）也就是说，大多数宇宙理论都缺乏验证。而在葛洪看来，浑天说的正确就在于其是建立在天象观察和浑仪装置的精密性以及二者的相符对应之上的。葛洪的批评其实正揭示了中国古代天文学知识及其理论发展和存在的一个重要或基本条件：假设与理论的可验证性以及精确性。这也是知识进步普遍所要求的条件。除此之外，这一时期还有一些学者也试图通过计算宇宙大小的实际数据来论证浑天说的理论。但浑天说也并不完善，有一些现象浑天说仍无法做出合理解释。包括有些问题，葛洪、何承天也只能加以猜测。而学者们注意到，正是"当涉及那无法靠观察解决的问题，当葛洪引经据典来说明的时候，比如天出入水中是否受损？葛洪的说明只能说是神学胡说"①。而这实际上也为盖天说及其他宇宙理论的生存留出了空间。

但最值得我们注意的是，自东汉张衡特别是魏晋南北朝以来，在天文学和宇宙理论的探讨中，逐渐培养起了注重实测和验证的风气，相当多的天文学家越来越强调通过实测来修正天文数据，包括评价各种宇宙理论。事实上，也正是由于不同的观测，各种宇宙理论中的问题越来越多地暴露了出来。这其中一个典型的例子就是一行、南宫说等人的大地测量对浑盖二说的证伪。从南朝何承天起，就开始质疑秦汉以来"南北地隔千里，影长差一寸"这一作为盖天说数据的正确性。至北朝末年，刘焯建议进行实测，以验证这一数据，但未予实行。到了唐代，这一工作终于由一行领导的大地测量得以实现。一行大地测量的本意虽在于验证"千里一寸"的数据，但事实上通过这次大地测量，使得浑盖二家的缺陷进一步暴露了出来，不仅"千里一寸"这一盖天说的说法得到否定，同时实测表明，越往北，北极出地就越高，这也使得浑天说关于北极出地 36 度之说变得不可靠。正如一行所说："今诚以为盖天，则南方之度渐狭；以为浑天，则北方之极浸高。此二者，又浑、盖之家未能有以通其说也。"（《旧唐书·天文志》）这表明，理论的发展不仅取决于理论自身，也在很

---

① 卢嘉锡总主编、席泽宗分卷主编：《中国科学技术史·科学思想卷》，第 241 页。

大程度上取决于方法，甚至方法还能够决定理论的存亡。后来虽也不断有人试图弥补浑盖二者的缺陷，但总的来说，浑盖之争的热情渐渐已经消退了。特别是在宋元时期，由于"气"思想发展的关系，思想家们更加倾心于宣夜说。

三、"顺天以求合"与"为合以验天"的天文观的冲突

在魏晋南北朝与隋唐时期，自然天道观与天人感应论冲突的一个最重要的方面就体现在天文学领域，体现在"顺天以求合"与"为合以验天"两种不同的天文观的冲突上。其中"顺天以求合"实际就是自然天道观的体现，而"为合以验天"实际就是天人感应说的反映，这样两种不同的天文观是尖锐对立的，其构成了魏晋南北朝与隋唐时期错综复杂的天文学发展历史。而通过对这一问题的考察也能够使我们清楚地看到哲学观念与天文学说之间的密切关系。

由于受天人感应思想以及易数的影响，汉代历法的数据通常强调某种先在的合理性，制订历法就是看能不能与这些数相符合。但这样的制历原则与方式在东汉时期就已经遭受一些天文学家的质疑。如贾逵指出："圣人必历象日月星辰，明数不可贯数千万岁，其间必改更，先距求度数，取合日月星辰所在而已。"（《后汉书·律历志中》）这是说制历应当根据实际观测，随时做出调整。

这种要求到了晋代以后有了清晰的思想表述，这就是杜预、何承天等人所主张的"顺天求合"的科学思想。"顺天求合"的科学思想最初是由杜预提出的。杜预在其《春秋长历》中讲：

> 言当顺天以求合，非为合以验天者也。（《晋书·律历志下》）

杜预在这里提出的"顺天以求合"的天文学思想实际是自然天道观的反映，这明显是继承了先秦道家的思想传统。而与之相对的则可以称作"为合以验天"，这一天文观实际就是天人感应目的论的反映。杜预"顺天以求合"的思想为刘宋时期的何承天所继承，何承天说：

> 夫圆极常动，七曜运行，离合去来，虽有定势，以新故相涉，自然有毫末之差，连日累岁，积微成著。是以《虞书》著钦若之典，《周易》明治历之训，言当顺天以求合，非为合以验天也。（《宋书·律历志中》）

由何承天所制定的《元嘉历》（445 年）就贯彻了这一思想，即重视实际观测。也因此，其中的朔望月长度、近点月长度、金星会合周期和木星会合周期等数据都是当时最精确的。何承天还发现，日食必在朔，月食必在望，因而根据"顺天以求合"的原则，提出定朔法，主张废弃平朔法，不过这一主张在当时未得到采纳。

此后，有两位天文学家继承了杜预与何承天的思想。首先是祖冲之。祖冲之的思想主要体现在《大明历》（462 年）中。《大明历》的成就包括：在历法编制中引入岁差概念。这是因为太阳、月亮等对地球赤道突出部分的摄引，使得地球自转方向发生微小变化并造成冬至点的位置逐年西移；打破十九年七闰的古法，因为祖冲之发现，按照此法，经二百年就会相差一天；此外，祖冲之还提出了交点月的概念。由于注重实测数据，因此《大明历》实际就是一部"顺天求合"的历法，它是对传统历法体制的重大改革。隋朝统一之后，刘焯制《皇极历》（600 年）。刘焯充分地吸收了前人的研究成果，这其中包括岁差理论，其经过精密计算得出的岁差数比虞喜、何承天、祖冲之等人的都要精确许多；刘焯又依据张子信所发现的日行盈缩现象，在常气之外再用定气来计算日行度数与交会时刻；刘焯还采用刘洪、何承天的定朔法替代陈旧的平朔法。此外，刘焯还将二次等间距内插法用于日月食及五星位置与运行的推算。所有这些，都可以看作是"顺天求合"思想的体现，体现了对实际观测的充分重视，体现了对数学计算的充分自信。

而上述"顺天求合"的天文观是在与"为合验天"天文观的艰难较量中逐步发展的，这包括了"顺天求合"天文观对"为合验天"天文观的批评，也包括"为合验天"天文观对"顺天求合"天文观的阻挠，这其中既有

"顺天求合"天文观在强大的传统或保守势力面前所不得不作的退让，也有这一科学的天文观在层层非难中所取得的缓慢进步。

这种冲突在杜预提出"顺天以求合"的时候就已经凸显了出来。杜预对以刘歆为代表的"为合以验天"的天文观提出了批评，杜预说："自古已来，诸论《春秋》者多违谬，或造家术，或用黄帝已来诸历，以推经传朔日，皆不谐合。日蚀于朔，此乃天验，《经传》又书其朔蚀，可谓得天。"杜预指出，刘歆等人的错误是"其弊在于守一元，不与天消息也。"（《晋书·律历志下》）这就是说其历法只知固守某种数字，而不根据实际变化做出调整。但反映在历法制定的过程中，"顺天求合"观念的每一步进展却都是困难重重，历经周折。

定朔法的应用就是"顺天以求合"与"为合以验天"这两种不同天文观反复较量的典型例子。自从月球视运动不均匀性被发现以后，东汉刘洪在推算日、月食的时刻时已经考虑到这一影响因素。之后，何承天进一步认识到平朔法的问题，指出："月有迟疾，合朔月蚀，不在朔望，亦非历意也。"（《宋书·律历志中》）并在《元嘉历》中首次创造性地运用了定朔法，即对平朔进行月亮视运动不均匀性的修正，以后又推及对太阳视运动不均匀性的修正。但何承天的这一方法在当时遭到非难，未予实行。至隋代，刘孝孙、刘焯提出在制历中采用刘洪、何承天的思想，主张以定朔法替代平朔法，但遭到隋文帝宠信的张宾的压制，张宾甚至诬二刘是"非毁天历"，"惑乱时人"，致使二刘被罢官。后来刘孝孙多次上书，终使隋文帝令"比较短长"，证实张宾之历粗疏。随后，刘焯献《皇极历》，尽管深得好评，但仍因身居要职的张胄玄等人的反对，而未予颁行。唐代初年，由傅仁均制定的历法终于第一次采用定朔法，但因一些相关问题没有得到解决，之后又退回平朔。直到李淳风制《麟德历》，以刘焯《皇极历》作为基础，又重新采用定朔法，并解决了相关问题。从此，定朔代替平朔，在后世历法中一直加以沿用。总之，历法中的定朔与平朔之争前后历时二百多年，其间多次反复，由此不难看出真理战胜谬误的艰难。

祖冲之因历法改革所遭遇到的反对同样反映了这种艰难。如前所述，祖冲之对旧有历法体制做了两项重大改革：一是引入岁差概念，一是打破十九年七闰的古法。但在当时，这一历法改革遭受到以戴法兴为代表的守旧势力的反对。戴法兴既反对引入岁差，也反对改革十九年七闰。戴法兴认为，引入岁差"则星无定次，卦有差方"，并称祖冲之"诬天背经，乃至于此"；而十九年七闰的古法"晷或盈虚，此不可革"，祖冲之欲打破乃"浅虑妄可穿凿"。（《宋书·律历志下》）戴法兴是刘宋孝武帝的宠臣，"天下畏其权，既立异议，论者皆附之"。尽管如此，祖冲之对戴法兴的责难作了坚决的反驳。祖冲之说："其一，日度岁差，前法所略，臣据经史辨正此数，而法兴设难，征引《诗》《书》，三事皆谬。其二，臣校晷景，改旧章法，法兴立难，不能有诘，直云'恐非浅虑所可穿凿'。"（《宋书·律历志下》）祖冲之反驳的要旨是，戴法兴阻挠历法改革的理由完全是因循守旧。事实上，这一冲突所反映的是知识观的冲突，是世界观的冲突。

当然，有时候，这样一种对立和冲突又会呈现出十分复杂的状态。如在唐代，李淳风、一行等十分注重历法与易数的关系，以一行为例，其为自己制定的历法取名《大衍历》，就是表明其与《易传》大衍之数的必然联系。一行讲："《易》：'天数五，地数五，五位相得而各有合，所以成变化而行鬼神也。'天数始于一，地数始于二，合二始以位刚柔。天数终于九，地数终于十，合二终以纪闰余。天数中于五，地数中于六，合二中以通律历。……是以大衍为天地之枢，如环之无端，盖律历之大纪也。"（《大衍历议·历本议》）在一行看来，《易》的大衍之数应当是制订历法的基础，这一观点与杜预、何承天的思想显然是相反的，而这恰恰是当时制订历法的两种截然不同的观念。而从后来宋代天文学与哲学的关系来看，显然也在一定程度上受到这种理论的影响。但我们又不能简单地认为一行的全部天文学活动及思想就是"为合以验天"。我们知道，李淳风和一行都十分重视天文实测，重视观测仪器的改进，为获得可靠数据，一行又主持过大规模的大地实测。尽管这种实测的初衷有可能与论证天人感应的目的相关，但通过实测所获得的数据毕竟有利于修正错误的数据以及观念，同时也培养起了实证的方法和精神。另外，无论是李淳风制定的《麟德历》，还是一行制定的《大衍历》，也都吸收了前人的科学认识，如李淳风就依据刘焯的观点，采用了定朔法，又如一行也采用了张子信和刘焯对于太阳视运动不均匀性的认识，并有了新的发展。再如张胄玄虽然反对刘焯的历法改革，但其所制定的《大业历》中首创利用等差级数提高行星动态表精度的方法，给出了令人惊叹的五星会合周期的准确值。其中火星误差最大，为 0.011 日，木星和土星的误差均为 0.002 日，水星仅差 0.001 日，而金星的达到密合的程度。因此，我们对"顺天以求合"与"为合以验天"也不能随便地做出过于机械的判断。

而就"顺天以求合"这一科学思想来说，其战胜谬误还有漫长的路要走。最终，这一思想对元代郭守敬产生了深刻影响，并成就了《授时历》，这也是这一思想在中国古代天文学史上的最终胜利。

四、天文学与占星术的复杂关系

何以"顺天以求合"科学思想的进展会困难重重，步履维艰，这里又要涉及天文学与占星术的复杂关系。中国古代天文学有明显的占星性质是毋庸置疑的。对此，江晓原的《天学真原》一书有详尽的论述。江晓原指出："作为上天所呈示的征兆，行星天象不仅仅是示警凶兆，在古代中国人心目中，行星天象对人间的许多重大事务有着直接的指导作用，它们确实能够左右政治、军事等的运作。古代中国的行星星占学，实在可以说是张光直'天是智识的源泉，因此通天的人是先知先觉的'之说最直接、最具体、最生动的例证。"[1]因此，考察中国天文学的发展以及天文思想史的发展不能不注意其与占星术之间的复杂关系。这至少可以从以下三个方面来认识：

首先，天文学与占星术是紧密交织在一起的，科学与迷信、神秘与理性也是紧密交织在一起的。我们甚至在同一位学者的身上就可以看到这种复杂的交织。如李淳风，其一方面十分注重天文实测，注重天文数

---

[1] 江晓原：《天学真原》，第 160 页，沈阳，辽宁教育出版社，1991。

据的真实性和可靠性，又在此基础上编制了更加精确的《麟德历》，并且为了得到精确的数据还改进浑仪，这些工作都具有明显的科学性质。但另一方面，李淳风又明确地说天文研究具有占星性质，其目的在于了解天意。如李淳风在《乙巳占》第十九"修德"中讲：

> 上天垂象，见其吉凶谴告之义。人君见机变，斋戒洗心，修政以道，顺天之教也。夫人君顺天者，子从父之教也。见灾而不修德者，逆父之命也。顺天为明君，顺父为孝子。故孔子曰：昔者明王事父孝，故事天明；事母孝，故事地察。天地明察，神明彰矣。

又讲：

> 日变修德，礼重则躬；月变眚刑，恩从肆赦；星变结和，义敦邻睦。是以明君宰相，随变而改，积善以应天也。

像李淳风这样一位极具科学精神的天文学家仍难免有天人感应、谶纬迷信乃至因果报应观念，我们由此可以看到传统迷信的旺盛生命力，也可以看到君权神授观念的深刻影响力。

其次，在庞杂的占星体系内可能包含着有价值的科学成分。以南北朝与隋唐时期出现的占星学巨著为例。如《灵台秘苑》。据《隋书·经籍志》记载，该书原有 120 卷，但现在仅存 20 卷。又如唐代瞿昙悉达编撰的《开元占经》。该著共 120 卷，60 万字，其前后耗时 10 年之久，于开元十六年（728）编成，此书历来被视作占星术集大成之作。近年来，学者们也注意到这些占星学著作中所存在的科学价值。如《灵台秘苑》中有包含 345 颗恒星在内的赤道坐标值，是我国现在仍存在的第二份星表。又据天文史专家陈久金的研究，《开元占经》所保存的资料价值包括有：汇编了各家星占的原始文献，包括天、地、日、月、五星和二十八宿的占文，其为古代天象记录提供了丰富的源泉；保存了中国最古老的恒星方位的观测记录，系统地记载了中国二十八宿古今距度的不同数据，是保存《石氏星经》121 颗恒星赤道坐标的唯一文献；系统地记录了甘、石、巫三家星表的星名和星数；系统地辑录了中国古代各天文学家对于宇宙结构及其运动的理论；系统地记载了从中国有史以来直至《神龙历》所有历法的上元积年、日法及其他主要天文数据；系统地记载了《麟德历》的全部内容，由此可以校正新旧《唐书》所载《麟德历》的错误，同时也补充了月食所在辰术、日月食分术等未载的部分；载入《九执历》，并使它保留至今；辑录了大量的上古文献资料，这些文献后来大部分都已经失传。①

最后，从科学的发展来看，一部中国古代天文学史就是占星术的地盘不断被天文科学逐渐蚕食、占领的历史，是科学的天文观逐渐取代神秘的占星观的历史，也是"顺天以求合"与"为合以验天"两种不同天文观反复较量，前者不断攻城略地的历史。当然，这一过程是充满曲折的，科学对迷信的替代、理性对神秘的替代是充满艰辛的。《中国科学技术史・科学思想卷》在论述魏晋南北朝时期的天文学时就这样讲道："魏晋南北朝时期的天文学，一面是天道自然，顺天求合思想的发展以及历法的不断进步；一面是占星术的发展，以致在北朝覆亡前夕，产生《灵台秘苑》这样部头巨大、占验完备的占星著作。""在这种情况下，天道自然观念在天文学领域里的发展，时时与占星术所依赖的天人感应思想发生着冲突。在顺天求合思想指导下不断进步的历法，一面受着传统思想的束缚和压制，致使定朔不能采用，祖冲之、刘焯的历法被扼杀不能应用；一面也不断占领着原由占星术所盘踞的领域。""因此，天道自然观念在天文学领域，也像它在整个国家统治思想中的地位一样。在总体上，是天命神学，是儒家经典；在某些局部，某些具体问题上，讲天道自然，把神的干预排除出事件之外。这两方面互相冲突，又互相依存。前途如何？要依赖当时的社会需要及思想自身的发展程度。天文科学，就在这样的矛盾冲突中发展。一面履行着认识天象，描述天象的科学使命；一面履行着占测天意，为封建政治服务的神学使命。"②这也可以说是一部中国天文思想史艰难和缓慢进步的真实历史。

---

① 参见陈久金《瞿昙悉达和他的天文工作》，载《自然科学史研究》1985 年第 4 卷第 4 期。
② 卢嘉锡总主编、席泽宗分卷主编：《中国科学技术史・科学思想卷》，第 238 页。

总之，真理与谬误往往就是交叉和混融在一起的，科学、理性与神学、迷信也往往是纠缠在一起的，真理的进步通常会伴随着妥协、曲折甚至后退，每每只有在艰难的反复之后才会呈现前进的足印，以上中国古代天文学的历史就为我们提供了一个很典型的案例。

第七节　医学中的科学思想及其与鬼神迷信的关系

魏晋南北朝时期的医药学也进入了一个总结性的阶段，出现了大量的医药学著作，这包括王叔和的《脉经》，皇甫谧的《针灸甲乙经》，葛洪初撰、陶弘景整理补充的《肘后备急方》，陶弘景的《神农本草经集注》，以及雷敩的《炮炙论》等。所涉医药知识包括脉学、针灸学、方剂学、本草学和药物炮制加工技术，这极大地丰富和发展了中国医药学体系。而这些医药学成果也更加偏重临床应用，实用性大大加强。隋唐时期的医药机构已较为完善，其规模不但为中国此前历史所无，也是当时世界所仅见的。同时，唐代的医疗教育制度也已相当健全，不仅有传统的个人传授，国家也设置医科培养人才。在医学成果方面，这一时期有巢元方的《诸病源候论》、孙思邈的《千金方》（包括《千金要方》和《千金翼方》），以及我国也是世界上第一部国家颁行的药典《新修本草》。尤其是孙思邈，为一代名医。这一时期的医学活动还有另外一个重要现象，由于释道盛行，鬼神迷信也开始渗入医药学领域。它也给我们这样的提示，儒家在哲学领域撤出的同时，也在医药学领域将原本由理性或无神论思想占据的地盘拱手相让。

一、魏晋南北朝时期的医学思想

这一时期在医学思想上有更多建树的是东晋的葛洪与南朝的陶弘景。葛洪的思想在前面已经做过叙述，这里主要考察陶弘景的思想。陶弘景是继葛洪之后又一位重要的医药家和炼丹家，其在炼丹化学和医药学方面都做出过重要贡献。陶弘景的著述不少，其中影响最著者为《神农本草经集注》。《神农本草经集注》在医药学和科学思想上的意义或地位主要体现在药物分类方法上。此前，由《神农本草经》所奠定的方法是按上、中、下三品进行分类的方法，这一方法失在过于笼统，不能准确显示药物性能，因此不便掌握。《神农本草经集注》的解决办法具体有二：（1）创立按药物的自然来源和属性分类的方法。即将药物按玉石、草木、虫兽、果、菜、米食加之有名未用共分为七大类。以后唐代《新修本草》和明代李时珍《本草纲目》的分类方法均是以此为基础。（2）创造"诸病通用药"的分类方法。即以病症为纲，根据药物的治疗功效，将药物分别归入不同的病症项下，共分为八十多类。这样一种分类便于医家临床随时寻检，对于医药知识的普及推广也有积极的作用。①

就与哲学的关系而言，陶弘景提出过重要的养生思想。陶弘景认为养生应从养形和养神两方面着手，尤其是养神，最重要的莫过于清心寡欲。陶弘景在《养性延命录》中引述《小有经》的内容说：

> 少思、少念、少欲、少事、少语、少笑、少愁、少乐、少喜、少怒、少好、少恶，行此十二少，养生之都契也。多思则神殆，多念则志散，多欲则损志，多事则形疲，多语则气争，多笑则伤藏，多愁则心慑，多乐则意溢，多喜则忘错惛乱，多怒则百脉不定，多好则专迷不治，多恶则憔煎无欢。此十二多不除，丧生之本也。

又说：

> 彭祖曰：道不在烦，但能不思衣，不思食，不思声，不思色，不思胜，不思负，不思失，不思得，不思荣，不思辱，心不劳，形不极，常导引、纳气、胎息，但尔可得千岁。

不难看出，清心寡欲可以说是陶弘景养身思想或理论的主旨，我们在这里可以看到道家、道教以及佛教思想的深刻影响。

另外在各个时期，医学都是集观察与实践于一身的经验学科，魏晋

---

① 参见杜石然等编著《中国科学技术史史稿》（上册），第 262、263 页。

南北朝时期的医疗活动自然也不会除外。例如皇甫谧说："五藏主藏精者也，不可伤，伤则失守阴虚，阴虚则无气，无气则死矣。是故用针者，观察病人之态，以知精神魂魄之存亡得失之意。"（《针灸甲乙经》）我们看到，皇甫谧的思想实际是对《内经》思想与方法的继承。此外，如王叔和的《脉经》继承了《内经》具有整体观特征的病机病因思考传统，陶弘景创立了更加精细的药物分类方法，皇甫谧还提出了医疗活动中未已病和上下工的概念，所有这些都与哲学思维和观念有不同程度的联系。

但总的来说，这一时期的医疗活动更多是关心临床实践和应用，多是那些比较具体的医药知识及所涉及的理论，而对于一般医药学理论的兴趣，特别是像《黄帝内经》那样与哲学思想密切相关的重要理论兴趣不够浓厚。这一时期的大多数医学著作都基本体现了这一特征。这其中可能有很多原因。就医疗活动自身而言，大体存在着由理论而实践或应用的发展趋势，这一趋势其实在汉代的《神农本草经》和《伤寒杂病论》中已经初露端倪。而就外部条件来说，汉代阴阳五行思想氛围的结束以及天道自然观念环境的兴起可能也是一个比较重要的客观因素。

二、唐代孙思邈的医学思想

与魏晋南北朝时期有所不同，唐代的医学活动重新表现出对理论的一定兴趣。如巢元方的《诸病源候论》对病因病机做了深入的探讨。孙思邈的《千金方》尽管侧重于方剂，但其中对于天人关系以及养生等理论都有深入的思考。一般认为，这一时期医疗活动中最杰出的代表人物是孙思邈。因此这里主要对孙思邈的思想做考察分析。

孙思邈（581—682）生活于隋朝和初唐时期，京兆华原（今陕西铜川市耀州区）人。因自幼体弱多病，罄尽家产，故于十八岁时立志学医，之后不仅调治好自己的身体，而且在二十岁以后已为乡邻亲友治病。又因自幼喜博览群书，日诵千言，二十余岁时已能精通老庄及诸子百家之说，并兼好佛经。孙思邈对古典医学有相当的研究，同时又十分重视民间的医疗经验。随着孙思邈声誉日隆，隋唐两代皇帝都曾召他为官，但孙思邈都坚辞不受。他一边行医，一边著书立说。所撰《千金要方》和《千金翼方》为中国医学史上的重要典籍。并且，孙思邈不仅医术高超，还有丰富深刻的医德医术思想。下面我们就从医德和医术两个方面来考察孙思邈的医学思想。

首先来看孙思邈的医德思想。孙思邈认为，医者行医，人命至重，故应当仁心仁德至上。他说：

> 人命至重，有贵千金，一方济之，德逾于此。（《千金要方》序）

从这里可以看出，孙思邈将生命放在医疗活动的首要位置。孙思邈又说：

> 凡大医治病，必当安神定志，无欲无求，先发大慈恻隐之心，誓愿普救含灵之苦。若有疾厄来求救者，不得问其贵贱贫富，长幼妍蚩，怨亲善友，华夷愚智，普同一等，皆如至亲之想；亦不得瞻前顾后，自虑吉凶，护惜身命。见彼苦恼，若己有之，深心凄怆，勿避险巇、昼夜、寒暑、饥渴、疲劳，一心赴救，无作功夫形迹之心。如此可为苍生大医，反此则是含灵巨贼。（《千金要方》卷一《大医精诚第二》）

从上述这段话里面我们可以清楚地看到佛教慈悲天下、普度众生的思想对孙思邈的深刻影响，当然，这样一种思想也是与传统的儒家思想相结合的。而在孙思邈关于德的更为宽泛的论述中，我们可以看到深厚的思想传统，孙思邈说：

> 天有盈虚，人有屯危，不自慎，不能济也。故养性必先知自慎也。慎以畏为本，故士无畏则简仁义，农无畏则堕稼穑，工无畏则慢规矩，商无畏则货不殖，子无畏则忘孝，父无畏则废慈，臣无畏则勋不立，君无畏则乱不治。是以太上畏道，其次畏天，其次畏物，其次畏人，其次畏身。（《新唐书·孙思邈传》）

总的来说，孙思邈关于医德的思想中包含有儒家、佛教等思想中的优秀内容。

其次，在医术方面，孙思邈的不少论述都表达了一种用心精微的学问和行医态度。孙思邈在《千金要方》中称医疗活动是"至精至微之事"，故必须"用心精微"。他说医者"唯用心精微者，始可与言于兹矣"。而"今以至精至微之事，求之于至粗至浅之思，岂不殆哉！"其举例批评说："世有愚者，读方三年，便谓天下无病可治；及治病三年，乃知天下无方可用。故学者必须博极医源，精勤不倦，不得道听途说，而言医道已了，深自误哉。"（以上均见《千金要方》卷一《大医精诚第二》）从这里我们不难看出孙思邈对学问和行医态度的认真严苛。这种认真严苛的态度还包括"旁通问难，详究义理"、"探赜索隐，穷幽洞微"的精神。孙思邈说："黄帝受命，创制九针，与方士岐伯、雷公之伦，备论经脉，旁通问难，详究义理，以为经论，故后世可得依而畅焉。春秋之际，良医和缓，六国之时，则有扁鹊，汉有仓公、仲景，魏有华佗，并皆探赜索隐，穷幽洞微，用药不过二三，灸炷不逾七八，而疾无不愈者。"（《千金要方》序）在孙思邈看来，行医活动必须要具有刨根问底，把事情或问题弄清楚弄明白这样一种精神，这明显继承了《易传》的哲学思想。这里还值得我们注意的是，孙思邈所说的"旁通问难，详究义理"、"探赜索隐，穷幽洞微"与后来宋儒所强调的"格物致知"、"即物穷理"的精神是完全相通的，而这种相通应当不是什么各自独立或偶然的现象，这在源头上应当与孔子所说的"学而不思则罔"的问学态度有关。

当然，孙思邈认为要做到"用心精微"，仅凭认真的态度还不够，所以孙思邈又强调要有深厚的经验和广博的知识。这些知识与经验从哪里来，孙思邈指出来自前人的著述。他说：

> 凡欲为大医，必须谙《素问》、《甲乙》、《黄帝针经》、《明堂流注》、十二经脉、三部九候、五脏六腑、表里孔穴、《本草》、《药对》，张仲景、王叔和、阮河南、范东阳、张苗、靳邵等诸部经方，又须妙解阴阳禄

命，诸家相法，及灼龟五兆、《周易》六壬，并须精熟，如此，乃得为大医。若不尔者，如无目夜游，动致颠殒。次须熟读此方，寻思妙理，留意钻研，始可与言于医道者矣。又须涉猎群书，何者？若不读五经，不知有仁义之道。不读三史，不知有古今之事。不读诸子，睹事则不能默而识之。不读《内经》，则不知有慈悲喜舍之德。不读《庄》《老》，不能任真体运，则吉凶拘忌，触涂而生。至于五行休旺，七耀天文，并须探赜。若能具而学之，则于医道无所滞碍，尽善尽美者矣。（《千金要方》卷一《大医习业第一》）

从以上所举述的大量历史文献、人物及其经验中，不难看出孙思邈知识与经验的渊博。并且，孙思邈也非常重视同时代他人的实践经验。他说："至于切脉诊候，采药合和，服饵节度，将息避慎，一事长于己者，不远千里，伏膺取决。"（《千金要方》序）从这里可以看到孙思邈虚心好学的品格。同时，从孙思邈的这些论述中，也可以看到其与儒家重视历史经验的观念以及墨家经验主义理论的暗合之处，这其中清楚地显现出一种中国传统。

另外，孙思邈也非常重视养生问题。关于养生，孙思邈也像陶弘景一样，其在《千金要方》中引用了《小有经》对于养生的看法，并将其作为养生的要领，即："善摄生者，常少思、少念、少欲、少事、少语、少笑、少愁、少乐、少喜、少怒、少好、少恶。行此十二少者，养性之都契也。"这也包括以下解释："多思则神殆，多念则志散，多欲则志昏，多事则形劳，多语则气乏，多笑则脏伤，多愁则心慑，多乐则意溢，多喜则忘错昏乱，多怒则百脉不定，多好则专迷不理，多恶则憔悴无欢。此十二多不除，则荣卫失度，血气妄行，丧生之本也。"（《千金要方》卷二七《道林养性第二》）如此，陶弘景与孙思邈均以《小有经》为据，经过二人的努力提倡和推行，中国古代养生理论已经最终确立。而我们也可以看到，这其中包含了道家与道教的丰富的思想内容。

正是由于孙思邈这种优秀的医德与医术，其不仅在隋唐时期地位极高，而且也对后来的儒医产生深刻的影响。

三、对身体的关注与形神观念

形神问题早在先秦时期就已经形成了，如管子说："人之生也，天出其精，地出其形，合此以为人。"（《管子·内业》）庄子说："汝神将守形，形乃长生。"（《庄子·在宥》）荀子说："形具而神生，好恶、喜怒、哀乐藏焉。"（《荀子·天论》）到了汉代，《淮南子》讲："精神者所受于天也，而形体者所禀于地也。"（《精神训》）并且讲："以神为主者，形从而利；以形为制者，神从而害。"（《原道训》）之后，魏晋时期阮籍讲："人生天地之中，体自然之形。身者，阴阳之积气也；性者，五行之正性也；情者，游魂之变欲也；神者，天地之所以驭者也。"（《达庄论》）嵇康讲："形恃神以立，神须形以存。"（《养生论》）

无疑，形神这一哲学问题的发展显然与对身体的认识有关，或者说与对养生的看法有关。如《黄帝内经》第一篇《上古天真论》开首就引岐伯的话说："上古之人，其知道者，法于阴阳，和于术数，食饮有节，起居有常，不妄作劳，故能形与神俱，而尽终其天年，度百岁乃去。"而随着道教养生术的发展，这二者的关系结合得更加紧密。如葛洪讲：

> 夫有因无而生焉，形须神而立焉。有者，无之宫也；形者，神之宅也。故譬之于堤，堤坏则水不留矣。方之于烛，烛糜则火不居矣。身劳则神散，气竭则命终。根竭枝繁，则青青去木矣；气疲欲胜，则精灵离身矣。（《抱朴子内篇·至理》）

陆修静也讲：

> 夫万物以人为贵，人以生为宝。生之所赖，唯神与气。神气之在人身，为四体之命。人不可须臾无气，不可俯仰失神。失神则五脏溃坏，失气则颠蹶而亡。气之与神，常相随而行；神之与气，常相宗为强。神去则气亡，气绝则身丧。（《洞玄灵宝斋说光烛戒罚灯祝愿仪》）

又陶弘景引太史公司马谈《论六家要旨》云：

> 夫神者生之本，形者生之具也。神大用则竭，形大劳则毙。神形早衰，欲与天地长久，非所闻也。故人所以生者，神也；神之所托者，形也。神形离别则死，死者不可复生，离者不可复返，故乃圣人重之。（《养性延命录》）

这些关于形神问题的思想的基本要点是强调形神共俱，形神相依，也就是将形与神高度统一起来。如此，就为形神这一哲学问题提供了丰富的知识依据，同时也赋予养生问题以深刻的哲学思考。当然，养生问题涉及许多具体的方法，如按摩、导引、行气、服气等。但最重要的是，这些关于身体或养生的思想与同时期哲学思想有着密切的关系，包括它与佛教有神论思想或灵魂不灭思想之间所存在着的区别。这种对身体的关注以及相应的养生观念与思想在生命问题上形成了鲜明的具有中国特色的传统。

四、鬼神报应观念侵入医学

我们知道，早在先秦时期，由于无神论思潮的积极影响，医对巫逐渐排斥并最终分离，这形成了中国医学的优秀理性传统。两汉时期，方术盛行，鬼神迷信在宫廷与民间产生深刻影响，例如史籍对民间以符水治病就有所记载，如："太平道者，师持九节杖为符祝，教病人叩头思过，因以符水饮之。"（《三国志·张鲁传》注引《典略》）"有道士琅邪于吉"，"立精舍，烧香，读道书，制作符水以治病。"（《三国志·孙策传》注引《江表传》）但总的来说，这一时期的医疗活动仍基本秉持先秦以来的优秀理性传统，不承认鬼神有存在的位置。直到魏晋时期的皇甫谧、葛洪都明确反对问病于鬼神。按照李申的说法，"魏晋时期，医学继承汉末张仲景传统，作风认真。又受天道自然观念影响，也不讲鬼神。""从张仲景到皇甫谧，反映了汉魏、魏晋之际的医学思想和医疗作风。""不信鬼神，仍是他们医病的原则。""汉魏、魏晋之际的医学家和他们的前辈一样，基于医疗实践的经验，顽强地抗御着鬼神病因说及求神治病活动对医学的入侵。"①李申还说："魏晋南北朝时期，社会上虽然广泛流行用鬼神迷信治病，但国家医疗机构却不承认鬼神迷信的地位。国家政权机构中的人物，从亲王到一般士人，为反对医学中的鬼神迷信，进行过英勇的斗争，医学著作中也几乎没有鬼神迷信的内容。"②

但这种状况在这个时期的末期，特别是隋唐时期还是发生了变化，医学终于接受了鬼神迷信和报应思想。同时，咒禁术也广泛出现在这一时期的医学思想中。尤其是到了唐代，鬼神咒禁已经扩大到一般的医学领域，国家医疗机构尚药局和太医署中专门设有咒禁科。究其原因，既有巫术的回潮，也有道教与佛教的影响。当然，儒家具有理性特征的思想在这一时期的全面低落同样是一个十分重要的原因。

隋代巢元方的《诸病源候论》在涉及精神性疾病时就有关于鬼神的记载，如《鬼邪候》中说：

> 凡邪气鬼物所为病也，其状不同。或言语错谬，或啼哭惊走，或癫狂惛乱，或喜怒悲笑，或大怖惧如人来逐，或歌谣咏啸，或不肯语。

又如《鬼魅候》中说：

> 凡人有为鬼物所魅，则好悲而心自动。或心乱如醉，狂言惊怖，向壁悲啼，梦寐喜魇，或与鬼神交通。病苦乍寒乍热，心腹满，短气，不能饮食。此魅之所持也。

鬼神及神秘观念尤其体现在孙思邈的医学思想中。如前所见，孙思邈在谈到为医时就说："凡欲为大医，必须谙《素问》、《甲乙》、《黄帝针经》、《明堂流注》、十二经脉、三部九候、五脏六腑、表里孔穴、《本草》、《药对》、张仲景、王叔和、阮河南、范东阳、张苗、靳邵等诸部经方。又须妙解阴阳禄命，诸家相法，及灼龟五兆，《周易》六壬，并须精熟，如此，乃得为

---

① 卢嘉锡总主编、席泽宗分卷主编：《中国科学技术史·科学思想卷》，第 274 页。
② 李申：《中国古代哲学和自然科学》，第 746 页。

大医。"(《千金要方》卷一《大医习业第一》)这其中有相当多的神秘或巫术内容。当然,这也是任何一个生活在传统土壤中的人所必然面对的。而孙思邈又说:

> 老君曰:人行阳德,人自报之;人行阴德,鬼神报之。人行阳恶,人自报之;人行阴恶,鬼神害之。(《千金要方》卷一《大医精诚第二》)

这其中明显有鬼神报应思想。类似的思想也反映在其关于致病与治病的思想中,如:

> 人生天地气中,动作喘息皆应于天,为善为恶天皆鉴之。人有修善积德而遭凶祸者,先世之余殃也;为恶犯禁而遇吉祥者,先世之余福也。故善人行不择日,至凶中得凶中之吉,入恶中得恶中之善。恶人行动择时日,至吉中反得吉中之凶,入善中反得善中之恶。此皆自然之符也。(《千金翼方》卷一二《养性禁忌》)

又如:

> 凡服水之法,先发广大心,仍救三途大苦,普度法界含生,然后安心服之。(《千金翼方》卷一三《服水》)

在这里,善报思想十分明显,这显然又接受了佛教的思想。事实上,在这里,鬼神报应和善恶报应观念有效地结合在了一起。①

通过鬼神报应观念侵入医学这一现象,我们既可以清楚地看到道教与佛教鬼神观念对中国传统文化的深刻影响,也可以清楚地看到理性精神与神秘因素之间此消彼长的关系。同时,我们还可以清楚地看到宗教特别是巫术与科学之间、神秘主义与理性之间的反复较量。事实上,这种影响和较量直到今天也并未结束,而这也正是中国社会的理性、科学所要面临的严峻性。

---

① 李申的《中国古代哲学和自然科学》一书对此有较详尽的考察,见该书第 746—752 页,可资参考。

五、"五运六气"学说

所谓五运六气就是指"气"观念与"五行"观念这二者的结合。这里的"运"即是指金、木、水、火、土五行的运行推移；"气"即是指风、火、热、寒、燥、湿六气的转移变化。作为运气观念，它的初步产生与形成或在秦汉之际，当其时，气观念与五行观念都得到高度的发展。就观念的发展而言，"气"与"阴阳"观念在先秦时期已经高度结合，而到了战国末年和秦汉时期，随着"五行"观念的泛滥，"气"与"五行"观念也开始相互结合。

但五运六气思想的真正发展是在唐代，并且是与医学领域的发展密切相关的。这一时期的人们十分关注气候变化与人体健康和疾病之间的关系，由此，涉及医学以及天文、地理、历法种种知识的五运六气说开始盛行（事实上，在思维或观念上与此十分接近的卦气说等理论在汉代时已经盛行，由此也可以看到思维的连续和观念的发展）。这其中最为重要的是唐王冰的《补注黄帝内经素问》一书。在该书中王冰为《内经》共补入了《天元纪大论》、《五运行大论》、《五常政大论》、《六微旨大论》、《六元正纪大论》、《气交变大论》、《至真要大论》七个篇章，简称"七大论"，同时对《内经》的思想做了新的阐发，特别是详细展现了《内经》的运气即五运六气学说。例如《天元纪大论》中强调："夫五运阴阳者，天地之道也，万物之纲纪，变化之父母，生杀之本始，神明之府也，可不通乎？"

"七大论"尤其关注人体与自然的关系，例如《气交变大论》中说："夫五运之政，犹权衡也，高者抑之，下者举之，化者应之，变者复之，此生长化成收藏之理，气之常也，失常则天地四塞矣。"再如《六元正纪大论》中说："风温春化同，热曛昏火夏化同，胜与复同，燥清烟露秋化同，云雨昏暝埃长夏化同，寒气霜雪冰冬化同。此天地五运六气之化，更用盛衰之常也。"又说："天气不足，地气随之，地气不足，天气从之，运居其中而常先也。恶所不胜，归所同和，随运归从而生其病也。故上胜则天气降而下，下胜则地气迁而上，多少而差其分，微者小差，甚者大差，甚则位易气交，易则大变生而病作矣。"这些论述或思想中有科学的内容，但也有巫术的成分，同时也明显地包含了哲学的思考。可以这样说，王冰对《内经》思想的补注与阐发，尤其是对《内经》五运六气学说的重新开掘在中国医学史上具有重要的意义。这一工作不仅对当时医学理论的探讨产生了深刻的影响，也对后来医学理论的探讨产生了深远的影响，这其中也包括更具哲学观念层面的内容。但同时，王冰在一定程度上又促使了经自然天道观打击后已奄奄一息的五行观念的复活，这对后来宋元时期的科学与哲学思想同样也产生了影响。而这也再次证明了中国古代科学和理性发展的复杂性。

第八节　其他学科中的科学思想

魏晋南北朝与隋唐时期还有其他一些科学思想。如杨泉的《物理论》中既有哲学思想，同时也包含有不少知识的内容，我们将其放在这一节加以考察。在农学方面，贾思勰的《齐民要术》是一个重要的总结性成果，其中包含了丰富的科学思想以及相关的哲学内容。在魏晋至南北朝时期，数学思想也获得了很大的发展，出现了一大批数学著作以及刘徽、祖冲之这样的重要数学家，其中一些思想也具有哲学意义。此外，唐代在潮汐理论方面也取得了不少重要的成果。

一、杨泉的《物理论》

杨泉与王充一样，同是会稽人。杨泉的《物理论》早已散佚，现存内容由后世辑佚而成。该书广泛涉及天文、历法、地理、物候、农学、医学等科学内容，是一部具有自然哲学性质的著作。在宇宙论或天道观方面，杨泉与王充一样，是天道自然观念与"元气"说的重要提倡和阐释者。如杨泉说："元气浩大，则称皓天。皓天，元气也，皓然而已，无他物焉。"并且我们可以看出，在这方面杨泉也是王充思想的继承者。但杨泉对宇宙结构的看法与王充也有所不同，他一定程度上表达了某种类似宣夜说的观点，如他说："星者，元气之英水之精也。气发而升，精华上浮，宛转随流，名之曰天河，一曰云汉，众星出焉。"我们由此可以联想到在当时宣夜说可能有更广泛的影响。杨泉也像王充一样用"元气"理论来解释生命现象，他以为："人含气而生，精尽而死。死，犹澌也，灭也。譬如火焉，薪尽而火灭，则无光矣。故灭火之余无遗炎矣，人死之后无遗魂矣。"这里，杨泉利用薪火知识阐述了无神论的形神观。需要说明的是，形神理论是东汉至魏晋南北朝时期哲学思考的一个重要问题，包括桓谭、王充、嵇康、何承天、范缜等人都对此问题作过无神论的阐述，其中，薪火之喻是十分重要的论证手段。此外，《物理论》中也涉及土壤的性质及其与农作的关系问题，杨泉讲："地，形有高下，气有刚柔，物有巨细，味有甘苦。"又讲："凡种有强弱，土有刚柔。土宜强，高茎而疏粟，长穗而大粒。"杨泉还对稼（耕种）与穑（收获）之间的辩证关系谈过自己的看法："稼，农之本；穑，农之末。农，本轻而末重，前缓而后急。"并且在论述中，杨泉也更加肯定了人的主观能动作用，而这又是与纯粹的自然无为理论有所区别的。从这里也可以看出思想与知识的内在联系，一旦知识的内容涉及人工控制的领域或部门，思想也就会对此有所反映。

二、农学中的科学思想

这一时期北方地区的农业生产进入了总结阶段，其代表性成果就是贾思勰的《齐民要术》。《齐民要术》反映了北魏时期山西、河南以及山东等黄河中下游地区的农业科学与技术水平。该书所涉及的内容包括各种农作物的栽培和耕作技术，农具的制作，其他植物的生产利用，动物的饲养及其疾病的医治以及食物和农副产品的加工等，可以说涵盖了农业生产活动的各个方面。这一时期长江以南的经济也日趋繁荣。水稻和蚕桑技术都达到一定的水平。由于南方地区植物种类丰富，这时已经出现了我国最早的植物学著作，如《南方草木状》、《竹谱》，前者包括草、木、果、竹四类植物共 80 种，后者记载了 70 余种竹子，这开创了植物谱录的先河。

就农学思想而言，贾思勰的《齐民要术》包括了精耕细作的思想、选种播种的思想、轮作的思想、施肥的思想、防治病虫的技术、果木栽培的技术、种畜培育的技术等。以后元代的《农桑辑要》、王祯的《农书》、明代徐光启的《农政全书》以及清代的《授时通考》四部综合性的农书从体例到取材都沿袭了《齐民要术》。

就与哲学相关的思想而言，贾思勰在《齐民要术》的《序》中首先阐述了重农的思想，这应当是与三代典籍以及先秦包括儒家在内的思想传统是一脉相承的。贾思勰说：

> 盖神农为耒耜，以利天下。尧命四子，敬授民时。舜命后稷，食为政首。禹制土田，万国作乂。殷周之盛，诗书所述，要在安民，富而教之。

同时，《齐民要术》比较明显地受到汉末和魏晋以来天道自然观的影响。例如《齐民要术》强调农业生产的基本原则是："地势有良薄，山泽有异宜。顺天时，量地利，则用力少而成功多。任情返道，劳而无获。"（《种谷》）这与《易传》中的三才理论是一脉相承的。又《齐民要术》中将"天时"细分为上、中、下三种天时，"地利"分为上、中、下三种地宜。《齐民要术》尤其对宜时高度重视，如"二月、三月种者为植禾，四月、五月种者为稚禾。二月上旬及麻菩、杨生种者为上时，三月上旬及清明节、桃始花为中时，四月上旬及枣叶生、桑花落为下时。岁道宜晚者，五月、六月初亦得。"（《种谷》）这里讲到了不同作物的栽种时间。特别值得注意的是，贾思勰将"上时"、"中时"、"下时"概念作为准则广泛用于各种农作物的种植活动中，如："三月上旬种者为上时，四月上旬为中时，五月上旬为下时。"（《黍穄》）"二月中旬为上时，三月上旬为中时，四月上旬为下时。"（《大豆》）"夏至后十日种者为上时，初伏断手为中时，中伏断手为下时，中伏以后则晚矣。"（《小豆》）这其中无疑应当包含了个别——一般——个别的思维过程。同样的思想在畜牧业中也有所体现，例如："服牛乘马，量其力能。寒温饮饲，适其天性。"（《养牛马驴骡》）这些都表明贾思勰对客观或自然规律的高度重视，它反映了这一时代以天道自然为主的哲学或观念对于科学的深刻影响。

但《齐民要术》中也包含有宜忌迷信思想，如《小豆》引《龙鱼河图》曰："岁暮夕，四更中，取二七豆子，二七麻子，家人头发少许，合麻、豆著井中，咒敕井，使其家竟年不遭伤寒，辟五方疫鬼。"又引《杂五行书》曰："常以正月旦——亦用月半——以麻子二七颗，赤小豆七枚，置井中，辟疫病，甚神验。""正月七日，七月七日，男吞赤小豆七颗，女吞十四枚，竟年无病；令疫病不相染。"《种麻子》引《杂阴阳书》曰："麻生于杨或荆。七十日花，后六十日熟。种忌四季——辰、戌、丑、未——戊、己。"《大小麦》引《杂阴阳书》曰："大麦生于杏。二百日秀，秀后五十日成。麦生于亥，壮于卯，长于辰，老于巳，死于午，恶于戊，忌于子、丑。小麦生于桃。二百一十日秀，秀后六十日成。忌与大麦同。虫食杏者麦贵。"宜忌观念并非都是迷信思想，其中有符合实践和客观的内容，但其中所包含的迷信思想也是不容否认的。虽说《齐民要术》中这些论述都是引证，但也表明了《齐民要术》本身的看法，应当说，这正是对汉代以来神秘思潮或巫术现象的反映，也是我们在考察相关科学思想时所应注意的。

三、数学中的科学思想

魏晋南北朝时期的数学在汉代数学的基础上同样获得了很大的发展。这一时期，出现了赵爽的《周髀注》、刘徽的《九章算术注》和《海岛算经》、《孙子算经》、《夏侯阳算经》、《张邱建算经》、祖冲之的《缀术》、甄鸾的《五曹算经》、《五经算术》、《数学记遗》等大量数学著作，后来都被收入《算经十书》中。这些著作中有许多内容都是沿《九章算术》的实用方向继续发展，并形成了丰富的成果，由此进一步完善了以《九章算术》为代表的中国古代数学体系。同时，这一时期的数学也有许多开创性的成果，例如刘徽的割圆术，其所得到的圆周率近似值已为 3.14（或以为已经求得 3.1416）。此外刘徽在多面体体积公式、方程解法、重差术等方面都有重要贡献。再如祖冲之，其计算出的圆周率已在 3.1415926 和 3.1415927 之间。又祖冲之还求出用分数表示的两个圆周率数值。一个是 355/113，称作密率；另一个是 22/7，称作约率。其中密率是分子、分母在一千以内表示圆周率的最佳渐进分数。在欧洲，直到 16 世纪才得到这一数值。此外，祖冲之父子还得出了球体积公式，而其最终成果即是"祖暅定理"。这两项成果均比西方早一千年左右。

值得注意的是，这一时期的大多数数学著作及思想都将数学看作最为根本的东西，而这与《九章算术》又是有所区别的，它明显受到汉代重视"数"的观念这一脉传统的影响，并且，这其中也就有了哲学意味。如《孙子算经》序中这样阐述数学思想：

> 夫算者：天地之经纬，群生之元首，五常之本末，阴阳之父母，星辰之建号，三光之表里，五行之准平，四时之终始，万物之祖宗，六艺之纲纪。稽群伦之聚散，考二气之降升，推寒暑之迭运，步远近之殊同，观天道精微之兆基，察地理从横之长短，采神祇之所在，极成败之符验，穷道德之理，究性命之情。立规矩，准方圆，谨法度，约尺丈，立权衡，平重轻，剖毫厘，析泰絫。历亿载而不朽，施八极而无疆。

《孙子算经》在这里所说的经纬、元首、本末、父母、建号、准平、终始、祖宗、纲纪等都无疑是最为根本的东西。就与哲学的关系而言，这一时期的数学活动中以推理和分析为主的逻辑思想是十分典型的。数学研究的一个特点就是通过有限的知识推出无限的结论。例如赵爽在《周髀算经》"问一类而万事达者，谓之知道"的注中就说：

> 引而伸之，触类而长之，天下之能事毕矣，故谓之知道也。

赵爽在这里清晰地表达了推理之于数学活动的重要性。在这方面，刘徽的《九章算术注》表现得更为突出。刘徽讲：

> 事类相推，各有攸归。故枝条虽分而同本干者，知发其一端而已。又所析理以辞，解体用图，庶亦约而能周，通而不黩，览之者思过半矣。（《九章算术注》序）

刘徽这段话涉及了不同的逻辑方法。"事类相推"说的是推理，"析理以辞"说的是分析。将推理与分析集于数学，这其中的哲学思维是很明显的。

如上一章所见，许多中外学者如李约瑟、吴文俊都曾指出中国数学的特征是以解决问题为主旨，这样一个传统在汉代的《九章算术》中已经完全确立。在魏晋特别是南北朝时期，这样一种传统被进一步发挥，如《五曹算经》、《数学记遗》、《孙子算经》、《张邱建算经》，这些数学著作基本上都是旨在解决实用问题。在这里，我们同样也可以找寻到相应的观念、思维，这其中最突出的就是中国社会和文化中面对现实的基本价值取向。当然，魏晋南北朝时期的数学与秦汉时期的数学也有着某些区别。数学理论在这一时期得到更多的重视。这不仅反映了数学学科在这一时期发展的某种特殊性，也可能反映了数学学科与哲学有更多的联系。无论是汉人对数的重视，还是魏晋时期的玄学都可能对此产生过积极的影响。

同时，这一时期数学活动的哲学关联还突出地体现在实事求是的态度上。汉代占支配地位的神学和浓厚的神秘色彩对不同的知识领域都产生过影响，数学也不能例外，刘歆对于数字的神秘主义解释中充斥着这样的内容，张衡的数学活动中也有相关的内容。但魏晋南北朝时期有所不同。祖冲之曾批评刘歆和张衡，他说："立圆旧误，张衡述而弗改；汉时斛铭，刘歆诡谬其数。"（《宋书·律历志下》）因此在魏晋南北朝时期就有一个拨乱反正的过程，对于圆周率精确数值的不懈追求就充分证明了这一点，知识活动应还原其科学的本质。而这样一个进程与天文学领域中对天道自然也即"顺天求合"观念的强调是吻合或同步的，并且与哲学中对阴阳五行学说和天人感应理论的清算也是相一致的。

四、地理学中的科学思想

隋唐时期在地理学方面也取得了很重要的成就，这在整个中国科学史上也是十分突出的。这一时期，有关全国、地区、边疆甚至外国的地理著作大量涌现，地图方面的著作也纷纷问世，而关于海陆变迁和潮汐现象的认识更丰富了古代地理学的内涵。这其中以潮汐或海潮理论与哲学的关系最为密切，这方面的代表性著作有窦叔蒙的《海涛志》、封演的《说潮》、卢肇的《海潮赋》和邱光庭的《海潮论》。

窦叔蒙在《海涛志》中说："以潮汐作涛，必待于月。月与海相推，海与月相明。苟非其时，不可强而致也；时至自来，不可抑而已也。"并且窦叔蒙还通过精密的计算，得出一个潮汐循环所推迟的时间为 50 分 28.04 秒，它与现在所用数值已相差无几。这些描述和计算都深入地揭示了潮汐变化与月球运动之间所存在的规律关系。很明显，这种精密的计算受到了天文科学的深刻影响。同时，这一具体认识无疑也会对一般规律的认识产生积极的影响。值得注意的是，窦叔蒙还强调了潮汐是一种自然现象，没有任何意志的因素包含其中，所谓"造化何营，盖自然耳"。这显然是一种天道自然观念的延续，我们在前面天文学的发展中已经看到这一观念在当时的发展状况，这之间应当是有联系或相统一的。当然，窦叔蒙也试图用君臣关系来比附说明潮汐现象，在这种解释中我们也同样看到了汉代阴阳比附理论的影响，而这也是天文学或占星术中另外一个重要观念，这之间同样具有一致性。如窦叔蒙说："是故推日月知君臣，体朔望知将相。将相，臣之贵也；朔望，月之盛也。是乃潮大于朔望焉。"（《海涛志》）与窦叔蒙大约同时期或稍晚，封演的《说潮》与窦叔蒙有相似之处，但比较简略。

卢肇和邱光庭二人有关海潮理论的科学价值没有窦叔蒙那样突出，但其中所包含的哲学内容却更为明显。例如卢肇的《海潮赋》着重强调了作为海潮这样一类自然现象背后所包含的"理"，所谓"事有至理，无争无胜。犹权衡之在悬，审锱铢而必应。""赋之者究物理、尽人谋，水无远而不识，地无大而不搜。"卢肇这里所说的"理"，既有规律的含义，也有原因的含义。与此同时，卢肇的理论中有更多的天人感应思想和象数学的内容，这显然是沿袭汉代哲学的表现。也因此，其理论颇受后人讥评。

邱光庭的理论主要是以浑天说为基础，值得注意的是，为了解释海潮现象，邱光庭更多地求助于儒家经典，尤其是汉代的纬书，而这大大限制了其理论的科学思考。可能也正是由于这个原因，其理论科学部分的价值远不如窦叔蒙的工作，所以对后世影响不大。不过，其与哲学相关的思考如天体结构理论对后来宋明理学的一些思想家如张载、朱熹都产生了影响，特别是朱熹。①

而以上理论的不同倾向以及与前后哲学思想的关系也为我们提供了考察科学与哲学关系的不同视角。这包括了一个很"有趣"的问题，即究竟从怎样的角度来看这些理论：从科学的角度看？从哲学的角度看？抑或是从二者关系的角度看？角度不同，收获或评价自然就会不同。可以说，隋唐时期的海潮理论就为我们提供了这样一个由不同视角观察和解读科学与哲学关系的典型案例或范本。

五、炼丹术及其相关思想

魏晋南北朝时期的道教炼丹术实际是在东汉时期道教炼丹术的基础上发展起来的。东汉时期魏伯阳的《周易参同契》已经对炼丹理论与方法作了一定的阐述。魏晋以后，炼丹理论与方法有了新的进展，例如葛洪，这在前面已经有述。南朝的陶弘景是继葛洪之后的又一位重要炼丹家，其炼丹学著作有《合丹药诸法节度》、《集金丹黄白方》、《太清诸丹集要》等。唐代的炼丹术在汉代特别是魏晋南北朝以来的基础上有了更多的发展，出现了许多重要的炼丹家及其著作，如孙思邈既是杰出的医学家又是著名的炼丹家，其他重要人物及著作如陈少微以及他的著作《大洞炼真宝经修伏灵砂妙诀》、《大洞炼真宝经九还金丹妙诀》，张果以及著作《神仙得道灵药经》、《丹砂诀》等。

前面的考察也已经指出，从科学的角度来看，炼丹术与化学知识有着密切的关系。乐爱国在《中国传统文化与科技》中认为炼丹术在古代

---

① 详见卢嘉锡总主编、席泽宗分卷主编《中国科学技术史·科学思想史卷》有关内容。

化学上所取得的重要成就主要包括如下一些方面：汞及其化合物的制取以及对其性质的认识；铅及其化合物的制取以及对其性质的认识；砷及其化合物的制取。① 并且这些化合物也具有药用意义。当然，最重要的是，道教炼丹家在炼丹过程中还发明了火药。这也可以说是"歪打正着"。根据现存资料，最早的火药配方见于唐元和三年（808）清虚子的《太上圣祖金丹秘诀》一书，书中记载道："硫二两，硝二两，马兜铃三钱半，右为末，拌匀。掘坑，入药于罐，内与地平。将熟火一块，弹子大，下放里面，烟渐起。"并且，唐代末年，火药已经用于实战，到了宋代初年，在战争中使用火药的实例已经很多了。

炼丹术作为道教的内容，在理论上必然会反映道教甚至道家的思想，在隋唐时期的炼丹术著作或论述中，都有道教或道家的一些基本思想或概念的运用。例如据认为是唐代道士假托汉人所撰的《阴真君金石五相类》中说："凡至道之理，只在含精返本，资神气也。采其真液，却归元祖，填其血脑，自然老而复少，枯而复荣。"再如托为魏伯阳所撰的《大丹记》说："龙者汞也，虎者银也。汞于沙中而受气，银于铅中而受气，二气各得天地之元气也。"还有以后传为在南宋时成书的《修炼大丹要旨》说："阴阳运转，气化为精，精化为朱，朱化为汞，汞化为金，金化为药，故号金砂，名曰大还。大还者，返归之义。"在上面这些论述中，可以看到道、气、精气、元气、返本这些道家或道教哲学的基本概念及其思想，它也表明炼丹术的实践实际深受道家哲学思想的影响。

除此之外，炼丹术又是一种实验过程。火药这一影响和改变人类生活的重要成就完全是实验科学的结果。正是炼丹术士在不断的实验中，发现了有些物质例如硝、硫、炭混在一起很容易爆发着火。久而久之，终于得到硝、硫、炭这三种成分相合的火药。如从哲学的角度来看，这之中也包括了观察、实践这样一些重要内容。而这些内容与包括儒家格物致知的知识观和修齐治平的社会观在内的许多中国传统思想都是相通的。

---

① 参见乐爱国：《中国传统文化与科技》，第118—121页，桂林，广西师范大学出版社，2006。

但是道教本身毕竟有着深刻的巫术根源或传统，因此对其知识活动要有完整和清醒的认识。必须看到，炼丹术的本意并不在于科学，而在于恰恰是违背科学的成仙愿望，这也致使炼丹术最终不可能成为重要的科学遗产，而其所取得的成就也只能是一种附属或偶然的产品。因此尽管就化学知识而言，炼丹术的确取得了一些成果，但由于炼丹的本意是荒谬的，即企图使人长生不老，得道成仙，所以其主要结果也必然是失败的。

第九节　科学与思维方法

魏晋南北朝至隋唐时期哲学与科学在思维和方法上出现了一些很有趣的现象。一方面，无论是在科学活动中，还是在哲学思考中，秦汉时期的比类思维与方法都在很大程度上遭到摈弃，这反映或表明了二者与前代较大的"断裂"，就此而言，哲学与科学在思维上是"同步"的。但另一方面，哲学与科学又遵循着各自的发展脉络，并且在一些思维和方法上，二者出现了十分明显的分道扬镳，例如与科学密切相关，实用思维在这一时期获得重要发展，但在哲学方面，无论是魏晋时期的玄学，还是南北朝与隋唐时期的佛学，都更倾向于更为深奥或抽象的名理。对于这样一种复杂局面，我们在考察二者关系时是应当认真加以关注的。

一、经验思维与方法

经验思维与方法始终是中国古代思维与方法的重要形态。在先秦与秦汉，这样一类思维与方法都不仅为科学所重视，而且为哲学所重视。在魏晋南北朝与隋唐时期，哲学与科学在很大程度上分离，但科学仍延续了以前的传统，这包括观察、实测、实验、归纳等种种重要的经验思维与方法。

如前指出，经验思维的起点是观察与实践。例如天文学、地理学等学科历来与观察方法密切相关，而制作活动、医学等更重视实践，到魏晋南北朝与隋唐时期，又包括炼丹术这样一门知识。一般而言，在魏晋南北朝与隋唐时期，观察通过天文学的实测得到了最好的体现，而最能有效说明实践意义的则是炼丹实验。

先来看天文实测。如前所见，魏晋南北朝与隋唐时期，天文实测普遍得到重视，因此天文观测精度不断得到提高。如北齐民间天文学家张子信经过三十多年的观测，发现太阳和五星视运动不均匀性的现象，指出日行在春分后则迟，秋分后则速。与此同时，所用数值也日益精确。特别是在隋唐时期，李淳风、一行、梁令瓒等不少天文学家都从事或组织过观测活动，其中最为著名或典型的就是一行所主持的大规模的大地实测活动。这次实测活动范围广大，测量地点北至北纬 51°左右的铁勒（今蒙古境内），南至北纬 17°左右的林邑（今越南境内）。测量内容包括测量地点的北极高度，冬、夏至日和春、秋分日太阳在正南方时的日影长度等。其中南宫说所负责测量点的实测发现：从河南白马到上蔡的距离为五百二十六里又二百七十步（唐制），日影相差二寸一分，这就纠正了古时"南北地隔千里，影长差一寸"的臆测。又实测得到南北两地相差三百五十一里八十步，北极高度相差 1 度的数据。换算成现代单位即南北相距 129.22 公里，北极高度相差 1°。这实际就是地球子午线 1°的长度，只是与现测值 111.2 公里有一定的误差，但它毕竟是世界历史上第一次子午线长度的测量，其意义是十分重大的。其他如隋代张胄玄的《大业历》在五星位置的推算中首创利用等差级数提高行星动态表精度的方法，使得五星会合周期的准确值获得了空前的提高；又如这一时期十余种历法所用交点月的长度值同理论推算值之间的差距多在 1 秒以下，以后宋元时期也基本保持在这一水平；再如交食周期数值这时也达到了十分精确的程度，郭献之的《五经历》中采用了 716 个朔望月 122 次食季的交食周期，而一千年后即 19 世纪末西方的纽康周期与此等值。所有这些都与测量水平的提高有关。

再来看炼丹实验。如前所述，实验的方法早在先秦时期的科学活动中就已经出现了，例如《墨经》中所记载的小孔成像方法。在汉代，无论是科学如《氾胜之书》，还是哲学如王充的《论衡》，都记载有相关的实验活动。但毋庸置疑的是，在炼丹活动中，实验这样一种方法被广泛应用了。例如《重修政和经史证类备用本草》中《硝石》条引用陶弘景的话说："先时有得一种物，其色理与朴消大同小异，胐胐如握雪不冰，强烧之，紫青烟起，仍成灰，不停沸，如朴消，云是真消石也。"这里讲到了钾盐火焰的分析方法以及相关的实验方法。又如前面所见清虚子《太上圣祖金丹秘诀》中记载的火药配方："硫二两，硝二两，马兜铃三钱半，右为末，拌匀。掘坑，入药于罐，内与地平。将熟火一块，弹子大，下放里面，烟渐起。"这实际也是一个实验的例子。故有学者指出，这种实验与近代的物质不灭实验并没有根本的不同。它确凿地证明了，物可以化为气，气也可以化为物，但物不会消散为无，或者说气不会变为无。李约瑟在论述道家思想时曾有一段话，用在这里十分恰切，他说："道家哲学家由于强调自然界，在适当的时候就必然要从单纯的观察转移到实验上来。""不过，当观察一旦转移到实验（其实这不过是改变了条件并再进行观察），这就迈出了决定性的一步。"①可以这样说，炼丹实验是魏晋南北朝与隋唐时期经验思维与方法中一种既比较特殊但又十分重要的形式。这一形式无论是对于中国科学史还是思维史都有重大意义。当然，到了隋唐时期，实验在不同的方向都有所发展，化学学科无疑是最主要的部门之一。例如瓷器的制作。隋唐时期，瓷器的制作与烧造已经达到了一定的高度。五代后周时期的柴窑名冠一时，其所生产的青瓷称作"雨过天青"，有"青如天，明如镜，薄如纸，声如磬"的美誉。而瓷器的制作同样与实验密不可分。

如果将科学中的实测、实验与哲学思想结合起来加以考察，我们更能清楚地看到科学与哲学二者的关系。我们知道，早在先秦时期，荀子就提出"符验"说，韩非也提出"参验"说，之后，到了东汉王充这里，又提出"考论实虚"、"疾虚妄"，强调"实知"、"效验"，讲"凡论事者，违实不引

---

① 〔英〕李约瑟：《中国科学技术史》第二卷《科学思想史》，第 36 页。

效验，则虽甘义繁说，众不见信。"（《论衡·知实》）之后，这些哲学思想便通过科学研究中的实测和实验体现出来。以天文学的实测为例。我们看到西晋杜预在其《春秋长历》中讲："言当顺天以求合，非为合以验天者也。"这是典型的重视实测的思想。我们还看到何承天、祖冲之、刘焯等人在天文实测问题上与传统观念所作的艰苦卓绝的斗争。而相伴随的便是如上面考察所见，天文观测精度的不断提高。因此，就与哲学思想的关系而言，魏晋南北朝与隋唐时期科学中得到充分发展的实测与实验，应当也有思想的源头，其近可接王充、葛洪，远可溯荀况、韩非。而往后推移，这又进一步影响到宋元以后包括明清时期实证科学的充分发展，也包括与此相关的思想。无疑，这是一个连续的过程，是一个长期发展、逐渐深化、不断进步的过程，当然，这其中也包括有哲学与科学的互动。

二、逻辑思维与方法

除了经验思维与方法，在魏晋南北朝时期，逻辑思维与方法也得到一定的重视和发展。

这一时期哲学中逻辑思维与方法的运用主要体现在对概念或名言的重视上，也体现在严密的理论分析和逻辑论证上，而这一点也是为我们所熟知的。魏晋时期玄学思想的阐述就充分体现了这一点，以后，南北朝时期佛教思想的阐述也充分体现了这一点。此外，儒学之间、崇佛与反佛之间的种种争论也都在很大程度上借助逻辑的方法得以进行和实现，而所有这些都在前面的章节中有详细论述，这里不再展开。同时，在这一时期，逻辑学即形式逻辑也得到一些新的发展。从史书记载来看，对逻辑即"名理"问题的兴趣似乎成为包括魏晋甚至稍后时间在内的一种风尚，这应当与玄学有着密切的关系，部分地也与佛学的传入有关。例如《魏书·钟会传》说"（钟会）博学精练名理"；《晋书·孙盛传》说"（孙盛）善言名理"；《世说新语·言语》说"（裴頠）善谈名理"；《世说新语·文学》说"傅嘏善名理"，等等。与此同时，又有了专门研究"名理"即逻辑问题的专著，如鲁胜的《墨辩注》。严可均《全晋文》说鲁胜注墨辩六篇，但该书多散佚，现仅存《晋书》中保留《墨辩注序》一文。而由《墨辩注序》可知，鲁胜如先秦墨家一样，以为逻辑问题主要就是关心事物的同异问题，即"名者所以别同异，明是非，道义之门，政化之准绳也"。之后，随着佛教的输入，因明方法也得到介绍并构成这一时期形式逻辑发展的一个重要组成部分。

特别是，这一时期的数学活动中也包含有相当丰富的逻辑思想。例如赵爽在《周髀算经注》中说："引而伸之，触类而长之，天下之能事毕矣，故谓之知道也。"这表达了推理之于数学活动的重要性的思想。又说："盖方者有常而圆者多变，故当制法而理之。"这又明确表明：方圆等数学问题可遵循相应逻辑法则来认识和解决。而刘徽在这方面表现得更为突出。刘徽在《九章算术注序》中讲："事类相推，各有攸归。故枝条虽分而同本干者，知发其一端而已。又所析理以辞，解体用图，庶亦约而能周，通而不黩，览之者思过半矣。"前面已经指出，刘徽的上述思想可以用"析理以辞"来加以概括。周瀚光的《中国古代科学方法研究》以及袁运开、周瀚光主编的《中国科学思想史》一书对此作了较深入的分析。例如《中国科学思想史》中指出，"刘徽在《九章算术注序》中提出了自己的数学证明方法，这就是'析理以辞'。所谓'析理以辞'就是运用一系列判断（辞）去分析数学公式和法则成立的根据和道理。"并且还指出刘徽的"析理以辞"实际包含了不同的步骤和形式。"第一步是'辨名分'，亦即下定义。"从刘徽的注中可以看出，他给大约二十多个重要的数学概念下了明确的定义。"第二步就是运用推理的形式对《九章算术》中许多正确的公式和法则进行逻辑证明。"其中既有演绎推理，也有归纳推理。在演绎推理中不仅使用了三段论，而且现代形式逻辑所列的几种主要推理形式他实际都使用了。另外"从证明的方法看，也是多种多样的，不仅有综合法，还有分析法"①。所以冯契先生指出：我们从刘徽的《九章算术注》中

---

① 袁运开、周瀚光主编：《中国科学思想史（中）》，第 260—262 页。

可以看到魏晋之际逻辑学的水平。①

归纳方法也是如此。我们已经知道，具体经验的不断提升会进一步形成归纳判断。例如炼丹活动中葛洪对于铅的氧化还原规律的概括："铅性白也，而赤之以为丹。丹性赤也，而白之而为铅。"（《抱朴子·黄白》）铅性本白，但经加热产生化学变化后变成铅丹，即"赤之以为丹"，铅丹性赤，再经加热又转换成铅白，即"白之而为铅"。这无疑是在通过长久的炼丹实践后所作的总结。又如医学活动中王叔和关于预后的记述："诊伤寒热盛，脉浮大者生，沉小者死。""热病已得汗，脉静安者生，脉躁者难治。""水病，脉洪大者可治，微细者不可治。"（《脉经》卷四《诊百病死生诀第七》）这里包含了对不同病症的认真观察及归类。再如窦叔蒙在《海涛志》中说："以潮汐作涛，必待于月。月与海相推，海与月相明。苟非其时，不可强而致也；时至自来，不可抑而已也。"这是在对海潮现象长期观察的基础上就其规律性运动所做出的一般概括。而科学活动一旦上升至归纳阶段，也就意味着与哲学思维有了最直接的联系。

不过，总的来说，到了隋唐时期，逻辑方法在科学中的运用显得十分薄弱，如前所指出，这与哲学和科学的疏离有关，同时也与科学活动特别是像数学这样的学科更加关注实用有关。总的来说，从魏晋南北朝到隋唐时期，实证思维与方法获得了更大的发展，而逻辑思维与方法有所衰落。

除形式逻辑之外，辩证思维与方法在魏晋南北朝时期的哲学与科学中也得到使用，但与以往时期相比，其可能体现得并非突出。在哲学方面，玄学主要关心的是本体和言说问题，对辩证问题似有所忽略。佛教哲学更关心空无和心性问题，辩证思维虽有所涉及，但并不是主要方法。其实若向前追溯，从西汉起，对辩证问题的思考与先秦时期相比似已经有所淡漠，这在很大程度上也是过于关注比类及象数思维与方法所致。哲学的这样一种状况也会影响到科学思维与方法。总体来说，魏晋南北

---

① 参见冯契《中国古代哲学的逻辑发展》（中册），第537页。

374

朝时期科学活动中对于辩证方法的运用也不突出，农学、医学仍是使用这一方法的主要部门，特别是医学。例如皇甫谧的《针灸甲乙经》中讲："脉者，血气之府也，长则气和，短则病，数则烦心，大则病进，上盛则气高，下盛则气胀，代则气衰，细则气少。""凡用针者，虚则实之，满则泄之，菀陈则除之，邪胜则虚之。太要曰：徐而疾则实，疾而徐则虚。"这里讲到了在观察和治疗时对辩证方法的使用。但其他学科对这一方法或思维的使用似乎并不典型。这并不应当只从消极的意义来加以理解，事实上，我们看到，在诸如天文、地理、数学、律学等知识部门，随着认识的深入，早先带有猜测或思辨性质的辩证思维逐渐消退，更多地发展起来的可能是观测、测量、计算、演算方法。这应当是一种进步的表现，在一定意义上，也是一种从自然哲学走向纯粹科学的表现。

三、科学活动中的精细性思维

这里就牵涉到一个相关的问题。如我们所知，关于传统中国思维的研究一般都否认中国存在着精细性的思维，事实上这往往是以近代西方科学作为参照标准。然而中国古代的知识活动自有其独特的精细之处，这是值得我们注意的。①

总的来说，在魏晋南北朝时期，知识活动中对于具体性和精确性有了更高的要求。就背景而言，这也是放弃阴阳五行以及数学神秘主义观念而追求天道自然认识的必然结果。如果说汉人的知识系统每每从观念出发，那么魏晋南北朝时期的知识活动则更加忠实于事实。

例如在天文学领域，祖冲之测出回归年的长度为 365.2428148 日，这比起前人所获得的数值要精确得多，即使与现代的数值相比，也仅差四十六秒；祖冲之推算出交点月的周期时间为 27.21223 日，与现代测定的 27.212220 日数值仅差不到一秒。在数学方面，例如刘徽的割圆术所

______

① 对于这一问题的考察也可参见拙文《中国传统思维笼统说辨》，载于拙著《古代中国科学范型》。

得到的圆周率近似值已为 3.14 或 3.1416，而祖冲之计算出的圆周率已在 3.1415926 和 3.1415927 之间。这也反映到观念层面，如葛洪对汉代天文学的批评："论天者虽多，然精于阴阳者少。"（《晋书・天文志》）又如刘徽也曾就自古以来在圆周率研究中对于"周三径一"的粗疏理解提出了批评，他说："然世传此法，莫肯精核，学者踵古，习其谬失，不有明据，辩之斯难。"（《九章算术注・方田章》）这些批评都不只是意味着反思，同时它也代表了一种思维方式：注重精确。

精细思维的另一个重要表现是在植物分类方面。三国时吴人陆玑著有《毛诗草木鸟兽虫鱼疏》两卷。上卷有草本植物 60 种，木本植物 47 种；下卷含鸟类 27 种，兽类 12 种，虫类 24 种，鱼类 11 种。该书与《尔雅》类似，反映了对动植物的兴趣。并且也是以后研究《毛诗》中动植物知识的开端。之后，在植物分类研究方面又有郭璞的《尔雅注》、稽含的《南方草木状》、戴凯之的《竹谱》这样一些著作，不少较之《尔雅》在分类研究上更加具体细密。例如稽含的《南方草木状》涉及草类植物 36 种、木类植物 28 种、果类植物 6 种。又如戴凯之的《竹谱》记录了各种竹类植物 70 余种。而这些都是宋代动植物谱录大量出现的先声。不仅分类，类似的精细思维也在对植物形态、功能、遗传和变异等种种方面的深入认识中表现出来。① 与植物分类相关，精细思维也体现于医学与药物学的分类中。陶弘景创立了将药物按自然来源和属性分成玉石、草、木、虫兽、果菜、米食以及有名无用七大类的全新分类方法。同时，陶弘景又以病症为纲，按照治疗功效将药物共分为八十多类，分别归入不同的病症项下。这些显然都是思维精细化或具体化的表现，也是与上述在植物学领域中的精细分类相对应的。其他如精细思维也在计量方法与工具上得到反映。例如陶弘景倡导在药物配制上采用更为精细的标准，其以为古秤只有铢两，而无分名，"今则以十黍为一铢，六铢为一分，四分为一两，十六

---

① 这些内容在袁运开、周瀚光主编的《中国科学思想史（中）》里有详细考察，可参见其相关章节。

两为一斤"(《本草经集注》)。这对于度量衡的统一与精细化具有重要的意义。即便是在农学这样一个相比更加粗放的知识中，精细思维也有所体现。我们看到，贾思勰在《齐民要术》中，对农作物播种的时间、深浅、数量以及这几者之间的关系都有深入的研究和论述。如论小豆的播种时间，"夏至后十日种者为上时"，"初伏断手为中时"，"中伏断手为下时"，"中伏以后则晚矣"。(《小豆》)又如播种深浅，"凡春种欲深，宜曳重挞；夏种欲浅，直置自生"(《种谷》)。这些都无疑使得对于农业生产的认识与操作更加具体。

在隋唐时期，精细化思维主要仍体现在天文数值精度的提高上。如前面所见，隋代张胄玄的《大业历》在五星位置的推算中首创利用等差级数提高行星动态表精度的方法，使得五星会合周期的准确值获得了空前的提高，其中火星误差最大，为 0.011 日，木星和土星的误差均为 0.002 日，水星仅差 0.001 日，而金星的达到密合的程度。其他如窦叔蒙通过精密的计算，得出一个潮汐循环所推迟的时间为 50 分 28.04 秒，它与现在所用数值已相差无几，而这无疑是建立在长期精细的观测基础之上的。又孙思邈用心精微的学问态度中也体现出一定的精细思维。

并且，我们应将这种知识上的思维与后来哲学上的思维联系起来考察。我们会发现，这种知识领域对于精细化的追求到了宋元时期事实上对观念甚至思想层面产生了影响。例如关于穷理与格物致知的认识就在一定程度上与精益求精的思维或态度有关。而从更大的范围来说，这不仅包括宋人自身认识事物的方式，也包括前代人认识事物的方式，并且宋人认识事物的方式与前人认识事物的方式也存在着联系。

四、科学活动中的实用性思维

魏晋南北朝与隋唐时期也同时表现出另外一种重要现象，这就是科学活动有进一步实用化的倾向。如前面考察中所见，应用作为传统早在先秦时期就已经形成，两汉时期，这一传统分别在农学、数学、医学中获得了范本的样式，并且也在技术活动中得到发挥。南北朝与隋唐时期的应用性倾向可以说是这种传统的延续和发展。

考察这一时期的科学活动，我们会发现其理论性突出的成果多集中在前期也即魏晋时期，特别是像数学这样的理论性较强的知识部门，而后期成果的理论思维特征普遍有所削弱。这种状况同时也反映了与哲学之间的关系。因为这一时期中国传统的思想在佛教哲学的冲击之下，也面临着资源的枯竭、阐说的贫乏等种种困境，而佛教哲学对于知识问题并无特别兴趣。与之相反，应用性知识或技术在这一时期却得到了更快的发展。

首先，即使是数学这样理论性较强的领域，除赵爽的《周髀算经注》、刘徽的《九章算术注》等少数著作重视理论问题外，大多数数学著作，如《孙子算经》、《五曹算经》、《张邱建算经》等都是旨在解决实用问题。事实上，这些著作中大都是沿《九章算术》的方向继续发展，并形成了丰富的成果，由此进一步完善了以《九章算术》为代表的中国古代数学体系。隋唐时期，实用算数获得了进一步的发展。

同样，魏晋南北朝时期的医疗活动也更加关心临床实践和应用，如王叔和的《脉经》、皇甫谧的《针灸甲乙经》、葛洪的《肘后备急方》、陈延之的《小品方》、陶弘景的《本草经集注》、雷敩的《雷公炮炙论》都无不把医药的临床应用作为重点。与之相反，这一时期对于理论的兴趣明显不如秦汉时期那样浓厚。隋唐时期的医学同样关心临床，这包括巢元方的《诸病源候论》，孙思邈的《千金方》。

这种实用性倾向还表现在冶炼、陶瓷、造纸、纺织、机械制造等技术都有了新的进步。尤其是机械制作能力和水平在这一时期大大提高，这包括各种农业用的机械、军事用的机械、天文观测用的仪器以及与生活相关的欹器等。特别是在车辆制作方面，这时有指南车和记里鼓车，虽然传说这两类车都发明于汉代，但其在魏晋南北朝时期有了更详细的记载。在唐代，纺织、印刷等技术都达到了新的水平，特别是火药，已经开始用于实战。此外，我们知道，在这一时期，建筑也有新的发展。王朝的更迭尤其是步入辉煌无疑是最为重要的原因。同时，由于佛教的传入，也带来了新的建筑样式,例如佛塔;又由于佛教的兴盛,也导致了佛寺数量的激增,这些都促进了建筑技术的发展。而从以上考察中我们能够清楚地看到实际或应用性思维的地位。

科学活动中的实用思维同样不应仅仅从科学的角度来加以理解。事实上,中国古代哲学与整个文化都有重视现实、实际的倾向或品格,科学的实用性只是这种品格中的一个部分或方面。而且,就发展来看,科学活动的实用思维对于思想也是有意义的。在中国古代知识发展中建立起来的坚实和强大的实用观念将在明清以及近代产生重要和深刻的作用与影响,我们在未来的实学思潮中能够清晰地看到这种思维的影响,这方面的问题将在第六章中再加以论述。总之,我们应该看到哲学思维与科学思维更为深刻的内在联系。

第十节　科学、哲学与宗教的关系

在上一章的最后一节中考察了秦汉时期科学、哲学与宗教的关系,在这里我们仍然以此为题对魏晋南北朝与隋唐时期加以考察。而从这里也可以看到秦汉、魏晋南北朝以及隋唐这三个时期在这一问题上具有的某种相似性,这就是宗教都成为考虑科学与哲学关系时所不能忽视或排除的重要因素,其实在前面的考察中,我们已经一再遇到这一问题。当然,这三个时期也有所不同。秦汉时期的宗教信仰主要是原始信仰的延续,它有很强的现实功利性。同时作为宗教信仰它也是国家政治生活的一个部分,大量理论围绕着天人关系和君权神授这样一些问题而展开。魏晋南北朝时期实际是分为两个部分,前半段也即魏晋时期是一个理性重新恢复和增长的过程,这在哲学与科学中均有体现,其中包含了对于秦汉以来谶纬迷信的清算。而这一时期的后半段则是佛教以及道教兴起的时期,佛教与道教气氛开始弥漫中国社会。至于隋唐时期,则基本上是佛教、道教轮流坐庄和一统天下的时期,宗教气氛可以说是贯穿始终。与此同时,佛教哲学也基本主宰了这一时期的最高层面的精神生活，并在很大程度上规定了理性的兴趣与走向。但是不管有怎样的区别或差异，这三个时期中无论是科学还是哲学都受到宗教的干预是十分明显的，并且科学与哲学所受到的干预具有很大的相关性。这里我们接着秦汉时期来考察后两个时期。

先来看魏晋南北朝时期，这一时期大致分为两个阶段，这期间哲学、科学与宗教的复杂关系以及所造成或可能造成的影响值得认真注意。

就魏晋时期而言，理性在哲学与科学中的恢复或重建实际从东汉末年就已经开始了。这样一种理性的恢复或重建在当时突出地体现在天道自然与元气自然观念的流行上，也体现在对天人感应和谶纬迷信的摒弃上。其结果，是哲学领域玄学的兴起，并涌现出一批足以深刻影响中国哲学史的思想家。上述观念也同样影响到科学活动，并在天文学、数学、医学等领域获得不同程度的进展。有理由这样认为，当时的哲学发展与科学发展具有某种共同的背景和相关的基础。神学迷信几乎成为这一时期一切理性形式的共同批判对象，同时也正是以此为基础，不同的理性形式之间找到了相同或相近的话语，找到了相似或相关的思想与概念。虽然哲学与科学所关心的问题有着很大的区别，但在这一时期，这两者之间还真有一种同一条战壕里的士兵那种关系。他们从各自不同的角度批判共同的敌手，并创建着各自既独立却又有关联的成果。

到了南北朝时期，这种状况发生了变化。理性的"防线"或"缺口"首先在哲学这里被突破和撕开。玄学过于思辨的发展或过于抽象的形态导致了自身的衰亡。而玄学的衰亡给予了宗教以发展的良机，这自然是指知识或精英层面。于是，宗教乘虚而入，其影响或结果已可在这一时期的哲学或精神世界的状态中清楚地看到。并且，宗教的兴起并非只是唤起了人们对信仰的兴趣或迷恋，而且它也在相当程度上改变了理性的方向。在南北朝时期的佛教哲学这里，对心性问题的关注代替了对自然问题的关注。进一步，宗教的发展不仅改变了哲学，也改变了科学。由于不再有哲学提供观念或思想的支持，科学的理论基础也在很大程度上失去了根基。同时，信仰的恢复也可能使得原先的迷信死灰复燃，加之外来宗教本身所具有的迷信内容，这最终又导致了迷信对科学的侵蚀，例如咒禁在此时进入了医学，以后它还将在隋唐时期产生更大的影响。

需要注意或强调的是，在魏晋南北朝时期，科学与哲学并非完全同步，或者说，科学与哲学受宗教的影响并非完全同步。由于宗教的影响，哲学或思想层面更早地步入了下一个时期，但在知识领域，却有所延滞或宕后，或者说传统仍保持着一定的力量。这也反映了宗教可以立即替代哲学，却无法立即对知识产生影响。

像魏晋南北朝时期一样，对于隋唐时期科学与哲学关系的考察，也必须结合这一时期的宗教背景一并进行，因为这一时期的哲学与科学都受到宗教的深刻影响，而科学与哲学的关系也自然不能例外。那么，隋唐时期宗教的基本状况究竟是什么呢？或者说，在哲学与科学身边伫立着的宗教究竟是怎样的呢？进一步又可以说，它们是怎样影响哲学与科学的呢？

总体而言，与其他历史时期相比，隋唐时期哲学与科学的关系可能是最为疏离的。隋唐时期作为时代的氛围是宗教的。可以这样认为，隋唐时期总体上可以概括为"四教"并存的格局。这四教是指儒、道、释以及原始宗教特别是巫术。当时的哲学与科学分别被这四教所包围，所左右，所影响。这一时期获得最大发展的是佛教及其哲学。我们看到，当时的哲学话语权利主要为佛教所掌握，尽管佛教对知识活动也有一定的介入，但佛教及其哲学思想总的来说是关心空寂的本体和自我的意识，这样一种关心与科学所关心的问题显然有本质的不同。换言之，佛教作为这一时期的主流意识形态，其基本关心方向不在知识而在心性。道教与传统宗教在这一时期也获得了很大的生存空间，虽然道教对知识有一定的关注，但其鲜明的巫术特征或性质注定与科学所关心的问题在根本上是格格不入的。而这样一种宗教氛围必然会深刻影响同时期的知识活动。

我们可以选择医学或孙思邈作为案例来加以分析。首先，医学深受当时重新回潮的天人感应观念的影响。孙思邈讲："天有四时五行寒暑迭代。其转运也，和而为雨，怒而为风，凝而为霜雪，张而为虹霓，此天地之常数也。人有四支五藏，一觉一寐，呼吸吐纳，精气往来，流而为荣卫，彰而为气色，发而为音声，此人之常数也。"（《旧唐书·方伎传》）杨上善也讲："肺心居其上，故参天也。肝脾肾在下，故参地也。肝心为牡，副阳也；脾肺肾等牝，副阴也。"（《黄帝内经太素》卷六）由此可以看到一种汉代阴阳五行观念的复活。其次，医学也受到同时期佛教、道教和民间宗教的影响。如孙思邈说："凡服水之法，先发广大心，仍救三途大苦，普度法界含生，然后安心服之。"（《千金翼方》卷一三"服水第六"）这显然是受到佛教的影响。孙思邈又说："令知服药先服药符大验，遣诸恶气药势必当有效，朱书空腹服之讫，即服药一如前说。"（《千金翼方》卷二一"耆婆治恶病第三"）这显然又是受到道教的影响。此外如前所见，孙思邈在《千金要方》中还说：凡欲为大医，"须妙解阴阳禄命、诸家相法，及灼龟五兆、《周易》六壬，并须精熟"。这明显又包含了大量巫术、占卜的内容，属于原始或民间宗教信仰。此外，也有学者将鬼神观念侵入医学的表现归纳概括为三个方面：在生理上，如孙思邈接受了《黄庭经》的说法，以为五脏皆有神灵，且每位神灵之下，还分别有童子、玉女守护。在病理上，如孙思邈《千金翼方》承认疟疾是由鬼神引起的，又讲日月食时不能吃东西，不能交合阴阳、夜里不能赤身裸体、白天不能对着锅灶骂人等。在治疗上，提倡使用咒禁术，而且要求礼拜天地四方诸神。[①] 而从医学这个典型的例子这里，我们可以看到并想象当时宗教对科学的影响究竟有多么的深刻。

当然，在隋唐时期对科学活动产生最直接影响的可能仍是儒家传统，也就是传统儒家的天人感应论和阴阳五行说的传统，换言之，科学活动不得不重新返回传统思想中以寻求支持。《中国科学技术史·科学思想卷》一书中就指出："在天文历法领域，人们从阴阳学说出发，找到了《周易》和易数；炼丹术、海潮论，也都处处可见阴阳学说的影响。对于炼

---

① 参见卢嘉锡总主编、席泽宗分卷主编《中国科学技术史·科学思想卷》，第 316 页。

丹术，无论什么样的理论都不能炼成使人长生不死的还丹。但在历法和潮汐论领域，阴阳学说，特别是所谓易数，并没有给它们增加新的知识，也未能帮助人们更为深入地理解对象之间的关系。其唯一的功效，就是给本来朴实的科学理论涂上了一层不必要的哲学甚至神学的油彩。"①

但上述状况并不就意味着隋唐时期也像秦汉时期那样是一个谶纬迷信"独断"和"横行"的年代。隋唐之际，天人感应和祥瑞观念重新抬头。唐代前期，祥瑞观念接着延续。李世民、武则天时期都一再发生祥瑞事件。但同时唐代又有不少思想家对祥瑞灾异说提出了不同程度的怀疑和批判，包括卢藏用、刘知几、柳宗元、李德裕等。如卢藏用认为："得丧兴亡，并关人事；吉凶悔吝，无涉天时。"（《析滞论》）柳宗元也指出："未有丧仁而久者也，未有恃祥而寿者也。"（《贞符》）这些论述都表达了人事治乱与自然吉凶无关的看法。如我们所知，这样一种看法早在先秦时期就有充分的表达，现在当祥瑞和灾异说再次兴起的时候，这一看法也重新得到申说。刘知几其实并不否认祥瑞和灾异说，但他也清醒地意识到这种观念的泛滥不仅荒唐，而且危险。他指出：祥瑞之事"求诸《尚书》、《春秋》，上下数千载，其可得言者，盖不过一二而已"。并断言："盖主上所惑，臣下相欺。故德弥少而祥弥多，政逾劣而瑞逾盛。"（《史通·书事》）在这种情况下，唐宪宗时下《禁奏祥瑞及进奇禽异兽诏》，言明祥瑞是"王化之虚美"。唐文宗时又下《禁奏祥瑞诏》，言明祥瑞是"虚美推功"，而"探讨古今，亦无明据"。之后，唐穆宗为《长庆宣明历》写序时又明确要求历法上不必记载祥瑞之事。至唐代后期，祥瑞观念最终衰落了。从祥瑞观念的重新抬头到再次衰落的过程我们可以看到迷信与理性之间的交错和冲突，看到身处逆境的理性思想家们的种种奋争，看到理性最终驱赶迷信的基本走势。

关于隋唐时期祥瑞观念的重新出现以及最终衰落问题，李约瑟曾给予过注意，他说："随着时间的前进，一场接着一场的叛乱都声称从这类

---

① 卢嘉锡总主编、席泽宗分卷主编：《中国科学技术史·科学思想卷》，第 315 页。

伪经书中找到了根据,因而当政的官僚集团开始对这些东西感到头痛,到了隋炀帝时(605—617)遂下令焚毁所能得到的一切这类图书。这并不是说对这类迷信的兴趣就消失了,但是政府觉得平民不宜于从事论证皇帝与上天的关系。在欧洲历史上也有过类似的禁令。这种禁令终于起到了它的作用,再加上宋代理学家的理性主义的影响,这种特殊形式的迷信就大部分消失了。"①而相比之下,李申的见解更值得我们关注,他说:"祥瑞观念在隋代朝廷上的复兴具有强行人为的性质。它没有得到朝野上下的普遍拥护,纯粹是由于政治权力的干预。这种情况表明,科学的发展已使天道自然观念深入人心,并且不断缩小着神学迷信观念所占据的地盘。要夺回失去的地盘,祥瑞观念不得不完全依赖政治权力,从而再一次暴露了自身的虚弱。而政治权力对思想和科学事件的逆向干预,只能奏效于一时,祥瑞观念的衰落已成无可挽回的趋势。""这个时代之初,借助政治权力的干预,祥瑞观念获得了复兴。到这个时代之末,又是在政治权力的干预下,祥瑞观念衰落下去了。当初那次干预,政治权力作用的方向与科学思想的发展方向是相反的,所以那次干预只具有暂时的作用;后来这次干预,政治权力作用的方向与科学思想的发展方向是一致的,所以影响深远。唐代以后,祥瑞观念已经无可挽回地衰落下去了。虽然整个封建时代不可能抛弃王权神授观念,也不可能完全抛弃祥瑞说,但唐代以后,王权神授还是采取了更为精制的形式,祥瑞的地位大大不如从前了。"②

总的来说,隋唐的祥瑞观念已经不可能像秦汉时期那样如鱼得水,毕竟时代不同了,科学在发展,社会也在进步,即便就哲学与宗教而言,像作为主流的佛教及其哲学,也保持着自己的独特关注,而没有像汉代思想界那样普遍参与其中,这些都从各个方向抵制或削弱了巫术迷信的恣意盛行。

---

① 〔英〕李约瑟:《中国科学技术史》第二卷《科学思想史》,第 410 页。
② 分别见卢嘉锡总主编、席泽宗分卷主编:《中国科学技术史·科学思想卷》,第 294、300 页。

第五章　宋元时期哲学与科学的关系

　　宋元时期大致就是指 10 世纪中叶到 14 世纪中叶这段时间。

　　与前一个时期相比，宋代的精神可以说是为之一变，其不仅呈现出崭新的面貌，而且也将中国文化推向高峰。宋代的哲学在一部中国哲学史上十分重要，因为它开启了整整一个理学时代的到来。在宋元时期，一大批足以影响以后中国思想和文化的哲学家纷纷登上历史舞台。同时，宋元时期也是中国古代科学技术发展的又一个高峰，包括生物学、农学、数学、天文学以及医学在内的许多知识领域都在这一时期取得杰出甚至可以说是辉煌的成就。并且，由于哲学与科学在各自领域所取得的成就，又共同将古代中国的文化推向了一个新的高峰。事实上，若从更开阔的视角来看，中国古代的文学与艺术同样也在宋代达到了一个高峰状态。

　　而从科学与哲学的关系来看，这两者之间的相互联系对于其各自所取得的成就是有影响的。一方面，宋元时期的哲学从科学活动这里汲取着养分，使得其与科学之间保持着一种较为密切的联系，这包括对自然的解释能够取得更为接近科学的看法。另一方面，哲学又在理论和方法上为科学提供了不少新的思想、概念和思维。宋元时期的科学（从科学受哲学影响具有一定滞后性来说，也可以指向元明时期的科学)之所以能够全景式地在各个学科都取得成就,在一定程度上便与当时哲学的影响甚至是指引密切相关。但总的来说,在宋元时期,哲学对科学的影响似乎更为明显,这包括理、格物、致知这些重大观念和概念,这也可以说是宋元时期哲学与科学关系的最显著特征。换言之,如果要在中国古代学术思想与文化中找一个哲学影响科学的典型,那么宋代就十分具有代表性。当然,这并不是说哲学与科学之间没有隔阂。理学的极端发展的确也对科学活动产生了消极的影响,但相比魏晋南北朝和隋唐时期以及明代的哲学思想而言,其积极的影响要远远大于或多于消极的影响。另外,由于这一时期的哲学主要就是指的儒学,因此也可以这样说:一方面,儒学的发展使得越来越多的知识部门儒学化;另一方面,由于知识的加入又使得儒学也具有越来越多的知识内涵。

第一节　宋元时期的知识背景与观念背景

我们仍然先来总体考察这一时代的科学知识背景、哲学思想背景以及二者之间的关系。

宋元时期的科学技术取得了重大的进展。如果说中国古代的科学技术在两汉时期达到了第一个高峰的话,那么,宋元时期就是第二个高峰,并且它是超迈此前一切时期的。

在技术方面,中国古代的"四大发明"中有三项是在宋代获得了重要的发展。火药自唐代发明之后,一直是神仙家丹房中的秘密。直到宋代,对火药的各种药物成分或配比关系始有了比较合理的定量认识,由此,火药的配方终于跨过初级阶段,也因而走出丹房并在军事中得到了应用,宋元时期的许多史籍都有关于火炮的记载。指南针的前身"司南"早在战国时期就已经有过记载。到了宋代,人工磁化技术有了重大的进展,这其中,航海的发展也在指南针的发明中起到了巨大的推动作用。事实上,指南针一经发明,便很快被应用于航海,对此,史籍中也多有记载。雕版印刷技术自唐代发明以后到了宋代更趋成熟。但雕版印刷费工费时，直到宋仁宗庆历年间，平民毕昇终于在雕版印刷的基础上发明创造了活字印刷技术，对此，沈括的《梦溪笔谈》作了记载。活字技术的发明大大节省了时间和成本，使印刷变得异常方便和经济。以上三项发明以后传播至阿拉伯世界，并经由阿拉伯传至欧洲，它们对整个人类的知识、精神活动乃至社会发展进步都产生了极其重大的意义和深远的影响，这种意义或影响是如何评价都不会过分的。

　　除以上三大技术发明外，宋元时期在其他一些技术方面也取得了重要的进展。瓷器的工艺技术在五代已经达到较高的水平，到了宋元已经达到很高的水平。这一时期瓷器的最主要发展是青瓷和白瓷，五代与宋之间最著名的瓷窑有柴、汝、官、哥、钧、定，其他著名瓷窑还有章、建等。事实上，宋元时期的瓷器无论是在技术上，还是在艺术上都达到了中国瓷器制作的最高水平。纺织技术也在这一时期取得巨大成就。在纺织机具方面，宋代已出现多达 32 锭的具有先进水平的水力大纺车；在纺织技术方面，有包括沙罗、织锦、绫缎、缂丝、棉纺在内的各种织物，如南宋时锦的品种就多达 40 余种，苏州的宋锦与南京的云锦更是闻名遐迩。中国古代以木构为主体的建筑形式在这一时期愈加纯熟，出现了《营造法式》这样的对当时建筑成就作系统整理和全面总结的建筑学著作，与此同时，城市建设如北宋的开封、南宋的临安都达到了新的高度，许多建筑及城市规制保留至今。另外，造船技术也在这一时期趋于鼎盛，这为后来大规模的航海奠定了坚实的基础。

　　不仅技术，宋元时期的各个科学知识部门同样取得巨大的成就。农业知识在此时达到新的水平。用于指导农业生产的农学著作大量出现，这包括陈旉与王祯的两部《农书》，元代还颁行了《农桑辑要》，这也被认为是中国古代第一部官修农书。此外，这一时期还出现了大量动植物谱录，它体现了生物学知识所达到的新的高度。在天文学方面，宋元间组织过多次大规模的天文测量，不少测量在精度上较之前人都有提高；中国古代的天文观测仪器如漏刻、圭表、浑仪、浑象等也在这一时期发展到了极致的水平;而元代郭守敬所制造的天文仪器以及所制订的《授时历》将中国古代的天文学推向辉煌的巅峰。宋元时期的数学发展十分突出,出现了秦九韶、李冶、杨辉、朱世杰四大数学家,这一时期的成就远远超过同时代的欧洲,其中高次方程的数值解法比西方早 800 年,多元高次方程组解法和一次同余式解法早 500 年,高次有限差分法早 400 年。在医药学领域,这时的分科愈加细化,由唐代的四科发展到宋代的九科,元代更增至十三科,出现了以刘完素、张从正、李杲、朱震亨等为代表的所谓金元四大家,又外科医术、解剖学乃至法医学等不同医学学科也都得到不同程度的发展。此外,地学知识在这一时期也获得相应的发展,地理著作较历代都更为丰富,方志类著作也大大增加,并且这一时期的地图制作也达到一个新的水平。①

总之,中国古代的科学技术在宋元时期达到了顶峰。尤其值得骄傲的是,这一时期出现了像沈括、郭守敬这样的在整部人类科学史上都具有重要地位的大科学家。

现在再来概略地综览一下这一时期的哲学特别是哲学与科学的关系。

宋元时期的哲学实际就是理学,其在一定意义上也可以称之为新儒学,这是一个以儒家学说为主体,融合佛道两家思想的新的哲学形态。就学派而言,宋元时期最重要也最有影响的是以朱熹为代表的理学学派以及以陆九渊为代表的心学学派,尤以前者更为重要。就与知识的关系而言,理学学派的影响无疑是重大而深远的,而心学学派则并没有相应的地位。

具体地,大致可以从这样两个方面来观察这一时期哲学与科学二者之间的关系:

首先,可以这样认为,宋元时期是中国古代科学技术与哲学思想结

---

① 以上考察主要参考了杜石然等编著《中国科学技术史稿》(下册)(北京,科学出版社,1982)和刘洪涛编著《中国古代科技史》等著作中的相关内容。

合的最为紧密的一个时期。这一时期（特别是到了这一时期的后期，例如南宋、元代，而进一步也延续至以后的明清两代）的科学几乎都不同程度地受到哲学的影响。从某种意义上说，宋元时期哲学与科学关系的状况比较类似于秦汉时期的状况，在这两个时期，都有一批哲学家将他们的眼光投向知识活动，对科学问题给予一定的关注。也可以这样说，对于自然或科学问题的关注，这是宋代哲学的一个显著特点，这种状况无疑是与宋代哲学家对于科学或知识给予一定程度的重视密切相关的，而从这种重视中也可以看出科学或知识在宋代哲学中的地位。例如对宇宙演化和宇宙结构问题的关注就十分突出，相当多的哲学家都参与其中，包括周敦颐、邵雍、张载、程颢、程颐、朱熹等人，并且许多观点和思想不乏真知灼见。这也体现在概念的使用上，当时为哲学与科学二者共同关心的问题或使用的概念主要包括：气、理、阴阳、五行、天人、易、象数、格物、致知、穷理等。这些概念大都是从前代那里继承而来，其中一些被加以改造并被赋予了新意，当然也有一些开始弱化或逐渐消退。而相比较秦汉时期来说，宋元时期所表现的自觉性可能还要更为突出一些。因为秦汉时期的许多观念与思想实际是由先秦时期所准备的，而宋元时期的不少思想与概念明显还具有一定的创新性质。当然，宋元时期的科学活动及其与哲学的关系也不像秦汉那样有过多的神秘色彩，这也与这一时期的哲学和科学都更趋理性密切相关。

其次，宋元时期的哲学显然主动地从以往的知识活动中"汲取"了某些重要的概念，当然也主动地向科学"输出"了一些重要的概念。这一时期所"汲取"的一个最为重要的概念就是"理"，在前面的考察中我们已经看到，这一概念有着坚实的知识或科学源头，这对于宋代上升为哲学概念具有至关重要的影响。当然，我们更看到这一时期的哲学概念或思想具有一定的主导性。这种主导性既体现为哲学的基本思想与概念如"理"对于科学的影响，也体现为哲学的基本思维或方法如"格物"对于科学的影响。宋元时期哲学的一个重要成果就是提炼出了一个哲学高度的核心概念——"理",而这一概念同样也为科学活动所普遍使用。① 当然,"理"这一概念在哲学和科学中的理解不尽相同。哲学中有本体和规律的不同含义,并且其也被赋予道德内涵;而科学由于其自身的认识性质,主要将"理"理解为规律、法则、原理。在思维或方法上,宋元时期哲学提出了"格物致知"或"格物穷理",这既是一种观念,但更是一种思维和方法。这样一个思维或观念的提出无论对于哲学还是对于科学都有重要的意义。从哲学上说,它表明一种正确的认识论和方法论的形成;而在科学上,它积极地影响到诸如观察和实验这样一些方法的普遍形成。我们应当看到,宋代科学甚至哲学活动普遍注重观察、科学活动中十分强调实验等种种现象在很大程度上都是与对格物的提倡或强调密切相关的。同时,无论是"穷理",还是"格物",又都体现为一种价值观,它表明了知识在这一时期文化中的重要地位。以上是大的氛围。就个人或学科而言,如沈括科学思想中气、理、五行等概念,宋元数学中的理、易概念,金元医学中的易、格致概念等都明显与哲学紧密相关。毫无疑问,上述状况对于宋元乃至以后明清时期科学知识活动的影响或意义都是巨大的。

李约瑟从科学史研究的角度出发,也曾就宋代哲学与科学之间的关系给予过高度的评价,他说:宋代的理学"使中国的'亘久常青的哲学'达到最高境界的体现,并且在许多方面成为现代有机自然主义的先导"②。李约瑟认为:"中国批判的人文主义的真正繁荣时期是在宋代(10—13 世纪)到来的,而特别有意义的是,当时各门自然科学和技术的活动也达到了高峰,出现了科学世界观的伟大哲学成就,即'理学'这种人文的和哲学的运动差不多同时开始于 10 世纪末——这时欧洲还甚至于没有任何稍微可与之比拟的东西。"③李约瑟还强调指出:"宋代确实是中国本土的

---

① "理"虽是理学的核心概念,但它并不是一个创造性的概念,而是一个继承性的概念,关于其继承的意义后面将作专门论述。
② 〔英〕李约瑟:《中国科学技术史》第二卷《科学思想史》,第 2 页。
③ 同上书,第 419 页。

科学最为繁荣昌盛的时期。"而"哲学应该表明是与实用科学有某些联系的;而事实上它也确实是如此,因为中国科学的许多方面,如炼丹术、药用植物学、动物学和磁物理学等,全是受到道家的启发。同样,如果我们对理学倾向的分析是对的,人们就可期待着科学事业的伟大发展会随之而来。事实上,这件事的可资引证的事例多得令人困惑。"①

总而言之,宋元时期的思想、概念、观念、思维以及方法不仅改变了哲学自身的面貌,更对科学的发展起到了积极的作用。确切地说,从与科学关系的角度来看,理学使得中国文化对待知识的态度重新回到中国的传统轨道上来;从对科学促进的角度上来看,宋元时期乃至后来明清时期大量世界一流成果的问世也与理学密切相关。就目前而言,我们对理学在这方面的肯定和积极评价还是很不够的。当然,也不能忽视理学中的确有不利于科学发展的消极的一面,这种消极影响可能还很深刻;理学特别是心学的发展也在一定程度上导致了哲学与科学的分离,这种分离状况可能也很严重。但对于历史,我们可能更多地应当是"理解",而不是"要求"。

第二节　"气"概念与知识的关系

我们知道,早在先秦时期,"气"就已经在哲学与科学活动中成为一个基本的或核心的概念,秦汉时期,这一概念的地位进一步增强,之后,这一概念一直在科学与哲学活动中得到延续。到了宋代,"气"概念及思想的发展又达到了一个新的高度。与前代一样,科学与哲学对于气的认识与思考也是相互包含,相互影响的,例如在沈括的思想中就可以看到有哲学的色彩,这有助于其科学思想的阐发;而在张载的思想中则看到有科学的内容,这也有助于其哲学思想的完善。

---

① 〔英〕李约瑟:《中国科学技术史》第二卷《科学思想史》,第 526 页。

一、张载思想中"气"概念与知识的关系

一般认为，"气"观念与思想发展到宋代哲学这里上升到了一个本体论的高度，而这之中，张载的工作至为重要。张载认为，世界万物从最终的意义来说都归之于气，气是最高的范畴。

而值得我们注意的是，张载有关"气"这一问题的哲学思考无疑是有宇宙论和天文学知识作为背景的，这在《正蒙》的《太和》、《参两》两篇中就体现得非常清楚。如《正蒙·太和》中讲：

> 太和所谓道，中涵浮沉、升降、动静、相感之性，是生絪缊、相荡、胜负、屈伸之始。

> 太虚无形，气之本体，其聚其散，变化之客形尔。

> 气之为物，散入无形，适得吾体；聚为有象，不失吾常。太虚不能无气，气不能不聚而为万物，万物不能不散而为太虚。

> 由太虚，有天之名；由气化，有道之名。

这些论述与先秦和两汉主要从阴阳的角度来理解"气"有所不同，它们在很大程度上都和宇宙理论密切相关，这包括"太和"、"太虚"等。我们在这里不仅可以看到自老子以来宇宙理论的发展对哲学思想所产生的深刻影响，又可以看到当张载将宇宙问题纳入思考以后，"气"的哲学所达到的新的高度。又如《正蒙·参两》中讲：

> 一物两体，气也。一故神，两在故不测；两故化，推行于一，此天之所以参也。地纯阴凝聚于中，天浮阳运旋于外，此天地之常体也。

> 地有升降，日有修短。地虽凝聚不散之物，然二气升降其间，相从而不已也。

> 凡阴气凝聚，阳在内者不得出，则奋击而为雷霆；阳在外者不得入，则周旋不舍而为风；其聚有远近虚实，故雷风有大小暴缓。和而散，则为霜雪雨露；不和而散，则为戾气曀霾；阴常散缓，受交于阳，则风雨调，寒暑正。

显然，这又是从宇宙结构问题逐渐过渡到宇宙演化问题，在这之中，可以看到大量的天文现象。总之，张载有关"气"的思想是以科学知识作为依托的，是以其所掌握的天文学知识作为依托的。其实，类似的思想也可以在这一时期其他具有相同哲学立场的思想家那里看到，例如南宋杨万里也说："元气浑沦，阴阳未分，是谓太极。"（《诚斋易传》卷一七）就此而言，"气"的哲学在这一时期上升到本体论的高度实际上有着知识的必然性。

二、理学思想中"气"概念与知识的关系

即使是在理学家那里，"气"这一概念同样也在思考中被加以广泛应用。

例如程颐讲："天地之化，自然生生不穷，更何复资于既毙之形，既返之气，以为造化。"（《程氏遗书》卷一五）而"气"在朱熹的哲学中得到了更进一步的重视。虽然朱熹在涉及理气关系问题上讲："有是理便有是气，但理是本。""未有天地之间，毕竟也只是理。"（《朱子语类》卷一《理气上》）并且学者们也通常据此来推断朱熹的哲学立场，将其概括为理先气后、理本气末。但其实朱熹同时也十分强调理气的互相依存，不可分割。如他说："天地之间，有理有气。理也者，形而上之道也，生物之本也。气也者，形而下之器也，生物之具也。是以人物之生，必禀此理，然后有性；必禀此气，然后有形。"（《朱文公文集》卷五八《答黄道夫》）又说："天地中间，上是天，下是地，中间有许多日月星辰，山川草木，人物禽兽，此皆形而下之器也。然这形而下之器之中，便各自有个道理，此便是形而上之道。"（《朱子语类》卷六二《中庸一》）在这里，"气"显然得到了重视，并且其有着具体知识的依托。更重要的是，我们知道朱熹有很深刻的宇宙论和天文学思想，我们应当看到，朱熹所谓理先气后、理本气末在很大程度上是就宇宙起源状况而言的，也就是说，在朱熹看来，宇宙的起源阶段还谈不上"气"，但却有"理"。这一思想与老子和《易传》的理论是一脉相承的，与《淮南子》和张衡《灵宪》的宇宙论思想也是一脉相承的。这种理论

或思想从宇宙起源或天文学的角度来看无疑具有猜测的合理性（也就是从混沌的"道"到初开的阴阳二"气"），但它一旦被加以哲学解读，就会生出立场问题。事实上，我们还要看到，朱熹对理气关系的解释其实是很谨慎的，如他说："理与气本无先后之可言，但推上去时，却如理在先、气在后相似。"（《朱子语类》卷一《理气上》）这里的"推上去"就是指宇宙混沌未开之时。而一旦天地剖分，则"气"变得至为重要，例如："天以气而依地之形，地以形而附天之气。天包乎地，地特天中之一物尔。"（《朱子语类》卷一《理气上》）"天地之气，无处不到，无处不透，是他气刚，虽金石也透过。"（《朱子语类》卷五二《孟子二》）这些看法总体上说与前人在科学意义上的宇宙理论是相同甚至一致的。总之，如果我们更注意朱熹思想的知识背景，我们对它的解读也会更加全面和客观。

三、知识活动中的"气"概念

"气"这一概念及思想同样也在科学活动中得到很广泛的运用。

首先是农学。如沈括对作物与土气的关系问题就作过论述："土气有早晚，天时有愆伏。"（《梦溪笔谈》卷二六《药议》）又如陈旉说："四时八节之行，气候有盈缩、畸赢之度；五运六气所主，阴阳消长，有太过不及之差，其道甚微，其效甚著。盖万物因时受气，因气发生；其或气至而时未至，或时至而气未至，则造化发生之理因之也。"（《农书·天时之宜》）

地学方面。周密的《齐东野语》说："若地震，则出于不测，盖阴阳相薄使然，亦犹人之一身血气或有顺逆，因而肉瞤目动耳。气之所至则动，气所不至则不动。"这显然是继承了自周代以来阴阳二气说的传统。此外，这一时期的潮汐理论也普遍引入了气的概念，如徐兢的《宣和奉使高丽图经》："月临于子，则阳气始升；月临于午，则阴气始升。"

再如医学活动，这一时期仍十分普遍地使用"气"这一概念，这自然是与中国古代医学的基本理论有关。如宋徽宗御制的《圣济经》中说："成变化，行鬼神，往来无所终穷者，莫大于五行。在天之为气，在地之为形。"（《圣济经·卷五正纪篇·政治权衡章第四》）又如刘温舒的《素问入式运气论奥·论六病》中说："天之邪气，感则害人。"

还有炼丹知识，沈括说："如细研硫黄朱砂乳石之类，凡能飞走融结者，皆随真气洞达肌骨，犹如天地之气，贯穿金石土木，曾无留碍。其余顽石草木，则但气味洞达耳。"（《梦溪笔谈》卷二六《药议》）又如五代李光玄的《金液还丹百问诀》中说："水银者，金之魂魄；绿矾者，乃是铁之津华。体五金即二气同根，议铅汞则铜铁疏远。"

或许还可以举出更多的例子。而这些都表明："气"在当时是一个在知识领域中广泛使用的概念。

第三节　"理"概念与知识的关系

相比"气"概念而言，"理"这一概念及其思想在宋元时期的哲学与科学活动中都产生了更大的影响。"理"这一概念虽然也有伦理道德的源头，但直到北宋初年主要是从自然的角度来加以理解的，其主要用作指自然界万事万物的客观规律，这实际是继承了自先秦以来的认识与思想传统。应当看到，这样一种认识传统无论是对于宋元时期的哲学，还是科学，都产生了极其深刻的影响，尤其是哲学。强调这一点是很重要的，应当知道，"理"对于宋代来说首先不是一个创造性的概念，而是一个继承性的概念。这一概念既有哲学思想，但更有科学知识作为依托。宋元时期特别是北宋时期的许多科学活动首先是从这一传统而非从理学中直接获得思想与概念资源的，而作为延续，这一时期的知识活动对于"理"是高度重视的。同时，作为认识与思想传统，它也对这一时期的哲学有重要的启迪。这一时期的哲学思想从自然或知识之"理"中获益良多。虽然说，包括程朱理学虽赋予"理"以更多的道德内涵，这在很大程度上可以说改变了"理"作为观念的方向，但值得注意的是，理学家们并没有弃绝传统的理解。主观上讲，理学家显然没有这一意愿；客观地说，理学家其实也没有能力通过其影响来弃绝这一传统理解。也因此这一理解仍是其整个哲学思想的一个重要内容。当然，不仅如此，由于理学家对于"理"这一概念的高度重视和极力提倡，它又会反过来对科学活动产生深刻的影响。

一、知识活动中的"理"概念

对"理"的重视和强调首先在宋元时期的科学活动中体现出来，这是对先秦以来特别是南北朝与隋唐以来知识活动中思想传统的继承。

这一观念或思想在天文历法知识中明确地体现出来。一个明显的事实或现象是，宋代的哲学家在涉及历法问题时常用"理"来解释，如邵雍说："历不能无差。今之学历者，但知历法，不知历理。"（《观物外篇》下）又如程颐说："历上若是通理，所通为多。"（《程氏遗书》卷一五）同样，宋代的天文历法研究特别强调历法应受"理"的支配。如北宋周琮说古人制历："得数多，又近于今，兼立法、立数，得其理而通于本者为最也。"（《宋史·律历志八》）又如南宋周密说："然以理揆之，天文有常度可寻，时刻所至，不差分毫，以浑天测之可也。"（《齐东野语》）总之，历法的制定应充分考虑其中的"理"，也即规律，这可以说是宋人的一个普遍观念。

医学也是如此。北宋时期的《圣济经》中讲："声合五音，色合五行，脉合阴阳。孰为此者？理之自然也。"因此治疗就应"皆达自然之理，以合自然之宜。"（《卷一》）更讲："盖物囿于天地间，虽东西南北之异方，山林川泽之异地，散植显隐之异宜，会而通之，皆有明理。"（《卷九》）沈括曾对药物相克规律作过研究，他发现："巴豆能利人，唯其壳能止之；甜瓜蒂能吐人，唯其肉能解之；坐拏能懵人，食其心则醒；楝根皮泻人，枝皮则吐人。"沈括得出结论说："如此之类甚多，悉是一物，而性理相反如此。"（《补笔谈》卷三《药议》）另外如王好古在《阴证略例》中也说："天地万物一理也，圣人之道一中而已。"

宋元时期的数学同样十分重视"理"的意义。如李冶说："彼其冥冥之中，固有昭昭者存。夫昭昭者，其自然之数也；非自然之数，其自然之理也。"并说："苟能推自然之理，以明自然之数，则虽远而乾端坤倪，幽而神情鬼状，未有不合者矣。"(《测圆海镜》序)此外如杨辉说："算无定法，惟理是用已矣。"(《乘除通变算宝》)"既论小法，当尽其理。"(《法算取用本末》)朱世杰说："凡习四元者，以明理为务。必达乘除、升降、进退之理，乃尽性穷神之学也。"(《四元玉鉴》)又秦九韶也提出了"数道统一"的思想。这里的"道"又作"理"，也就是规律。

对"理"的重视也反映在诸如农学、物理学、化学以及相关的制作技术中。在农学思想方面，如陈旉的《农书》说："顺天地时利之宜，识阴阳消长之理，则百谷之成，斯可必矣。"(《农书·天时之宜》)理的思想也被用于物理学与机械制作，如沈括在研究声学问题时就说道："古人制器，用石与铜，取其不为风雨燥湿所移，未尝用铁者，盖有深意焉。律法既亡，金石又不足恃，则声不得不流，亦自然之理也。"(《补笔谈》卷一《乐律》)理的思想还反映在炼丹理论中。如程了一在他的《丹房奥论》一书序中讲："圣人所谓格物致知，大概不过子母相生、夫妇配偶之理。"类似这样的内容或许还有更多。①

以上考察表明，宋元时期知识界对于"理"的重视有相对的独立性，其在很大程度上是以往知识活动自身传统的延续。当然，在哲学或思想界介入之后，知识活动也会受到相应的影响。但反之，知识活动及其思想同样会影响哲学思想。

二、北宋早期思想中"理"概念与知识的关系

更值得认真关注的是，"理"如何由知识领域向思想领域的延伸或转换。

北宋早期思想中对于"理"的看法可以说基本继承了先秦特别是汉唐以来的认识传统，也即主要从事物或自然规律的角度来理解"理"。如欧阳修说："阴阳反复，天地之常理也。"(《欧阳文忠公文集》卷一八《居士集·明用》)"凡物有常理，而推之不可知者，圣人之所不言也。磁石引

---

① 详见袁运开、周瀚光主编《中国科学思想史(中)》相关论述。

针，蜘蛆甘带，松化虎魄。"（《欧阳文忠公文集》卷一二九《笔记·物有常理说》）司马光说："玉蕴石而山木茂，珠居渊而岸草荣，皆物理自然。"（《温国文正司马公文集》卷二五《赵朝议文稿》序）"有兹事必有兹理，无兹理必无兹事。"（《温国文正司马公文集》卷七四《迂书·无怪》）王安石说："嗟哉浑沌死乾坤至，造作万物丑妍巨细各有理。"（《临川先生文集》卷七《和吴冲卿鸦鸣树石屏》）"万物莫不有至理焉，能精其理则圣人也。"（《临川先生文集》卷六六《致一论》）

在这些思想家中，苏轼关于"理"的思想可能很具有代表性。在苏轼看来，自然界万千事物都有其理也即规律的存在，如他说：

> 山石竹木、水波烟云，虽无常形，而有常理。（《苏轼文集》卷一一《净因院画记》）

并且，苏轼指出，"理"都是具体的，如关于地域气候对于菊花开花时间的影响："菊黄中之色香味和正，花叶根实，皆长生药也。北方随秋早晚，大略至菊有黄华乃开。独岭南不然，至冬乃盛发。岭南地暖，百卉造作无时，而菊独后开。考其理，菊性介烈，不与百卉并盛衰，须霜降乃发，而岭南常以冬至微霜故也。其天姿高洁如此，宜其通仙灵也。"（《苏轼文集》卷七三《记海南菊》）自然之理如此，对自然之理的认识亦如此，如苏轼说：

> 凡学之难者，难于无私。无私之难者，难于通万物之理。故不通乎万物之理，虽欲无私，不可得也。……是故幽居默处而观万物之变，尽其自然之理，而断之于中。（《苏轼文集》卷四八《上曾丞相书》）

具体地，有如关于治水的认识："愚窃以为治河之要，宜推其理，而酌之以人情。河水湍悍，虽亦其性，然非堤防激而作之，其势不至如此。古者，河之侧无居民，弃其地以为水委。今也，堤之而庐民其上，所谓爱尺寸而忘千里也。故曰堤防省而水患衰，其理然也。"（《苏轼文集》卷七《禹之所以通水之法》）并且，由此苏轼又将对"理"的认识从自然知识延伸到社会活动。从上面的论述或思想中，我们可以看到苏轼以及他所代表的时代与以前认识传统的联系。苏轼也将"理"称之为"天理"，他说："圣人之论性也，将以尽万物之理，与众人之所共知者，以折天下之疑。"（《苏轼文集》卷四《扬雄论》）

张载对于"理"的看法大致也与此相同。如其讲："万物皆有理。"（《张载集·张子语录中》）但张载的看法也有自己的特点，这主要体现在关于"理"的论述与"气"本论的思想密切相关，如："天地之气，虽聚散攻取百途，然其为理也顺而不妄。"张载又接着说道："太虚不能无气，气不能不聚而为万物，万物不能不散而为太虚。循是出入，是皆不得已而然也。"（《正蒙·太和》）可见，"理"在张载这里是指"气"运行变化的规律或法则，而这也正体现了张载哲学的思考视角与特点。而这里十分重要的一点，就是张载这种视角明显与科学知识保持着更多的联系。同时就哲学传统而言，作为"道"与"理"这一思想，张载主要是取其规律或法则的含义，而舍弃了本原或本体的含义。事实上，这样一种取舍同样是与其对科学的关怀密切相关的，张载由此出发或以此为基础做出了更加符合科学的哲学解释。

总之，从以上的考察中，我们可以看到北宋时期思想界与知识界的衔接，甚至可以看到这一时期的思想与早先知识传统的衔接。

三、二程与朱熹等思想中"理"概念与知识的关系

讲到"理"就不能不考察程朱理学的哲学思想。

二程的哲学为我们所熟知，一般认为，其所说的"理"主要是指世界的本体和本原。应当说，在二程这里，"理"概念的发展出现了重大变化，其将伦理与道德属性视作"理"的基本属性，这样，就从以往主要的自然或知识之"理"，转变为伦理或道德之"理"。① 但尽管如此，自然之"理"仍

---

① 程颢讲："吾学虽有所授受，天理二字却是自家体贴出来。"（《河南程氏外书》卷十二）就伦理或道德意义而言，二程的"理"或"天理"应当受到《乐记》的影响。《乐记》中说："好恶无节于内，知诱于外，不能反躬，天理灭矣。夫物之感人无穷，而人之好恶无节，则是物至而人化物也。人化物也者，灭天理而穷人欲者也。"

然在二程的思想中占据有一定的地位，在他们的论述中我们也仍然可以体会出自然规律和法则的含义，这样一个内容有着不可替代或不可或缺的位置，这实际上也是其继承传统认识的反映，或者消极一些说，是其无法回避传统知识的反映，而以往的考察常常会忽略这一点。但当我们将其纳入知识的线索来加以考察时，这被忽视的一面便会显现出来。如程颐讲：

> 天下物皆可以理照，有物必有则，一物须有一理。（《程氏遗书》卷一八）

> 凡眼前无非是物，物物皆有理，如火之所以热，水之所以寒。（《程氏遗书》卷一九）

具体来说，"理"大可及天地，如："天地之中，理必相直，则四边当有空阙处。"（《程氏遗书》卷二下）小可至草木，如："一草一木皆有理。"（《程氏遗书》卷一八）显然，二程这里所说的"理"就是规律与法则，这与以往或他人所说之"理"应当说并无二致。当然，二程之间对于"理"的看法也可能有所不同，冯友兰就曾指出这一点。如程颢讲："天地万物之理，无独必有对，皆自然而然，非有安排也。"（《程氏遗书》卷一一）又程颢讲："万物皆有理，顺之则易，逆之则难。各循其理，何劳于己力哉？"（同上）冯友兰先生认为这里是在讨论自然和人为的关系问题。① 不过，从知识的线索来看，其实都与自然规律有关，而这些都体现了思想传统的非断裂性或不可割裂性。

与二程相比，朱熹对"理"讲得更为充分，也更为透彻。如他说：

> 宇宙之间，一理而已。天得之而为天，地得之而为地，而凡生于天地之间者，又各得之以为性。（《朱文公文集》卷七〇《谈大纪》）

> 总天地万物之理，便是太极。（《朱子语类》卷九四《周子之书》）

这里的"理"显然有作为本体的含义，并且它与宇宙问题密切相关。不

---

① 参见冯友兰《中国哲学史新编》（第五册），第 105 页，北京，人民出版社，1988。

过，朱熹也将事物的原因与规律称作"理"，并且如同二程一样，也如同北宋早期其他思想家一样，朱熹对于规律之"理"的关注完全是在此问题上的认识传统的延续。如朱熹说：

> 至于天下之物，则必各有其所以然之故与所当然之则，所谓理也。（《大学或问》）

在这里，"所以然之故与所当然之则"明确地解释了"理"的规律意义或性质。而基于这一理解的论述在朱熹思想中有许多，例如："上而无极太极，下而至于一草一木一昆虫之微，亦各有理。"（《朱子语类》卷一五《大学二》）"近而一身之中，远而八荒之外，微而一草一木之众，莫不各具此理。"（《朱子语类》卷一八《大学五》）这是就天地万物的普遍性质而言。又如："问：枯槁之物亦有性是如何？曰：是他合下有此理。故云：天下无性外之物。因行街云：阶砖便有砖之理。因坐云：竹椅便有竹椅之理。"（《朱子语类》卷四《性理一》）"理如一把线相似，有条理，如这竹篮子相似，指其上行篾，曰：一条子恁地去；又别指一条，曰：一条恁地去；又如竹木之文理相似，直是一般理，横是一般理。"（《朱子语类》卷六《性理三》）这是援具体事例来加以说明。另外，朱熹也使用"道理"这一语词，例如：

> 如这片板，只是一个道理，这一路子恁地去，那一路子恁地去。如一所屋，只是一个道理，有厅，有堂；如草木，只是一个道理，有桃，有李；如这众人，只是一个道理，有张三，有李四。（《朱子语类》卷六《性理三》）

> 且如这个扇子，此物也，便有个扇子底道理，扇子是如此做，合当如此用，此便是形而上之理。天地中间，上是天，下是地，中间有许多日月星辰、山川草木、人物禽兽，此皆形而下之器也。然这形而下之器之中，便各自有个道理，此便是形而上之道。（《朱子语类》卷六二《中庸一》）

总之，从以上论述中，我们可以清楚地看到程朱理论身后的知识背景，同时，我们也可以看到程朱理学在这一认识问题上自身的连贯性或一致性。

除此之外，宋代其他理学思想家关于"理"也多有论述，对此，乐爱国在《宋代的儒学与科学》一书中作了大量搜集和整理。① 如张栻说："盖万事具万理，万理在万物。……一物不体则一理息，一理息则一事废。一理之息，万理之紊也；一事之废，万事之堕也。"（《南轩集》卷二）吕祖谦说："理之在天下，犹元气之在万物也。"（《左氏博议》卷三）即使是像陆九渊这样一个在哲学上被认为是心学代表人物的思想家也说："塞宇宙一理耳。上古圣人先觉此理，故其王天下也，仰则观象于天，俯则观法于地，观鸟兽之文与地之宜，近取诸身，远取诸物，于是始作八卦，以通神明之德，类万物之情。"（《陆九渊集》卷一五）又说："天地之间，一事一物，无不著察。"并提出要在"人情物理上做工夫。"（《陆九渊集》卷三五）不难看出，这其中也包含了大量知识的内容以及在此基础上所作的归纳。而究其原因，就在于"理"这样一种普遍性的思潮后面是有知识作为支撑的，任何一个思想家都不能无视或回避这样一种背景及其合理性。

四、"穷理"说

考察"理"概念还不能不涉及"穷理"概念。"穷理"这一概念最早见于《易传·说卦》，其讲："穷理尽性，以至于命。"如同"理"概念一样，汉唐间，"穷理"也被赋予知识的含义。如《后汉书·胡广传》中说："（广）博物洽闻，探颐穷理。"

至于北宋，"穷理"一词使用得更为频繁。从张载、二程到朱熹，都大量使用了"穷理"这一语词或概念。如张载讲："穷理亦当有渐，见物多，穷理多，如此可尽物之性。"（《张载集·张子语录上》）相比之下，二程更重视"理"，因此对"穷理"也有更多的重视。如二程说："如一事上穷不得，且别穷一事。或先其易者，或先其难者，各随人深浅。如千蹊万径皆

---

① 可参见乐爱国《宋代的儒学与科学》，北京，中国科学技术出版社，2007，第六、第七两章相关人物思想的考察。

可适国，但得一道入得便可。所以能穷者，只为万物皆是一理，至如一物一事虽小，皆有是理。"（《程氏遗书》卷一五）"凡一物上有一理，须是穷致其理。""一草一木皆有理，须是察。"（《程氏遗书》卷一八）"穷物理者，穷其所以然也；天之高，地之厚，鬼神之微显，必有所以然者。"（《河南程氏粹言》卷二）在这里，"穷理"就根源讲首先就应当是指自然之"理"。不过，也应当看到，二程总的来说并不十分强调关心"穷"自然之"理"。

朱熹继承了二程的思想，他说："一书不读，则阙了一书道理；一事不穷，则阙了一事道理；一物不格，则阙了一物道理。须要逐一件与他理会过。"（《朱子语类》卷一五《大学二》）朱熹又特别用"理会"一词来表达"穷理"。如："以事之详略言，理会一件又一件；以理之浅深言，理会一重又一重。只管理会，须有极尽时。"（《朱子语类》卷一五《大学二》）并且，这"穷理"与"理会"中还包括有类推或推理之意。如朱熹说："一物有十分道理，若只见三二分，便是见不尽。须是推来推去，要见尽十分，方是各物。既见尽十分，便是知止。"（《朱子语类》卷一五《大学二》）又说："今以十事言之，若理会得七八件，则那两三件触类可通。若四旁都理会得，则中间所未通者，其道理亦是如此。"朱熹认为："只要以类而推，理固是一理，然其间曲折甚多，须是把这个做样子，却从这里推去，始得。"（《朱子语类》卷一八《大学五》）

但是，朱熹的"穷理"与二程又有不同之处，这就是他更加关注"穷"自然之"理"。如朱熹说：

> 若万物之荣悴与夫动植小大，这底是可以如何使，那底是可以如何用，车之可以行陆，舟之可以行水，皆所当理会。（《朱子语类》卷一八《大学五》）

> 律历、刑法、天文、地理、军旅、官职之类，都要理会。（《朱子语类》卷一一七《朱子十四》）

这可以说是一个不小的变化，这一变化不仅说明朱熹对自然事物有着浓厚的兴趣，其实也是对当时学者普遍关注"穷理"的反映，毫无疑问，这正是朱熹作为一个伟大哲学家的重要体现。当然,更重要的还在于,朱熹对于"穷"自然之"理"的重视也对思想界和知识界产生了极其深刻的影响。

此外,这一时期还有不少其他思想家也都表达了类似的看法,如吕祖谦说:"吾侪所以不进者,只缘多喜与同臭味者处,殊欠泛观广接。故于物情事理多所不察,而根本渗漏处,往往卤莽不见。"(《东莱集·别集》卷九)又真德秀说:"万事万物皆各各有个道理,须要逐件穷究。"(《西山先生真文忠公文集》卷三〇)这些论述应当都与自然知识有关,从中可以看到当时思想家兴趣的广泛性。

另外,"穷理"这一语词或概念又是与"格物"、"致知"紧密相关的,对此将在下面有关"格物"思想的部分作专门叙述。

五、从知识或科学的角度看"理"概念的发展线索及其意义

以往的中国哲学史研究很少会从知识的角度来看待"理"这一概念的发展线索及其意义,而这有可能在很大程度上遮蔽了对"理"这一概念乃至整个理学的正确认识。关于这一问题,在这里有必要作一个专门的论述。

从知识的角度来考察"理"这一概念的发展线索,以下这样一些方面是值得引起我们高度重视的。

首先,"理"概念的知识含义先于道德含义获得发展,如前面所考察,"理"的知识线索从先秦至秦汉一直是延绵不断的;到魏晋南北朝和隋唐时期这一线索的认识日渐丰富;而宋元时期正是承袭这一线索或传统继续发展的。这有助于我们了解:"理"首先并非是突发于宋代的道德意义的概念,其道德意义是在宋代理学这里发生转型后才凸现出来的。

其次,就是"理"的道德含义在理学这里凸现之后,"理"的知识含义仍保持着独立的发展线索。我们看到,在宋元时期许多知识活动中都有关于"理"即规律的深刻认识,并且其较之前代是大大丰富了。这表明,知识或规律之"理"的发展有其相对独立性,它并未因为哲学思想中的某

种转型而发生变化，更未因此而发生中断，相反，它进一步发展了。

再次，即便是在理学思想中，知识之"理"的地位尽管低于道德之"理"，但仍具有不可替代的意义与地位。我们不应只见其道德的线索，而不见其知识的线索。应当看到，具有连续性和独立性的知识之"理"也一样会深刻影响同时代的理学思想家们的思考。换言之，理学家不可能随意改变这一线索，而我们更不能从主观出发无视这一事实。

最后，也是最重要的，就是"理"这一概念在完全上升到哲学本体论层面的过程中，始终有作为科学问题的宇宙理论的相伴。这实际也是继承了道家与《易传》的传统，只是在宋代的话语中其更多地隐藏在幕后。而从这个角度来看，道德之"理"又是匍匐于自然知识即宇宙之"理"的。因为只有从宇宙本原或本体出发，才能赋予道德以合理性和合法性。

不仅如此，还应当看到，从源头上说，理学家之所以给予知识以相应的地位，其实也包含了儒家和道家等在内的诸多认识资源与理论传统。我们甚至可以更为积极地来看待理学与科学的关系。可以说，正是理学在理的规律或法则意义上的理解和强调，尤其是朱熹在这方面的大量论述，使得这一时期及以后的科学知识活动产生了很大的动力。

而如果我们进一步地从知识的视野出发将"理"与"气"这两个概念加以比较，我们更会看到"理"这一概念对于科学活动所具有的重要意义。通过考察我们看到，与"气"概念相比，"理"概念所涉及的学科门类要更加丰富，例如数学学科，这是一个"气"概念不会涉及的重要学科，但却是"理"概念所必然涉及和产生深刻影响的重镇；同时，"理"又具有推理的含义，这也就意味着"理"又具有方法论的意义，而这一点同样也是作为物质的"气"所不具备的。这也就决定了，为什么在宋元以后，"理"比起"气"不仅在哲学上而且也在科学上产生了更大的影响（相关地，"理"与"道"的比较在上一章中已经作过考察）。对这一点，下面关于"格物"的问题中还将作进一步考察。总之，"理"比起"气"在知识领域中有更少的盲点，因此其涉及面更宽广，影响也更深刻。

第四节　"格物"概念与知识的关系

"格物"概念是与"穷理"概念密切相关的,但与"穷理"比较,"格物"有着更加明确的知识特征。同时,我们应当注意,"理"或"穷理"首先应当是在知识背景中发展起来的,即它最初是基于知识的传统。而"格物"则有所不同,这是一个典型的出生于思想领域的概念,一个署名于儒家哲学的概念。我们看到,在《大学》中,"格物"已经是一个经过归纳、概括或抽绎的概念,已经明确了自己的思想或哲学身份。所以,如果说,"理"或"穷理"是从知识走向思想,那么,"格物"则完全是从哲学走向科学。我们看到,宋元时期思想家关于"格物"这一概念或语词的明确阐述和广泛使用,对同代以及后代的科学活动都产生了极其深远的影响;与此相关,这一时期的科学活动也形成了一种以"格物"观念或认识为核心的研究传统并影响到明清两代甚至近代。

一、"格物"的语词渊源

"格物"语词即概念最早见于《礼记》的《大学》。《大学》形成于秦汉之际,其基本内容是"三纲领"和"八条目",而"格物"、"致知"就是"八条目"中最前面的两个条目。《大学》并未对"格物"、"致知"作出清晰的解释,只是说:"致知在格物,物格而后知至。"之后,汉代郑玄在《礼记注》中解释道:"格,来也;物,犹事也。其知于善深则来善物,其知于恶深则来恶物。"这赋予"格物"、"致知"以道德的内容。唐代孔颖达在《礼记正义》中解释道:"致知在格物者,言若能学习招致所知。格,来也。已有所知,则能在于来物。若知善深,则来善物;知恶深,则来恶物。"孔颖达同意郑玄对于"格物"、"致知"所作的道德理解,但除此之外,孔颖达显然也有新的认识和理解,这就是"格物"、"致知"还具有学习以及推理的意义。至宋代,司马光也曾撰《致知在格物论》,其中讲:"《大学》曰'致知在格物'。格,犹扞也,御也。能扞御外物,然后能知至道矣。郑氏以格为'来',或者犹未尽古人之意乎?"从司马光对"格物"、"致知"的解释以及对郑玄的质疑中,可以看出其赋予"格物"以主动、接触的含义,并且也赋予"致知"以把握"道"的含义。以上是关于"格物"观念与概念最初发生发展的一般认识。

二、思想活动中的"格物"概念

"格物"、"致知"在二程特别是程颐的思想中得到高度重视。程颐说:"学莫大于知本末始终。致知格物,所谓本也,始也;治天下国家,所谓末也,终也。"(《程氏粹言》卷一)不过,最重要的是,对"格物"的解释在程颐这里有了新的气象。在程颐这里,"格物"观念和概念是与"穷理"观念和概念一同受到重视而发展起来的,如程颐说:"格犹穷也,物犹理也,犹曰:穷其理而已矣。"(《程氏遗书》卷二五)"格犹穷也,物犹理也,若曰穷其理云尔。穷理然后足以致知,不穷则不能致也。"(《程氏粹言》卷一)又说:"须是今日格一件,明日又格一件,积习既多,然后脱然自有贯通处。"(《程氏遗书》卷一八)而且程颐所说的"物"又是与自然相关的。如据明胡广《性理大全》记载:"或问伊川云:露是金之气如何? 曰:露自是有清肃之气。古语云露结为霜,今观之,诚是。然露气与霜气不同,露能滋物,而霜杀物也。雪霜亦有异,霜能杀物,而雪不杀物也。雨与露不同,雨气昏,而露气清也。露与雾不同,露气肃,而雾气昏也。"(《性理大全》卷二七)程颐在这里试图对露与霜、雪、雨、雾加以区别,并对各自的特征加以比较。又如二程说:"一草一木皆有理,须是察。"(《程氏遗书》卷一八)从以上这些论述中不难看到二程一种对于"格物"也即对事物加以细致观察研究的认识,这自然也是一种科学精神。

朱熹继承了程颐的思想,他说:"格,至也。物,犹事也。穷至事物之理,欲其极处无不到也。"(《大学章句》)可以看出,朱熹与程颐的看法是一致的,即都将"格物"与"穷理"视作同样的问题加以对待和思考。朱熹也认为,任何事物包括"一草一木"都有理存在于其中,因此就有"格"也即观察研究的必要,所谓:

> 虽草木，亦有理存焉。一草一木，岂不可以格？如麻、麦、稻、梁，甚时种，甚时收，地之肥、地之硗，厚薄不同，此宜植某物，亦皆有理。（《朱子语类》卷一八《大学五》）

朱熹强调：

> 所谓格物，便是要就这形而下之器，穷得那形而上之道理而已。（《朱子语类》卷六二《中庸一》）

如此，"格物"与"穷理"也就紧密地结合了起来。

而朱熹关于"格物"问题最突出的思考，还在于对由格物而致知的过程作了详尽的阐释，也就是以下这段著名的论述：

> 所谓致知在格物者，言欲致吾之知，在即物而穷其理也。盖人心之灵，莫不有知，而天下之物，莫不有理。惟与理有未穷，故其知有不尽也。是以《大学》始教，必使学者即凡天下之物，莫不因其已知之理而益穷之，以求至乎其极。至于用力之久，而一旦豁然贯通焉，则众物之表里精粗无不到，而吾心之全体大用无不明矣。此谓物格，此谓知之至也。（《补大学格物致知传》）

这当然也是建立在程颐思考的基础上的，但无疑更加深入。我们无须怀疑，这样一种阐述或思考不仅具有哲学的认识论的意义，其对于知识或科学的观察与研究同样有着重要的意义。①

不仅如此，还值得我们注意的是，朱熹本人也直接参与了各种"格物"活动，与"穷理"问题相似，这同样是与二程有很大区别的。而且更有意义的又在于：这样一种区别不仅仅驻足于思想界的活动范围，它在很大程度上也影响到知识活动，甚至在一定程度上也影响到了思想界与知识界的价值观，越是往后，这种影响也就体现得越加明显。

在宋元时期，还有更多的思想家在关注和思考"格物"的问题，对此，

---

① 乐爱国有《朱子格物致知论研究》（长沙，岳麓书社，2010）一书，对朱熹的格物理论以及与科学的关系作了专门的研究，可以参考。

乐爱国的《宋代的儒学与科学》一书同样多有涉及。如叶适说："君子不以须臾离物也。夫其若是，则知之至者，皆物格之验也。"（《叶适集·水心别集》卷七）真德秀说："格，训至，言于事物之理，穷究到极致处也。穷理，既到至处，则吾心之知识日明一日，既久且熟，则于天下之理无不通晓，故曰格物而后知至也。"（《西山先生真文忠公文集》卷三〇）王柏说："格物致知之要，又在格物。盈天地间，物必有则。格物之理，致吾之知。万物同原，皆可类推。"（《鲁斋集》卷四）金履祥说："盖格物者，初未尝有截然一定之目，而亦未有精粗巨细之间也。惟事物之在天下者无限，而接于吾前者亦无穷，故必随其所遇巨细、精粗、小大、幽显莫不格之以穷其理焉。"（《大学疏义》）①与程朱特别是朱熹的思想一道，这些思想都对同时期以及后来的知识活动产生有重要的影响。

这里自然要涉及一个今日所说的价值观的问题。应当看到或承认，在当时的思想家这里，知识意义上的"格物"仍是受到一定限制的，其不及天理人伦的地位来得重要。如欧阳修说："螟蛉是何弃物，草木虫鱼，《诗》家自为一学，博物尤难，然非学者本务。"（《欧阳文忠公文集》卷一二九《笔记·博物说》）而理学家又尤然，如朱熹说："格物之论，伊川意虽谓眼前无非是物，然其格之也，亦须有缓急先后之序，岂遽以为存心于一草木器用之间而忽然悬悟也哉！且如今为此学而不穷天理，明人伦，讲圣言，通世故，乃兀然存心于一草木一器用之间，此是何学问！如此而望有所得，是炊沙而欲其成饭也。"（《朱文公文集》卷三九《答陈齐仲》）当然，学者们也已经普遍注意到这是朱熹早期的看法。但总的来说，宋元时期思想家特别是理学家们更关注社会与伦理问题这一事实是毋庸置疑的。在重新审视和肯定宋元思想家们"格物"思想的同时，我们又必须清楚他们所最关心的究竟是什么。但是，由于对"格物"的重视和强调，这其中必然会导致的对知识的肯定也是我们不应该忽略的，而从对科学活动的影响来说这就更有深刻意义和深远影响。关于这一问题，本章最后一节

---

① 参见乐爱国《宋代的儒学与科学》，第六、第七章相关人物思想的考察。

还将作专门讨论。

三、知识活动中的"格物"概念

正是由于受同时期哲学思想特别是理学思想的影响,在自然科学研究方面,宋元时期的许多学者已多从"格物"和"穷理"或相类似的意义上来看待知识活动。例如沈括就曾记载算家将阳燧照物称之为"格术",他说:"阳燧照物皆倒,中间有碍故也,算家谓之'格术'。"(《梦溪笔谈》卷三《辩证一》)又据《后山谈丛》记载:"东都相国寺楼门,唐人所造。国初木工喻皓曰:'他皆可能,惟不解卷檐尔。'每至其下,仰而观焉,立极则坐,坐极则卧,求其理而不得。"这记录了北宋木工喻皓是怎样去潜心研究建筑物之中所蕴含的奥妙道理的。而南宋赵蕃在记载饶州人张甲的冶炼技巧时也说:"布衣张甲,体物索理,献言以佐圜。"(《章泉稿》卷五《截留纲运记》)这里所说的"体物索理",正是理学格物穷理态度的体现。这是将知识活动称作穷理的例子。又这一时期的炼丹术中也有十分明确的格物致知和格物穷理思想,如北宋程了一在《丹房奥论》序中就说:"窃谓金丹大药,上全阴阳升降,下顺物理迎逢。圣人所谓格物致知,大概不过子母相生、夫妇配偶之理。"此外南宋的朱中有在谈及自己对于潮汐的研究时也谦称是:"物格知至,粗尝学焉。"(《潮颐》)这是将知识活动称作格物的例子。

这里尤其值得一提的是格物致知或即物穷理的思想对于生物学、医药学的影响。

格物致知思想对于宋元时期科学研究的影响尤以生物学最为典型,"格物"的概念多出现于对动植物的研究之中。例如南宋时陈景沂撰有《全芳备祖》,韩境在为《全芳备祖》所作的序中就写道:

> 子拱而曰:盈天壤间皆物也。物具一性,性得则理存焉。《大学》所谓格物者格此物也。今君晚而穷理,其昭明贯通,倏然是非得丧之表,毋亦自其少时区别草木,有得于格物之功欤。

另外，"格物"也以"多识鸟兽草木之名"的研究方式出现，如郑樵的《昆虫草木略》就是以孔子"多识鸟兽草木之名"的看法作为理论基础的。郑樵说：

> 欲传《诗》，以《诗》之难可以意度明者，在于鸟兽草木之名也。
> （《夹漈遗稿》卷二《寄方礼部书》）

在郑樵看来，要研究《诗》，就必须懂得鸟兽草木之学。又韩境在《全芳备祖》序中亦说："昔孔门学《诗》之训有曰：多识于鸟兽草木之名，陈（景沂）君于是书也奚其悔。"

格物与穷理的思想也广泛反映在这一时期的医疗活动和医学思想中。例如金代宋云公在《伤寒类证》的序中说：

> 医不通道，无以知造物之机；道不通医，无以尽养生之理。然欲学此道者，必先立其志。志立则物格，物格则学专。

刘祁也曾说：

> 在淮阳时，尝手节本草一帙，辨药性大纲，以为是书，通天地间玉石草木禽兽虫鱼万物性味，在儒者不可不知。又饮食服饵禁忌，尤不可不察，亦穷理之一事也。（《重修证类本草》跋）

在这些论述中都不难看到格物、穷理思想的影响。而元代的朱震亨则直接为其所撰医书起名为《格致余论》，他说："古人以医为吾儒格物致知一事。故目其篇曰《格致余论》。"（《格致余论》序）

四、"格物"与"博物"

此外，这一时期兴起的博物学也与格物致知和格物穷理思想密切相关。博物学的传统始于晋张华的《博物志》，但从宋元时期起，由于这一学科深受格物致知和格物穷理思想的影响，因此发展很快，如宋李石就撰有《续博物志》。在一些著作中，我们可以清楚地看到"博物"与"格物"二者之间的关系。如宋僧赞宁著有《物类相感志》，后人增补修改后又作

《格物粗谈》，二书均为博物学著作。晁公武说：《物类相感志》十卷，"以博物称于世"（《郡斋读书志》卷二），而以《物类相感志》为基础增改的著作取名为《格物粗谈》这一现象或事实表明，在当时的人们看来，"格物"即是"博物"。① 又沈括、郑樵的学术活动也都可以视之为博物学，二者都可视之为博物学家。

而"博物"也与"博学"、"博雅"等观念或概念有关。宋人十分重视博学，如黄庭坚说："致远者不可以无资，故适千里者三月聚粮，又当知所向，问其道里之曲折，然后取途而无悔。钩深而索隐，温故而知新，此治经之术也。经术者，所以使人知所向也。博学而详说之，极支离以趋简易，此观书之术也，博学者，所以使人知道里之曲折也。"（《山谷集·与潘子真书》）又郑樵尤重博雅，其讲："然大著述者，必深于博雅，而尽见天下之书，然后无遗恨。"（《通志》总序）与此相关，郑樵亦重"会通"，其讲："天下之理，不可以不会；古今之道，不可以不通。"（《夹漈遗稿》卷三《上宰相书》）郑樵所撰《通志》多涉及博物的内容，尤其是"二十略"，乃为中国古代典型的博物学文献。

总的来说，博物学的出现首先是知识或科学自身发展规律的结果，但其也在很大程度上与"格物"思想的发展进程密切相关。

再进一步推而言之，从唐五代以来以及两宋的绘画艺术中，我们其实也可以看到类似的"格物"精神。例如五代黄荃的禽鸟、关全的山水。至宋代，巨然、范宽等的山水画其实都在对表现自然做有益的探索，夏珪的《钱塘观潮图》则更与相关知识有某种勾连，另花鸟画中有文同的竹、赵孟坚的梅，以及更多无款的花鸟鱼虫，广义地来看，这些其实也都是"格物"的体现，或其中的一个组成部分。

五、关于"格物"概念及其对科学活动影响的评价

如前所述，程朱理学有关"格物"、"致知"、"穷理"的思想并非只有知

---

① 详见卢嘉锡总主编、席泽宗分卷主编《中国科学技术史·科学思想卷》相关内容。

识的内容，其在很大程度上是关于伦理道德的内容，甚至这部分内容还是其终极旨归。而站在后人例如明末清初时期的角度或立场来看，程朱理学有关"格物"、"穷理"的思想也还有很多玄虚空洞的内容。若进一步站在世界范围来看，理学关于知识或科学的内容更是有局限或缺陷的。但所有这些都不应影响对程朱尤其是朱熹提倡"格物"、"致知"、"穷理"思想的正面或积极的评价，在这一问题上我们应持更加客观、中肯和科学的态度。

毋庸置疑，理学对"格物"其实是给予一定的重视的，对"格物"之"物"的自然内容也是给予一定的重视的。正是从"格物"和"穷理"的目的出发，一些重要的理学思想家如朱熹等都掌握了大量的自然科学知识，朱熹甚至还认为家中要备有天文观测仪器，以观测各种天象，同样基于这一目的，朱熹也要求其弟子参与自然观察。当然，宋代对"格物"和"穷理"给予重视的也并非只有程朱理学的思想家们，包括张载、叶适等思想家也都讲"格物"、"致知"、"穷理"。而这恰恰表明，"格物"、"致知"、"穷理"思想的提倡在当时具有某种超越理学的普遍性或广泛性，也即是宋代儒家学者共有的特性。

更进一步而言，我们不应简单地从哲学或伦理道德的视角出发，将"格物"看作一种思想的附属品，而是应当把它看成一种时代的品格（作为一种品格，它其实并不限于知识与思想，如上所述，也在同时代的绘画等种种文化或精神生活领域中得到体现）。这样一种时代的品格既有作为传统的积淀和扩展，也包括了转换和变化。就积淀和扩展而言，"格物"乃是对重视自然之"理"传统的继承，这其实是时代的趋势，宋代思想家也是顺势而为。而就转换和变化来说，对"格物"的重视，在一定程度上也反映出儒家思想在知识观或科技价值观上所发生的集体性的某种变化，尽管这种变化仍是有限的。

尤其值得注意的是，"格物"观念一旦盛行，就必然会导致科学或知识价值观的变化，而这种变化又不是思想所能简单掌控或制约的。如刘蒙的《菊谱》说道："草木之有花，浮冶而易坏，凡天下轻脆难久之物者，皆以花比之，宜非正人达士坚操笃行之所好也。然余尝观屈原之为文，香草龙凤以比忠正，而菊与菌桂、荃蕙、兰芷、江蓠同为所取。又松者，天下岁寒坚正之木也，而陶渊明乃以松名配菊，连语而称之。夫屈原、渊明，实皆正人达士坚操笃行之流，至于菊犹贵重之如此，是菊虽以花为名，固与浮冶易坏之物，不可同年而语也。且菊有异于物者。凡花皆以春盛，而实者以秋成，其根抵枝叶，无物不然。而菊独以秋花悦茂于风霜摇落之时，此其得时者异也。有花叶者，花未必可食，而康风子乃以食菊仙。又《本草》云：'以九月取花久服，轻身耐老。'此其花异也。花可食者，根叶未必可食，而陆龟蒙云：'春苗恣肥，得以采撷供左右杯。'按又《本草》云：'以正月取根。'此其根叶异也。夫以一草之微，自本至末，无非可食，有功于人者，加以花色香态，纤妙闲雅，可为丘壑燕静之娱。然则古人取其香以比德，而配之以岁寒之操，夫岂独然而已哉？"刘蒙在这里就从"德"与"用"两个方面对菊花的价值作了说明。"德"是传统的，而"用"则是时代的，刘蒙是借"德"助"用"，又以"用"完"德"。

另外，还值得注意的是，这一时期也有学者反驳了将对动植物的兴趣视作玩物丧志的观点，并论证了这一兴趣的合理性。如陈景沂在《全芳备祖》自序中说：

> 子之说则信辨而美矣，子之书则信全而备矣，不几于玩物丧志乎？答曰：余之所纂盖人所谓寓意于物，而不留滞于物者也，恶得以玩物为讥乎？且《大学》立教，格物为先，而多识于鸟兽草木之名，亦学者之当务也。

陈景沂解释说："自太极判而两仪分，五行布而万物具，凡散之两间物物各具一太极也。"至于草木"根而干，干而枝，枝而叶，叶而华，华而实，初者为阳，次者为阴。……得阳之刚则为坚耐之木，得阴之柔则为附蔓之藤。无非阴阳者，则无非太极也。以此观物，庸非穷理之一事乎？"而"程先生语上蔡云贤却记得多许事谓玩物丧志，今止纂许多，姑以便检阅，备遗忘耳，何至流而忘返而丧志焉？"在这里我们看到，陈景沂不仅对"识于鸟兽草木之名"与"格物"和"穷理"的关系做出了说明或辩解，论证了其"合法性"，同时也对二程所谓"玩物丧志"的理论提出了委婉的批评。

总之，宋代包括元代的思想家们赋予了"格物"、"致知"、"穷理"这样一些概念或范畴在哲学及知识思考中的重要地位，这无论是对于中国古代哲学史而言，还是对于中国古代科学史而言都具有十分重要的意义，尤其是对后者而言。从前面的考察中，我们可以清楚地看到儒家哲学"格物"、"致知"、"穷理"的思想以及概念对于科学活动的这种深刻影响，也可以看到在这种影响下科学活动所形成的"格物"认知与研究传统，这种作用或影响的意义是不应被低估的。可以这样说，正是由于理学家们的极力倡导和传播，方使得"格物"、"致知"、"穷理"的思想对于同时代以及后来的科学活动产生了"抛砖引玉"的重大作用。

第五节　其他观念与概念

宋元时期还有其他一些观念与概念，这些观念与概念与以前既有联系，也有变化。所谓联系，就是这些观念与概念也大都是从前代延续或继承下来。而所谓变化，则是这些观念或概念的内涵与地位与以前又会有所不同。这些观念与概念中比较重要的有阴阳、五行、象数、天人等，下面就对这些观念、概念与知识的关系作一番简略的考察。

一、"阴阳五行"

这一时期的阴阳学说基本上是一种传统的延续。阴阳理论在哲学中自不待说，其主要与气概念相结合解释本原与本体问题。阴阳理论在医学中同样有着深厚的传统，这也为我们所熟悉。这里我们主要通过天文学和化学这两个学科对这一时期知识活动中阴阳理论的影响做点考察。在天文与气象思想方面，宋代思想家多有涉及，这其中就包括用阴阳理论来解释多种自然现象。以张载为例，如关于日月食现象，"日质本阴,月质本阳。故于朔望之际精魄反交,则光为之食矣。"(《正蒙·参两》)又如关于雷电现象,"凡阴气凝聚,阳在内者不得出,则奋击而为雷霆。"(《正蒙·参两》)在天文与气象领域,可以用阴阳理论来解释的现象还有很多,例如宋代的学者也用阴阳理论来解释潮汐这一现象,张君房在《潮说》中就这样说道:"日月会同谓之合朔,合朔则敌体,敌体则气交,气交则阳生,阳生则阴盛,阴盛则朔日之潮大也。"在包括炼丹、火药知识和技术在内的化学学科,对于阴阳理论的运用也是很突出的。如程了一在他的《丹房奥论》一书序中讲:"窃谓金丹大药,上全阴阳升降,下顺物理迎逢。"这实际上将阴阳理论视作炼丹术的基本原理或依据。又宋代周去非的《岭外代答》中也说:"人炼丹砂为水银,以铁为上下釜。上釜盛砂,隔以细眼铁板;下釜盛水,埋诸地。合二釜之口于地面而封固之,灼以炽火,丹砂得火,化为霏雾,得水配合,转而下坠,遂成水银。然则水银即丹砂也,丹砂禀生成之性,有阴阳之用,能以独体化二体,此其所以为圣也。"这同样突出了炼丹中的阴阳性质及其意义。除此以外,阴阳理论在知识中还可能有更为广泛的使用,如张载就曾用阴阳理论来解释动植物的区别:"动物本诸天,以呼吸为聚散之渐;植物本诸地,以阴阳升降为聚散之渐。"(《正蒙·动物》)

总的来说,五行思想在宋元时期并不十分盛行,或者说,五行这一概念及其思想没有得到特别的重视。这里很重要的一个方面就是相对缺乏哲学的基础,无疑,这与魏晋以来所形成的更为理性的认识传统有关。当然,这并不是说,宋元时期的哲学与科学活动中就没有使用五行概念。这其中最值得注意的就是医学。在医学中,自唐代王冰开始,就十分重视《内经》中的"五运六气"学说,而到了宋代,这样一种学说更受到了极力推崇。"五运六气"学说以五行学说作为基础,认为四时季节实际是五行之气的运行变化过程。同时,这一学说又将各种可能影响人体健康的气分为六种,即所谓风、火、热、湿、燥、寒。可以看出,这样一种学说主要是讲气候变化与人体健康之间的关系。如北宋时期名医王衮在《博济方》的序中说:"天地之间,运行而生成者,非五行乎?人禀五行之秀而生,故具之于形,禀之于气也。其在天则四时六气运乎外,一失其道,则为灾为沴焉;其在人,则五味七情攻乎内,一失其理,则为疾为疹焉。"沈括对医学也颇有研究,并且十分重视"五运六气"学说,他说:"医家有五运六气之术,大则候天地之变,寒暑风雨,水旱螟蝗,率皆有法;小则人之众疾,亦随气运盛衰。"(《梦溪笔谈》卷七《象数一》)以后金元时期的刘完素同样将医学的精髓概括为"五运六气",他说:"观夫医者,唯以别阴阳虚实,最为枢要。识病之法,以其病气,归于五运六气之化,明可见矣。"(《素问玄机原病式序》)不过,从以上的考察中也可以看出,这时的五运六气说与秦汉时期作为宇宙图式的五行学说有着极大的不同,它实际上是一种五行理论与气论的结合形态,主要应用于医学领域,目的在于分析和阐述致病原因,而不像秦汉那样对世界做出某种结构性的安排。

二、"象数"

像前代一样,这一时期象与数这样两个观念仍然同时有着哲学和科学的基础或意义。冯友兰曾判断过周敦颐和邵雍二人的差异,这对于我们了解这一时期的象数学或有某种提示作用,他说:周敦颐的《太极图》来源于道教和陈抟,这是一种象,但是他不讲数,因此可以说是一种象学。邵雍所讲的有图又有数,而着重数,可以说是一种数学,笼统一点说是象数之学。① 而在这之中,又以邵雍的先天象数学影响为大。就理论而言,邵雍的先天象数学与汉人的《纬书》或《易纬》有着密切的关系。冯友兰指出:"邵雍的六十四卦圆图,用以说明一年四时的变化,这是《纬书》'卦气说'的继续,也可以说是一种发展。"②冯契说:"这同汉代《易纬》的象数之学的基本观点相似,只不过邵雍用'加一倍

---

① 参见冯友兰《中国哲学史新编》(第五册),第 67 页。
② 冯友兰:《中国哲学史新编》(第五册),第 71 页。

法'（程颢语）构造出来的象数体系，显得更加整齐而已。"①但邵雍的象数学也有自己的特点，其通过推演，表面上说明了整个宇宙秩序以及发展，因此在当时产生了较大的影响，这尤其突出地体现在数学领域，如秦九韶就认为数学的源头在于河图、洛书、八卦、九畴，而其最高阶段则应是大衍之术。

关于这一时期的象数学，李约瑟也从科学史的角度或视野给予了评判，其指出："虽然这些象数学公式是在公元前 3 世纪或更早一点开始的，并且虽然它们曾引起汉代学者们很大兴趣，可是直到宋代，它们对许多思想家仍然保持其全部的魅力。"如"朱熹的直接弟子蔡沉（1167—1230）就曾从事繁复的命理数字推测"。李约瑟又说："我们无须举出这种数字象征主义的例子，因为它们与真正的数学并没有共同之处，而是紧密地追随着前面从《大戴礼记》所转录的那种模式。有趣之点是，12 世纪理学家们有些思想仍然受到它的迷惑。"②也就是说，李约瑟从科学的角度出发，对象数学总体给予了负面的评价。当然，宋代的象数学可能远较李约瑟的判断来得复杂。总的来说，关于这一时期的象数问题，可能有以下这样几点值得我们注意：第一，从宋代象数学这里，我们可以看到后世儒家对于以前知识学派的思想的接受，包括对神秘性质的接受，而这在很大程度上是无法克服的，其最终还是涉及中国文化包括思想与信仰的连续性问题；第二，但宋代的象数学与汉代的象数学相比也有较大的区别，这就是其没有或较少汉代人那种比类和附会的东西，因此其神秘和荒诞的内容不像汉代那样明显；第三，象数观念虽然对宋代知识界和思想界仍产生了重要的影响，但这一影响主要局限于哲学和数学领域，而不像汉代那样几乎无所不涉，无所不包，因此其对于知识的影响也相对有限。而第二与第三两个方面是否又在一定意义或程度上说明了理性的进步？这是值得我们给予关注的。

---

① 冯契：《中国古代哲学的逻辑发展》（下册），第 748 页，上海，上海人民出版社，1985。
② 〔英〕李约瑟：《中国科学技术史》第二卷《科学思想史》，第 296 页。

三、"天人"或"力命"

天人关系的思想在宋元时期也得到了继承。

汉代以后，随着天人感应理论在哲学和科学活动中被清除，天人关系思想中很重要的一个内容就体现在"因"、"宜"观念上，宋元时期也是如此，其中尤以农业生产活动为突出。如陈旉说："夫山川原隰，江湖薮泽，其高下之势既异，则寒燠肥瘠各不同。大率高地多寒，泉冽而土冷，传所谓高山多冬，以言常风寒也，且易以旱干；下地多肥饶，易以淹浸。故治之各有宜也。"（《农书·地势之宜》）王祯也说："夫封畛之别，地势辽绝，其间物产所宜者，亦往往而异焉。何则？风行地上，各有方位；土性所宜，因随气化，所以远近彼此之间风土各有别也。"（《农书·农桑通诀·地利篇第二》）当然，医学知识也有非常丰富的"因"、"宜"思想，这也是中国古代医学一以贯之的重要和优良的传统。

在天人关系上，也提出了所谓"天人相胜"的观点，如刘祁在其《归潜志》中就说道："传曰：'人定亦能胜天，天定亦能胜人。'余尝疑之。试以严冬在大厦中独立，凄淡万态不能久居。然忽有外人共笑，则殊暖燠，盖人气胜也。因是以思，谓人胜天，亦有此理。岂特是哉？深冬执爨或厚衣重衾亦不寒，夏暑居高楼，以冰环坐而加之以扇亦不甚热。大抵有势力者能不为造物所欺，然所以有势力者亦造物所使也。"而值得注意的是，在这一时期，知识界愈来愈重视人为和人力，由此也成为一种重要的思想，这既与园艺技术的提高有关，也与炼丹实践或道教思想有关。如韩彦直的《橘录》说："人力之有参于造化。"王观的《扬州芍药谱》说："以人而盗天地之功而成之。"这样的观念和思想在当时可以说非常普遍。除此之外，源自南北朝道教的有关"力命"问题的看法在此时仍有继承，如元末刘伯温的《郁离子》中有《天地之盗》篇，其中就在一定程度上继承了《阴符经》的思想。这里尤其值得我们注意的是，宋元时期类似"人力之有参于造化"、"以人而盗天地之功而成之"这样一些思想其实正是后来明清时期"人定胜天"思想的先声。

第六节　沈括的科学思想与哲学思想

北宋科学家沈括及其所著《梦溪笔谈》在中国科学史上有着十分重要的地位。李约瑟称《梦溪笔谈》是中国科学史上的代表作，具有里程碑的意义，而沈括是"中国整部科学史中最卓越的人物"[1]。同时，在沈括的科学思想中也可以看到丰富的哲学思想，看到哲学思想及概念对科学思想的深刻影响。因此，研究沈括，无论是对于科学思想还是对于哲学思想，都有着重要的意义。

一、沈括简介

沈括（1031—1095），字存中，钱塘（今浙江杭州）人，是我国古代卓越的科学家。沈括博学多才，《宋史·沈括传》称他"博学善文，于天文、方志、律历、音乐、医药、卜算无所不通"。沈括一生论著甚多，据《宋史·艺文志》所录有 22 种 155 卷，现存《梦溪笔谈》26 卷、《补笔谈》3 卷、《续笔谈》1 卷、《长兴集》19 卷、《苏沈良方》15 卷等。其中《梦溪笔谈》涉及大量科学技术方面的条目，内容包括数学、天文、历法、气象、地理、地质、物理、化学、冶金、水利、建筑、生物、医药以及兵器技术等。

当代中国科学史研究对于沈括的科学活动及思想有了更为深入的了解。根据李约瑟的研究，《梦溪笔谈》中属于自然科学的内容共有 207 节，其中包括易经与阴阳五行 7 节、数学 11 节、天文历法 19 节、气象学 18 节、地质与矿物 17 节、地理与制图 15 节、物理学 6 节、化学 3 节、工程与工艺 18 节、水利灌溉 6 节、建筑 6 节、植物学与动物学 52 节、农艺 6 节、医药 23 节。[2] 又据胡道静研究，《梦溪笔谈》中属于自然科学的内容

---

① 〔英〕李约瑟：《中国科学技术史》第一卷《总论》，第 289、290 页，北京，科学出版社，1975。
② 参见〔英〕李约瑟《中国科学技术史》第一卷《总论》，第 290、291 页。

共有 189 条,其中数学 4 条、天文学及历法 22 条、气象学 12 条、物理学 5 条、化学 3 条、医学及药物学 43 条、建筑学 8 条、灌溉及水利工程 9 条、工程技术 16 条、生物学 32 条、农学 8 条、地理学及制图学 16 条、地质学及矿物学 11 条。①

从以上简介中,我们可以看到沈括所取得的丰硕成果。

二、沈括科学思想的时代背景

在考察沈括的科学思想之前,我们有必要先来了解一下其时代背景。

沈括所处的北宋时期,是一个"求知欲"或"探求精神"极强的时代。自先秦、秦汉、魏晋南北朝与隋唐以来对"理"的探求兴趣至宋代已经有了相当的"量"的积累,并已经达到"质变"的阶段。这一时期的学者普遍对自然界的事物抱有浓厚的兴趣,也可以说,这成为一种社会时尚。就目前所知,在沈括前后,学者对自然知识探讨的主要成果有:燕肃的《海潮论》、贾宪的《黄帝九章算经细草》、蔡襄的《荔枝谱》、欧阳修的《洛阳牡丹记》、邢昺的《尔雅疏》,另苏轼与沈括一同撰成《苏沈良方》,稍后又有韩彦直的《橘录》等。这也包括同时期的思想家,如周敦颐、邵雍、张载以及二程都对自然知识抱有不同程度的兴趣。并且,如前面所指出,这同样反映于该时期的艺术作品。同时,还应当看到,包括沈括在内的学者与科学家的种种知识或科学活动,这其中既有对"物"的认识,也有对"理"的探求,这也会反过来对同时期其他学者及思想家产生一定影响,更会对后来的学者及思想家产生深刻影响。

总之,沈括所处的时代是一个对自然或知识有着无比兴趣的时代,从这个意义上来讲,出现百科全书式的沈括这样的科学家并不是一个偶然的现象,它实际上具有某种必然性。

---

① 参见胡道静《梦溪笔谈校正》"附录二",上海,上海古籍出版社,1987。

三、主要科学思想

沈括的科学思想十分丰富，它包括天文、地理、数学、物理、医学等诸多方面。

在天文历法和地理知识方面，沈括造诣很深。其中在天文学方面，沈括十分注重观测，经过认真的观测，沈括得出了极星不在天极的结论，又获得冬至日长、夏至日短的认识。沈括也十分重视对观测仪器的改进，由此使得一些观测的精度有很大的提高。沈括还针对传统阴阳合历的缺陷大胆提出了十二气历的设想（具体内容将在下面第七节中作考察）。在地理学方面，沈括也有重要的贡献。其中最突出的就是以泥沙淤积作用来解释华北平原的成因和以流水侵蚀作用来解释浙东与西北地貌的成因。除此之外，沈括还发明了立体地图，较之西欧要早七百余年。

在数学方面，沈括主要关心隙积术和会圆术。其中隙积术是求解垛积问题，这开辟了高阶等差级数求和的研究领域，以后杨辉、朱士杰等人就是在此基础上做进一步的研究。会圆术的研究目的是对圆的弧矢关系给出比较实用的近似公式，以后，元代的郭守敬、王恂等人在授时历中就应用了这一公式。

沈括在物理学研究方面取得了多项成就，这包括磁学、光学、声学。沈括在磁学方面的成就十分卓著。沈括最早发现了磁偏角，其记录比西欧的记录要早约四百年。沈括还记载了指南针的制作方法，而且总结出了放置指南针的四种方法。在光学方面，沈括对凹面镜成像做过实验，也对光的直线传播以及小孔成像问题作过研究。在前面的考察中，我们知道这些研究在《墨经》中就已经有过记录。此外，沈括还对汉代以来的"透光镜"技术做了深入的研究，并对透光原因作了科学解释。在声学方面，沈括做过共振实验。沈括上述许多研究也可以理解为是以前人的成果为基础而开展的工作，并且有了不同程度的推进。

沈括对医药学也很精通。沈括年轻时即对医学有浓厚兴趣，搜集了很多验方。其成果最终反映于和苏轼一起编撰的《苏沈内翰良方》（简称

《苏沈良方》）中。又《梦溪笔谈》和《补笔谈》对医药也都有所涉及，论及几十种药物的形态、配伍、药理、制剂、采集和生长环境等。

四、科学思想的哲学基础

沈括的科学思想是有深厚的哲学基础的。在沈括的科学思想中，经常会使用"气"、"阴阳"、"五行"、"理"这样一些概念或思想，这些概念与思想也是当时哲学中普遍使用和表达的。而对沈括来说，使用和表达这些概念与思想的意义就在于为其科学活动奠定了重要的哲学基础，同时也将科学和哲学连接了起来。

沈括在许多思想中都使用"气"这一概念，沈括认为，世界万物大到宇宙天体，小到细微之物，无不是由气所构成的。例如天文学方面："日月气也，有形而无质。故相值而无碍。"（《梦溪笔谈》卷七《象数一》）医药学方面："天地之气，贯穿金石土木，曾无留碍。""如细研硫黄、朱砂、乳石之类，凡能飞走融结者，皆随真气洞达肌骨。"又太阴玄精（即石膏）"乃禀积阴阳之气凝结，故皆六角"（《梦溪笔谈》卷二六《药议》）。沈括也使用"阴阳"、"五行"的概念，如讲阴阳："凡积月以为时，四时以成岁，阴阳消长，万物生杀变化之节，皆主于气而已。"（《补笔谈·象数》）讲五行："如木之气在天为风，木能生火，风亦能生火，盖五行之性也。"（《梦溪笔谈》卷二五《杂志二》）从这些概念的使用情况不难看出，沈括对相关哲学问题有深切的关注，同时，这些概念又多是结合具体知识的，这便构成了沈括使用这些概念的特点。

尤其值得注意的是，沈括非常重视"理"。沈括在对物理现象的解释中，就经常使用"理"来描述事物的本质特征或规律性质。如关于磁针，沈括说：

> 以磁石磨针锋，则锐处常指南，亦有指北者，恐石性亦不同。如夏至鹿角解，冬至麋角解。南北相反，理应有异。（《补笔谈》卷三《药议》）

又如关于五音，沈括说："听其声，求其义，考其序，无毫发可移，此所谓天理也。""此皆天理不可易者。古人以为难知，盖不深索之。"（《梦溪笔谈》卷五《乐律一》）再如关于共振，沈括说："此乃常理。""此声学至要妙处也。""今人不知此理，故不能极天地至和之声。"（《梦溪笔谈》卷六《乐律二》）沈括也用"理"来解释地理现象，如其在对《禹贡》"彭蠡既潴，阳鸟攸居；三江既入，震泽底定"一语进行解释时说：

> 盖三江之水无所入，则震泽壅而为害；三江之水有所入，然后震泽底定。此水之理也。（《梦溪笔谈》卷四《辩证二》）

又"理"也与阴阳五行有关，如："五运六气，冬寒夏暑，旸雨电雹，鬼灵魇蛊，甘苦寒温之节，后先胜负之用，此天理也。"（《苏沈良方》序）显然，这些认识与宋代许多哲学家将"理"作本质或规律理解的认识具有一致性或相似性，但沈括的认识无疑更具有知识的特性，同时，由于是从对自然的观察出发，因此其也更具有客观性，这又是作为科学家的沈括与思想家们的不同所在。

五、科学方法

我们再来看沈括科学活动及思想中所使用的方法。

首先，这其中最为重要的就是实验与实考的方法。实验方面如沈括精心设计的共振实验就是一个典型的例子。为了观察共振现象，沈括剪了一个纸人放在一根弦上，当弹奏和该弦频率相应的弦时，纸人就跳动，而弹其他弦时，纸人则不动。在西方直到 15 世纪意大利人才开始做共振实验。而实考就是实地考察。如沈括说：

> 予奉使河北，边太行而北，山崖之间，往往衔螺蚌壳及石子如鸟卵者，横亘石壁如带。此乃昔之海滨，今东距海已近千里。所谓大陆者，皆浊泥所湮耳。尧殛鲧于羽山，旧说在东海中，今乃在平陆。（《梦溪笔谈》卷二四《杂志一》）

通过实考，沈括始能够解释华北地区成陆的原因。

沈括的另一个重要方法就是求故和推理，沈括也称之为"原其理"或"以理推之"，这实际上是由"理"的概念和思想发展而来，同时又是以实验与实考为基础的，是在观察或经验基础上所作出的推理。① 其中"原其理"是指追究事物的原因或规律。如沈括就用"原其理"来解释浙东雁荡山以及西北地区特殊地貌的成因：

> 原其理，当是为谷中大水冲激，沙土尽去，唯巨石岿然挺立耳。

沈括指出：

> 世间沟壑中水凿之处，皆有植土龛岩，亦此类耳。今成皋、陕西大涧中，立土动及百尺，迥然耸立，亦雁荡具体而微者，但此土彼石耳。
>
> 凡大河、漳水、潴泷、涿水、桑乾之类，悉是浊流。今关、陕以西，水行地中，不减百余尺，其泥岁东流，皆为大陆之土，此理必然。（以上见《梦溪笔谈》卷二四《杂志一》）

而所谓"以理推之"则是指在对客观规律深刻认识与把握的基础上做符合逻辑的推理。例如沈括讲：

> 大凡物理有常有变……其造微之妙，间不容发，推此而求，自臻至理。
>
> 大凡物有定形，形有真数。……非深知造算之理者，不能与其微也。（以上见《梦溪笔谈》卷七《象数一》）

不难看出，这种"原其理"或"以理推之"的方法实际就是沈括重"理"思想在方法中的体现，但这种重"理"又是离不开科学观察的。

沈括的科学方法并非只有科学意义，其实际与哲学思维与方法有着联系。其中"原其理"和"以理推之"的方法与先秦时期就已经有的"求故"、"推理"方法非常接近，这应当是科学与哲学共同使用的方法。而实

---

① 有学者也将沈括"原其理"的思想概括为"验迹原理"的方法，见周瀚光《中国古代科学方法研究》。

验与实考的方法也并非只有科学家使用，我们看到朱熹其实也同样对此抱有兴趣，并将其作为整个"格物"、"穷理"认识的一个组成部分。不仅如此，从历史的发展来看，这样的科学方法在未来明清时期的知识与思想活动中也将扮演更为积极和重要的角色。

六、科学精神

此外，从沈括的科学思想以及方法中也可以看到一种怀疑与批判的精神，看到一种追求真理的精神，同时，这种精神也与哲学精神相契。

如沈括批评以往漏刻家：

> 古今言刻漏者数十家，悉皆疏谬。历家言晷漏者，自《颛帝历》至今，见于世谓之大历者，凡二十五家。其步漏之术，皆未合天度。余占天候景，以至验于仪象，考数下漏，凡十余年，方粗见真数，成书四卷，谓之《熙宁晷漏》，皆非袭蹈前人之迹。其间二事尤微：一者，下漏家常患冬月水涩，夏月水利，以为水性如此；又疑冰澌所壅。万方理之，终不应法。余以理求之，冬至日行速，天运未期，而日已过表，故百刻而有余；夏至日行迟，天运已期，而日已至表，故不及百刻。既得此数，然后覆求晷景、漏刻，莫不胳合。此古人之所未知也。（《梦溪笔谈》卷七《象数一》）

这是对前人工作的粗疏提出批评。

又如沈括不同意唐代卢肇关于太阳引起潮汐的观点，其批驳说：

> 卢肇论海潮，以谓"日出没所激而成"，此极无理。若因日出没，当每日有常，安得复有早晚？予常考其行节，每至月正临子、午，则潮生，候之万万无差。此以海上候之，得潮生之时。去海远，即须据地理增添时刻。月正午而生者为潮，则正子而生者为汐；正子而生者为潮，则正午而生者为汐。（《补笔谈》卷二《象数》）

这是对卢肇的观点所提出的批评。

类似的例子还可以举出许多。

竺可桢曾对沈括这样评论："括对古人之说，虽加以相当之尊重，但并不视为金科玉律。其论历法一条，抛弃一切前人之说，主张以节气定月，完全为阳历，而较现时世界重行之阳历，尤为正确合理。其言曰：'事固有古人所未至而俟后世者，如岁差之类，方出于近世，此固无古今之嫌也。……予先验天百刻有余有不足，人已疑其说。又谓十二次斗建当随岁差迁徙，人愈骇之。今此历论，尤当取怪怨攻骂，然异时必有用予之说者。'（注：见沈括《补笔谈》卷二《象数》）括去今已八百余年，冬夏时刻之有余有不足，斗建之随岁差迁徙，与夫阳历之优于阴历，虽早已成定论。而在括当时能独违众议，毅然倡立新说，置怪怨攻骂于不顾，其笃信真理之精神，虽较之于伽利略（Galileo），亦不多让也。"①

乐爱国认为：沈括之所以会产生如此的科学怀疑精神，可能有多种多样的原因，但与当时北宋儒学的发展不无关系。如欧阳修对儒家经典就提出过大胆的怀疑，并由此引发了普遍的"疑古"、"疑经"的思潮；又王安石也有不拘于经典的创新精神，并且沈王二人关系密切。可以说，怀疑精神是北宋儒学的学术精神之一。而沈括的科学怀疑精神正是在这样的背景中形成的。②

七、沈括科学思想中的问题

但沈括的思想中也包含有一定的缺陷，例如其中有不少五行的内容，以下这则论述就是其中十分典型的一例："信州铅山县有苦泉，流以为涧。挹其水熬之，则成胆矾，烹胆矾则成铜。熬胆矾铁釜，久之亦化为铜。水能为铜，物之变化，固不可测。按《黄帝素问》有'天五行，地五行。土之气在天为湿，土能生金石，湿亦能生金石，'此其验也。又石穴中水，所滴皆为钟乳、殷孽。春秋分时，汲井泉则结石花；大卤之下，则生阴精石，皆湿之所化也。如木之气在天为风，木能生火，风亦能生火，盖五行

---

① 杭州大学宋史研究室：《沈括研究》，第 2 页，杭州，浙江人民出版社，1985。
② 参见乐爱国《宋代的儒学与科学》，第 59 页。

之性也。"(《梦溪笔谈》卷二五《杂志二》)李约瑟指出："这一段引文似乎明白地提示,沈括对五行理论过于不加批判地接受,妨碍了他对溶液和混合物性质的解释。"当然,李约瑟也指出,事实上欧洲直到 17 世纪也仍存在相同的认识,因此,"如果非难沈括承认了一种在他死后六个世纪还未得到正确解释的转变,那就未免不公正了"。但问题在于,"对这种现象的正确解释在多大程度上是由于象五行那样笼统的理论长期为人们无批判地接受而被推迟了;在这一点上,是很难为这些理论开脱责任的"。李约瑟还认为:"到了宋代(11 世纪),它(注:指五行理论)对当时开展起来的伟大的科学运动大概已在起着一种确属有害的影响了。"①李约瑟以上看法大致是说,在具体结论上批评沈括是不公正的,也是没有意义的,重要的在于沈括或沈括的时代仍没有脱出阴阳五行理论的投影,对这一点是值得深刻检讨与反思的。此外,胡道静也指出,沈括的宿命论思想是很浓厚的,《笔谈》卷二〇"神奇"、卷二一"异事"两卷里,大部分被神秘主义的色彩所笼罩,这些都是需要批判地对待的。② 应当看到,五行思想无疑也是沈括思想中科学与哲学关系的一个重要组成部分,但在这里,其传统的或有糟粕的东西很可能要多于优秀的和有价值的东西。这仍然是前面已经讲到的思维及知识的连续性问题,并且我们通过沈括的这个例子也可以看到理性进步的艰难性,即便是如此伟大的一位科学家同样难逃神秘或巫术传统的宿运。也看到一种文化及知识系统自身所具有的局限性和规定性,这种局限性和规定性往往很难通过自身来解决,通过中国近现代历史的变迁,我们将对这一问题有更深刻的理解。

第七节　天文学与地理学的发展及相关思想

在天文历法方面,宋元期间组织过多次大规模的天文测量,不少测量在精度上较前人都有提高,中国古代的天文观测仪器在宋元时期也达

---

① 〔英〕李约瑟:《中国科学技术史》第二卷《科学思想史》,第 288、289 页。
② 参见胡道静《梦溪笔谈校正》,引言部分第 17 页。

到了最高阶段，而元代郭守敬所制造的天文仪器以及所制订的《授时历》则将中国古代的天文学推向辉煌。值得注意的是，在这一时期，有关宇宙问题其实更多地是由哲学家来思考的，而科学活动则主要面对和解决一些与此相关却更为具体和现实的问题，这一方面既表明思想家对于宇宙或天文问题的关注，另一方面也反映了天文学学科的研究更加深入。除天文学外，这一时期的地理学也有相应的理论成果。

一、宋元时期天文学发展的一般概况

宋元时期天文学所取得的成就首先体现在天象特别是恒星观测上。据统计，北宋时期百余年间共进行过 5 次大规模的恒星位置观测，精确度比以前有很大的提高，这其中尤以 1102—1106 年由姚舜辅等人进行的第五次观测最为精确。到了元代，郭守敬等人在 1276 年又进行过一次大规模的恒星位置测量工作，精确度比宋代又提高约一倍。另通过测量，郭守敬还观测记录了前人未曾命名的恒星 1000 余颗，由 1464 颗增加到 2500 颗。相比较，欧洲 14 世纪文艺复兴前所观测到的恒星数为 1022 颗，由此不难看出我国古代当时的恒星观测所具有的先进水平。除恒星外，对于新星和超新星的观测也在这一时期取得了重大的成就。

中国古代天文观测仪器如漏刻、圭表、浑仪、浑象等也在这一时期达到巅峰阶段。在圭表测影技术上，从沈括、苏颂再到郭守敬，都有新的方法提出，这使得回归年长度、黄赤交角等测量精度有进一步的提高。北宋时期所制造的浑仪特别多，在 995 年至 1092 年的不到百年间，先后有 5 架巨型浑仪问世，每架用铜均在 2 万斤（10 吨）左右。郭守敬还在浑仪的基础上制造出简仪。又燕肃于 1031 年在漏壶中首次使用了漫流系统，保证了漏壶水位的恒定性，大大提高了计时精度。特别是 1088 年，苏颂与韩公廉等人制成了水运仪象台，其利用齿轮和漏壶装置来保持仪器的恒定速度并与天体运动相一致，即能演示天象，又能用于报时。

大规模的恒星测量与天文仪器的高度发展也包含了重要的思想在内，如苏颂在给朝廷的报告中就说道：制作仪器的目的在于"校验皆与天合""其密殆与造物者侔焉"。(《宋史》卷八〇《律历》)由此不难看到当时天文学对于观测精度的极高要求。

二、沈括的"十二气历"

在中国传统的阴阳合历中,由太阳运动设置的节气与由月亮运动设置的月份之间的关系是不固定的,常常会出现节气与月份的不符,即太阳年与月亮年之间会出现一定的差额,尽管采取了置闰方式,但无法根本消除这一矛盾或缺陷。沈括充分意识到了这一问题,其指出节气变化与月亮盈亏其实无关:"凡积月以为时,四时以成岁。阴阳消长,万物生杀变化之节,皆主于气而已。但记月之盈亏,都不系岁事之舒惨。"(《补笔谈》卷二《象数》)但当传统历法硬要将这两者结合在一起时,就必然会出现种种问题,用沈括的话说就是:"气朔交争,岁年错乱,四时失位,算数繁猥。"(《补笔谈》卷二《象数》)这实际是阴阳合历所必然带来的问题。

为从根本上解决这一问题,沈括大胆地提出了十二气历的构想。这一构想的框架是:"用十二气为一年,更不用十二月,直以立春之日为孟春之一日,惊蛰为仲春之一日,大尽三十一日,小尽三十日,岁岁齐尽,永无闰余。"即历法是完全以 12 个节气定月,如立春为孟春(正月)初一,惊蛰为仲春(二月)初一,等等。大月 31 日,小月 30 日,一般大小月相间,一年最多有一次 2 个小月相连。实际上,这是一种纯太阳历的历法制度,既简单,又便于各种生产活动。沈括说:"如此,则四时之气常正,岁政不相凌夺。"又说:"如此历日,岂不简易端平,上符天运,无补缀之劳?"(《补笔谈》卷二《象数》)

以上沈括的十二气历说概括起来主要就是两个思想:第一,应符合自然规律;第二,能指导人事活动。这其实也是哲学思想的体现,它体现了天(规律)人(需求)之间的完美结合。竺可桢对沈括的十二气历作过高度的评价,他指出:"这样彻底的一个阳历较现行历法合乎理想。农夫春耕、夏种、秋收、冬藏的时间,统要看季节而定。沈括所创的历是最合老百姓所需要的。"①

　　但是，在传统力量极为浓厚的古代，这样的历法是不可能被采用的。对此，沈括已经预知，如前所见，其说道：

　　　　予先验天百刻有余有不足，人已疑其说；又谓十二次斗建当随岁差迁徙，人愈骇之。今此历论，尤当取怪怨攻骂，然异时必有用予之说者。(《补笔谈》卷二《象数》)

　　历史的进程亦正如沈括所预见的，他关于十二气历的主张，一直到清代都受到一些人的攻击。这其中固然也有技术上的原因，但更重要的则是政治与观念上的原因，诚如李申所指出："沈括的十二气历最合老百姓需要，但不合封建政治的需要。"因为"对于封建政治来说，历法描述的是天道，因而是占卜休咎、探测天意的工具"②。我们在这里再次能够清楚感受或体会到中国古代科学与理性在发展过程中所遇到的种种掣肘。但也正如沈括所预期的，"然异时必有用予之说者"，如太平天国所用的"天历"，今天行用的公历，其实质都与十二气历相似。而按照竺可桢的说法，最令沈括料想不到的是九百年以后，他的历法思想会在英国实行起来，20 世纪 30 年代，英国气象局用于统计农业气候的"萧伯纳历"，其原理与十二气历几乎完全相同。这个结果或现象无疑是十分令人玩味的。

三、北宋以张载为代表的宇宙天文思想

　　在宋元时期，有关宇宙和天文学的理论问题其实更多的是由哲学家来思考的，前已指出，这反映了科学中宇宙问题对哲学思考的深刻影响，也反映了哲学领域对宇宙问题的重视。这里我们先来看北宋时期的状况。

　　北宋初年，周敦颐和邵雍对于宇宙演化问题都各自有过猜测。如周

---

① 《人民日报》1951 年 2 月 26 日，第 3 版，转引自胡道静：《梦溪笔谈校正》，第 940 页注 6。
② 李申：《中国古代哲学和自然科学》，第 691 页。

敦颐在《太极图说》中曰："无极而太极。太极动而生阳,动极而静,静而生阴。静极复动。一动一静,互为其根。分阴分阳,两仪立焉。阳变阴合而生水、火、木、金、土,五气顺布,四时行焉。五行一阴阳也;阴阳一太极也;太极本无极也。五行之生也,各一其性。无极之真,二五之精,妙合而凝。乾道成男,坤道成女。二气交感,化生万物,万物生生而变化无穷焉。"这段话虽有太多的哲学层面的假设,但它的确是一种典型的宇宙论猜测或假设。邵雍对宇宙和天文历法多有研究,其哲学思想中包含有不少天文学思想。我们知道,邵雍以象数学作为基础,建立起了先天结构图。邵雍讲:"太极既分,两极立矣。阳下交于阴,阴上交于阳,四象生矣。阳交于阴、阴交于阳,而生天之四象;刚交于柔、柔交于刚,而生地之四象,于是八卦成矣。八卦相错,然后万物生焉。是故一分为二,二分为四,四分为八,八分为十六,十六分为三十二,三十二分为六十四。故曰分阴分阳,迭用柔刚,故易六位而成章。十分为百,百分为千,千分为万。"这"犹根之有干,干之有枝,枝之有叶。愈大则愈少,愈细则愈繁。合之斯为一,衍之斯为万"。(《皇极经世书·观物外篇上》)这明显是一种对宇宙结构和演化的猜测。同时,邵雍的理论中也包含了各种天文、历法知识。例如:"天圆而地方,天南高而北下,是以望之如倚盖焉。地东南下西北高,是以东南多水,西北多山也。""天行所以为昼夜,日行所以为寒暑。夏浅冬深,天地之交也。左旋右行,天日之交也。日朝在东,夕在西,随天之行也。夏在北,冬在南,随天之交也。天一周而超一星,应日之行也。春酉正,夏午正,秋卯正,冬子正,应日之交也。""日以迟为进,月以疾为退,日月一会而加半日减半日,是以为闰余也。日一大运而进六日,月一大运而退六日,是以为闰差也。""日月之相食,数之交也。日望月则月食,月掩日则日食,犹水火之相克也。""日随天而转,月随日而行,星随月而见,故星法月,月法日,日法天。天半明半晦,日半赢半缩,月半盈半亏,星半动半静,阴阳之义也。"(《皇极经世书·观物外篇下》)邵雍还提出了"历理"的概念,将"历"这一天文学概念与"理"这一更具哲学的概念结合在一起,谓"今之学历者,但知历法,不知历理"(《皇极经世书·观物外篇上》)。实际上是主张用哲学来指导天文科学，这对后世产生有一定的影响。邵雍又说：天地"自相依附。天依形，地附气。其形也有涯，其气也无涯"(《渔樵问对》)。这其实是一种宣夜说的观点，也为以后思想家所普遍接受。

这一时期的宇宙天文思想以张载最为丰富。我们知道，张载哲学的基本思想就是"太虚即气"，而事实上，这一思想是与宇宙理论密切相关的。在张载这里，宇宙就是"太虚"。其在《正蒙·太和》中讲："太虚无形，气之本体，其聚其散，变化之客形尔。""太虚不能无气，气不能不聚而为万物，万物不能不散而为太虚。"这就是说，宇宙的本体是"气"，客形是"物"。由气而物或由物而气，这是一个聚散过程，这样一个过程具有必然性。我们注意到，张载在叙述其宇宙理论时特别强调它的实有性。如张载说："气聚则离明得施而有形，气不聚则离明不得施而无形。方其聚也，安得不谓之客？方其散也，安得遽谓之无？""气之聚散于太虚，犹冰凝释于水，知太虚即气，则无无。"(《正蒙·太和》)这显然是针对道、佛两家理论而言的，但在这其中，也将张载的哲学思想和宇宙理论突现了出来。

同时，张载又特别注重对宇宙生成和演化中"因"或动力的考察。张载说：

> 凡圜转之物，动必有机，既谓之机，则动非自外也。(《正蒙·参两》)

所谓"圜转之物"的知识依据应当就是指各种天体，这里明确讲到了宇宙的生成及演化是由于其自身动因的结果。张载还认为，这种"因"或动力就是宇宙本体即气自身所具有的对立性，而这种对立性正是宇宙生成变化的基本动因。张载说："太和所谓道，中涵浮沉、升降、动静、相感之性，是生氤氲、相荡、胜负、屈伸之始。""气块然太虚，升降飞扬，未尝止息。……此虚实、动静之机，阴阳、刚柔之始。"(《正蒙·太和》)应当看到，所有这些思想虽然都有古代哲学思想的根源，但它们也都有前代和当代的知识背景。

张载也同样十分关注天文学问题，在其思想中涉及有不少天文学的知识，包括天体旋转方向、五星运行迟速、月亮盈亏以及与此相关的潮汐等问题，其中尤其突出地体现在有关"天左旋"的看法中，在张载的《正蒙·参两》中有这方面的重要论述。张载说：

> 地纯阴凝聚于中，天浮阳运旋于外，此天地之常体也。恒星不动，纯系乎天，与浮阳运旋而不穷者也。日月五星逆天而行，并包乎地者也。地在气中，虽顺天左旋，其所系辰象随之，稍迟则反移徙而右尔。间有缓速不齐者，七政之性殊也。

又说：

> 古今谓天左旋，此直至粗之论尔。不考日月出没恒星昏晓之变。愚谓在天而运者，惟七曜而已。恒星所以为昼夜者，直以地气乘机左旋于中，故使恒星河汉因北为南，日月因天隐见。

最后，张载下结论道："天左旋，处其中者顺之，少迟则反右矣。"天是左旋，还是右旋，这在中国古代天文学中是两种十分重要却又截然相反的观点。总的来说，张载是吸取了历史上不同学说的观点，同时又提出了自己独特的见解，即地球自转说。张载的看法既有合理之处，也有错误之处，但这些可能都并不重要，因为张载毕竟不是一个天文学家。重要的是，他在哲学思想中融入了科学论证。事实上，他的理论对于以后的哲学研究产生了重要影响，此后，朱熹、王夫之都深入思考了这一问题并给出自己的理解。例如朱熹说："横渠云：天左旋，处其中者顺之，少迟则反右矣。此说好。"（《朱子语类》卷九九《张子之书二》）王夫之说："此直谓天体不动，地自内圆转而见其差，于理未安。"（《张子正蒙注·参两》）在这里，我们看到朱熹和王夫之都从各自的角度剖析了张载的理论，这既表明了这一理论的影响力，同时又让我们看到这一理论本身所蕴含的内容的丰富性和复杂性。更重要的，是它们连接起来又构成了一种传统。

除此之外，张载还曾解释过风雨等现象形成的原因，他说：

> 阴性凝聚，阳性发散。阴聚之，阳必散之，其势均散。阳为阴累，则相持为雨而降；阴为阳得，则飘扬为云而升。故云物班布太虚者，阴为风驱，敛聚而未散者也。凡阴气凝聚，阳在内者不得出，则奋击而为雷霆；阳在外者不得入，则周旋不舍而为风；其聚有远近虚实，故雷风有小大暴缓。和而散，则为霜雪雨露；不和而散，则为戾气曀霾；阴常散缓，受交于阳，则风雨调，寒暑正。（《正蒙·参两》）

张载也试图解释潮汐现象：

> 地有升降，日有修短。地虽凝聚不散之物，然二气升降其间，相从而不已也。阳日上，地日降而下者，虚也；阳日降，地日进而上者，盈也；此一岁寒暑之候也。至于一昼夜之盈虚、升降，则以海水潮汐验之为信。然间有小大之差，则系日月朔望，其精相感。（《正蒙·参两》）

二程在天文知识方面也有过一些思考。程颐说："天地阴阳之变，便如二扇磨，升降盈虚刚柔，初未尝停息，阳常盈，阴常亏，故便不齐。譬如磨既行，齿都不齐，既不齐，便生出万变。"（《程氏遗书》卷二上）这是说宇宙天地是由阴阳二气的摩擦运动所造成的。不仅宇宙，天气也是如此，如："电者阴阳相轧，雷者阴阳相击也。"（《程氏遗书》卷二下）二程又论及月食现象："月不受日光故食。"也论及岁差问题："阴阳盈缩不齐，不能无差，故历家有岁差法。"（以上均见《程氏遗书》卷一一）此外，二程也思考过气温与地形之间的关系，曾说："天下之或寒或燠，只缘它地形高下。如屋阴则寒，屋阳则燠。"（《程氏遗书》卷二下）这些无疑都应是二程"格物"观念的一个组成部分。

四、南宋以朱熹为代表的宇宙天文思想

南宋以后思想家的宇宙天文思想主要是以朱熹为代表。朱熹在宇

宙理论与天文学这两个方面都有十分丰富的思想，这里我们主要考察其宇宙理论，由于论述结构的需要，其天文学思想将在第十一节"朱熹的科学思想"中再作专门考察。

朱熹的宇宙理论是从宇宙演化问题开始的。朱熹说：

> 天地初间只是阴阳之气。这一个气运行，磨来磨去，磨得急了，便拶许多渣滓，里面无处出，便结成个地在中央。气之清者便为天，为日月，为星辰，只在外，常周环运转。地便只在中央不动，不是在下。

> 天运不息，昼夜辊转，故地榷在中间。使天有一息之停，则地须陷下。惟天运转之急，故凝结得许多渣滓在中间。地者气之渣滓也，所以道：轻清者为天，重浊者为地。（以上见《朱子语类》卷一《理气上》）

朱熹以上思想在一定程度上受到二程有关摩擦思想的启发，这最初实际也是《易传》的思想，但显然有了更深入的思考，其要点包括：宇宙最初只是阴阳之气；这个气是运动的，而非静止的；而运动的过程也就是摩擦的过程；由于摩擦运动导致了气的分离，重浊者便为地，轻清者则为天。英国科学史家梅森在其《自然科学史》中这样理解：朱熹"认为在太初，宇宙只是在运动中的一团混沌的物质。这种运动是旋涡式的运动，而由于这种运动，重浊物质和清刚物质就分离开来，重浊者趋向宇宙大旋流的中心而成为地，清刚者则居于上而成为天。大旋流的中心是旋流的唯一不动部分，因而地必然处于宇宙的中心"[1]。而李约瑟则干脆称之为"离心的宇宙形成论"[2]。可以看出，以上这些评价都意味着对朱熹的宇宙理论的肯定。

事实上，朱熹的宇宙理论可能主要包含有如下具体思想：（1）朱熹讲：太极"方浑沦未判，阴阳之气，混合幽暗"（《朱子语类》卷九四《周子之

---

① 〔英〕梅森：《自然科学史》，第75页，上海，上海译文出版社，1980。
② 〔英〕李约瑟：《中国科学技术史》第二卷《科学思想史》，第515页。

书》)。这是说宇宙最初也即混沌未开时的状况,朱熹在这里继承了浑天说的理论,但朱熹却在很大程度上明显发展了浑天说理论,其体现在以下的第二种思想上。(2) 朱熹认为:天与地均"初间极软,后来方凝得硬"(《朱子语类》卷一《理气上》)。这是说宇宙天地的演化发展有一个由软至硬、由柔而刚的过程,这其中是否有可能包含了对老子及《易传》思想的体会。(3) 朱熹又说:"天以气而依地之形,地以形而附天之气。天包乎地,地特天中之一物尔。天以气而运乎外,故地搉在中间,颓然不动。"(《朱子语类》卷一《理气上》)这是关于天地之间的关系,天在地外,地在中央,这无疑是地球中心说。但学者们已经注意到,朱熹的这一看法解决了浑天说中"天表里有水"、"地载水而浮"的理论缺陷,把浑天说的传统理论提高到一个新的水平。① 当然,我们在这里也可以看到宣夜说思想的影响,或者我们也可以这样认为,由于宣夜说思想的持续影响,方使得朱熹这样的思想家产生新的认识或见解。

尤其是关于天,朱熹有更为深入的思考,这也包括以下几个具体的方面:(1) 朱熹讲天"只是气旋转得紧,如急风然,至上面极高处转得愈紧"(《朱子语类》卷二《理气下》)。这是讲天始终处于旋转运行之中。(2) 又讲:"天无体,只二十八宿便是天体。"(《朱子语类》卷二《理气下》)这是说天无形质可言。(3) 天有九重或天体有运行轨道的思想。朱熹说:"《离骚》有九天之说,注家妄解,云有九天。据某观之,只是九重。盖天运行,有许多重数,里面重数较软,至外面则渐硬。想到第九重,只成硬壳相似,那里转得又愈紧矣。"(《朱子语类》卷二《理气下》)实际上,天有九重的看法在屈原的《天问》和汉代的《淮南子》中就有了,而朱熹关于天有九重思想的真正意义在于对天体运行轨道的认识。

> 如以一大轮在外,一小轮载日月在内,大轮转急,小轮转慢。虽都是左转,只有急有慢,便觉日月似右转了。(《朱子语类》卷二《理气下》)

---

① 参见杜石然等编著《中国科学技术史稿》(下册),第 106 页。

这是朱熹门人的看法，但朱熹赞同此说。而这之中又涉及"左转"或"右转"这样一些因天体相对运动速度不同而产生的视觉问题，前面已经指出，朱熹在此问题上同意张载的看法，他说："横渠云：天左旋，处其中者顺之，少迟则反右矣。此说好。"（《朱子语类》卷九九《张子之书二》）对于朱熹的上述见解，李约瑟说道："这位哲学家曾谈到'大轮'和'小轮'，也就是日、月的小'轨道'以及行星和恒星的大'轨道'。特别有趣的是，他已经认识到，'逆行'不过是由于天体相对速度不同而产生的一种视现象。"①

需要指出的是，学者们还注意到，朱熹的上述思想与康德——拉普拉斯星云说有相似之处，并有可能启发了后者。例如《中国科学思想史》将朱熹的宇宙理论与康德——拉普拉斯星云说相对照，概括出相似之处有七个方面：(1) 原始物质是气体；(2) 气在不息地旋转运动；(3) 旋转中的气体速度在增快；(4) 当气的旋转速度增快到一定程度时原始物质裂开；(5) 原始物质裂开后分为中心与环绕中心旋转的部分；(6) 中心及其外围气体形成太阳、大地、月亮及其他星体；(7) 星体的发展均有一个由软而硬的过程。当然，朱熹的思想与康德——拉普拉斯星云说有着很大的不同，即其并未揭示力的作用对于宇宙生成的影响，应当说，这完全是由历史条件所决定的。但《中国科学思想史》的作者指出：朱熹天地生成说是星云说的雏形，星云说是朱熹天地生成说的结果。研究表明，星云说形成于 18 世纪后半期。在此之前的 17、18 世纪之交，通过传教士，欧洲学者曾广泛接触到包括理学在内的中国文化，这也包括康德与拉普拉斯，他们从中国的哲学与科学中吸取营养，进而丰富自己的学识与思想。如拉普拉斯就在阅读了由传教士宋君荣所写的有关中国天文学的著作后将其出版，他还在《宇宙系统论》一书中谈到中国天文学的各种成就。《中国科学思想史》作者判定：在朱熹的天地生成论与拉普拉斯的星云说

---

① 〔英〕李约瑟：《中国科学技术史》第四卷《天学》，第 547 页，北京，科学出版社，1975。

之间一定存在着逻辑上的先后关系。①

　　而上述思考无疑又都涉及基本的哲学问题，这包括：(1) 关于宇宙的物质基础，朱熹在这里显然受到张载的影响。朱熹也认为"气"是宇宙中的基本并且唯一的物质，他说：

> 天地间无非气。(《朱子语类》卷三《鬼神》)
>
> 天地间只是一个气。(《朱子语类》卷六五《易一》)

由此可以看出，一旦进入到科学领域或者接近科学领域，朱熹的思想便会被赋予更多的唯物论或科学的色彩，也就是向"气"或"物"靠拢。(2) 朱熹对有限无限的问题也有所思考，如他说：

> 自地之外，气之旋转，益远益大，益清益刚，究阳之数，而至于九，则极清极刚，而无复有涯矣。(《楚辞集注》卷三《天问》)

(3) 有限无限又不仅是空间问题，也涉及时间。朱熹认为任何宇宙的演化有始必有终，他描述太极阴阳二气：

> 及其既分，中间放得宽阔光朗，而两仪始立。康节以十二万九千六百年为一元，则是十二万九千六百年之前又是一个大辟阖，更以上亦复如此。直是动静无端、阴阳无始。小者大之影，只昼夜便可见。五峰所谓，一气大息，震荡无垠，海宇变动，山勃川湮，人物消尽，旧迹大灭，是谓洪荒之世。(《朱子语类》卷九四《周子之书》)

但当论及宇宙本身时，弟子问："天地会坏否？"他回答说：

> 不会坏。只是相将人无道极了，便一齐打合，混沌一番，人物都尽，又重新起。(《朱子语类》卷一《理气上》)

在这里，朱熹又明确地阐述了宇宙是循环往复的理论。

　　总之，朱熹在宇宙生成演化以及结构方面的思想已经达到了一个崭

---

① 以上分别见袁运开、周瀚光主编《中国科学思想史(中)》，第 670、671、672 页。

新的高度。

此外，朱熹的门人对宇宙问题也有过思考，前述《朱子语类》卷二《理气下》所记载的"一大轮在外，一小轮载日月在内，大轮转急，小轮转慢。虽都是左转，只有急有慢，便觉日月似右转了"之说就是朱熹门人与朱熹讨论时的话。这其中又尤以蔡元定和蔡沈（即蔡沉）父子最为突出。蔡元定的年龄仅比朱熹小 5 岁，由于在天文学等方面很有造诣，故深受朱熹器重，由朱熹《答蔡季通》也可知，朱熹与蔡元定曾深入讨论过天文历法问题。另蔡元定的父亲蔡发也精于天文地理，有学者指出朱熹的某些天文学观点和论述与其观点颇为相似。[1]

又元代的史伯璿也专门思考过宇宙起源和演化问题。其说："以理推之，地之所以不坠者，水载之也；水之所以不泄者，气束之也；气之所以束得水住者，以其运之至劲，故水无可泄之耳。"（《管窥外篇》）李申认为，这是浑天说与宣夜说相结合的新的宇宙结构模型，可称之为"浑宣合一说"。而浑宣合一说既克服了浑天说难以克服的两大力学和物理学问题：天地为何不沉不陷，天为何能从水中通过，同时也使宣夜说中日月星辰的运行遵守着一定的规则。[2] 当然，史伯璿的思考有许多臆测性质，因此也就难免有自相矛盾之处。

这里有一个重要的问题值得再次申说，那就是哲学本体论问题与宇宙理论的关系。结合以上北宋邵雍、张载以及南宋朱熹等人的思想，我们可以清楚地看到，其关于哲学本体论问题的思考实际都是有深刻的知识背景或依据作为支撑的。也就是说，宋代思想家有关本体的思考，不仅仅只有"理"、"气"问题，也有宇宙论问题。这一点与先秦时期老子、庄子以及《易传》的思想非常相似。认识到这一点，有助于我们了解关于哲学本体问题讨论的复杂性和生动性，也有助于我们了解其深刻性及相关的知识性。

---

① 参见乐爱国《宋代的儒学与科学》，第 110 页。
② 参见李申《中国古代哲学和自然科学》，第 659 页。

五、潮汐及其他地学理论

潮汐理论既可以作为天文学的内容，也可以作为地理学的内容。如前所说，有关潮汐现象，汉唐时期的人们已经有所认识，特别是唐代窦叔蒙的《海涛志》，对潮汐的生成有了更为科学的认识。至宋代，燕肃在对海潮规律进行长期观察以及吸取前人研究经验的基础上，历时十年，终于写出《海潮论》，为解释潮汐现象做出了卓越的贡献。燕肃讲：

> 大率元气嘘翕，天随气而涨敛，溟渤往来，潮随天而进退者也。以日者，重阳之母，阴生于阳，故潮附之于日也；月者，太阴之精，水属阴类，故潮依之于月也。是故随日而应月，依阴而附阳，盈于朔望，消于朏魄，虚于上下弦，息于朓朒。

这里可以看到，燕肃是用元气、阴阳这样一些理论来解释潮汐现象的。而燕肃显然已经认识到日月的吸引是形成海潮的原因，并且燕肃还指出一月之中朔望潮大，上下弦潮小，这些无疑都是科学正确的论断。同时，燕肃还"求之刻漏"，对潮汐变化进行了精确的推算。如燕肃记录到："今起月朔夜半子时，潮平于地之子位四刻一十六分半，月离于日，在地之辰，次日移三刻七十二分，对月到之位，以日临之次，潮必应之。过月望复东行，潮附日而又西应之。至后朔子时四刻一十六分半，日、月潮水亦俱复会于子位。"正是通过这样的定量观测，燕肃才能给出每天海潮涨落的确切时间。由此我们也可以看出宋人所普遍具有的一种精细化的思维方式。此外，燕肃还充分注意到地理地形对于潮汐的影响，并对钱塘江潮做出解释。唐代卢肇认为杭州湾的喇叭口形状是钱江潮的原因。燕肃则根据自己的研究，提出钱塘江潮的生成在于泥沙堆积、河床升高这个关键性的因素。至元代宣昭撰《浙江潮候图说》，又结合卢燕二人之说，全面完整地说明钱塘江潮的成因。

在这一时期的地理学中，还有更多的学者参与过对宇宙生成和大地形状问题的探讨，例如宋代地学家徐兢认为："天包水，水承地，而一元之气升降于太空之中，地承水力以自持，且与元气升降，互为抑扬，而人不觉，亦犹坐于船中者，不知船之自运也。"(《宣和奉使高丽图经》卷三四《海道一》)这一时期的人们对大地模式也有过思考，其中张翥的思考就十分深刻，其讲："九州环大瀛海，而中国曰赤县神州，其外为州者复九，有裨海环之。人民禽兽，莫能相通。"(《岛夷志略》序)由此肯定了邹衍大九州学说的科学价值及创造性意义。而这些论述或思想中的元气升降以及九州结构问题又都是以往或当下哲学思考的问题，这样的思考在宋元时期同样不在少数。①

六、郭守敬与中国古代历法思想的巅峰

这一时期天文科学及其思想的发展在郭守敬这里达到了巅峰。

元代初年，王恂、郭守敬等人受命制订新历。1280 年新历告成，元世祖取"敬授民时"古语，名之为《授时历》。不久，王恂病逝，有关新历的诸多计算、定稿等任务均由郭守敬承担完成。

按照李申对《授时历议》以及后人研究的概括，《授时历》的成就主要有如下方面：验影候气作为制历的基础；引入岁差；采用定朔；废除上元积年；用小数代替分数；接受宋代统天历所定的回归年长度，承认回归年长度在不断变化；考虑到日月行度的不均匀，运用三次内插法（招差术）。② 又袁运开、周瀚光主编的《中国科学思想史》将郭守敬的历法思想归纳总结如下：强调"帝王之事，莫重于历"；制历要"本天道自然之数"；强调"历之本在于测验"；"测验之器莫先于仪表"，即深信仪器的检测作用；"立术推求，于理为尽"，即通过数学公式来推求天体运行规律；强调"参以古制，创以新法"。③

从与哲学关系的角度来看，上述成就或思想中的以下这两点尤为

---

① 可参见袁运开、周瀚光主编《中国科学思想史（中）》，第 684—688 页。
② 参见李申《中国古代哲学和自然科学》，第 696—698 页。
③ 见袁运开、周瀚光主编《中国科学思想史（中）》，第 673—679 页。

重要。

　　首先,郭守敬天文思想的一个最突出之处就是强调历法是对天道自然之数的反映。郭守敬等赞同晋杜预的思想:"治历者,当顺天以求合,非为合以验天。"指出:"前代演积之法,不过为合验天耳。"(《元史·历志二》)认为历法:

　　　　切记不以私意牵就。(《元史·历志一》)

　　　　盖天道自然,岂人为附会所能苟合哉。(《元史·历志二》)

主张去除"前代人为附会之失"(《元史·历志一》)。强调制定历法务必"与天道合"(《元史·郭守敬传》)。显然,这是一种典型的天道自然观,在这里我们清楚地看到了哲学对科学的影响,看到了哲学与科学之间的联系或衔接。为此,郭守敬将自刘歆以来历法家主要所依据的上元积数方法加以彻底废除,由此也彻底抛弃了制历中的附会因素。更重要的是其在制订《授时历》时还驱除了天人感应的内容,焚毁阴阳家的星占伪书,使天文学与占星术彻底分离从而完全纳入科学轨道。这无疑是非常重要的。从哲学与理性的视角来看,《授时历》的成功首先就体现在其世界观和科学观上,因为其将神学的内容完全摈除,这标志着自然天道观在天文学这一神学重镇的彻底胜利,也标志着在中国古代天文学领域科学和理性对于天命观念以及巫术迷信的决定性胜利,当然,这也是无神论观念的一个决定性的胜利。而郭守敬的这样一种认识和思想显然对后世产生了深刻的影响,明清时期的学者之所以普遍在天文历算中放弃象数迷信应当是与此密切相关的,由此也可见其意义非凡。

　　其次,注重科学推理与测验。郭守敬十分重视实际测验,强调:

　　　　历之本在于测验。(《元史·郭守敬传》)

并且郭守敬认识到测量不能局限于个别地点,而应在广大地域内进行。其对元世祖说:"唐一行开元间令南宫说天下测景,书中见者凡十三处。今疆宇比唐尤大,若不远方测验,日月交食分数时刻不同,昼夜长短不同，日月星辰去天高下不同"必无由得见(同上)。其建议得到元世祖的准许，于是在全国范围内设 27 个观测点，从事四海测验。最后所得数据黄赤交角为二十三度九十分，比今测值只差一分六秒八。二十八宿距度误差总和二度十分，平均每度只有四分五秒。郭守敬又特别注重观测仪器的作用，强调"测验之器莫先于仪表"(同上)。其不仅充分利用已有仪器，还发明了不少新仪器。例如郭守敬对浑仪加以改进，取消黄道圈，创造性地设计和制造了著名的简仪，这也是世界上最早的赤道仪。但测量的数据也有可能存在差距，往往不能直接用于历法。这就需要通过数学的方式加以协调。郭守敬曾撰有《推步》、《立成》，就是以数学公式加以推算。我们看到《授时历》中许多成就都与数学推算有关。例如其运用了招差术，以垛积招差来求得月行迟速，并以算术勾股弧矢方圆斜直所容求黄赤道之差。就此而言，《授时历》的成功也是科学方法的成功。再结合沈括的思想，结合同一时期的数学思想，我们可以看到这种方法或认识在当时的普遍性。

总之，《授时历》已将中国古代历法及其思想推向巅峰。这不仅是作为理性的科学的胜利，也是作为理性的哲学的胜利。

第八节　农学与生物学的发展及相关思想

宋元时期的农业生产技术有了进一步的发展，尤其是在江南地区。与此相关，农学思想也达到了一个很高的水平。这一时期先后出现了陈旉和王祯的两部《农书》，在这两部农书里出现了一些新的思想。也是在宋元时期，出现了大量的动植物谱录，生物学知识和思想发展迅速。与此相关，天人关系问题、"理"与"格物"的观念与思想在农学和生物学中都有所体现，一些观念如对人力的重视创出新意，也有些如"格物"观念则借助生物学知识与思想这个平台获得了很大的发展。

一、宋元时期主要农学与生物学思想

陈旉的《农书》写成于宋高宗绍兴十九年(1149)，是现存最早论述南

方水稻地区农业技术与经营的农书。该书对隋唐以来长江下游地区的农业生产经验作了总结。书中涉及的农业生产技术问题有：整地、育苗、中耕、除草、烤田、灌溉等。陈旉的《农书》还第一次系统地专门涉及土地利用问题，论述相当详细。王祯的《农书》是作者于元贞元年至大德四年（1295—1300）在安徽旌德和江西永丰任县官时所作。该书综合了黄河流域旱田耕作与江南水田耕作两方面的生产经验。全书由三部分组成："农桑通诀"概述农业耕作的各个环节；"百谷谱"细述栽培技术；最有特点的是"农器图谱"，共附图 306 幅，对当时通行的农业机械作了形象的记录。①　上述两部农书中的一些思想很有特点和价值。以陈旉关于农田治理的论述为例。陈旉说："且黑壤之地信美矣，然肥沃之过，或苗茂而实不坚，当取生新之土以解利之，即疏爽得宜也。硗埆之土信瘠恶矣，然粪壤滋培，即其苗茂盛而实坚栗也。"陈旉尤其强调说：

> 虽土壤异宜，顾治之如何耳；治之得宜，皆可成就。（《农书·粪田之宜》）

可以看到，陈旉十分强调农田治理的作用，也即所谓"顾治之如何耳"。在陈旉看来，"治之得宜，皆可成就"。很显然，陈旉在这里强调了人力的重要性，这一思想的产生在很大程度上也是与宋元时期园艺技术的发展或提高密切相关的，由于园艺以及生物技术和知识的发展，使得生物品种和属性可以人为地加以控制，由此，人对自己的能力有了更高的估计，自信心也大大加强。这一方面的相关内容后面还将作专门论述。

除农学知识外，宋元时期生物学知识及其思想也有很大的发展，例如这一时期动植物分类知识和思想愈加细密，大量的动植物谱录面世。据统计，仅宋代关于植物的谱录就约有 50 余种，其中包括有蔡襄的《荔枝谱》、欧阳修的《洛阳牡丹记》、韩彦直的《橘录》、陆游的《天彭牡丹记》、王观的《扬州芍药谱》、刘蒙的《菊谱》、朱子安的《东溪试茶录》等。这些

---

① 也有学者注意到，王祯的《农学》的不少内容有可能来源于"曾氏农书"。

谱录通常会对所涉及生物品种作详细介绍,如蔡襄的《荔枝谱》记述了荔枝的生长特性、品质区分、食用功效以及加工储存等内容,具有很高的植物学价值,被认为是中国乃至世界果树栽培方面的第一部专著。欧阳修的《洛阳牡丹记》共有三篇:花品叙第一列出牡丹品种 24 个;花释名第二叙述了各个品种的来历;风俗记第三记述了洛阳人赏花、接花、种花、浇花、养花以及医花的种种方法。此外,另有合集类的著作,如由陈景沂所编纂的《全芳备祖》共计 60 多万字,分前后两集。其中前集为花部,著录各类植物 120 种;后集有果、卉、草、木、农桑、蔬、药凡 7 部,著录各类植物 150 多种。而在这些著述中也包含了大量的生物学思想,如遗传与变异就是其中十分典型的一个方面,这可以刘蒙的《菊谱》为例。刘蒙在《菊谱》中说:

> 花大者为甘菊,花小而苦者为野菊。若种园蔬肥沃之处,复同一体,是小可变为大也,苦可变为甘也,如是则单叶变而为千叶亦有之类。

又说:

> 余尝怪古人之于菊,虽赋咏嗟叹,尝见于文词,而未尝说其花瑰异,如吾谱中所记者,疑古之品未若今日之富也。今遂有三十五种。又尝闻于莳花者云:花之形色变易,如牡丹之类,岁取其变者以为新。今此菊亦疑所变也。

条件不同,环境不同,菊的生长也会有所不同,而且经人工培养,菊的种类也会不断增多。我们在这里可以清楚地看到有关变异的思想。

二、农学与生物学中的天人关系思想

除农学与生物学知识本身以外,这一时期的农学与生物学也包含了相关的哲学内容,这其中最重要的一个内容就是天人关系。

天人关系问题首先涉及的就是"因"、"宜"问题,前面已经反复指出,这样一个思想是自先秦、秦汉以来一直贯穿于中国农业生产的重要传统。我们看到,陈旉与王祯的农学思想中都包含了这样一个重要的内容。

陈旉明确地继承了中国农学与哲学中有关"宜"的思想,其所著《农书》上卷十二篇均围绕"宜"来展开,如《耕耨之宜》、《天时之宜》、《粪田之宜》等等。如陈旉讲:"耕耨之先后迟速,各有宜也。"(《农书·耕耨之宜》)陈旉还从更为一般的意义来谈因宜问题,例如:"万物因时受气,因气发生。"(《农书·天时之宜》)

王祯同样继承了"宜"的思想传统,并且作为思想更具代表性。王祯说:"四时各有其务,十二月各有其宜,先时而种,则失之太早而不生;后时而艺,则失之太晚而不成。"(《农书·农桑通诀·天时篇第一》)还说:"天气有阴阳寒燠之异,地势有高下燥湿之别,顺天之时,因地之宜,存乎其人。"(《农书·农桑通诀·耕垦篇第四》)尤其是关于地利问题,王祯说:"风行地上,各有方位,土性所宜,因随气化,所以远近彼此之间,风土各有别也。"又说:"九州之内,田各有等,土各有产,山川阻隔,风气不同,凡物之种,各有所宜。故宜于冀、兖者,不可以青、徐论,宜于荆、扬者,不可以雍、豫拟。此圣人所谓分地之利者也。"(《农书·农桑通诀·地利篇第二》)这些都是典型的"风土说"或"土宜说"的观点,这在当时仍很流行。王祯还进而概括道:"常以大体考之,天下地土,南北高下相半。且以江淮南北论之,江淮以北,高田平旷,所种宜黍稷等稼;江淮以南,下土涂泥,所种宜稻秫。又南北渐远,寒暖殊别,故所种早晚不同,惟东西寒暖稍平,所种杂错,然亦有南北高下之殊。"(《农书·农桑通诀·地利篇第二》)显然,王祯仍十分强调地理差异,并认同种种不宜的农耕理论,这其中无疑包括了对自然规律的认识。但也应当看到,王祯的这些思想明显较多地受到传统观念的影响,这在当时很可能已属保守,而在后世一些学者看来也显得有些平庸。

事实上,"因"、"宜"与人为之间的关系在这一时期的农学中已经被充分注意。陈旉强调农业经营并不是消极的,农业生产者应当积极地了解气候(天)、土壤(地)等规律、性质,从而提高农业生产的效率。为此他吸收《列子》中"天有时，地有利，吾盗天地之时利"（《列子·天瑞》）的观点，讲"在耕稼，盗天地之时利"（《农书·天时之宜》）。这里明显有对人为的强调，有对人的智力的强调。陈旉说道："虽土壤异宜，顾治之如何耳。治之得宜，皆可成就。"（《农书·粪田之宜》）这是讲无论土壤的自身条件怎样，其实都是可以通过人的努力加以改造的。陈旉的这一思想尤其体现在其"粪田"的理论中。其说：

> 或谓土敝则草木不长，气衰则生物不遂，凡田土种三、五年，其力已乏。斯说殆不然也，是未深思也。若能时加新沃之土壤，以粪治之，则益精熟肥美，其力当常新壮矣，抑何敝、何衰之有。（《农书·粪田之宜》）

在这里，陈旉驳斥了农田肥力必然衰减的消极观点，强调通过合理的施肥完全可以保证土壤的肥力，这在当时可以说代表了一种更新的观念。

不过，讲到"因"、"宜"与人为之间的关系，我们更应注意《农桑辑要》一书。《农桑辑要》是元世祖至元年间由司农司主持编成的著作，其具体编撰时间大约在元世祖至元十年后的二十余年间，随即颁行天下，这应当稍早于王祯的《农书》。针对当时的"风土说"，《农桑辑要》中讲到："苟涂泥所在，厥田中下，稻即可种，不必拘以荆、扬。土壤黄白，厥田上中，黍、稷、粱、菽即可种，不必限于雍、冀。坟、垆、黏、埴，田杂三品，麦即可种，又不必以并、青、兖、豫为定也。"（《农桑辑要·论九谷风土及种蒔时月》）这里指出农作物的栽种不应简单地以《禹贡》、《周礼》等经典所述为圭臬，而应更为主动积极地对待。《农桑辑要》中更举例对"风土说"加以驳斥，如在《论苎麻木棉》一篇中指出：

> 苎麻本南方之物，木棉亦西域所产。近岁以来，苎麻艺于河南，木棉种于陕右，滋茂繁盛，与本土无异。二方之民，深荷其利。遂即已试之效，令所在种之。悠悠之论，率以风土不宜为解。盖不知中国之物，出于异方者非一。以古言之，胡桃、西瓜是不产于流沙葱岭之外乎？以今言之，甘蔗、茗芽是不产于牂牁、邛、筰之表乎？然皆

> 为中国珍用，奚独至于麻、棉而疑之？虽然，托之风土，种艺之不谨
> 者有之，抑种艺虽谨，不得其法者亦有之。故特列其种植之方于右，
> 庶勤于生业者，有所取法焉。

这就是说，有些种植上的问题并非是由于土宜而造成的，而是由于缺乏经验，不得其法，我们应当注意这其中的观念或哲学意义。

需要注意的是，由于《农桑辑要》是由官方所颁行的农书，因此它实际体现了政府对于农事活动的基本认识。当然，我们也要看到，作为官方所颁行的农书，《农桑辑要》具有劝农的性质或目的。而在这种背景下，若推行不当，也不排除有违背规律的可能存在。

其实，王祯尽管强调土宜，但也有重视人本身作用的思想，如他说："若今之善农者，审方域田壤之异，以分其类；参土化土会之法，以辨其种，如此可不失种土之宜，而能尽稼穑之利。"（《农书·农桑通诀·地利篇第二》）在这里，王祯强调农事活动中人应在各个环节中充分发挥自己的能动作用，如此便能"尽稼穑之利"。又如关于当时普遍存在的木棉的种植问题，王祯进行了深入调查，并且在其《农书》中对木棉的栽种法作了全面介绍，给棉农以切实的指导。他指出："木棉为物，种植不夺于农时，滋培易为于人力，接续开花而成实，可谓不蚕而棉，不麻而布，又兼代毡毯之用，以补衣褐之费，可谓兼南北之利也。"（《农书·百谷谱·木棉》）从这一实例我们可知，王祯对于诸如木棉这样的农作物的栽种推广提出了更加具体的指导意见。由此来看，王祯对于人的作用问题也有所认识，只不过在王祯这里，它是与对客观规律的认识紧密相关的。因此，尽管王祯的农学思想可能略显传统或保守，但这种观念也可能包含了更为客观合理的精神。

而在这一时期，对人的重视尤其突出地体现在生物学思想之中。如前所说，这一时期园艺技术发展迅速，大量植物谱录面世。由于人们对植物品种的人工选择有了更多的认识，因此对人的能动性的认识也更加突出和深刻。例如韩彦直说：

> 接树之法，载之《四时纂要》中，是盖老圃者能之。工之良者，挥斤之间，气质随异，无不活者。过时而不接，则花实复为朱栾，人力之有参于造化，每如此。（《橘录》）

又如王观说：

> 今洛阳之牡丹、维扬之芍药，受天地之气以生，而小大浅深一随人力之功拙，而移其天地所生之性，故奇容异色间出于人间。以人而盗天地之功而成之，良可怪也。（《扬州芍药谱》）

这里，都强调了人力之于植物栽培或园艺技术的重要意义，也就是"人力之有参于造化"和"以人而盗天地之功而成之"。这样一种观念在当时是非常普遍的。例如李格非的《洛阳名园记》中说：

> 岂因于天理者可久；而成于人力者不可恃耶？

张琰在为《洛阳名园记》所作的序中也说：

> 种植灌溉，夺造化之功。

这样一些思想又正是后来明清时期"人定胜天"思想的先声。

这之中，有些论述或思想已经相当深入。例如韩彦直在其《橘录》的《序》中就对人为因素有十分具体和透彻的分析，他说：

> 橘出温郡，最多种，柑乃其别种。柑自别为八种，橘又自别为十四种，橙子之属类橘者，又自别为五种，合二十有七种。而乳柑推第一，故温人谓乳柑为真柑，意谓他种皆若假设者，而独真柑为柑耳。然橘亦出苏州、台州，西出荆州，而南出闽、广数十州，皆木橘耳，已不敢与温橘齿，矧敢与真柑争高下耶。且温四邑俱种柑，而出泥山者又杰然推第一。泥山盖平阳一孤屿，大都块土，不过覆釜。其旁地广袤只三、二里许，无连岗阴壑，非有佳风气之所淫渍郁烝。出三、二里外，其香味辄益远益不逮，夫物理何可考耶。或曰：温并海，地斥卤，宜橘与柑，而泥山特斥卤佳处，物生其中，故独与他异。予颇不然其说。夫姑苏、丹丘与七闽、两广之地，往往多并海斥卤，何

独温，而又岂无三、二里得斥卤佳处如泥山者。自屈原、司马迁、李衡、潘岳、王羲之、谢惠连、韦应物辈，皆尝言吴楚间出者，而未尝及温。温最晚出，晚出而群橘尽废。物之变化出没，其浩不可考如此。以予意之，温之学者，繇晋唐间未闻有杰然出而与天下敌者，至国朝始盛。至于今日，尤号为文物极盛处。岂亦天地光华秀杰不没之气来钟此土。其余英遗液犹被草衣。而泥山偶独得其至美者耶。

韩彦直指出，温州特别是泥山柑橘品种之优秀并非由于自然条件，"夫姑苏、丹丘与七闽、两广之地，往往多并海斥卤，何独温，而又岂无三、二里得斥卤佳处如泥山者"，且"自屈原、司马迁、李衡、潘岳、王羲之、谢惠连、韦应物辈，皆尝言吴楚间出者，而未尝及温"。在韩彦直看来，温州特别是泥山柑橘能独立风骚，乃是由于"文物极盛"，即经济与文化发展的必然结果。这充分肯定了人的因素在植物进化过程中的作用。

也有的学者关注到了生物遗传和选择中的人为因素问题。如宋代刘蒙的《菊谱》在讲变异时就涉及人为因素的问题：

尝闻于莳花者云：花之形色变易，如牡丹之类，岁取其变者以为新。今此菊亦疑所变也。今之所谱，虽自谓甚富，然搜访所有未至，与花之变异后出，则有待于好事者焉。

刘蒙指出，古代花的品种不如现代丰富，这是由于现代人为选择即"好事者"的结果。也就是说，只要有选择，就会有变异，选择越多，变异也就越多。显然，伴随着栽培技术的发展，人们对于植物品种的自然选择和人工选择有了更多的认识，这之中，对于人为与能动的认识也进一步深化了。值得我们注意的是，刘蒙在这里也是在讲"古"与"今"的问题，但这是结合知识来讲的，是结合栽培技术来讲的，是结合栽培技术中的人工选择来讲的（从一定意义上说，这种讲法与先秦时期法家的认识有某种相似性）。不难看出，这样一种讲法有科学活动的特点，并且也有这一时代的特点。

而通过以上的考察，我们也可以发现中国古代有关天人关系的观念在宋元时期所发生的变化，我们看到，这样一种变化在很大程度上就是由知识活动尤其是生物学知识与思想的发展所引领或推动的。不仅如此，我们也应当注意，这样一种知识背景对于以后明代哲学（包括整个社会精神）中人的主观因素普遍得到高扬这一倾向或现象所可能产生的影响。换言之，我们对明代社会哲学及精神世界的考察和评价不应忽略可能影响到其生成发展的背后的知识因素。

三、农学和生物学中的"理"与"格物"

"理"与"格物"的思想在农学与生物学中同样体现出来。

陈旉十分重视和强调规律对于农业生产的意义，因此"理"这一概念得到高度重视。在陈旉看来："天地之间，物物皆顺其理。"（《农书·天时之宜》）农业生产自然不能例外。这在很大程度上显然也受到宋代理学思想的影响。具体来说，陈旉所讲的"理"既包括气候规律，也包括土壤性质，例如："顺天地时利之宜，识阴阳消长之理。"（《农书·天时之宜》）"视其土之性类，以所宜粪而粪之，斯得其理矣。"（《农书·粪田之宜》）"除草之法，亦自有理。"（《农书·薅耘之宜》）不仅陈旉，如前面考察所见，王祯对于"地宜"的重视同样包含了对"理"也即规律的认识。王祯又说："若能自内而求外，由近而及远，则土产之物，皆可推而知之矣。"（《农书·农桑通诀·地利篇第二》）这里所讲的"推"明显也是建立在对规律即"理"的把握之上的。

宋元时期的生物学更与"格物"观念或思想有着密切的关系。应该看到，宋元时期动植物谱录的出现固然与这一时期的园艺技术发展和园林生活需要有关，但"格物"观念的影响也是非常重要的一个方面，这样的观念早在北宋早期就已经体现出来，欧阳修撰《洛阳牡丹记》、蔡襄撰《荔枝谱》应都与对自然的兴趣有关。之后，动植物谱录大量出现，并且，受程朱理学的影响，"格物"概念也广泛被使用。如前面说过，韩境在为陈景沂所撰《全芳备祖》作的序中就写道："《大学》所谓格物者格此物也。今君晚而穷理，其昭明贯通，倏然是非得丧之表，毋亦自其少时区别草木，有得于格物之功欤。"而"格物"的目的尤在于"穷理"或"推理"。如王应麟在为罗愿《尔雅翼》一书所作的后序中写道：

> 右《尔雅翼》三十有二卷，歙罗公愿端良撰。惟大学始教，格物致知。万物备于我，广大精微。一草木皆有理，可以类推。

并且王应麟还称道《尔雅翼》一书是"卓尔先觉，即物精思，体用相涵，本末靡遗。约不肤陋，博不支离，蓄德致用，一原同归"。这虽说是序，但我们从中亦可窥见王应麟本人的观点。并且我们应注意，所有这些看法或认识又会作为涓涓细流，反过来潜移默化地影响思想层面，影响哲学观念。

另外，这一时期学者的"格物"活动不仅直接观察研究动植物的生长习性，也开始研究经典中的"鸟兽草木"知识。这其中，尤为值得注意的是北宋邢昺的《尔雅疏》，南宋郑樵的《昆虫草木略》。我们知道，东晋郭璞著有《尔雅注》，之后唐陆德明有《尔雅音义》，邢昺的《尔雅疏》是在郭璞《尔雅注》的基础上加以补正，但由于更多地注意到其中的知识内容，因此对后世的研究有开风气的意义。特别是郑樵的《昆虫草木略》，直接关注经典中的"鸟兽草木之名"，对后世生物学研究的意义重大。其实，北宋理学家已经从格物、穷理的要求出发，重新重视孔子"多识于鸟兽草木之名"的思想，如二程就说："多识于鸟兽草木之名，所以明理也。"(《程氏遗书》卷二五)并发挥出"一草一木皆有理，须是察"(《程氏遗书》卷一八)的论述。郑樵的工作也必定受到了理学这一观念的影响。但由于郑樵的工作十分具体，因此对后世的知识研究影响极大。郑樵在《昆虫草木略》的《序》中专门引孔子的看法："《诗》可以兴，可以观，可以怨。迩之事父，远之事君。多识鸟兽草木之名。"并说：

> 臣之释《诗》，深究鸟兽草木之名，欲以明仲尼教小子之意。

在郑樵看来，要研究《诗》，就必须懂得鸟兽草木之学。类似的表述又如："何物为'六经'？集言语、称谓、宫室、器服、礼乐、天地、山川、草木、虫鱼、鸟兽而为经，以义理行乎其间而为纬，一经一纬，错综而成文，故曰

'六经'之文。"(《尔雅注序》)"欲传《诗》,以《诗》之难可以意度明者,在于鸟兽草木之名也。"(《夹漈遗稿》卷二《寄方礼部书》)乐爱国由此概括郑樵从经学转向科学研究的两点理由:知"六经"之文;继孔子"鸟兽草木之学"。① 可以这样说,邢昺与郑樵其实是为后人树立了一种研究的典范,或开启了一种研究的样式。这是一面旗帜,至明清时期,这样的研究蔚为风气。

同时,生物学中的"格物"与"穷理"实践也涉及科学态度。如刘蒙在《菊谱》的《说疑》中说道:

> 或谓菊与苦薏有两种,而陶隐居、日华子所记皆无千叶花,疑今谱中或有非菊者也。然余尝读隐居之说,以谓茎紫色青作蒿艾气为苦薏。今余所记菊中虽有茎青者,然而为气香味甘,枝叶纤少,或有味苦者,而紫色细茎,亦无蒿艾之气。又今人间相传为菊,其已久矣,故未能轻取旧说而弃之也。

这是对历史记载持怀疑的科学态度。又《菊谱》的《叙遗》中说道:

> 余闻有麝香菊者,黄花千叶,以香得名。有锦菊者,粉红碎花,以色得名。有孩儿菊者,粉红青萼,以形得名。有金丝菊者,紫花黄心,以蕊得名。尝访于好事,求于园圃,既未之见,而说者谓孩儿菊与桃花一种,又云种花者剪掐为之。至锦菊、金丝,则或有言其与别名非菊者。若麝香菊,则又出阳翟,洛人实未之见。夫既已记之,而定其品之高下,又因传闻附会而乱其先后之次,是非余谱菊之意。故特论其名色,列于记花之后,以俟博物之君子证其谬焉。

这是对世间传闻持保留的科学态度,于此不难看到刘蒙在"格物"上的严谨态度。其实,相关的严谨态度我们在前面沈括的思想中已经有所见识,这也是宋元时期的普遍现象。

而从以上考察中我们又可以看到,园艺或生物知识中的"格物"活动

---

① 参见乐爱国《宋代的儒学与科学》,第 73、75 页。

454

与哲学思想有着某种特殊的"亲近感"。这既有《诗经》、《尔雅》这些儒家经典的"传统"，也有孔子的教导作为"榜样"。正是基于这样的原因，宋代哲学思想的"格物"概念中常常会有相应的知识背景，而生物学著作中也会常常有相关哲学思想与命题的出现。

第九节　数学的发展与数学思想

宋元时期的数学取得了极大的成就，陆续出现了秦九韶（1202—1261）、李冶（1192—1279）、杨辉（约 13 世纪中叶）、朱世杰（约 13 世纪末 14 世纪初）四位重要的数学家，史称宋元四大家，其各自都有重要的数学思想。值得注意的是，这一时期的数学与象数学和理学都有着联系。如钱宝琮在论到秦九韶时就说："秦九韶以'通神明'的象数学与'经世务'的算术相提并论，得出'数与道非二本'的结论，无疑是受到当时道学家的影响。"①这可以说是宋元时期数学思想及其与哲学关系的一个基本状况。

一、宋元时期主要数学思想

宋元时期所取得的数学思想成就是十分丰富的，这其中主要包括有增乘开方法也即高次方程的解法、天元术和四元术、包括垛积术和招差法在内的高阶等差级数、大衍求一术等等，这些思想是通过宋元时期许多数学家的参与尤其是四大家的深入研究而获得的。

讲宋元时期的数学思想首先不能不提北宋时期的贾宪。贾宪的著作有《黄帝九章算法细草》等，但早已亡佚。其数学思想主要是经由杨辉的引用得存于世。贾宪最主要的贡献就是创立增乘开方法，具体用开方作法图表示，也称"贾宪三角"，用这样的方法可以进行任意高次幂的开

---

① 钱宝琮：《宋元时期数学与道学的关系》，载钱宝琮等：《宋元数学史论文集》，第 235 页，北京，科学出版社，1966。

方。一般认为，欧洲直到 16 世纪才由德国人阿皮纳斯得到与"贾宪三角"类似的图表，这比贾宪的研究差不多晚了四五百年。

毫无疑问，宋元时期的数学思想以秦九韶、李冶、杨辉以及朱世杰这四大家最为突出。

秦九韶为南宋普州安岳（今属四川）人，其数学名著是《数书九章》，这是一部数学巨著，在世界数学史上占有十分重要的地位。全书共 18 卷，分为大衍、天时、田域、测望、赋役、钱谷、营建、军旅、市易九类。其中最重要的成就是高次方程的数值解法，也即增乘开方法。贾宪虽确立了高次方程的解法，但由于有不少问题没有解决，使用仍是受限的。秦九韶在贾宪、刘益等人的基础上，贯彻了随加随乘的原则或方法，使得高次方程的解法不受整数、正负数和未知项次数的限制。这样，秦九韶就将增乘开方法推广成为各种方程都能够适用的一种数值解法。秦九韶的这一方法与 19 世纪欧洲数学家霍纳的方法相同，但却比霍纳早了六百年。秦九韶的另一项重要成就是"大衍求一术"，也就是联立一次同余式的解法。联立一次同余式的问题最早见于《孙子算经》，但具体算法未作记载，故不得而知。秦九韶在《数书九章》中首次系统介绍了这一算法的计算步骤，并将其运用于不同数学问题的解决之中。在欧洲，直到五百年后才有高斯等人对联立一次同余式问题作较深入的研究。秦九韶的数学思想也反映在他的数学观上。秦九韶以为数学的作用是"大则可以通神明，顺性命；小则可以经世务，类万物"（《数书九章》序）。秦九韶的这一数学观还特别体现在其"数道统一"的思想上，周瀚光将这一思想概括为以下四个方面，分别是：数源于道、数进于道、明道求数以及由数知道。①

李冶为金元之际河北真定人，他的数学著作有《测圆海镜》、《益古演段》等，其中尤以《测圆海镜》最为重要。《测圆海镜》共 12 卷，包含有 170 个问题，清儒阮元评价该书是"其为术也，广大精微，无所不包"（《重刻测

---

① 参见周瀚光《中国古代科学方法研究》，第 63—65 页。

圆海镜细草序》)。《测圆海镜》第一卷主要是讨论直角三角形求内切圆和傍切圆等问题，属于几何学范畴，李冶在此涉及了与几何学相关的一系列概念、定义、定理，并建立起相应的公理系统，与古代希腊欧几里得几何学相比，李冶对几何学的理解有自己鲜明的特点。《测圆海镜》第二卷以下是系统研究和讲述"天元术"，也即求解方程的方法，这是关于"天元术"最早的研究，也是李冶最突出的成就。"天元术"与现代通常教科书中列方程的方法类似，"立天元一为某某"也就是"设 x 为某某"。也有学者指出，"天元术"乃是几何问题代数化。① "天元术"的出现解决了一元高次方程式列方程的问题，也为"四元术"即多元高次方程组奠定了基础，其在中国数学史乃至世界数学史中都有重要地位。同样，李冶也提出了自己的数学观。李冶在《测圆海镜》序中讲："由技兼于事者言之，夷之礼，夔之乐，亦不免为一技；由技进乎道者言之，石之斤，扁之轮，岂非圣人之所与乎！"李冶要说明的是，其研究数学就是"由技进乎道"，从这里我们可以看到道家思想的影响，也完全符合儒家圣人的要求。李冶又指出"数"中存在着"理"也即规律，而数学研究就是要"推自然之理，以明自然之数"。

杨辉生当南宋后期，杭州人，著作主要有《详解九章算法》、《日用算法》、《杨辉算法》等。杨辉的一个重要研究成果是"垛积术"，也即是高阶等差级数问题。北宋沈括为解决物品(如酒坛、圆球、棋子等)按一定规律堆积起来后求其总数的问题，首创"隙积术"。杨辉丰富和发展了沈括的研究成果，提出了新的垛积公式。对这类高阶等差级数问题，在杨辉之后一般称为"垛积术"。杨辉的另一项重要成果是对纵横图也即幻方的研究。通过研究，杨辉不仅掌握了三阶纵横图也即九宫图的组合规律，还掌握了四阶至十阶纵横图的组合规律，由此打破了其中的神秘性。又在杨辉的著作中，收录了不少现已失传的他人数学著作中的算题与算法，其中就包括早期的增乘开方法或"贾宪三角"，正是由于杨辉的记载，

---

① 参见袁运开、周瀚光主编《中国科学思想史(中)》，第 705 页。

这些算法才得以流传下来。值得注意的是,杨辉不仅是杰出的数学家,也是杰出的数学教育家,其不少数学思想实际上体现在数学教育思想上。如他说:"且未要穷理,但要知如何发问,作如何用法答题,如何用乘除。"(《算法通变本末》)这就是将发问、答题等视作明理的步骤。而作为教育原则,这又是自孔子以来的儒家代代相传的。

朱世杰为河北人,他的最主要数学著作是《四元玉鉴》。该书共 3 卷,下含 24 门,288 问,主要是讲多元高次方程组解法与高阶等差级数等方面的问题。李冶所创立的"天元术"解决了一元高次方程的列方程问题,而朱世杰的一项突出成果就是将其扩展至多元高次方程组。在《四元玉鉴》中,朱世杰设天、地、人、物四元来求解方程,由此发展出"四元术"即多元高次方程列式与消元解法。由于我国数学家的研究是通过筹算来进行,因此朱世杰的研究实际已经达到了可能达到的极限。朱世杰的创造性成就还包括:"垛积法"即高阶等差数列求和;"招差术"即高次内插法。这些成就同样也已经将宋元数学的相关研究推至最高水平。朱世杰在数学教育普及方面也成果突出,他的《算学启蒙》体系完整,深入浅出。清人罗士琳曾说"汉卿(朱世杰)在宋元间,与秦道古(秦九韶)、李仁卿(李冶)可称鼎足而三。"而"汉卿又兼包众有,充类尽量,神而明之,尤超越乎秦、李之上"(《畴人传续编·朱世杰条》)。另西方科学史家对于朱世杰也有极高的评价,如萨顿就称赞朱世杰是贯穿古今的一位最杰出的数学科学家。

由以上的考察,我们不难看出宋元时期数学思想所达到的高度。

如果将宋元时期的数学思想与汉代以《九章算术》为代表的数学作比较,我们就会感到这二者之间有着明显的区别。数学史专家们早就指出,与汉代《九章算术》注重实际应用不同,宋元数学家们的成就大多比较脱离实际。如中国自然科学史研究室数学组撰写的《宋元数学综述》中就指出,宋元数学的重要成就,如天元术、四元术、高次方程的数值解法、级数求和、招差法等,都严重地脱离当时的社会实际需要。比如天元术,在实际中很少应用。至于多元的高次方程,就更脱离实际。当时所假设的许多勾股问题、垛积问题，大都是由主观出发人为地编造出来的。① 李申认为，这里所说的"主观编造"就是指"脱离现实"。这说明当时的数学注意的的确不是数与现实事物的关联，而是数与数的关联。正是这种脱离现实的倾向，使宋元数学达到了中国古代数学发展的最高峰。② 而这种区别或差异也明显是与同时期的哲学有关的。因为从与哲学关系的角度来看，宋元时期的数学思想明显受到象数学与理学的影响，受到"道本器末"思想的支配和"技进乎道"思想的引领，这可以说是数学研究更关心"数"本身性质而非具体应用的一个十分根本的原因。同时，这也为我们提供了一个在"抽象"层面科学与哲学相通的典型范例。

进一步拓展开去思考，这种状况也让我们联想到战国时期的逻辑学研究，特别是后期墨家更具有理论与实验色彩的科学研究，那同样存在着一种不太计较现实功利的理论精神，由此我们还可以进一步联想到魏晋时期以王弼为代表的玄学，隋唐时期以唯识宗为代表的佛学。可见，在中国传统文化或精神中，也同样能够生成注重理论的风尚。并且有趣的是，这样一种风尚在哲学、科学以及相关的逻辑学中都出现过，这无疑也是耐人寻味的。因为一般而言，学术界的共识是中国古代科学技术活动更偏重于技术和经验，科学理论相对比较薄弱。就与欧洲科学史的总体比较而言，这种认识无疑是有道理的。但是我们切不可形成一种机械和教条的认识，并由此忽略中国古代科学以及哲学思维的多样性和复杂性。

---

① 参见钱宝琮等《宋元数学史论文集》，第 7 页。

② 参见李申《中国古代哲学和自然科学》，第 729 页。但这并不意味着宋元时期的数学研究就全然与实际应用无关。我们也要注意不同学者的差异，如秦九韶的《数学九章》就仍具有较多的应用特征，正如袁运开、周瀚光主编的《中国科学思想史》所指出：秦九韶对数学的分类依然归属旧的窠臼，虽然其也为建立脱离具体事物的纯数学创造了条件，但还没有走上这一步。又指出：杨辉也是根据社会实际编造数学问题，如其《日用算法》就是依据开秤、斗斛、丈尺、田亩、端匹、仓窖、堆垛、修筑等日常事物中的需要编造各类题目。见该著作中册，第 589、718 页。

二、宋元数学与象数学

关于宋元时期数学与象数学的关系，李申提出了一个基本的看法，他认为：从北宋以来，数学家们即或不是我们今天所说的象数学家，也和我们今天所说的象数学有着或直接或间接的关系。又说：宋元时代的数学家们，也几乎都是象数学家。①

宋元时期数学与象数学的这样一种关系特别反映在秦九韶的身上。秦九韶的数学思想明显受到象数学包括邵雍思想的深刻影响。秦九韶在《数书九章》序中说道：

> 周教六艺，数实成之。学士大夫，所从来尚矣。其用本太虚生一而周流无穷。大则可以通神明，顺性命；小则可以经世务，类万物，讵容以浅近窥哉？若昔推策以迎日，定律而知气。髀矩浚川，土圭度晷。天地之大，围焉而不能外，况其间总总者乎？爰自河图、洛书，闿发秘奥，八卦、九畴，错综精微，极而至于大衍、皇极之用，而人事之变无不该，鬼神之情莫能隐矣。

在这里不难看出，秦九韶给予象数以极高的位置。不仅如此，我们还看到，秦九韶的数学思想中是有神秘主义色彩的，这也是历史传统的延续。秦九韶说：

> 今数术之书尚三十余家。天象历度谓之缀术，太乙、壬、甲谓之三式，皆曰内算，言其秘也。

无疑，这是象数学所导致的必然结果，这也向我们昭示，无论研究领域是多么的科学、严谨，一旦渗入神秘主义的观念，它同样会无情地侵蚀理性的坚固根基。但也有学者指出，在进行了多年探求之后，秦九韶意识到"所谓通神明，顺性命，固肤末于见，若其小者窃尝设为问答，以拟于用。"（《数书九章》序）也即实践证明数学不可能"通神明，顺性命"，而只能是

---

① 参见李申《中国古代哲学和自然科学》，第 722、727 页。

起到"经世务，类万物"的"小者"也即实际的作用，这事实上是对象数神秘主义的一种否定。①

除秦九韶之外，宋元时期还有一大批学者是兼通数学与象数学的，李申对此罗列了一份"清单"，其中包括有邵雍、李之才、刘羲叟、楚衍、贾宪、杨云翼、赵秉文、麻九畴、杜英、李冶、刘秉忠、王恂、郭守敬等，这其中贾宪、李冶是数学大家，王恂、郭守敬则制订了《授时历》。②

另外杨辉对于纵横图的研究也与象数学有一定关系，但这一研究的目的在于剔出神秘内容。从汉代到宋代，人们在象数学研究中逐步发现《洛书》即是九宫图，而从数学的角度来看，这实际上是一个三阶纵横图，西方也叫作幻方，但象数学家却总是赋予其神秘色彩。杨辉通过研究，不仅掌握了九宫图也即三阶纵横图的数字组合规律，也掌握了四阶至十阶纵横图，其中十阶纵横图亦称"百子图"。这些研究被记录在他的《续古摘奇算法》一书中。杨辉自信地说道："绳墨既定，则不患数之不及也。"应当说，杨辉的纵横图研究剥去了河图洛书的神秘色彩，而按钱宝琮的说法，"杨辉对河图、洛书的看法给道学家们的数字神秘主义思想一个有力的反击。"③

那么宋元时期象数学与数学之间关系又有怎样的特点呢，对此，李申的思考也值得重视，这里姑且将其相关看法归纳概括为以下几个方面：第一，"宋元时代对数的研究，就分成了两股大的潮流；一是用数去构造世界模式、推衍社会历史的象数学，一是解决各种运算方法问题的数学。这两个方面可以共存于一个人的身上，但一般不互相干扰。数学家们，一面尊崇邵雍象数学，尊崇河图、洛书，把它们供奉在天上，一面却在数学王国的地上自由驰骋。"这是说宋元时期的象数学与数学总体上有各自的"分工"和"地盘"，一般不相互干扰。第二，"宋元象数学一开始着眼点就高，它不是让易数去俯就现实世界，而是让数进入他们虚构的抽

---

① 参见杜石然等编著《中国科学技术史稿》（下册），第 39 页。
② 参见李申《中国古代哲学和自然科学》，第 722—727 页。
③ 钱宝琮：《宋元时期数学与道学的关系》，载钱宝琮等：《宋元数学史论文集》，第 237 页。

象世界，他们把数说成世界的本质和万物的渊源，而把现实世界说成是数的产物或数的物质外壳。在象数学的带动下，数学也开始向虚无缥缈的太空飞升。""从社会地位看，解决各种运算方法问题的数学远不及说明整个世界及人类历史的象数学，它只能在象数学的双翼下求生存、求发展。然而，借助象数学，它不仅获得了生存、发展的空间，而且由于宋元象数学的着眼点高，还把它带入了一个新的境界。"这是说象数学对数学具有引领作用，这应当与理学对于"道"和"器"或"技"之间的看法有关。第三，如与汉唐比较会看到，汉唐以刘歆和一行为代表的"两次数字神秘主义的特点，都是把得自实际的具体科学数据附会于易数，并把易数说成是这些数据的根据"。而"宋元象数学的特点，是用数推算社会历史的进程，这也是数字神秘主义，但它不直接干预具体科学领域。"之所以如此，李申认为是"在宋元时代，古代哲学思想和科学思想的进程都已经历了天道自然观念的长期洗礼，而数学本身的发展，也反复证明，那些历法数据是得自实际，而不是来自易数。"①无疑，这其中也反映或折射出理性的进步。

以上大概就是宋元时期数学与象数学关系的大致状况，显然，它与汉唐时期的象数学既有着内容上的关联，但又是有很大的不同的。

三、数学与理学

还值得注意的是，宋元四大家各自在数学思想上取得巨大成就的同时，几乎又都将数学与当时的理学相结合。在他们的数学理论中，可以看到"理"这一概念及其思想的不同程度的影响。

如李冶指出："数"理是可以"穷"的，他说："既已名之数矣，则又何为而不可穷也。故谓数为难穷斯可，谓数为不可穷斯不可。"李冶对于数和数学的理解是：

---

① 以上参见李申《中国古代哲学和自然科学》，第 727、728 页。

> 彼其冥冥之中，故有昭昭者存。夫昭昭者，其自然之数也；非自
> 然之数，其自然之理也。（《测圆海镜》序）

这就是说，"数"是一种表象，在数的背后实际是有"理"也即有规律可循
的，因此他说：

> 苟能推自然之理，以明自然之数，则虽远而乾端坤倪，幽而神情
> 鬼状，未有不合者矣。（《测圆海镜》序）

李冶认为，只要能"推自然之理"、"明自然之数"，那么，再复杂的问题都
可以解决。所以周瀚光将李冶的数学思想与方法概括为"推理明数"，这
是十分准确的。①

秦九韶的思想与李冶的思想十分相似。他提出了"数道（亦作理）统
一"的思想。如前所述，周瀚光将这一思想概括为以下四个方面，分别
是：数源于道、数进于道、明道求数以及由数知道。例如数源于道，秦九
韶写道：

> 其用本太虚生一，而周流无穷，大则可以通神明，顺性命；小则
> 可以经世务，类万物，讵容以浅近窥哉？（《数书九章》序）

秦九韶这里所说的"太虚"就是指"道"。这样一种思想贯彻在其《数书九
章》一书中。该书以《系辞》开篇，总论道即规律与数学问题的内在联系，
以下九类问题则分别从易、天、地、人道诸方面展开，从而揭示数与道也
即规律之间的关系。②

除李冶与秦九韶外，杨辉与朱世杰的数学思想也同样受到理学的影
响。如杨辉说："算无定法，惟理是用已矣。"（《乘除通变算宝》）"既论小
法，当尽其理。"（《法算取用本末》）杨辉这里所说的"法"是指数学公式，
而"理"则是指数学原理。在杨辉看来，法源于理，同时也必然体现理。
朱世杰创立了四元术。其讲："凡习四元者，以明理为务。必达乘除、升

---

① 参见周瀚光《中国古代科学方法研究》，第 63—65 页。
② 同上书，第 65—67 页。

降、进退之理，乃尽性穷神之学也。"(《四元玉鉴》)特别是，朱世杰所说的"理"与理学中的"理"关系十分密切，其"明理为务"的"理"就是理学家所说的"理"，而这一点在宋元四大家中是最为突出的。

宋元时期数学与哲学的这样一种密切关系在整个中国数学史上是最为典型或突出的。

第十节　医学的发展与医学思想

与数学一样，宋元时期的医学也取得了很大的成就，名家辈出。特别是金元时期，先后出现了刘完素（1110—1200）、张从正（1156—1228）、李杲（1180—1251）、朱震亨（1281—1358）等四位重要的医学家，史称金元四大家，其各自都有重要的医学思想。就哲学思想而言，宋元时期的医学与五运六气学说有着密切的关系。同时，宋元时期的医学也深受该时期理学或儒学的影响。

一、宋元时期主要医学思想

宋代的医学比唐代的医学有了很大的进步。这一进步首先反映在医学分科上。唐代设四科，即医、针、按摩和咒禁，宋代增至九科，分别是大方脉（内科）、风科、小方脉（儿科）、眼科、疮肿与折疡、产科、口齿兼咽喉科、针灸科、金镞兼书禁科，元代更增至十三科。分科的细化无疑意味着医学认识的进一步深入。这一时期医学繁荣、医家辈出，如北宋有钱乙、董汲、杨介、庞安时、朱肱、王惟一等，南宋有陈言、许叔微、陈自明、朱端章、李迅、杨士瀛、宋慈等，宋代还有著名药学家苏颂、唐慎微，另苏轼也与沈括合作撰有《苏沈良方》。

医学的繁荣导致了医学思想的活跃。这一时期的医学思想不满足于古法古方，富有创新的精神。如钱乙就不守古法，注重心得，开创出崭新的儿科学；陈自明对以往经验加以批评整理，发展出系统的妇科学；其他如王惟一铸铜人，用于教学实践；许叔微发展脉学，首创用图描绘脉形。而与此相伴的是勇于怀疑和否定前人的经验。如沈括在《苏沈良方》序中说："《千金》、《肘后》之类，犹多溢言，使人不敢复信。"显然，这里充满了疑古与验证的科学精神，宋元时期的医学活动及思想中多有这种强调疑古、验证的品格，这当是与同时期思想界倡导格物与穷理有关。此外，与唐代相比，鬼神迷信在宋代医学活动中的影响受到限制，这无疑也与儒家理性重新回归有着密切的关系。

宋元时期的医学思想尤以金元四大家最为突出。在金元四大家中，刘完素是开创者。因提出"六气皆从火化"，故其理论被称作"主火论"，又因其对寒凉药物有独到研究也被称为"寒凉派"。其余诸家的理论特点分别是：张从正主"攻邪论"，也作"攻下派"；李杲主"脾胃论"，属"补土派"；朱震亨主"养阴论"，或称"滋阴派"。

刘完素生当金代，为河北河间人。此时宋王朝南迁，北方因受战乱蹂躏，疫疬流行。刘完素多次拒绝金朝招聘，长期行医民间，深受欢迎。刘完素从二十五岁起钻研《素问》，直到六十岁，历时三十五载，精通医理，有《素问玄机原病式》、《素问病机气宜保命集》、《宣明论方》、《伤寒直格》、《三消论》等多种著作。在医学思想上，刘完素特别重视《内经》的五运六气理论。如前章所述，运气学说的流行始于唐王冰补注《素问》的七大论，宋元时期正当此风盛行，故刘完素对运气学说推崇备至。刘完素讲："医教要乎五运六气。"又讲："观夫医者，唯以别阴阳虚实，最为枢要。识病之法，以其病气，归于五运六气之化，明可见矣。"并说："大凡明病，阴阳虚实无越此法。"（《素问玄机原病式》序）就具体医学思想而言，刘完素在《素问玄机原病式》中涉及病机病症达九十多种，其中以属火与热的病症为最多，这其中也包括一些属于风、湿、燥的病症。刘完素认为"六气皆从火化"，这是其核心学说，而"主火论"即由此而来。在临床上，刘完素又汲取张仲景《伤寒论》的思想，主张降火去热，并提出一整套应用寒凉药物的办法，也因此被称为"寒凉派"。但无论是"主火说"，还是"寒凉说"，其又都具有辨证论治的基本特征。刘完素的思想之后为张从正所继承。

和刘完素同一时期还有另一位著名医家张元素,是易水学派的创始人,他的著作多散佚,其中最有影响者为《珍珠囊》。张元素之学主要得之于张仲景之传,疗病处方每每效仲景的分经论治,其弟子李杲在《内外伤辨惑论》中曾引张氏语:"仲景药为万世法,号群方之祖,治杂病若神。"但张元素又不拘泥于传统,《金史》记载其平素治病不用古方,自为家法,以为"运气不齐,古今异轨,古方新病,不相能也"(《金史》卷一三一)。张元素对于脾胃病的治疗有较系统的研究,总结出土实泻之、土虚补之、本湿除之、标湿渗之、胃实泻之、胃虚补之、本热寒之、标热解之等具体治疗原则。以后李杲以脾胃立论,成立"补土派",正是师承了张元素的学说。

张从正为金代河南考城人,主要著作有《儒门事亲》15卷。张从正医学思想的最突出之处就是强调"攻邪",其继承和发展了刘完素的医学思想,以刘氏的六气说为基础,认为有风、寒、暑、湿、燥、火六种邪气,并相应地将疾病分为六门。张从正说:"夫病之一物,非人身素有之也。或自外而入,或由内而生,皆邪气也。"又说"邪气加诸身,速攻之可也,速去之可也,揽而留之何也?"(《儒门事亲》卷二)此即其"攻邪论"。在具体治则上,使用汗、吐、下三法。三法早见于《内经》和《伤寒论》,但张从正作了进一步的研究和发挥。张从正认为:汗法在于解表,因此凡初感风寒邪在皮表者均可用汗法;邪在上脘用吐法,这于其他医家鲜见使用,可谓医法独到;而邪在下焦则用下法,或以为胃脘以下中邪者皆可用下法,而下也就是泻。张从正辩证地看待泻与补之间的关系,以为洁净肠胃实则有真补存焉。由于张从正在三法之中又尤其注重泻下的方法,故后世又称其为"攻下派"。但泻法有一定难度,故为一般医家所慎。也正因为张从正汗、吐、下三法的治疗方式有别于其他医家,乃使得张从正的医学思想与方法见称于当时和后世。

李杲为金代河北真定人,著有《脾胃论》、《内外伤辨惑论》以及《医学发明》、《兰室秘藏》、《用药法象》、《伤寒会要》等著作。按王好古的说法:"近世论医,有主河间刘氏者,有主易州张氏者。盖张氏用药,依准四时,阴阳升降而增损之。正《内经》'四气调神之义'。医而不知此,是妄行也。刘氏用药务在推陈致新，不使少有怫郁，正造化新新不停之义。医而不知此，是无术也。"（《此事难知》卷下）而李杲既继承了张元素的思想，也继承了刘完素的思想。李杲十分注重"气"或"元气"，尤其是胃气，以为脾胃居各脏腑之中，由此也形成其"脾胃论"的思想。李杲认为："元气之充足，皆由脾胃之气无所伤，而后能滋养元气，若胃气之本弱，饮食自倍，是脾胃之气既伤，而元气亦不能充，而诸病之所由生也。"（《脾胃论·脾胃虚实传变论》）由是，李杲又强调升阳益气，调理脾胃，也因此，其学说又被视作"补土派"。不难看出，李杲的上述思想主要是师承于张元素土虚补之、胃虚补之的思想。与此同时，李杲也继承了刘完素的医学思想，注重内外、虚实的辨证，并非一味求补，而是强调虚者补之，实者泻之，这与张从正的理论也有异曲同工之妙。

朱震亨是元代浙江义乌人，为刘完素的再传弟子，又旁通张从正、李杲之学，兼收三家之长。其主要著述有《格致余论》、《局方发挥》、《本草衍义补遗》、《伤寒论辨》、《丹溪心法》等。受刘完素影响，朱震亨提出"相火论"，认为相火乃生命之动力，但若妄动则为贼邪而致人于病。又提出"阳常有余，阴常不足"（《局方发挥》）这一核心思想，主张泻火养阴、补阴求平，"养阴论"、"滋阴派"即由此而来。朱震亨还指出，人至暮年精血俱损，故养阴尤为重要。同时朱震亨也认识到："天地气化无穷，人身之病亦变化无穷。"以为："古人以神圣工巧言医，又曰医者意也，以其传授虽的，造诣虽深，临机应变，如对敌之将，操舟之工，自非尽君子随时取中之妙，宁无愧于医乎？"（《局方发挥》）主张辨证施治，不执一端。朱震亨的学术思想在元末明初医学界地位极高，如明代医家方广说："求其可以为万世法者，张长沙外感，李东垣内伤，刘河间热证，朱丹溪杂病，数者而已。然而丹溪实又贯通乎诸君子，尤号集医道之大成者也。"（《丹溪心法附余》序）以后虽有褒有贬，如张介宾就批评朱震亨"阳有余"之说有片面性，但总的来说，朱震亨的思想在国内外都有很大影响。

以上大致是宋元时期主要的医学思想，这些思想虽不能说完善，但的确是富于创造性的，也是充满活力的。

二、宋元医学与运气说

运气说，也就是五运六气说，一般认为是唐王冰补注《素问》所加入的七大论的主要内容。这一学说主要是结合节气变化规律来讨论医学问题。其将五运（也即金、木、水、火、土）、六气（太阳、阳明、少阳、太阴、厥阴、少阴）与天干地支相配合，来说明疾病与气候之间的关系。五运六气说在很大程度上实则是五行理论的延续与发展，同时也加入了一定的象数学的内容，如《素问·天元纪大论》中说："甲己之岁，土运统之；乙庚之岁，金运统之；丙辛之岁，水运统之；丁壬之岁，木运统之；戊癸之岁，火运统之。"

不过，这一学说在唐代并未引起较多注意。直到北宋，始有名医庞安时、杨子建以及学者沈括等人提倡此说。如沈括说：

> 医家有五运六气之术，大则候天地之变，寒暑风雨，水旱螟蝗，率皆有法；小则人之众疾，亦随气运盛衰。（《梦溪笔谈》卷七《象数一》）

又说：

> 五运六气，冬寒夏暑，旸雨电雹，鬼灵厌蛊，甘苦寒温之节，后先胜负之用，此天理也。（《苏沈良方》序）

元符年间，刘温舒著《素问论奥》，专门讲五运六气，并附图加以说明，终于使这一学说受到普遍重视。而在医学教育方面，自王安石变法以后，运气学说即被定为太医局考试的科目之一。之后，宋徽宗钦命编修的《圣济总录》也是开首就讲运气。由此不难看出宋代医学对五运六气说的重视。

在金元四大家中尤以刘完素最重五运六气说。刘完素的名著《素问玄机原病式》的主要内容就是讨论五运六气与疾病的关系。该书以《素问·至真要大论》中的"病机十九条"作为立论依据，将原十九条一百七十六字拓展为二百七十六字的纲领，再在此基础上引申出二万余言。如刘完素在《素问玄机原病式》序中说道：

> 医教要乎五运六气。

又说：

> 《经》曰：夫五经阴阳者，天地之道也，万物之纲纪，变化之父母，
> 生杀之本始，神明之府也。可不通乎？

还说：

> 运气者得于道同，盖明大道之一也。观夫医者，唯以别阴阳虚
> 实，最为枢要。识病之法，以其病气，归于五运六气之化，明可见矣。

这些都将"运气"抬到了至要的地位。除《素问玄机原病式》外，刘完素在《素问病机气宜保命集·气宜论》中也讲："治病必明六化分治，五味五色所主，五脏所宜，五行之运行数，六气之临御化。""《经》所谓谨候气宜，无失病机。病机者，寒暑燥湿风，金木水火土，万病悉自此而生矣。故谨察病机之本，得治之要者，乃能愈疾。"具体来说，刘完素的《素问玄机原病式》对五运六气与病因、病机的关系作了充分的阐述。全书包括五运主病、六气为病两大部分。以五运主病部分为例，其进一步分为：诸风掉眩，皆属肝木；诸痛痒疮疡，皆属心火；诸湿肿满，皆属脾土；诸气膹郁病痿，皆属肺金；诸寒收引，皆属肾水。刘完素又特别重视四时天气变化与身体的关系，这应当也是运气理论中比较科学的部分。刘完素说："所谓四时天气者，皆随运气之兴衰也。然岁中五运之气者，风、暑、燥、湿、寒，各主七十三日五刻，合为期岁也。岁中六部之主位者，自大寒至春分属木，故温和而多风也；春分至小满属君火，故暄暖也；小满至大暑属相火，故炎热也；大暑至秋分属土，故多湿阴云雨也；秋分至小雪属金，故凉而物燥也；小雪至大寒属水，故寒冷也。"以为"夫一身之气，皆随四时五运六气兴衰，而无相反矣。适其脉候，明可知也。"(《素问玄机原病式·六气为病·热类》)事实上，刘完素对运气说已经作了取舍，更多地保留了其中较为合理的内容。

除刘完素外，金元时期的其他医家对五运六气说也有所涉及，如张元素也用五运六气理论来对药物和药方加以分类，又张从正、李杲以及朱震亨等也都不同程度地吸收了刘完素的思想。

三、医学与儒学

当时以四大家为代表的医学与儒学和理学的关系也十分密切，这主要表现在以下两个方面：

首先，儒学与医学在济世问题上具有相通性。如据宋吴曾的笔记《能改斋漫录》记载，范仲淹曾言：

> 大丈夫之于学也，固欲遇神圣之君，得行其道。思天下匹夫匹妇有不被其泽者，若已推而内之沟中。能及小大生民者，固惟相为然。既不可得矣，夫能行救人利物之心者，莫如良医。果能为良医也，上以疗君亲之疾，下以救贫民之厄，中以保身长全。在下而能及小大生民者，舍夫良医，则未之有也。（《能改斋漫录》卷一三《文正公愿为良医》）

这在后来也被概括为"不为良相，愿为良医"。虽然说吴曾的笔记晚于范仲淹百余年，史家对于上述记载的真实性还存在不同看法，但学者们对于其在历史上的影响仍是普遍承认的，这其中尤其是对医道的重视。[①]也有学者认为，范仲淹这一观念实际是把医生也当作儒生应当从事的工作，为后来的儒医做了理论上的准备。[②] 而众多医家也认为医学与儒学在德性与知性上具有一致性。例如宋代的寇宗奭说："普救世人之疾苦，兹盖全圣至德之君，合天地之至仁，接物厚生，大赉天下。"（《本草衍义·序例上》）高保衡等人在校正编辑《金匮要略方论》后所作的序言中也写道："恭惟主上丕承大统，抚育元元，颁行方书，拯济疾苦，使和气盈溢，而

[①] 有学者指出，这一观念其实有更为久远的传统，如《国语·晋语八》中讲："上医医国，其次疾人。"

[②] 参见乐爱国《宋代的儒学与科学》，第12页。

万物莫不尽和矣。"这些都体现了一种仁爱厚生、救人济世的儒医精神。在此影响下,有不少医家视医学与儒学为同门。如刘完素在其《素问玄机原病式》序中说:

> 易教体乎五行八卦,儒教存乎三纲五常,医教要乎五运六气,其门三,其道一。故相须以用而无相失,盖本教一而已矣。

此外四大家中,张从正将自己的著作叫作《儒门事亲》;朱震亨将自己的著作叫作《格致余论》。从这里,我们都可以看到医学与儒学的联系。

其次,医学不仅与儒学有着同门的关系,在宋元时期的医家这里,我们同样可以看到当时盛极一时的理学思想的深刻影响。例如宋代的寇宗奭在其《本草衍义》的序言中说:医道就应"知保救之理","穷保救之事"。这里的知、穷、理、事等概念几乎就是对理学思想与概念的复制。又如刘完素说:"夫医教者,源自伏羲,流于神农,注于黄帝,行于万世,合于无穷,本乎大道,法乎自然之理。"(《素问玄机原病式》序)这里的道、理无疑都是理学的核心概念。而在诸多概念中,"理"这一概念又显得格外突出。如刘完素讲:

> 夫圣人之所为,自然合于规矩,无不中其理者也。(《素问玄机原病式》序)

> 故触类而长之,莫不有自然之理也。(《素问病机气宜保命集》卷上)

张从正讲:

> 司气用寒时,用药者不可以寒药;司气用热时,用药者不可以热药,此常理也。(《儒门事亲》卷二)

李杲讲:

> 食塞于上,脉绝于下,若不明天地之道,无由达此至理。(《内外伤辨惑论》卷下)

由此,理学之于医学的影响可见一斑。另《易》学在当时的医学中也受到重视。如前所见，刘完素将易、儒、医三教并列，以为其门三，其道一。又张从正讲："观卦者，视之理也。视者，目之用也。""颐卦者，养之理也。养者，口之用也。""口目常动，故风生焉。"（《儒门事亲》卷二）李杲讲："《易》曰：两仪生四象，乃天地气交，八卦是也。在人则清浊之气皆从脾胃出，荣气荣养于身，乃水谷之气味化之也。"（《脾胃论》卷下）此外还有其他一些思想和理论的影响，如王好古在其《阴证略例》中说："《中庸》曰：致中和，天地位焉，万物育焉，而况医乎！"朱震亨在其《格致余论》中说："古人以医为吾儒格物致知之一事。"这里的格致、中和也都是理学所感兴趣的问题。

通过以上的考察，我们不难看到宋元时期医学与儒学或理学之间的密切关系。

第十一节　朱熹的科学思想

朱熹不仅是一位哲学家，其所涉猎的问题非常之多。《宋元学案》中称朱熹是"博极群书，自经史著述而外，凡夫诸子、佛老、天文、地理之学，无不涉猎而讲究也"（《宋元学案》卷四九《晦翁学案》）。这其中有许多就是今日所谓科学问题，学者们也普遍注意到朱熹有丰富的科学思想，故这里有必要作专门的考察。

一、朱熹科学思想的背景

与沈括相同，朱熹的科学思想也是有深厚的时代背景的。如前面考察所见，宋代在各个知识领域皆取得突出成就。尤其重要的是，这一时期的学者普遍对自然怀有兴趣，各门学科都涌现出大量的著述，这些都是朱熹思想的知识基础。而作为思想，如我们所知，北宋诸子大都对天文、历数等有所研究。仅以理学思想渊源二程为例，如前所见，其对于格物与穷理都有过论述。程颢就说："天地万物之理，无独必有对，皆自然而然，非有安排也。每中夜以思，不知手之舞之，足之蹈之也。"（《程氏遗书》卷一一）程颢的这段话固然可以从哲学意义来理解，但是我们又应当看到在其哲学体悟的背后其实是由科学知识作为支持的，其包含了一种对于自然之理参透的喜悦。又如程颐对火的产生也作过解释，其中就包含了摩擦生热的思想，他说："动极则阳形也，是故钻木戛竹皆可以得火。夫二物者，未尝有火也，以动而取之故也。击石火出亦然。"（《程氏粹言》卷二）这些都是朱熹从当时思想中可以直接获得的资源。总之，从北宋到南宋，探究自然之理已经在学者中蔚然成风，而这正是朱熹时代的环境或背景。

也因此，对朱熹科学思想的考察实际是作为一个有代表性的个案，我们所考察或观看的是当时的思想家对于知识的兴趣程度。

二、关于天文

朱熹的天文学思想是十分丰富的，前面所考察的有关宇宙演化与结构理论就是其中一个十分重要的内容，这里再就其他天文思想作一些考察。

据乐爱国的研究，朱熹最早开始研究天文是在乾道七年（1171）。是年，朱熹 41 岁，其在《答林择之》中写道："竹尺一枚，烦以夏至日依古法立表以测其日中之景，细度其长短。"（《朱文公文集》卷四三）之后，朱熹长期关注并研究天文问题。乐爱国对朱熹于 1174、1186、1187、1188、1189、1195、1196、1198 年等年份的相关研究作了详细的考察。考察表明，朱熹所涉及的问题包括日食、恒星位置、日月运行轨道、月亮盈亏变化的原因、北极星的位置以及是否移动、岁差、置闰等，另外，朱熹也十分关注观测仪器的问题。①

具体地，如朱熹说日食："然窃尝观之，日月亏食，随所食分数，则光没而魄存，则是魄常在而光有聚散也。所谓魄者在天，岂有形质邪？或乃气之所聚而所谓终古不易者邪？"朱熹进而对沈括的看法表示了赞同：

---

① 参见乐爱国《宋代的儒学与科学》，第 90—98 页。

"日月之说，沈存中《笔谈》中说得好，日食时亦非光散，但为物掩耳。若论其实，须以终古不易者为体，但其光气常新耳。"（《朱文公文集》卷四七《答吕子约》）朱熹也与蔡元定一起结合《星经》和《步天歌》讨论过二十八宿序次即恒星的位置问题：

> 《星经》紫垣固所当先，太微、天市乃在二十八舍之中，若列于前，不知如何指其所在？……近校得《步天歌》颇不错，其说虽浅而词甚俚，然亦初学之阶梯也。（《朱文公文集》卷四四《答蔡季通》）

再如朱熹还解释过月亮中阴影与地球的关系，他说："或问：月中黑影，是地影否？曰：前辈有此说，看来理或有之。然非地影，乃是地形倒去遮了他光耳。如镜子中被一物遮住其光，故不甚见也。盖日以其光加月之魄，中间地是一块实底物事，故光照不透，而有此黑晕也。"（《朱子语类》卷二《理气下》）

又据乐爱国，朱熹晚年的许多著述都大量涉及天文学知识。这包括1195 年成书的《楚辞集注》、1196 年撰写的科学论文《北辰辨》、同年编纂的《仪礼经传通解》中的《历数》以及《夏小正》等、1198 年所注释的《尚书》中的《尧典》与《舜典》。如《楚辞集注》中就对以往历法中朔望月与太阳关系的说法提出质疑，"历象旧说，月朔则去日渐远"，"既望则去日渐近"，"至晦而朔，则又远日而明复生"，"此说误矣"。又如所注《尧典》中讨论了岁差和置闰等问题，所注《舜典》中对浑仪结构作了描述。

不难看出，朱熹对于天文学问题有广泛的涉猎。

这里我们应看到，朱熹通过天文学研究也注意到哲学与科学视角的区别，他说：

> 理无内外，六合之形须有内外。日从东畔升，西畔沉，明日又从东畔升。这上面许多，下面亦许多，岂不是六合之外！历家算气，只算得到日月星辰运行处，上去更算不得，安得是无内外。（《朱子语类》卷一《理气上》）

这提示我们,对于朱熹思想的考察须注意其语境,或者说须注意其所论述的问题,由于问题或语境不同,其立场或观点也会有所不同。形象地说,也就是哲学地看,还是科学地看。其实,即便同样是哲学地看,可能也会有微妙的差别。而若究其根源,其中也应有科学或知识因素的影响。注意这些,都有助于我们对朱熹的思想做出更为丰富、完整的理解和解读。

三、关于气象和地理

朱熹的思想中还涉及有大量的气象与地理问题。

朱熹曾解释过雨、雾、霜、雪、露等各种气象的原因。如关于风:"风只如天相似,不住旋转。今此处无风,盖或旋在那边,或旋在上面,都不可知。如夏多南风,冬多北风,此亦可见。"又如关于霜、露、雪、雾、雨等现象:"霜只是露结成,雪只是雨结成。古人说露是星月之气,不然。今高山顶上虽晴亦无露,露只是自下蒸上。""高山无霜露,却有雪。某尝登云谷,晨起穿林薄中,并无露水沾衣,但见烟霞在下,茫然如大洋海。""或问:高山无霜露,其理如何?曰:上面气渐清,风渐紧,虽微有雾气,都吹散了,所以不结。若雪,则只是雨遇寒而凝,故高寒处雪先结也。"(《朱子语类》卷二《理气下》)"盖露与霜之气不同,露能滋物,霜能杀物也。又雪霜亦有异,霜则杀物,雪不能杀物也。雨与露亦不同,雨气昏,露气清。气蒸而为露,如饭甑盖之,其气蒸郁而汗下淋离。气蒸而为雾,如饭甑不盖,其气散而不收。雾与露亦微有异,露气肃,而雾气昏也。"(《朱子语类》卷一〇〇《邵子之书》)这其中,有些研究是很深入的,例如关于雪花:

> 雪花所以必六出者,盖只是霰下,被猛风拍开,故成六出。如人掷一团烂泥於地,泥必溅开成棱瓣也。又,六者阴数,大阴玄精石亦六棱,盖天地自然之数。(《朱子语类》卷二《理气下》)

此外,还有雷、雹等,如:

> 雷如今之爆杖，盖郁积之极而迸散者也。
>
> 正是阴阳交争之时，所以下雹时必寒。今雹之两头皆尖，有棱道。凝得初间圆，上面阴阳交争，打得如此碎了。"雹"字从"雨"，从"包"，是这气包住，所以为雹也。（以上见《朱子语类》卷二《理气下》）

当代学者认为，朱熹的这些探索和解释有些已很接近事实。①

在地理学方面，与沈括一样，朱熹也很重视实地考察材料的意义。也正是以此为基础，朱熹建立起自己的一些见解。如对地理地貌变迁的认识就是其中一个方面。关于地理地貌变迁，沈括曾有过描述，朱熹在前人的基础上进一步解释道：

> 常见高山有螺蚌壳，或生石中，此石即旧日之土，螺蚌即水中之物。下者却变而为高，柔者变而为刚，此事思之至深，有可验者。
>
> 今高山上多有石上蛎壳之类，是低处成高。又蛎须生於泥沙中，今乃在石上，则是柔化为刚。天地变迁，何常之有？（以上见《朱子语类》卷九四《周子之书》）

对此，李约瑟和梅森等科学史家都有过十分积极的评价，李约瑟称其在地质学上具有重要意义；梅森认为它代表了中国科学最优秀的成就。②当然，朱熹上述考察并不止于地理知识，其实际也深化了从哲学角度对变化的理解。此外，结合实地考察，朱熹还发现《禹贡》中关于南方地理记载与实际存在着不合之处，并加以考订。朱熹说："盖禹当时只治得雍冀数州为详，南方诸水皆不亲见。恐只是得之传闻，故多遗阙，又差误如此。"朱熹还分析说：《禹贡》地理，乃因治水所需，故"不须大段用心，以今山川都不同了。理会禹贡，不如理会如今地理。如禹贡济水，今皆变尽了"（《朱子语类》卷七九《尚书二》）。这种对实考的重视不仅是整个时代

---

① 参见卢嘉锡总主编、席泽宗分卷主编《中国科学技术史·科学思想卷》，第 422 页。
② 分别见〔英〕李约瑟：《中国科学技术史》第五卷《地学》，第 266 页，北京，科学出版社，1976；〔英〕梅森：《自然科学史》，第 75 页。

的一部分，也向我们呈示了朱熹思想中最接近或最符合科学精神的一面，包括与整个时代相一致的怀疑精神。

四、对于朱熹科学思想的评价

李约瑟从科学史以及科学与哲学关系的角度给予朱熹很高的评价。李约瑟称朱熹是"中国历史上最高的综合思想家"①。李约瑟又引修中诚的看法："朱熹在他的模式中给予'气'以如此重要的地位，就为在中国强调实体扫清了道路，正如后来莱布尼茨也许是第一个在欧洲为强调'关系'扫清了道路。"②进而，李约瑟对亚里士多德与朱熹加以比较，并指出："除了亚里士多德和朱熹在概念上的基本分歧以外，他们的思想在这里是并行不悖的。朱熹以其中世纪的方式肯定理和气的普遍的互相渗透，反映了近代科学的立足点。"③李约瑟还说："中国的世界图式经过朱熹和理学家们加以系统化之后，它的有机论的性质就通过莱布尼茨（1646—1716）的媒介传入西方的哲学思潮。如果真是如此，那么，它的重要性就怎么估计也不会过高。"④

乐爱国就前人有关朱熹这方面的评价做过更多的搜集。在哲学史与思想史方面，如胡适说："从某些方面来说，朱子本人便是一位科学家。"⑤钱穆说："若从现代观念言，朱子言格物，其精神所在，可谓既是属于伦理的，亦可谓是属于科学的。朱子之所谓理，同时即兼包有伦理与科学之两方面。"又说："以朱子观察力之敏锐，与其想象力之活泼，其于自然科学界之发现，在人类科学史上，亦有其遥遥领先，超出诸人者。"⑥又从事科学史研究的学者如胡道静说："朱子对于自然界林林总总的万物之理，亦潜心考察，沉思索解，常有独到之见，能符合科学研究所得出

---

① 〔英〕李约瑟：《中国科学技术史》第二卷《科学思想史》，第 489 页。

②③ 同上书，第 510 页。

④ 同上书，第 528 页。

⑤ 胡适：《胡适口述自传》，《胡适全集》第 18 卷，第 444 页，合肥，安徽教育出版社，2003。

⑥ 分别见钱穆：《朱子学提纲》，第 131、206 页，北京，生活·读书·新知三联书店，2002。

的法则……是我国历史上一位有相当成就的自然科学家。"[1]对此,乐爱国还搜集有更多的材料。[2]

无疑,这些评价都有助于我们深入了解和准确判断朱熹的科学思想及其地位。我们会发现,从科学史的角度来看,朱熹对于知识的兴趣或研究与沈括对于知识的兴趣或研究其实可能并没有什么根本的不同,与同时期许多其他知识活动也并没有什么根本的不同,它们其实都体现了一种求知、穷理、怀疑、探索的时代精神。当然,这也有助于我们思考朱熹科学思想与哲学思想的关系,这些科学思想是孤立的吗? 是仅仅局限于知识领域的吗? 抑或是朱熹整个思想的一个重要组成部分? 甚至是其哲学思想的一个重要组成部分?

第十二节　科学与思维方法

与前代一样,宋元时期的科学与哲学在思维和方法上仍有不少相同之处,例如推理与论证;也有一些虽不尽相同,但它们在精神上却有相似之处,例如哲学中的格物与科学中的观察与实验。此外,这一时期的思维也出现了一些新的特质,如怀疑、批判精神以及具体、精细化风格,并且这些特质显然是集体或普遍性的,而非是个体或偶然的。值得我们注意的是,科学方法对包括哲学在内的学问方式具有主导性的影响(而这与该时期哲学观念、概念以及思想对科学的主导性影响是有区别的)。包括考察、实验方法以及专注、精细思维等不仅广泛地成为一个时代的科学精神,而且也影响到这一时代哲学的思维与学问方式,并且会进一步延续影响到后世的学问方式以及相应的认识论和价值观。

---

[1] 胡道静:《朱子对沈括科学学说的钻研与发展》。见《朱熹与中国文化》,上海,学林出版社,1989。
[2] 参见乐爱国《宋代的儒学与科学》,第 88、89 页。

一、观察与考察

如果说，"格物"为这一时代提供了一种思维和方法的哲学基础，或者说提供了一种观念，那么，观察与考察则是这一时代重要的科学工具，当然，在一定程度上，"格物"观念、思想与具体的观察和考察方法之间又是存在联系的。

宋元时期的人们十分注重对自然现象的观察。沈括在《梦溪笔谈》中记述："予奉使河北，边太行而北，山崖之间，往往衔螺蚌壳及石子如鸟卵者，横亘石壁如带。此乃昔之海滨，今东距海已近千里。所谓大陆者，皆浊泥所堙耳。"（《梦溪笔谈》卷二四《杂志一》）这是对一种地质地貌变迁的观察和思考。范成大的《吴船录》对峨眉山植物分布做了记录："大抵大峨之上，凡草木禽虫，悉非世间所有。昔故传闻，今亲验之。余来以季夏，数日前雪大降，木叶犹有雪渍斓斑之迹。草木之异，有如八仙而深紫，有如牵牛而大数倍，有如蓼而浅青。"这实际是一种植物地理的观察。罗愿的《尔雅翼》中对不同植物的特性都有详细记载，如其中"兰"条云："予生江南，自幼所见兰蕙甚熟。兰之叶如莎，首春则茁其芽，长五六寸，其杪作一花，花甚芬香。大抵生深林之中，微风过之，其香蔼然达于外，故曰芝兰生于深林，不以无人而不芳。"另外如燕肃的《海潮论》记载了对潮汐变化的仔细观察："今起月朔夜半子时，潮平于地之子位四刻一十六分半，月离于日在地之辰。次日移三刻七十二分，对月到之位，以日临之次，潮必应之。"值得注意的是，在当时，不仅科学活动非常注意观察方法的运用，并且不少哲学家们也自觉地使用观察这样一种方法。例如我们所看到的张载、二程、朱熹在天文学、地理学以及生物学中所做的大量的观察。这些观察既是哲学论证的需要，同时在其中我们也可以看到在当时哲学与科学之间的密切关系，从本质上说，它们是整个时代观察风尚的一个部分。

观察又与考察密切相关。沈括对于地质地貌的观察、范成大对于植物地理的观察其实都是在实地考察中获得的。又北宋学者胡瑗也有相关的论述，他说："学者只守一乡，则滞于一曲，隘吝卑陋。心游四方，尽见人情物态，南北风俗，山川气象，以广其闻见，则为有益于学者矣。"（《安定言行录》）可见考察在当时绝非个别现象，甚至一些思想家也介入了进来，例如朱熹。而更重要的是，这样一种考察又是明清时期更大范围考察的先声。①

二、实验

在实验方面，沈括所做的工作是最为典型的。沈括对于共振问题有深入的研究，并且反复做过实验。例如："予友人家有一琵琶，置之虚室，以管色奏双调，琵琶弦辄有声应之，奏他调则不应。宝之以为异物，殊不知此乃常理。"（《梦溪笔谈》卷六《乐律二》）又如："欲知其应者，先调诸弦令声和，乃剪纸人加弦上，鼓其应弦，则纸人跃，他弦即不动。声律高下苟同，虽在他琴鼓之，应弦亦震，此之谓正声。"（《补笔谈》卷一《乐律》）以上都是对共振实验的生动记录。沈括为了证明光以直线的方式传播，也专门做了观察实验。他在窗上开一小孔，于屋内观察鸢影与鸢的飞行方向的关系。实验的结果表明"影与鸢遂相违，鸢东则影西，鸢西则影东"（《梦溪笔谈》卷三《辨证一》）。与此相类似，他还做过塔楼之影穿过窗孔的实验以及阳燧照物的实验。而所有这些都是为了证明光的直线传播。虽然这样一种实验在先秦时已为后期墨家所做过，但由于《梦溪笔谈》的广泛传播，所以其影响十分深远。此外，在磁学方面，沈括对指针的精确度、稳定性以及易于旋转等方面的问题有所考虑，并且提供了多种方法，其中悬丝法尤为科学，经今天的学者研究，这样一种方法对于指针的顺畅旋转非常有利，从而能保证其精确性。② 除了沈括，还应注意宋元之间的赵友钦的小孔成像实验，因为这一实验与以往的实验相比更有意义。

---

① 卢嘉锡总主编、席泽宗分卷主编《中国科学技术史·科学思想卷》第六章中对此作了较多的搜集和整理，本书参考了这一工作。
② 参见蔡宾牟、袁运开《物理学史讲义——中国古代部分》，第 184 页。

这主要体现在：其较之以往同类实验都要更为复杂，因此所得到的观察要更加丰富；实验设了对照组，这有利于对实验结果加以比较；实验装置相对固定，这有利于实验可以重复进行。

应当注意的是，这样一种实验与"格物"、"穷理"思想之间可能存在的内在联系。同时我们应当看到，沈括的这样一些实验与欧洲文艺复兴时期及以后出现的兴趣与工作非常接近。

三、推理

推理是宋元时期哲学与科学所共同使用的一种重要方法。

邵雍的先天象数学理论不仅提供了一种数学解释，而且也提供了一种演绎即推理方法。如《皇极经世·观物外篇上》中所讲的："八卦相错，然后万物生焉。是故一分为二，二分为四，四分为八，八分为十六，十六分为三十二，三十二分为六十四。……十分为百，百分为千，千分为万。犹根之有干，干之有枝，枝之有叶。愈大则愈少，愈细则愈繁。合之斯为一，衍之斯为万。"不难看出，这既是一种理论，也是一种典型的演绎推理。

而这样一种思维对于科学活动显然也产生了深刻的影响。以数学为例，如李冶说："苟能推自然之理，以明自然之数，则虽远而乾端坤倪，幽而神情鬼状，未有不合者矣。"（《测圆海镜》序）秦九韶也在论及数时，说："其用本太虚生一，而周流无穷，大则可以通神明，顺性命；小则可以经世务，类万物，讵容以浅近窥哉？"（《数书九章》序）可以看到，这里所体现的思维与所使用的方法与邵雍的象数思维与方法有着相同之处。何以李冶、秦九韶的数学思想会与邵雍的思想有相同之处，这就在于数学活动从本质上说是一种演绎推理，并且也正是在这个意义上，宋元时期的数学与象数学或哲学有着密切的联系。

此外，沈括的科学活动中也包含了大量的推理方法的应用，例如《梦溪笔谈》卷七《象数一》中就曾依据"五运六气"理论来预报降雨："熙宁中，京师久旱，祈祷备至，连日重阴，人谓必雨。一日骤晴。炎日赫然。"时沈括因事入对，上问雨期，沈括对曰："雨候已见，期在明日。"但"众以谓频日晦溽，尚且不雨，如此旸燥，岂复有望?"而"次日，果大雨"。沈括就此推理道:"是时湿土用事，连日阴者，从气已效，但为厥阴所胜，未能成雨。后日骤晴者，燥金入候，厥有当折，则太阴得伸，明日运气皆顺，以是知其必雨。"当然，这是一种因果推理，这样一种推理更多的是建立在经验基础之上的。

四、具体、精细的思维方式与怀疑、批判的科学精神

首先，这一时期具体、精细化的思维方式是十分明显的，尤其是在宋代。如前面考察所见，在宋代，这种具体、精细化的思维方式是全方位或全景式的，它体现在包括天文学、数学、医学以及生物学在内的科学活动中，也体现在艺术如诗歌、绘画中。这里，我们可以医学这样一个通常被认为经验性较强、整体感较强并且不十分精确的学科为例。如前所述，唐代医学只设四科，到宋代增至九科，而元代更增至十三科。分科的增加或细化无疑体现了思维的具体性。这一时期，解剖学也有了更大的发展，出现了《欧希范五脏图》、《存真图》这样的解剖图，分别对肝、肾、心、腹腔、血管、消化、泌尿、生殖系统等有较详尽的描述，这无疑是精确思维的体现。特别是这时还出现了《洗冤录》这样的法医学著作。《洗冤录》的作者是南宋时期的宋慈。宋慈在《洗冤录》中尤重检验，其讲:"狱事莫重于大辟，大辟莫重于初情，初情莫重于检验。"(《自序》)又讲:"临时审察，切勿轻易，差之毫厘，失之千里。"(《疑难杂说》上)《洗冤录》也广泛外传，已有 19 种译本。总之可以这样说，具体、精细化的思维方式是宋代文化的普遍精神。值得注意的是，这一时期具体、精确的思维方式与"格物"、"穷理"的观念之间也应当存在着某种联系。一方面，"格物"、"穷理"的观念必然会导致更加关心具体事物。科学自不待言，我们应当看到，宋元时期科学技术与思想之所以取得如此杰出的成就就是这样一种关心的必然结果。这其中又尤以生物学最为典型，具体如大量的动植物谱录以及像郑樵辨识鸟兽草木之名这样的工作。另一方面，我们也可以这样来认识，即"格物"、"穷理"观念在很大程度上又是以知识活动的实

践作为基础的，是对这样一种实践的反映。

这一时期的怀疑与批判精神在前面沈括的科学思想一节中已有过考察，如沈括对以往漏刻家的批评、对唐代卢肇关于太阳引起潮汐的观点的批驳，此外又如燕肃关于钱塘江潮的不同解释，刘蒙的《菊谱》对历史记载所持的怀疑，朱熹对《禹贡》的怀疑，陈景沂在《全芳备祖》中对"识于鸟兽草木之名"的辩解以及对于所谓"玩物丧志"观点的批评，金元时期医学四大家不拘一格的创造性，郭守敬对以往历法中上元积数观念与方法的彻底废除等等。我们看到，这里面不仅有对他说，也有对历史记载和传统，甚而至于有对经典与主流的观念，所有这些其实都体现了一种怀疑与批判的科学精神。并且，这其中不仅有科学家，也有思想家，广义地说，这是这一时期学者的基本状况。由前面的考察可知，汉代王充就具有强烈的怀疑和批判精神，但那是一个个体，而我们在宋元时期所看到的怀疑与批判精神则是普遍的现象。尤为重要的是，这些普遍的怀疑与批判精神又几乎都与科学活动有关。对这其中的意义不可小视。因为这一怀疑与批判精神显然与中国社会历来注重或强调历史和经典的保守传统是背道而驰的。有理由这样说，正是宋元时期建立在科学活动之上的怀疑与批判精神在中国古代过分强调传统和经典的坚固城墙上打开了一个缺口。并且这样一种怀疑与批判精神也在很大程度上赋予或规定了同时代的哲学思想以某种相应的面貌。更推而言之，明代以后思想界的自由风气、启蒙与批判思潮以及再后的学术界对于经典普遍的科学态度又都不同程度地与此相关。

第十三节　全面和正确认识理学或儒学对于科学的态度以及对于科学的影响

全面和正确认识理学或儒学对于科学的态度以及对于科学的影响是十分重要的，也是十分有意义的。

首先，我们必须要看到程朱理学在格物问题上所存在的似乎是自相矛盾的思想与论述。一方面，无论是二程还是朱熹都曾讲过一草一木之中亦有理的话，也曾讲过于一草一木中格物穷理的话，如程颐说："一草一木皆有理，须是察。"（《程氏遗书》卷一八）朱熹说："虽草木，亦有理存焉。一草一木，岂不可以格？"（《朱子语类》卷一八《大学五》）但另一方面，他们又讲格一草一木并不是最重要的学问，例如朱熹说："格物之论，伊川意虽眼前无非是物，然其格之也，亦须有缓急先后之序，岂遽以为存心于一草木器用之间而忽然悬悟也哉！且如今为此学而不穷天理，明人伦，讲圣言，通世故，乃兀然存心于一草木器用之间，此是何学问！如此而望有所得，是炊沙而欲其成饭也。"（《朱文公文集》卷三九《答陈齐仲》）

但我们应当清楚，对于程朱来说，这样的矛盾可能并不存在，因为他们都十分明确地强调，伦理道德在其理学中居于核心地位，而其他如科学知识实则位于从属地位。[①] 这实际也是程朱的基本价值观。这里就需要我们调整自己的观察视角。确切地说，就是我们不应站在今天的立场来看古代的科学观或科学价值观，而是应当站在古代的立场来看当时的科学观或科学价值观。之所以要这样，就是因为我们今天对于科学的态度和观念实际已经受到近现代科学观的充分洗礼，也受到近现代科学价值观的充分洗礼。但古人却不是这样，他们只能给予或提供属于他们那个时代可能给予和提供的东西。对于程朱而言，态度是很明确的，即道德第一，知识第二。换言之，这也是世界范围古代文化的普遍准则。也就此而言，要求古代思想家必须具有对知识充分重视的想法其实是不切实际的，也是十分幼稚的，甚至是蛮横的。这应当是我们考察他们的"科

[①] 极而言之，理学家们所关心的自然现象往往是"大尺度"的，它主要体现在宇宙论以及相连带的天文、气象和地理知识上，而这些都是为了更好地阐述其"理"、"气"这样一些核心概念及其思想。所以尽管程朱等人强调格物致知和格物穷理，甚至说"一草一木"、"一器一用"之中皆有"理"可格，但总的来说，他们对于那些过于具体的"事物"及其"理"的确是不甚重视的。在程朱等理学家看来，这样一些"物"和"理"并不是他们所关注和强调的"物"和"理"的核心内容，这些知识与他们所考虑的道德问题没有实质性的关联，也和他们所考虑的本体问题没有实质性的关联。对此，我们其实也不必过于计较。毕竟不同的领域有不同的关怀，实证研究并非哲学之特征。

学"态度,也是我们能够或应当之于他们的"合理"要求。而恰恰在这里,理学家或者理学(也包括更广泛意义的儒学)有可能是较合理地或较完整地设计了属于他们那个时代的文化结构,包括建立起了较为合理的知识观。从哲学与科学的关系或者说从伦理与科学的关系来说即是:它一方面肯定自然知识在全部认识中的地位和意义,给予科学知识以生存的空间和发展的机会;另一方面又捍卫了理学或道学的尊严,也即捍卫了道德的尊严,指出这样一种道德所应当具有的至高无上的地位。并且还值得我们注意的是,如与同时期西方基督教相比,这在当时很可能是一种"更为合理"或"更为合适"的态度;而与同时期的伊斯兰教文化及其所取得的成就相比,我们也可以看到其中在很大程度上的相似性。当然,这并不是说,这样一种结构与价值观就是完美的,或者没有缺陷的。

然而即便如此,理学或儒学对于同代以及后代的科学发展的积极意义仍是不可忽略的。

例如在前面的考察中我们清楚地看到,理学或儒学的许多思想(也包括涉及重大命题或问题的思想)并不仅仅具有哲学的意义,它同时也与科学活动有着紧密的关系。以"穷理"思想为例,理学对于穷理的强调明显是有知识与认识基础的,这离不开同时代科学实践所提供的材料,也离不开前代认识所提供的资源。但我们应当看到,从认识的资源、知识的材料上升为"穷理"的观念与思想,这之中毕竟包含了理学思想家自身的判断和识见,而这种判断和识见本身无疑是一种重大的跨越和突破。而通过考察,我们不仅看到这一观念和思想在哲学自身认识论层面的正面意义,也看到这一思想对于相当广泛的科学领域的积极影响,并且如前面所指出,这种影响将持续到明清两代,乃至向近代敞开大门。

又如我们还清楚地看到,一些思想家如何亲身参与某些科学活动,不少儒家学者如张载、朱熹从儒学研究的需要出发来研究自然知识,但却也培养起了对于自然知识的兴趣,以至于我们今天已难以确定他们究竟是出于儒学研究的需要,还是纯粹出于个人的兴趣,这同样也作为这一时代科学活动的一个不可忽略或分割的部分。我们应当看到,作为哲学的观念、思想、概念如此广泛地与科学活动相交流、相融合，特别是作为儒学思想家或学者对于科学知识表示出如此浓厚的兴趣并广泛而自觉地参与科学活动，这在中国知识与思想关系史上是不多见的。这反映了价值观上的变化。虽说这一变化并非根本，但可以这样说，正是这观念上迈出的一小步，却导致社会实践上迈出的一大步。

从更广泛的意义上说，儒家文化在南北朝和隋唐时期面临前所未有的危机感，这可以在当时不少儒家思想家如范缜、韩愈的相关论述中清楚地看到。这种状况到了宋代以后有了根本性的改变。而这种状况的改变，也即宋代理学对于唐代佛学的替代，宋代哲学对于唐代宗教的替代，都不仅仅是出于哲学或思想上的原因，它还包含有知识与思维上所提出的要求，也即它有整个文化背景的因素。换言之，儒家对于佛教哲学乃至包括佛教和道教在内的"清算"是一种全面的清算；儒家对于传统文化的"收复"也是一种完整的收复。毫无疑问，在这之中，哲学、科学以及这二者的关系都是十分重要的内容，都是最大的"受益者"。并且在这一收复中，他们也是休戚与共的同盟者。

宋元时期哲学与科学的密切关系直接导致了这样两个结果：一方面，儒学的发展使得越来越多的知识部门儒学化；另一方面，由于知识的加入又使得儒学具有越来越多的知识内涵。不少研究中国科学史的学者也都注意到理学或儒学与科学的这种契合关系。如李约瑟在一段与朱熹相关的论述中就说道："不管读者是否倾向于接受我的解释，至少理学的世界观和自然科学的观点极其一致，这一点是不可能有疑问的。"①又如乐爱国的《宋代的儒学与科学》中认为，宋代儒家对于科学的关系可以分为三个圈层，最外面的是对自然知识有一般兴趣的儒者，中间是对科学有一定研究并撰有著作的儒者，核心层则是在科学上有显著成就并可以被称为科学家的儒者，而这部分人又可以叫作"儒者科学家"。又该书的第九章"宋学与宋代科学发展的关系"中也分三节讨论了宋学或理

---

① 〔英〕李约瑟：《中国科学技术史》第二卷《科学思想史》，第 526 页。

学与科学的这种契合关系，包括：宋儒对自然知识的重视与研究；宋学精神与概念对科学的影响；宋学对宋代科学发展的作用。乐爱国指出：由于宋代儒家重视并研究自然知识，儒学与科学之间的关系发生了很大的变化，这包括：科学在儒家文化中的地位得到提升；越来越多的儒家学者或具有儒学背景的儒者从事科学研究工作；儒学对于科学的影响更为明显。①

当然，理学与科学的关系可能还远较此来得复杂，例如宋代的理学与元代的理学不一样，宋代的理学与明代的理学更不一样。一般来说，越是往后，理学空疏的学风也越加明显。因此当我们说理学对科学的影响时是要做出区分的。不过，哲学对于科学的影响也有某种滞后性，所以元代包括明代又可能是充分"享受"程朱理学格物思想的时期，在这方面，宋元数学四大家和金元医学四大家对于理学思想的运用就是一个明证，明代诸多科学大家与巨著的出现也是一个明证。

此外还值得我们注意的是，宋元时期的科学价值观并非是完全由哲学单独主导的，科学活动本身也有自己的"声音"。如从前面的考察中我们得知，宋元时期农学与生物学发展迅速，各种动植物谱录纷纷问世，层出不穷，而这些谱录就是关乎"草木虫鱼"的。由于理学家在这个问题上发表过意见，因此当时有不少学者就此展开了属于我们今天所说的科学观的讨论，其中也包括对理学家看法所提出的质疑和批评。如叶大有在王贵学所著《王氏兰谱》的序中说："窗前有草，濂溪周先生盖达其生意，是格物而非玩物。""夫草可以会仁意，兰岂一草云乎哉？君子养德，于是乎在。"叶大有认为养草"是格物而非玩物"，且与养德并行不悖，"君子养

---

① 参见乐爱国《宋代的儒学与科学》，第 79、81、166—178 页。又乐爱国对整个中国古代儒家与科学的关系有很高的评价。其认为："中国古代科学孕育于以儒家文化为主流的中国传统文化之中，儒家文化与古代科学的关系，不仅表现为儒家包容科学，儒家学者研究科技，表现为儒家文化具有科学的内涵，同时也表现为儒家文化对于古代科学的影响。"这种影响具体有以下几个方面：(1) 科学家与儒学密切相关；(2) 儒家文化培养科学家的人格素质；(3) 儒家学说的价值观影响科学研究的动机；(4) 儒家经典成为科学研究的知识基础；(5) 儒家的经学方法成为重要的科学研究方法；(6) 儒家文化对古代科技特征的影响。见乐爱国：《儒家文化与中国古代科技》，第 293—306 页，北京，中华书局，2002。我想，乐爱国的上述评价放在宋元这一时期应最为合适。

德，于是乎在"。又黄公泰为《续博物志》所作的跋说："夫道固绝学，然岂必漫不省识一物而颓然以独造耶？《诗》识鸟兽草木之名，《易》知鬼神之情状，于道与有力焉。子在川上所见者水，而所取者道也。"黄公泰在这里也指出道学不应拒斥其他知识。而如前所见，陈景沂更在《全芳备祖》的序中说道："余之所纂盖人所谓寓意于物，而不留滞于物者也，恶得以玩物为讥乎，且《大学》立教，格物为先，而多识于鸟兽草木之名，亦学者之当务也。"且"以此观物，庸非穷理之一事乎？"陈景沂指出观察研究鸟兽草木其实正是《大学》立教的传统，并且他对理学家所谓"玩物丧志"说提出了质疑甚至批评。① 所有这些都使得我们看到科学观的独立性，科学价值观的独立性。

我们由此也不难看到当时某种不同于程朱理学的观点，看到不少学者对于程朱理学中某些特定的知识观念或价值观念的矫正，我们也可以将其看作是对理学"格物致知"、"格物穷理"理论与学说的一种更加科学和正面的解读。这样一种科学和正面的解读有助于剔出程朱理学理论中的某些偏见或糟粕，有助于完善对于"格物致知"、"格物穷理"理论与学说的理解。应当看到，这样一些认识和观念在当时对于科学技术的发展也起着积极的作用。我们由此也得知，科学在哲学面前，并非完全是被动的，并非只是一种依附。科学活动有自己的独立意识，不少科学家知道如何接受哲学思想中有价值的东西，并剔除其中的杂质。在一定意义上，我们也看到科学如何从对儒学的依附关系中逐渐地摆脱出来，这其实又是哲学观念所无法设定的结果。而放在儒学发展的大背景中来看，这种知识线索及其观念的相对独立也未尝不是一种进步。从宋元到明清，伴随着科学的独立，我们越来越看到这种意识的确立和成熟。不只如此，它还会更加坚定而明确地向思想与观念发出声音，直至这种声音具有主导地位。

---

① 类似这样的影响可能还可以找到许多，详见卢嘉锡总主编、席泽宗分卷主编《中国科学技术史·科学思想卷》第六章第三节有关内容。

第六章　明清时期传统哲学与科学的终结

　　本章所考察的是明清时期的哲学与科学的关系。需要说明的是，本章中的清代部分主要是考察前期的状况，因为之后的状况由于自身发展的停滞、衰落以及西方知识因素越来越多地渗入已不具有代表性。

　　李约瑟认为："直到 17 世纪中叶，中国的和欧洲的科学理论大致是并驾齐驱的，只是在那时以后欧洲的思想才开始迅速地冲上前去。"①应当说，李约瑟的这一判断是基本合理的。明清时期是中国古代历史的最后一个阶段，自然也是中国古代哲学与科学历史的最后一个阶段。这里所谓最后一个阶段可以从两个方面来理解：第一，是内在的。在这个阶段，无论是科学，还是哲学，都出现了具有总结性质的著作。这种情况不应当被理解为是偶然的，它表明中国古代的知识与思想系统的确已经登上了"巅峰"，同样，它也可以理解为已经走到了"尽头"。这如同所有事物的发展一样，有顶峰，也有结束，并且顶峰本身就意味着结束。事实上，也有一些学科或领域在宋元时期就已经达到了顶峰，例如天文学与数学。当然，结束并不意味着没有发展，并不意味着一切停止。但此时，传统哲学与科学已临近尾声，这应当是毋庸置疑的。第二，是外在的。

----

① 〔英〕李约瑟：《中国科学技术史》第二卷《科学思想史》，第 329 页。

恰逢此时，西方文明开始进入中国并且与中国传统文化发生碰撞、冲突。而在这种碰撞和冲突中，两种文化或文明的"优"、"劣"似乎显现了出来。在当时尤其是科学，先是天文学和数学，继而是工程技术、物理学、化学甚至于医学的某些方面，中国的知识传统在西方知识传统的有力和无情的冲击下纷纷"落败"。尽管有关孰优孰劣的许多具体问题还有待更长的时间才能解答，但至少在当时，古代文明与近代文明、农业文明与工业文明之间的差距是非常明显的，其凸现在人们眼前。以上可以说是明清时期科学与哲学所面临的基本状况，其中科学较之哲学，其结束传统历史的进程还要更早一些，这同样既有内在的原因，也有外在的原因。但与此同时，科学也较之哲学更先接触西方文化，先得近代之风气。

第一节　明清时期的知识背景与观念背景

我们先来看这一时期的科学背景。

就技术而言，建筑、造船技术在明代都已经达到顶峰。农业、手工业技术也取得相应的发展。中国古代的天文学在元代的郭守敬这里已经发展到巅峰，之后基本处于停滞状态。在明代，由于商业的发达，商业数学获得了极大的发展，数学实用化的特征日趋明显。属于物理学的声学在这一时期有重要的进展，朱载堉在前人的基础上发明了十二平均律。医学在这一时期也取得较大的进展，其中最为重要的就是温病学说的创立。明代以前，医学家对于治疗传染性疾病与非传染性热病的认识，实际上都没有超过《伤寒论》的范围。明清两代，经吴有性等人的努力，温病学说终于得以创立。温病学说的创立，开拓了认识传染性疾病的新的途径，并形成了与伤寒学派认识对立但却并驾齐驱的局面。此外，在明末，诸多总结性科学著作纷纷面世，这包括李时珍的《本草纲目》、徐光启的《农政全书》、徐霞客的《徐霞客游记》、宋应星的《天工开物》。总结性科学著作的普遍出现实际也意味着中国古代科学的"终结"。至清代，某些学科如医学虽仍有进展，但总体而言，中国传统科学技术已经面临西方科学技术的巨大冲击，并且在天文学、数学以及技术领域，缺口被一个接一个打开。与此同时，在方法上，传统的考据学风也开始逐渐显露出其脱离现实的弱点。至此，中国传统知识的发展已经走到了尽头，换言之，科学技术的发展实际已经完全进入到了一个新的局面和阶段。

我们再结合科学与哲学的关系对这一时期的状况作一个总体的描述。

首先来看明清时期科学与哲学的一些相似点。

明清时期科学与哲学的第一个惊人的相似点是在自身发展的逻辑进程中都步入了总结性的阶段。可以这样说，无论是科学，还是哲学，这一时期所涌现出的大家及其著作都给我们一种"回望"的感觉，因此也就平添了一份"终结"的性质。与此同时，明清的科学与哲学还有另一个惊人的相似点，这就是在中西文化的碰撞中两者几乎都是首当其冲。这也表明，文化的冲突首先总是知识与观念的冲突，其中知识是基础层面的，而观念则是核心层面的。这大概是明清时期的科学与哲学在境遇上的相同之处。不过，我们还可以在更为深厚的背景中考察两者之间的关系。

明人是在其前人宋元时期的知识与精神活动中获得现成的资料和财富。这样现成的资料和财富在科学中有天文学、数学以及农学、生物学和医学的巨大成就，在哲学方面则有理学包括心学的登峰造极。因此，明清时期无论是科学还是哲学，许多成果都是在前人的基础上取得的。这里所说的基础有知识的，有观念的，还有方法的。宋元时期儒家的理学也即哲学的一个重要传统就是强调"格物"与"致知"，它是"八条目"中最为基本的内容。这样一个传统有自先秦时起就形成的深厚的哲学根源，也有理学自身对千百年来自然科学的发展、特别是其对哲学的意义的深刻认识。应当说这是宋元时期理学或儒家哲学的一个很有意义的工作，也是一个传统，尽管这一传统在当时有着诸多缺陷，但明清时期哲学与科学的根基在很大程度上就是植栽在这样一个传统的泥壤之中的。

我们看到，在哲学方面，明初的不少学者和士人是恪守程朱理学这一传统的，包括宋濂、刘基、方孝孺、杨士奇、曹端等，至明代末年以后，王夫之、顾炎武、颜元、戴震等人在认识论与方法论方面也很大程度上遵循或恢复（针对心学而言）了这一传统。而相比哲学来说，这样一种传统对于明清时期的科学甚至还更加有意义。事实上，明清时期所取得的大量科学成果，在不同程度上都是有"格物"、"致知"以及"穷理"思想作为观念或认识前提与背景的。像李时珍、朱载堉、徐光启、徐霞客、宋应星以及更多的科学家或学者往往从小都受到传统儒家文化的深刻熏陶。他们博览群书，钻研学问，而后几乎又都参加科举考试。虽应试最终有的成功，有的不成功，但在此过程中，儒家思想特别是理学中从启蒙教育就开始的一整套完整的与知识相关的认识理论已经深入人心。注意或强调这一点非常重要，我们应当充分认识宋明理学中"格物"、"致知"思维与观念的基本训练和长期濡养对于这一时期科学成就的深刻意义，甚至是对于所有个体和整个文化的深刻意义。

但是，明清时期科学与哲学活动也有各自的"特点"。

我们看到，明清时期的学者和思想家虽然一方面对前人的知识与思想体系有所继承，但另一方面他们又并没有完全继承前人的兴趣和传统，有些方面或有些时候甚至在相当大的程度上中断了这种兴趣和传统。如明代哲学在陈献章这里就开始发生了变化，其强调静坐对于修养的作用和影响。而这样一种变化终于在王阳明的心学这里走向成熟和导致某种极端，其最严重的后果就是导致空疏学风的出现，当然，空疏学风出现的原因也不唯心学，理学的僵化也是重要原因之一，它是不利于科学或知识活动的。而在科学方面，很重要的一个现象是明人放弃了在宋元时期曾取得巨大成就的天文学和数学领域的研究，这明显是一种"断裂"。这种状况的出现固然有各种外在的和内在的原因，其中也不能排除作为心学空疏学风的泛滥所产生的作用。毫无疑问，这样一些"断裂"并不仅仅只是现象，它会对同时期的知识界与思想界产生深刻的影响。

与此相关，我们看到这一时期的科学与哲学之间一度有很大的游离。这样一种游离在明代真切地达到了某种令人吃惊的状态。一方面是哲学彻底走向心学，而另一方面则是科学更加注重实用的内容。这两者所关心的问题以及所使用的话语显然是不同的。如与先秦、秦汉以及宋代作一对照，我们都明显可以感到那些时期哲学与科学的紧密联系。当然，这并不是说在明清时期的科学与哲学之间没有联系，但其明显因两种不同的话语及背后的兴趣而相互掣肘和割裂。应当看到，明清时期中国知识传统出现明显的停顿或滞后虽与同时期西方知识系统的发力有关，但上述游离也是一个十分重要的原因。

科学与哲学的游离只是当时科学与哲学关系状况的一种表现，事实上就整个历史发展而言，明清时期的中国思想、知识乃至整个文化都遇到了前所未有的复杂局面，这就是西方文明对中国文明的扰动和挑战。从明中叶起，西方传教士就开始进入中国，伴随而来的是越来越多的西方文化的输入。这其中，科学或知识系统可谓首当其冲。中国的知识系统最先与西方知识系统"遭遇"、"碰撞"或者说是"接战"。而"接战"的结果是，中国知识系统没有几个回合就已经"败下阵来"，而且恰恰是在中国知识系统中最为核心与至上的部分：天文学领域以及与此密切相关的数学领域。在中国古代天、算、农、医四大知识领域中，这占了两门，并且是最"要命"的两门。这无疑是对中国知识与文化自信心的极大冲击。此后，"危机"迅速蔓延到更为广泛的知识领域，几乎没有多少领域得以保全"身家性命"，并且中国在未来的过程中还将要承受无数次失败的痛苦打击。

这正是明清时期中国社会包括科学与思想所面对的局面。而与西方文化的深入接触，尤其是一而再、再而三的"失利"也促使当时一些学者不得不参照西方文化对自己的文化做深刻反思。这里特别值得注意的是徐光启所提出的"责实"、"求精"（《徐光启集》卷一《拟上安边御虏疏》）这样两种观念与思维。其中"实"包括两个方面，分别是实用和实证，前者主要是观念的，而后者则是思维与方法的。徐光启指出中国应将这样两个方面作为当务之急的问题加以解决。而考察表明，明清之际的科学以及明清之际以后的哲学或整个学术活动的确都与徐光启所说的这样两个问题有关，或者说都受到了这样两种观念与思维的深刻影响，由此我们不得不承认徐光启的卓识与远见。而这可以说是当时科学活动以及相应的哲学思考的最大特点。

还需要指出或强调的是：明清时期，观念与思维中新的变化是由科学率先提出的，关系文化及社会命运的重大问题也是由科学率先触碰的。知识或科学系统是一个温度计，是它最先感受中国文化与其他文明特别是西方近代文明的交往过程中自身的弱点与缺陷，并且它是那样的"真实"；知识或科学系统也是一个风向标，是它最先感知并指示与先进文明或文化相比中国社会所需要改进的问题及其努力的方向，并且它是那样的"准确"。同时，科学也将它最敏锐、最真切的感受传递或告诉给哲学，正是在此基础上才有中国学术思想的种种变化，才有哲学层面的更为深刻的反思和觉醒。

以下的考察大致分为两个大的板块，从第二节到第五节，主要论述古代科学与哲学及其概念与方法的终结，第六节至第八节，主要论述中西学的接触、碰撞以及在此过程中所产生的新的思想。两大板块或有交叉、重合，这是因为明清时期新旧交替，关系极其错综复杂，但论述将尽量做到完整和清晰。

第二节　中国古代科学的终结

明清时期的科学活动一方面呈现出天文学和数学这样的理论和计算科学的衰落，另一方面也呈现出在农学、生物学、医药学以及物理学、音律学和具体技术活动方面的总结性特征。总的来说，与宋元时期相比，明清时期的科学思想是大大萎缩了，明清科学活动中的总结性要多于创造性，实用性要多于思想性，这一时期的传统科学在整体上已走向衰落，整个传统科学显现出终结特征，但在创造性上已经明显乏力。在本节中，我们着重考察农学、生物学、医药学的思想。

一、农学、生物学思想

中国古代农业一直以来就强调"因"天地之"宜"。这样一种观念在明清时期依然得到继承。例如"启原宜深，启隰宜浅"（《农说》）；"轻土宜深，重土宜浅"（《知本提纲》），在这些观念或论述中仍可以清晰地看到自先秦时期《管子》和秦汉时期《吕氏春秋》、《氾胜之书》中就形成的相关思想。像前面考察所反复指出的，"宜"或"因"的观念与思维，说到底也就是强调天人之间的关系，强调顺应和遵循自然法则。如马一龙所说："天有时，地有气，物有情，悉以人事司其柄。""知时为上，知土次之。知其所宜，用其不可弃；知其所宜，避其不可为。"（《农说》）这里，天、地、时、宜与人的关系清晰呈现。宋应星在他的《天工开物》中同样表达了这一思想，他说："土脉历时代而异，种性随水土而分。"（《天工开物·乃粒第一》）以防止虫害的办法为例，不同地区是不同的，"陕、洛之间，忧虫蚀者，或以砒霜拌种子"（《天工开物·乃粒第一》）。"晋地菽、麦必用（砒石）拌种，且驱田中黄鼠害"，而"宁、绍郡稻田必用蘸秧根，则丰收也"。（《天工开物·燔石第十一》）宋应星在这里不仅是关注和强调"宜"或"因"思想，而且关注和强调与"宜"或"因"密切相关的多样性和具体性问题。类似的思想在清代陈淏子撰写的《花镜》以及官方编修的《授时通考》中也都完好地被继承和保存。

不过在明清时期的农学与生物学活动中，人的因素或能力的意义、作用被进一步强调。在与自然的交往中重视人的地位和作用的思想早在先秦时期荀子的哲学中就已经萌芽。在具体生产实践中，汉代《氾胜之书》中的区种法理论最早强调了"人为"的意义。从魏晋南北朝到唐宋时期，类似的思想不断出现在农学和生物学中，也出现在炼丹术中。而这些思想同样也在明清时期得到延续并得到进一步的加强。

例如：

> （丘浚）土性虽有宜不宜，人力亦有至不至，人力之至，亦或可以胜天，况地乎！（《大学衍义补》卷一四）

> （马一龙）知时为上，知土次之，知其所宜，用其不可弃，知其所宜，避其不可为，力足以胜天矣。（《农说》）

> （吕坤）人定真足胜天。……夫冬气闭藏不能生物，而老圃能开冬花，结春实。（《呻吟语摘》卷上）

徐光启对于这一思想也有很充分的论述。他说：

> 若谓土地所宜，一定不易，此则必无之理。（《农政全书》卷二《农本》）

其又引丘浚的话说："土性虽有宜不宜，人力亦有至不至，人力之至，亦或可以回天，况地乎！"（《农政全书》卷二五《树艺》）这表明丘浚的思想对徐光启影响颇深。徐光启的这方面思想将在后面第四节的天人观念中再作详细考察。以后清人陈淏子也说：

> 能审其燥湿，避其寒暑，使各顺其性，虽遐方异域，南北易地，人力亦可以夺天功。（《花镜·课花大略》）

可以说，这样一种认识在明清时期实际已经形成了某种具有普遍意义的共识。如前所说，这样一种认识的普遍出现与园艺农业的广泛性有关，这也是自唐宋甚至更早一段时间以来的一个重要发展。自然农业与园艺农业这两者有很大的不同，园艺农业为人力所为提供了极大的空间。在这里，传统的自然农业连同它与自然关系的种种规定性有可能被极大地改变，这也已经为现代农业所充分证实。而我们要看到的是，这在中国古代其实早就有悠久且连续的认识历史。并且更有意义的是，中国古代特别是明代的人们在此基础上又进一步明确地提出了"人定胜天"的思想。毫无疑问，这样一种认识或思想无论是对于当时的农学、生物学，还是对于当时的哲学都是具有意义的。

二、医学思想

在明清时期的医药学知识中，也仍然可以看到传统哲学的影响及其内容。并且医学也成为这一时期具有总结性意义的代表性学科。

明清两代，温病学说创立并获得了极大的发展，这是这一时期最为重要的医学思想成果，其中尤以明代吴有性最为重要。崇祯十四年（1641），山东、河南、河北、浙江等地瘟疫流行，许多医家"误以伤寒法治之"，致"枉死者不可胜计"。吴有性有感于时医"守古法不合今病，以今病简古书，原无明论"，病人"不死于病，乃死于医；不死于医，乃死于圣经之遗亡也"。（《瘟疫论》自序）决心对瘟疫做深入研究。其最终写成《瘟疫论》二卷，补遗一卷，为温病即瘟疫学说奠定了坚实的基础。《瘟疫论》并非系统之著，但吴有性对瘟疫的起因、传染途径以及治疗方法都作了论述。例如其反驳历来以为瘟疫是"非时之气"（风、寒、暑、湿、热、火六气）所致，指出瘟疫不同于伤寒，非六气所致，而是由于疠气或杂气所致，由此使得对于传染性疾病的认识大大深入。而这其中尤值得注意的是，吴有性在创立温病学说过程中所表现出的怀疑与批判精神，如前所见，这样一种精神在宋元时期已经蔚然成风。

就科学思想与哲学思想而言，这一时期的医学著作亦有体现。

李时珍的《本草纲目》是这一时期乃至整个中国古代最为重要的医药学著作，其最为突出的成就是采用了更加先进的药物学分类法，厘定了我国药物分类的标准体例。在科学方法上，李时珍提供了"博采实考"的方法，这不仅强调了实践经验的重要性，而且赋予试验、验证以更加重要的地位，这显然也是宋代以来类似方法及精神的延续。就医学与哲学的关系而言，李时珍在其思想论述中也时有接触，这里可以其对"变"、"宜"问题的思考为例作一番考察。我们知道，医疗活动中的药物药性问题其实非常复杂，中国古代医学一个十分重要的优良传统就是强调用药的具体针对性。而《本草纲目》作为一部总结性的药物学著作对此就有大量涉及，我们看到李时珍在其著述中对于变化和多样性问题有十分独特和深刻的认识。他说："天地之造化无穷,人物之变化亦无穷。"(《本草纲目·人部·人傀》)这实际强调天人之间在变化问题上的对应性。李时珍的这样一种哲学意义的观点大量体现在其具体的医药学知识中,例如:"虽然月有四时,日有四时,或春得秋病,夏得冬病,神而明之,机而行之,变通权宜,又不可泥一也。"(《本草纲目·序例·四时用药例》)这是讲疾病的发生实际非常复杂,千变万化,如有秋病春得者,也有冬病夏得者,因此用药决不可拘泥于教条。同样,药物的使用也不能概念化,这一思想特别精彩地体现在其有关配伍的理论中,如:"升者引之以咸寒,则沉而直达下焦;沉者引之以酒,则浮而上至颠顶。"(《本草纲目·序例·升降浮沉》)以橘皮为例,"同补药则补,同泻药则泻,同升药则升,同降药则降"(《本草纲目·果部·橘》)。上述医学思想与理论中广泛涉及变化与多样性问题,同时也涉及"常"与"变"的关系问题、涉及与具体性或针对性有关的"宜"思维问题。

不仅李时珍,其他一些医家思想中也不同程度地体现了哲学的影响与内容。例如明代医家张介宾(号景岳)对于哲学思想的运用就是十分突出的。其在所著《景岳全书》第一卷第一节即"明理"里面说道:

> 万事不能外乎理,而医之于理为尤切。散之则理为万象,会之则理归一心。夫医者一心也,病者万象也。

这明显受到宋代程朱理学思想的影响,强调以理入医,以理贯医。张景岳也像宋元时期的医学家那样讨论医易关系,他说:

> 天地之道,以阴阳二气而造化万物,人生之理,以阴阳二气而长养百骸。《易》者,易也,具阴阳动静之妙;医者,意也,合阴阳消长之机。虽阴阳已备于《内经》,而变化莫大乎《周易》。故曰天人一理者,一此阴阳也;医《易》同源者,同此变化也。岂非医《易》相通,理无二致,可以医而不知易乎?(《类经附翼·医易义》)

这一观点与刘完素"易教体乎五行八卦,儒教存乎三纲五常,医教要乎五运六气,其门三,其道一"(《素问玄机原病式》序)的观点是十分相似的。

还有吴有性，其在解释瘟疫的病因时就说："六气有限，现在可测；杂气无穷，茫然不可测。"（《瘟疫论·杂气论》）从哲学角度上说，这是对传统"气"论的一个具体发展，并且同时提供了复杂多样性的观点，而《瘟疫论》就是在这一理论指导下的具体成果。此外，清代传统医药学发展虽不及明代水平之高，但传统医学思想的核心以及其中的哲学基础仍是得到完好保存与阐释的。

三、其他传统知识及思想

除此之外，还有其他一些知识中也包含有哲学思想或内容。像在朱载堉的《乐律全书》中，就包含了辩证思想的运用，例如："夫有理而后有象，有象而后有数。理由象显，数自理出。理、数可相倚而不可相违。"（《律历融通》卷四）这里表明了象、数、理三者之间的统一和依赖关系。又如："数乃死物，一定而不易；音乃活法，圆转而无穷。音数二者，不可以一例论之也。"（《律学新说》卷一）这里又注意到音和数二者的区别和关系。重要的是，我们在这些论述中都可以看到有益的辩证思考。还有徐宏祖的《徐霞客游记》。如在书中，徐宏祖对不同地区溶岩地貌的特征作了概括，广西的特点是"有纯石者，有间石者，各自分行独挺，不相混杂"；云南的特点是"皆土峰缭绕，间有缀石，亦十不一二，故环洼为多"；贵州的特点是"界于二者之间，独以逼耸见奇"。（《滇游日记》）研究者注意到，这样的概括中不仅有分析，有综合，还有比较。① 应当说，这样一种方法，既是科学的，也是哲学的。明代的技术十分发达，这也与天文学和数学的衰落适成对照，它折射出明人在知识领域重视实用而轻视理论的风气。不过，以一些发达的技术活动为基础，相应的技术思想也应运而生，其典型例子就是宋应星的《天工开物》。在《天工开物》中，宋应星对采矿、冶炼、化工以及机械制造等问题作了深入的考察和精细的描述，且这其中也包含有一定的哲学思想。例如关于物态间的转化问题："若地

---

① 参见袁运开、周瀚光主编《中国科学思想史（下）》，第 86 页。

面沉阴飚刮，鬲火气于寻丈之上，则水态不能自活，而其形为冰，此水之穷灾也。炭炉中，四达之水气就焉，而炭烬矣。射日燃火于河滨，而冰形乃释矣。"（《论气·水火》）这里不仅讲到了物态的转化，也讲到了人工控制的作用。所以李申认为：宋应星赞美天工，实际是赞美人力。《天工开物》，实际是"人工开物"。[1] 李申的这一看法是有道理的，而这同样涉及对人的能力的强调。从某种意义上说，这也可以看作是明清时期"人定胜天"思想的另一个"版本"。

四、中国传统天文学与数学的困境

明清时期的天文学与数学具有一定的特殊性，所以在本节最后作专门的考察。

先来看天文学。自明代开始，中国传统的天文学已陷入衰落的境地。从整个明清两代的情况来看，我们能够清楚地看到这种衰落的趋势，并且这样一种衰落主要是由其自身或内在的原因造成的，当然，这种原因可能是相当复杂的。

从表面现象来看便大致可知，有明一代在天文历法研究中并没有取得重要的成就。这里有各种原因。首先，明代开国之初就禁止民间私习天文历法，如沈德符的《野获编》记载："国初学天文有厉禁，习历者遣戍，造历者殊死。"（《野获编》卷二〇《历法》）这种情况直到 100 多年后明孝宗时才有所改变，弘治十年（1497），明孝宗下诏访求历算人才。但据《野获编》："至孝宗弛其禁，且命征山林隐逸能通历学者以备其选，而卒无应者。"（同上）由于长年的历禁，人才的匮乏应是自然的。不久，改历被提上议事日程。在以后的 100 余年时间里，虽不断有新历（即新法）问世，但却都未能替代旧历（即旧法）。究其原因，就在于新历每每不够精确而不足以替代旧历，这自然也与人才的匮乏有关。也因此，有明一代的天文学总体上来说并无建树。明代历法在大部分时间中沿用了《授时历》，

---

[1] 参见李申《中国古代哲学和自然科学》，第 869 页。

只是更名为《大统历》。

但中国传统天文学的衰落还有其更为深层的原因。事实上，中国古代天文学在郭守敬的《授时历》这里已经达到了巅峰，后人无论是在知识上还是思想上已很难再在传统的知识框架中超越这一高度，这可以说是明代天文学走向衰落的一个最为内在的原因。李申就指出："在中国传统的技术条件下，授时历可说是达到了最高的水平。郭守敬改进的观测仪器，达到了非常高的精度，他所用的数学方式，又集中了古代数学的优秀成果。其他的人们，假如没有新的数学方法，又没有更先进的观测手段，仅靠写子换母、调整历元，想超过授时历，是困难的。"因此，"从深层来说，主要是传统天文学失去了传统的动力"。[1] 其实，这也是一个"生命"过程的例证：从发生到发展，在达到辉煌之后趋向结束。而更宽泛地说，我们可以将中国传统的天文学以及历法系统界定为古代或农耕时代的，而与之对应的西历则是欧洲近代科学的标志。

再来看数学。与传统天文学一样，传统数学在明代也已衰落。有学者将其衰落的表现概括为：增乘开方法无人知晓；天元术无人理解；四元术不复存在；一次同余式问题无进展；否定割圆术，满足于周三径一；不用唐宋已广泛应用的小数方法。[2] 事实上，明代的数学几乎仅仅是在实用的商业数学领域获得较大的发展，这又主要体现为珠算这种计算方法的广泛流行。那么为什么会出现这种状况呢？这之中也有着多重的原因。

首先，数学在明代的衰落有作为中国传统数学知识发展自身的原因。我们已经知道，在中国古代，数学发展的一个基本动力是解决现实生活或生产中的实际问题。这样一种应用数学的范式最初奠基于《九章算术》，以后在魏晋南北朝、隋唐和宋元时期都不断有所增益，到了明代这里，数学也十分重视实际应用——具体地说，就是商业中的数学问题。但是这样一个传统却在明代出现了危机，这一危机并非指数学不能面向

---

① 李申：《中国古代哲学和自然科学》，第 820、825 页。

② 参见梅荣照主编《明清数学史论文集》，第 3—4 页，南京，江苏教育出版社，1990。转引自李申：《中国古代哲学和自然科学》，第 825、826 页。

实际，面向应用，而是指以商业数学为主的发展方向实际是将应用数学限制在或引导到一个十分狭窄的空间内，加之其更留意普及，所以很难提升数学的水平。与此同时，由于对应用或普及的过度关注，也使得中国古代特别是宋元时期数学传统中对于理论兴趣的这一分支更难以为继。由此，古代中国数学的研究之风事实上在宋元时期也已经发展到了尽头，主要问题都已提出或解决，根本动力不复存在。也因此，就有了巨大的落差，从宋元之巅一下子跌入明代的谷底。

当然，明代数学的衰落还有另一个极其重要的原因。在中国古代社会，数学的兴衰在很大程度上又与天文学的兴衰紧密相连。从秦汉时期开始，数学的存在与发展就是与占星术或天文学息息相关的，以后魏晋南北朝时期、隋唐时期以及宋元时期无不是如此。但是由于《授时历》所达到的"极限"高度，不仅使得接下来的天文学已无用武之地，也使得与之相伴随的数学偃旗息鼓。而更重要的似乎还在于，郭守敬的《授时历》已经重新赋予自然天道观在天文学中的地位，并且彻底摈弃了天人感应的思想，这直接导致了明代相当多的学者对于传统数学中与传统占星术密切相关的象、数问题持否定态度。如李申所说："数学，和其他科学的发展一样，当它取得某些成就的时候，它的作用往往易被人们夸大，夸大就不符实际，成为数字神秘主义。数字神秘主义一面把人们引入邪路，一面也扩大了数的影响，它和宋元时代改历的需求相结合，产生了一批光辉的数学成就。"但"数学继续发展，就会暴露出过去那不适当的夸张，于是对数学的热情也就冷落下来。天人感应思想的淡化，也减弱了人们改历的热情。于是传统数学丧失了传统的动力。不仅传统的成果没有发展，甚至已有的成果也失传了。如要再有发展，就需要有新的刺激和新的动力。"①结果是不少学者因排斥象数而忽略数学。这其中无疑也折射出这一时期知识分子在这方面的理性态度，但在泼脏水的时候连婴儿也一并倒掉了。

---

① 李申：《中国古代哲学和自然科学》，第 831 页。

　　总之,从明代开始,传统天文学与数学实际已经走到了尽头,它已经丧失了进步或发展的动力。当然,这并不是说,这一时期的天文学与数学全然如一潭死水。从明代开始的中西知识的接触为此时的天文学与数学平添了一丝活力。万历年间,徐光启借西学革新,掀起晚明与清初的改历之争。其间虽充满曲折,最终还是形成兼收中西的《崇祯历书》这一新历法,只是因种种原因而未能实施。及至清代,终以《崇祯历书》为基础形成《时宪历》,并取代了《大统历》。但改历之争并未止息,并且由于传教士开始进入钦天监而引起更大的风波。在数学方面,中西交流起始于徐光启与利玛窦合译《几何原本》。与徐光启同时的另一位学者李之藻也值得注意。李之藻对于天文历算都十分精通,其也参与了《几何原本》的翻译,还与利玛窦一起翻译了《同文算指》。李之藻与徐光启一道,对介绍西方科学做出了重要贡献。之后,在明清之际,天文学与数学有所复兴,这与西方天文学与数学对中国传统天文学与数学的冲击或影响有关。关于这一问题后面还会专门论述。

第三节　中国古代哲学的终结

　　中国古代哲学也在这一时期走向终结,当然,这里主要是从哲学与科学的关系予以考察。应当说,尽管明清时期哲学思想与科学活动有着游离的倾向,但仍然有部分哲学家与科学保持着不同程度的联系,其中既有方以智这样兼哲学家和科学家于一身从而对科学有深厚造诣的学者,也有王廷相、王夫之这样在哲学的阐述中重视用科学成果加以论证的思想家。但总的来说,这样的思想已显露出疲态。特别是对蹈虚空谈学风的批判与以经世致用为核心的实学思潮的兴起,实际已经宣告传统哲学的结束,思想界已经进入另一个新的纪元。

一、王廷相与王夫之

　　首先来看王廷相和王夫之。

王廷相的哲学思想中包含有对物质不灭问题的思考，而这样一个问题既是一个哲学问题，同时也是一个科学问题。如王廷相说："气至而滋息，伸乎合一之妙也；气返而游散，归乎太虚之体也。是故气有聚散，无灭息。"如前指出，这样的问题既是哲学本原问题，也是宇宙起源问题。并且王廷相也像张载等人那样用具体的水的知识来加以说明："譬冰之于海矣，寒而为冰，聚也；融渐而为水，散也。其聚其散，冰固有有无也，而海之水无损焉。"（《慎言·道体篇》）王廷相在生物知识方面尤有见解。他曾通过科学观察来判断史书中材料与观点的真伪，例如《诗·小雅·小宛》云："螟蛉有子，裸蠃负之。"《诗笺》云："土蜂负桑虫入木孔中，七日而化为其子。"王廷相感到有疑，于是进行观察：

> 田居时，年年取土蜂之窠验之，每作完一窠，先生一子在底，如蜂蜜一点，却将桑上青虫及草上花蜘蛛衔入窠内填满；数日后，其子即成形而生，即以次食前所蓄青虫、蜘蛛，食尽则成一蛹，数日即蜕而为蜂，啮孔而出。累年观之，无不皆然。⋯⋯始知古人未尝观物，踵讹立论者多矣。无稽之言勿信，其此类乎！（《雅述》下篇）

正是通过对土蜂育子的长期观察，王廷相证明了历史上有关土蜂育螟蛉之子的传说是错误的。这也是思想家参与科学观察与实验的一个著名例子。

王夫之有关气的思想的论述中同样包含有对物质不灭问题的思考。他说："于太虚之中具有而未成乎形，气自足也，聚散变化，而其本体不为之损益。"（《张子正蒙注·太和篇》）并且在论证过程中，王夫之也使用了观察经验的材料，例如："车薪之火，一烈已尽，而为焰、为烟、为烬。木者仍归木，水者仍归水，土者仍归土，特希微而人不见尔。一甑之炊，湿热之气，蓬蓬勃勃，必有所归。若盦盖严密，则郁而不散。汞见火则飞，不知何往，而究归于地。有形者且然，况其缊缊不可象者乎！未尝有辛勤岁月之积，一旦悉化为乌有，明矣。故曰往来，曰屈伸，曰聚散，曰幽明，而不曰生灭。生灭者，释氏之陋说也。"（《张子正蒙注·太和篇》）在这里，王夫之特别使用了汞的化学反应这一材料来论证物质不灭的思想。王夫之哲学中的科学内容还体现在他有关变化问题的思考上。如他提出"质日代而形如一"的观点，指出："人见形之不变而不知其质之已迁，则疑今兹之日月为邃古之日月，今兹之肌肉为初生之肌肉，恶足以语日新之化哉！"（《思问录·外篇》）这是说，人的生命始终处于新陈代谢之中，并且，宇宙天体如日月的生命同样也有变化的过程。在这里，我们既看到王夫之的哲学思考，同时也包含着科学思想。王夫之又进一步将事物或生命的变化划分为五个阶段："凡生而有者，有为胚胎，有为流荡，有为灌注，有为衰减，有为散灭。"（《周易外传》卷二《无妄》）这里的"胚胎"就是萌芽和开始，"流荡"与"灌注"应指生命的发展和成熟，而"衰减"与"散灭"则应指生命的衰弱和死亡。这些无疑都是符合科学观点的。但我们也应注意，如果从时代发展的视角来看，比徐光启晚约半个世纪的王夫之，当时显然并不处于中国社会思想或思潮的前沿，他是属于旧的时代的，而非属于新的时代的。

二、方以智的科学思想

方以智既是一位哲学家，同时也是一位科学家，我们在这里主要将其作为哲学家对待，并来考察其学术思想中大量的科学内容。如我们所知，方以智的《物理小识》是一部百科全书式的著作，其中涉及物理、天文、地理、医药、生物以及技术等许多知识领域，并且他的其他一些著作如《通雅》、《东西均》等也都涉及对科学问题的探讨。具体来说，可以通过以下几个方面来考察其对于科学问题的关注以及其中科学与哲学之间的关系。

第一，物理学知识与思想。方以智的物理学知识和思想十分丰富，其包括光、声、力、磁等不同领域以及时空、物质形态与运动等基本问题。方以智对于光的研究是非常深入的，例如其专门对光的折射和色散现象作过解释：

> 日中野马飞星燻然者，阳焰之端也，奇者为水影旱浪。实则凡光生焰，焰自属阳。凡光似镜，镜能吸影，光与光吸，常见他处之影于此处。云分衢路，日射回薄。其气平者为阳焰旱浪，其气厚者为山市海市矣。（《物理小识》卷二）

这是用光的折射原理来解释大气和海市蜃楼现象。

> 凡宝石面凸，则光成一条，有数棱则必有一面五色。如峨嵋放光石，六面也；水晶压纸，三面也；烧料三面水晶亦五色；峡日射飞泉成五色；人于回墙间向日喷水，亦成五色；故知虹霓之彩，星月之晕，五色之云，皆同此理。（《物理小识》卷八）

这是解释晶体、虹霓等物体与现象的分光问题。此外，方以智还亲自做过小孔成像的光学实验。方以智对声音的产生、传播、共鸣以及回音等问题也做过研究。例如关于回音："若作夹墙，连开数窗，则一声亦有数声之应。层楼槛内，门窗纸上，大小破隙，则风来作丝竹之音。"（《物理小识》卷一）这表明方以智对回音现象做过细致的观察。方以智也做过共振实验："今和琴瑟者，分门内外，外弹仙翁，则内弦亦动。如定三弦子为梅花调，以小纸每弦贴之，旁吹笛中梅花调一字，此弦之纸亦动。"（《物理小识》卷一）在力学方面，方以智对起重、轮运等方法做过介绍，其中涉及杠杆和螺旋原理，他也研究过纺车、水车、风车以及鼓风机等的机械构造。在磁学方面他认识到不同地区磁偏角的差异，指出中国的磁偏角是偏东，而西方的磁偏角是偏西。此外，方以智还对不少与物理或力学相关的工程技术问题做过研究。

第二，天文学和地理学知识与思想。方以智有出色的天文学知识和思想。如方以智明确主张"地圆"理论而反对"地方"理论。他说："天圆地方，言其德也。地体实圆，在天之中"，"地浮水上，天包水外，谬矣"。（《物理小识》卷一）又如方以智对日食和月食的成因作过正确的解释：

> 月质以日映为光。合朔日食，月质掩日也。望有月食，地球之

影隔日也。(《物理小识》卷一)

日食的发生是由于月亮遮蔽了太阳;月食的发生是由于地球遮蔽了太阳。在地理学方面方以智也有不少创见。例如方以智指出地球内部实际是一团火气,他称作"地中火气",其能量巨大,地球表面地貌的变迁与地震的发生都与此有关。方以智也注意到不同地区的水脉所含矿物质的不同:"天下之水用之灭火濡槁则同,而性从地变,质与物迁,自别也。蜀江濯锦则鲜;济源烹楮则晶;南阳之潭渐于菊,其人多寿;辽东之涧通于参,其人多发;晋产矾石,泉可愈疽。"(《物理小识》卷一)

第三,医药学和生物学知识与思想。在医学方面方以智探讨过疾病与情绪的关系:"大喜者,心系缓弛,心缓弛则气解散,气解散则心自伤;大怒者,血腾溢,血腾溢则气拱急,气拱急则肝自伤;大忧者,志趣下,志趣下则气闭塞,气闭塞则肺自伤;大恐者,神失处,神失处则气掉动,气掉动则肾自伤;多思者,引系急,则气来聚,气来聚则心脾自伤。"(《物理小识》卷三)这即是说,喜、怒、忧、恐、思等都应当有节制,过则会引发疾病。而在生物学方面方以智甚至论述过植物的嫁接方式,例如"凡腰接木之盈地者近跗一尺,细齿锯之为枯,又以利刀裁枯使光,则不沁水,遂从枯之一旁裁开其皮,微连其膜约一小寸,先使翦下之枝裁去两旁而置口含之使热,连唾插掩。"(《物理小识》卷九)这里讲的是一种腰接的方法,此外方以智还描述过其他一些方法。而从方以智的十分细致的描述中,也可以判断他曾经有过的实践或观察经验。

第四,方以智上述科学知识与思想与其哲学有着密切的关系。在方以智这里,科学被称作"质测",哲学则被称作"通几"。他说:"考测天地之家,象数、律历、音声、医药之说,皆质之通者也,皆物理也。""专言通几,则所以为物之至理也。"(《通雅·文章薪火》)又说:"物有其故,实考究之。大而元会,小而草木蠢蠕,类其性情,征其好恶,推其常变,是曰质测。"而"通观天地,天地一物也。推而至于不可知,转以可知者摄之,以费知隐,重玄一实,是物物神神之深几也。寂感之蕴,深究其所自来，是曰通几。"（《物理小识》自序）方以智认为"质测"与"通几"两者的关系是：

> 质测即藏通几者也。（《物理小识》自序）
>
> 通几护质测之穷。（《愚者智禅师语录·示侍子中履》）
>
> 或质测，或通几，不相坏也。（《物理小识》总论）

这就是说，具体科学知识中蕴含着哲学所探究的根本原理，而哲学又可以克服和避免具体科学的局限性从而把握事物的本质，因此，二者是相互依存、不可偏废的关系。可以认为，方以智对于具体科学知识的种种考察以及在此基础上所形成的科学思想从根本上说都与这样一种认识有关。①

总之可以这样说，在中国古代哲学家中，方以智的科学知识与思想是十分丰富的。此外，考察方以智思想中的科学内容还应包括他所使用的科学方法，这在后面方法部分会专门提及。但我们也要注意，方以智的科学知识与思想总体来说仍是偏向传统的。这并不是说方以智的相关科学中没有新的内容，其也在一定程度上吸收了西学的知识与思想。但就总体倾向而言，方以智更具有传统的特征。方以智约小徐光启 50 岁，虽同是当时著名的科学家与思想家，两个人的指向却是不同的。徐光启更指向新的内容以及未来。也因此，此二人的科学思想在一定程度上显示了某种历史的错位感。事实上，就整体而言，在当时思想没有知识来得敏感，哲学家没有科学家来得敏感，不仅是方以智，王夫之也是如此，而这正说明了文化交流中亲身接触与否的差异。

三、对蹈虚空谈学风的批判

到了明代中晚期，作为思想还有一方面的内容十分重要，这就是对于以往蹈虚空谈学风的批判以及对经世致用或实学的诉求，可以说，这

---

① 以上分类考察主要参考袁运开、周瀚光主编《中国科学思想史（下）》，详见该书第 121—142 页。

在当时成了一种普遍的思潮。并且作为批判与实学思潮，其较之传统哲学思想更具有时代的特征，而这些思潮的出现或兴起，其实也是对传统哲学加以终结的重要的方面。

这里先看对蹈虚空谈学风的批判。

对蹈虚空谈学风的批判其实可以追溯至宋代，当时永康与永嘉学派都与道学相对立，斥性命之学。而理学经历宋元时期到了明代正德年间已经日益衰败，之后发展起来的心学到万历年间也流于空疏、尽显疲态。于是，针对这种空疏学问的批评到了明代也达到了极盛。还在万历年间，李贽就对传统道学进行了全面批判，由此开讨伐之先声。王廷相是对程朱理学持激烈批判态度的哲学家，他讲理学是：

> 虚讲而臆度，不足以擅其功矣。（《王氏家藏集·石龙书院学辩》）

之后，这种批判蔚然成风。徐光启是从知识的视角进入的，其这样比较几何学和中国以往的穷理之学："几何之学，深有益于致知。""明此，知向所想象之理，多虚浮而不可挪也。"（《徐光启集》卷二《几何原本杂议》）顾炎武在当时也是极力倡导经世致用，反对空虚之学。他对空虚之学批评道："刘石乱华，本于清谈之流祸，人人知之。孰知今日之清谈，有甚于前代者。昔之清谈谈老庄，今之清谈谈孔孟。"（《日知录》卷七《夫子之言性与天道》）又说："以无本之人，而讲空虚之学，吾见其日从事于圣人，而去之弥远也。"（《亭林文集》卷三《与友人论学书》）还有黄宗羲，他从工商业对于社会意义的角度说："世儒不察，以工商为末，妄议抑之。夫工固圣王之所欲来，商又使其愿出于途者，盖皆本也。"（《明夷待访录·财计三》）相比之下，王夫之则从哲学或更为根本的体用角度对空虚之学做了批评，他说："故善言道者，由用以得体，不善言道者，妄立一体而消用以从之。"（《周易外传》卷二《大有》）清代的学者继续了这一批判。如颜元就结合义利问题对汉儒与宋儒加以批评，他说："义中之利，君子所贵也。后儒乃云'正其谊不谋其利'，过矣。宋人喜道之，以文其空疏无用之学。"而为了彻底校正这样一种"空疏无用"的风气，颜元干脆将董仲舒那句对历代儒家学者产生过深刻影响的话"正其谊不谋其利，明其道不计其功"改为"正其谊以谋其利，明其道而计其功"。(《四书正误》卷一)之后，颜元的学生李塨也批评道学说："高坐而谈性天，捉风捕影，纂章句语录，而于兵农、礼乐、官职、地理、人事沿革诸实事概弃掷为粗迹。惟穷理是文，离事言理，又无质据，且认理自强，遂好武断。"(《恕谷后集》卷二《恽氏族谱》序)可以这样说，与宋代相比，明清之际对蹈虚空谈学风的批判明显更为激烈和广泛，而这事实上也正折射出明代以来蹈虚空谈学风的浓厚，非经深刻批判无以除之。

四、实学思潮的兴起

与此同时，明清之际的学者也极力想创立一种有别于理学和心学的新的风气。尤其是在经世致用思想的提倡方面，从明代后期起思想家对此给予了普遍的关注，而这也正是实学思潮的兴起。

据葛荣晋的研究，中国所谓实学，实际上起始于北宋时期的"实体达用之学"，在不同的历史时期、不同的学派和不同的学者那里，实学思想可能有所不同，或偏重于"实体"，或偏重于"达用"，或二者兼而有之。实学思想从产生、发展到结束大致经历了三个阶段。第一个阶段是从北宋至明中叶，这是实学的产生与早期发展阶段；第二个阶段是从明中叶到清乾嘉时期，这是实学思想发展的鼎盛时期；第三个时期是在清道光咸丰到同治光绪年间，这是古代实学向近代新学的转型时期。实学具体有两层含义：一曰"经世之学"，这是实学的基本内涵，也可视作实学的主流与核心；二曰"实测之学"，尤其是随着西学东渐，在科学领域开创了重实践、重验证、重实测的时代新风。[①]

不过，我们在这里主要将实学思潮放在明代及明清之际的时代背景中来加以看待，这也大抵就是葛荣晋所说的实学发展的鼎盛时期的状

---

① 参见葛荣晋《中国实学思想史》，导论，北京，首都师范大学出版社，1994。

况。在这一时期，有相当多的学者开始关注实学问题。如明初薛瑄明确主张："读圣贤之书，句句字字见有的实用处，方为实学。若徒取以为口耳文词之资，非实学也。"（《读书续录》卷三）东林学派的高攀龙说："居庙堂之上则忧其民，处江湖之远则忧其君，此士大夫实念也。居庙堂之上，无事不为吾君；处江湖之远，随事必为吾民，此士大夫实事也。"（《高子遗书》卷八《答朱平涵》）如果说高攀龙还有更多传统的痕迹的话，那么王廷相、朱之瑜、颜元等人的看法则更具有时代的特点，如王廷相说："学者读书"应"务期以治事为本，而为有用之学"（《浚川公移集》卷三《督学四川条约》）。朱之瑜说："为学当有实功，有实用。"（《朱舜水集》卷一一《答小宅生顺问》）颜元说："实学不明，言虽精，书虽备，于世何功！于道何补！"（《存学编》卷三）而阮元则结合实学批评明代性命之学说："自明季空谈性命，不务实学，而此业（指天文算学）遂微。"（《畴人传·利玛窦传》）从这些话中我们可以看到经世致用观念与思想对那个时代学者的深刻影响。

而同一时期科学家的看法可能对于"实"或"用"的理解还要更切近些。例如吕坤说：

> 天下万事万物，皆要求个实用。（《呻吟语·治道》）

又王征在《远西奇器图说》序中说："学原不问精粗，总期有济于世。"故而：

> 所录者虽属技艺末务，而实有益于民生日用、国家兴作，甚急也。

特别是徐光启，其强调："方今事势，实须真才。真才必须实学。一切用世之事，深宜究心。"（《徐光启集》卷一〇《与胡季仍比部》）徐光启又因此十分赞赏利玛窦等传播西学，他说："其实心、实行、实学，诚信于士大夫也。"（《徐光启集》卷二《泰西水法》序）徐光启的思想将在下面作专门介绍。此外再如清初潘耒在为梅文鼎论著作序时说："古之君子不为无用之学。六艺次乎德行，皆实学足以经世者。"（《梅氏丛书辑要·方程论》

序)我们应当知道这时的不少科学家实际已经接触到了先进的西方知识和器物,因此其所言实学较之思想家更为具体,更有针对性。①

实学思潮的兴起意义重大,其与格物思想相互支持、相互辅助,一同成为中国自明清至近代最具活力的观念,为中国传统思想向近代的转型提供了重要的话语线索。如果说格物思想主要侧重于知识领域,那么实学思想则更偏向实业,其在日后直接成为中国近代经济与工业的观念或思想基础。而就实学思潮来说,西学东渐这一背景又尤为重要,事实上,在徐光启之前,实学思想的确多是"思想"的,而在徐光启之后,其才真正从"思想"走向"现实",并且这是与西方先进文明接轨的"现实"。我们由此可以清楚明清以后尤其是日后近代实学与西学东渐之间的密切关系。同时,这无疑也为我们提供了一个存在决定意识的典型案例。

第四节　传统概念体系的终结

科学与哲学的终结必然地也会在概念上反映出来。换言之,伴随着古代科学与哲学的终结,传统的观念与概念系统也逐渐终结了。明清时期科学与哲学所具有或使用的观念与概念主要是继承以往传统资源的,其中特别是宋元时期的观念与思想资源,例如天人、气、理等,但这些资源中的大多数概念与思想已不再像以往历代那样具有自我创新或自我更新的能力,有些已经趋于枯竭。不过,也有颇具活力的概念,这就是格物致知,这一概念在明清时期日趋成熟,具有强烈的感召力,并且也在日后与近代观念相衔接。

一、"天人"

天人关系问题依旧是这一时期的一个基本问题。并且总体而言,明

---

① 当然,这种实学思想到了 18 世纪又会发生更大的变化,如王韬讲:"英国以天文、地理、电学、火学、气学、光学、化学、重学为实学,弗尚诗赋词章。"(《漫游随录》卷二)此乃后话。

清时期在这个问题上的认识愈趋合理。具体来说，明清时期有关天人关系问题的思考实际可归为两个对应的方面，即顺应自然还是改变自然，也可以称作"顺天"还是"胜天"。值得注意的是，这一时期科学活动中对这一问题的思考更加突出，也更加有启发性。

顺应自然或"顺天"的思想原本就有十分成熟的概念，即"因"或"宜"，这可以说是非常传统的观念与思想。明清时期对于这样一种观念或思想仍有相当的保留。例如在地理学中，清人孙兰在《柳庭舆地隅说》中的"因地制流"思想，其中讲"因地制流，似乎权在于地，不在于流"（《柳庭舆地隅说》卷上）。还有植物学，如清人陈淏子在《花镜》中讲："余素性嗜花，家园数亩，除书屋讲堂、月榭茶寮之外，遍地皆花竹药苗。凡植之而荣者，即纪其何以荣；植之而瘁者，必究其何以瘁。宜阴宜阳，喜燥喜湿，当瘠当肥，无一不顺其性情而朝夕体验之。"（《课花大略》）这同样表达了顺应自然的思想。而医学活动中更是大量保存着这种古老的思想，这里不再详细考察。

不过，与此相反，明清时期强调人力、强调人为的思想显然更加突出起来，尤其是"人定胜天"的思想或口号的明确提出。对此，我们在前面农学与生物学思想中已经有过考察，例如丘浚说："人力之至，亦或可以胜天。"（《大学衍义补》卷一四）马一龙说："力足以胜天矣。"（《农说》）吕坤说："人定真足胜天。"（《呻吟语摘》卷上）

在这之中，徐光启的破除风土说与强调人力的思想尤其值得我们关注。中国传统农学十分重视地宜与风土，这实际既有知识的原因，也有迷信的因素。徐光启经过大量的观察和调查，提出了对地宜与风土理论的质疑。在徐光启看来，"若谓土地所宜，一定不易，此则必无之理。"（《农政全书》卷二《农本》）其以果树的园艺栽培为例，"果若尽力树艺，殆无不可宜者。就令不宜，或是天时未合，人力未至耳。""若荔枝龙眼不能逾岭，橘柚橙柑不能过淮，他若兰茉莉之类，亦千百中之一二。"（《农政全书》卷二《农本》）徐光启的观点概括起来就是说，在园艺技术中，因宜原则是可以突破的。这一质疑对于破除由土宜说所造成的迷信无疑有着十分积极的意义。此外徐光启还强调指出：

> 余谓风土不宜，或百中间有一二，其他美种不能彼此相通者，正坐懒慢耳。（《农政全书》卷二五《树艺》）

也就是说，"风土不宜"其实往往只是"懒慢"的借口，所以徐光启强调指出：

> 余故深排风土之论。（《农政全书》卷二五《树艺》）

而与此相关，徐光启又强调人力。徐光启十分赞同丘浚的观点："土性虽有宜不宜，人力亦有至不至，人力之至，或亦可以回天，况地乎！"（《农政全书》卷二五《树艺》）如前所见，强调人力是明清时期科学界的普遍思潮，尤其是"人定胜天"的思想已明确提出。而徐光启强调人力的思想是这一普遍性思潮的一个组成部分，其意义就在于对人的能动作用有了十分自觉的认识，并且这一认识又是建立在坚实的科学实践基础之上的。

应当说，这样一种重视人力思想的提出，既有科学的原因，即表明人在某些知识领域如农学、植物学等领域的控制能力大大增强，同时也应当有哲学思想的因素，也即同时期心学的影响。当然，作为观念与思想，这也是魏晋南北朝以来不断发展的结果。

二、"气"

明清时期"气"的观念已经不再像秦汉与宋元时期那样突出，这里可能既有科学方面的原因，即缺少以天文学为中心的宇宙论的解释；也有哲学方面的原因，即气并不作为心学的重要概念。客观地说，"气"观念在明清时期已经显示出一种"老态"。但作为中国古代科学与哲学共同的概念基础，它仍然有着重要的地位。

"气"概念及其思想在哲学领域中的使用我们非常熟悉。但需要指出的是，心学的兴起对于"气"思想及其概念客观上是排斥的。这种状况一直持续到明代末年，伴随着一批学者对王学的批评以及明末清初唯物主义思潮占据哲学舞台，"气"概念才重新恢复了一些"元气"，如罗钦顺说:"盖通天地,亘古今,无非一气而已。"(《困知记》卷上)王廷相说:"天内外皆气,地中亦气,物虚实皆气,通极上下造化之实体也。"(《慎言·道体篇》)

"气"概念及其思想在这一时期科学活动中使用最突出的部门应是医学。例如李时珍对于药物的辨析就仍然使用了气概念,他在《本草纲目·序例》中专门列有《气味阴阳》篇,在每条药下也专门列有"气味"项。此外如吴有性:"凡人口鼻之气,通乎天气,本气充满,邪不易入,本气适逢亏欠,呼吸之间,外邪因而乘之。"(《瘟疫论·原病》)王清任:"无论外感内伤,要知初病伤人何物。不能伤脏腑,不能伤筋骨,不能伤皮肉,所伤者无非气血。"(《医林改错》上卷《气血合脉说》)"气"概念之所以仍广泛地使用于医学,乃是因为医学仍一如既往地保留着原有的传统,包括原有的概念系统。当然,其他部门也有继续使用"气"概念及其思想的。如方以智也将"气"概念用于解释地学方面的现象,他说:"地中火气,行遇湿凝石,即成地脉。""地震如雷,盖火气激行于土中也。"(《物理小识》卷二)

这其中,一些科学家也从更为哲学的角度来谈论"气"的问题。如宋应星在《论气》篇中讲:"盈天地皆气也","天地间非形即气,非气即形"。(《论气·气声》)"由气而化形,形复返于气,百姓日习而不知也。"(《论气·形气化》)这与宋明时期许多哲学家的看法一样,将"气"看作世界的本原。而"人物受气而生,气而后有声,声复返于气。是故形之化气也,以积渐而归,而声之化气也,在刹那之顷。"(《论气·气声》)这里讲到人亦是由气而形成。与此相关,物质形式之间必然会相互转化但物质本身不灭的思想在这一时期已经成为科学家和哲学家的普遍共识。如宋应星:"炭炉中,四达之水气就焉,而炭烬矣。射日燃火于河滨,而冰形乃释矣。"(《论气·水火》)此外,方以智讲:"水本寒流,过极则凝而不流为层冰矣,解则复常,非二物也。"(《物理小识》卷三)王夫之讲:"于太虚之中具有而未成乎形,气自足也,聚散变化,而其本体不为之损益。"(《张子正蒙注·太和篇》)由此也可以看出科学界与哲学界之间的交流乃至打通。

而与"气"相关的还有"物"或"器"这一概念。从一定意义上，心学家对于"心物"这对对应概念或范畴的重视很可能是"物"概念被广泛使用的一个重要原因。例如王阳明说："物理不外于吾心；外吾心而求物理，无物理矣。"(《王文成公全书》卷二《传习录中·答顾东桥书》)不过，更多的论述则可能是结合对心学以及其他虚空之学的批评来进行的。如方以智说："盈天地间皆物也。人受其中以生，生寓于身，身寓于世，所见所用，无非事也。事一物也，圣人制器利用，以安其生，因表理以治其心，器固物也。心一物也，深而言性命，性命一物也。通观天地，天地一物也。"(《物理小识》自序)王夫之说："盈天地之间皆器矣。器有其表者，有其里者。成表里之各用，以合用而底于成。"(《周易外传》卷五《系辞上传》)

三、"理"与"数"

与气和物相关，"理"与"数"这样一些涉及规律或法则问题的概念在明清时期也依然存在，它们仍旧是科学与哲学所共同使用的重要概念和范畴，这当然也是对以往概念与思想的承继。

首先，"理"仍是明清时期哲学与科学活动中所使用的一个基本概念，只是或一般，或具体。

哲学中对于"理"作为规律意义的理解为我们所熟知。例如王夫之说："理本非一成可执之物，不可得而见。气之条绪节文，乃理之可见者也。"(《读四书大全说》卷一〇)颜元说："理者，木中文理也，指条理言。"(《四书正误》卷六)还有戴震说："理者，察之而几微必区以别之名也，是故谓之分理。在物之质，曰肌理、曰腠理、曰文理。得其分则有条而不紊，谓之条理。"(《孟子字义疏证·理》)以上这些"理"的概念都是用来指规律。

不特哲学，这一时期的科学中也多仍然使用"理"概念来表示规律，并且其更与具体知识结合起来，这可以说是宋元知识传统的延续。明清医学一如宋元医学，"理"依然是十分重要的概念，如李时珍："虽曰医家药品，其考释性理，实吾儒格物之学。"(《本草纲目·凡例》)又如张景岳以下这一大段论述：

> 万事不能外乎理，而医之于理为尤切。散之则理为万象，会之则理归一心。夫医者，一心也；病者，万象也。举万病之多，则医道诚难。然而万病之病，不过各得一病耳。譬之北极者，医之一心也；万星者，病之万象也。欲以北极而对万星，则不胜其对；以北极而对一星，则自有一线之直，彼此相照，何得有差？故医之临证，必期以我之一心，洞病者之一本。以我之一，对彼之一，既得一真，万疑俱释，岂不甚易。一也者，理而已矣。苟吾心之理明，则阴者自阴，阳者自阳，焉能相混。……故予于此录，首言明理，以统阴阳诸论，详中求备。（《景岳全书·明理》）

在这里，"理"这一概念反复地出现。并且，"万事不能外乎理，而医之于理为尤切"、"一也者，理而已矣"、"首言明理"都将"理"的重要性阐述得十分透彻。"理"也被广泛使用于其他知识领域，包括天文学、地理学、数学以及生物学。如明代潘季驯所提出的"束水攻沙"理论：

> 水分则势缓，势缓则沙停，沙停则河饱。……水合则势猛，势猛则沙刷，沙刷则河深。……筑堤束水，以水攻沙，水不奔溢于两旁，则必直刷乎河底，一定之理，必然之势，此合之所以愈于分也。（《河防一览》卷二《河议辩惑》）

这里潘季驯明确提出攻沙之"理"，并且其中包含了出色的辩证思考。值得我们注意的是潘季驯还讲了"必然之势"，显然，势与理也有一定关系，而"势"在哲学如王夫之的思想中也是非常重要的概念，这为我们所熟知。又如陈淏子在《花镜》中也指出："凡木之必须接换，实有至理存焉。花小者可大，瓣单者可重，花红者可紫，实小者可巨，酸苦者可甜，臭恶者可馥，是人力可以回天，惟在接换得其传耳。"

即使在中西学接触以后，"理"这一概念也在很长一段时间内依然存在。如徐光启在评价西方天文学和数学时也说："臣等昔年曾遇西洋利玛窦，与之讲论天地原始，七政运行，并及其形体之大小远近与夫度数之顺逆迟疾，一一从其所以然处，指示确然不易之理，较我中国往籍，多所未闻。"（《徐光启集》卷七《修改历法请访用汤若望罗雅谷疏》）"更有一种格物穷理之学，凡世间世外，万事万物之理，叩之无不河悬响答，丝分理解。退而思之，穷年累月，愈见其说之必然而不可易也。格物穷理之中，又复旁出一种象数之学。象数之学，大者为历法，为律吕；至其他有形有质之物，有度有数之物，无不赖以为用，用之无不尽巧极妙者。"（《徐光启集》卷二《泰西水法》序）徐光启这里所说的"一一从其所以然处，指示确然不易之理"、"更有一种格物穷理之学，凡世间世外，万事万物之理，叩之无不河悬响答，丝分理解"也都是指具有必然性的规律，并且徐光启的这一考察已具有中西比较的视野。之后，王锡阐在天文历法研究中也仍旧涉及"理"的概念："古人立一法，必有一理，详于法而不著其理。理具法中，好学深思者自能力索而得之也。"（《松陵文录》卷一《历策》）到了清代，焦循也依然将"理"这一概念用于数学研究，其讲："名起于立法之后，理存于立法之先。理者何？加减乘除之错综变化也。"（《加减乘除释》自序）"除法不离于乘，而乘法不外于加。故明乎加减之理，即明乎乘除之理。"（《加减乘除释》卷二）我们知道，这一时期的天文学和数学已经深受西学的影响。

"理"也作"则"。在哲学中不少思想家经常会用到这样一个概念，如王夫之："万物皆有固然之用，万事皆有当然之则，所谓理也。"（《四书训义》卷八）戴震："有物必有则，以其则正其物，如是而已矣。"（《孟子字义疏证·理》）同样，这一概念也为一些科学家和科学研究所使用。例如熊明遇著《格致草》一书，在于对各种自然现象背后的规律作科学研究，而其有关认识明显深受儒家哲学特别是理学的影响。他说："儒者志《大学》，则言必首格物致知矣，是诚正治平之关籥也。象者皆物，物莫大于天地，有物必有则。"这里所谓"则"就是指规律或法则。方以智也说："物之则，即天之则，即心之则也。"（《物理小识》卷二）在这里，方以智深刻地指出，小到事物之理，大到自然之则，还有人的认识规律，这三者完全是统一的。

在中国古代科学与哲学思想中还有一个概念与"理"十分切近,这就是"数"。在科学活动中它主要使用于天文学与数学研究,并且它也大致与天文学与数学同"甘苦"、共"荣辱"。明清时期也是如此,学者对此多有论述。例如朱载堉说:

> 天运无端,惟数可以测其机;天道至玄,因数可以见其妙。理由数显,数自理出,理数可以相倚而不可相违,古之道也。(《进历书奏疏》)

又说:

> 夫有理而后有象,有象而后有数。理由象显,数自理出,理数可相倚而不可相违。凡天地造化,莫能逃其数。(《律吕融通》卷四)

我们在这里可以清楚地看到,朱载堉是在相同的意义上使用"理"与"数"这两个概念的。徐光启也讨论了数与理的关系:

> 有理,有义,有法,有数。理不明不能立法,义不辨不能著数。明理辨义,推究颇难;法立数著,遵循甚易。(《测候月蚀奉旨回奏疏》)

他如李之藻说:

> 耳自所接已然之迹,非数莫纪。闻见所不及,六合之外,千万世而前而后,必然之验,非数莫推。已然必然,总归自然。(《同文算指前编》序)

这十分明确地将数作为一种法则。可见,无论是朱载堉,还是徐光启、李之藻,都强调了"数"的至上性质以及其对于呈现和把握自然规律的意义,在这里,我们依然能感受到宋元数学的余温。之后,王锡阐与梅文鼎由于深通数学和天文学,因此对"理"与"数"的关系也多有深入的论述,如王锡阐在其《测日小记》的序中说:

> 天学一家,有理而后有数,有数而后有法。然惟创法之人,必通

> 乎数之变，而穷乎理之奥，至于法成数具，而理蕴于中。(《晓庵遗书·杂著》)

> 天地始终之故，七政运行之本，非上智莫穷其理。然亦只能言其大要而已。欲求精密，则必以数推之。(《松陵文录》卷一《历说一》)

梅文鼎说：

> 历也者，数也。数外无理，理外无数。数也者，理之分限节次也。(《历算全书》卷六《历学答问》)

> 夫治理者，以理为归；治数者，以数为断，数与理协，中西非殊。(《历算全书》卷三四《笔算》)

再后，焦循也阐述了同样的思想，如："学者由数以知形，由形以用数，悉诸加减乘除之理，自可识方圆幂积之妙。"(《加减乘除释》卷三)

以上考察表明，明清以后，甚至在中西学接触以后，"理"、"数"这样一些概念在很长一段时间内依旧具有生命力。而我们尤其应当注意，对于中西知识的衔接或对于古代与近代知识的交接而言，这样一些概念很可能起到了重要的作用。有相当一部分学者正是以这些传统概念为根基，在不同的知识传统中或在更大的空间范围内来探索或求证规律的普遍性。

四、思想领域对于格物致知的理解

经宋元时期的发展，格物致知概念到了明清时期已经十分成熟，并且也成为这一时期涉及科学与哲学两大领域的最为重要的概念。

首先来看思想领域。应当看到，明清时期哲学界或思想家对于宋人所提出的"格物"这一问题的理解并不是一样的，其主要是沿两个方向加以发展。

其中之一是以王阳明为代表的心学方向的发展。王阳明在格物的认识上继承了陆九渊、陈献章的思想。有关王阳明对格物的认识与理解，最生动的莫过于他格竹子格出病来的故事。据《传习录下》记载："众人只说格物要依晦翁，何曾把他的说去用？我着实曾用来。初年与钱友同论做圣贤要格天下之物，如今安得这等大的力量，因指亭前竹子，令去格看。钱子早夜去穷格竹子的道理，竭其心思。至于三日，便致劳神成疾。当初说他这是精力不足，某因自去穷格，早夜不得其理。至七日，亦以劳思致疾。遂相与叹：圣贤是做不得的，无他大力量去格物了。及在夷中三年，颇见得此意思，乃知天下之物本无可格者，其格物之功，只在身心上做。"王阳明格竹子格出病来的故事表面上是针对理学思想家的，但其实恰恰是王阳明以及当时他这一学派的学者对科学知识不感兴趣的真实写照。事实上，这也的确是相当多热衷于心性道德与齐家治国问题的儒家学者所普遍具有的"通病"，只是它在心学泛滥的环境中尤甚。这样一种态度与科学知识自然无涉。

不过，明清时期对于格物致知问题还有另一路思想家的理解，他们就是罗钦顺、王廷相、吴廷翰、方以智、王夫之等。正是这一路思想家的思想与科学知识保持着不同程度的联系，其中一些非常紧密，并且其也在中国后来的科学与文化发展中具有某种启蒙的意义。如罗钦顺明确指出："格物之义，当为万物无疑。"并指出："人之有心，固然亦是一物，然专以格物为格此心，则不可。"（《困知记》附录《答允恕弟》）王廷相则直接指出格物之"物"就是大千世间的物理万事。他说：

> 格物，《大学》之首事，非通于性命之故，达于天人之化者，不可以易而窥测也。诸士积学待叩久矣，试以物理疑而未释者议之，可乎？天之运，何以机之？地之浮，何以载之？月之光，何以盈缺？山之石，何以欹侧？经星在天，何以不移？海纳百川，何以不溢？吹律何以回暖？悬炭何以测候？夫遂何以得火？方诸何以得水？龟何以知来？猩何以知往？蜥蜴何以为雹？虹霓何以饮涧？何鼠化为驾，而驾复为鼠？何蜣蜋化蝉，而蝉不复为蜣蜋？何木焚之而不灰？何草无风而自摇？何金之有辟寒？何水之有温泉？何蜉蝣朝生而

暮死？何休留夜明而昼昏？躐忿忘忧，其感应也何故？引针拾芥，其情性也何居？是皆耳目所及，非骋思于六合之外者，不可习矣而不察也。（《王氏家藏集》卷三〇《策问五》）

王廷相在这里列举了耳目所及的种种格物内容，我们由此也可以看到其哲学思考背后的科学依据。与王廷相一样，吴廷翰的论述也反复强调了格物之"物"的重要性和首要性，他说："致知在格物，格物只是至物为当。盖此物字虽只是理，然说理，学便虚，便无许多条件，所以只说物为有着落，便实，便有许多条件。分明使致知者一一都于物上见得理，才方是实。盖知已是心，致知只求于心，则是虚见虚闻，故必验之于物而得之于心，乃为真知。"（《吉斋漫录》卷下）又说："格物只是至物，盖吾之知若不至物，则是空知，教人知个甚？正是有一个知，须有个物。'致知在格物'者，以见致知即是至物，至物乃为致知，吾儒之学之实如此，言知只在物，则不可求知于物之外也。"吴廷翰在这里强调了"格物，只是至物为当"。所谓"理"乃是"物"之"理"，所谓"知"乃是"物"之"知"，一切脱离物的理都是虚理，一切脱离物的知都是空知。

这之中，方以智的思想尤其值得注意。由于方以智既是思想家，也是科学家，因此其不仅必然会重视"格物"的意义，并且对理学与心学的批评也就格外有力。方以智说：

> 今日文教明备，而穷理见性之家反不能详一物者。言及古者备物致用，物物而宜之之理，则又笑以为迂阔无益，是可笑耳。卑者自便，高者自尊，或舍物以言理，或托空以愚物。学术日裂，物习日变，弁髦礼乐，灭弃图书，其有不坏其心者，但暗与道合而已，偶得物理之一端，则委之于术数者流。安得圣人复起，非体天地之撰，类万物之情，乌得知其故哉！（《物理小识》总论）

方以智在这里明确指出，理学家所谓格物致知其实是"舍物以言理"，而方以智强调："舍物则理亦无所得矣，又何格哉！"（《物理小识》总论）方以智说这番话显然是有科学知识的深厚底气的。王夫之也因此称赞方以智说:"密翁(方以智)与其公子为质测之学,诚学思兼致之实功。盖格物者,即物以穷理,惟质测为得之。"王夫之同时指出:"若邵康节、蔡西山则立一理以穷物,非格物也。"(《搔首问》)这也是王夫之从知识的角度来思考和解释"格物"与"穷理"问题的最经典的论述,它不仅肯定了方以智格物穷理的正确方向,表达了对方以智的支持,也对理学在格物穷理问题上的错误认识给予了批评。

但总体而言,这一时期思想界对于"格物致知"的理解已经并不居于引领地位。从一定意义上也可以这样认为,即思想领域对"格物致知"具有"启蒙"意义的提倡这一任务已经基本实现或完成,它已经开始逐渐退出观念的中心位置。

五、知识领域对于格物致知的理解

与此同时我们看到的是,在明清两代,"格物致知"、"格物穷理"这样一种观念在知识领域获得了更大的重视,作为方法,其也得到更多的使用。

这其中,医学仍是使用"格物"、"格致"、"穷理"等语词最多的知识部门之一。如李时珍就说:

> 虽曰医家药品,其考释性理,实吾儒格物之学,可裨《尔雅》、《诗疏》之缺。(《本草纲目·凡例》)

王世贞在为李时珍的《本草纲目》作序时也说:

> 兹岂仅以医书觏哉? 实性理之精微,格物之通典,帝王之秘篆,臣民之重宝也。(《本草纲目》序)

此外,明吴有性也视其医学活动为格物穷理,他说:

> 余虽固陋,静心穷理,格其所感之气、所入之门、所受之处及其传变之体。(《瘟疫论》自序)

另清人张炯在为《神农本草经》作序时也认为医术乃是格物致知的儒家

之书，他说："孔子曰：'多识于鸟兽草木之名。'又曰：'致知在格物。'则是书也，非徒医家之书，而实儒家之书也。"（《神农本草经》序）还有刘芳在为杨屾的《豳风广义》作序时亦将医书视作格物穷理之学，他称："先生格致之精，洞达医理。"（《豳风广义》叙）明清两代的医书也多有用"格物"或"格致"来命名者，如明代万全的《痘疹格致要论》、汪普贤的《医理直格》，清代顾靖远的《格言汇纂》、胡大溟的《易医格物编》、翟绍衣的《医门格物论》、高应麟的《格致医案》等。

如同宋元时期一样，生物学也是"格物"、"格致"观念和方法得以落实的一个最重要的知识门类。如清蒋超曾《水蜜桃谱》跋曰：

> 丙子秋日，读文洲褚君《水蜜桃谱》，旨哉！体物之精，此其一斑矣。粤自《草木》著嵇含之状，《虞衡》成范氏之编，《种树》传自橐驼，《杜阳》作于苏鹗，载披往册，具数《群芳》。文学以瑰博之才，究心物理；光禄以典坟之暇，搴胜林泉。

清金文锦在《促织经》序中亦自谦地说道：

> 余值小圃凉生，酒酣夜坐，风飘桐叶，露湿桂花，蛩声四壁，凄凄切切，因检旧编挑灯删定，非敢自附于古之格物君子。

又据《中国科学技术史·科学思想卷》一书研究，受孔子"多识于鸟兽草木之名"（《论语·阳货》）思想的影响，明清时期的人们也多以"识"表示格物之学，如明阎调羹《校刻异鱼图赞》叙曰："夫孔训多识，传释格物，博闻强记，谓之君子，一物不知，学者耻之。"这一时期出现了许多以"识"命名的生物学著作，如明胡文焕的《胡氏诗识》、林兆珂的《毛诗多识编》，清姚炳的《毛诗识名解》、徐鼎的《毛诗名物图说》、石韫玉的《多识录》、何震的《多识考》等等。如上一章考察所见，事实上这在宋元时期就已经开始形成传统。

此外还有博物学。明人曹昭在《格古要论》序中述说自己：

> 余自幼性本酷嗜古，侍于先子之侧，凡见一物，必遍阅图谱，究

其来历，格其优劣，别其是非而后已，迨老至，尤弗怠，特患其不精耳。

日后《格古要论》的编校者舒敏也在《格古要论》序中称赞曹昭是"凡世之一事一物莫不究其理，明其原，而是非真伪，不能逃其鉴"。并称自己的增益是"予窃观而爱之，颇为增校，订其次第，叙其篇端，亦可谓格物致知之一助也"。又清人周心如在《重刻博物志序》中亦说："人则物之灵者也，故不惟不物于物，而且是就见闻所及之物并穷其见闻所不及之物，是所谓格致之学也。"

除以上所述外，明清两代还有更多以"格物"或"格致"为书名者。如曹昌言的《格物类纂》、陈元龙的《格致镜原》、屠仁守的《格致谱》。这也体现在东西方文化交流过程之中，如熊明遇的《格致草》以及西洋人高一志的《空际格致》。直至清末，不少综合类自然科学书籍的译名仍用"格物"或"格致"概念，如英国艾约瑟的《格致总学启蒙》、美国林乐知的《格致启蒙》、美国丁韪良的《格物入门》，以及英国傅兰雅的《格致汇编》、《西学格致大全》，益增书会编辑的《格致指南》等等。当然，上述现象已经不应仅仅从延续意义上来理解，而更应从中西文化交流之后的提升意义上来理解。①

由于"致知"和"穷理"的提倡，与宋元时期一样，这一时期的人们也保持有一种疑问与批判的精神。特别是明人，不像历代那样有更多的泥古品格，这在一定程度上可能也与心学有关，由此我们也可以看到心学的某些正面意义。在科学活动中，疑问与批判精神通过徐光启、方以智等很多人的相关思想体现出来。如徐光启说："若谓土地所宜，一定不易，此则必无之理。"（《农政全书》卷二《农本》）这是对传统的"风土说"提出怀疑。又如方以智说："物理无可疑者，吾疑之，而必欲深求其故也。"（钱澄之《通雅》序引方以智语）还说："善疑者，不疑人之所疑，而疑人之

---

① 以上论述所用材料参考了卢嘉锡总主编、席泽宗分卷主编《中国科学技术史·科学思想卷》一书中的搜集。

所不疑。"(《东西均·疑何疑》)这更包含了一种对事物追根究底的科学批判精神。总之,这样一种疑问或批判精神在明清两代的科学活动及哲学活动中具有一定的普遍性。

因此,我们应充分认识"格物致知"学说对宋元至明清时期科学活动的积极意义,没有这一学说作为基础,很多重要科学成果是不可能出现的。不仅如此,我们还应看到近代西方科学之所以能在中国迅速传播,"格物致知"学说及其实践也起着桥梁或摆渡的重要作用。同时,西方科学知识的传播也为"格物致知"学说注入了新的生命,而这也再次证明了科学或知识对于观念的力量。

第五节　传统方法样式的终结

明清时期的科学方法在很大程度上仍沿袭了宋元时期的传统,这既包括具有实证意义的实验和实考,也包括考据考证的学风。应当说,实验与实考的方法与近代西方的实证方法在一定程度上是可以对接的,考据与考证的学风同样也具有一定的科学精神。不过,总体而言,建立在古代科学活动之上的方法毕竟与近代知识的要求存在着巨大的差距,当中西方法开始接触时这一差距便显现了出来。尤其是乾嘉学派那里发挥到极致的考据之风同时也表现出脱离实际的特征,这在很大程度上又会与以关注现实为特征的科学精神发生根本性的冲突。但基于论述结构的需要,乾嘉学方面的内容将在第八节中再作考察。

一、实考

由上一章所见,实考之风在宋元时期就已经得到比较充分的培育。无论是作为科学家的沈括,还是作为思想家的朱熹,都有明确的实考意识。明清时期的不少科学家显然继承了这一传统,并发扬光大。如李时珍在编写《本草纲目》时,为了取得准确无误的可信资料,经常长途跋涉、翻山越岭去深入考察,足迹所到之处除自己家乡湖北外,还有河北、河南、山东、山西、江西、安徽、福建、浙江、江苏、湖南、广东、广西等十余个省份，并且经常向农民、渔民、猎人、樵夫、药农、果农、老圃甚至工匠请教。徐光启为著《农政全书》所调查的地区也涉及十多个省份，而且在调查过程中，徐光启还非常重视数据的统计，这里显然已经包含了某种近代科学的方法。徐霞客更是从 20 岁游太湖开始，至 54 岁由云南抱病回家，前后 30 余年间游历了当时 15 个省份中的 14 个，相当于今 19 个省区与直辖市。实际考察内容有山川、地貌、地质、水文、气候、矿产、动植物、城邑、交通运输、经济分布、民情风俗等等。仅 50 岁以后即最后一次在西南地区的考察就达四年之久，终因长期劳累病倒于云南丽江。同样，上述考察方法其实也是与考证和实证的方法结合在一起的。我们应当看到，这样一种方法在思维上为后来中国接触与衔接西方科学奠定了一定的基础。

二、实验

如果说在中国古代社会的前期，实验还具有某种偶然性、个别性或自发性，那么从魏晋南北朝时期开始，这样的实验就已经具有某种自觉和必然的性质。明清时期也是如此。例如传说中曼陀罗花酿酒食用后会使人发笑和手舞足蹈，李时珍起先不相信，于是亲自实验，其记录到："予尝试之，饮须半酣，更令一人或笑或舞引之，乃验也。"（《本草纲目》卷一七《曼陀罗花》）经过实验，李时珍肯定了曼陀罗的麻醉作用，至今它仍是中药麻醉的重要药物。朱载堉为验证十二平均律也做过大量实验，这包括管品校正实验、和声实验、累黍实验、度量实验等，并详细地作了记录。例如关于一组律管的管径是否相同，传统的说法是"长短虽异，围径皆同"，但历来对此有争论。朱载堉为了解决这一问题亲自做了实验，最后得出结论："夫律管修短既各不同，则其空围亦当有异。"（《律学新说》卷一）宋应星在农学、生物学、冶炼、化工、机械制作等方面都有过相应的实验，并且其非常注重相关数据的统计。宋应星还曾批评不做实验而胡乱度测的风气："火药、火器，今时妄想进身博官者，人人张目而道，著书以献，未必尽由试验。"(《天工开物·佳兵》)还有方以智，其经常亲自动手设计实验。例如我们在前面看到的共振实验、回音实验、小孔成像实验，还有其对分光现象的解释中也包含了相应的实验。此外，在《明宪宗实录》、《明世宗实录》、《明崇祯长编》等文献中也都有火器实验的记载。以《明世宗实录》为例，如嘉靖二十五年七月二十五日，总督宣大侍郎翁万达言："臣尝仿古火器之制，造成三出连珠、百出先锋、铁棒雷飞、母子火兽、布地雷等炮，屡经试验，比之佛朗机、神机枪等器轻便利用。"不过，由于明代的数学与总体制作工艺较之宋代要更偏于实用，因此其火器制作也会相应粗疏。这便又涉及下一个讨论题目，即精细思维问题。

三、实测与精细思维问题

明代思想界的问学方式呈现出明显的空疏风气，同时天文学与数学又呈衰落状态，这无疑会对思维与方法产生重要影响。我们知道，中国古代的实测方法主要是在天文学的领域中发展起来的，明代由于天文学的衰落，相应的实测方法也因此衰落。而这又会进一步影响到思维的精细性，因为思维的精细性是与实测密切相关的。由于天文学的疲弱，因此与前代相比，明代科学活动中最主要的实测体现在音律学中，朱载堉通过精密计算以及大量实验与实测创立了新的律制——十二平均律，不过这一工作并不具有普遍性。当然，哲学的问学观念或方式也会产生一定的影响。

但明清时期有关实测这一方法问题的确还有更特殊的视角与意义。因为这一时期已经开始接触到西方科学例如天文学中的实测方法，并且通过比较已经显示出中国传统实测方法的不足，而这也正是比较的意义与力量。这样一个问题首先由徐光启发现并提出，这就是"求精"。关于这一问题下面将作专门考察。自此以后，中国传统实测方法实际已经与西方传入的方法逐步汇流并靠拢西方的方法，实测意识也愈加得到重视，如阮元《畴人传·凡例》说："是编于仪器制度，摭录特详，欲使学者知算造根本，当凭实测；实测所资，首重仪表。不务乎此，而附合于律于易，皆无当也。"阮元也十分欣赏西方精密的测量工具，他说：

> 西人熟于几何，故所制仪象极为精审。盖仪象精审，则测量真确，测量真确，则推步密合。西法之有验于天，实仪象有以先之也。（《畴人传·南怀仁传》）

总的来说，这一时期思维上精确问题的提出以及对严谨学风的提倡既在于拯救时弊，同时也有借他山之石攻玉的积极愿望。事实上，这不仅是方法的，也是观念的。应当看到，这样一种观念到了近代以后对中国思想界和知识界产生了极其深刻的影响。

第六节　中西科学的接触与以明末徐光启为代表的先进思想

如果说，古代哲学、科学及其概念与方法的终结是前一个完整阶段的结束，那么，从 16 世纪下半叶开始的传教士来华并且逐步将西方科学技术介绍给中国，则意味着一个全新的时代的开始。尽管这两个阶段或时代的边际部分是有所交叉的，但其各自的特征仍十分明显。本节以下将完整地对新的阶段加以考察。而本节首先要来考察明代后期中西科学的接触，包括利玛窦来华与西方科学的引入以及以徐光启为代表的先进思想。

一、利玛窦来华与西方科学的引入

讲徐光启，首先就要讲利玛窦。因为正是徐光启与利玛窦的接触，导致了中国科学活动开始发生深刻的变化。也可以这样说，这里是近代西方与传统中国的接触点，也是近代中国的最初起点。

16 世纪末，罗马教皇开始派遣传教士（主要是耶稣会士）到中国传教。最初来华的传教士有利玛窦、艾儒略、汤若望、南怀仁。其中利玛窦是耶稣会在华传教的开创者，其广泛结交社会上层，与徐光启、李之藻等中国士大夫来往甚密。1601 年利玛窦获准朝见万历皇帝，并被允许留居京城。经多年在华传教活动，利玛窦悟到了通过学术来实现传教的重要方式，这就是广泛介绍西方科学知识，包括天文学、数学、物理学、地理学以及各种实用技术。这是一个重要的转向，这一转向不仅对利玛窦的传教产生了重大影响，而且更对古老中国文明的觉醒产生了重大影响。客观地说，我们今天应当庆幸并感谢利玛窦的这一转向。它对于利玛窦来说只是明智的，而对于中国来说却几乎是唯一的。

在天文学知识方面，利玛窦首先向中国介绍了有关日月蚀的原理、七曜与地球体积的比较、西方所测知的恒星以及天文仪器的制造等。在对中国情况有了深入了解之后，利玛窦向罗马教会献策，请派天文学者来中国参与历法改革。这种介绍和参与逐渐产生效果。崇祯二年，因徐光启用西法预测日蚀较用中法预测准确而被委以主持修历的重任。清初，汤若望献给顺治帝的新历法预测日蚀同样比旧法精确，得遂即颁行，称时宪历。利玛窦还向中国介绍了世界地图。从澳门到肇庆后，利玛窦根据当时绘有五大洲的西文世界地图制作了一幅用汉文注释的世界地图，该图由岭南西按察司副使王泮刊印，用于赠送要人。以后几经修改，其中 1602 年刊行的《坤舆万国全图》为迎合中国人心理，特将南北美洲绘于亚洲东面，从而将中国位置置于世界地图的中部。利玛窦还将西方经纬制图法、有关五大洲和五带的知识以及地球说介绍给中国，在当时引起极大震动。在数学方面，利玛窦首先向中国推介了《几何原本》，由利玛窦口述，徐光启等人笔译。该书底本用的是利氏之师德国数学家克拉维斯的注解本，全书共 15 卷，译出前 6 卷后因利玛窦认为已达目的而中止。这也是传教士来中国翻译的第一部科学著作。之后，利玛窦又与李之藻合译了介绍西方笔算的著作《同文算指》。以上两书对以后中国数学的发展都产生了重要影响。①

---

① 以上叙述参考了杜石然等编著《中国科学技术史稿》（下册）相关内容。

二、徐光启的生平简介

正是在上述背景中，徐光启的地位与意义突现了出来。

我们知道，在西方科学与中国科学最初的接触过程中，在向中国最早传播西学的过程中，在中国近代科学最先萌芽的过程中，徐光启扮演了最为重要的角色。也因此，这里有必要对徐光启的思想做专门考察。

徐光启（1562—1633），字子先，号玄扈先生，上海徐家汇人。他是我国古代杰出的科学家和思想家。如以科学为中心，徐光启一生的工作可以分为两大部分，其一是与传统知识相关的对农学与农政作总结的《农政全书》，其二是与传教士接触过程中所接受的西方科学，包括著作的翻译以及一些对日后中国产生深刻影响的重要思想的提出。

徐光启毕其一生著述了《农政全书》，它堪称我国古代农业科学之集大成的著作。《农政全书》共 60 卷，50 余万字，分农本、田制、农事、水利、农器、树艺、蚕桑、蚕桑广类、种植、牧养、制造和荒政等十二项。为著《农政全书》，徐光启调查了北京、天津、河北、山西、山东、上海、浙江、江西、福建、广东、广西等十余省份。且每到一个省份，所调查的地方又不止一处。在调查过程中，徐光启还经常深入民间认真请教，对历史记载可疑之处"逐一验之"。《农政全书》中转录了许多前代与同代的农业文献，这部分内容实际是已有或现有的农业生产经验的汇编。全书中徐光启自己撰写的约 6 万余字，虽然只占整个篇幅的八分之一，但都是经过亲身观察和试验后所总结的材料，因此科学性很强。

但徐光启对于中国科学以及思想最重要的贡献，还在于其与西方传教士和科学的接触以及由这一接触而带来的震动和变化。徐光启 38 岁在南京结识了耶稣会传教士利玛窦，42 岁在南京参加了天主教。在与西方传教士的接触过程中，徐光启深深感到西方科学的优越性，想"务使其理其法，足以人人通晓而后已"（《畴人传·徐光启传》）。同时，也通过推广西方实学来改造国家，增强国力。由是，徐光启与利玛窦一起研究天文、历法、数学、地学等学问，并与利玛窦、熊三拔一起翻译了多种西方科学著作,包括《几何原本》《测量法义》《泰西水法》等。在翻译过程中,徐光启开始对西方天文学抱有浓厚兴趣。尤其是当徐光启在掌握了欧洲天文学知识后,每次预报都较他人更为准确,故威信极高。也因此,崇祯二年(1629),徐光启被任命主持改历工作,这也是整个明代唯一的一次改历。在改历中,徐光启以西法为基础,力排保守势力的干扰,于崇祯六年编成《崇祯历书》,共 130 余卷。《崇祯历书》已经开始接受西方近代天文学与数学的知识,从而突破了我国传统天文历法的范畴。总之,由于徐光启最早大量翻译和阐述了西方的天文学、数学等知识,因此其也成为我国介绍西方科学的先驱。

三、徐光启对西学的认知

徐光启在学习西方天文学与数学并将其运用于制历的过程中,深切地感到西方天文学与数学对于中国传统天文学与数学的优越性。徐光启对西方天文学有高度的评价,他说:

> 臣等昔年曾遇西洋利玛窦,与之讲论天地原始,七政运行,并及其形体之大小远近,与夫度数之顺逆迟疾,一一从其所以然处,指示确然不易之理,较我中国往籍,多所未闻。(《徐光启集》卷七《修改历法请访用汤若望罗雅谷疏》)

而借用西方天文学与历法知识来帮助中国制定历法,必然会导致:

> 历理大明,历法至当,自今伊始,夐越前古,亦綦快已。(《徐光启集》卷二《简平仪说》序)

在翻译过程中,徐光启对数学的重要性有了深刻的认识,其在与利玛窦合译的《几何原本》的序中指出,数学是一门最为基本的学科,其能够为天文、历法、水利、测量、绘图、声乐、机械、军事以及财会统计等诸多知识所用。徐光启又论及西方物理学与数学:

> 更有一种格物穷理之学,凡世间世外、万事万物之理,叩之无不

> 河悬响答、丝分理解，退而思之，穷年累月，愈见其说之必然而不可
> 易也。格物穷理之中，又复旁出一种象数之学。象数之学，大者为
> 历法，为律吕，至其他有形有质之物、有度有数之事，无不赖以为用，
> 用之无不尽巧极妙者。（《徐光启集》卷二《泰西水法》序）

客观地说，徐光启上述对于西方天文学与数学的评论可能确有高估甚至夸大之处，难免有些偏颇，这也为现在一些学者所指出。但徐光启所触及的问题的确是客观存在的，也是不能回避的，并且这决不会影响其中所包含的引进西方知识和沟通中西文化设想的巨大意义。我们更不应在四百年之后来扮演一种貌似"客观"或"公允"的立场来对徐光启思想中可能存在的偏颇加以指责。

四、"责实"与"求精"思想

与科学活动相关，特别是与对西学的认知相关，徐光启又提出了"责实"、"求精"的思想和中西"会通"的思想，这两种思想对以后中国科学以及思想文化都产生了重大影响。以下我们就着重考察徐光启的这两种思想。

如前所说，到了明代，对蹈虚空谈的不满以及实学思潮相继萌生。这其中，徐光启的思想就非常典型。针对当时的社会与思想现状，徐光启提出了"责实"、"求精"这样两种重要的思想。他在《拟上安边御虏疏》中说：

> 于数者之中，更有两言焉。曰求精，曰责实。……苟求其精，则
> 远略巧心之士相于讲求，经岁而未尽；苟责其实，则忠公忧国之臣所
> 为太息流涕者，十倍于贾谊而未已也。（《徐光启集》卷一）

徐光启指出中国应将这样两个方面作为当务之急的问题加以解决。需要指出的是，这两种思想最初是基于安边或军事目的提出的，不过我们看到，它其实是徐光启一生最为核心的两种思想。而考察也表明，明清之际的科学及其随后的哲学思考或整个学术活动的确都与徐光启所说

的这样两个问题有关。

具体来说，"责实"就是强调实学，徐光启指出：

> 方今事势，实须真才。真才必须实学。一切用世之事，深宜究心。（《徐光启集》卷一〇《与胡季仍比部》）

而"责实"之"实"又有两层含义，分别为实用和实证，前者主要是观念的，而后者则是思维与方法的。关于实用，徐光启指出：

> 方今造就人才，务求实用。（《徐光启集》卷九《敬陈讲筵事宜以裨圣学政事疏》）

这尤其突出地体现在其对数学的重视上，如徐光启讲："象数之学，大者为历法，为律吕，至其他有形有质之物，有度有数之事，无不赖以为用。"（《徐光启集》卷二《泰西水法》序）他又评价《几何原本》的意义就是能"率天下之人而归于实用"（《徐光启集》卷二《几何原本杂议》）。实用的目的当然在民生与国富。所以陈子龙在评价徐光启时说："其（指徐光启）平生所学，博究天人，而皆主于实用。至于农事，尤所用心。盖以为生民率育之源、国家富强之本。"（《农政全书·凡例》）而实证也即是实验或实考。如前所述，徐光启为著《农政全书》调查了十余个省份。徐光启还非常重视数据的统计，这里显然已经包含了某种近代科学的方法。总之，徐光启对实用观念的论述和对实证方法的应用使得其"责实"思想具体化了。需要看到的是，徐光启之所以如此强调"实"，这应当是对中西文化、科学以及思维加以比较后做深刻反思的结果。这无疑也是徐光启有关"实"的思考的更重大与更深刻意义所在。

除"责实"外，徐光启还强调"求精"。在一定意义上，"求精"也可以看作是"责实"认识的进一步深化。这一问题的提出固然有中国学问的自身背景，但它更应当是徐光启在接触了西方数学和天文学以后的深切体会。这其中，徐光启因受西方几何学的影响尤其强调数学对于"求精"思维的意义。徐光启说：

　　人具上资而意理疏莽,即上资无用;人具中材而心思缜密,即中
材有用。能通几何之学,缜密甚矣!(《徐光启集》卷二《几何原本
杂议》)

徐光启又称赞《几何原本》说:

　　下学工夫,有理有事,此书为益,能令学理者祛其浮气,练其精
心,学事者资其定法,发其巧思。(《徐光启集》卷二《几何原本
杂议》)

在以上两段论述中,徐光启向我们传达了这样几层意思:第一,几何学的
重要性;第二,几何学或数学对于思维缜密的训练具有重要意义;第三,
数学训练有助于祛除理学带来的臆想浮躁之气。在这里,徐光启为我们
开启了一种全新的数学观,也是当时从数学的角度对哲学特别是理学所
作的最为深入的思考和检讨。事实上,这样一种看法在后来是具有某种
普遍性的,有不少学者都对此做过论证。并且我们看到,这样一种观念
到近代以后更日益对思想界产生深刻的影响。

　　上述"责实"、"求精"的思想又主要反映在十个知识门类上,徐光启
称作"度数旁通十事",即(1) 天文历法;(2) 水利工程;(3) 音律;(4) 兵
器兵法及军事工程;(5) 会计理财;(6) 各种建筑工程;(7) 机械制造;
(8) 舆地测量;(9) 医药;(10) 制造钟漏等计时器。这些知识几乎都能
切实体现"责实"、"求精"这两种思想,它无疑是徐光启对中西文化、科学
以及思维加以比较后所作的深刻反思的结果。而综观明清之际的科学
及其随后的哲学思考或整个学术活动,的确都与徐光启所说的这样两个
问题有关。如果再比较前面第五节中传统方法的内容,我们更可以了解
徐光启"责实"、"求精"思想的意义。

五、"会通"思想

　　此外,徐光启又提出了中西科学"会通"的思想。这一思想最早见于
徐光启的《历书总目表》(《徐光启集》卷八),其中说道:

欲求超胜，必须会通。

事实上，"会通"这一思想的提出与改历有关。在改历过程中，徐光启注意到西法较之中法要更为准确，故主张"必须参西法而用之，以彼条款，就我名义，从历法之大本大原，阐发明晰，而后可以言改耳"（《徐光启集》卷七《修改历法请用访汤若望罗雅谷疏》）。即通过引进、参照、结合西方的历法系统来制定新法。而在"会通"过程中，徐光启又十分重视翻译。他说：

> 会通之前，先须翻译。盖《大统》书籍绝少，而西法至为详备，且又近数十年间所定，其青于蓝寒于水者十倍前人。又皆随地异测，随时异用，故可为目前必验之法，又可为二百年不易之法，又可为二三百年后测审差数因而更改之法，又可令后之人循习晓畅，因而求进，当复更胜于今也。翻译既有端绪，然后令甄明《大统》、深知法意者，参详考定，镕彼方之材质，入《大统》之型模。（《徐光启集》卷八《历书总目表》）

由此可见"会通"思想提出的初衷与制订历法有关，有取长补短的意思。以后梅文鼎对此有十分确切的表述，他说："乃兼用其长以补旧法之未备"，"于中法之未备者，又有以补其缺。"（《历算全书·历学疑问·论中西二法之同》）

当然，"会通"说的意义绝不仅仅止于天文历法的范围，也并不止于科学知识的范围。"会通"说的提出除了知识层面无疑有着更为深层的文化意义，它在当时甚至直到今天都涉及文化的认同与忧患一类问题，也就是说，在"会通"问题的背后有深刻的哲学问题，因此，"会通"思想提出后在当时学术界引起强烈反响。而由近代开始的哲学思考就是企图回答和解决这一问题。我们在 19 世纪末和 20 世纪初中西哲学及其文化的争论中始终可以看到它的"身影"，看到这一思想或问题在整个中国面向近代化或现代化过程中的延续意义。并且，由于徐光启当初讲"欲求超胜，必须会通"。这里就不仅有"会通"的思想，而且还有"超胜"的思想。对于"超胜"问题，徐光启本人其实并没有展开。但这一思想或问题的提出，的确给当时和后来的知识界与思想界留出了无限想象的空间。

六、对徐光启的评价

关于徐光启在中西科学接触与交流中的作用与地位，《中国科学思想史》一书中有一段较全面的论述："徐光启在晚明西学传播时期，有过多方面的贡献：他与李之藻等人掀起了传播、学习、研究西学的思潮，在澎湃起伏的潮流中，他是浪尖上的第一弄潮儿；他带头与西方传教士合作翻译西方科技著作，尤其是《几何原本》一书，为当时翻译西方著作，提供了一个范例；他从事会通中西科技工作，基本完成《崇祯历书》的编撰；他培养了一批精通西学的专家，为清初西学继续发展提供人才；他和他的学生及受其影响者，多方面引进西学，提高了中国科学技术在天文、历法、数学等方面的水平；较之同时代的学者，他更重视科学思想，或通过会通深化原有思想，或借鉴西方作新的开拓。"[1]以上这段论述可以说对徐光启在中西科学接触与交流中的作用与地位作了很完整的评价。

当然，在一定意义上，我们也可以说徐光启是一个两个时代即古代与近代交集式的人物，它对所交集的两个时代都做出了巨大的贡献，而这样一个特征也决定了徐光启在中国科学史、思想史中的独特地位。

七、其他学者对西学的介绍与认知

除了徐光启，晚明时期另外还有一些学者值得注意，其中包括李之藻、王征、熊明遇。

李之藻小徐光启三岁，与徐光启交往甚笃。李之藻最初亦与利玛窦交友，并从耶稣会士学习天文、历算以及逻辑、宗教。与利玛窦合译《同文算指》，另译有《坤舆万国全图》、《天学初函》等。与徐光启一样，李之藻深信西学，并主张会通中西之学。如李之藻讲天文历法时说："昔从京

---

① 袁运开、周瀚光主编：《中国科学思想史（下）》，第 205、206 页。

师，识利先生，欧逻巴人也，示我平仪。……旋奉使闽之命，往返万里，测验无爽。不揣为之图说，间亦出其鄙谚。会通一二，以尊中历，而他如分次，度以西法，本自超简，不妨异同。"（《浑盖通宪图说》自序）受西学影响，李之藻又十分重视数学，并且如徐光启一样，其也认为数学能消解虚骄之气，他说："惟是巧心潜发则悟出人先，功力研熟则习亦生巧。其道使人心归实，虚憍之气潜消。"（《同文算指》序）李之藻还向朝廷全面指出西学的合理之处：

> 今诸陪臣真修实学，所传书籍，又非回回历等书可比。其书非特历术，又有水法之书，机巧绝伦，用之灌田济运，可得大益。又有算法之书，不用算珠，举笔便成。又有测望之书，能测山岳江河远近高深及七政之大小高下。有仪象之书，能极论天地之体与其变化之理。有日轨之书，能立表于地，刻定二十四气之影线；能立表于墙面，随其三百六十向，皆能兼定节气，种种制造不同，皆与天合。有《万国图志》之书，能载各国风俗山川险夷远近。有医理之书，能论人身形体血脉之故与其医治之方。有乐器之书，凡各钟琴笙管，皆别有一种机巧。有格物穷理之书，备论物理事理，用以开导初学。有几何原本之书，专究方圆平直，以为制作工器本领。以上诸书，多非吾中国书传所有，想在彼国亦有圣作明述，别自成家。总皆有资实学，有裨世用。（《请译西洋历法等书疏》）

这段话中所涉内容包括机械、天文、历法、地理、医学、音律、数学、物理，对西学可谓服膺之至，赞誉有加。《中国科学思想史》认为：李之藻在介绍、研究西学以及会通中西学方面做了许多工作。其成就与影响虽不及徐光启，但亦相差无多，远过于王征、熊明遇、方以智等学者。可以说，李之藻与徐光启是晚明引进西学、会通中西的双子星座。①

　　另外王征自中举人之后便耽于机械制作。40 岁以后开始接触西学，

______

① 参见袁运开、周瀚光主编《中国科学思想史（下）》，第 215、216 页。

随之先后请教于庞迪我、龙华民、汤若望、邓玉函，并与邓玉函合译《远西奇器图说》一书。对于西学，王征持十分开明的态度。如因传播西学，王征曾受友人责难，对此王征回答道："学原不问精粗，总期有济于世；人亦不问中西，总期不违于天。"（《远西奇器图说》序）熊明遇亦于 34 岁入京从传教士学习西学，著有《格致草》，其中对西学有所介绍。但总体而言，熊明遇不像徐光启与李之藻，对西学持全盘采信的态度，而是有所审视和比较。

总之，与徐光启一样，上述学者在晚明时期对于西学的介绍中都扮演了重要的角色。今天，不仅中国科学史研究应当珍重这些学者的历史意义，而且中国思想史或哲学史研究同样应当重视这种意义。

第七节　中西学的碰撞与清初知识界、思想界的反应

利玛窦来华并向中国传播西学只是近代西方科学以及文化传入中国的开始，徐光启、李之藻翻译西方著作同样也只是中西学接触的开始，徐光启在此基础上提出"责实"、"求精"以及"会通"等思想也只是观念剧烈变化的开始。在此之后，经由传教士的努力，西方科学知识便源源不断地输入中国。同时，也由于西方科学的输入逐渐开始冲击中国文化核心层面的观念，因此又必然地引起了中西学乃至中西文化之间的碰撞和冲突，并引起观念上的应激反应。

一、西学东渐

利玛窦以后，前来中国的传教士向中国介绍西学几乎成为一种风尚。例如在天文学方面，1606 年来华的意大利传教士熊三拔著有《简平仪》和《表度说》，依据天文学原理对简平仪的用法和立表测日影定时间的方法加以说明。1610 年来华的葡萄牙传教士阳玛诺著有《天问略》，以问答形式解说天象原理。1744 年来华的法国传教士蒋友仁在他的《坤舆全图说》中介绍了哥白尼的日心说，并论述了地球运动的原理。在地理

学方面,继利玛窦的《坤舆万国全图》之后,先后有庞迪我的《海外舆图说》、艾儒略的《万国全图》与《职方外纪》、南怀仁的《坤舆全图》、蒋友仁的《坤舆全图》。其中南怀仁的地图已增绘了澳大利亚。在数学方面,1646 年来华的波兰传教士穆尼阁在南京传教期间将西方近代数学中的重要内容对数介绍给了中国,穆尼阁去世以后,从其学习的薛凤祚将所接受的知识整理成《历学会通》,其中数学部分包括有《比例对数表》等。除此之外,当时还传入了耐普尔的算筹和伽利略的比例规等计算工具。在力学方面,由邓玉函口授、王征笔译的《远西奇器图说》讲到了重心、比重、杠杆、轮轴、斜面等原理,以及应用这些原理的各种器械。此外,熊三拔和徐光启合译了《泰西水法》,书中主要介绍了取水、蓄水等方法和器具。光学知识的传入从汤若望的《远镜说》开始,书中介绍了望远镜的用法、制法以及原理。在西方火器技术的介绍方面,较早地有《火攻奇器图说》,但来历不明。记载明确的有汤若望口授、焦勖笔录的《火攻揭要》,内容包括各式火炮的铸造和使用方法,后又有南怀仁编译的《神武图说》,叙述了铳炮的原理并有附图。另汤若望和南怀仁也都奉命设计铸造过铳炮。

此外,这一时期中国学者也广泛参与了对西方科学的介绍,这尤其体现在天文学和数学两个领域,作为代表的就是《崇祯历书》和《数理精蕴》的编纂。《崇祯历书》是一部比较系统地介绍西方天文学知识的著作,由徐光启、李天经先后领衔,参加编译的耶稣会士有龙华民、邓玉函、罗雅谷、汤若望等。该书的"法原"部分着重探讨了天文学理论,尤其是该书采用了哥白尼、伽利略、刻卜勒等人较好的天文数据和计算方法,这对于中国天文学的发展具有重要意义。不过由于该书所采用的是第谷的宇宙体系,较为保守,因此也存在着重大欠缺。《数理精蕴》是一部介绍西方数学知识的百科全书类型的著作,它是以耶稣会士张诚、白晋等人的译稿为基础,由梅毂成等汇编而成。这部著作的主要内容是介绍自17 世纪初年以来传入的包括几何学、三角学、代数在内的西方数学知识。该书出版后得到广泛的流传,成为中国人学习和研究西方数学知识的重要书籍，对于后来中国近代数学的发展起到了积极的推动作用。除此之外，清初时期在中国全图的测绘方面也取得了重大成就。该测绘由康熙帝亲自领导，中外学者共同参与。测绘从康熙四十七年（1708）正式开始，由法国传教士白晋等率领。至康熙五十七年（1718），绘就了具有相当水平的《皇舆全图》。当时欧洲各国的大地测量或未开始，或未完成，而我国在 18 世纪初即已完成了全国性的三角测量，这在当时是走在世界各国前列的。①

西学东渐对于中国科学的影响是深刻且深远的，因为它促使中国传统科学及哲学不得不做深刻反思，并且也引领中国科学踏入近代的门槛。

二、中西学的碰撞及政治风波

但西学的引入势必导致中西学的碰撞以及观念上的冲突。

前已有述，万历以后，西法开始随传教士进入，之后逐渐为徐光启、李之藻等人所掌握。崇祯二年五月日食，用其他方法都不验，唯徐光启所据西历不误。于是礼部令徐光启主持改历，由此也产生中国历法与西洋历法的激烈冲突，中西历法曾数度交锋均以西历胜出。此后经反复争论，终于在明亡前不久形成了中西合一的《崇祯历书》，但仍因受多方阻挠直至明亡还是未能实行。

清代初年，任用传教士汤若望、南怀仁等人制定新历法。汤若望对《崇祯历书》略加修改而成为《时宪历》，于顺治二年（1645）颁行，但之后经历了废兴风波，一班旧臣激烈反对制定新历法。顺治十四年（1657），前回回科秋官正吴明炫上疏，告汤若望治历有误。经测验，汤若望不误

---

① 以上叙述综合参考了杜石然等编著《中国科学技术史稿》（下册）相关内容，第 198—201、207—216 页。当然，实际介绍与传播的知识远较此具体，如据卢嘉锡总主编、席泽宗分卷主编的《中国科学技术史·科学思想卷》，在明代末年的西学传播中，西方历史上先后出现的几种主要宇宙模式也都已被介绍了进来，其中包括亚里士多德模式、托勒密模式、第谷模型、哥白尼宇宙模型等，见该书第 476—479 页。其实在当时，对于中国人来说，眼界打开的重要性要远远大于理论正确的重要性。

而吴明炫误，吴明炫险以"诈不以实"处死。顺治十七年（1660），安徽歙县人杨光先入京，状告汤若望，说《时宪历》封面所印"依西洋新法"五字是"窃正朔之权以予西洋"。杨光先还在其《辟邪论》中说："天下之人知爱其器具之精工，而忽其私越之干禁，是爱虎豹之纹皮而豢之卧榻之内，忘其能噬人矣。"（《不得已》卷上）时汤若望为顺治所宠，礼部不予接受，但以"奏准"替代"依西洋新法"。康熙三年（1664），杨光先再次入京，上《请诛邪教状》，告汤若望等以邪说惑人并图谋反清，状书称天主教"二十年来收徒百万，散在天下"，又"布党立天主堂于京省要害之地"，引起清廷不安。其时，天主教确实势力日张，且在朝供职的耶稣会士又与以顾命大臣鳌拜为首的中国官员矛盾日深。康熙四年（1665）四月，在鳌拜的主持下，杨光先的上疏得到礼部准状。结果判处汤若望凌迟，南怀仁被流放，钦天监中与传教士合作的中国学者如李祖白等亦被处决。史称"康熙历狱"。后因恰逢北京地震，余震不断，被认为是上天之怒，汤若望遂被开释。

"康熙历狱"后，杨光先被任命为钦天监监副，后又提升为钦天监监正。但杨光先自知不能胜任，遂推举吴明炫之弟吴明烜（一作煊）为钦天监监副，负责立法推算，并以回回历取代西洋历法。康熙六年（1667），康熙亲政。康熙七年（1668），鳌拜倒台，清朝朝廷发现杨光先确实无法胜任历法推算，复启用南怀仁，南怀仁遂提出要以实证证明西洋历法的准确度。十一月，康熙谕杨光先、吴明烜以及南怀仁等人："授时乃国家要政，尔等勿挟宿仇，以己为是，以彼为非。"（《清史稿》卷四五《志》二〇）[1]康熙又要求双方当众推算和验测。结果，南怀仁推算与实测分毫不差，而杨光先误差很大。之后，中西历法又两度比试而中历每每告负。康熙又下旨命"将吴明烜所算七政及民历，着南怀仁验看，差错之处写出，俟报部之日，尔等议奏"。南怀仁经认真计算，将错误之处一一列出，写成

---

[1] 此条材料在《清通鉴》四中作："天文最为精微，历法关系国家要务，尔等勿怀夙仇，各执己见，以己为是，以彼为非。"

奏折呈上。康熙读奏折后，又命南怀仁与吴明烜再次公开测试日影，结果又是南怀仁"逐款皆符"，而吴明烜"逐款皆错"。杨光先、吴明烜屡次失误后仍坚称西士"不知合理数之精微"，而南怀仁也上疏称杨光先为鳌拜党羽。结果杨光先被革职遣返，吴明烜后被革职留用。康熙八年（1669），复行《时宪历》。此后又由传教士南怀仁负责钦天监事务。至此，中国传统天文学的历程终于被点上句号。

事实上，上述冲突在很大程度上也意味着近代科学知识对传统保守观念的胜利。对以上这样一场历法冲突，《中国科学思想史》的作者这样归结道："汤若望、杨光先两案是历法风波，更是政治斗争。就心理意识而言，是一场内容深广的思想争论，所争论的问题大致如下：西洋人因何来华，该不该让其进入中国，天主教的性质如何，西洋科技水平怎样，如何对待西洋科技，引进西方科技与保持传统文化的关系等。"[1]通过上述考察，我们可以得知，中西学之间的冲突，广而言之，中西文化之间的冲突最早始于明末和清初，而最早感受这一冲突和碰撞的是天文历法领域。但恰恰是由于这样的冲突是发生在了天文历法领域，它才会在观念与意识上引起巨大的震动。因为天文历法领域自古以来就位于中国知识系统的核心区域，它是世俗政治的基础，也是神圣观念的基础，因此，更是一切最高权力和权威的基础。但是在崇祯至康熙年间，这样一个历经两千年的坚固基础几乎在短瞬间便崩溃了，而导致其崩溃的就是来自西方的天文知识系统。今天我们不难想象它当时对于中国知识界、思想界以及统治者的触动和打击，它不啻是一场巨大的"地震"。面对这样一个"突如其来"的事件，人们做出任何一种反应都是可以想象得到的。

这里需要补充说明的是，作为最高统治者对于西方科技的态度。应当看到，统治者最初对西方科学的关注与接受是与制历密切相关的。无论是明崇祯，还是清顺治、康熙都是如此。正是在制历过程中，这些统治者注意到西法较之中法要更为精确。由于历法在中国政治中所处的基

---

[1] 袁运开、周瀚光主编：《中国科学思想史（下）》，第264页。

础与核心地位，这自然会引起这些统治者的重视。如顺治说："是以帝王膺承历数，协和万邦。所事者，皆敬天勤民之事，而其要莫先于治历。"（《天主堂碑记》）而以此为基础，对西方科技及价值的认识会进一步扩张，如康熙就是如此，《中国科学思想史》作者指出："康熙八年（1669）的实地测验，表明《西洋新历》优于《大统历》、《回回历》，使康熙认识到西方的天文、历法、数学的水平较中国为高；平定三藩之乱，南怀仁所造大炮的作用，又使他认识西方的力学及兵器制造术胜过中国；测量地形、绘制地图，也使他认识到西方的测量绘图技术优于中国。他认为在科学技术上应以先进代替落后。于是，他重视学习和研究西方科学技术，培养这方面的人才。"[1]从这里我们可以看到在西方科学的冲击下，在中西知识系统的对比与较量中，中国传统统治者所表现出的积极姿态。当然，我们又要看到另一面，事实上，清统治者对于杨光先等所感知的问题也是抱有警惕的。故后来当天主教控制教民与清统治者争民时，便终于导致禁教的发生。在这里，我们也看到了中西文化交往过程的复杂性和统治者心态的矛盾性。

三、知识界与思想界的反响

西学引进以后，除少数学者如徐光启、李之藻积极鼓吹与推广外，绝大多数士人更可能是将信将疑，持一种观望的态度。应当说，面对一种突如其来的新事物、新面孔，面对历经数千年的传统正遭受新的外来知识的巨大冲击和严峻挑战，这样一种观望的态度是完全可以理解的。根据《中国科学技术史稿》，明末清初的士大夫对于西学或西方文化的进入大致有三种态度。其一是以徐光启、李之藻为代表，主张全盘接受；其二是一概否定，极力反对，这包括明末的冷守中、魏文魁以及上面提到的清初的杨光先等；第三种则是主张批判地吸收外来文化，取其精华，弃其糟

---

[1] 袁运开、周瀚光主编：《中国科学思想史（下）》，第 307 页。

粕，就时间而言，主要是在清初，这大致可以王锡阐和梅文鼎为代表。①前两种态度前面均已涉及，此处主要考察这第三种态度的状况。

一般而言，清初先进的特别是一流的学者已经认识到西方天文学与数学的先进性，越来越多的学者开始注意西方知识的积极与合理之处，并不同程度地在自己的知识活动及思想中引进西方知识。但是，在进入到文化比较的层面时，当时的人们对于西方科学知识以及"会通"的理解或解释是多样的，甚至是有分歧的。如熊明遇说："语曰：'百闻不如一见。'西域欧逻巴国人，四泛大海，周遭地轮，上窥玄象，下采风谣，汇合成书，确然理解。"（《表度说序》）熊明遇的以上心态或观点应当说是比较开放的。不过更多的学者很可能是采取这样一种态度，即既主张会通中西，但同时强调中华文明的优越性。如薛凤祚讲："中土文明礼乐之乡，何讵遂逊外洋？然非可强词饰说也。要必先自立于无过地，而后吾道始尊。此会通之不可缓也。"（《历学会通》序）又方以智在面对当时的西方科学时，也并未像徐光启一样抱有特别的热情，而是更为"冷静"地指出："万历年间，远西学人详于质测而拙于言通几。然智士推之，彼之质测，犹未备也。"（《物理小识》自序）并且主张："收千世之慧，而折中会决。"（《物理小识编录缘起》）王锡阐则表现出更为"客观"的态度，其既讲："吾谓西历善矣，然以为测候精详，可也；以为深知法意，未可也。循其理而求通，可也；安其误而不辨，不可也。"又讲："余故兼采中西，去其疵类，参以己意，著历法六篇。"（《晓庵新法》自序）梅文鼎以下这段批评性意见也同样代表了一种更为"中肯"的看法："无暇深考乎中算之源流，辄以世传浅术，谓古《九章》尽此，于是薄古法为不足观"，或"株守旧闻，遽斥西人为异学"。（《绩学堂文钞》卷二《中西算学通》自序）从以上论述中我们不难看出，这些学者都强调不同的知识传统都有其值得肯定和继承之处，这应当说是合理的，虽然其中也难免有不实或自负之处。

在此过程中，出于为中学的维护与辩护，又逐渐形成一种"西学中

---

① 参见杜石然等编著《中国科学技术史稿》（下册），第 205、206 页。

源"说,并在清初盛极一时,应当说,这种心态的出现同样不难理解。当时有不少学者都认为西方科学源于中国,包括方以智、王锡阐、梅文鼎等,熊明遇、方以智还提出"天子失官,学在四夷"的看法。如方以智就认为西方地球中心说起源于中国古代的浑天理论,他说:

> 天圆地方,言其德也。地体实圆,在天之中,喻如胙豆。胙豆者,以豆入胙,吹气鼓之,则豆正居其中央。或谓此远西之说。愚者曰:黄帝问歧伯,地为下乎? 歧伯曰:地,人之下,天之中也。帝曰:凭乎? 曰:大气举之。邵子、朱子皆明地形浮空,兀然不坠,以世无平子、冲之、一行、康节诸公耳。孔子曰:天子失官,学在四夷,犹信。(《物理小识》卷一)

之后,王锡阐与梅文鼎同样表达了类似的看法,如王锡阐曾说:

> 今者西历所矜胜者不过数端,畴人子弟骇于创闻,学士大夫喜其瑰异,互相夸耀,以为古所未有。孰知此数端者悉具旧法之中,而非彼所独得乎!(《松陵文录》卷一《历策》或《畴人传·王锡阐传》)

梅文鼎也说:

> 是故西洋分画星图,亦即古盖天之遗法也。(《历学疑问补》卷一《论浑盖之气与周髀同异》)

又说:

> 算术本自中土传及远西,而彼中学者专心致志,群萃州处而为之。(《绩学堂文钞》卷二《测算刀圭》序)

王锡阐甚至还下结论说:

> 西人窃取其意,岂能越其范围?(《松陵文录》卷一《历策》或《畴人传·王锡阐传》)

在这里我们又可以看到很浓厚的中华情结。特别是由于王锡阐、梅文鼎二人的学术地位,他们的观点在当时具有很重要的影响。

关于当年一些学者对西学的批评以及盛极一时的"西学中源"说，今天已有学者提出不同看法。例如樊洪业就针对方以智对西学的批评指出："即便是把'质测'理解为'科学'，也难于因此而提高对方以智的评价。明末的西学传播，的确掺杂着许多中世纪的宗教迷信，再加上正处在近代科学的形成期，知识更新的速度较快，所以'未备'是必然的。不过'智士'是指谁呢？如果是指他本人，我们并没有看到他怎样站在科学的新高度上指出西学的'未备'。"① 显然，这其中包含有对方以智的尖锐质疑与批评。又如江晓原指出，"西学中源"说有着明显的政治背景，康熙就是"西学中源"说的提倡者。此外，江晓原又指出："西学中源"说之所以在中国士大夫中间受到广泛欢迎，流传垂三百年之久，其中还有一个原因，就是当年此说的提倡者曾希望以此来提高民族自尊心，增强民族自信心。千百年来习惯于以"天朝上国"自居，醉心于"声教远被"、"万国来朝"，现在忽然在许多事情上技不如人了，未免深感难堪。如阮元就说："使必曰西学非中土所能及，则我大清亿万年颁朔之法，必当问之于欧逻巴乎？此必不然也！精算之士当知所自立矣！"（《畴人传·汤若望传》）江晓原认为，技不如人的现实是无情的。"西学中源"说虽可使一些士大夫陶醉于一时，但随着时代演进，幻觉终将破碎。② 樊洪业与江晓原的上述分析是值得我们重视的。客观地说，如上所见方以智关于西学"拙于言通几"的判断显然并不正确，并且关于"彼之质测，犹未备也"的结论看似冷静，亦不能排除识见的局促。

当然，知识或文化的交流问题十分复杂，这其中既可能有主观感情，也不能排除有客观事实。而以上考察也表明，在进入文化特别是观念和制度层面以后，相关讨论要比纯粹知识层面复杂得多，这种现象自古已然，至今犹然。但有一点也是可以大致确定的，即西方与中国基本上是属于两个相对独立的知识系统，对这一点，至少今人大抵是不会多疑的。

---

① 樊洪业：《耶稣会士与中国科学》，第 141 页，北京，中国人民大学出版社，1992。
② 参见卢嘉锡总主编、席泽宗分卷主编《中国科学技术史·科学思想卷》，第 489—495 页。

因此，今天我们对"西学中源"说会保持更清醒和理性的认识。另外，由于明清时代的特殊性，我们在考察和评价科学家或哲学家的思想时，已经不能再以既有的传统作为标准，究竟是否站在时代的前沿，在时代遽变中是否具有一种开放的心态和敏锐的眼光，这些都是评判与考量学者地位的重要因素。

第八节　中国古代学术的余音与近代科学的发端

最后我们来看中国古代学术的余音与近代科学的发端。这里所谓古代学术的余音即是指乾嘉学，这实际是旧的时代的尾声；而所谓近代科学的发端，主要就是指以王锡阐、梅文鼎、李善兰等为代表的结合了中西方法的新的科学研究。总之，这是一个新旧交替的时代，也是一个新旧交接的时代。

一、中国古代学术的余音

我们以乾嘉学来作为中国古代学术的余音。所谓乾嘉学也即指乾嘉时期以考据为核心或特征的朴学。其远承汉学，近接宋元以来格物、多识的学问观念与传统。

通过前面的考察，我们知道考据或考证的方法在汉代与宋代都不乏传统。作为认识，这一传统也在明代的思想中得以保存和呈现，例如王廷相就说："学者于道，贵精心以察之，验诸天人，参诸事会，务得其实而行之，所谓自得也已。使不运吾之权度，逐逐焉惟前言之是信，几于拾果核而啖之者也，能知味也乎哉？"（《慎言·见闻篇》）王廷相这里所说的"验诸天人，参诸事会"即指验证，而验证就是"自得也已"而非"逐逐焉惟前言之是信"。又明清之际的方以智关于考证也多有精辟的论述，如他说："草木鸟兽之名，最难考究"，故"须足迹遍天下，通晓方言，方能核之"。（《通雅·凡例》）方以智认为，无论是对于前人的理论还是对于自己的观点，都必须要用事实来进行证明，用他的话说就是"取资证据"（《通雅·读书类略提语》)或"存证以推其理"(《物理小识》总论)。而由于受到中西"会通"的影响,方以智的认识应当已经比较接近西方近代实证科学的方法。①

就传统学术本身而言,清代最为值得关注的莫过于乾嘉学派,也即朴学。乾嘉学派或朴学产生的最初原因是针对理学特别是心学的空疏学风。明末清初,一些思想家如黄宗羲、顾炎武等由于不满意理学特别是心学的空疏,在思想上开始标举经世致用的主张,在读书研究上则提倡考证求实的学风,这渐渐地形成一门新的学问,即朴学。但朴学的兴盛也与清初的文化专制有关。清代初年,由于稳定的需要,统治者屡兴文字狱。同时,统治者有意将学者向纯粹学问方向引导。乾隆与嘉庆年间,清廷设四库鸿胪馆,广罗天下学者从事文献古籍的训诂注释、校勘整理,由此终于形成了一个以考据或考证方法为特点的学派:乾嘉学派,朴学也因而兴盛起来。因此,乾嘉学可以说又是文化专制主义的产物。对此,我们应当保持清醒的认识。

一般认为乾嘉学派有"吴派"和"皖派"之分,吴派的代表人物是惠栋,皖派的代表人物是戴震。这两派虽风格有所不同,但研究的内容基本相同,主要是经学、史学、文字、金石、天文、历算,研究的方法也基本相同,包括校勘、注疏、辑佚、辨伪等等。而从科学的角度来看乾嘉学派,主要是其中所体现的认真严谨、实事求是的精神。毫无疑问,朴学特别是乾嘉学派的出现,对于匡正空谈性理的学风有很大的益处,其所体现的严谨学风和某些方法与近代科学及精神也颇多暗合之处。

就内容而言,乾嘉学也包括了不少科学著作,包括戴震、焦循、阮元等在这方面都做出过重要贡献,这实际也是宋元以来相关传统的延续。如据洪榜《戴先生行状》:

> 凡天文、历算、推步之法,测望之方,宫室衣服之制,鸟兽、虫鱼、
> 草木之名状,音和、声限古今之殊,山川、疆域、州镇、郡县相沿改革

---

① 参见周瀚光《中国古代科学方法研究》,第 76—78 页。

> 之由，少广旁要之率，钟实、管律之术，靡不悉心讨索。（《戴震文集》
> 附录）

戴震撰写了大量的科技著作，其中天文历法类著作有：《原象》、《续天文略》、《迎日推策记》、《九道八行说》、《周礼太史正岁年解》、《周髀北极璇玑四游解》、《记夏小正星象》、《历问》、《古历考》等；数学类著作有：《句股割圜记》、《策算》等；地学类著作有：《水地记》、《直隶河渠书》、《汾州府志》等。焦循是清代中期与汪莱、李锐齐名的数学家，其数学著作有：《加减乘除释》、《天元一释》、《释弧》、《释轮》、《释椭》、《开方通释》等。此外，焦循还有《禹贡郑注释》、《毛诗地理释》、《毛诗鸟兽草木虫鱼释》、《李翁医记》等科学类著作。阮元被认为是乾嘉学派的集大成者，尤其是他编写了一部历代天文学家和数学家的传记——《畴人传》，该书共四十六卷，收入了自黄帝至清代中期的 243 位天文学家和数学家，同时还附有西方天文学家和数学家 37 人，共计 280 人，相关资料前面也多有引用。①

但我们必须要看到朴学或乾嘉学风的弱点。乾嘉学派实际是将学问或知识限定在了一个十分有限的范围内，它完全脱离现实并且漠视对现实自然及其规律的探究，它更加注重的是经学而非自然科学。同时，它的方法也非常单一，也即是考证，这样一种方法在发展中逐渐流于学风的烦琐，最终彻底陷入泥古、复古的倾向，而这些又是与科学的精神完全背道而驰的。凡此种种，都注定乾嘉学派与近代科学的本质区别。由此可知，乾嘉学风本质上并不是一种新的学风，它是古代学问的延续，是古代学问的余音和最后回响，也可以说是传统思维与方法的回光返照。

二、中国近代科学的发端

但与此同时，中国近代科学也确乎开始发端了。中国近代科学的发端最早无疑应追溯至晚明的徐光启、李之藻、王征等人，这在前面已经有

---

① 关于乾嘉学派中的科学内容可进一步参考乐爱国《儒家文化与中国古代科技》，第 244—247 页。

了较为充分的考察，但这一时期主要是以翻译为主。明清之际及清初，也有些学者开始吸收西学知识或思想，这包括游艺、方以智等。如方以智，其总体上是传统思想的延续，同时也在天文学等知识方面吸收了西学的一些内容，例如其在《历类》中就介绍了西方的星体大小与各星体距地之说。不过总体而言，这一时期既未有像明末那样专注于翻译西学的兴趣，也未有后来像清前中期在天文数学领域扎实的会通性研究。

就近代意义的科学研究而言，清代前期直至中后期间一些科学家的活动尤其值得我们注意。

清代前期最值得注意的两位学者是王锡阐和梅文鼎，因为从一定意义讲，二人开始了崭新的天文学与数学研究工作。王锡阐（1628—1682），字寅旭，号晓庵，江苏吴江人。梅文鼎（1633—1721），字定九，号勿庵，安徽宣城人。王、梅二人的最大特点就是不以一方之学为圭臬，而是兼收中西、去芜存菁。如王锡阐说：

> 吾谓西历善矣，然以为测候精详，可也；以为深知法意，未可也。
> 循其理而求通，可也；安其误而不辨，不可也。

故应：

> 兼采中西，去其疵类，参以己意。（《晓庵新法原》序）

又如梅文鼎说：

> 数者所以合理也，历者所以顺天也。法有可采，何论东西，理所当明，何分新旧。

故其主张去除成见，

> 务集众长以观其会通，毋拘名相而取其精粹。（《历算全书》卷六〇《堑堵测量二》）

王、梅二人在各自的研究领域都取得了很大的成就。王锡阐精于中西天文历算，尤以天文为娴熟。王锡阐在当时对中西历法都作了透彻的研究，深知各自利弊，在此基础上，撰《晓庵新法》6 卷，比起当时的中西方法都有进步。梅文鼎的工作涉及天文学与数学两个方面,但其主要成就是在数学领域,仅据《梅氏丛书辑要》所收的数学著作就有 13 种 40 卷,内容涉及初等数学各个分支,亦多有创见。杜石然等编著的《中国科学技术史稿》(下册)中这样评价王锡阐和梅文鼎的工作:"总之,王锡阐和梅文鼎的工作,使明代以来传统数学和天文学重获生机,使新移植过来的西方数学和天文学在中国这块土地上长成了根干,结出了一些新果。他们对古今中外的有关知识采取了批判继承的正确态度,这种严谨的治学精神以及理论与实践相联系的工作方法,是他们在科学上取得成就的重要原因。"①

王、梅二人之后,天文学特别是数学仍继续发展,涌现出一批数学家,如焦循、汪莱、李锐、李善兰等。其中尤以李善兰的成就最为卓著。李善兰(1811—1882),字壬叔,号秋纫,浙江海宁人。其翻译了《几何原本》(后 9 卷)、《重学》(介绍静力学、动力学与流体力学)、《植物学》、《代数学》等一批世界名著。李善兰尤擅长数学,主要成就涉及尖锥术、垛积术、根数术,更重要的是其确立了一大批数学符号与概念,从而直接铺就了中国数学连通西方数学的道路。当然,李善兰在时间上已经是属于典型的中国古代与近代之交的人物。又李善兰也阐述了自己的数学观,特别是从文化比较和冲突的角度来论证数学及其精细思维对于强国强族的重要性,他说:

> 呜呼!今欧罗巴各国日益强盛,为中国边患,推原其故,制器精也;推原制器之精,算学明也。

由此希望:

> 异日(中国)人人习算,制器日精,以威海外各国,令震慑,奉朝贡。(《重学》序)

应当说,与明代相比,明末清初以及清代在传统数学的研究上的确

---

① 杜石然等编著:《中国科学技术史稿》(下册),第 219 页。

有所"复兴"，涌现了一批具有相当造诣的学者，包括王锡阐、梅文鼎、李善兰等。不过也应看到，直到近代以前，西学东渐之风主要是对天文学和数学这两个学科影响较大，而其他学科所取得的进展却十分有限，并且即便是数学这样一个成果显著的领域其实也已远远落后于西方。[①] 但尽管如此，我们的确已经看到近代科学的萌芽。

三、结语

这一简短结语既是本章的，也是全书的。

在经历了数千年的延续之后，至明清时期，中国古代文明终于衰落并结束了。我们看到，中国古代科学与哲学的帷幕已经徐徐落下。就科学知识而言，除极少数学科如医学仍一息尚存外，绝大多数都趋向寂静，曾经有过的辉煌以及喧嚣，现在一并归于大地。但同时，我们也看到，科学及与此相关的哲学思想仍在潜行，格物、致知、实学，这些始于宋人的观念与近代科学径直对接，从明末清初开始，西方近代科学已经源源不断地被引入，新的观念也在与西学接触和碰撞过程中渐渐形成并破土而出。从科学与哲学的关系而言，这无疑又是新思想的基础。如同三代科学对后来哲学的影响一样，科学在此时成为哲学的新的动力，或成为新的哲学的动力。

---

① 参见杜石然等编著《中国科学技术史稿》(下册)，第 201、254 页。

主要参考文献

（以征引和参考先后为序）

说明：因本卷许多原始参考文献与前面各卷相同，为避免重复，这里仅提供与本卷内容相关的研究性著作目录。

［1］吾淳.古代中国科学范型［M］.北京：中华书局，2001.

［2］冯契.中国古代哲学的逻辑发展：上册［M］.上海：上海人民出版社，1983.

［3］李约瑟.中国科学技术史：第 2 卷 科学思想史［M］.北京：科学出版社，1990.

［4］列维—布留尔.原始思维［M］.丁由，译.北京：商务印书馆，1985.

［5］张光直.考古学专题六讲［M］.北京：文物出版社，1986.

［6］吾淳.中国社会的宗教传统：巫术与伦理的对立和共存［M］.上海：上海三联书店，2009.

［7］吾淳.中国哲学的起源：前诸子时期观念、概念、思想发生发展与成型的历史［M］.上海：上海人民出版社，2010.

［8］袁运开，周瀚光.中国科学思想史：上［M］.合肥：安徽科学技术出版社，1998.

［9］萨顿.科学的生命［M］.刘珺珺，译.北京：商务印书馆，1987.

［10］马林诺夫斯基.文化论［M］.费孝通，等译.北京：中国民间文艺出版社，1987.

［11］汪宁生.彝族和纳西族的羊骨卜：再论古代甲骨占卜习俗［C］//文物出版社编辑部.文物与考古论集.北京：文物出版社，1986.

［12］吾淳.中国哲学起源的知识线索——从远古到老子：自然观念及哲学的发展与成型［M］.上海：上海人民出版社，2014.

554

［13］列维—斯特劳斯.野性的思维［M］.李幼蒸,译.北京:商务印书馆,1987.

［14］吕子方.读山海经杂记［C］//中国科学技术史论文集:下册.成都:四川科学技术出版社,1984.

［15］赵璞珊.《山海经》记载的药物、疾病和巫医［M］//《山海经》新探.成都:四川省社会科学院出版社,1986.

［16］陈梦家.殷虚卜辞综述［M］.北京:中华书局,1988.

［17］温少峰,袁庭栋.殷墟卜辞研究:科学技术篇［M］.成都:四川省社会科学院出版社,1983.

［18］涂尔干,莫斯.原始分类［M］.汲喆,译.上海:上海人民出版社,2000.

［19］彭林,齐吉祥,范楚玉.中华文明史:第1卷［M］.石家庄:河北教育出版社,1989.

［20］李迪.中国数学史简编［M］.沈阳:辽宁人民出版社,1984.

［21］杨鸿勋.论石楔及石扁铲:新石器考古中被误解了的重要工具［C］//建筑考古学论文集.北京:文物出版社,1987.

［22］周星.黄河流域的史前住宅形式及其发展［M］//田昌五,石兴邦.中国原始文化论集:纪念尹达八十诞辰.北京:文物出版社,1989.

［23］陈维稷,等.中国纺织科学技术史:古代部分［M］.北京:科学出版社,1984.

［24］张朋川.中国彩陶图谱［M］.北京:文物出版社,1990.

［25］常正光.阴阳五行学说与殷代方术［M］//艾兰,汪涛,范毓周.中国古代思维模式与阴阳五行说探源.南京:江苏古籍出版社,1998.

［26］萧良琼.从甲骨文看五行说的渊源［M］//艾兰,汪涛,范毓周.中国古代思维模式与阴阳五行说探源.南京:江苏古籍出版社,1998.

［27］列维—布留尔.原始思维［M］.丁由,译.北京:商务印书馆,1981.

［28］袁珂.山海经校注［M］.上海:上海古籍出版社,1980.

［29］丁山.中国古代宗教与神话考［M］.上海:上海文艺出版社,1988.

［30］陆思贤,李迪.天文考古通论［M］.北京:紫禁城出版社,2000.

［31］刘起釪.五行原始意义及其纷歧蜕变大要［M］//艾兰,汪涛,范毓周.中国古代思维模式与阴阳五行说探源.南京:江苏古籍出版社,1998.

［32］王世舜.尚书译注［M］.成都:四川人民出版社,1982.

［33］张光直.中国青铜时代二集［M］.北京:生活·读书·新知三联书店,1990.

［34］徐旭生.中国古史的传说时代［M］.北京:科学出版社,1960.

［35］牟钟鉴,张践.中国宗教通史:上卷［M］.北京:社会科学文献出版社,2000.

［36］吾淳.中国思维形态［M］.上海:上海人民出版社,1998.

［37］陈遵妫.中国天文学史:第3册［M］.上海:上海人民出版社,1984.

［38］方克.中国的世界纪录:科技卷［M］.长沙:湖南教育出版社,1987.

［39］杜石然,等.中国科学技术史稿:上册［M］.北京:科学出版社,1982.

［40］陈遵妫.中国天文学史:第 2 册［M］.上海:上海人民出版社,1982.

［41］杨荫浏.中国古代音乐史稿:上册［M］.北京:人民音乐出版社,1964.

［42］古文字诂林编纂委员会.古文字诂林:第 1 册［M］.上海:上海世纪出版集团,2000.

［43］刘洪涛.中国古代科技史［M］.天津:南开大学出版社,1991.

［44］中国科学院自然科学史研究所地学史组.中国古代地理学史［M］.北京:科学出版社,1984.

［45］邹树文.中国古代的动物分类学［M］//李国豪.中国科技史探索.上海:上海古籍出版社,1986.

［46］刘文英.漫长的历史源头:原始思维与原始文化新探［M］.北京:中国社会科学出版社,1996.

［47］董英哲.中国科学思想史［M］.西安:陕西人民出版社,1990.

［48］郭金彬.中国传统科学思想史论［M］.北京:知识出版社,1993.

［49］田长浒.中国金属技术史［M］.成都:四川科学技术出版社,1988.

［50］闻人军.考工记导读［M］.成都:巴蜀书社,1988.

［51］雅斯贝斯.历史的起源与目标［M］.魏楚雄,俞新天,译.北京:华夏出版社,1989.

［52］冯友兰.中国哲学史新编:第 2 册［M］.北京:人民出版社,1984.

［53］卢嘉锡,席泽宗.中国科学技术史:科学思想卷［M］.北京:科学出版社,2001.

［54］蔡宾牟,袁运开.物理学史讲义:中国古代部分［M］.北京:高等教育出版社,1985.

［55］关增建.中国古代物理思想探索［M］.长沙:湖南教育出版社,1991.

［56］刘长林.内经的哲学和中医学的方法［M］.北京:科学出版社,1982.

［57］恩格斯.反杜林论［M］.//马克思恩格斯选集:第 3 卷.北京:人民出版社,1972.

［58］袁运开,周瀚光.中国科学思想史:中［M］.合肥:安徽科学技术出版社,2000.

［59］冯友兰.中国哲学史新编:第 3 册［M］.北京:人民出版社,1985.

［60］顾颉刚.秦汉的方士与儒生［M］.上海:上海古籍出版社,1978.

［61］梁启超.阴阳五行之来历［M］//古史辨:五.上海:上海古籍出版社,1982.

［62］顾颉刚.五德终始说下的政治和历史［M］//古史辨:五.上海:上海古籍出版社,1982.

［63］中村元.东方民族的思维方法［M］.林太,马小鹤,译.杭州:浙江人民出版社,1989.

［64］冯契.中国古代哲学的逻辑发展:中册［M］.上海:上海人民出版社,1984.

［65］李申.中国古代哲学和自然科学［M］.上海：上海人民出版社，2002.

［66］唐明邦.汉代《周易》象数学的思维模式剖析［M］//唐明邦，等.周易纵横录.武汉：湖北人民出版社，1986.

［67］周瀚光.中国古代科学方法研究［M］.上海：华东师范大学出版社，1992.

［68］赵庄愚.论易数与古天文历法学［M］//唐明邦，等.周易纵横录.武汉：湖北人民出版社，1986.

［69］李约瑟.中国科学技术史：第3卷 数学［M］.北京：科学出版社，1978.

［70］谢世俊.中国古代气象史稿［M］.重庆：重庆出版社，1992.

［71］俞慎初.中国医学简史［M］.福州：福建科学技术出版社，1983.

［72］胡孚琛.魏晋神仙道教［M］.北京：人民出版社，1989.

［73］江晓原.天学真原［M］.沈阳：辽宁教育出版社，1991.

［74］乐爱国.中国传统文化与科技［M］.桂林：广西师范大学出版社，2006.

［75］杜石然，等.中国科学技术史稿：下册［M］.北京：科学出版社，1982.

［76］冯友兰.中国哲学史新编：第5册［M］.北京：人民出版社，1988.

［77］乐爱国.宋代的儒学与科学［M］.北京：中国科学技术出版社，2007.

［78］乐爱国.朱子格物致知论研究［M］.长沙：岳麓书社，2010.

［79］冯契.中国古代哲学的逻辑发展：下册［M］.上海：上海人民出版社，1985.

［80］李约瑟.中国科学技术史：第1卷总论［M］.北京：科学出版社，1975.

［81］胡道静.梦溪笔谈校正［M］.上海：上海古籍出版社，1987.

［82］杭州大学宋史研究室.沈括研究［M］.杭州：浙江人民出版社，1985.

［83］梅森.自然科学史［M］.周煦良，等译.上海：上海译文出版社，1980.

［84］李约瑟.中国科学技术史：第四卷 天学［M］.北京：科学出版社，1975.

［85］钱宝琮.宋元时期数学与道学的关系［C］//钱宝琮，等.宋元数学史论文集.北京：科学出版社，1966.

［86］李约瑟.中国科学技术史：第5卷地学［M］.北京：科学出版社，1976.

［87］胡适.胡适口述自传［M］//胡适全集：第18卷.合肥：安徽教育出版社，2003.

［88］钱穆.朱子学提纲［M］.北京：生活·读书·新知三联书店，2002.

［89］胡道静.朱子对沈括科学学说的钻研与发展［M］//朱熹与中国文化.上海：学林出版社，1989.

［90］乐爱国.儒家文化与中国古代科技［M］.北京：中华书局，2002.

［91］袁运开，周瀚光.中国科学思想史：下［M］.合肥：安徽科学技术出版社，2001.

［92］梅荣照.明清数学史论文集［M］.南京：江苏教育出版社，1990.

［93］葛荣晋.中国实学思想史［M］.北京：首都师范大学出版社，1994.

［94］樊洪业.耶稣会士与中国科学［M］.北京：中国人民大学出版社，1992.